Clover Stroud

Spur der Pferde

Clover Stroud

Spur der *Pferde*

Die Kraft, durch die ich mich selbst fand

Aus dem Englischen
von Ulrike Strerath-Bolz

Lübbe

Dieser Titel ist auch als E-Book erschienen

Titel der englischen Originalausgabe:
»The Wild Other«

Published by arrangement with David Godwin Associates Literary Agency
First Published in Great Britain in 2017 by Hodder & Stoughton
An Hachette UK company

Die in diesem Buch beschriebenen Ereignisse beruhen auf dem Leben, den Erfahrungen und Erinnerungen der Autorin. Einige Namen und Orte wurden verändert, um die Rechte der Personen zu schützen.

Für die deutschsprachige Ausgabe:

Textredaktion: Katja Bendels, Bad Vilbel
Umschlaggestaltung: Mediabureau di Stefano, Berlin
Unter Verwendung von Motiven von © getty-images / VallarieE und © The American West, 2013, screen print, Orr, Charlotte / Private Collection / Bridgeman Images
Copyright Foto Seite 332: privat
Satz: hanseatenSatz-bremen, Bremen
Gesetzt aus der Aldus LT Std
Druck und Einband: GGP Media GmbH, Pößneck

Printed in Germany
ISBN 978-3-7857-2582-5

5 4 3 2 1

Sie finden uns im Internet unter: www.luebbe.de
Bitte beachten Sie auch: www.lesejury.de

Kapitel 1

Ich verbrachte den heißesten Sommer meines Lebens hinter Glas. Mitte Juni war mein viertes Kind, mein zweiter Sohn Dash, zwei Monate alt, und ich fühlte mich wie in einem Gefängnis. Während alle anderen draußen in der Sonne, umgeben von einem leuchtenden Regenbogen durch den kalten Wasserstrahl aus dem Gartenschlauch rannten, die rosigen Münder weit aufgerissen vor Lachen, hockte ich mit Dash im Haus.

Ich spürte eine Faust. Dash war immer nackt, hing wie festgeklebt an meiner Brust und saugte mich aus. Milch und Tränen tropften aus mir heraus. Das hier war mein Platz, hier an seiner Seite, auch wenn ich kaum atmen konnte. Ich drückte mich an ihn, rationierte die Zeit, in der ich den Blick von seinem winzigen Gesicht abwandte und hinausblickte in eine Welt, die mir nach seiner Ankunft irgendwie abhandengekommen war.

Das Wohnzimmer und die Küche, in denen ich den größten Teil dieses Sommers verbrachte, lagen im ersten Stock unseres Sechzigerjahre-Stadthauses. Mit einem Neugeborenen und einem Kleinkind die Treppe hinunter und rauszugehen war ein enormer Aufwand, und so verwandelte sich unser Zuhause von einem Ort, an dem ich sehr glücklich war, zu meinem persönlichen Gefängnis. Dash wurde geboren, als seine Schwester Evangeline noch keine zwei Jahre alt war. Auch sie brauchte ständig Aufsicht, musste hochgehoben, gebadet, gefüttert und versorgt werden. Wir hatten keinen Garten, nur ein Stückchen Vorgarten ohne Zaun direkt an der Straße. Jimmy und Dolly, meine beiden älteren Kinder, schienen während dieser Sommerferien weit weg von den Kleinen und mir. Sie liefen nur hin und wieder einmal durchs Bild, mit Eiscreme, die ihnen über die Handgelenke lief, und mit nassen Haaren, die ihnen im Nacken klebten, tropfnass vom Planschbecken, das im Vorgarten stand. Ich saß derweil oben auf dem Sofa und stillte Dash, und die kleine Evangeline war mit uns eingesperrt, denn wenn man nicht ständig ein Auge auf sie hatte, rannte sie auf die Straße.

»Raus!«, rief Evangeline, kletterte auf die Rückenlehne des Sofas und streckte ihre klebrigen Händchen nach den großen Fenstern aus. Sie drückte so fest gegen das Glas, dass ich fürchtete, sie würde irgendwann hinunterstürzen. Aus diesem Grund hatte ich von einem Schreiner eine Art hölzernes Gitter vor den Fenstern anbringen lassen, aber dadurch fühlte sich das Wohnzimmer nur noch heißer an und die Außenwelt noch weiter entfernt.

Spät am Abend, wenn es dunkel wurde, schlichen die älteren Kinder wie Leoparden um mich herum, miauten und fauchten auf der Treppe, wenn ich mich nach ihnen umdrehte. Tagsüber ignorierten sie mich und liefen weg, wenn ich sie fragte, was sie zum Mittagessen haben wollten, aber am späten Abend, wenn Dash und Evangeline schliefen, brauchten sie mich. Das Muttersein erstickte mich regelrecht.

In diesem Sommer war Jimmy zwölf und Dolly neun Jahre alt. Als sie geboren wurden, fühlte ich mich wie eine Kriegerin, aber das dritte und vierte Kind gingen über meine Grenzen. Wenn ich Evangelines kleine Händchen anschaute, die sich vor lauter Bedürftigkeit verkrampften, oder wenn ich auf die sanft geschlossenen Augen in Dashs winzigem Gesicht sah, dann überwältigte mich die Angst zu versagen. Ich hatte entsetzliche Panik, alle Mütterlichkeit bei meinen ersten Kindern verbraucht zu haben.

Die Depression hatte sich bei mir eingenistet, als Evangeline zwei oder drei Monate alt war. Sie schlich hinter mir her zum

Einkaufen, wartete am Schultor, saß neben mir im Auto, so viel ich auch blinzelte und mir immer wieder sagte: »Es ist alles in Ordnung. Es ist alles in Ordnung. Ist alles in Ordnung mit mir? Ja, es ist alles in Ordnung.«

Ich spürte genau dieselbe schmerzliche, wilde Liebe wie bei Jimmy und Dolly, diese Art von Liebe, die in mir den Wunsch weckte, meine Babys sprichwörtlich aufzufressen. Aber darunter lag ein ganz neues, fremdes Gefühl von Panik. Es weckte ein Echo, das zugleich weit entfernt, aber auch tief in mir drin widerhallte wie ein leises und doch durchdringendes Geräusch in einem entfernten Raum in meinem Kopf. Die Panik schaltete sich ein, sobald ich morgens die Augen öffnete, und schrillte den ganzen Tag. Ein innerer Alarm, der mein Denken ausschaltete, mein Sein, manchmal sogar mein Atmen. Ich war sehr weit weg von allem, was mir nahe war.

Manchmal nahm ich Evangeline mit zu mir ins Bett und tat so, als würde ich schlafen. Die Decken fühlten sich an wie ein Versteck im Wald, in das ich hineinkriechen konnte, vergraben zwischen den Würmern, während Käfer über mich krabbelten und die nasse Erde meine Kleider durchdrang. Das Schuldgefühl klebte an mir, und auch wenn ich einschlief, fand ich keine Ruhe, aber es brachte den Alarm für eine Weile zum Schweigen.

Freunde kamen zu Besuch, um mein drittes Baby zu begrüßen, und einige sagten: »Du musst unheimlich glücklich sein.« Und dann nickte ich und schluckte die Antwort hinunter. »Ja, ich muss unheimlich glücklich sein.« Was sie meinten, war: Du musst unheimlich glücklich sein, denn für eine Weile sah es ja so aus, als hättest du es echt vermasselt, Clover. Es war uns ziemlich unheimlich, wie du damals gelebt hast.

Und sie hatten recht, denn wenn ich mit meinem Baby da in der Stille lag, dann war ich glücklich. Aber zugleich spürte ich auch noch etwas Namenloses und Düsteres tief in meinem Innern, formlos und doch so hart wie ein Feuerstein. Ich lebte eine

Version meiner selbst und hatte dabei die ganze Zeit über das Gefühl, mein wahres Ich würde aus der Ferne zuschauen und über mich urteilen. Ich stand, im wahrsten Sinne des Wortes, neben mir.

In der Küche musste ich das scharfe Messer, mit dem ich die Zwiebel schnitt, hinlegen und mich abwenden aus Angst, meine Hand könnte es still und leise in den Kopf meines Babys gleiten lassen. Ich stellte mir vor, wie das Messer den Kinderkopf in Scheiben schnitt wie eine Melone, und fragte mich, ob ein Babykopf wohl dasselbe leise, schmatzende Geräusch von sich geben würde, wenn man ihn aufschnitt. Hohe Fenster oder Brücken machten mich ganz schwindelig vor Verlangen, mein Baby sanft über die Brüstung zu schubsen. Ich schob die Hände unter die Achseln, um mich daran zu hindern. Einmal musste ich mich im hohen Treppenhaus einer Freundin auf den Boden setzen, um den Drang niederzukämpfen, mein Kind hinunterzuwerfen. Wenn ich mit meinem Baby im Tragetuch am Fluss spazieren ging, stellte ich mir vor, wie ich meine Manteltaschen mit Steinen füllte und ins Wasser watete, um ganz gemütlich und eng aneinandergekuschelt gemeinsam mit ihm aus dieser Welt zu gehen.

Ich liebte meine Kinder von ganzem Herzen, aber mit einer verzehrenden Leidenschaft, die mir Angst machte.

Und mehr als alles andere erfüllte mich ein Gefühl von Heimweh nach einer Mutter und einem Zuhause, die ich seit mehr als zwanzig Jahren nicht mehr hatte. Ein Heimweh, von dem ich dachte, es würde mich umbringen.

»Stellen Sie sich manchmal vor, sich selbst wehzutun?«

Die Frau von der Fürsorge ließ diese Frage in unser Gespräch hineinfallen wie ein Eigelb, das lautlos in eine Schüssel mit Mehl fällt. Ich goss gerade in der Küche kochendes Wasser über die Teebeutel.

»Natürlich«, erwiderte ich und stellte den Kessel vorsichtig wieder hin, ohne ihr in die Augen zu sehen. »Ich stelle mir die schlimmsten Dinge vor, die ich meinem Baby antun könnte. Und dann stelle ich mir vor, wie ich mich selbst umbringe. Ist das nicht normal?«

Ich hatte ihr von meinen Gedanken erzählt, war aber der Meinung, es müsse doch sonnenklar sein, dass ich nichts davon in die Tat umsetzen würde. Sie war es doch, die die ganze Zeit von Achtsamkeit redete, da musste sie mich doch verstehen. Das waren schließlich nur Gedanken, die mich an dunkle Orte führten und mir zeigten, wie man ins Licht zurückkam. Sie waren nicht die Realität.

Die Sozialarbeiterin schickte mich zu einem Psychiater, der mich filmte, während ich mit Evangeline mit einem Mini-Teeservice spielte. In der ersten Minute war mir der Klang meiner eigenen Stimme peinlich, die schon seit Wochen irgendwie fremd klang, als hätte eine tiefere, strengere Stimme meine Kehle in Besitz genommen. Ich beugte mich zu meiner Tochter hinüber und hielt ihr eine Plastiktasse hin, während ich mich fragte, was eine gute Mutter jetzt sagen und wie sie klingen würde.

»Evangeline, wo ist deine Teetasse? Ist das die Teetasse?« Evangeline starrte mich aus kobaltblauen Augen an, als wäre ich jetzt wirklich so verrückt geworden, wie ich mich die ganze Zeit fühlte. Sie schnappte sich die Tasse, schlug damit gegen einen Stapel bunter Untertassen, sodass die über die Matte flogen, und ihr Gesicht verzog sich zu einem rosigen Grinsen. Ich klatschte in die Hände, tat so, als würde ich aus der Tasse trinken, und sie lachte wieder. Ich vergaß die Kamera, und ein paar Augenblicke lang konnte ich mit meiner Tochter spielen, als würde ich nicht beobachtet und meine Fähigkeiten als Mutter würden nicht untersucht werden.

Eine Woche darauf, in der nächsten Sitzung, spielte mir der Psychiater den Film vor. Aber ich sah nicht mich selbst, sondern eine fremde Frau, die Evangeline anlächelte, den Kopf schief legte und ihr sanft übers Haar strich, bevor sie sich über sie beugte und sie küsste. Und in diesem Moment fühlte ich, wie sich ein Faden in mir, der verknotet gewesen war, auf einmal straffzog. Die Vergangenheit wurde schrill und scharf, wundervoll und schrecklich zugleich, in mein Blickfeld gezogen, und ich sah meine Mutter an meiner Stelle. Als ich beobachtete, wie ich Evangeline küsste, verstand ich, dass sie mich auf diese Weise geküsst hatte, dass sie sich so um mich gekümmert und mit mir gesprochen hatte. Dass sie mich auf diese Weise geliebt hatte.

Denn natürlich ging es um meine Mutter. Um meine Mutter, die lebendig und tot zugleich war.

»Wohnt Ihre Mutter in der Nähe? Könnte sie vielleicht vorbeikommen und Ihnen ab und zu eine Pause verschaffen?«, fragte die Frau von der Fürsorge, als wir wieder in meiner Küche standen. Sie hatte rote Haare, so dick wie ihr irischer Akzent. Ein schwerer Pony hing ihr bis in die Augen, und sie trug geschnürte Lederstiefel mit flachen Sohlen, die mich an ein Paar erinnerten, das Mum getragen hatte, als ich noch ein Kind gewesen war. Grünes Leder mit Haken und Ösen und schwarzen Schnürsenkeln. Ich hielt inne und drückte den Löffel so fest gegen den Teebeutel am Tassenrand, dass der Teebeutel riss und schwarze Teeblätter im Wasser kreisten.

»Ich habe natürlich eine Mutter, aber sie ist nicht hier. Ich meine, sie lebt gar nicht weit von hier in einem Pflegeheim bei Swindon, aber sie ist nicht richtig da, oder hier, oder überhaupt irgendwo. Sie hat vor Jahren bei einem Reitunfall einen Hirnschaden erlitten und kennt niemanden mehr. Nein, sie kann mir nicht helfen. Sie kann nicht mal reden oder selbstständig essen oder laufen. Sie ist inkontinent und hat epileptische Anfälle und keine Zähne mehr, weil sie Geschwüre im Mund hat, sodass ihr alle Zähne gezogen werden mussten, und …« Ich nahm einen Schluck Tee und sprach schnell weiter, bevor sie etwas sagen konnte. Ich wollte es loswerden, wie eine Straßenkarte, die man beim Fahren über das Lenkrad breitet, weil man den Weg verloren hat. »Sie weiß nicht, wer ich bin, sie kennt niemanden, und so ist es schon, seit ich sechzehn war. Seitdem kann sie nicht mehr sprechen oder überhaupt kommunizieren. Allerdings hat sie während meiner Studienzeit mal versucht, sich umzubringen, mit einer Überdosis von dem Medikament gegen die Krampfanfälle. Danach lag sie ein paar Tage im Koma, und als sie wieder wach wurde, war es noch ein bisschen schlimmer als vorher. Seit zwanzig Jahren lebt sie in Krankenhäusern und Pflegeheimen, aber es ist okay. Wirklich, es ist okay. Ich meine, ihr geht es natürlich nicht gut, aber ich komme damit klar, weil es schon so lange so ist. Also, jetzt verstehen Sie vielleicht, was ich meine. Sie ist nicht tot, aber auch nicht wirklich hier. Es war ein Unfall. Ein schlimmer Reitunfall.«

Ich lächelte, wie um zu beweisen, dass alles in Ordnung war. Ich hatte diese Erklärung in meinem Leben schon so oft abgegeben und immer das Gefühl gehabt, ich müsste dem Menschen, der gefragt hatte, bestätigen, dass ihm die Antwort nicht peinlich sein musste.

Die Sozialarbeiterin legte die Hände um ihren Becher und warf einen kurzen Blick auf ein kürzlich aufgenommenes Foto von Jimmy, der ein Pony die Straße entlangführte. Sie legte den Kopf schief und sah noch besorgter aus als ein paar Minuten zuvor.

»Und Sie … Sie reiten noch, oder?«

Keine Ahnung, wie unsere Kindheit ausgesehen hätte, wenn Mum nicht mit uns aus der Stadt aufs Land gezogen wäre. Ich kann mir mein Leben ohne den Einfluss, den Ponys und später Pferde auf mich hatten, nicht vorstellen. Sie haben ihren eigenen Faden in jeden einzelnen Teil meines Lebens eingewoben, auch dort, wo ich gar nichts davon weiß. Als ich sieben Jahre alt war, zogen wir von Oxford in ein Dorf in Wiltshire, und wenn ich meiner Phantasie erlaube, das Geflecht anderer Wege zu durchschreiten, die ich auch hätte einschlagen können, dann kann ich mir alles vorstellen, außer einem Leben ohne Pferde.

Mein Leben ohne Pferde wäre ganz und gar anders verlaufen, denn wenn wir nicht aufs Land gezogen wären, dann hätte es niemals diesen Unfall gegeben. Oder jedenfalls wäre es kein Reitunfall gewesen. Es hätte vielleicht andere Schrecken gegeben, denn bei den meisten Menschen gibt es irgendwelche Schrecken, aber es wäre wohl nicht so ein Unfall gewesen, der seither jedem einzelnen Tag eine andere Farbe gegeben hat. Und obwohl ich weiß, dass mein Leben ohne den Unfall einen ganz und gar anderen Verlauf genommen hätte, will ich kein anderes Leben. Ich will nur dieses Leben mit dem Unfall, der sich durch alles zieht, was ich tue. Der Tag des Unfalls hat das Wort »Trauma« in mich eingebrannt, und ich habe dieses Wort nie ausradiert, denn es ist ein Teil von mir, und es gehört zu mir.

Manchmal ist mein Gefühl für Mum so eng mit dem Unfall verbunden, dass ich ein Wort daraus mache – *Mumsunfall.* Mumsunfall war ein einzelner Dominostein, der am 25. November 1991 umfiel, als ich sechzehn Jahre alt war, und eine lange Reihe von schwarzen Steinen mit sich riss, die seitdem unaufhaltsam durch die Zeit stürzen.

Das Seltsame daran ist, dass meine Mutter wirklich niemals die Absicht hatte, uns wehzutun. Sie war nie streng, sie kritisierte uns nicht. »Meine Mutter ist ein Biest«, sagte meine Freundin Sarah einmal im Schulbus zu mir, und ich verstand gar nicht, was sie meinte. Mum war nie eine von diesen Müttern gewesen, über die sich die Töchter beschweren. Ich wünschte mir nie, sie würde mich einfach in Ruhe lassen. Ich wollte nie, dass sie sich um ihren eigenen Kram kümmerte, ich wollte sie bei mir haben.

Mums Liebe war weit. Ihre Liebe war riesig und großzügig und allgegenwärtig, sodass jeder Tag als ihre Tochter sich anfühlte, als lebte man unter einem hellen Lichtstrahl, der einen beschützte. Vom Tag meiner Geburt an, dem 16. April 1975, lebte ich 6067 Tage lang so. Dann schaltete der Unfall den Lichtstrahl aus, und damit fiel ein heller Raum in Finsternis. 6067 Tage, das sind 866 und eine halbe Woche, 145 608 Stunden, 8 736 480 Minuten, 524 188 800 Sekunden. Nicht genug.

Gelegentlich träume ich von Mum, aber die Zeit in meinen Träumen ist unbestimmt, und wenn ich aufwache, fühlt es sich an, als wäre sie im zähflüssigen Sirup des Schlafs bei mir gewesen, aber nach ein paar Minuten verschwindet sie einfach. Vielleicht weiß mein schlafendes Ich das, denn wenn ich aufwache, ist mein Gesicht immer nass von Tränen. Gebt mir nur fünf von diesen 8 736 480 Minuten mit ihr zurück, und ich verspreche, ich werde mich nie wieder über irgendetwas beklagen.

Ich weiß nicht, ob Mum mit Absicht diesen Zauber in unsere Kindheit brachte, aber genau so war es. Mit dem Wort »Hausfrau« ist sie nur unzureichend beschrieben, denn dabei denke ich an staubige Besen, die zu lange in der Kammer unter der Treppe gestanden haben. Sie hätte sich auch sicher gegen das lyrischere amerikanische Wort *home-maker* gewehrt, aber genau das war sie. Sie schuf ein Zuhause. Als wir klein waren, hat sie hin und wieder ein paar Stunden als Sekretärin im Institut für Psychologie an der Universität in Oxford gearbeitet. Einmal, als ich fünf war, nahm sie mich mit ins Büro, als Mrs Sandles krank war, die Frau, die unser Haus sauber hielt und sich um meine Schwester Nell und mich kümmerte, wenn Mum unterwegs war. Nell ging zu einer Freundin zum Spielen, mich setzte Mum in den Kindersitz hinten auf ihrem Fahrrad und radelte mit mir ins Büro.

Ich kroch unter ihren Schreibtisch und zeichnete ein Bild von einem Haus auf ein Blatt liniertes Papier. Dazu benutzte ich einen Bleistift und ein Lineal. Das Haus war zu schmal und sah nicht so aus, als wollte irgendwer darin wohnen, also nahm Mum mich auf den Schoß und riss ein frisches Blatt von ihrem Block ab.

»Schau, was hältst du von ein paar schönen dicken Strichen wie diesen hier?«, fragte sie, hielt mein Handgelenk und zeichnete ein Haus auf das Blatt. Ich hatte mit Hilfe des Lineals versucht, einen Baum zu zeichnen, aber Mum malte einen ganzen Garten und ein Haus mit Kamin und großen Fenstern und einer offenen Tür mit ein paar großzügigen Strichen. »Du brauchst einen Garten und jede Menge Zimmer für deine Kinder und Rauch, der aus dem Kamin kommt, damit es gemütlich wird.« Ihre langen braunen Locken glitten an meinem Gesicht entlang, während sie zeichnete. Und die ganze Zeit über hielt sie meine Hände vorsichtig in ihren. Wenn sie mich umarmte, duftete sie nach Chanel No. 5 und nach noch etwas, das nur zu ihr gehörte und mir das Gefühl gab, alles würde immer gut sein.

Nach dem Unfall, als sie im Koma lag, ging ich zu dem Schrank in ihrem Zimmer und drückte mein Gesicht in ihre Schals, um ihren Geruch wiederzufinden. Die orange- und pinkfarbenen Wirbel eines Seidenschals, den sie zu ihrem Tweedmantel trug, drehten sich vor meinen Augen, während das Schweigen in ihrem Zimmer mich einschloss. Ich drückte mein Gesicht dagegen, aber der Schal roch nicht mehr nach ihr.

An dem Tag, als Mum mit mir im Büro das Haus zeichnete, war ich nicht zum ersten Mal dort im Psychologischen Institut. Als ich ein Jahr alt war, nahm Mum freiwillig an einer Studie über die Bindung zwischen Mutter und Kind teil. Seitdem hing ein Schwarz-Weiß-Foto von mir über ihrem Bett. Es war ein Ausdruck aus einer Filmsequenz, und unter der Aufnahme stand eine Nummer. Auf dem Bild blicke ich mit großen, aufmerksamen Augen in die Kamera.

»Wir haben zum Beispiel geschaut, ob du meinem Blick folgst, wenn ich in eine bestimmte Richtung sehe, oder ob du auf meine Hand schaust, wenn ich auf ein paar Bilder zeige«, erzählte sie mir später. »Viele Mütter und Babys haben an der Studie teilgenommen, aber wir beide hatten die höchste Punktzahl.« Für mich klang das, als hätten wir in einem großen, wichtigen Wettbewerb gewonnen, und ich stellte mir die lange Reihe von Müttern vor, die auf Dinge zeigten, um zu beweisen, wie sehr sie ihre Kinder liebten. Ich erzählte anderen Leuten von dieser Studie: Stell dir vor, als ich ein Jahr alt war, da war ich enger mit meiner Mutter verbunden als jedes andere Baby mit seiner Mutter.

Mum sagte, wir hätten sogar eine telepathische Verbindung gehabt. Als ich sieben Jahre alt war, hatte sie beim Schulfest einen Stand, wo man die Zahl der Süßigkeiten in einem Glas raten sollte. Sie benutzte dafür ein Spaghettiglas, das mein Vater mal nach den Dreharbeiten für einen Film von einer Schauspielerin geschenkt bekommen hatte.

»Du lieber Himmel, wer tut denn Spaghetti in ein Glas? Spaghetti soll man essen, nicht ausstellen«, sagte Mum und packte das Glas voll mit Bonbons, Schaummäusen und anderen Dingen, die wir in weißen Papiertüten im Laden gekauft hatten. Sie sagte meiner Schwester Nell und mir nicht, wie viele Süßigkeiten es waren. »Außerdem macht ihr sowieso nicht mit, denn ich will dieses schreckliche Ding nicht wieder in meiner Küche sehen«, erklärte sie. Ich bin mir allerdings nicht sicher, ob es wirklich das Glas war, das sie störte. Mein Vater hatte auch ein gerahmtes Foto auf dem Sims in seinem Arbeitszimmer stehen, das die sonnengebräunten, schlanken Füße einer Frau zeigte. Daran klebte ein Schildchen mit einer eleganten Schrift: »Du wolltest doch ein Foto von meinen Füßen, nicht wahr, Rick?« Das Foto war ein Geschenk einer anderen Schauspielerin, mit der er zusammengearbeitet hatte, und Mum gefiel auch das nicht besonders.

Wir nahmen das Spaghettiglas also mit zum Schulfest, und nachdem ich am Flohmarktstand mein Taschengeld für eine Puppe in einem Strickkleid ausgegeben und Nell in der Tombola eine Flasche Rotwein und ein Fondueset gewonnen hatte, überredete ich Mum, die gähnend hinter ihrem Stand hockte, mich auch mal raten zu lassen. Ich wusste, dass ich richtig geraten hatte, als ich diesen überraschten, leicht gereizten Ausdruck auf ihrem Gesicht sah. Aber sie sagte es mir erst später, als ich alt genug war, um zu verstehen, was Telepathie bedeutete. Das Spaghettiglas bekam ein Kind, dessen Vater beim Reparieren der Dachrinne vom Dach gefallen und gestorben war. Aber Mum hielt auf dem Heimweg beim Laden an und kaufte Zitronenbrausebonbons für Nell und mich.

Vielleicht ist es irreführend, dass eine meiner frühesten Erinnerungen an meine Mutter die mit der Zeichnung im Institut für Psychologie ist. Denn ich erinnere mich gar nicht daran, dass sie sich jemals hinsetzte, um zu zeichnen oder sonst etwas zu tun. Sie stand eigentlich immer – im Garten, um die verblühten Köpfe der Rosen abzuschneiden, oder am Küchentisch, um den Teig für das Brot zu kneten, das sie fast jeden Tag buk – dicke braune Laibe mit knuspriger Kruste, die sie für uns aufschnitt, wenn sie noch warm waren. Und dann kamen Scheiben von kalter gelber Butter darauf, so dick, dass sie aussahen wie Cheddar-Käse. Sie stand auch am Herd und kochte Fischsuppe mit ein paar Händen voll Muscheln und Krabben, und sie stand am Tor und beobachtete Nell und mich auf den Ponys, wenn wir um die Wiese hinter dem Haus galoppierten, sobald das Heu eingebracht war.

Sie war keine Mutter, die bastelte oder sich zu uns auf den Teppich setzte, um mit Puppen zu spielen. Ich erinnere mich auch nicht an Brettspiele, höchstens einmal, als wir sie als Teenager zwangen, mit uns Monopoly zu spielen, obwohl sie viel lieber *Dallas* gesehen hätte. Sie stand nämlich auf JR. Mum spielte eigentlich nie, sie war nur einfach immer da.

»Ist es nicht toll, wie sie Eierschachteln ineinanderstecken können, ohne dass ihnen die Hände zittern?«, sagte sie. Sie war gerade aus dem Garten gekommen, die Hunde dicht auf den Fersen. Nell und ich lagen auf den Sesseln mit Überwürfen aus alten Laura-Ashley-Stoffen, die Beine über die Seitenlehnen gehängt, und balancierten Toast mit Marmite auf unseren Bäuchen, während wir *Blue Peter* im Fernsehen anschauten. Leute in bunten T-Shirts mit interessanten Frisuren bauten ein Dorf aus Schachteln, grünem Filz und Plakafarbe. Mum trat von einem Fuß auf den anderen, und ich hatte ein schlechtes Gewissen, weil sie uns vor dem Fernseher erwischt hatte, obwohl sie es viel lieber gesehen hätte, wenn wir noch ausritten, bevor es dunkel wurde. »Wunderbar, wirklich, diese Leute können Pappdeckel zusammenbauen, ohne dass ihnen der Kopf platzt«, sagte sie und ging in die Küche, um gekochte Schafsknochen für die Hunde aufzuschneiden.

Wenn ich Mum finden will, muss ich im Kopf nach Minety zurückkehren, das Dorf in Wiltshire, in das wir zogen, als ich sieben Jahre alt wurde. Genau an meinem Geburtstag. Nell und ich bekamen zwei Kätzchen, die Tibs und Tats hießen, und zwei Ponys, Marble und Pudding. Es war ein bisschen, als wären wir plötzlich Kinder aus einem dieser altmodischen Bücher, die Mum uns laut vorgelesen hatte, als wir noch in Oxford gelebt und von Ponys nur geträumt hatten. *The Black Riders* von Violet Needham oder *Jill's Gymkhana* von Ruby Ferguson. Zum Vorlesen setzte sie sich übrigens hin, und ihre Stimme klang so stetig und leise wie die Flamme der Petroleumlampe, die sie manchmal in unserem Zimmer als Nachtlicht anzündete, wenn sie uns etwas Gutes tun wollte, nicht nur, wenn wir krank waren.

Wenn ich an das tröstliche Gefühl denke, wirklich nach Hause zu kommen, dann muss ich in meinem Kopf nach Minety zurückkehren. Minety oder Myntey stammt von dem englischen Wort *minty,* minzig, denn überall in den Gräben und auf den feuchten Wiesen rund um das Dorf wuchs wilde Minze. Mum brachte mir auch bei, Königskerzen, Leimkraut, Hundsrosen und Hasenglöckchen zu erkennen. Wir lebten in Hovington House, aber Mum fand den Namen zu hochtrabend und mochte ihn nicht. Deshalb ist es in meiner Erinnerung für immer Minty,

Myntey, Minety – ein lyrisches Wort aus der Kindheit, das mich nicht zuletzt aufgrund der Dinge verfolgt, die dort geschehen sind.

Aber nach Minety zogen wir erst, als ich sieben war, und der einzige Ort, an den ich mich aus der Zeit davor erinnere, ist Mums Schoß, während ich die Arme um ihren Hals schlang. Dabei lebten wir natürlich in Oxford. Das ist ein ganz anderes Wort, es schmeckt nach Kopfsteinpflaster, turmhohen Bibliotheksbauten und roten Ziegelhäusern mit einer einzelnen Glühbirne, die irgendwo in einem Fenster der oberen Stockwerke brennt. Als Kind in Oxford beschränkte sich der Begriff »Wildnis« auf die Mauern unseres Gartens und ist lange nicht so lebendig in meiner Erinnerung oder zieht so schmerzhaft an meinem Herzen wie Minety. Ich war dort, aber irgendwie existierte ich nur im Schatten meiner Schwester Nell. Die Leute sagten immer, Nell sei ein halber Junge, weil sie ein blaues Aertex-Hemd und dunkelbraune Baumwollshorts trug und den ganzen Sommer über barfuß lief. Ihre kurzen dunkelblonden Haare sahen wirklich aus wie bei einem Jungen, und wenn sie sich konzentrierte, zum Beispiel wenn wir eine Höhle bauten oder Pfeile schnitzten oder unseren Collie vor den Schlitten spannten, dann biss sie sich immer auf die Zungenspitze.

»Ich und Nell, wir denken genau dasselbe«, sagte ich einmal zu Mum, als ich fünf oder sechs Jahre alt war. Doch die Beziehung zwischen uns Schwestern hatte auch eine klare körperliche Dimension. Als wir klein waren, steckten wir uns den Finger in den Hals und würgten, bis uns die Tränen kamen – vor Übelkeit, aber auch vor Begeisterung über die seltsamen Dinge, die unsere Körper taten, wenn wir sie ließen. Nell stoppte, wie lange ich eine Brausebombe in der Wange behalten konnte, selbst wenn die Säure in meinem Mund brannte. Und sie forderte mich heraus, von immer höheren Ästen an den Bäumen in unserem Garten hinunterzuspringen. Ich tat stets, was sie sagte, auch wenn der Schmerz durch meine Beine schoss, weil der Ast mal wieder zu hoch gewesen war.

Wir liebten und stritten uns auf die gleiche Weise, und so gab es eben auch Backpfeifen, atemloses Kneifen mit Fingernägeln in Armen und Beinen und den stechenden Schmerz des Haareziehens.

»Nicht streiten, seid nett zueinander. Seid nett«, sagte Mum, wenn wir auf dem kratzigen Wollteppich zu ihren Füßen lagen und auf dem Heizkörper in der Küche malten, wo die Wachsmalstifte so schön schmolzen. Von Nell lernte ich, dass Freude und Liebe auch schmerzhaft sein können. Wir stritten heftig, aber zugleich liebte ich sie über alles, und ich wusste, sie hätte ihr Leben für mich gegeben.

»Komm, wir bauen eine Höhle«, sagte sie jeden Tag, an jedem Wochenende. Wir waren wie besessen davon, im Garten oder im Haus Nester zu bauen, die uns allein gehörten. Meine Hände fühlten sich heiß und seltsam nah an meinem Gesicht an, wenn wir durch Tunnel krochen, die wir aus den Daunendecken in unserem Schlafzimmer gebaut hatten und in denen unsere Teddybären und Bücher plötzlich riesig wirkten, ganz anders als auf den hohen Regalen im Spielzimmer unten, wo alles durcheinander stand und wo es immer schrecklich unordentlich aussah.

Mum ließ uns schon im Vorfrühling früh morgens im Schlafanzug durch den Tau auf der Wiese laufen, damit wir Grün unter unseren Füßen spürten. Wenn es dann wirklich Frühling wurde, zerrten wir die Daunendecken und Schlafsäcke mit den verknautschten orangefarbenen Kreisen in den Garten, kuschelten uns hinein und legten uns in die Sonne. Schwitzend lagen wir auf dem Bauch und überlegten, was wir einmal werden wollten, wenn wir groß waren. Ich wollte immer ein Cowgirl sein, aber Nells Ehrgeiz bestand darin, Affen-Dompteurin zu werden. Sie schlief auch mit Spielzeugaffen auf ihrem Kopfkissen.

»Sag mir, wenn du die Augen schließt, dann tue ich es auch«, flüsterte ich ihr zu, wenn wir im Dunkeln in unseren Betten lagen. Nell ist zwei Jahre älter als ich, sie ging also auch früher zur Schule, und Mum bestand darauf, dass ich einen Mittagsschlaf hielt, auch als ich schon vier war. Manchmal hörte ich Hufklappern auf dem Pflaster, und dann kroch ich leise aus dem Bett und setzte mich auf das breite Fensterbrett, um zu schauen, was draußen auf der Straße los war. Vielleicht kam ja ein Pony die Straße hinunter. Aber dann war es zu meiner Enttäuschung doch nur eine Frau mit hohen Absätzen, die im Vorbeigehen eine Zigarette rauchte.

Die Meilensteine unseres Lebens in Oxford waren die Stelle am Ende des Gartens, wo Dad sein Feuerchen machte, die roten Ziegelmauern rundum und das graue Pflaster vor dem Haus. Wenn wir größere Abenteuer planten, gingen wir bis zum Briefkasten am Ende der Straße, aber das war schon eine Art Niemandsland, in das Mum uns eigentlich nie allein gehen ließ.

Als wir aufs Land zogen, gab Mum alle Grenzen auf. Aus dem Straßenpflaster wurden die Wiesen rund ums Haus, der überwachsene Garten mit dem Stall und der Sattelkammer, in der es nach Leder roch, und der Teich mit den schmuddeligen Enten, die im flachen Wasser planschten. Aus dem Briefkasten wurde der Dorfladen, wo wir Cola-Fläschchen und Krabbenchips kauften. Und Nell lief immer noch ständig barfuß, selbst wenn wir mit den Ponys ausritten.

Was Mum bei dem Unfall am 25. November 1991 passierte und was in der langen Zeit danach kam, war so grausam wie eine Feuerwalze, die durch ein Haus rast und alles verbrennt, das sich darin befindet. Am Ende war mein Herz schwarz wie Holzkohle. Aber in den ersten sechzehn Jahren meines Lebens war Mum einfach nur Liebe.

»Liebst du mich mehr als tausend Affen?«, fragte Nell sie,

wenn sie barfuß auf den Küchenfliesen stand, während Mum Käse in die Soße für den Fischauflauf rührte.

»Mehr als alle Juwelen dieser Welt«, erwiderte Mum und schlug die Soße mit dem Schneebesen auf.

»Mehr als eine Million Pfund?«, fragte ich und drängte mich vor Nell, um auch etwas abzubekommen.

»Das ist doch gar kein Vergleich!«, lachte Mum, während die Soße eindickte, und zog den Topf vom Herd. »Geld kann man nicht mit Liebe vergleichen. Ich liebe dich mehr, als du dir vorstellen kannst, mehr als jede Zahl, die du dir ausdenken kannst«, fuhr sie fort und gab die Soße über den Fisch und die hartgekochten Eier. Dann öffnete sie die Tür zum Garten, sodass die Sonne auf den Fliesenboden schien und wir ins warme Licht blinzelten.

Minety war kein vornehmes Haus, aber es war groß, eine Ansammlung von Zimmern, einige mit zwei oder drei Türen, sodass jeder, der ins Spielzimmer kam, den Ausruf zu hören bekam: »Mach die Tür zu, es ist kalt draußen!« Es gab auch zwei Treppenhäuser, sodass man stundenlang Verstecken spielen konnte, und genug Schlafzimmer, damit unsere älteren Geschwister Emma, Tom und Sophy am Wochenende auch noch Platz fanden, selbst wenn Mums Citroën, mit dem sie sie am Freitagabend vom Zug abholte, schon randvoll mit Freunden war.

Jeden Freitag atmete das Haus neue Leute ein. Mein Vater Rick arbeitete die Woche über in London, kam aber am Wochenende mit dem Zug nach Hause, und dann saßen jede Menge Leute am Küchentisch, und Mum verteilte Rindfleischeintopf und flaschenweise Rotwein, die sich so schnell leerten, wie die Kerzen herunterbrannten und gelbe Wachsseen auf dem Tisch hinterließen.

Mum gestaltete alles wie jemand, der kleine, bunt glasierte Kuchen auf einer karierten Decke verteilt. Sie ließ das Gras rund ums Haus wachsen und mähte nur die Wege zu den Ställen, wo die Pferde im Schatten stampften, und weiter zum Teich und zum Kräutergarten, vorbei an einem Gestrüpp aus Jungfernrebe, das den Stamm einer großen Eibe umrankte. Ich zerdrückte die blutroten Beeren der Eibe gern zwischen meinen Fingern, um das Gift auf meiner Haut zu betrachten.

In Minety gab es kein System, keine Einheitlichkeit. Die Zimmer, die ohne jede Ordnung in kalte, geflieste Flure und enge Treppenhäuser übergingen, waren voll mit Büchern und Aquarellen, neben denen Plakate mit Kaffeereklame und Pop-Art-Poster hingen, die Rick in seinem Arbeitszimmer gemalt hatte. Drei der Wände dort waren mit Regalen voller Videobänder bedeckt, allesamt sorgsam mit Etiketten versehen, auf die mein Vater mit seiner energischen Handschrift die Filmtitel geschrieben hatte. *Die Zerstörung der Talsperren. Paris, Texas. Die Brücke von Arnheim. The Rocky Horror Picture Show. Spiel mir das Lied vom Tod. Nashville.* Unter der Woche, wenn er nicht da war und die Vorhänge zugezogen waren, ging ich nicht gern in Ricks Arbeitszimmer, aber am Wochenende war es ein aufregender Ort, vor allem als ich älter wurde und mit Rick, Mum und Nell nach dem Abendessen noch Filme anschauen durfte. Auf seinem Schreibtisch standen eine Handgranate und ein Weinglas mit drei aufgemalten Zigaretten. Die hatte er geschenkt bekommen, als er aufgehört hatte zu rauchen. Bevor er meine Mutter kennenlernte, rauchte er hundert Zigaretten am Tag. Damals war er einundzwanzig und studierte noch, und sie war zweiunddreißig, geschieden und hatte drei Kinder: meine Geschwister Emma, Sophy und Tom.

Mum brachte die Liebe ins Haus, Rick den Glamour und die Aufregung. Er duftete nach London und hatte dort, in Soho, ein Büro mit einem gläsernen Schreibtisch und glänzend poliertem Holzfußboden. Er sprach über Schauspieler und Drehpläne, und wenn ich mit ihm einen Film ansah, den er gedreht hatte, dann gab er mir das Gefühl, als wäre ich selbst dabei gewesen. Er erzählte mir von der Kameraführung und vom richtigen Licht und davon, dass der Casting Agent genau die richtigen Leute ausgesucht hatte. Wenn er zu Dreharbeiten unterwegs war, schickte er mir Postkarten mit selbst gemalten Figuren, und wenn er nach Hause kam, lachte Mum besonders viel.

Im Sommer nach unserem Umzug von Oxford nach Minety kamen eine Menge Freunde meiner Eltern zu Besuch und brachten ihre Kinder mit, die blinzelnd und gähnend aus den Autos stiegen und dann mit mir und Nell in den Tiefen des Gartens verschwanden, um Höhlen zu bauen. Mums Freundin Candida blieb eine Weile. Sie kam mit der Kutsche und ihrem Pferd, einem hellbraun-weißen Pony, den ganzen Weg von ihrem Haus in der Nähe vom Ridgeway bis nach Minety.

Ich kannte Candida gut, weil Mum und Rick oft mit uns bei ihr und ihrem Mann Rupert zum Essen eingeladen waren. Sie wohnten in einem riesigen Haus und hatten fünf Kinder, die meinen älteren Geschwistern ziemlich ähnlich waren. Es war ein einschüchterndes, schönes Haus. Die Zimmer waren in leuchtenden Farben gestrichen, und hinten durch den Garten verlief ein breiter Fluss. Nach dem Mittagessen nahm Candida uns oft mit zu einer Kutschfahrt am Ridgeway. Sie hatte eine elegante offene Kutsche mit riesigen Rädern und eine mit Verdeck, auf dem die Namen all ihrer Kinder aufgemalt waren. Aber mir gefiel die kleine zweirädrige Tonneau am besten. Sie hatte hinten eine hübsche Tür mit einem Messinggriff, durch die man einsteigen konnte. Ich durfte dieses Wägelchen selbst fahren und war ganz aufgeregt, weil es so hoppelte, wenn Candidas Pony über die Wiese am Haus galoppierte, auch wenn es mir ein wenig Angst machte und ich mich gut festhalten musste.

Als Candida mit der Kutsche in Minety ankam, sah ich zu, wie sie Eimer und Schwämme holte, um das verschwitzte Pony auf dem Hof abzuwaschen. Meine Jodhpur-Stiefel waren schlammig und meine Jeans mit Sattelfett verschmiert, und ich beneidete Candida, die bei all der Arbeit mit dem verschwitzten Pferd immer noch so schön aussah. Sie trug braune Cowboystiefel und einen langen roten Rock mit einem dicken Ledergürtel und einer goldenen Schnalle, passend zu dem kleinen goldenen Herz, das sie an einer Kette um den Hals trug, und den kleinen goldenen Ohrsteckern in Herzform. Wenn sie lächelte, konnte ich all ihre Zähne sehen, und sie sagte »Darling« zu mir, auch wenn sie dabei gleichzeitig mit ihrem Pferd sprach.

Rick hatte aus Hohlblocksteinen und einem Brett unter dem Haselnussbaum im Garten einen Tisch gebaut. Mum und Candida saßen im Schatten unter den hellgrünen Blättern, und Mum rauchte eine von den Silk Cuts, die mein Bruder am Wochenende vergessen hatte. Candida schüttelte den Kopf, als Mum ihr auch eine anbot, und sagte, sie habe damit gerechnet, nach dem Tod ihres Vaters wieder mit dem Rauchen anzufangen, aber dann habe sie es doch nicht getan. Mum brach ein Stück Brot ab, scheuchte die Fliegen von den Käsenudeln und warf den Hühnern, die in der Nähe scharrten, ein paar Brotkrumen zu. Die Hunde lagen unter dem Baum ausgestreckt und hechelten in der schweren Spätsommerhitze. Mum und Candida sprachen über die Namen der Rosensorten und die Kräuter, die Mum anbauen wollte. Und wo man im Garten am besten eine Party feiern könnte.

»Es ist himmlisch hier«, sagte Candida und legte den Kopf in den Nacken, sodass ihre blonden Haare wie ein Seidenvorhang über ihren Rücken fielen. »Absolut himmlisch. Ich will nie wieder irgendwo anders hin.«

Als erst Evangeline und dann Dash geboren wurden, kam das Zuhause-Gefühl von Minety mit einer Kraft zurück, die mich fast wie körperliche Schläge traf. Das Haus wurde in meiner Phantasie wieder lebendig, auch wenn ich seit über zwanzig Jahren nicht mehr dort gewesen war. Damals war ich achtzehn gewesen, und der Unfall hatte erst zwei Jahre zurückgelegen. Zwanzig Jahre lang hatte ich all das tief in meinem Innern verschlossen, aber als ich zum dritten und vierten Mal Mutter wurde, sah ich auf einmal alles wie unter einem Vergrößerungsglas. Vergangenheit und Gegenwart standen im Wettstreit, ich wusste nicht, wo ich lieber sein wollte, aber irgendwie gewann die Vergangenheit die Oberhand. Der Versuch, Minety in meinen Gedanken wiederzufinden, entwickelte sich zu einer Wochenbettdepression. Meine Freundin Virgil vertritt die Theorie, Frauen bekämen eine Wochenbettdepression, weil sie während der Wehen auf der Schwelle zwischen Leben und Tod stünden. Ich habe keine Angst vor den Wehen. Ich mag sie eigentlich, und wenn ich könnte, würde ich eine Geburt jederzeit dem Kochen des Abendessens vorziehen. Während einer Geburt spüre ich meine Rolle im Leben ganz besonders lebhaft und genau definiert. Dann gibt es nichts Verschwommenes, nur Ekstase. Der Absturz in die Wochenbettdepression war das genaue Gegenteil dieser emotionalen Klarheit. Es war viel, viel schmerzhafter als die Geburt, und im Gegensatz zu den Wehen zog es sich über Wochen und Monate hin, nicht nur über ein paar Stunden. Als Dash geboren wurde, spürte ich die Schwelle zwischen Leben und Tod so deutlich, dass für einen Moment meine Mutter bei mir im Kreißsaal war. Es geschah genau in dem Augenblick, als mein Körper sich plötzlich verweigerte. Ich kann gut mit den Wehen umgehen, wenn ich mich ganz auf sie einlasse und nicht davor zurückschrecke. Aber in diesem Moment überrollten sie mich förmlich. Ich wollte nach Hause, sollte doch jemand anders das Baby bekommen. Eine klare Flüssigkeit, vermischt mit Blut und Schleim, lief mir die Schenkel hinunter, während ich mich an der Bettkante festhielt. Ich hatte Angst, ich weinte, der Mut verließ mich, aber als es doch plötzlich eine kurze Pause gab, schaute ich mich um, und da war sie. »Komm zu mir«, sagte sie. »Komm her. Komm zu mir.« Sie war da, sie lächelte und sprach mit mir wie vor zweiundzwanzig

Jahren, vor dem Unfall. Und ich ging mit meinen Wehen zu ihr, und dann war auf einmal Dash da und Mum war fort.

Der einzige Lichtblick, der mein von der Depression verpixeltes Leben allmählich wieder in den Fokus rückte, war ein kleines weißes Pony namens Bliss. Damals war Evangeline fast ein Jahr alt. Wir hielten das Pony auf einem Stück feuchter Wiese auf einer Farm zwischen dem Stadtrand von Oxford und der Ringstraße, wo die Busse hinter den dicken Holunderhecken dahinfuhren und wo ein paar verfallene Ställe mit Planen und Seilen zusammengehalten wurden. Das Stück Land lag im Grüngürtel, dem bukolischen Nachklang einer größeren Farm, die längst von Häusern und einer zweispurigen Straße verschluckt worden war. Sie gehörte bereits seit Kriegsende ein und derselben Familie, die dort Milchkühe und Schweine gehalten hatte, aber in letzter Zeit grasten dort eher Ponys auf den Wiesen zur Themse hinunter, wo die Türme der Stadt Oxford einen schönen Hintergrund bildeten. Die Vermietung der Ställe lief nicht besonders gut, weil die meisten Pferdebesitzer eine Reithalle mit Flutlicht und Springturniere und so weiter vorzogen. Das gab es hier alles nicht, aber dafür war die Miete gering.

Den ganzen Sommer über radelten Dolly und ich mit Evangeline im Kindersitz durch die Siedlung zum Stadtrand, und ich brachte Dolly bei, wie man Hufe reinigte und einen Henkersknoten in die Führleine band. Auf der anderen Seite der Wiese hörte man den Verkehr auf der Ringstraße, aber meine verknoteten Nerven beruhigten sich sofort, wenn ich mit meinen Töchtern und den Ponys beschäftigt war. Es fühlte sich so vertraut an, fast wie in Minety. Dolly und ich entdeckten immer mehr Reitwege am Stadtrand entlang. Ich führte sie auf dem Pony über die Wiesen, vorbei an Hecken mit grünen Brombeeren und durch eine Unterführung mit Graffiti und zurück in unsere Siedlung, wo wir im Laden an der Ecke Süßigkeiten kauften. Einmal ritt ich auf Bliss allein über die Wiesen, obwohl meine Beine viel zu weit hinunterhingen. Es regnete heftig, und die warmen, dicken Tropfen eines englischen Sommers durchweichten mein T-Shirt, während wir durch die klatschnasse grüne Landschaft nördlich der Stadt trabten, immer noch innerhalb der Ringstraße. Ab und zu blitzte der Fluss hinter den Brennnesseln hindurch, die die Hecken zwischen den Wiesen säumten. Ich sprang ab und öffnete ein verrostetes Gatter auf dem Weg zu einem Flecken mit schulterhohem Schilf. Auf der anderen Seite des Flusses konnte ich den Puls des städtischen Lebens spüren, und hinter mir war eine Polizeisirene zu hören, aber die Wiesen waren wie ein Stückchen Wildnis, das ich in der Lücke dazwischen gefunden hatte. Ich ritt weiter am Rand entlang, vorbei an der Hecke, wo fette Hummeln in den Hundsrosen summten, und unter die breite Krone einer Eiche, wo vier Rehe aus dem Dickicht sprangen und uns anstarrten. Bliss schnaubte und ging hoch wie ein Vollblut. Die Rehe flüchteten, sprangen durch das Schilf Richtung Stadt, und ich ließ Bliss weitergaloppieren bis ans Ende der Wiese. Wir waren am Stadtrand angekommen. Hier endeten die Wiesen, die Ringstraße begann, Autos standen im Stau. Es hatte sich angefühlt, als könnte ich ewig so weiterreiten.

Aber ich konnte nicht ewig weiterreiten, ich musste nach Hause und mich um die Kinder kümmern. Als ich wieder im dunklen Wohnzimmer im ersten Stock saß und Dash stillte, die Rollläden hinuntergelassen, damit die Sommerhitze nicht hereinkam, dachte ich an nichts anderes als an einen Ort, an dem die Ponys und die Außenwelt ein beständiger Teil unseres Lebens sein konnten. Einen Ort, wo wir sie nicht nur ab und zu besuchten. Draußen würde Jimmys und Dollys Lachen bis zu mir durchdringen, aber hier drinnen hörte ich es nicht. Ich sah nur noch diese Mauern, zwischen denen ich eingesperrt war. Ich bekam keine Luft mehr.

Kurz vor Ende des Sommers fuhren wir nach Wales. Oxford war dumpf vor Hitze, das Leben hier verstummte förmlich im August. In den Vororten saßen die Jungen nur noch in Shorts auf den Gartenmäuerchen, tranken Lucozade und rauchten. Die Fensterscheiben, die mich von meinen Kindern und meinem Leben trennten, waren mir inzwischen so vertraut, dass ich mich kaum mehr erinnerte, wie es sich anfühlte, dabei zu sein. Hinten im Auto stritten sich Jimmy und Dolly um mein iPhone. Dash miaute leise in seinem Kindersitz. Ich schaltete das Radio an, um die Geräusche der Kinder zu übertönen, und setzte meine dunkle Sonnenbrille auf. Mein Blick war fest auf die Straße gerichtet.

Drei Stunden später traf mich das kristallklare Strahlen des Regens auf den leuchtend grünen Hügeln. Ich öffnete das Fenster, ließ kalte Luft in den heißen Kokon strömen und spürte ein Pulsieren wie von einer fremden Energie, ja fast schon so etwas wie Begeisterung, die mich durchfuhr, als hätten sich die Berge vor uns geöffnet und mir ihr Herz gezeigt. Wir wohnten in einem schiefergrauen Cottage, umgeben von Grün. Nachts war es so dunkel, dass Jimmy und Dolly darauf bestanden, in einem gemeinsamen Bett zu schlafen, und das Dachfenster sah aus wie ein Viereck aus Sternenlicht in einem schwarzen Himmel. Wir machten ein Picknick bei Raglan Castle und folgten dem Tipp meines Reiseführers zum Metzger in Brecon, der einen Plastikvorhang vor der Tür hängen hatte und bei dem Plastikpetersilie zwischen dem Hackfleisch und den Würsten in der Auslage steckte. An der Wand gab es eine Korktafel mit Fotos von lokalen Ereignissen. Ein Mann schob bei einer Autoshow den Daumen in die Kamera, ein paar Bilder zeigten das Schulfest, andere ein Reitturnier. Kinder mit Ponys, die Rosetten am Zaumzeug trugen, strahlten in die Kamera, und die stolzen Eltern schauten zu. Der Metzger machte einen Witz übers Wetter, während ich mir die Bilder ansah. Dash wand sich in seinem Tragetuch, und ich küsste seinen

Kopf und sah zu, wie der Metzger mit dem Beil Scheiben von rotem Fleisch abtrennte. Als er sich die rot verschmierten Hände an der weißen Schürze abwischte, schaute ich schnell weg.

»Wissen Sie, was man über das Wetter in Wales sagt?«, fragte er mich mit einem Akzent, der seiner Stimme eine überraschende Wendung gab. »Wenn es Ihnen nicht gefällt, warten Sie einen Augenblick, es ändert sich gleich.« Lächelnd gab er mir das Wechselgeld, als wäre alles ganz einfach.

Wir brieten die Lammkoteletts auf einem Einweg-Grill am Fluss in der Nähe von Brecon. Der Metzger hatte recht gehabt. Der Regen hatte aufgehört, und die nasse Landschaft erstrahlte im klaren Nachmittagslicht, als könnte sie es selbst nicht fassen. Die Wiese war zu nass, um darauf zu sitzen, aber Jimmy und Dolly spielten Fangen, und Evangeline hockte sich hin, um mir beim Anzünden des Grills zuzusehen. Allmählich wurde die Holzkohle weiß. Dash schlief in seinem Buggy. Jimmys und Dollys Stimmen drangen über die Wiese zu mir herüber, sie kletterten auf einen Zaun, hinter dem ein paar Ponys grasten. Die Koteletts brutzelten auf dem Grill, und als ich sie herunternahm, hatten sie ein Gittermuster. Evangeline spielte mit den Butterblumen im Gras. Dash war aufgewacht und kaute selbstvergessen an seinen Händchen. Ich zog meine Jeansjacke aus, damit sich Evangeline hinsetzen konnte, beobachtete, wie die Koteletts gar wurden und Farbe annahmen, und schnitt das Weißbrot und die Gurke auf, die wir in Brecon gekauft hatten. Am anderen Ende der Wiese liefen meine älteren Kinder herum und lachten, während sie sich über den Zaun lehnten und die Ponys beobachteten. Die Sonne schien. Zum ersten Mal seit Monaten war die gläserne Traurigkeit weg, und in meinem Kopf herrschte Ruhe. Der Metzger hatte recht. Die Wiese, das Feuer, die Ponys und das glasklare Strahlen der nassen Landschaft, alles schien ganz einfach.

Hier im Tal strahlte die Sonne, aber die Berge in der Ferne waren von Regenschauern verdeckt, die sich allmählich vorarbeiteten wie ein Lehrer, der mit einem weichen Bleistift Prüfungsbögen korrigierte und dem dabei nichts entging. Über dem Fluss erhob sich ein roter Drachen in den Himmel. Die Schleifen an seinem Schwanz durchschnitten die Wolkenschatten und lockten blaue Lichtstrahlen hervor. Ich nahm die Koteletts vom Grill und legte sie auf die Verpackung aus Pappe. Jimmy und Dolly waren weit weg und ignorierten meine Rufe, zum Essen zu kommen. Ich nahm Evangeline an der Hand, ließ Dash, der aufmerksam das Gras betrachtete, in seinem Kinderwagen stehen, und wir gingen durch das hohe, breitblättrige, nasse Gras zu den drei Ponys hinüber. Das graue hob kauend den Kopf. Eine dicke Strähne verdeckte seine Augen. Es beobachtete Evangeline und mich einen Moment und graste dann weiter. Von der Hecke her winkte uns Jimmy zu. Evangeline ließ meine Hand los und lief zu ihren Geschwistern.

Ich lehnte mich mit den Unterarmen auf das Gatter, legte den Kopf darauf und schloss die Augen. Kein Geräusch war zu hören, kein Vogelzwitschern, nur das Blut in meinem Kopf und das leise Kauen der Ponys, die sich mit gesenkten Köpfen durchs Gras arbeiteten. Das Metall des Gatters lag kühl unter meinen Händen, und die warme Luft ließ mich tief durchatmen. Das satte Grün der Landschaft umgab mich, die Zeit lief zurück, und ich sah nicht mehr meine eigenen Kinder da drüben auf der Wiese, sondern mich selbst, wie ich als Kind neben Mum einer weißen Kreidelinie folgend einen grünen Hügel hinaufgegangen war.

Ich öffnete die Augen wieder, schaute in den Himmel und sah den roten Drachen, der sich drehte und drehte, ein endloses Drehen von Energie da oben, außerhalb meiner Reichweite, ein Lebensfaden, der mich aus der Gegenwart mit meinen Kindern zurückzog, zu Mum und noch weiter zurück in eine Vergangenheit, die ich nicht kannte und die doch so stark und immerfort in mir gewesen war.

Fünf Monate später verließen wir die Stadt, und ich zog zurück aufs Land. Wir fanden einen grünen Hügel außerhalb von Oxford in einem Dorf namens Baulking, im Schatten des Ridgeway nahe Uffington, wo ein uraltes weißes Kreidepferd vor meinem Fenster über den Hügel galoppierte.

Kapitel 2

Es ist ein weißer, harter Tag Anfang Februar, sechs Wochen nach unserem Umzug nach Baulking, und heute ist der Himmel nicht blau. Er ist bestenfalls weiß, größtenteils aber grau wie schmutziges Eisen. Ein paar Krähen kreisen wie schwarze Punkte über uns und begleiten uns. Dash, Evangeline und ich sind die einzigen Menschen auf dem White Horse Hill. Hier oben ist es eisig. Meine Hände in den lila Strickhandschuhen krallen sich um die Griffe des Zwillingsbuggys, als gehörten sie nicht zu meinem Körper. Ich beeile mich, gerate außer Atem, das Jammern der Kinder treibt mich an. Ich sage ihnen, sie sollen aufhören, und ignoriere ihre Bitte anzuhalten. Wenn ich jetzt abbremse, fangen sie an, sinnlos rein und raus zu klettern, und verlieren ihre Handschuhe von den winzigen, eiskalten Händchen.

»Schaut doch mal, was wir wohl da oben finden! Wir finden bestimmt etwas Schönes, Evangeline. Was meinst du, was ist da oben auf dem Berg? Dash, kannst du dir vorstellen, was da oben ist? Vielleicht ein Drache? Oder ein weißes Pferd?« Ihre kleinen roten Gesichter flehen mich an, woanders hinzufahren, sie in ein Haus zu bringen, aber ich marschiere weiter. Ich bin ungeduldig und gereizt, weil ich das weiße Kreidepferd nicht sehen kann. Schließlich habe ich es Evangeline versprochen. Ich wünschte, ich könnte der Kälte und dem Gejammer entkommen, aber dann wuchte ich den Buggy den letzten Hang hinauf zu der Festung oben auf dem Hügel. Ich drehe mich um, plötzlich ist es ganz still. Die dunkle Winterwelt unten im Tal öffnet sich, und unter mir liegt das Pferd. Wir stehen direkt darüber. Ich atme aus und spüre, wie die schartige Gereiztheit in mir sich legt. Ich gehöre zu Land und Himmel, aber ich fühle mich auch von ihnen getrennt, als würde ich mir selbst zuschauen, wie ich auf dem Hügel stehe. Dann fängt es an zu schneien, obwohl die Dörfer da unten doch so wohlig eingepackt und warm aussehen. Evangeline neben mir hat sich von ihrem Gurt befreit und klettert aus dem Buggy wie von einer gigantischen Klippe.

»Kaaalt«, sagt sie, zieht eine Grimasse und zupft an meinem Hosenbein, damit ich sie in die Arme nehme und wärme. »Kalt, kalt, Mama.«

Dash schläft wie betäubt von der frischen Luft unter seiner Decke. Ich hebe Evangelines Gesicht an meins, Wange an Wange. »Komm, wir rennen, solange Dashy schläft«, flüstere ich ihr zu. Wir toben durch den Schnee und laufen um das weiße Pferd herum, das sich über den Hang erstreckt wie eine Mathematikaufgabe von Mensa. »Halt dich fest, Evangeline, jetzt fliegen wir«, lache ich und springe aus der normalen Welt hinaus in den Kreidekreis, der das Auge des weißen Pferdes darstellt. »Wünsch dir was, Evangeline, schnell, wünsch dir was.«

Ich war neun, als ich zum ersten Mal über das weiße Pferd rannte, und es kennt einige meiner größten Geheimnisse und Sehnsüchte; der Überlieferung zufolge wird das, was man sich wünscht, wenn man im Auge des Pferdes steht, wahr. »Bitte respektieren Sie dieses archäologische Denkmal und betreten Sie das Pferd nicht«, besagen die Schilder des National Trust rundherum. Und natürlich respektiere ich es, aber manchmal wird der Drang, das kreidige Weiß unter meinen Füßen zu spüren, einfach zu stark.

»Clover wie Klee? Drei oder vier Blätter, Schätzchen?«, werde ich öfter von Männern gefragt, die sich für originell halten, während sie sich an mich lehnen und ihr Bierglas zum Mund heben. Sie haben überhaupt nichts Zauberhaftes. Ich glaube an die

Macht von Elstern, schwarzen Katzen und Salz im Auge des Teufels. Und das Auge des weißen Pferdes ist ein Ort, an dem ich an das Glück und an die Kraft der Zeit und der Natur glauben kann. Und an das Schicksal.

Das weiße Pferd von Uffington liegt am Ridgeway, so benannt nach dem angelsächsischen Wort *hrycg*, Bergrücken. Durch Zeit und Raum führt dieser prähistorische Weg von dem uralten Steinkreis bei Avebury über die North Wessex Downs hinauf nach Streatley, wo er die Themse überquert, sich in den Chilterns fortsetzt und an den letzten Vorstadtfransen von London zum Icknield Way wird. Er hat eine bewegte Vergangenheit und bildete unter anderem einmal eine Landstraße vom Ärmelkanal bis zur Nordsee. Die Römer haben sich nicht sonderlich für den Ridgeway interessiert, weil er zu hoch und zu trocken war, der Icknield Way jedoch gehörte zu ihrem Straßensystem. Und obwohl Swindon sich direkt unterhalb erstreckt und man die Eisenbahnstrecke von Paddington und die M4 sehen und hören kann, vermitteln die Höhe und Einsamkeit des Ridgeway einem das Gefühl, als wäre man irgendwo in der Wildnis.

Als ich noch jünger war, stieg mein Vater freitagabends manchmal in Swindon, eine Station vor Kemble, aus dem Zug, wenn er aus London nach Hause kam. Auf die Pfosten am Bahnhof dort sind Narzissen aufgemalt, und es gibt Hängekörbe mit bunten Blumen, was bedeutet, dass es immer noch im Rennen um den Titel des hübschesten Bahnhofs in Großbritannien ist, aber ich kann trotzdem an keinem Wegweiser Richtung Kemble vorbeifahren, ohne dass sich alle meine Muskeln anspannen, als erwarteten sie einen Schlag. In Kemble hatte meine Mutter den Unfall, auf dem alten Flugplatz, wo unter dem hohen Gras Betonstreifen verborgen liegen, über die ihr Pferd stürzte.

Swindon jedoch kann mir nichts anhaben. Manchmal atme ich tief durch und fahre in eins der Einkaufszentren dort, um neue Schulschuhe für die Kinder zu kaufen. Swindon dehnt sich bis weit ins Umland aus, und die Geschäfte liegen zwischen Siedlungen, die The Orchards oder Meadow View heißen. Tatsächlich hat die Stadt ganze Dörfer verschluckt, die damals zwischen ihr und Minety lagen, als wir noch Kinder waren.

»Swindon ist die am schnellsten wachsende Stadt Europas«, sagte Mum einmal zu mir, als wir von Cirencester nach Hause fuhren. Wir hatten dort Lebensmittel fürs Wochenende eingekauft. Auf dem Rücksitz lag Zaumzeug, das sie beim Sattler hatte reparieren lassen, und daneben stand der Korb, den sie als Handtasche benutzte. Darin steckten großformatige blaue Notizblöcke, was bedeutete, dass sie den ganzen Tag als ehrenamtliche »Friedensrichterin« am örtlichen Gericht verbracht hatte. Nach unserem Umzug nach Minety hatte sie sich ins Dorfleben gestürzt, für den Gemeinderat kandidiert und eine deutlich sichtbare Rolle im Blumenschmuckteam der Kirche übernommen. Unser Garten war vom Kirchhof nur durch eine hohe Mauer getrennt, und Mum ging sonntags mindestens einmal zur Kirche, manchmal auch zweimal, wenn es zusätzlich zum Gottesdienst ein Abendgebet gab. Als ich noch zu klein war, um über die Kirchenbank zu schauen, kniete ich gern neben ihr und versuchte mir das Magnificat als riesigen schwarzen Panther vorzustellen. Später, als Teenager, vertrieb ich mir die lange Zeit der Predigt damit, das Gebetbuch durchzublättern und die Namen der Jungs aus dem Ponyclub, in die ich verliebt war, in die leeren Stellen der Hochzeitsagenda zu schreiben.

Mum, die genug hatte von den Akademikern und der Enge in Oxford, genoss das Dorfleben. Natürlich war sie nicht organisiert genug, um mit einem Klemmbrett herumzulaufen oder die Rechnungen im Rathaus zu prüfen, und ihre Blumen für die Kirche waren die gleichen wie bei uns zu Hause auf dem Küchentisch oder auf dem Kaminsims: große, wilde Arrangements mit Wiesenkerbel, Kastanienblüten und Gänseblümchen im Frühsommer oder Lorbeer, Efeu und Nieswurz im Herbst.

Sie arbeitete nicht im Sinne einer klassischen Berufstätigkeit, aber sobald wir keine Kleinkinder mehr waren, strebte sie danach, mehr zu sein als »nur« Mutter. Und aus diesem Grund war sie auch ehrenamtliche Richterin in Malmesbury und verhandelte dort die kleineren Fälle.

Als ich sie fragte, warum Swindon so schnell wuchs, sagte sie, das läge an den Computern. »IT, sagen sie immer, ich vermute, das steht für ›Informationstechnologie‹«, erklärte sie. An diesem Morgen hatten sie im Gericht den Fall eines Mannes verhandelt, der im Besitz von Diebesgut gewesen war, darunter auch eine Computermaus. »Er tat mir leid, weil die Sachen nicht viel wert waren, er muss also ganz verzweifelt gewesen sein, so etwas zu stehlen. Aber wenn ich ehrlich bin … ich habe nicht die geringste Ahnung, was eine Computermaus sein soll, Clover.« Sie zog die Augenbrauen hoch und lächelte über ihre eigene Dummheit. Dann griff sie nach einem der Brötchen, die wir in der Bäckerei in Cirencester gekauft hatten.

Die Bäckerei hieß Anne's Pantry, und man bekam dort sogenannte »Honigbrötchen« mit einer dicken Schicht geschmolzenem Zucker unten, einem süßen Teig innendrin und Puderzucker obendrauf. Nie habe ich ähnlich süße oder seltsam köstliche Brötchen gegessen wie dort. Leider gibt es die Bäckerei nicht mehr, heute befindet sich ein Antiquitätenladen in den Räumen. Mum hatte zwei Tüten voll davon gekauft, weil ein paar Freunde zum Tee kommen sollten. Aber keiner von uns würde sie an diesem Tag essen, denn kurz vor Minety kamen wir zu einer großen Wiese, auf der zwei Pferdewagen standen. Unter den Wagen waren ein paar Lurcher-Windhunde angebunden. Vier schwere schwarz-weiße Ponys grasten daneben, und der Rauch eines Lagerfeuers wehte unter einer Wäscheleine zwischen den Wagen hindurch. Mum schoss förmlich aus dem Auto, schnappte sich die Brötchentüten von meinem Schoß und ließ den Motor laufen, während sie der Familie die Tüten übergab. Die Leute standen im hüfthohen Gras. Als sie zum Auto zurückkehrte, strahlte sie wie die Sonne.

»Ich kann ihnen einfach nicht widerstehen. Die Wäsche und die Ponys und das Lagerfeuer. Honigbrötchen kann ich jeden Tag haben, aber die Fahrenden …« Sie klang ganz versonnen und warf mir einen Blick zu, weil ich wegen der Brötchen schmollte. »Sie sind doch einfach zauberhaft mit ihren schwarz-weißen Ponys, findest du nicht, Clover, Liebes?«

Danach ließ Mum unser graues Reitpony Annie zum Kutschpferd ausbilden. Ihr Freund Mark Palmer, der in der Nähe von Cirencester lebte, übernahm die Aufgabe. Er war Pferdehändler und in den Sechzigerjahren mit Pferd und Wagen durchs Land gezogen, und auch jetzt strahlte er noch etwas verführerisch Verbotenes aus.

»Er ist ein echter New-Age-Traveller«, sagte Mum und klang ganz atemlos, als wir Annie zu ihm brachten. Ein paar schwarzweiße Pferde schauten aus seinem Stall, und eine Handvoll dicker Zuchtstuten grasten gemütlich auf der Weide hinter dem Haus. Mark war jünger als Mum, sah aber ganz anders aus als die meisten Pferdeleute, die ich seit unserem Umzug nach Minety kennengelernt hatte. Er trug eine rote Bomberjacke statt des üblichen Tweed-Jacketts oder der Wachsjacke, und hatte sein grau meliertes Haar zu einem stacheligen Irokesen gestylt. Mum hatte mir erzählt, dass sie seine tiefe, fast lyrische Stimme liebte, weil sie ihr mehr Selbstvertrauen bei den Pferden gab. Jetzt lehnte er an seinem Auto und erklärte ihr, was er mit Annie vorhatte. Auf dem Rücksitz des Wagens sah ich Sitzbezüge im Leopardenmuster und einen Sattel. Als Mark Mum anlächelte, glitzerten die Goldzähne in seinem Mund.

Annie blieb ein paar Wochen lang bei ihm, und er brachte ihr bei, einen dicken Lederkragen zu tragen, mit dessen Hilfe sie den Wagen ziehen konnte. Bisher kannte sie ja nur Reiter auf ihrem

Rücken. Zuerst band er einen Autoreifen an den Kragen, den sie über seinen Hof zog, dann einen seiner grün-gelben Karren. Annie hatte breite Schultern, sie war ein Welsh-Mountain-Mix mit freundlichen Augen und spitzen Ohren. Und sie lernte schnell. Nachdem Mark ihr das Ziehen eines Karrens beigebracht hatte, fuhren Nell und ich den ganzen Sommer mit ihr herum. So kamen wir in die Nachbardörfer und konnten an warmen Abenden mit unseren Freundinnen in den Baggerseen schwimmen gehen.

Mark kam ebenfalls nach Minety. Er war mit seinem bunt bemalten Wagen auf dem Weg zu einem Pferdemarkt in Somerset. Nell und ich halfen ihm, bei uns im Hof das Pferd zu waschen und einen Pflock in den Rasen zu schlagen, damit es grasen konnte. Er saß mit uns in der Küche und aß Mums Lasagne, und als es dunkel wurde, zündete er auf dem Rasen ein Lagerfeuer an, in dessen Flammenschein die Schatten der Obstbäume tanzten.

»Ihr könntet eigentlich mitfahren, Mädels«, sagte er, und seine Goldzähne funkelten in der Finsternis. Wir waren stinkwütend auf Mum und Rick, als sie uns am nächsten Tag doch in den Schulbus setzten. Ich verstand gar nicht, wie sie so unvernünftig sein konnten, schließlich würde ich doch nie wieder so einen Wagen sehen, geschweige denn darin reisen. An diesem Tag hasste ich meinen engen Blazer aus Kunstfaser und jeden einzelnen Strahl der Morgensonne. Wie sehr sehnte ich mich nach der Freiheit, die Mark uns gezeigt hatte, nach dem zeitlosen Klappern der Pferdehufe auf der Straße und dem Knirschen der Wagenräder.

Eine Schwäche für schwarz-weiße Ponys bringt mich einunddreißig Jahre später dazu, an einem heißen Samstagnachmittag drei Stunden von Baulking nach Leominster zu fahren, um mir ein winziges, geschecktes Shetlandpony namens Holly anzusehen. Sie ist kaum größer als ein kräftiger Labrador, hat eine struppige braun-weiße Mähne, und ich sehe, dass Evangeline sich genauso heftig in sie verliebt hat, wie Mum es getan hätte. Evangeline ist klein für ihr Alter, aber sie hat eine unbändige Energie, genau wie Jimmy, als er noch sehr klein war. Mit sieben Monaten ist sie aus dem Hochstuhl geklettert, und seitdem hüpft und springt sie ununterbrochen. Das Haus in Baulking hat eine sehr kleine Koppel, gerade groß genug für ein winziges Pony. Ich kaufe Evangeline einen Kindersattel mit hohem Knauf und Rücken, damit sie gut sitzen kann, und einem Griff vorn, damit sie sich erst mal nicht mit den Zügeln abgeben muss.

Hollys Ankunft hat für mich zur Folge, dass ich nicht mehr im Park hinter der Schaukel oder vor der Rutsche herumstehen muss. Es gibt ja jetzt ein Pony, mit dem man spielen kann. Evangeline und Dolly kramen eine alte Schachtel aus der Scheune hervor, und bald liegen überall im Garten Stirnbänder aus Leder und nicht zusammenpassende Steigbügel herum, während sie versuchen, die Trense mit dem kleinsten Gebiss, das ich auftreiben konnte, zu verbinden.

Vor unserem Haus in Baulking zieht sich ein großer Dorfanger gut eine Meile weit an einem Pfad entlang, der hinaus in die Felder führt. Um den Anger herum stehen ein Dutzend Häuser, und auf einer Seite gibt es einen Teich mit Reet, das zum Dachdecken benutzt wird. Ende Mai kommen die Kühe, die den Sommer über auf der Wiese grasen. Weiter im Süden liegt der schartige Horizont des Ridgeway mit dem Umriss des weißen Pferdes.

Dolly rennt mit Holly an der Führleine über den Anger, Evangeline sitzt im Sattel. Sie trägt ein rotes Ballettröckchen über den Reithosen und hat ihren Sturzhelm mit lila- und pinkfarbenem Stoff geschmückt. Holly trabt, sodass Evangeline im Sattel auf und ab hüpft und ihr Helm hin und her tanzt. Sie quietscht vor Vergnügen.

»Und sie riecht so gut«, sagt Dolly und bückt sich, um Hollys kleines rosafarbenes Maul zu streicheln. »Ich will mir nie mehr die Hände waschen, damit ich immer nach Pony rieche.« Sie hält mir die Hände vors Gesicht, damit ich Holly auch riechen kann, und für einen Moment bin ich wieder bei Candy, dem Pony, das mir wirklich das Reiten beigebracht hat. Candys Fell hatte die Farbe von Pilzen, die man ein bisschen zu lange im nassen Gras hat liegen lassen. Er hatte schwarze Augen und eine dicke Mähne, die immer zu einer Seite fiel.

»Halt dich fest, wenn du das Gefühl hast, du fällst«, sagte meine Tante Theresa, auch Teesa genannt, die in Northumberland lebte und bei der wir damals die Schulferien verbrachten. Candy gehörte ihr, neben einem ganzen grünen Hügel voll Kaltblütern, ein paar hysterischen Rennpferden, schlanken Jagdpferden und einer wilden Sammlung an Ponys für ihre beiden Söhne, meine Cousins Sam und James. Teesa bringt jedem Menschen das Reiten bei, selbst einem Teenager, der noch nie etwas anderes als London gesehen hat und sich Sorgen um seine Wildlederschuhe und die schicke Lederjacke macht. Sie ist eine dieser Frauen, die laut lachen und noch mitten im Winter nackt in einem See schwimmen. »Wie Rambo«, erklärte ein Freund von mir einmal atemlos, nachdem ich ihm Teesa vorgestellt hatte.

Ich war schon sieben Jahre alt, als wir nach Minety zogen, meine ersten Pony-Erinnerungen stammen also aus den Schulferien bei Teesa. Rick arbeitete damals fast ununterbrochen. Er hatte direkt nach der Uni die Leitung der Dreharbeiten zu *Coronation Street* übernommen. Manchmal wohnte er auch von Montag bis Freitag in Manchester oder Glasgow, wo er für Granada arbeitete, oder später dann in London. Zudem war er häufig im Ausland. Er war ein Teil meiner frühen Kindheit, aber weil er so oft auswärts arbeitete, ist in meinen Erinnerungen Mum für die Kontinuität zuständig. Erst als ich ein Teenager war, nach Mums Unfall, kommt Rick stärker ins Bild, bildet einen warmen Mittelpunkt, und das ist er noch. Er ist da, wann immer ich ihn brauche. Nell und ich nannten ihn immer Rick, nicht Dad, weil Emma, Tom und Sophy ihn auch so nannten. Er war ja ihr Stiefvater. Außerdem fühlte er sich auch nicht so sehr nach »Dad« an. Wenn ich nach der Schule bei einer Freundin spielte, wurde der sonnige Nachmittag im Garten durch die Ankunft von »Dad« immer ein wenig verdunkelt. Diese Dads kamen im Anzug und mit einer Aktentasche in der Hand von der Arbeit. Bei Rick war das ganz anders. Er trug meistens eine Lederjacke, und er war der erste Mensch, den ich kannte, der Timberlands trug.

Mum war zwölf Jahre älter als Rick, und manchmal tat Rick so, als wäre er Mums heimlicher Sohn, und er kam gern in den Pony Club und zu den Reit-Turnieren, um Nell und mir zuzusehen. Dann tat er immer furchtbar ehrgeizig und brüllte uns Anweisungen zu, zum Beispiel am Wassergraben. Dabei konnte er die beiden grauen Ponys, die Nell und ich ritten, kaum voneinander unterscheiden. In der Regel ließ er uns machen, was wir wollten, er schimpfte kaum, außer wenn er das Gefühl hatte, wir würden uns in der Schule nicht genug anstrengen. Dann erklärte er, wie enttäuscht er sei und dass er erst wieder mit uns sprechen würde, wenn wir uns mehr Mühe gäben.

Weil er so viel arbeitete, um Mum und ihre fünf Kinder zu unterstützen, fuhr er nicht oft mit uns in die Ferien. Die langen Fahrten zu unseren Cousins in Schottland, Norfolk oder Cornwall sparte er sich, stattdessen nahm er zwischendurch lieber den Zug und besuchte Mum. Mum packte zu Beginn der Ferien ihren weinroten Citroën voll mit Gummistiefeln, Koffern und Hundebetten. Das alles kam auf die Rückbank, und Nell und ich bauten uns ganz hinten mit unseren Schlafsäcken ein Nest. Die Kofferraumklappe diente uns als Rücklehne. Ich liebte dieses Gefühl, mit Mum und Nell eingezwängt in dem warmen Auto zu sitzen, vor allem wenn es regnete und die Wassertropfen auf die Windschutzscheibe prasselten. Ich fühlte mich dann immer herrlich sicher und geborgen.

Ferien bei Teesa fühlten sich nie so an, als würden wir nach Hause kommen, weil Teesa uns auf eine andere Art bemutterte als Mum, schärfer und lauter. Aber es waren immer spannende Ferien voller Adrenalin.

»Schneller, noch schneller, die Fersen, lass ihn laufen, noch mal die Fersen!«, so klangt Teesa, wenn wir trabten, statt zu galoppieren. Sie wollte, dass wir galoppierten und sprangen und runterfielen und gleich wieder aufstiegen. »So ein Pony ist wie ein Motorrad«, erklärte sie uns.

Sie wusste, wie sie ihren Söhnen die Ponys genauso schmackhaft machen konnte wie das Motorrad, dass ihr Mann Derwy in der Garage stehen hatte. James wurde ständig ausgeschimpft, weil er schon wieder über dem Tank hing und die Dämpfe einatmete, und wir alle bekamen einen Riesenärger, als ich mir das Bein am Auspuff verbrannte, nachdem Derwy das Motorrad abgestellt hatte. Wir durften uns nämlich nicht daraufsetzen. Und die Brandwunde schmerzte wie ein Wespenstich.

Mit Sam und James verbrachten Nell und ich ganze Tage auf dem Rücken der Ponys. Wir ritten auf der Wiese hinter dem Haus, picknickten und nahmen uns eine Uhr mit, damit wir wussten, wann wir wieder nach Hause zurückkehren mussten. Wir ritten durch dunkle, moosige, flaschengrüne Wälder und hielten an, um am Rand der schattigen Wege mit Stöcken in Ameisenhaufen herumzustochern. Dann stießen wir unseren Ponys die Fersen in die Seiten, damit sie über umgestürzte Bäume am Wegrand sprangen. Der Wald fühlte sich immer ein bisschen künstlich an verglichen mit der großen offenen Wiese oberhalb des Hauses, wo wir gelbe Butterblumen pflückten, die dufteten wie Pfirsiche. Teesa zeigte uns, wie wir die Zügel an die Steigbügel binden mussten, damit die Ponys frei neben uns grasen konnten. Dann lagen wir im kurz geschnittenen Gras bei den Schafen, aßen unsere Eibrote und Penguin-Riegel und teilten uns eine Flasche Gerstenwasser mit Zitronengeschmack.

Wir tauschten die braven Hütten in unserem Garten in Oxford gegen riesige Lager, die wir um die grauen, flachen Steine in der Landschaft errichteten. Da wir Kinder waren, spielte Hierarchie eine große Rolle. Nell war immer die Anführerin, und Sam war ihr Assistent, obwohl er ein paar Monate jünger war als ich. James, der ein weiteres Jahr jünger war, war sozusagen mein Zwillingsbruder.

»Wir gehören zusammen, Clo«, sagte er immer, und ich nahm seine heiße, pummelige Hand in meine, wenn wir nach trockenem, morschem Holz suchten, wie Nell uns befohlen hatte. Zurück im Lager brachen wir die Holzscheite auf, um an das weiße, flockige Innere zu kommen. Daraus machte Nell in ihrer Phantasie-Lagerfeuerküche dann feinstes Brathähnchen.

Zwei Wochen blieben wir jeden Sommer bei Sam und James, nahmen an den Wettbewerben des Pony Clubs teil, lernten Leichttraben und uns richtig nach vorn zu beugen, wenn Candy über die bunten Mini-Hindernisse sprang. Als wir von Oxford nach Minety zogen, konnten Nell und ich ordentlich, mit heruntergestreckten Fersen, auf einem Pony sitzen und die Zügel richtig halten, sodass sie zwischen Ringfinger und kleinem Finger hindurchglitten. Wir konnten auch ein Pony über ein Hindernis treiben, ohne Angst zu haben, dass wir abgeworfen werden könnten.

An meinem siebten Geburtstag dann wurde Minety zu meinem Zuhause, und Pudding, ein brauner Halb-Araber mit einem weichen, gelben Maul, wurde mein erstes eigenes Pony. Meine Großmutter strickte mir einen braunen Pullover, den ich mit einem roten Button trug, auf dem stand: »ICH BIN 7«. Mit meinem neuen Reithelm aus schwarzem Samt fühlte ich mich unheimlich erwachsen.

Pudding war dick und hübsch, sie hatte lange Wimpern, aber sie war auch ziemlich faul und eigentlich ein Miststück. Bei Springwettbewerben war sie eine Katastrophe. Ständig blieb sie einfach stocksteif vor den Hindernissen stehen, sodass alle Stangen hinunterfielen, oder duckte sich unter dem Zaun hindurch und warf mich ab. Mum kaufte mir eine Gerte mit Metallknopf und Schlaufe fürs Handgelenk, damit ich sie beim Runterfallen nicht verlor, und ich lernte, Pudding über die Hindernisse zu treiben, mit klatschenden Beinen und wild wirbelnder Gerte. Im Pony Club gewann ich nie eine Rosette für die beste Dressurnummer oder die schnellste fehlerlose Runde, aber ich bekam immer den Preis für die entschlossenste Reiterin.

Aber das wollte ich nicht sein. Ich wollte sein wie Georgie, die mit einem Pferde-Transporter und einem eigenen Stallknecht zu den Wettbewerben erschien. Georgie führte ihr Pony, das glänzte wie poliert und eine fein geflochtene Mähne hatte, aus dem Wagen, und der Knecht lief herum, wickelte dem Pony die Bandagen von den Beinen und zog ein paar Halme Stroh aus seinem Schweif. Wenn sie aufgestiegen war, kniete er sich hin und strich Öl auf die Hufe ihres Ponys. Das Tier sah aus wie gemalt, sehr rassig, wie ein Mini-Vollblut, ganz anders als die struppigen Pferdchen, die Nell und ich ritten und die auf irgendwelchen schlammigen Wiesen lebten und im Winter durch knöcheltiefen Matsch wateten. Kein Wunder, dass sie zottiges Fell hatten und voller Dreckspritzer waren.

Ich hasste es, neben Georgie zu parken, weil Pudding immer Theater machte. Sie wieherte und quietschte und ließ den ganzen Viehwagen, mit dem Mum uns fuhr, erzittern. Georgie musste nie eine entschlossene Reiterin sein und ritt immer fehlerlose Runden, die mir nie gelangen, weil Pudding mich zwischendurch einfach abwarf. Sie lebte eine Stunde von uns entfernt auf der anderen Seite von Cirencester, hoch in den Cotswolds, wo man Range Rover fuhr und in Steinhäusern wohnte und wo es keine nassen Wiesen mit schlammigen Gräben voller Kaulquappen gab wie bei uns in Minety. Mum sagte mal zu Rick, Georgies Vater würde in Südafrika für einen Sicherheitsdienst arbeiten. Er war nie zu Hause. Georgie hatte einen dunkelroten Swimmingpool mit warmem, dampfendem Wasser und dicke, kaschmirweiche Teppiche in jedem Zimmer, sodass ihre Mutter barfuß durchs Haus ging, auch im Winter. Ihre Zehennägel waren strahlend rosa wie die Geranien im Wintergarten. Ich tat Georgie gegenüber so, als wäre all das auch für mich völlig selbstverständlich, und erzählte ihr nicht von den mottenzerfressenen indischen Webteppichen und den ausgefransten Schilfmatten, die Mum immer wieder mit einer dicken Nadel zusammennähte. Diese Teppiche lagen in unserem Spielzimmer in Minety, wo die Küche das einzige wirklich warme Zimmer war. Mum schaltete jedes Mal die Heizung aus, sobald Rick am Ende des Wochenendes nach London zurückfuhr, und wenn wir uns beschwerten, weil uns kalt war, sagte sie: »Dann sei vernünftig und zieh dir Schuhe an, Liebes.«

Georgie hatte ein großes Zimmer mit Taftvorhängen und Stuckrosetten über dem Bett und einen Frisiertisch mit Glasplatte. Manchmal, wenn Georgie und ich mit ihrem Barbiehaus spielten, stand ich auf, um aufs Klo zu gehen, das am anderen Ende eines langen Flurs lag, nur um leise durch das Haus laufen und mir vorstellen zu können, ich würde dort leben. An der Wand im Zimmer ihres Bruders hing ein Rugby-Hemd, und auf der marmornen Arbeitsplatte in der Küche stand ein Fernseher, in den ihre Mutter immer starrte, während sie die Quiche, die die australische Nanny vorbereitet hatte, zum Abendessen aufwärmte.

Ein paar Monate nach unserem Umzug von Oxford nach Minety buckelte Nells Pony Marble auf der Koppel hinter dem Haus, und Nell fiel hinunter und brach sich den Arm. Sie war eine mutige Reiterin und brach sich in den nächsten Jahren so ziemlich jeden einzelnen Knochen. Dann bekam sie im Schulbus Autogramme auf den neuen Gips oder humpelte auf Krücken in die Schule, weil sie sich die Kniescheibe zertrümmert hatte. Ich war immer neidisch auf die Krücken und all das Drama um Nell, aber sie war eben wilder als ich und verbrachte auch viel weniger Zeit auf Mums Schoß. In einem Korb in ihrem Zimmer zog sie einmal ein Elsternjunges auf, das seine Mutter verloren hatte, und nahm es sogar mit in die Schule, um es im Naturwissenschaftslabor mit einer Pipette zu füttern. Sie bastelte aus dem Zaumzeug eines Schaukelpferdes Geschirre für Mums Schafe, und wohin auch immer sie ging, folgte ihr eine ganze Menagerie an kleinen Lebewesen. Sie ritt selbst mit eingegipstem Arm.

Irgendwann wurde Pudding verkauft, und nach ihr gab es in meinem Leben noch drei kleine weiße Ponys: Henry, Twiglet und Dapple. Mit diesen dreien hatte ich zum ersten Mal das Gefühl, etwas allein zu tun, unabhängig von meiner Mutter. Ich konnte die Tiere kontrollieren, sie traben und galoppieren lassen oder mit ihnen über Hindernisse springen, nicht nur an der Führleine mit Emma neben mir. Auf dem Rücken eines Ponys konnte ich mich von Mum und Nell entfernen und genoss eine Beziehung, die ganz und gar mir gehörte. In der Schule war ich immer nur Nells kleine Schwester, weniger schlau und weniger beliebt als sie. Ich brachte keine Elstern mit in den Unterricht und wusste auch nicht, wie man eine Gruppe anderer Kinder anführte. Auf dem Pony war ich wenigstens ein eigener Mensch. Und ich konnte gut reiten. Es fühlte sich ganz natürlich an, tief und ruhig im Sattel zu sitzen, sodass meine Hüften und meine Taille mit der Bewegung des Tieres mitgingen. Ich sprang und galoppierte gern und lernte sogar, im Damensitz zu reiten.

»Du hast gute Hände«, sagte meine Lehrerin im Pony Club, die mir – und nur mir – ein fantastisches Dressurpferd anvertraute, das von einer Frau namens Pammy dort eingestellt worden war. Pammy trug immer ein Kopftuch und sah ein bisschen aus, als gehörte sie zu den Royals, und während Mum und ich zugesehen hatten, wie ihr Pferd mit viel Tamtam aus einem hausgroßen Transporter geführt worden war, hatte Mum mich in die Seite geknufft und geflüstert: »Schau doch … sie hat für England bei den Olympischen Spielen eine Goldmedaille gewonnen.« Damals ritt ich zum ersten Mal auf einem »richtigen« Pferd, das auf die leichtesten Schenkelhilfen reagierte, während ich engen Kontakt über die Zügel hielt. Sein Maul war butterweich.

Manchmal, wenn sie in Minety waren, kamen meine Geschwister Emma, Sophy und Tom vorbei, um zuzuschauen. Als sie noch klein gewesen waren, hatte sich Mum von ihrem ersten Mann getrennt und war mit den dreien nach Oxford gezogen, wo sie später Rick kennengelernt und mit ihm Nell und mich bekommen hatte. Als wir fünfzehn Jahre später nach Minety zogen, wohnten Emma, Sophy und Tom schon nicht mehr zu Hause, kamen aber oft zu Besuch, an den Wochenenden und zu Weihnachten. Sie sahen zu, wie Nell und ich bei den Turnieren ganze Wände voller Rosetten gewannen, weil wir das schnellste Paar weit und breit waren. Wir reisten immer noch mit dem Viehtransporter, aber unsere Ponys liefen schnell und präzise. Es war Mum, die all das überhaupt möglich machte. Sie stand früh auf, um uns beim Flechten der Mähne und Reinigen der Hufe zu helfen, und fuhr uns meilenweit zu den Wettbewerben. Und Rick zeichnete alles auf. Er hatte immer eine Kamera dabei und brachte Mum dazu, den Kopf in den Nacken zu werfen und laut zu lachen, weil er ihr mit einer witzigen Bemerkung seine kleine Whiskeyflasche gereicht oder einfach alle Würstchen aufgegessen hatte, die sie fürs Picknick vorbereitet hatte.

Meine Schwester Sophy lebte in Yorkshire und kam nicht so oft zu Besuch, aber die Wochenenden mit Emma und Tom, die meist auch noch Freunde mitbrachten, waren großartig, auch wenn sie erst am späten Freitagabend kamen. Dann war auch Rick schon da und hatte irgendetwas Ausgefallenes zum Essen mitgebracht, zum Beispiel Pesto, Parmesan und Olivenöl, die er bei einem Italiener in Soho gekauft hatte. Emma kam am häufigsten. Sie hatte braune Locken und fuhr einen knallroten Metro, in den sich ihre hochgewachsenen Freunde förmlich hineinfalten mussten. Manchmal wurde ich ins Bett geschickt, bevor sie ankamen, aber es war immer furchtbar aufregend, wenn sie dann zu mir ins Zimmer kam und einen Hauch von London und der großen weiten Welt mitbrachte, weit entfernt von den Ponys in Minety. Sie kniete sich vor mein Bett und erzählte mir von einer Party, wobei ihr dickes goldenes Kettenarmband leise klimperte.

»Bleib noch da, bitte, noch eine Geschichte!«, bettelte ich, legte ihr die Arme um den Hals und atmete all die Aufregung ein, die ihre Nähe in mein Zimmer brachte. Dann lachte sie und küsste mich und versprach mir, dass wir am nächsten Morgen jede Menge Spaß haben würden. Und nachdem sie nach unten verschwunden war, klang es in der Küche sehr erwachsen nach scharrenden Stühlen auf dem Steinboden und dem Klirren von Flaschen und Gläsern.

Als ich zehn war, ging mein Bruder Tom für ein Jahr nach Australien, und Mum half Nell und mir, Kassetten zu bespielen, um mit ihm in Kontakt zu bleiben. Telefonieren kam kaum in Frage, Mum beschränkte ohnehin unsere Telefonzeiten, obwohl sie selbst eine Stunde lang im Alkoven sitzen und mit Teesa telefonieren konnte. Dort, neben ein paar alten Fotos, stand das Telefon. Dann beobachtete ich sie von der Küche aus, wo ich meine Hausaufgaben machte, und stellte mir vor, wie es sich wohl anfühlte, erwachsen zu sein. Ich sah Nell und mich in der Zukunft, wie wir mit einer Zigarette in der Hand in einen Telefonhörer lachten, ganz so, wie es die Erwachsenen immer taten.

Als Tom aus Australien zurückkehrte, hatte er einen Ohrring, und seine Haare waren so hell geworden, dass Mum sagte, sie sähen aus, als hätte er sie weiß gefärbt.

»Nicht weiß, Mum, bloß blondiert«, lachte er, als sie ihn umarmte. Was für ein Glamour, einen Bruder zu besitzen, der Haare wie Billy Idol hatte und quer durch Australien gereist war. Sogar sein Akzent klang jetzt anders. Er kam nicht so oft nach Minety wie Emma, aber wenn er kam, sorgte Mum dafür, dass Sahne im

Kühlschrank stand, denn die aß er gern zu seinen Cornflakes, mit ganzen Esslöffeln voll braunem Zucker.

Emma und Tom waren in Oxford aufgewachsen, aber Emma ritt manchmal mit uns auf einem von Mums Pferden. Tom hatte keine Lust dazu, er wollte sich die schwarzen Wildlederschuhe nicht ruinieren, aber er fuhr gern zum örtlichen Rennplatz, wo es ein Bierzelt und ein paar Wettbüros gab. Da konnten sein Freund Jim (der ebenfalls einen Ohrring trug) und er ihre Joints rauchen, ohne das Mum es merkte.

Mum verwandelte Minety in einen Ort, von dem niemand wieder fortgehen wollte. Die Schule musste ich irgendwie aushalten, sie warf einen kleinen Schatten über meinen Tag, aber danach konnte ich nach Hause gehen und leben. Wenn Jimmy und Dolly heute manchmal krank spielen, um mal wieder einen Tag zu Hause auf dem Sofa verbringen zu können, erkenne ich das sofort. Nell und ich brauchten uns die Mühe gar nicht erst zu machen, denn Mum brauchte keine Entschuldigung, um uns zu Hause zu lassen.

»Wie wäre es mit einem Tag Naturstudien und vielleicht, na, ich weiß nicht, ein bisschen Geografie?«, sagte sie dann, während sie die Ponys in den Anhänger führte, um uns zum Reiten auf den Ridgeway zu fahren. Sie selbst nahm ihren großen grauen Wallach Joe mit den schwarzen Flecken auf dem Rücken und dem dicken weißen Schweif, der beim Traben immer so schön wippte. Mum hatte nicht Teesas eiserne Nerven beim Reiten, aber sie war als Kind geritten und hatte mit vierzig wieder angefangen, als ihre fünf Kinder aus dem Gröbsten raus waren.

In Oxford hatten sie und Rick ein Pferd namens Bandit gehabt, das auf einer Farm in Gloucestershire gestanden hatte. Mittwochs ließ Mum Nell und mich dann immer bei Mrs Sandles und fuhr raus, um Bandit zu reiten. An diesen Tagen verbrachte sie weniger Zeit in der Küche mit Moussaka und Käsekuchen und polierte stattdessen ihre hohen schwarzen Stiefel oder bürstete Dreck aus ihrer blauen Reitjacke. Und ich saß morgens vor der Schule auf ihrer Bettkante und sah zu, wie sie sich das weiße Plastron um den Hals band und mit einer dicken goldenen Nadel befestigte. Bandit war ihre Rettung aus dem Nebel des Mutterseins. Manchmal kam sie uns fast fremd vor, wenn sie von ihren ganztägigen Reitausflügen zurückkam, mit roten Wangen und der Jacke voller Schlammspritzer. Sie summte dann vor Lebensenergie, die sie ungeduldig werden ließ, wenn ich mir von ihr ein Schlaflied wünschte.

Menschen, die keinen Bezug zu Pferden haben, ziehen vielleicht die Augenbrauen hoch oder schmunzeln ironisch, wenn sie sehen, mit wie viel Hingabe kleine Mädchen ihre Ponys pflegen. Die Behauptung, dass ein Pony eine Art frühe sexuelle Erfahrung für Mädchen vor der Pubertät darstellt, ist nichts als ein Klischee. Das, was ein Mädchen von seinem Pony bekommt, hat absolut nichts mit Sex zu tun. Später mag es eine solche Verbindung geben, aber vor den Veränderungen der Pubertät gaben meine Ponys mir einfach nur das Gefühl, in einem furchtbar machtlosen Lebensalter etwas Machtvolles und Unabhängiges zu tun. Das wilde Andere, das Tier, wird neu und aufregend, sobald ein Kind keine Marionette an der Führleine mehr ist, sondern in eine Landschaft entfliehen kann, die Kind und Pony gemeinsam erschaffen.

In meinem Leben vor dem Unfall, als alles noch seine vertraute Form hatte, brachten uns die Ponys in eine Welt weit weg von unseren Eltern. Nach der Schule brachen wir auf, um in einen Wald zu reiten, der etwa vier Kilometer von Minety entfernt lag. Er hieß Flisteridge, und wir galoppierten die Wege entlang und sprangen über heruntergefallene Äste. Ein Schild, das an eine Eiche genagelt war, warnte vor Schlangen, und im Winter waren die Wege zu schlammig, um dort zu reiten, aber im Frühling leuchteten überall die blauen Hasenglöckchen.

Als ich neun war, brachten Mum und Rick Nell und mich am Wochenende mit unseren Ponys auf den Ridgeway und ließen uns am Devil's Punchbowl bei Letcombe Bassett starten, um uns achtzehn Kilometer weiter wieder einzusammeln.

»Hier ist Lambourne, da ist Ashbury, wir treffen uns auf dieser Straße oberhalb von Bishopstone«, sagte Mum und zeigte uns den Weg mit ihren kräftigen Fingern auf einer Karte. »Wenn wir uns verspäten – hier ist ein Pub, und im Dorf gibt es eine Telefonzelle. Und wenn ihr euch verlauft, fragt jemanden nach dem Weg.« Nell bekam die Zehn-Pence-Stücke, die wir benutzen konnten, um in Minety anzurufen. Tom würde alle Nachrichten weitergeben, er saß zu Hause und schaute Fußball.

Wir kamen uns sehr mutig vor, wie wir da allein auf dem Ridgeway ritten. Der Mais zitterte im Wind, wenn wir daran vorbeikamen, und die ganze Welt erschien uns, als würde sie atmen. Eine Stunde lang schwiegen wir, und man hörte nur den Hufschlag auf dem Weg, dann redeten wir vielleicht wieder eine Stunde ununterbrochen miteinander über Lehrer, die wir nicht mochten, oder über die Frage, ob wir irgendwann wieder von Minety wegziehen würden. Die Vorstellung war ebenso fremd und unwahrscheinlich wie die Idee, dass Mum vielleicht noch ein Baby bekommen würde – der einzige wirklich dringende Wunsch, den sie mir je abschlug.

»Kann ich mir nicht vorstellen. Mum ist doch schon uralt, vierzig oder so«, sagte Nell und trieb ihr Pony zum Galopp. Sie drehte sich im Sattel um und rief mir ein »Fang mich doch!« zu.

Wir übten Witze erzählen für die Fahrt mit dem Schulbus und sangen die Country- und Westernlieder, die Rick immer in seinem Arbeitszimmer hörte. Mein Lieblingslied war »Georgia« von Willie Nelson, aber natürlich klang das komisch, wenn es von einer Kinderstimme gesungen wurde, also wichen wir auf Emmylou Harris aus: »Tonight the Bottle Let Me Down«. Ich verstand den Text nicht, aber das erwachsene Gefühl von Sehnsucht war mir vertraut und fremd zugleich. »Heute Nacht hat mich die Flasche im Stich gelassen, und ich habe mich an dich erinnert.« Wenn ich heute daran denke, kommt es mir vor, als wäre es nicht nur ein anderes Jahrzehnt, sondern eine andere Welt.

Aber in den anderthalb Jahren vor dem Unfall veränderte sich unsere Welt ohnehin. Nell zog nach London, um ihren Schulabschluss zu machen, und wohnte während der Woche bei Emma und deren Mann Matthew. Sie fand neue Freunde und trug andere Sachen und kannte auf einmal die Nachtclubs auf der Kensington High Street und kam in der Stadt allein zurecht. Immer wenn sie mich verließ, um nach London zurückzufahren, fühlte es sich an wie ein ganz besonderer Verrat. Heute beobachte ich das wieder, wenn Jimmy Dolly verlässt, um mit dem Bus zu seinen Freunden nach Oxford zu fahren. Der Verlust macht sie sprachlos, ebenso wie die Sehnsucht nach diesem engen Gefühl, einen Bruder zu haben, von dem einen absolut nichts und niemand trennen kann.

Auch ich veränderte mich, entfernte mich allmählich von den struppigen Ponys, die mir das Reiten beigebracht hatten, hin zu größeren Pferden. Aber nichts konnte mich von Mum trennen. Ich wollte immer nur bei ihr sein, und sie behielt mich in ihrer Nähe, manchmal zu nah, ohne dass wir es merkten. Auf den Partys meiner frühen Teenagerzeit fühlte ich mich wie ein Bauerntrampel in meinen knielangen Faltenröcken, während Georgie und ihre Freundinnen schwarze Strumpfhosen, enge Jeansröcke und Ballerinas trugen. Sie redeten über ihre Skiferien und konnten tanzen, sodass die Jungs beim Flaschendrehen immer auf sie hofften. Ich schloss mich auf dem Klo ein und betete, die Zeit würde schnell vergehen und Emma würde mich bald abholen und nach Minety zurückbringen, wo ihre Freunde um den Küchentisch herumsaßen und ich mit dem Kopf auf ihrem Schoß einschlafen konnte.

Teenagerpartys waren schlimm genug, aber die Schule ohne Nell war furchtbar, und mir graute bald vor dem Ende der langen Busfahrt von Minety nach Cheltenham, wo ich das Klassenzimmer betreten musste. Mathe und Chemie machten mich fertig, aber ich liebte die Englischstunden. Wenn ich Gedichte aus dem Zweiten Weltkrieg oder etwas von Hardy oder ein Sonett las, konnte ich den Teenager-Lärm um mich herum einfach ausblenden. In der Pause war er dann aber wieder da, und ich fühlte mich unendlich einsam. Ich konnte mich nie an das Gekicher gewöhnen, wenn mich ein anderes Mädchen fragte, welche Musik ich mochte und ich dann Loretta Lynne oder Tammy Wynette nannte. Ich hasste die Hänseleien wegen meiner Second-Hand-Schuluniform und das leise Lachen, wenn ich mich im Englischunterricht meldete. In den Pausen verließ ich den Schulhof und setzte mich allein in einen Park. Meine gesamte Schulzeit über fühlte ich mich ausgeschlossen.

Gleichzeitig war die Schule wie ein fremdes Land, das ich vergessen konnte, sobald ich wieder zu Hause war. Ich warf die Schultasche auf mein Bett, zog die Nylonbluse und die gelbe Uniform aus, schlüpfte in Jeans und kurze Reitstiefel und rannte hinaus zu Ginger, dem schlaksigen, eins sechzig hohen Fuchswallach, der mir Claude ersetzte, das kleine Pony, das aussah wie ein Rennpferd. Als ich Claude bekommen hatte, wollte ich nicht mehr mit Georgie tauschen, auch wenn der Viehtransporter immer noch ratterte und Minety immer noch ein zugiges Haus war. Wenn ich mit Claude über Hecken und Gräben sprang oder ein paar Showsprünge einübte, verschwanden alle Ängste aus meinem Leben. Ginger war dann der nächste Schritt nach vorn. Er galoppierte, dass die Grassoden flogen, und wenn er sprang, war es wie Fliegen.

Mum buchte ein paar Dressurstunden für mich in einer Reitschule außerhalb von Cirencester. Als Kinder waren wir im Wesentlichen auf unseren Ponys über schlammige Wiesen geritten, und so kam es mir sehr neu und seltsam vor, in einer Flutlichtarena zu traben. Unter meinem schwarzen Reithelm lief mir der Schweiß übers Gesicht, während mir die Lehrerin beibrachte, dass Ginger viel subtiler und besser auf die kleinste Bewegung reagierte, wenn ich nur schwer genug im Sattel saß und den richtigen Druck mit Schenkeln und Waden ausübte. Plötzlich war mir, als würde ich Gingers Sprache sprechen. Aber es war auch auf eine verstörende Weise erregend. Tatsächlich spürte ich einmal, wie ich einen Orgasmus bekam, während ich mich fest in den Sattel drückte und durch die Halle trabte. Aber ich verzog keine Miene, damit meine Lehrerin, die bereits die nächsten Kommandos gab, es nicht bemerkte.

Später stellte ich fest, dass ich ein wenig geblutet hatte, weil meine Klitoris durch den Druck des Sattels wund gerieben worden war. Mir machte das nicht viel aus, aber ich wollte wissen, was ich tun sollte, wenn es wieder passierte. Mum sprach mit der Reitlehrerin, die erklärte, das wäre normal bei einer so intensiven Verbindung zwischen Reiterin und Sattel. »Vielleicht hilft es, wenn sie unter der Reithose eine dünne Strumpfhose trägt. Das vermindert die Reibung.«

Aus Ponys waren Pferde geworden, und auch unsere Spiele hatten sich verändert. Wenn Nell am Wochenende nach Hause kam, baute sie zwar immer noch Nester, aber sie sahen nun anders aus. Sie stapelte keine Daunenkissen mehr übereinander oder baute sich Betten aus Paletten im Garten, sondern zog durchs Haus und schlief alle paar Monate in einem anderen Zimmer. In Minety gab es genug Räume für ihre wechselnden Vorlieben, also zog sie von unserem gemeinsamen Zimmer mit dem großen Bett und den Stofftieren hinauf auf den Dachboden. Sie schnitzte sich Stempel, um die Wände zu schmücken, und nähte Gardinen aus den Schals oder den indischen Stoffen aus der Kostümkiste. Auf dem Fensterbrett brannten Räucherstäbchen, und manchmal ging sie mit ihren Freundinnen Jackie und Emma auf Partys. Dann kamen sie erst zum Frühstück wieder nach Hause und schliefen bis zum Abendessen. Und selbst dann sahen sie noch ziemlich erledigt aus. »Sie ist bloß müde«, sagte Jackie, die neben Nell unter einer Bettdecke kauerte, wenn ich sie drängte, aufzustehen, bevor es wieder dunkel wurde. »Sie ist echt müde, wir haben die Nacht durchgemacht.«

Aber so oft Nell auch das Schlafzimmer wechselte, es gab immer noch genug freie Zimmer. Emma, Tom und Sophy kamen jetzt seltener heim. Dann heiratete Emma. Ich weinte hysterisch bei ihrer Hochzeit, aber Matthew wurde für mich ein guter Freund. Er und Emma lebten zuerst mit ihren Kindern in London, später dann in Norfolk und noch später in Oxfordshire. Tom heiratete Mills, eine schöne, freundliche Frau, und bekam zwei Söhne mit ihr. Und Sophy war fast die ganze Zeit über in Yorkshire.

Je mehr Geschwister aus dem Haus gingen, desto mehr freie Zimmer füllte Mum mit Untermietern, meist jungen Kerlen aus der Landwirtschaftsschule in Cirencester, die laut lachten und Golf GTIs fuhren. Abends kochte sie Spaghetti Bolognese oder Brathähnchen für sie, und sie bewegten dafür die Pferde oder mähten den Rasen. Mum mochte die Energie, die sie ins Haus brachten, vor allem nachdem auch Nell nach London gezogen war, sodass wir beide unter der Woche allein waren. Manchmal, wenn sie spät vom Reiten kam, trank sie mit den Jungs vor dem Kamin im Spielzimmer ein Glas Whiskey, während ich am Tisch im Erker saß und Hausaufgaben machte. Die Jungs brachten wieder eine Atmosphäre zusammengemischter Generationen ins Haus, und das gefiel Mum. Emma ist vierzehn Jahre älter als ich, Mum ist mehr als zehn Jahre älter als mein Vater; bei uns rutschten die Generationen immer ineinander.

Bis ich vierzehn war, hatte ich immer nur geerbte Klamotten getragen. Nells Umzug nach London veränderte die Qualität der abgelegten Kleidungsstücke, aber irgendwie gehörten sie immer noch nicht mir. Mit fünfzehn gab ich dann mein Geburtstagsgeld für eine extrem enge weiße Jeans aus, zu der ich braune Cowboystiefel aus der Kostümkiste und ein rotes Oberteil mit Spaghettiträgern trug, das einmal Emma gehört hatte. Ich ging jetzt mit den Jungs von der Landwirtschaftsschule zu Partys und schwamm um Mitternacht nackt in einem See nicht weit von Minety – mit dem Jungen, der als Erster gefragt hatte, ob ich drei oder vier Blätter hatte, als ich ihm meinen Namen nannte. Einmal stieg ich nach einer Party zu einem der älteren Jungs ins Auto, und er schob mir die Hand in die Hose und fummelte an mir rum, während er seinen Hosenschlitz öffnete. Draußen vor den beschlagenen Fenstern hörte ich Nell, die nach mir rief, weil wir nach Hause mussten, und ich kletterte schnell aus dem Auto und entschuldigte mich bei seiner wütenden Erektion, während er mir hinterherbrüllte: »Was soll das denn jetzt? Blöde kleine Schlampe!«

Wenig später schlief ich mit einem der Jungen, die bei uns wohnten. Er war vierundzwanzig, und nachdem ich angefangen hatte, diese weißen Jeans zu tragen, schien sein Weg von unserem Küchentisch in mein Bett vollkommen natürlich. Mum war weder schockiert noch überrascht, als sie morgens in mein Zimmer kam und ihn in meinem Bett fand.

Er war nicht der Erste, mit dem ich Sex hatte, aber ich ließ sie in dem Glauben. An einem schwül-heißen Sommerabend hatte ich mich einmal hinter dem Haus einer Freundin auf den Betonboden gekniet, während ihr Bruder seine Hose geöffnet hatte und sich von mir einen hatte blasen lassen. Drinnen schaute meine Freundin mit zwei anderen Mädchen aus der Schule *Dirty Dancing*. Ich hatte ihnen gesagt, ich würde aufs Klo gehen. Das Gefühl seines Schwanzes in meinem Mund war lange nicht so gut wie das, was ich mit mir selbst machte, seit ich sieben oder acht Jahre alt war. Als ich zurück ins Haus kam, hatte ich aufgeschürfte Knie, aber das war immer noch besser als der salzige Geschmack in meinem Mund, der mich dazu brachte, mir ständig über die Lippen zu reiben. Als meine Freundin mich fragte, wo ich so lange gewesen sei, wich ich ihrem Blick aus.

Zum ersten Mal richtigen Sex hatte ich mit einem anderen großen Bruder in London. Mum kannte ihn flüchtig als Freund des Sohnes einer Freundin, und als ich fragte, ob ich mit ihm ausgehen dürfte, zuckte sie nicht mit der Wimper. »Natürlich, Liebes, natürlich darfst du, fahr nur bitte nicht allein mit der U-Bahn«, sagte sie. »Und rauch keine Zigaretten, das ist so schrecklich langweilig.«

Ich hatte erwartet, dass es wehtun und ich bluten würde, aber es gefiel mir. Ich genoss dieses milchige Gefühl von Selbstaufgabe, obwohl er sein Gesicht viel zu nah an meins drückte. Am nächsten Morgen fuhr er mich zur U-Bahn, aber im Zug zurück nach Kemble überfiel mich auf einmal die Angst, ich könnte mich mit Aids angesteckt haben oder schwanger sein. Zurück in meinem Zimmer schluckte ich fünf Antibabypillen, die ich im Kulturbeutel von Emmas Freundin gefunden hatte. Sie hatte ihn nach dem Wochenende bei uns vergessen, und ich hatte irgendwo gelesen, dass mehrere von diesen Pillen genauso wirkten wie die Pille danach. Mum zu fragen, was ich tun sollte, kam mir nicht in den Sinn. Mit fünfzehn klingt die Aussicht auf eine Schwangerschaft einfach nur furchtbar. Später an diesem Abend übergab ich mich auf die Strohmatte vor meinem Bett, und Mum brachte mir einen Lappen und eine Schüssel mit Wasser aus der Küche, damit ich es aufwischen konnte.

»Bist du sicher, dass du gestern Abend nicht zu viel getrunken hast?«, fragte sie mit untypischer Sorge in der Stimme, als ich später im Pyjama am Küchentisch hockte. »Oder hast du einen Joint geraucht?«

»Nein, Mum, bitte … natürlich nicht. Ich bin bloß müde«, murmelte ich und stützte den Kopf in die Hände, bis sie sich über mich beugte und meine Haare zurückstrich, um mir richtig in die Augen zu sehen.

»Es ist in Ordnung. Ich liebe dich, egal was du gemacht hast, das weißt du doch, nicht wahr? Bitte vergiss das nicht.«

Sex in Minety war viel leichter durchzuziehen, denn Mum machte sich wenig Gedanken darüber, wo ihr Untermieter schlief. Sie vertraute ihm. Unter der Woche schlief er in meinem Zimmer mit dem Fenster zur Pferdekoppel. Meine Schuluniform lag auf dem Boden. Der Sex mit ihm war elektrisierend, aber auch vertraut und sicher. Ich war ja zu Hause.

Ohne viel zu fragen, brachte Mum mich zu einer Ärztin in Purton, der schäbigen Vorstadt von Swindon, damit sie mir die Pille verschrieb. Sie kannte die Ärztin, denn ich war in der Dorfschule mit ihrer Tochter in dieselbe Klasse gegangen.

»Vielleicht ist es am besten, wenn du allein reingehst und ihr die Sache erklärst. Sag ihr einfach, dass du die Pille haben willst, das ist kein Problem, sondern sehr vernünftig«, sagte Mum. Hinterher gingen wir in den Zeitschriftenladen nebenan, und Mum kaufte uns mit ihrem letzten Kleingeld zwei Eis am Stiel und ein Paket Orangenkekse.

»Sag es Rick nicht, bevor du sechzehn bist«, bemerkte sie und warf das Eisstäbchen im Auto auf den Boden. »Im Übrigen ist der Junge zwar noch ein Schüler, aber er ist nett und sieht gut aus, und ich weiß, dass du bei ihm in Sicherheit bist und nicht irgendwo mit Fremden herumziehst. Lass die Leute reden. Ich weiß, dass du in Sicherheit bist.«

Wenn ich auf mein Leben zurückblicke, taucht immer diese gezackte Narbe auf, die die Zeit unmittelbar vor dem Unfall von der Zeit danach trennt. An das Jahr vor dem Unfall erinnere ich mich kaum, es fühlt sich an, als hätte jemand eine Waffe geladen und einen Countdown bis zu den schrecklichen, unausweichlichen Ereignissen gestartet.

Ich war ein Kind, dann war ich in der Pubertät, und dann kam der Unfall. Wenn ich will, dass mir schwindelig wird, brauche ich mir nur vorzustellen, der Unfall wäre nicht passiert. Dann dreht sich alles in mir, vor lauter Melancholie und Sehnsucht, in ein anderes Leben einzutauchen, in dem ich mein Handy nehmen und auf einen Kontakt namens »Mum« drücken kann. In dem ich in ihre Küche gehen und ein Gespräch wiederaufnehmen kann, als hätte es nie geendet. In dem ich auf ihrer Bettkante sitzen und mit ihr über Weihnachten reden kann, während sie sich anzieht.

Ich stelle mir vor, mit meinen Kindern übers Wochenende zu ihr zu fahren, aber wenn ich auch noch die Kinder in dieses andere Leben einbeziehe, wird der Schwindel richtig schlimm. Wenn der Unfall nicht passiert wäre, gäbe es dann diese Kinder? Jimmy und Dolly? Wären Dash und Evangeline auf dieser Welt, wenn Mum nicht vom Pferd gestürzt wäre? Wäre das hier mein Leben, wenn es den Unfall nicht gegeben hätte? Und dann weiß ich nicht mehr, welche Zukunft ich eigentlich beschützen will: die ohne den Unfall oder die mit dem Unfall und all dem, was heute zu mir gehört.

Wenn ich mich dazu zwinge, mich zu erinnern, fühlt es sich an, wie ein schleuderndes Auto zu beobachten und zu wissen, es wird gleich irgendwo gegen knallen, und alle Insassen werden sterben. Ich spule immer wieder zurück zu diesen Momenten, bevor ich an diesem Morgen zur Schule aufbrach. Mum trug schon ihre Reitsachen und bereitete das Frühstück zu. Ich möchte den Film anhalten und den Tag neu sortieren: das Gespräch darüber, dass sie vielleicht noch mit dem Pferd unterwegs sein würde, wenn ich nach Hause käme, die Käsenudeln, die sie schon vorbereitet hatte, meinen Platz im Auto, als sie mich zur Schule fuhr. Ich war ein bisschen wütend, weil sie mich so früh dort absetzte, um mit dem Pferd loszuziehen. Sie verwickelte mich in ein Gespräch über das aktuelle Geschichtsprojekt, und ich roch ihr Chanel No. 5, während wir vor dem Schultor saßen, der Motor lief und die anderen Schüler bereits ins Gebäude strömten. Und ich sagte ein wenig zögernd »Hab dich lieb«, weil ich immer noch ein bisschen schmollte. Dann stieg ich aus, und sie sagte »Hab dich noch mehr lieb« hinter mir her. Dann schlug ich die Tür zu. Ich würde so gern dieses letzte Lächeln einfangen, das sie mir durchs Autofenster schenkte, und ich würde sie danach so gern noch hundert und tausend Mal lächeln sehen. Aber das kann ich nicht. Stattdessen verschwinde ich in der Schule, und Mum verschwindet an einen Ort, an dem ich sie nicht erreichen kann.

An diesem Tag verbrachte ich Stunden vor der Intensivstation, gemeinsam mit Rick und Nell. Ich erinnere mich an das verlorene Gefühl, auf Plastikstühlen in einem speziellen Wartezimmer zu sitzen, abgetrennt vom Hauptraum, weil man uns etwas sagen würde, das niemand sonst hören sollte. Und dann das irreale Gefühl, neben ihrem Bett zu stehen und auf ihren Kopf hinunterzublicken, der so groß war wie ein Ballon, mit blutigen Verbänden und geschlossenen Augen, die aussahen wie Zwetschgen. Und das Geräusch des Beatmungsschlauchs in ihrem Mund.

Ich weiß, das alles war da, aber am lebhaftesten erinnere ich mich an dieses Aschehäufchen. Zigarettenasche, spät in der Nacht, weil alle unter der Lampe am Küchentisch saßen und rauchten. Bis dahin hätte ich mich nicht als Raucherin bezeichnet. Hier und da hatte ich mal eine Zigarette geschnorrt, wenn wir in Minety am Lagerfeuer gesessen hatten, und einmal hatte ich mit meinem Freund eine geraucht, nachdem wir im Wald Sex gehabt hatten. Aber nach unserer Rückkehr aus dem Krankenhaus fing ich richtig an zu rauchen, weil ich mich auf diese Weise auf etwas anderes konzentrieren konnte als auf die Bilder in meinem Kopf.

Ich war in der Schule, als ich von dem Unfall erfuhr. Wir hatten eine Doppelstunde Geschichte, und plötzlich kam der Schulleiter herein und sprach ein paar leise Worte mit unserer Lehrerin, die währenddessen besorgt in die Klasse schaute. Simon, der vor mir saß, warf eine Papierkugel durch das Klassenzimmer, während Neil neben mir leise lachte.

»Wow, der Direktor. Wenn der kommt, kriegt jemand Ärger«, sagte Neil und deutete mit dem Kinn auf den Schulleiter. Die ganze Klasse kicherte nervös. Irgendwer würde Ärger bekommen, alle schauten sich an und fragten sich, wen es wohl diesmal erwischen würde: Nachsitzen, weil man geschwänzt oder irgendwo in Schuluniform in der Stadt geraucht hatte? Ich las weiter den Text über die Suezkrise, mich ging das sicher nichts an.

»Clover, würdest du bitte mal mit nach draußen kommen?« Mein Name hing in der Luft. Mein Stift machte ein hohles Geräusch, als er auf den Tisch und dann auf den Boden fiel. Ich stopfte meine Bücher in die Tasche und zog die Jacke von der Stuhllehne, sodass der Stuhl über den Boden scharrte. Im Klassenzimmer war es ganz still, alle hatten sich zurückgelehnt und starrten mich an. Auf dem Flur war es dunkel, man hörte nur die gedämpften Stimmen der Lehrer in den angrenzenden Räumen, Schülerlachen und Stühlerücken, eine lautere Stimme dazwischen.

»Deine Mutter«, sagte der Schulleiter und drückte auf einen Lichtschalter an der Wand, der nicht funktionierte. Dann legte er mir eine Hand auf den Rücken, um mich durchs Dunkel zu führen. »Deine Mutter ... soweit ich weiß, hat deine Mutter ... es gab einen Unfall. Deine Schwester ist hier.« Am Ende des Flurs stand Nell, ihr Gesicht war ganz verzerrt, und sie zupfte andauernd am Ärmel ihres Pullovers. Ich fiel ihr um den Hals, der Schulleiter verschwand und murmelte, ich müsse mich nicht abmelden, das würde er erledigen.

»Was ist mit Mum? Was für ein Unfall? Hat sie sich das Bein gebrochen?«

»Ich weiß es nicht, keine Ahnung. Sie hatte einen Unfall mit Quince, einen Reitunfall. Sie ist gestürzt, weiter weiß ich nichts.« Nell sagte mir nicht, dass sie Mum schon gesehen hatte, wie sie bewusstlos in der kleinen Klinik in Cirencester auf einer Trage in einen Krankenwagen geschoben worden war. Später, erst viel später berichtete Nell von den Sirenen und Blinklichtern und den vielen Leuten, die um Mum herumhantiert hatten, und dass sie noch ihre Reitsachen getragen hatte und ihr Gesicht voller Blut gewesen war. Sie hatte eine Sauerstoffmaske getragen. Nell sagt, sie habe überhaupt nicht verstanden, was los sei, weil es so laut gewesen sei. Für sie habe es sich angefühlt, als hätte man ihr mit einem Vorschlaghammer ins Kreuz geschlagen. Nell ist normalerweise unglaublich tapfer, aber ich würde nur zu gern in die Vergangenheit hineingreifen und sie aus diesem Klinikhof holen, weg von all den Sirenen und Sanitätern und Mums Blut und ihrem bewusstlosen Körper.

Die Zeit heilt vieles, was im Leben schiefgeht, aber auch heute noch, fünfundzwanzig Jahre danach, reagiert mein Körper auf die Erinnerung an das, was Mum passierte. Ich spüre den Krampf in meinen Handgelenken und den stillen Druck, der immer tiefer sinkt. Mein Atem geht schneller, mein Kopf sucht nach einem Punkt, auf den er sich konzentrieren kann, und plötzlich zerrt alles um mich herum an meinen Nerven. Meine Gedanken sind wie ein Pony, das von einem Schatten in der Hecke erschreckt wurde. So ein Pony will unter keinen Umständen weiterlaufen, sondern scheut und will an einen sicheren Ort zurückkehren, dorthin, wo es herkommt.

Nell nahm mich mit nach Hause. Rick war mit dem frühen Zug aus London gekommen, er trug noch seine Stadt-Kleidung. Mums engste Freundin im Dorf, Dawn, fuhr uns nach Bristol ins Frenchay Hospital. Stundenlang saßen wir in dem weiß gestrichenen Wartezimmer vor der Intensivstation, wo Schachteln mit Papiertaschentüchern auf den Tischen standen und wo es keine Zeitschriften gab. Dann kam ein großer Mann mit riesigen Metzgerhänden herein und erklärte, er sei der Chirurg.

»Es sieht sehr ernst aus«, sagte er. Nell und ich, die rechts und links neben Rick saßen, zitterten am ganzen Körper. »Sie ist zweiundfünfzig Jahre alt und hat einen furchtbaren Schlag auf den Kopf bekommen. Bei der Operation haben wir festgestellt, dass beide Stirnlappen beschädigt sind, und wir haben mehrere Blutgerinnsel gefunden. Ihr Hirn ist sehr stark geschwollen.« Würde sie sterben? Würde diese zweiundfünfzigjährige Frau an dem furchtbaren Schlag auf den Kopf sterben? Wie viele Blutgerinnsel hatten sie gefunden? Wie stark war ihr Gehirn angeschwollen? Wie stark waren die Stirnlappen beschädigt? Würde sie sterben? Würde meine Mum sterben? Würde meine Mum sterben? Würde meine Mum sterben?

Er hatte keine Antworten auf all unsere Fragen, aber als Rick fragte: »Reden wir von zwei Jahren, bis sie wieder gesund wird?«, zögerte er einen Moment, und in seinem Gesicht flackerte etwas Ungesagtes auf.

»Ja, mindestens zwei Jahre«, erwiderte er und verschwieg uns alles, was er wusste, seit er in Mums Kopf hineingeschaut hatte.

Am Abend kamen Tom und Emma nach Minety. Es war der erste Abend eines neuen, vollkommen anderen Lebens für uns alle.

Kapitel 3

Ist das weiße Pferd echt?« Dolly dreht sich zu mir um, schaltet das Radio aus und reibt sich den Puderzucker des Donuts von den Händen, den sie gerade gegessen hat. Vor dem Autofenster rasen die nassen Straßenränder vorbei, aber als wir von der Hauptstraße von Faringdon abbiegen, liegt Uffington vor uns, und plötzlich sieht man das Kreidepferd auf dem Hügel. »Ich meine, glaubst du, es kann wirklich weglaufen?«

Dolly leidet unter Legasthenie, aber ihr besonderer Verstand, dem es so schwerfällt, lesen zu lernen, ist eben auch ein Verstand ohne die Grenzen der Rationalität. In Dollys Welt ist vieles möglich, was sich andere nicht einmal vorstellen können. »Und wenn es von dem Hügel da runter könnte, wäre es dann größer als das größte Pferd der Welt? Oder noch größer?«

Kurz vor dem Dorf biege ich links in einen Feldweg, von dem aus man den besten Blick auf das weiße Pferd hat. Es ist ein Anblick, der sich mir jedes Mal bietet, wenn ich vom Einkaufen in Faringdon zurückkomme oder wenn ich Dolly von der Hausaufgabenbetreuung abhole. Und egal wie alltäglich meine sonstigen Aufgaben auch sein mögen, der Anblick des Pferdes fesselt mich jedes Mal. Es verändert seine Form, je nachdem, von wo aus man es betrachtet und wie sich das Grün auf dem Ridgeway verändert. Es ist immer in Bewegung, hat ein Eigenleben, abhängig vom Licht und von der Tageszeit. Jetzt, während der Regen über unsere Windschutzscheibe läuft, erkläre ich Dolly, dass das Pferd nicht in dem Sinne echt ist wie

Holly, das kleine Shetlandpony, das wir zusammen gekauft haben.

»Aber es ist ein echter Teil der Landschaft, also kommt es darauf an, wie du die Landschaft beurteilst«, sagte ich. Nachdem sie das Pferd noch eine Weile betrachtet hat, dreht sie sich zu mir um, der Blick klar und fest unter ihren dicken braunen Stirnfransen.

»Na, die Landschaft ist ein Teil der Welt, und die Welt ist lebendig, also denke ich, das Pferd ist genauso lebendig wie jedes andere Tier und auch wie die Menschen«, sagt sie schlicht. Hier im Auto ist unser Atem eingesperrt, aber da draußen im weichen Vorfrühlingsregen galoppiert das Pferd immer weiter, endlos über die Hügel von Uffington, wie es das seit drei- oder vielleicht viertausend Jahren tut. Dolly seufzt, zieht die Brauen zusammen und wendet sich dann wieder mir zu.

»Wollen wir mal da raufgehen, nur du und ich?«

Der Himmel oben auf dem Hügel ist riesengroß und blau und nur mit ein paar leichten Wolkenkommas gesprenkelt, als Dolly und ich den Umriss des Pferdes ablaufen. Der Hang neigt sich steil zu den Falten des Gletschertals unter uns, die mich an weiches grünes Plastilin erinnern, wie es Evangeline heute früh auf dem Küchentisch in Form geschoben hat. Diese Falten stammen aus derselben Zeit wie die Alpen, als die europäische und die afrikanische Kontinentalplatte zusammenstießen. Das steile Tal unterhalb des Pferdes bildet eine Art Tasche, die während der letzten Eiszeit entstand, als Wasser über das Eis auf der Oberfläche des Kreidehügels floss. Einige der Terrassen werden Giant's Stairs, Riesentreppe, genannt, und das steile Grasbecken heißt Manger, Futterkrippe. Es sieht aus wie ein Konzertsaal mit grünen Rängen, so steil, dass Dolly und ich uns an den Händen fassen, als wir am Rand des weißen Pferdes stehen. Wenn man hier hinunterfällt, ist es kein sanftes Gleiten, sondern ein echter Absturz.

Dollys Fragen zu dem Pferd sind nicht wilder als all die Spekulationen der lokalen Überlieferung. Sie besagt, dass einmal im Jahr bei Nacht das Pferd vom Hügel herunterkommt, um in der Futterkrippe zu grasen. Es gibt noch weitere weiße Pferde in der Nähe, die aber alle erst im 18. und 19. Jahrhundert erschaffen wurden, in Alton Barnes und Cherhill. Dazu gibt es Kreideriesen und -kronen in Sussex und Kent. Aber das weiße Pferd von Uffington ist bei Weitem das älteste und seltsamste.

Man hat vermutet, dass es von König Alfred im Jahr 871 in Auftrag gegeben wurde, um seinen Sieg über die Dänen in Ashdown zu feiern. Alfred wurde in Wantage geboren, nur ein paar Meilen von Uffington entfernt. Die Theorie ist also ganz hübsch, aber archäologische Ausgrabungen und Datierungen zeigen, dass das Pferd viel älter ist und vermutlich zwischen 1400 und 600 vor Christus erschaffen wurde, von den Menschen der Bronzezeit.

Dolly war erst vier oder fünf Jahre alt, und wir waren auf dem Weg von Oxford raus zu Candida, als sie das weiße Pferd zum ersten Mal sah. Damals war sie noch so klein, dass sie die Pferdegestalt nicht erkannte. Das ist nicht verwunderlich, denn die Form, die Menschen vor Tausenden von Jahren erschaffen haben, indem sie tiefe Gräben mit Kalkstein füllten, sieht erst einmal überhaupt nicht aus wie ein Pferd. Je nach Stimmung könnte man beim ersten Anblick an eine große weiße Narbe denken oder an eine seltsame Kritzelei. Hals, Körper und Schwanz bestehen aus einer einzigen Linie, zwei Beine stehen auf dem Boden, zwei sind angehoben. Der Kopf sieht noch seltsamer aus, ein tiefes V zwischen den Ohren, hohe Brauen und ein Maul wie ein Schnabel. Es ist ein Bild voller Energie – lange, schmale weiße Linien, eine Tierform wie ein Crescendo –, und während Dolly und ich davor stehen, fühlt es sich an, als würden die Kurven der Landschaft selbst mit dem Pferd galoppieren.

Das Pferd an sich ist schon großartig, aber ebenso erstaunlich ist die Tatsache, dass es so lange erhalten geblieben ist. Andere Pferde sind im Gras verschwunden, aber das weiße Pferd von Uffington ist so hell, dass man es bei Vollmond sogar nachts erkennen kann. Das verdanken wir den Arbeitseinsätzen im späten 18. und 19. Jahrhundert, durch die das Pferd sauber und weiß gehalten wurde. Diese sogenannten *scourings* waren immer auch ein Fest für diese Landschaft, und im Jahr 1780 kamen 30 000 Menschen zu diesen Hügeln, um sich dort Ringkämpfe, Wagenrennen und Schießvorführungen anzusehen. 1843 wurden zu den Feierlichkeiten sogar Elefanten hinaufgebracht. Das letzte Fest dieser Art fand 1857 statt. Heute gibt es wieder eine White Horse Show, die jedes Jahr unten im Tal in Uffington abgehalten wird, aber für das Reinigen des Pferdes ist jetzt der National Trust zuständig.

Die Pferdegestalt ist ein machtvolles Markenzeichen, das ich fast jeden Tag auf Werkstätten oder Teeläden sehe, auf Andenken, Postkarten und Bechern, die im Dorfladen von Uffington verkauft werden. Während des Zweiten Weltkriegs wurde es abgedeckt, damit die deutsche Luftwaffe es nicht zur Orientierung bei ihren Bombenangriffen benutzen konnte. Das Bemerkenswerteste an dem weißen Pferd von Uffington ist nämlich, dass man den besten Blick darauf nicht von den Hügeln der Umgebung aus hat, sondern aus der Luft. Als wären die Menschen der Bronzezeit in den Himmel geflogen und hätten das Pferd von dort oben hinuntergeworfen.

Pferde sind eine Quelle mächtiger Magie, die mein Leben verändert hat, deshalb wird für mich diese Gestalt auch immer ein Pferd sein. Andere Leute sehen darin ein Einhorn oder sind der Ansicht, es hätte einmal ein Fohlen neben sich gehabt, das inzwischen im Gras verschwunden ist. Einmal hat mich ein Mann mit Tattoos im Nacken im Fox and Hounds, einem Pub in Uffington, richtiggehend angeraunzt, als er hörte, dass ich es als Pferd bezeichnete.

»Nur ein Idiot hält das für ein Pferd«, grollte er in sein Bierglas. »In Wirklichkeit ist es ein Drache.«

Drache oder Pferd, die weiße Farbe der Gestalt und die Energie ihrer Bewegungen verleihen ihm eine starke Präsenz und haben dafür gesorgt, dass Dolly und ich aus dem Auto und im Regen den Hügel hinaufgestiegen sind, um es zu umrunden, während wir versuchen, uns das Meer vorzustellen, das einmal diesen Teil Englands bedeckte. Ich bin erleichtert, dass ich mit Dolly allein hier oben bin. Es ist kalt, aber hin und wieder kommt die Sonne hinter den Wolken hervor. Es ist einer dieser scharfen, strahlenden Nachmittage, an denen Sonnenstrahlen mit Wind und Regen im Wettstreit liegen. Das Gras ist zu nass, um darauf zu sitzen, aber wir hocken uns hin und teilen uns einen Riegel Twix, den ich in der Manteltasche gefunden habe.

Ich fahre mit den Fingern durchs Gras, während Dolly mir von ihrem Nachmittag erzählt, ihrem verlorenen Turnbeutel und dem Test in Naturwissenschaften. Eine Freundin hat gesehen, dass sie abgeschrieben hat, und will jetzt nicht mehr ihre Freundin sein. Die alltägliche Grausamkeit von Schulkindern trifft mich als ferne Erinnerung, während ich Dolly zuhöre. Ich muss mich zusammenreißen, damit ich sie nicht mit Geschichten davon überschwemme, wie sehr ich die Schule gehasst habe und wie sehr ich mir in jeder einzelnen Sekunde den Schulschluss herbeisehnte. Nein, ich lasse sie in Ruhe, das hier ist ihre Geschichte. Ich mache mir ständig Sorgen um meine Kinder, schließlich bin ich ihre Mutter, aber hier in der klaren, weißen Nachmittagssonne denke ich an das Wasser, das vor zweieinhalb Millionen Jahren über die gefrorene Kreide floss, und an die Milliarden von winzigen zerdrückten Meerestieren, aus denen die Kreide selbst entstanden ist. Zerbrochen wie ein Puzzle. Doch die weiße Kreide im Gras unter meinen Händen ist seltsam beruhigend.

Am ersten Tag nach Mums Unfall erwachte ich in einem Bett mit Nell und Emma. Wir lagen nebeneinander wie drei Löffel in der Schublade. Es war November, und das Haus war am frühen Morgen noch so kalt, dass ich mich in die Decke wickelte, während ich gähnte, blinzelte und mich verwirrt fragte, warum ich mit meinen Schwestern in einem Bett lag. Da erinnerte ich mich noch nicht. Für einen kurzen Augenblick war das Zimmer wie eingefroren in ein paar unwirkliche Sekunden. Doch als der Augenblick vorüber war, wurde meine Freude über das Aufwachen mit Nell und Emma neben mir von einer kalten Furcht abgelöst. Was würde der kommende Tag wohl bringen?

Die folgenden Tage waren angefüllt mit Weinen und Fahren. Mum lag im Krankenhaus in Bristol, anderthalb Autostunden über die M4 von Minety entfernt. Auf dieser Straße waren wir auch mit Mum nach Cornwall gefahren, um bei ihrem Bruder und unseren Cousins und Cousinen die Ferien zu verbringen. Aber bisher hatte ich mich nie um Straßen gekümmert, ich war ja nur Mitfahrer.

Jetzt war da dieser ständige Strom von Autos zwischen Minety und Bristol, in dem wir mitschwammen, um Mum auf der Intensivstation zu besuchen. Einer von uns war immer im Krankenhaus oder fuhr gerade los oder kam zurück und sah verzweifelt aus. Als ich Mum das zweite Mal in ihrem Koma sah, stand ich mit Nell und Tom neben ihrem Bett. Allmählich wurde uns bewusst, wie furchtbar das war, was uns gerade passierte. Ihr Kopf war an diesem zweiten Morgen noch größer, und ihre aufgequollenen Augen waren nicht mehr lila, sondern dunkelblau verfärbt. Ich versuchte, nicht auf ihre Stirn zu schauen, wo das Haar abrasiert worden war und eine tiefe, zackige Wunde mit einer frischen Naht von einem Ohr zum anderen über ihren Kopf verlief. Ihre Haut war abgeschält worden wie bei den Orangen, die sie uns in Spalten auf einem Teller mit braunem Zucker in der Mitte hingestellt hatte.

An ihren Schläfen, in einer Linie mit ihren Augen, hatte sie am Haaransatz zwei runde Vertiefungen. Ihr Kopf war angeschwollen und riesig groß, aber an diesen beiden Stellen zog sich die Haut nach innen, weil man hier Stücke aus ihrem Schädel gesägt hatte, um die Schwellung abzumildern.

Sie wurde durch einen Schlauch in ihrem Mund beatmet, und eine Maschine über dem Bett gab gelegentlich alarmierende Pieptöne von sich. Dann kam eine Schwester angelaufen, drückte auf irgendwelche Schalter und überprüfte den Druck. Mums Fingernägel waren dunkelblau verfärbt, und an den Fingerspitzen hatte sie Klemmen. Unter den Nägeln kam Blut heraus, aber wenn ich nicht auf ihre Hände schaute, sahen ihre Unterarme mit den Leberflecken noch genauso aus wie vorher: starke, braune Arme, die mich so oft umarmt hatten.

Tom hielt ihre Hand und sagte ihr, dass er sie liebe und dass wir immer da sein würden, dass sie keine Angst haben müsse und dass es ihr bald, bald wieder besser gehen würde. Dann verschwand seine Stimme, und ich merkte, dass ich mich an dem Geländer um das Bett festhalten musste, weil der Boden sich auf einmal hob. Eine Schwester eilte herbei und fing mich mit einem Plastikstuhl auf.

Im Auto auf dem Heimweg redeten Tom, Nell und ich darüber, was passieren würde, wenn es Mum besser ging. Sie würde aufwachen und sich erholen, und das Leben würde weitergehen wie bisher. Wir beteten und flehten und beteten wieder, dass sie überlebte, und dann beteten wir wieder, dass sie nicht sterben möge. Wir konnten uns nicht vorstellen, dass es eine Zukunft für Mum gab, die schlimmer war als der Tod.

In der ersten Woche wurde sie noch dreimal operiert, und jedes Mal sagte der Chirurg, dieser Metzger mit den großen Händen, der in der ersten Nacht mit uns gesprochen hatte, dass ihre Chancen, die nächsten vierundzwanzig Stunden zu überleben, sehr gering seien. In diesen ersten paar Wochen war er wie eine übermächtige Figur, wenn er auf die Station marschiert kam, umgeben von ehrfürchtigen jungen Ärzten, und bei all den schrecklichen Fällen in den Betten rund um Mum Visite machte.

Wenn er zu ihr kam, schüttelte er sie manchmal oder drückte ihre Hände und rief mit Donnerstimme: »Guten Morgen, Char,

Zeit zum Aufwachen, komm schon!« Seine Stimme klang zuversichtlich zwischen all den leisen Schluchzern, die man normalerweise während der Besuchszeit auf der Intensivstation hörte. Einmal kam er in einem schmierigen Nadelstreifenanzug, der sich über seinem Bauch spannte, als käme er gerade vom Essen in seinem Club.

Am Anfang fand ich seine Besuche aufregend, weil er schließlich der Mann war, der Mum am Leben hielt. Ich war ja erst sechzehn und führte keine langen Gespräche mit ihm über Mums Prognose, aber er sprach viel mit Rick und Emma über das Ausmaß der Schwellung in Mums Gehirn, über die Zahl der Blutgerinnsel und die Schäden, die er festgestellt hatte, als er ihren Kopf operiert hatte. Heute ist mir klar, dass er genau wusste, was Mum bevorstand, wenn sie jemals aufwachte. Die Bereiche ihres Hirns, die Sprache und Gedächtnis kontrollierten, waren akut geschädigt. Er wusste, dass angesichts ihres Alters und der extremen Schädigung eine Genesung sehr schwierig sein würde. Das sagte er uns jedoch nicht, sondern operierte weiter und ignorierte, was Rick ihm sagte: Wenn das Ausmaß der Hirnschädigung bedeutete, dass sie nie mehr gesund würde, dann sollte er den Dingen ihren Lauf lassen.

Später träumte ich von ihm. Monatelang hatte ich mit der Sozialversicherung wegen der Pflegekosten gestritten und war mit Mum durch London gefahren, wobei sie einen epileptischen Anfall im Auto bekam, als wir gerade durch Fulham fuhren. Als sie nicht mehr krampfte, wechselte ich an einer Tankstelle ihre Windel und ignorierte die weit aufgerissenen Augen, die andere Erwachsene einem zuwerfen, wenn man mit einem erschreckend behinderten Menschen unterwegs ist und so tut, als wäre das alles ganz normal. An diesem Abend träumte ich von einem Mann, der Mum mit einem stumpfen Skalpell in die Augen stach, während ich ihm aus einem Haus ohne Möbel zusah, bei offenen Fenstern und Türen mitten in einem heulenden, kreischenden Sturm.

In den ersten Wochen nach dem Unfall ging ich nicht zur Schule. Mum stand jeden Tag auf der Schwelle zwischen Leben und Tod, da spielten Doppelstunden in Geschichte keine große Rolle. Ich verbrachte die Zeit mit meinen Geschwistern und Rick, aber alles, was einmal so vertraut gewesen war, wurde allmählich fremd. Es gab keine Routine, keine normalen Essenszeiten, keine Schule, kein frühes Zubettgehen, keine Hausaufgaben.

Ein stetiger Strom von Menschen kam nach Minety, was sehr aufregend war. Mum war nicht da, sie schlief in ihrem tiefen, dunklen Koma in Bristol, während im Haus eine hysterische Gruselparty stieg, und gerade das war besonders seltsam an diesen ersten Wochen nach dem Unfall. Das Schlimmste, das ich mir auf der Welt vorstellen konnte, war passiert, live und in lebhaften Farben, aber gleichzeitig kamen all diese Menschen zu uns, die ich auf der Welt am meisten liebte. Emma, Tom und Nell waren ständig im Haus, nicht nur an den Wochenenden. Rick fuhr nicht zurück nach London, und Sophy kam aus Yorkshire. Emmas Mann Matthew kam mitten in der Woche mit ihren beiden kleinen Töchtern. Tom und Mills fuhren ständig zwischen Bristol und Minety hin und her, machten kurze Abstecher nach London, um sich frische Sachen zu holen, und kamen dann wieder.

Mums engste Freunde Dawn, Felicity, Candida und Ken kamen mitten in der Woche, um Abendessen zu kochen, Nachbarn kamen mit Eintöpfen, Schokoladenkuchen, Keksen und so vielen Blumen, dass wir bald keine Krüge und Gläser mehr hatten. Die Blumen waren für den Tag gedacht, an dem Mum heimkam – duftende Rosen, orangefarbene und goldene Chrysanthemen und Sonnenblumen so groß wie Teller, deren gelbe Blütenblätter sich in der Hitze der Küche entfalteten, während sie sich nach der Lampe über dem Tisch ausrichteten. Mums Hund Piper, ein großer weißer Lurcher mit einem braunschwarzen Fleck auf dem Rücken, stand zitternd neben dem Aga-Herd. Wenn in der Küche das Licht ausging, legte er sich auf dem Sofa unter dem Fenster zum Schlafen nieder, und wenn ich morgens runter kam, blickte er mich mit riesigen Augen an und wartete, während die Sonnenblumen die Köpfe hängen ließen und ihre Blütenblätter auf den kalten Steinboden fielen.

Der Mensch, den man als seine Mutter kennt, bleibt bewusstlos, und man selbst verbringt einen Großteil des Tages damit, Gott alle möglichen Deals vorzuschlagen: Wenn du sie aufweckst, dann gehe ich jeden Sonntag mit ihr in die Kirche, nicht nur an Weihnachten oder wenn sie mich dazu zwingt. Wenn du sie gesund machst, dann werde ich nie mehr fluchen und immer im Haushalt helfen. Wenn unser Leben wieder so wird wie früher, dann werde ich nie mehr unhöflich zu Mum oder Rick sein oder Widerworte geben. Aber wenn Gott alle Bitten ignoriert, dann fleht man eben andere Dinge an: Wenn wir die Ampel noch schaffen, dann ist Mum wach, wenn wir ins Krankenhaus kommen. Wenn es noch weitere zehn Minuten so heftig regnet, dann kommt sie vor Weihnachten nach Hause. Wenn ich dreißig Sekunden in der Badewanne die Luft anhalten kann, dann überlebt sie die Operation heute Abend.

Ständig denkt man darüber nach, wie es sein wird, wenn sie die Augen aufmacht. Man weiß, dass es schwierig sein und sie sich nur langsam erholen wird. Sie wird verwirrt sein und uns alle eine Weile nicht erkennen. Vielleicht fällt es ihr auch ein paar Tage oder Wochen lang schwer, zu reden. Vielleicht braucht sie einen Sprachtherapeuten. Eine Reha. Man stellt sich Wochen der körperlichen und mentalen Rehabilitation vor, damit sie die einfachsten Dinge wieder lernt: Gehen, Anziehen und so weiter. Vielleicht kann sie nicht mehr schnell laufen, obwohl die Röntgenbilder zeigen, dass ihr Rückgrat und ihre Knochen keinen Schaden erlitten haben. Also wird sie wohl irgendwann wieder gehen können.

Man versucht sich vorzustellen, wie das Zusammenleben aussehen wird, wenn sie nach Hause kommt. Vielleicht wird sie undeutlich sprechen und man muss sich daran gewöhnen, dass sie sehr langsam redet, dass sie vergesslich ist und Hilfe beim Kochen und so weiter braucht. Vielleicht kann sie auch nicht mehr Auto fahren, aber das macht nichts, nächstes Jahr werde ich siebzehn, dann kann ich den Führerschein machen. Und dann stellt man sich das Schlimmste, das Allerschlimmste vor: dass sie vielleicht nicht mehr reiten kann. Und dabei wird man so traurig, dass man beschließt, lieber nicht darüber nachzudenken. Und mit all den anderen Sachen wird man schon klarkommen. Schließlich liebe ich sie so sehr, auch wenn sie ein bisschen verwirrt oder vergesslich oder exzentrisch wird, das ist schon in Ordnung.

Wenn sie aufwacht, wird alles wieder gut.

Zwischen all diesen Gedanken weint man. Man klingt wie ein Tier in der Falle, und wenn man im Bett liegt, zittert man unkontrolliert vor sich hin. Die Haut im Gesicht fühlt sich an wie zerrissen, als wäre eine Schlammmaske darauf getrocknet, aber nach einer Weile gewöhnt man sich daran.

Mum hatte immer gesagt, sie würde uns nie allein lassen. Die Vorstellung, sie könnte nicht da sein, war entsetzlich, und manchmal, als Kinder, umarmten Nell und ich sie und heulten los, wie schrecklich unser Leben sein würde, wenn sie stürbe.

»Du darfst nie, nie, nie sterben, Mum«, keuchte ich. »Und wenn du stirbst, dann sterbe ich auch. Ich weiß, ich sterbe, wenn du nicht mehr da bist. Ich verspreche es dir.«

Dann sagte sie zu Nell und mir: »Ich habe euch so lieb, ich werde euch niemals verlassen. Das verspreche ich euch. Selbst wenn ich sterbe, werde ich immer auf euch aufpassen und bei euch sein. Ich werde wie der Wind sein, der um euch weht, und euch im Arm halten. Aber ich werde euch nie verlassen.«

Aber jetzt lag sie im Koma, sie war nicht zu Hause, und mir vorzustellen, wohin genau sie gegangen war, machte alles nur noch unerträglicher. Ich stellte mir vor, dass ihre Seele irgendwo herumwirbelte, eingesperrt in ihrem Kopf, und immer tiefer hinab tauchte. Zu anderen Zeiten stellte ich mir vor, sie würde in den Nachthimmel aufsteigen oder neben dem Auto mitfliegen, ganz verschwommen und nah auf der anderen Seite des Fensters.

Wäre sie gestorben, dann hätte es in diesen ersten Wochen keine Hoffnung und keinen Optimismus gegeben. Keine Gespräche darüber, was wir tun würden, wenn es ihr besser ginge und wie wir für sie sorgen würden. Jetzt dominierten diese Gespräche alles. Wäre sie gestorben, dann hätten wir getrauert und versucht, die schreckliche Tragödie zu verstehen: Eine Mutter stirbt mit zweiundfünfzig Jahren.

Aber dann hätte es auch hilfreiche Rituale gegeben – eine Beerdigung organisieren, Lieder aussuchen, Lesungen. Es hätte Konventionen gegeben, denen man folgen konnte. Ohne den Tod, aber auch ohne ein echtes Leben, gab es nur ein endloses Warten und Vermissen und Hoffen und Warten und Vermissen.

Aber natürlich mussten wir uns um die Pferde und die anderen Tiere draußen kümmern. Mum hatte zwar keinen richtigen Beruf gehabt, aber sie hatte sich rund um die Uhr um uns alle und das Haus gekümmert, und wir hatten unterschätzt, was das wirklich hieß, bis sie auf einmal nicht mehr da war. Weil wir so viel im Krankenhaus waren, kümmerten sich unsere Mieter um die Pferde. Mums großer grauer Wallach Joe und mein Pferd Ginger mussten bewegt werden, brauchten Heu und Pflege. Jemand musste sich um das Kutschpony Annie draußen auf der Wiese kümmern. Es war November, da gab es nicht mehr viel Gras, also brauchte Annie zweimal am Tag Heu und jemanden, der das Eis auf ihrem Wassertrog aufschlug, wenn es richtig kalt war.

Das Pferd, das Mum am Unfalltag geritten hatte, war noch nicht lange in ihrem Besitz gewesen. Quince war eine kleine Vollblutstute. Ihr war bei dem Unfall nichts passiert. Ich weiß nicht, was mit ihr geschah, aber als ich mich ein paar Tage nach dem Unfall nach einem Besuch im Krankenhaus in die Ställe zurückzog, war sie nicht mehr da. Ich vergrub mein Gesicht in Joes weißer Mähne. Er stand ganz ruhig mit mir im Stall und ließ warmen Atem aus seinen Nüstern strömen, als wüsste er, dass er still bleiben musste. Ich wollte ihm nahe sein, seine Wärme spüren und den süßen Duft seiner Nase riechen, wie ihn nur Pferde haben. Mums Unfall war an einem Montag passiert. Am Mittwoch ging ich in Jeans und Reitstiefeln in den Stall. Joe öffnete ohne Protest das Maul, als ich ihm das kalte Metallmundstück anlegte, den Sattelgurt festzurrte und Mums Steigbügel auf meine Länge einstellte. Die Stunden seit dem Unfall fühlten sich an, als wäre ich unter Wasser festgehalten worden, und ich brauchte die Selbstvergewisserung, die entsteht, wenn man mit einem Pferd gemeinsam atmet.

Die Wiesen im Tal rund um Minety waren fast alle moorig und nass, und wenn es auch nur ein bisschen regnete, verwandelten sie sich in einen lehmigen Sumpf. Mum hatte sich immer darüber beschwert, wie mühsam bei diesem Boden die Gartenarbeit war. Allerdings hielt es sie nicht davon ab, einen Garten anzulegen, in dem Rosenbeete zu Wildblumenwiesen und Gemüsebeeten hinführten. Einmal gruben Nell und ich Lehm aus einem von Mums Blumenbeeten und machten Töpfe daraus, die wir hinten auf dem Aga-Herd trockneten und mit Plakafarbe bemalten.

Mums Unfall ereignete sich im November, und in einem nassen November wäre die Erde nass und weich gewesen, aber in den Wochen nach dem Unfall war alles kalt und hart. Frühmorgens hing der Nebel im Tal, und Frost saß in den Wiesen, sodass Joes Hufe leise klapperten, als wir vom Haus wegtrabten. Ich verschränkte meine Hände in seiner weißen Mähne und spürte die Kraft seiner starken Schultern unter dem Sattel. Es war ein gutes Gefühl, ihm nahe zu sein. Ich drehte mich im Sattel um und blickte zurück zum Haus, wo ein paar Autos neben der Eibenhecke parkten und eine Schubkarre an der Hintertür stand. Die

Fenster meines Schlafzimmers starrten mich an. Das Haus sah genauso aus wie drei Tage zuvor, aber irgendetwas war anders. Beinahe schien es, als würde es die Leere ohne Mum ebenfalls spüren. Es hielt den Atem an und wartete.

Ich wünschte mir so sehr, Mum würde zurückkommen, dass es sich anfühlte, als hätte ich eine riesige Wunde im Körper. Wir alle besuchten sie jeden Tag im Krankenhaus, aber als die Tage zu Wochen und Monaten wurden, entwickelte sich ein Rhythmus. Einer von uns fuhr früh von Minety los, saß bei Mum und sprach mit ihr, dann kam jemand zur Ablösung. Die Erwachsenen – Rick, Tom und Emma – redeten mit den Ärzten, und so sehr wir alle uns Antworten wünschten, wurde allmählich klar, was für ein großes Rätsel doch das Gehirn des Menschen ist. Mums Chirurg konnte uns nichts Konkretes sagen. Er wusste nicht, ob Mum aufwachen und wie ihre Genesung aussehen würde, falls sie aufwachte. Und als die Wochen vergingen, ließ auch sein Interesse an ihr nach. Sie lag im Koma, reagierte nicht, und seine Entdeckungen in ihrem Gehirn wurden von neuen, frischen Patienten überlagert. Es war, als hätte er ein Experiment abgeschlossen. Wir waren jeden Tag so voller Fragen, und irgendwie spürten wir, dass er mit der Zeit versuchte, unsere Fragen zu vermeiden. Vielleicht gab es aber auch einfach keine Antworten darauf.

Ich sprach viel mit Mum, meist im Stillen, manchmal aber auch laut, wenn ich allein war. In meinem Schlafzimmer schaute ich aus dem Fenster über die Wiesen und stellte mir vor, wie es sich anfühlen würde, wenn sie dort zu Fuß zu mir zurückkäme. Ich liebte sie mit allem, was ich hatte, aber manchmal wurde ich auch wütend. Einmal saß ich im Halbdunkel auf meinem Bett und forderte sie auf, mir zu zeigen, dass sie nicht gelogen hatte, als sie sagte, sie würde mich nie verlassen.

»Tu etwas, um es zu beweisen, Mum. Tu etwas, um mir zu zeigen, dass du da bist«, flüsterte ich. Es war still im Zimmer, nur aus der Küche hörte ich die gedämpften Stimmen von Rick und Emma, die gleich Richtung Krankenhaus aufbrechen würden. »Mach schon, bitte, Mum. Zeig mir, dass du da bist.« Ich starrte ins Zimmer, wünschte mir, ein Bild würde von der Wand fallen, ein Vorhang sich bauschen, die Tür sich leise schließen. Meine Hände lagen zitternd in meinem Schoß, die Nägel blutig abgebissen. Während ich mit Mum sprach, wurde ich lauter, dann wieder leiser, dann wieder lauter, bis ich fast schrie. »Zeig mir, dass du mich liebst, wenn du nicht weg bist, zeig es mir, zeig es mir! Mum … zeig mir, dass du da bist. Mum?« Die Wände schienen auf mich einzustürzen, aber alles blieb still. Nur diese tiefe, tiefe Sehnsucht nach einem Zuhause mit Mum darin hüllte mich ein.

Ich hatte schon einmal jemanden gesehen, der im Koma lag, allerdings nicht im wahren Leben, sondern im Fernsehen. In der Serie *Dallas* gab es einen Handlungsstrang, in dem einer der Stars monatelang bewusstlos war. Doch plötzlich wachte er auf, gerade als man die Maschinen abstellen wollte. Die ganze Familie stand um das Bett versammelt und weinte leise. Es war dramatisch. Er lebte, er war von den Toten zurückgekehrt. Aber wenn man wirklich erlebt, wie jemand aus dem Koma aufwacht, ist es ganz anders.

Erst einmal sahen Sue Ellen und Lucy und all die anderen Frauen in *Dallas* natürlich wunderschön und schrecklich glamourös aus mit ihren tränennassen Gesichtern. Ihre Augen funkelten, und ihre schönen Züge schienen in der Trauer noch schöner. Auf dem Bildschirm sah das Trauma sehr schmeichelhaft aus. Im echten Leben sehen traumatisierte Menschen erschlagen und schockiert aus, als würden Augen und Münder in verschiedene Richtungen gezogen.

Außerdem vollzieht sich das Erwachen aus dem Koma im Fernsehen immer sehr schnell. Der Schauspieler wirkt einen Moment lang verwirrt, scheint nicht zu wissen, wo er ist, dann kommt das hörbare Aufatmen der Erleichterung, weil er lebt und wach ist und alles gut wird. Der wirkliche Prozess des Erwachens aus einem Koma ist vollkommen anders. Er ist langsam und mühsam und dauert so lange, dass man manchmal nicht weiß, ob der Mensch, den man da beobachtet, wach, bewusstlos oder tot ist.

In den ersten Wochen nach dem Unfall bewegte sich Mum kaum, nicht einmal, wenn sie ihr Nadeln unter die Fingernägel schoben, um sie zu wecken. Ich verstand gar nicht, warum ihre Nägel so blutrot waren und manchmal noch röter wurden, obwohl die Verletzungen im Gesicht sich allmählich von rot zu lila verfärbten und dann grün und schließlich gelb wurden.

»Es ist ein Versuch, sie anzuregen, sie aus der Bewusstlosigkeit zu wecken«, erklärte eine Schwester, warf noch einen Blick auf ihr Klemmbrett und ging dann zum nächsten Bett, wo die Familie eines bewusstlosen Jungen, den man in der Nacht zuvor nach einem Motorradunfall eingeliefert hatte, weinend um seinen an Schläuche und Drähte angeschlossenen Körper stand.

Die Schwestern rieten uns, mit Mum über alles zu sprechen, was sie liebte, sie an ihre Kindheit zu erinnern, weil ihr Langzeitgedächtnis möglicherweise noch intakt war und sie uns vielleicht hörte. »Oder erzählen Sie ihr einfach, was Sie gerade so machen, was es zum Abendessen gibt und was zu Hause vor sich geht«, sagte eine von ihnen mit zwitschernder Stimme, während sie die Schläuche prüfte. Ich glaubte eher nicht, dass Mum wissen wollte, was zu Hause vor sich ging, denn dort lief alles schief. Stattdessen erzählte ich ihr von den Pferden und von Piper und den Hühnern und dem kalten, winterlichen Garten – sie alle warteten auf sie und brauchten sie.

Es ging nicht nur darum, mit Mum zu sprechen. Wir alle hofften, irgendetwas, das wir sagten, könnte eine Erinnerung in ihr wecken und sie dazu bringen, zurückzukommen. Wir wollten, dass es ihr besser ging, aber der Gedanke, einer von uns könnte den Schlüssel in der Hand halten, mit dem man sie zurückholen konnte, brachte uns dazu, ihr all unsere Energie zu schenken.

Wir versuchten, über das zu sprechen, was sie am meisten liebte: die Pferde und den Garten. Wir nahmen ihren Hund Piper mit ins Krankenhaus, weil wir hofften, wenn sie ihre Hand auf seinen Kopf legte oder wenn sie hörte, wie wir ein Weihnachtslied sangen, das sie besonders liebte, oder wenn sie die Stimme ihrer Schwester hörte, dann würde sie endlich, endlich aus dieser furchtbaren Stille erwachen. Der endlose Monolog ohne Reaktion erschöpfte uns.

Nach ein paar Wochen gingen die Schwellungen am Kopf und an ihrem Körper zurück. Sie sah dünner aus, ihre Wangen fielen ein wenig ein, und die Haut an den Oberarmen wurde faltiger. Vier Wochen nach dem Unfall wurde sie aus der schweren Intensivpflege, wo Tag und Nacht frische Unfallopfer mit schrecklichen Verletzungen eingeliefert wurden, in ein eigenes Zimmer verlegt, mit Blick auf einen Garten mit Kübelpflanzen – Rosmarin und Lavendel – rund um einen Hof.

Als sie wieder selbstständig atmen konnte, feierten wir ein Fest, weil das eine deutliche Besserung bedeutete. Die Beatmungsmaschine wurde weggebracht, die Drähte und Schläuche wurden weniger. Allmählich bewegte sie sich auch wieder. Erst war es nur ein Zucken des Fingers oder eine Armbewegung, die man fast übersehen konnte. Aber wir waren fest davon überzeugt, dass es von nun an aufwärts gehen würde. Wir feierten wieder und saßen in glücklicherer Stimmung als sonst um den Küchentisch und erzählten uns wilde Krankengeschichten, die allesamt bewiesen, dass eine Genesung möglich war.

Dann öffnete Mum das linke Auge. Sie starrte uns gläsern an, wenn wir an ihrem Bett saßen und ihr alles Mögliche erzählten, was uns noch einfiel. Bis Weihnachten hatte sich auch ihr rechtes Auge halb geöffnet. Sie hatte außerdem begonnen sich zu bewegen, aber hinter ihren Bewegungen steckte kein bewusster Wille. Wenn ihre Hand an einem Bettlaken zog oder ihr Körper sich gegen ein Kissen lehnte, schien es, als würde irgendein Impuls sie antreiben. Mums Augen waren zwar offen, sie selbst aber war vollkommen abwesend

Es war ganz und gar nicht wie im Film. Die einzige Ähnlichkeit mit den Filmszenen besteht darin, dass man für kurze Zeit so etwas wie ein Promi ist. Eine Mutter im Koma sorgt für eine Art Sonderstatus. Wenn man ein Zimmer betritt, wird es sofort still.

Kurz vor Weihnachten ging ich wieder ab und zu in die Schule. Im Rückblick kann ich es meinen Mitschülern nicht verdenken, dass sie mich unheimlich fanden, denn ich war in dieser ganzen Zeit sehr unheimlich und sehr seltsam. In der Schulkantine vermied ich jeden Blickkontakt, in der Hoffnung, wenn ich die anderen nicht ansah, würden sie mein verschwollenes, rotes Gesicht nicht bemerken. Ich konnte einfach nicht aufhören zu weinen. Wenn ich in den Englischunterricht kam, sah ich das Klassenzimmer kaum vor lauter Salzwasser. Simon und Neil machten nicht mehr so viel Blödsinn in Politik, wenn ich da war. Vielleicht galt es als respektlos, Papierkügelchen durchs Klassenzimmer zu schießen, wenn neben einem jemand sitzt, der ins Schulbuch heult.

Zwischen Krankenhaus und Küche, wo ich mit meinen Geschwistern und Rick saß und wo wir uns vorstellten, wie unser Leben nach Mums Rückkehr aussehen würde, ging eine seltsame Form von Leben weiter. Mitte Dezember stand auf einmal ein Weihnachtsbaum mit fleckigen Kugeln im Krankenhauseingang. Einige Schwestern trugen Nikolausmützen, und einmal spielte eine Blaskapelle draußen Weihnachtslieder und klapperte mit ihren Sammelbechern, während Rick und ich über den gefrorenen Weg zum Eingang schlitterten.

Weihnachten brachten wir so einigermaßen hinter uns, aber danach musste Rick wieder arbeiten, und dasselbe galt für Emma und Tom. Die schrille Hysterie des frischen Traumas in Minety klang etwas ab. Unter der Woche waren jetzt nur noch Nell und ich mit den Untermietern im Haus, und nur am Wochenende kamen noch alle Geschwister zusammen. Rick engagierte eine Australierin namens Ali als Haushaltshilfe und zum Kochen. Die Mieter mochten ihren knackigen Akzent und das Geplauder in der Küche, wenn sie Wok-Gerichte und Banoffee Pie zubereitete. Ich aß meistens im Stehen direkt aus dem Kühlschrank. Die Kondensmilch auf dem Pie schmeckte köstlich, ebenso wie das leicht salzige weiche Toffee mit der süßen Sprühsahne. Aber es war natürlich nicht wie bei Mum. Ihre Idee von einem Nachtisch war eher Apfelmus mit selbstgemachter frischer Sahne. Also aß ich aus dem Kühlschrank, bis mir vom Pie schlecht wurde und ich mich hinknien musste. Die Kälte des Steinbodens kroch meine Knöchel hinauf, und der Raum war ganz still. Nur der Kühlschrank summte.

Während uns die Mitte wegbrach und der Horror von Mums Erwachen immer schlimmer wurde, bot die Schule fast so etwas wie einen milden Trost. Gedichte, die ich nie verstanden hatte und früher langweilig gefunden hätte, ergaben auf einmal einen Sinn. Wir lasen Keats in der Schule, und ich stürzte mich wie besessen auf seine Oden, als wären sie der Schlüssel zu den Rätseln jedes einzelnen Tages, den ich erlebte. In dem traurigen Herzen von Ruth, die heimwehkrank und weinend zwischen fremdem Getreide steht, lag auf einmal ein Trost, ebenso wie in dem flüchtigen Wesen des Menschenglücks, von dem Keats in der Ode an die Melancholie spricht.

Noch besser als Keats war Emily Brontës Art, in *Wuthering Heights* eine grausame Welt so zu beschreiben, dass sie schön und vertraut wirkte. Eine Welt mit einem verlorenen, zerbrochenen Zuhause. Wenn ich gleich zu Anfang las, wie man dem Kindergespenst der Cathy die mageren Handgelenke über die scharfen Glasscherben im Fensterrahmen rieb, während sie ihr verlorenes Zuhause betrauerte, fühlte sich mein Schmerz weniger fremd und hässlich an. Plötzlich waren Schmerz und Schönheit eins.

Es gab auch Sex. Die Kleider eines erwachsenen Mannes lagen auf dem Boden in meinem Zimmer, wenn ich Hausaufgaben machte, weil ich mich geradezu an unseren Mieter klammerte, der mein Freund geworden war. Emily Brontë hatte mir einen Ausweg aus meinem Kopf gezeigt, aber Sex half mir aus meinem Körper. Zwei Wochen nach dem Unfall schliefen wir zum ersten Mal wieder miteinander. Es fühlte sich widerwärtig an, nach dieser Art von Ekstase zu greifen, während Mum mit geschwollenem Kopf im Krankenhaus lag und die Schwestern ihr Nadeln unter die Fingernägel stachen, aber es war auch eine Art, die Nacht zu überstehen. Mit Mums Unfall klarzukommen war, als müsste ich still und ruhig dastehen, während mir jemand ins Ohr schrie, aber die Vereinigung mit einem anderen Menschen war wie ein Schutzwall. Ein anderer Mensch, nicht nur neben mir, sondern in mir. Sex und Dunkelheit legten sich wie eine seidenweiche Schlange um meine Kehle. Es tat weh, aber der Schmerz tat auch gut. Er ließ klares weißes Licht in die Schwärze in meinem Kopf fließen.

Dann wurde Mum aus dem Bett gehoben und in einen Sessel am Fenster gesetzt. Von dort aus betrachtete sie wachsam das Zimmer, als sähe sie es zum ersten Mal. Ihre rasierten Haare oben auf dem Kopf wuchsen als dicke Stoppeln nach, aber die Narbe von einem Ohr zum anderen war noch deutlich zu sehen und wirkte wie entzündet. Sie war dünn, aber stark. Die Hände, mit denen sie auf dem Küchentisch Brot geknetet hatte, mit denen sie Sättel gefettet und mich als Baby festgehalten hatte, klammerten sich jetzt an die Kanten des Sessels und drückten so fest zu, dass ihre Knöchel rot wurden. Mum hatte nie viel Geld für Kleidung ausgegeben. Das meiste, was sie trug, abgesehen von den Reitsachen, stammte noch aus den Siebzigerjahren: lange Tellerröcke, karierte Hemden und gestreifte Pullis. Emma brachte ihr Kleidung ins Krankenhaus, und die Schwestern zogen sie an, aber ich fand es furchterregend, einen so fremden Körper die altbekannte Kleidung tragen zu sehen.

Trotzdem waren wir froh, dass ihre körperliche Erholung so schnell voranging. Anfang Januar begann sie wieder zu gehen, zögernd zu Anfang, aber nach ein paar Tagen ging sie mit kräftigen Schritten die Flure entlang. Ihre Kraft überraschte und freute alle, denn wir dachten, ihr Kopf würde jetzt bald nachziehen. Die Schwestern sprachen laut mit ihr, gaben ihr Anweisungen wie »Aufstehen, Charlotte«, »Gehen Sie mal zu Ihrer Tochter, Charlotte«, »Und jetzt hinsetzen, Liebes«. Sie verstand es alles und folgte ihren Aufforderungen, aber danach zischte sie ihnen etwas zu, als suchte sie nach Wörtern, die sich einfach nicht finden ließen.

Wir hakten sie fest unter und machten mit ihr Spaziergänge rund ums Krankenhaus, hinunter ins Café und über den Parkplatz. Sie hielt sich fest, und manchmal hing sie mit einer solchen Kraft an meinem Arm, dass ich dachte, sie würde mich umwerfen. Aber ich weinte nicht mehr so viel, wenn ich allein war, denn Mum war stark und konnte ihren Körper bewegen, und das hieß, eines Tages würde sie auch wieder in der Lage sein, mich in die Arme zu nehmen.

Im Krankenhauscafé griff sie nach der metallenen Teekanne, schenkte sich eine Tasse Tee ein und gab Milch dazu. Sie wusste so vieles, es war fast ein Wunder. Natürlich wirkte es ein bisschen seltsam, dass sie sich, nachdem sie eine Tasse getrunken hatte, die Teekanne schnappte und bis auf den letzten Tropfen leer trank, und dass sie danach dann nach dem Milchkännchen griff und es ebenfalls leerte. Anschließend versuchte sie, sämtliche Zuckerwürfel zu essen. Aber wir sahen darüber hinweg, denn in vielerlei Hinsicht benahm sie sich jetzt wieder wie ein normaler Mensch, auch wenn sie immer noch nicht sprechen oder sich auch nur mit Zeichensprache verständigen konnte. Wenn wir sie zum Auto führten, öffnete sie die Tür, stieg ein und schnallte sich an, als wollte sie nach Hause fahren.

Sie war körperlich in guter Form, konnte aber nicht sprechen und versuchte es mit Geräuschen, als wäre ihr die Sprache verloren gegangen und als versuchte sie noch immer, sie wiederzufinden. Wenn wir ihr vorschlugen, ein Zeichen zu machen oder auf ein Bild zu deuten, eine Tasse Tee zum Beispiel, sah sie uns ängstlich und ratlos an. Dann wandte sie sich ab, legte die Bildkarten hin, murmelte etwas und rieb sich mit beiden Händen die Stirn. Wir dachten, sie könnte vielleicht schreiben, und ich war überglücklich, als sie auf einem Stück Papier ihre alte Unterschrift schrieb. Ihre Handschrift hatte sich überhaupt nicht verändert, sie war noch immer schnörkelig und fast unlesbar, aber sie hielt den Stift genau richtig und schrieb ihren Namen immer wieder. Dann aber kamen nur noch Tintenkreise, die aussahen wie Schrift, aber keinen Sinn ergaben. Egal, sagten wir uns, das würde sie schon wieder lernen. Wir versprachen einander, dass sie es lernen würde. Gelegentlich tauchten Wörter in ihrem Gekritzel auf, aber sie ergaben keinen Sinn. Nur ihre eigene Unterschrift war klar zu erkennen. Einmal schrieb sie »Juwelen für Taucher« und einmal »Basingstoke«. Die Wörter waren vollkommen sinnlos, aber sie waren Krücken für unseren Optimismus. Ich erzählte Mark Palmer von den Juwelen für Taucher und er sagte, das sei ein großartiges Zeichen. Vielleicht habe sie ja etwas Schönes entdeckt, als sie tief ins Koma eingetaucht war.

Wir saßen bei ihr und redeten, versuchten sie dazu zu bewegen, mit uns zu kommunizieren. Einfach nur zu nicken, wenn sie Hunger hatte. Aber sie starrte uns nur an, ihr Blick genauso undurchschaubar wie ihr Gekritzel. Das einzige Wort, das sie herausbrachte, war »Ja«, und es war uns eine Freude, ihr Fragen zu stellen, die sie anscheinend verstand.

»Mum, hast du Hunger?«

»Ja.«

»Hättest du gern eine Tasse Tee, Mum?«

»Ja.«

»Sollen wir ins Café gehen und Tee trinken?«

»Ja.«

»Mum, möchtest du nach Hause?«

»Ja.«

Es fühlte sich so gut an, dass man es lieber nicht zu weit trieb.

»Möchtest du Milch im Tee?«

»Ja.«

»Möchtest du Zucker im Tee?«

»Ja.«

»Möchtest du Salz im Tee?«

»Ja.«

»Möchtest du Spülmittel im Tee?«

»Ja.«

»Möchtest du zum Mond fliegen, Mum?«

»Ja.«

Der Chirurg kam nicht mehr, denn soweit es ihn betraf, waren die Operationen erfolgreich gewesen. Mum war wieder bei Bewusstsein, sie konnte gehen, sie konnte sich sogar eine Tasse Tee einschenken. Sie fing an zu sprechen, denn immerhin konnte sie Ja sagen. Abgesehen von den Windeln und einem Medikamentencocktail brauchte sie keine medizinische Unterstützung mehr.

Und sie verwirrte uns alle, weil ihre Genesung so nah schien. Sie litt nicht unter einem Locked-in-Syndrom, sie vegetierte nicht dahin, und manchmal, wenn sie in ihrem langen Jeansrock und dem rot karierten Hemd im Krankenhausgarten stand, sah sie fast aus wie Mum. Aber sie konnte nicht sprechen, nichts tun. Und sie wusste nichts.

Trotzdem: Da sie wach war und sich bewegte, sollte sie aus dem Krankenhaus nach Hause entlassen werden. Die Antwort auf unsere Gebete. Mum hatte überlebt.

Am Eingang zur Wayland's Smithy, einem neolithischen Langgrab eine Meile westlich vom weißen Pferd steht eine Dreiergruppe aus breiten, flachen Steinen, doppelt so groß wie ich. Es ist von einer Kathedrale aus Buchen umgeben, die Krähen kreisen darüber, und selbst an heißen Sommertagen mit Spaziergängern und Hunden wirkt dieser Platz entlegen. Ich mag den Weg vom weißen Pferd dorthin, einen stillen Pfad, von Schlehenhecken vor dem Wind geschützt, der von Swindon herüberbläst. Das Land streckt sich in eine weite Ebene, und ein Wegband zieht sich bis zum Horizont und verschwindet in der Baumlinie.

Ich besitze ein Foto davon, mit Candida im Hintergrund, das ich an einem Tag im Spätfrühling aufgenommen habe, als ich mit ihr und Mark Palmer vom White Horse Hill nach Bishopstone ritt. Ich war damals etwa dreißig, und wir aßen im Royal Oak in Bishopstone zu Mittag. Candida trank ein großes Glas Weißwein und aß einen Geflügelsalat, und hinterher galoppierten wir zurück zu ihrem Haus, auf Wegen, von denen sie sagte, sie sei als Kind dort mit ihrer Mutter geritten. Sie sagte, die Landschaft habe sich verändert und sie würde die Schmetterlinge und Bienen nicht mehr sehen, die früher immer dort gewesen seien, als sie noch jünger war. Auf dem Foto sieht man Candida von hinten auf ihrem Pony Lily, wie sie zwischen Feldern aus strahlend gelbem Raps hindurchreitet. Im Winter ist der Weg vom weißen Pferd hinunter ins Tal mit schlammigen Pfützen bedeckt.

Ausgrabungen bei Wayland's Smithy aus dem Jahr 1963 zeigen, dass unter der hölzernen Grabkammer noch eine ältere liegt, genau an derselben Stelle.

»3590 vor Christus«, sage ich zu Jimmy und Dolly und den Babys, die ich trotz aller Proteste an einem düsteren Märznachmittag durch den Schlamm zu Wayland's Smithy zerre, um die Risse zu kitten, die Stunden vor der Glotze in sie hineingeschlagen haben. »Das sind 3590 Jahre, bevor Maria Jesus geboren hat. Könnt ihr euch das vorstellen?«

Sie starren mich ratlos an. Jimmy wirft mit einem Stein nach einer Krähe, die auf dem Stacheldrahtzaun neben dem Steingrab gelandet ist. Ich versuche sie zu begeistern, indem ich von

Wieland, dem Schmied aus der Mythologie erzähle, aber sie sind schon wie Glasmurmeln zwischen den Buchenstämmen verschwunden, und am Ende laufe ich allein dreimal um die Steine, ein persönliches Ritual, das ich nicht aufzugeben wage.

Wieland kommt von *wela-nandaz* und bedeutet »tapfer im Kampf«. Einige der Geschichten in Rudyard Kiplings Buch *Puck vom Buchsberg* spielen in der Nähe dieser »Schmiede«. Mum hat es Nell und mir vorgelesen, als wir noch in Oxford lebten. Damals hatte ich noch nie vom Ridgeway gehört, und ich erinnere mich auch nicht mehr an die Geschichten, nur an die Kinder im ersten Kapitel, die bei einem Picknick Eier essen und eine Papiertüte mit Salz dabei haben. Und daran, dass sie gar nicht überrascht sind, als Puck aus dem Hügel kommt und sie anspricht.

Wieland ist der mythische Schmied der nordischen Mythologie. Und er besaß angeblich ein weißes Pferd. Ich kann ihn vor meinem inneren Auge deutlich sehen, denn die Besuche des Hufschmieds in Minety waren wichtige Ereignisse. Alle zwei Monate kam Robert und beschlug unsere Pferde und Ponys, und ich erinnere mich, wie fasziniert ich war, weil er schwarzes Eisen so zu einem C formte, dass es auf die Hufe passte. Er hatte eine mobile Esse dabei, die er im Hof anheizte, sodass er das Eisen zum Glühen bringen konnte. Ich protestierte nie, wenn Mum mich bat, ihm eine Tasse Tee und einen Keks zu bringen, weil ich die Präzision liebte, mit der er die Hufe der Ponys zurückschnitt, so ordentlich, als würde er ihnen die Fingernägel schneiden. Entsetzt, aber ebenso fasziniert beobachtete ich, wie Mums Hund Piper kam und die Hornspäne fraß, und hörte das Zischen des dunklen Wassers, wenn Robert das rot glühende neue Hufeisen direkt aus der Esse hineintauchte.

Bei Landwirtschaftsausstellungen sieht man auch heute noch Schmiedewettbewerbe, bei denen junge Hufschmiede Ketten oder Ringe aus Hufeisen herstellen. Man sieht, wie sie bei der Arbeit an der Esse schwitzen, und normalerweise tragen sie T-

Shirts mit abgeschnittenen Ärmeln, damit man die gut definierte Kontur ihres Bizeps sehen kann, der vom Schweiß glänzt. Diese Wettbewerbe sind natürlich auch Ausstellungen ihrer Männlichkeit, und ich bin ziemlich sicher, dass Wieland auch so ausgesehen hätte. Ein beeindruckender Männerkörper, wie geschaffen für die Arbeit mit Pferden.

Natürlich ist dieser Wieland von Magie umgeben, und wenn man an die Legenden vom weißen Pferd glaubt, das nach Dollys Überzeugung vom Hügel herabsteigen kann, dann glaubt man vielleicht auch, dass es gelegentlich hinunterläuft, um sich von Wieland silberne Hufeisen machen zu lassen. Eine andere, aber ebenso fantastische Version der Legende besagt, dass Reiter, die ihr Pferd beschlagen lassen wollen, es mit einer Münze in Wayland's Smithy zurücklassen können, und wenn sie zurückkommen, dann hat das Pferd neue Hufeisen und die Münze ist verschwunden.

Es ist ein Ort, an dem ich mich nicht gern allein aufhalte, aber an meinem achtzehnten Geburtstag habe ich mit Nell und Emma und ein paar Freunden dort gezeltet. Es war Mitte April, anderthalb Jahre nach Mums Unfall. Emma war aus London gekommen, und wir fuhren im Konvoi auf den Ridgeway. Damals gab es noch kein Schild, das Lagerfeuer und Camping verbot. Wir bauten uns also einen Unterstand aus einer Plane, die wir an den Steinen befestigten, und zündeten ein Feuerchen an, um Würstchen zu braten. Dazu gab es mehlige weiße Brötchen und Rotwein aus Mums glasierten Picknickbechern. Im Dorfladen hatten wir einen Geburtstagskuchen gekauft, und als es richtig kalt wurde, tranken wir eine Flasche Tequila, bis die Sterne über den Buchen sich drehten. Emma hatte eine Plastikflasche mit Sekt mitgebracht, aus der sich buntes Konfetti im Gras verteilte, als der Korken knallte. Jetzt bin ich achtzehn und erwachsen, dachte ich, während Wielands Buchen über mir im Wind flüsterten. In dieser Nacht träumte ich von Jimmy und Dolly. Sie waren in meinem Traum so deutlich zu sehen wie jetzt, wenn sie nachmittags um vier zur Haustür hereinstürmen, die Schultaschen fallen lassen und Bagels aus dem Toaster springen lassen, um sie mit Nutella zu bestreichen. In Wayland's Smithy habe ich sie im Traum gesehen, obwohl ich sie da noch gar nicht kannte.

Ich spüre diese Art von tiefer Magie überall auf dem Ridgeway, von der offensichtlicheren Mystik in Avebury bis zu den verwunschenen Höhen von Segsbury Camp oberhalb von Letcombe Regis oder der Bergfestung Barbury Castle hoch über Swindon. Die Sicherheit, die es mir vermittelt, hier auf dieser uralten Straße zu stehen, fühlt sich tiefgehend und archaisch an, und vielleicht bin ich deshalb in den ersten zwei Jahren nach dem Unfall, als Mum wieder zu Hause lebte, so oft hier gewesen.

»Zu Hause« ist vielleicht das falsche Wort für das, was aus Minety geworden war, denn das Haus ähnelte jetzt eher einem Krankenhaus für Mum und einer Art Asyl für uns andere. Wir versuchten, uns selbst um Mum zu kümmern, weil wir annahmen, auf diese Weise würde sie schneller gesund werden. Also lernten wir, wie man Windeln wechselte, sie wusch und anzog. Aber wir waren natürlich keine Fachkräfte, und es zeigte sich bald, dass Mum rund um die Uhr Betreuung brauchte. Vor allem ihre Inkontinenz war ein Problem, und außerdem musste man sie ständig im Auge behalten, weil sie ganz automatisch dem Impuls folgte, sich wieder um den Haushalt zu kümmern. Es fühlte sich an, als würden wir ein kräftiges, aber völlig verrücktes Kleinkind betreuen; sie benahm sich ebenso chaotisch und destruktiv wie Dash, wenn er durchdreht. Sie nahm Pfannen aus dem Schrank und stellte sie in den Backofen, drehte das Gas auf oder ließ an den Waschbecken oben das Wasser laufen. Sie ging zum Stall und führte Joe mit Sattel und Zaumzeug auf die Weide, oder sie streute den Hühnern ganze Säcke voll Futter hin, obwohl die sonst nur eine Handvoll bekamen. Am schlimmsten war es, wenn sie versuchte, sich ins Auto zu setzen und wegzufahren. Wir mussten sämtliche Autoschlüssel verstecken, auch wenn Besuch da war.

Sie war eine körperlich fitte, ausgesprochen aktive aber völlig verrückte Frau, die die Rituale eines zerbrochenen Lebens wiedererwecken wollte. Sie konnte vieles, aber manchmal auch gar nichts. Nach wie vor sprach und kommunizierte sie nicht, nicht einmal so grundlegende Dinge wie Hunger oder Kälte, aber da sie jetzt wieder zu Hause war, richteten wir den Blick fest in eine Zukunft, in der ihre Genesung weiter voranschreiten würde. Wir mussten einfach daran glauben, dass die Zukunft anders aussehen würde als die Gegenwart, denn uns mit dem zufriedenzugeben, was wir hatten, war einfach zu furchtbar.

Doch trotz der Umstände war es auch eine wilde Zeit. Rick war die ganze Woche über weg, und Emma und Tom kamen zwar so oft wie möglich an den Wochenenden, aber ansonsten waren nur die Mieter im Haus, dazu Ali, die Australierin, und die Pflegekräfte für Mum. Doch die mussten sich um eine Verrückte kümmern, da blieb wenig Zeit, um ein Auge auf Nell und mich zu haben. Niemand wusste, ob ich morgens das Haus verließ oder nicht, trotzdem ging ich immer zur Schule, denn dort fühlte ich mich auf eine schreckliche Weise zu Hause. Ich wollte nicht morgens die Treppe hinunterlaufen und mit Mum frühstücken oder mit ihr und der Pflegerin am Küchentisch sitzen, wo sie an ihrer Suppe herumwürgte und ich mit ihr sprach, als führten wir ein absolut normales Leben. Ich wollte nicht ihre Windeln wechseln, sie waschen oder einen sauberen Rock für sie heraussuchen. Ich wünschte mir Mum mehr als alles andere in der Welt, aber diese Dinge wollte ich nicht tun.

Stattdessen verließ ich mich auf meine engen weißen Hosen, auf Sex und Drogen. Die Verbindung war einfach unwiderstehlich. Dazu gab es nach wie vor unseren Untermieter, aber auch Jungs aus den Nachbardörfern, mit denen ich die Nächte verbrachte. Man muss sich als Teenager auf dem Land in England nicht langweilen, solange man ein Auto hat und gerne Drogen nimmt. Wir rauchten Zigaretten, dann Joints, und bald war es wichtig, dass der Junge, mit dem man ausging, ein Auto mit einem breiten Armaturenbrett hatte, weil man darauf Lines aus Speed ziehen konnte. Außerdem brauchte man eine laute Stereoanlage mit einem kräftigen Bass. Acid transportierte mich in eine Phantasiewelt, in der der Unfall nie passiert war. Und Sex bei Nacht im Freien, mit Gras unter den Hüften oder auf der kalten Motorhaube eines Autos oder unter einer Eiche mit Blick in den Himmel – all das war besser, als es zu Hause zu treiben, wo Mum durch die Flure schlich, gefolgt von einer Krankenschwester.

Es zeigte sich auch bald, dass Mum mehr brauchte als ihre vertraute Umgebung und ihr früheres Leben. Rick und Emma organisierten eine Therapie für sie, und wir brachten sie immer wieder in unterschiedliche Reha-Zentren, normalerweise für einen Zeitraum von zwei oder drei Wochen. Die anderen Patienten dort waren fast ausnahmslos junge Männer, dreißig Jahre jünger als sie, die sich die Körper und Köpfe bei Motorradunfällen ramponiert hatten. Die Schwestern und Sozialarbeiter versuchten, Mum dazu zu bringen, mit Hilfe von Bildern oder Zeichensprache zu kommunizieren, aber die dünne Schale vollkommener geistiger Unfähigkeit frustrierte auch sie immer wieder. Sie verstand nichts und konnte absolut nicht kommunizieren, aber sie versuchte immer wieder zu fliehen und irgendwie nach Hause zu kommen. Einmal wurde sie an einer Schnellstraße aufgegriffen, wo sie versuchte, per Anhalter zu fahren. Sie wusste genau, dass sie nach Hause wollte. Bei meinem nächsten Besuch war sie an den Hand- und Fußgelenken an einen Sessel gefesselt, zu ihrer eigenen Sicherheit. Im Nebenzimmer schrie ein junger Mann.

Es tut mir weh, daran zu denken. Ich will mich nicht erinnern und fühle mich nicht in der Lage, länger zurückzublicken, aber ich weiß, dass ich kurz nach meinem achtzehnten Geburtstag plötzlich unmittelbar vor den Abschlussprüfungen stand. Meine großartige Englischlehrerin Mrs Withers gab mir ein paar Extrastunden, damit ich das Verpasste aufholen konnte, und so meisterte ich die Prüfungen ganz gut. Aber danach stellte sich die Frage: Was nun? Rick hatte immer gesagt, er wollte, dass wir in Oxford studierten, und ein Jahr nach dem Unfall hatte Nell einen Studienplatz angenommen, den man ihr noch vor dem Unfall angeboten hatte.

Ich konnte mir nicht vorstellen, Minety zu verlassen, aber ich mochte mir auch nicht vorstellen, was passieren würde, wenn ich bliebe. Am Morgen meiner Prüfungen fuhr ich zur Schule, und danach ritt ich mit Joe auf die Wiese hinter dem Haus und sprang mit ihm über einige der Holzzäune, die unser Grundstück von der Nachbarfarm trennten. Für ein paar Augenblicke vergaß ich auf diese Weise all das Schreckliche, das geschehen war. Adrenalin strömte durch meinen Körper, und mein Herz schlug heftig. Dann ritt ich langsam zurück über die Koppel zum Haus, wo Mum mit der Schwester vor dem Fernseher saß.

Mums Rehabilitation ging überhaupt nicht voran, aber manchmal, wenn ich vom Reiten kam, setzte ich mich neben sie auf das Sofa im Spielzimmer und schaute Nachrichten. Piper lag neben uns und legte seinen weichen Kopf in Mums Schoß. Wenn ich die Schwellungen und Narben an ihrem Kopf und das halb geschlossene Auge nicht ansah, wenn ich nur ihre starken Hände ansah, dann konnte ich mir für einen Moment fast vorstellen, sie wäre immer noch Mum. Wenn das Feuer knisterte und Piper im Schlaf seufzte, wenn der Fernseher sein weißes Rauschen ins Zimmer schickte, dann war es, als wäre überhaupt nichts passiert.

Dann kam die Schwester herein, die in der Küche Mums Abendessen gekocht hatte. »Charlotte, Zeit für Ihren Tee. Und vorher wechseln wir noch schnell die Windeln, bevor es ein Malheur gibt.« Der Bann war gebrochen.

Es gibt eine Art Schleichweg über den Ridgeway und über die Downs nach Didcot, den ich manchmal von Baulking aus nehme, wenn ich mit dem Zug nach Paddington zur Arbeit fahre. Es ist keine Abkürzung, man braucht eher zehn Minuten länger bis zum Bahnhof, aber ich wähle diesen Weg besonders gern, wenn ich keine Eile habe und meinen Kopf mit Pferden füllen will, bevor mich die Straßen von London verschlucken. Eilige Pendler, die den Schnellzug um 7.07 Uhr bekommen wollen, sehen das Schild hinter Lambourne nicht, das besagt: »Willkommen im Tal der Rennpferde«. Sie denken schon an ihr erstes Meeting und nicht an die weißen Zäune an der Straße, die die Galopprennstrecke vor den Autos schützen. Im Winter, wenn die Jagdrennen Hauptsaison haben, verlasse ich das Haus kurz nach Morgengrauen und bin an der Galoppstrecke, wenn das kalte Morgenlicht stärker wird. Und dann fahre ich parallel zu einer Reihe von Pferden, die über die Erde donnern.

Die Rennen sind das lebendige, galoppierende Herz und der Geist des Ridgeway bei Lambourne. Im Sommer grasen glänzende Vollblüter mit schützenden Decken und dicken Bäuchen auf den Wiesen rund um das Dorf, aber im Winter sind diese Tiere Rennmaschinen. Mit diesen langbeinigen, hysterischen, sensationellen Vollblütern verbindet mich eine ganz andere Art von Liebe als mit den struppigen schwarzweißen Ponys, die sich im Tal unten in die dicken schwarzen Hecken drücken. Obwohl auch sie einen besonderen Platz in meinem Herzen einnehmen.

Die Energie eines Vollblüters im Winter, wenn er voll austrainiert ist, ist eine donnernde Mischung aus hochoktanigem Adrenalin und strahlenden, leuchtenden Farben, die an einem vorbeirasen. Dieser Landstrich hier in den Downs, entlang des Ridgeway, lebt vom Trommeln des Galopps. Millionen von Pfund grasen auf den Wiesen rund um Lambourne, einem Dorf, dessen besonderer Status nur auf den Rennen beruht. Der Name stammt vermutlich von den Schafen und Lämmern, die früher in großen Herden hier auf den Hügeln grasten. Seit dem 18. Jahrhundert jedoch, als der Earl of Craven die ersten Pferderennen auf Weathercock Hill und zwischen Upper Lambourne und Seven Barrows abhielt, bilden die Pferde das wahre Herz dieser Gegend. Beim Red Lion Inn gegenüber der Kirche lagen die ersten Ställe, aber so richtig blühte das Dorf erst 1898 auf, als die Lambourne Valley Railway gebaut wurde. Die Eisenbahn veränderte das Leben der Trainer und Pferde, die bis dahin nur bei lokalen Rennen hatten mitlaufen können oder zehn Meilen bis zum nächsten Bahnhof in Newbury hatten laufen müssen. Mit der Eisenbahn kamen auch die Rennen nach Lambourne. Einige Trainer brachten sogar Pferde aus Newmarket hierher, weil der Boden in den Downs besser für die Beine der Vollblüter war.

Lambourne ist wohl das einzige kleine Dorf in England mit einem Wettbüro von Ladbrokes. Außerdem gibt es einen indischen Take-away und einen Sattelladen, in dem man Profi-Helme, dünne Rennstiefel und echte wasserfeste Reitmäntel für den nassen Morgen im Sattel bekommt, wenn man vier Rennpferde trainieren muss.

Das Hufgeklapper der langen Reihe von Pferden, die durch das Dorf geführt werden, durch das ich auf dem Weg nach London fahre, ist immer noch aufregend, so aufregend wie das Gefühl, als ich zum ersten Mal in den Sattel eines echten Rennpferdes stieg.

Damals war ich achtzehn, und Minety gab es eigentlich schon nicht mehr. Mum war fast die ganze Zeit über in der Reha, und wir anderen mieden das Haus, denn ohne Mum konnte es nicht existieren. Ein neues Gefühl machte sich in mir breit, wohin ich auch ging, selbst in Minety. Es war Heimweh, eine tiefe Sehnsucht nach einem Ort, den ich nicht finden konnte und von dem ich nicht einmal mehr sicher wusste, ob er existierte.

Auch ich wollte nicht länger in Minety bleiben, und so nahm ich Arbeit bei einem Rennpferdetrainer oberhalb von Swindon an. Sein Hof lag bei Barbury Castle, der eisenzeitlichen Festung, wo Mum und Rick Nell und mich immer mit den Ponys abgesetzt hatten, wenn wir den Ridgeway entlangritten. Ich wohnte in einem Betongebäude neben seinen großen amerikanischen Ställen, in denen fünfzig Pferde aus den Boxen schauten und ein halbes Dutzend Stallknechte und zwei Mädchen, die nebenan wohnten, Tag und Nacht ausmisteten und die Pferde auf den Downs galoppieren ließen.

Ich hatte noch nie einen Vollblüter geritten und misstraute den winzigen Ledersätteln, die nicht größer waren als ein Taschenbuch und Steigbügel aus Metall hatten, und die sich so ganz anders anfühlten als die bequemen Reitsättel mit den hohen Rückenlehnen und gepolsterten Kniestützen, die Mum benutzt hatte.

Auch die Pferde waren ganz anders. Es waren hochbeinige, rassige, glänzende Schönheiten, die stampften und schnaubten, sobald eine Taube in den maigrünen Büschen außerhalb des Hofs flatterte, und die mit der Geschwindigkeit und Heftigkeit eines Kirmeskarussells die Richtung wechselten. Es war gar nicht so einfach, im Sattel zu bleiben, man musste ständig hoch konzentriert sein und immer einen Finger im Halsgurt haben. Ich wusste, wie ich die Zügel im Galopp halten musste, sodass das Pferd gegen sich selbst zog, wenn es anfing zu ziehen, und nicht an meinen Armen. Aber das Reiten mit Steigbügeln, die so kurz waren, dass meine Fersen gegen die Oberschenkel stießen, war mir vollkommen neu. Der Trainer zeigte mir den schweren Sitz bei den ersten zwei Schritten, wenn das Pferd im Galopp tanzte, und wie ich dann aufstehen musste, wenn es sprang. So nennt man den Moment, in dem ein Vollblüter im Galopprennen beschleunigt. Der Trainer saß in seinem Subaru am Rande der Rennbahn und behielt jedes Tier mit dem Fernglas im Blick, um seine Bewegungen zu beurteilen, seine Geschwindigkeit im Verhältnis zur Festigkeit des Bodens und dem Gewicht des Jockeys auf seinem Rücken. Ich liebte das Gefühl, neben einem der Jungs vom Hof zu galoppieren, wenn wir über unseren Sätteln kauerten und die Pferde die Downs hinunterstampften und Erdklumpen aufspritzten. Und ich liebte es, ernsthaft mit Pferden zu arbeiten, nicht nur mit Ponys herumzuspielen. Ich ritt drei oder vier Pferde pro Tag, entwickelte Muskeln in meinen Waden und Oberschenkeln, von denen ich bis dahin noch nichts gewusst hatte, und karrte morgens und abends so viel Mist aus den Ställen, dass meine Arme straff und drahtig wurden.

In meinem Zimmer gab es einen Kocher, ein Spülbecken und eine Dusche. Ich machte es mir mit Daunendecken und Kissen gemütlich, die ich aus dem Spielzimmer in Minety mitgenommen hatte. Manchmal aß ich Pizza oder warme Käsesandwiches mit den Jungs in ihren Zimmern auf der anderen Seite des Hofs, oder ich kochte mir Spaghetti oder briet Speck und Eier auf dem Kocher in meinem eigenen Zimmer und aß auf der Bettkante, während draußen der Wind von Barbury Castle herunterfegte.

Die Jungs, mit denen ich zusammenarbeitete, waren zähe, lustige Kerle. Sie sprachen über nichts anderes als Pferde und Sex, und ich genoss das Gefühl, mit ihnen zu neuen Ufern aufzubrechen. Ich musste niemandem erklären, was mit meiner Mum passiert war, der Unfall spielte hier keine große Rolle. Jockeys fallen ständig vom Pferd oder haben schreckliche Unfälle.

Ich mochte die Stallknechte, die die schwere Arbeit machten, aber immer wieder kamen auch Profi-Jockeys auf unseren Hof. Sie ließen ihre silbernen Sportwagen auf unseren Hof schnurren, ritten mal eben vier oder fünf Pferde und brachten eine intensive Konzentration mit, bevor sie wieder verschwanden, um in Leominster ein Nachmittagsrennen zu reiten. Einmal, nach unserer Abendrunde durch die Ställe, tauchte einer der Jockeys auf. Er hatte gerade ein großes Rennen in Cheltenham gewonnen. Der Hof war leer, die Jungs waren im Wettbüro, um ein bisschen Geld zu setzen, oder im Pub ein Stück die Straße runter. Ich wollte gerade nach Minety aufbrechen, um Mum zu besuchen. Dem Jockey klebten noch die Haare am Kopf. Er war nicht groß, ungefähr so groß wie ich, und er sah mir direkt in die Augen, als er mit mir sprach. Er roch wunderbar nach Schweiß und Leder. Wir sprachen über die Pferde und gingen zu den Ställen, liefen an den Boxen entlang und streichelten im Vorbeigehen die samtbraunen Nasen. Am Ende des Stalls gab es ein festes Metallgatter, von dem aus man ein Stück sternenklaren Himmel über den Ridgeway sehen konnte. Plötzlich drückte er mich gegen das Gatter, küsste mich heftig, hielt mich an der Taille und drang in mich ein. Er hatte Schlammspritzer auf seinen Reithosen und einen frischen Kratzer auf der Wange, aber nichts an ihm oder an dem, was er tat, erschreckte mich. Es war genau das, was ich wollte.

An den Samstagabenden, wenn das Licht im Stall ausgeschaltet wurde und die Pferde in ihren warmen Boxen standen und fraßen, fuhr ich manchmal nach Minety, um die Nacht dort zu verbringen. Aber lieber noch fuhr ich mit einem der Jungs, die in der Nähe wohnten, zu irgendwelchen Partys. Manchmal fuhren wir über den Ridgeway, denn in den Downs fanden viele Raves statt. Es war ein tröstliches Gefühl, wenn sich in meinem Kopf alles drehte und die Gegenwart sich in gezackten Formgebilden auflöste, sobald ich Ecstasy oder MDMA nahm. Einmal ging ich mit einem Freund zu einem Rave in Manchester, wo ich Acid schluckte und die Nacht neben einem der riesigen Lautsprecher verbrachte. Irgendwann fuhr er mich zurück zum Hof. Als ich am nächsten Morgen wieder mit den Jungs ausritt, war meine Welt noch ein bisschen unscharf und unklar, aber die Kraft des Pferdes unter mir brachte mich schnell zurück in die Gegenwart. Nach dem Galoppieren trabten wir über die leere Ebene von Barbury Castle, wo in den alten Verteidigungsgräben die Schafe grasten. Meine Wochen bestanden nur aus Galoppieren und Schlafen, Galoppieren und Schlafen, und es fühlte sich gut an, über nicht viel mehr nachdenken zu müssen als über meine Finger, die fest in die Mähne der Pferde gekrallt waren. Dieser Pferde, die ich allmählich verstand. Es war etwas Beruhigendes an dieser Bewegung in eine Richtung, an diesem Vorwärtsgaloppieren, bei dem man nie zurückschauen musste.

Vier Monate nach meinem Umzug auf den Ridgeway musste ich eine Entscheidung treffen, ob ich wollte oder nicht. Und eigentlich wollte ich nicht. Rick erwartete von mir, dass ich mich in Oxford bewarb, was bedeutete, dass ich die Rennpferde und das Betonzimmer in Barbury Castle würde verlassen müssen, um meine Fähigkeiten im Essayschreiben wieder auf Vordermann zu bringen. Aber ich wollte nicht weg. Das Reiten mit den Rennpferden war wie ein Schuss Adrenalin direkt ins Herz, jeden Tag aufs Neue, es war genauso aufregend wie die Drogen, die ich gelegentlich nahm, nur ohne den schrecklichen Kater am anderen Morgen. Und ich wollte auch nicht die reine Muskelfreude dieser Pferde unter mir aufgeben, diese Freude, wenn die Zeit davonflog und ich für einen Moment allem entfliehen und im wahrsten Sinne des Wortes in die Gegenwart galoppieren konnte, eine Gegenwart, in der die Wahrheit über Mums Unfall keinen Zugang hatte. Wenn ich an Mums Wallach Joe dachte, der auf der Wiese in Minety stand, oder das kleine Kutschpony Annie, dass sich in die dicke schwarze Hecke drückte, dann brannte ich vor Traurigkeit. Bei den Vollblütern erreichte mich das alles nicht, denn Mum hatte nie einen besessen. Es war ein Tor zu einer anderen Welt, in der Dinge wie Zuhause und Familie nicht mehr existierten. Aber wenn ich ernsthaft studieren wollte, dann konnte ich nicht gleichzeitig reiten. Ich musste mich entscheiden.

An einem Vormittag im Dezember, nachdem ich drei Pferde geritten hatte und die Jungs zum Wettbüro gefahren waren, ging ich in das Haus auf der anderen Seite des Hofs, um mit dem Trainer zu sprechen.

»Du hast die Wahl, Clover. Du kannst hier bleiben, ich behalte dich, solange du willst. Mit ein bisschen Glück mache ich einen sehr guten Jockey aus dir«, sagte er und blickte durch die Haustür hinaus auf die Koppel und darüber hinweg zum Ridgeway mit seinen sich schlängelnden Wegen. »Oder du kannst machen, was dein Vater will, und dich um einen Studienplatz in Oxford bewerben. Damit schlägst du dann einen ganz anderen Weg ein, der dich vermutlich sehr weit vom Pferderennen wegführen wird.« Er senkte den Kopf, schaute auf seine Füße, dann hob er den Blick wieder und runzelte ein wenig, wenn auch nicht unfreundlich, die Stirn. »Ich bin sicher, du könntest es schaffen, aber ein Leben im Rennsport … ehrlich gesagt, würde ich das niemandem einfach so raten.« Er lachte trocken, lächelte mich an und ging dann zurück ins Haus. »Hast du Lust auf einen Tee?«

In der Küche stapelten sich schmutzige Becher und Teller, und an einem mit Krümeln übersäten Toaster lehnte eine Ausgabe der *Racing Post*. In einer Ecke grummelte der Rennkommentar aus Lincoln aus dem Fernseher, bunte Trikots rasten über den Bildschirm, und neben dem Fernseher lag ein dicker Spaniel auf einem windschiefen Sofa mit ausgebleichtem William-Morris-Stoff und leckte sich die Eier.

»Rennreiten ist eine Tortur für den menschlichen Körper. Und bei Frauen ist es noch schlimmer. Selbst wenn du Erfolg hast und ein paar Rennen gewinnst … das willst du nicht ewig machen, nicht mal besonders lange. Am Ende läuft es darauf hinaus, dass du bei einem Trainer im Büro sitzt, und er wird sich in dich verlieben, und du wirst ihn heiraten. Und in ein paar Jahren schmierst du dann Gurkensandwiches für den Pascha.« Er lachte wieder, schlug die *Racing Post* auf und nahm seine Brille von der Armlehne des Sofas. »Oder du gehst an die Uni und schaust, was daraus wird. Nein, ehrlich, bei dieser Entscheidung brauchst du meine Hilfe nicht.« Er zuckte mit den Schultern. »Also, ich will das Rennen um halb drei in Plumpton nicht verpassen. Wir sehen uns heute Abend im Stall.«

Ich kehrte nach Minety zurück. Mrs Withers und Mrs Robbins brieften mich für das Bewerbungsgespräch, ich las noch einmal Keats' Oden und verbrachte einen Monat mit dystopischer Literatur und der Frage, was geschieht, wenn die Welt endet und wieder neu erschaffen wird. Oxford war feucht und dunkel, und mir zitterten die Hände, als ich vor dem Zimmer des Tutors saß und auf das Bewerbungsgespräch wartete. Aber als wir dann anfingen zu reden, verschwand die Angst.

Hinterher nahm Nell mich mit in das Haus, das sie im Süden der Stadt gemietet hatte. Sie hatte Piper dabei, und sie hatte sich die langen blonden Haare abrasiert. Auf der High Street machten ihr die Scharen von Touristen auf der Suche nach der Christ Church Platz, wenn sie mit Piper ankam. Auf der Cornmarket Street blieb sie stehen und redete mit einem großen, dunkelhaarigen Kerl mit einem fehlenden Schneidezahn, der vor dem Eingang von Miss Selfridge Musik machte. Eine Handvoll Münzen lag in seinem offenen Gitarrenkasten, und er klimperte ein paar Akkorde einer irischen Ballade vor sich hin und grinste breit, als er Nell sah. Er ließ die Gitarre fallen, holte seinen Tabak aus der Hosentasche und verabredete sich mit ihr, um später am Abend noch was trinken zu gehen. Als sie uns einander vorstellte, lächelte er mich von der Seite an und fragte mich, wie das Bewerbungsgespräch gelaufen sei und was ich von Oxford hielte. Dabei sah er mich so eindringlich an, dass ich später Mühe hatte, das Gefühl abzuschütteln, es würde ihn tatsächlich interessieren. Ich fühlte mich unbehaglich in meiner ordentlichen blauen Jacke, die ich mir für das Vorstellungsgespräch angezogen hatte – die kleine Schwester, die gerade erst die Schule beendet hatte. Er sprach mit einem starken irischen Akzent und war so groß, dass er sich zu mir herunterbeugen musste, als er mir einen Kuss auf die Wange gab. Er machte mich schwindelig.

»Dan kommt aus Dublin«, hauchte Nell mir zu, als wir weiter zu ihrem Haus gingen. Sie hatte ihn in einem Pub auf der Cowley Road getroffen, wo er Musik machte. Er studierte nicht, sondern spielte mit ein paar von ihren Freunden aus einem anderen College in einer Band. »Er taucht immer mitten in der Nacht mit einer Flasche Whiskey in der Hand im Haus auf. Dan ist toll, alle sind verknallt in ihn. Komm, lass uns was essen gehen, ich sterbe vor Hunger.«

Ein paar Wochen später bekam ich einen Brief, in dem man mir einen Studienplatz für Englisch am St. Peter's College anbot, aber erst in zwei Jahren. Später erfuhr ich, dass meine Schule dem College vom Unfall meiner Mutter erzählt hatte. Die Tutoren waren der Ansicht, ich bräuchte noch Zeit, bevor ich mit dem Studium begann. Nell muss Dan davon erzählt haben, denn er rief mich in Minety an und sagte mir, er fände mich genial, und wenn ich anfing zu studieren, dann würde er mich ausführen, um das gebührend zu feiern.

Drei Tage später kam Rick nach Minety. Nell war in Oxford, Mum irgendwo in der Reha. Rick und ich machten uns Cottage Pie und saßen mit unseren Tellern vor dem Kamin in seinem Arbeitszimmer. Wir schauten uns *Stoßtrupp Gold* an, und Rick trank eine Flasche Rotwein. Ansonsten war das Haus leer, die meisten Lichter waren aus, und trotzdem fühlte es sich ganz gemütlich an, wie wir da zusammen saßen.

Nach dem Film schauten wir uns noch eine Talkshow an, und dann sagte Rick plötzlich, er müsse mir etwas sagen. Minety sollte verkauft werden, und Mum würde in ein Pflegeheim umziehen. Ich hatte gewusst, dass so etwas passieren würde, aber als es jetzt real wurde, rutschte mir das Herz in die Hose, und ich brach in Tränen aus. Ein paar Freunde von Mum würden die

Pferde übernehmen. »Aber du kannst jederzeit hinfahren und sie reiten, wenn du willst.«

Alle sagten, ich hätte wahnsinniges Glück. »Zwei Jahre ohne Verpflichtungen!«, kreischte Aisling, eine Freundin von Nell in Oxford. »Hast du ein Schwein.« Emma wollte, dass ich mich in der Zwischenzeit an einer Sprachenschule in Frankreich und dann in Italien einschrieb, damit ich beide Sprachen fließend konnte, wenn ich zurückkam, aber ich konnte mir überhaupt nicht vorstellen, wieder zur Schule zu gehen. Dan rief nicht noch mal an, aber ich konnte ihn nicht vergessen. Einmal kam er mit Nell nach Minety und sang irische Lieder am Lagerfeuer, während wir Whiskey tranken. Einen so wilden Typen wie Dan hatte ich noch nie getroffen, und sein irischer Akzent brachte mich auf die Idee, wenn alle Männer in Irland so wären wie er, dann wollte ich da hin. Ich wollte nicht mehr an Minety denken, an die Pferde oder den Garten oder mein Zimmer oder die große Küche mit Mums Holztisch in der Mitte. Ich wollte an gar nichts mehr denken. Ich ging einfach weg.

Als Minety zum Verkauf ausgeschrieben wurde, zog ich nach Dublin, wo ich im Haus einer Freundin in der Nähe des Liffey ein Zimmer mietete. Mark Palmer hatte mir den Kontakt zum Freund eines Freundes verschafft, der mir half, einen Job als Kellnerin zu bekommen. Die Vergangenheit war vergangen, Zuhause war vorbei. Ich ritt vorwärts.

Kapitel 4

Neben unserem Haus in Baulking steht eine schwarze Scheune aus Holz mit Steinboden und dicken Balken aus Eichenholz. Nachts, vor dem dunklen Himmel, sieht das schwarz gestrichene Holz aus wie ein Scherenschnitt. Die Scheune und der Zaun um die winzige Koppel erinnern mich an eine Ranch, und wenn ich mich einsam fühle, stelle ich mir vor, dass wir in der Prärie leben, und dann sieht die Sache schon besser aus. Im Winter heult der Wind unablässig von Westen, und wir machen jeden Abend den Kamin im Wohnzimmer an, sodass gelbe Hitze auf dem Feuerrost tanzt und wenigstens ein Zimmer warm ist. Das Cottage ist zweihundert Jahre alt, von Wärmedämmung keine Spur, aber wenn das Feuer brennt, ist es gemütlich, und Dolly liegt auf dem Bauch im Wohnzimmer und macht Hausaufgaben, während Dash und Evangeline um sie herumtanzen wie Gnome. Genau so ein Zuhause wollte ich für sie schaffen, aber tagsüber ist es einfach nur kalt. Es gibt Tage mit einem grauen, wolkenverhangenen Himmel, an denen selbst der Ridgeway mit den Downs und den Kreideflächen völlig verschlammt ist. Wenn ich mit Dash und Evangeline dort spazieren gehe, rutschen sie schon aus und fallen hin, kaum dass ich sie aus dem Auto geholt habe, und zeigen mir ihre schlammigen Hände, damit ich sie bewundere. Wenn der März kommt, gebe ich nach und lasse tagsüber Heizung und Fernseher an.

Ich brauche etwas, das mir in diesen endlosen Wintern die gute Stimmung erhält. Also verbringe ich die meisten Abende auf einer Website namens Dragon Driving. Dort werden Kutschponys verkauft und allerlei Ausrüstung für fahrendes Volk: Wagen, Geschirre, Karren. Für Leute, die gern Kutsche fahren, ist diese Seite suchtgefährlicher als Facebook. Und dort habe ich Trigger gefunden. Er ist nur eins dreißig hoch, aber er hat das Temperament eines Rennpferds. Dolly und ich schauen ihn uns auf einem Hof in der Nähe von London an. Er hat eine dicke lange Mähne, die ihm bis auf die Knie reicht. Wenn man ihn rosa anmalen würde, sähe er aus wie »Mein kleines Pony«.

Gespannfahren ist nicht das Gleiche wie Reiten. Wenn ich reite, stellen meine Beine den Grundkontakt zum Pferd her, viel mehr als meine Hände. Meine Hände sind auch wichtig, aber der Druck im Sattel spielt eine größere Rolle. Diesen Luxus habe ich nicht, wenn ich fahre, und beim ersten Kontakt mit Trigger, als ich auf dem Karren sitze, den er zieht, habe ich das Gefühl, er ist viel zu weit weg. Man braucht gute Hände, das heißt sanfte, nachgiebige Hände, die das Pony nicht am Maul reißen. Und diese Hände sind beim Fahren fast noch wichtiger als beim Reiten, weil sie den einzigen Kontakt zwischen Pony und Mensch herstellen. Deshalb lernen Kutschponys auch viel mehr als Reitponys, auf die menschliche Stimme zu achten. Wenn ich mit Trigger den drei Meilen langen Rundkurs zwischen Uffington und Baulking fahre, fühle ich mich nie einsam, weil ich die ganze Zeit mit ihm rede. Ich sage ihm, dass er ein guter Junge ist und weitertraben soll und dass er die Plastiktüte da im Graben gar nicht beachten soll.

Trigger ist ein echtes Arbeitstier. Er stampft und schlägt mit dem Kopf, wenn ich ihm das Zaumzeug mit den Scheuklappen aus Leder überziehe. Die Scheuklappen sorgen dafür, dass ihn die Kutsche nicht erschreckt. Das Geschirr ist billiges Zeug aus Nylon mit ganz wenig Leder, aber es erfüllt seinen Zweck, und Trigger trippelt ungeduldig auf der Stelle, weil er loslaufen will.

»Ruhig, Junge, schön stehen bleiben«, sage ich mit starker, zuversichtlicher Stimme, wenn er schon vorwärtsspringt, bevor ich richtig sitze. Mitte Februar fahre ich zum ersten Mal mit ihm hinauf zum weißen Pferd. Die Pfützen am Wegrand sind überfroren, das schwarze Wintergras noch voller Reif.

Auf dem geraden Weg nach Uffington lasse ich ihm mehr Zügel, und er stemmt sich ins Geschirr, den Hals gebogen wie ein Komma. Ein Traktor fährt an uns vorbei, dann drei Autos hintereinander und schließlich der rote Pick-up des Mannes, der an der Straßenecke wohnt. Er gehört zum fahrenden Volk und hält Kutschponys in seinem Garten, und vor dem Haus stehen kleine bunt bemalte Kutschen. Die Leute gehen ihm aus dem Weg, aber ich bewundere seine Lebensweise. Er muss sich für das Pony nicht rechtfertigen, das er auf dem schmalen öffentlichen Grünstreifen vor seinem Haus anbindet, ebenso wenig wie für die langbeinigen Greyhounds, die in seiner Einfahrt bellen. Hinten auf seinem Pick-up steht mit goldener Schnörkelschrift: *Wir fahren vor, ihr folgt uns*. Und er lebt sein Leben mit bewundernswertem Trotz.

Er nickt mir zu, als er mit dem Pick-up an mir vorbeifährt, eine kleine Anerkennung für Trigger, den er vermutlich als *flashy* bezeichnen würde. Ich lasse Trigger durch Uffington und bis zum Fuß des White Horse Hill traben. Dort wird der Weg steiler, wir steigen zum Ridgeway hinauf, und sein langes weißes Fell wird langsam lockig vom Schweiß.

Das letzte Stück des Weges ist steil. Unter uns liegt das Gletschertal des Manger, und vor uns das weiße Pferd. Ich treibe ihn an, sodass er fast trabt, damit das Gewicht der kleinen Kutsche ihn nicht immer wieder zurückwirft, aber auf halbem Weg hinauf gönne ich ihm eine Verschnaufpause, damit wir beide wieder zu Atem kommen können. Als wir um die letzte steile Kurve biegen, arbeitet sich die Sonne langsam durch den weißen Morgenhimmel. Trigger ist stark und tapfer und bleibt nicht stehen, auch als seine Hufeisen auf dem Asphalt rutschen. Abgesehen von ein paar gedämpften Gesprächsfetzen einiger Wanderer auf den

Schafweiden am Weg, durchdringt nur das Geräusch der Holzräder und das Klappern der Hufe die Stille.

»Guter Junge, Trigger, guter Junge, das hast du toll gemacht«, sage ich und klinge fast so stolz, wie wenn Jimmy mit guten Noten nach Hause kommt. Trigger schwitzt, schüttelt sich kräftig und drückt seinen verschwitzten Kopf an meine Brust, bevor ich wieder in den Wagen steige und wir den Weg am White Horse Hill entlangfahren, der sich mit dem Ridgeway vereint. Trigger zieht jetzt nicht mehr am Mundstück, sondern hat den Kopf gesenkt und marschiert ruhig im Geschirr. Die Zügel umrahmen den Umriss seines dicken Schweifs und Hinterteils und die längere Linie seines Rückens. Wenn ich reite, habe ich immer das Gefühl, ich müsse das Pferd beherrschen. Beim Fahren ist es anders, da fühle ich mich wie ein Teil des Teams, und als wir den Weg verlassen und auf den steinigen Ridgeway einbiegen, spüre ich, dass Trigger mich versteht.

Die Straßen in Dublin waren immer nass, auch wenn es nicht regnete. Sie nennen das dort die *soft days,* wenn ein feiner Nebel alles bedeckt. Diese »weichen Tage« kräuselten meine Haare, und wenn ich über das St. Stephen's Green zur Arbeit ging, zog ich den Mantelkragen hoch, um sie vor der Feuchtigkeit zu schützen. Im Restaurant sahen krause Haare nicht gut aus. Dort war alles glatt und glänzend, und man erwartete von mir, dass ich die schwarz lackierten Tische polierte, bis sie aussahen wie Glas.

»Es ist, als würdest du jeden Abend auf die Bühne gehen. Du musst eine Rolle spielen«, sagte Caro, Front of House, der mir beigebracht hatte, auf dem »Parkett«, wie sie es nannten, weniger Fehler zu machen. »Geh raus aufs Parkett und hol dir ein bisschen Trinkgeld«, war einer der Sprüche unter den Kellnern, um sich auf halbem Weg durch eine Elf-Stunden-Schicht wieder zu motivieren. Als Angestellte in Dublins neuestem, schillerndsten Restaurant erwartete man von uns, dass wir schnell, freundlich, gelegentlich witzig und immer effizient waren. Wir trugen enge schwarze Hosen, in die kaum der Bestellblock hineinpasste, dünne weiße T-Shirts und winzige weiße Schürzen um die Taille, und die besten Bedienungen bekamen Extratrinkgelder, weil sie ein Tablett mit Champagnergläsern auf den Fingerspitzen einer Hand tragen konnten.

Wie schwierig kann der Job hier sein?, fragte ich mich, kämpfte mit meinem Bestellblock und versuchte mich verzweifelt daran zu erinnern, ob der ruhige Ire da vorn sein Steak rare oder medium rare wollte und ob seine ernste Frau Mais oder Sauce Béarnaise bestellt hatte. Dünne Pommes oder Kartoffelpüree? Frühlingsgemüse oder Salat? Das kann doch wirklich nicht so schwer sein.

Nach meiner Erfahrung war es unendlich schwer.

Seien Sie bitte immer nett zu den Menschen, die Sie bedienen. Bedanken Sie sich, schauen Sie ihnen in die Augen, und versuchen Sie, sich nicht zu beschweren, wenn sie die Extra-Mayonnaise vergessen haben. Denn es ist ein unmöglicher Job. Manchmal konnte ich bloß meine eigene Schrift nicht lesen, manchmal vergaß ich aber auch einfach etwas. Die anderen Bedienungen verzogen das Gesicht, wenn ich aus Versehen ihre Teller vom Pass nahm, und die Köche brüllten, wenn meine Bestellungen zu lange dort standen.

Das Restaurant war italienisch und gehörte den Bandmitgliedern von U2, die gelegentlich reingeschlendert kamen und sich an ihren Privattisch in einem Alkoven ganz hinten setzten, weit weg von der Öffentlichkeit. Wenn die Band da war, schillerten die scharfen, teuren Kanten des Lokals noch greller. Um den Tisch herum gab es einen Art Steg, den die Bedienungen benutzen mussten, wenn sie die Champagnergläser der Supermodels nachfüllten, die die Rockstars mitbrachten.

Ich war eine Katastrophe in diesem Job, aber das war nicht schlimm. Dublin nahm einen Teil meiner Traurigkeit in sich auf, und der Ärger auf dem Parkett war nur Hintergrundgeräusch und sorgte dafür, dass ich meine Miete bezahlen konnte. Ich war zu Fuß auf die Fähre nach Irland gegangen, nur mit einer schwarzen Nylonreisetasche voller Klamotten in der Hand und einer braunen Wollmütze auf dem Kopf, die gegen den Regen machtlos war. Nell studierte, und alle anderen hatten sich von Minety wegbewegt. Das Haus stand zum Verkauf. Seit ich von dort fortgegangen war, fühlte ich mich nicht mehr so, als würde das, was geschehen war, mir die Luft abschnüren, als hätte ich nichts mehr unter Kontrolle. Mein Leben ging weiter. Ich konnte ganze Kapitel meines Lebens neu erfinden und einfach weglassen, was mir nicht gefiel.

Ich wohnte in einem leerstehenden Zimmer bei der Freundin einer Freundin, aber ich war ohnehin selten da. Dublin ist klein, und die zwei oder drei Menschen, die ich dort kannte, führten zu einer ganzen Reihe von neuen Freunden. Die meisten studierten am Trinity College oder spielten mit ihren Bands in den Pubs am Liffey.

Das Leben in diesen drei Monaten in Dublin spielte sich in einer Reihe von Zimmern ab, zwischen denen ich hin und her zog, in Pubs und stickigen Bars, wo mir irgendwelche Typen Ecstasy in die Hand drückten, und in Studentenwohnheimen, wo ich neben einem mir unbekannten nackten Jungen aufwachte. Oder eben in den Cafés auf der Grafton Street, wo ich mit meinen neuen Freunden saß und Zeit und Vergangenheit vergaß. Wenn sie mich fragten, warum ich nach Dublin gekommen war, sagte ich einfach: um mal was Neues zu sehen. Mehr nicht.

Wenn ich nicht über Mum sprach, konnte ich fast so tun, als dächte ich nicht an sie. Es war ein Streich, den ich mir selbst spielte und der auch manchmal funktionierte, wenn ich betrunken war oder aufgeregt oder damit beschäftigt, mich neu zu erfinden. Manchmal funktionierte es auch länger, bis ich dann irgendwann im Dunkeln durch eine unbekannte Straße lief und in dieser fremden Stadt nach etwas suchte, das ich nicht beschreiben konnte. Dann tauchte auf einmal wieder diese zerbrochene Sehnsucht in mir auf, diese Sehnsucht nach etwas Unerreichbarem.

Denn auch wenn ich mir einreden kann, ich hätte damals wirklich den Plan gehabt, nach Irland zu gehen, so gehörte Mum doch mit zu diesem Plan. Sie lebte in einem Pflegeheim und hatte keine Ahnung, wer sie war und wer ich war, aber sie war es, die mich dazu veranlasste, gerade dort hinzugehen.

Sie liebte Irland, seit wir einmal einen Reiterurlaub dort verbracht hatten. Damals war ich fünfzehn, wir wohnten bei Freunden von ihr in der Nähe von Galway, und die liehen uns ihre Pferde, damit wir zusammen ausreiten konnten. Mum liebte die dichte, grüne, satte Landschaft der Westküste, und abends ließ sie mich mit dem Nachbarssohn unserer Freunde in den Pub gehen. Er machte dort Musik, ich saß an der Bar neben dem Torffeuer und sah zu, wie er mit seiner Fiddle durch Jigs und Reels jagte und die Bewegungen und Geräusche im Raum ineinander verschwammen.

Dieselbe Musik hatte Nells Freund Dan gespielt, als sie ihn mir in Oxford vorgestellt hatte. Manchmal hörte ich Fetzen davon aus den Pubs in Dublin oder aus den offenen Fenstern der Wohnungen. Die Musik klang, als würde sie selbst tanzen, oder atmen, aber in Dublin schien sie immer außerhalb meiner Reichweite zu sein, an einem Ort, den ich nicht erreichen konnte. Das war Mitte der Neunzigerjahre, und Dublin war ein keltischer Tiger, der brüllend zum Leben erwachte, umherschlich und seine neue Schönheit bestaunte. Rockmusik und Schauspieler waren die neue Währung der Stadt, und eine Weile schlief ich mit einem Musiker, der in dem Film *Die Commitments* mitgespielt hatte. Er fuhr nur noch mit dem Taxi und spielte Saxophon und merkte gar nicht, dass ich bloß so tat, als wäre ich glücklich.

An einem freien Nachmittag nahm ich den Bus in den Norden der Stadt zu einem Flohmarkt und spazierte zwischen den

Tischen mit Stapeln von alten Wolljacken und zerrissenen Regenmänteln herum. Dort standen Schachteln mit Büchern, deren Seiten zusammenklebten, und angeschlagenem Geschirr, mit Puppen ohne Augen und einem Teddy, dem ein Arm fehlte. Ein paar Jungs in Trainingshosen und mit verkniffenen Gesichtern verkauften Tabak aus Kartons, die sie hinter den Tischen aufgestapelt hatten, und über uns ragten die Hochhäuser in den Himmel, während junge Frauen mit ihren Babys, die im Buggy an ihren Fläschchen nuckelten, die Schachteln mit kaputtem Spielzeug durchwühlten.

Es war hässlich und schmutzig, aber nach den messerscharfen, polierten Tischen im Restaurant und all den ordentlich gefalteten Leinenservietten tanzte in mir die Erleichterung, endlich etwas gefunden zu haben, das genauso verkrumpelt aussah, wie ich mich fühlte. Hier spielte es keine Rolle, ob meine Haare sich im Regen kräuselten, und nachdem ich ein wenig zwischen den Ständen hindurchspaziert war, setzte ich mich in ein Café, rauchte ein paar Marlborough Lights und sah der Feuchtigkeit zu, die auf beiden Seiten des Fensters hinablief. Ich hatte keine Zeitung und kein Buch dabei, und der Luxus, sich hinter der scheinbaren Dringlichkeit eines Smartphones zu verstecken, war Zukunftsmusik. Also sah ich einfach nur dem Regen zu und legte mit einer Handvoll irischer Zwanzig-Pence-Stücke Muster auf der Tischplatte aus Resopal. Es waren hübsche Münzen mit einem irischen Pferd darauf. Als Mum und ich in Irland gewesen waren, hatte sie aus einer dieser Münzen einen Anhänger für mich gemacht, indem sie ein Loch hineingestanzt und ein Stück pinkfarbenes Band hindurchgezogen hatte. Auch dieser Anhänger war weg, in und mit Minety verschwunden, als hätte es ihn nie gegeben. Ich betrachtete das Pferd auf der Münze, doch dann schaute ich weg und versuchte, mich an nichts zu erinnern oder gar etwas zu fühlen, denn wenn der Schmerz wieder anfing, war ich jedes Mal wie gelähmt.

Es war schon fast dunkel, als ich das Restaurant verließ. Die meisten Jungs hatten ihre schadhaften Waren wieder in die Pappschachteln gepackt und traten gegen die Beine ihrer Tapetentische, um sie zusammenzufalten und in ihren Wagen zu verstauen. Ich hatte hier nichts mehr verloren, der Markt war zu Ende, und ich verließ den Platz, um den Bus zurück zur Grafton Street zu nehmen. Da sah ich das Pferd. Es war schwarz-weiß gescheckt, wie ein Zigeunerpony, und auf seinem Rücken saß ein Junge mit Kapuzenpullover, auf dem »Just Do It« stand. Er ritt ohne Sattel, die Beine hingen lang und schlank an den Seiten herunter und endeten in Turnschuhen mit ausgefransten Schnürsenkeln. Sein Pferd trug kein Zaumzeug, der Junge lenkte es nur mit einem Seil am Halfter zwischen den letzten Tischen hindurch. Er musste schon öfter mit dem Pferd dort gewesen sein, denn es zuckte nicht zusammen, auch als die Scheinwerfer eines Busses durch die Dunkelheit strahlten. Männer liefen herum, ohne sich um das Tier zu kümmern, riefen sich irgendetwas zu, packten ihre Waren ein, schlugen Kofferraumdeckel zu, forderten Hilfe an, eine Mitfahrgelegenheit, ein Feuerzeug. Still wie eine Vision bewegte sich dieses Pferd durch die Menge. Trotz der lauten Männerstimmen hörte ich das Klappern seiner Hufe auf dem Kopfsteinpflaster und wünschte mir nichts sehnlicher, als dieses Pferd zu berühren und den warmen Duft seiner Mähne einzuatmen, seine beruhigende Stärke zu spüren. Und plötzlich wusste ich, dass ich nicht länger in Dublin bleiben konnte.

Nach drei Monaten, in denen ich zahlreiche Teller hatte fallen lassen und Bestellungen vergessen hatte, wurde ich entlassen. An einem Nachmittag, nachdem ich einem Tisch mit Vegetariern ein Tartar serviert hatte, nahm die Managerin mich ruhig beiseite und erklärte, der Job als Bedienung sei vielleicht nicht ganz das Richtige für mich. Sie bot mir an, mich noch einmal von Grund auf einzuarbeiten, wenn es mir wirklich wichtig war, als Kellnerin zu arbeiten, aber so, wie sie mich ansah, wusste ich, dass sie mich loswerden wollte. Für mich war es eine Erleichterung. Ich ging nach Hause, schüttelte meine Haare aus und kümmerte mich nicht mehr darum, ob sie sich kräuselten. Jetzt konnte ich Dublin verlassen. Ich würde nach Galway gehen, an die Küste, wo ich mit Mum gewesen war. Heute, im Rückblick, weiß ich, dass ich bei jedem Schritt immer nur auf der Suche nach ihr war.

Ich konnte die Musik wieder hören, als ich zu dem Pub am Ende des Anlegers ging. Der Regen hatte aufgehört, und der kalte Salzgeruch des Meeres traf mich scharf wie eine eisige Messerklinge. Vor fünf Stunden hatte ich Dublin verlassen. Ich hatte meine wenigen Habseligkeiten zusammengepackt und den Zug nach Galway genommen. Mein Plan war, vielleicht eine Woche zu bleiben. Ich wollte die Felder sehen, die sich um die Stadt zogen, und hatte vor, in einer Jugendherberge zu wohnen. Was ich danach machen würde, war mir noch nicht klar, aber mir würde schon etwas einfallen.

Ich hatte einen Mann am Bahnhof gefragt, in welchem Pub die beste irische Musik gespielt wurde, und er deutete den Hügel hinunter zum Anleger. Der Pub hieß Roisin Dubh und strahlte eine flimmernde, gelbe Wärme aus. Dicke Pintgläser reihten sich auf dem Tresen, als ich durchs Fenster schaute. Am Kamin spielte eine Band – zwei Männer mit Geigen, ein Gitarrist und ein Mädchen mit einer Tin Whistle. Etwa ein Dutzend Gäste schauten den Musikern zu, nur der Barmann drehte sich zu mir um, als ich hereinkam, mir die Regentropfen aus den Haaren strich und meine Tasche neben der Theke auf den Boden fallen ließ.

»Nass geworden?«, fragte er mich, als hätte er nur auf mich gewartet. Er war kaum größer als ich, hatte drahtige schwarze Haare, einen starken Akzent und abgebissene Fingernägel. Er schob mir ein Päckchen Tabak rüber, wies mit dem Kinn darauf und sagte: »Bedien dich. Was trinkst du?«

Es war unheimlich warm in dem Pub, und die Musik, die Stimmen und das Gläserklirren schienen mir plötzlich wie die schönsten Geräusche, die ich jemals gehört hatte. Alle im Pub hörten zu, während die Geiger ihre Läufe spielten. Erst als die Musiker eine Pause machten, kamen einige der Gäste an die Bar, um sich etwas zu trinken zu holen. Der Barmann stellte mich vor. Es war eine Handvoll Leute in den Zwanzigern mit Hosen in Tarnfarben und dicken Lederstiefeln. Einer der Männer hatte den Kopf rasiert und trug goldene Ohrringe in beiden Ohren. Er lächelte mich an, als würden wir uns schon ewig kennen, stellte sich als Seany vor, setzte sich mit seiner Freundin Clara, die blondierte Dreadlocks trug, neben mich an die Bar und bat den Barmann, ihm eine zu drehen. Seany kam aus Limerick. Clara war in Kent aufgewachsen und hatte Seany in England getroffen, als er dort im letzten Frühling bei der Obsternte geholfen hatte. Es war leicht, sich mit ihnen zu unterhalten, wesentlich leichter als mit den geschniegelten Bedienungen in Dublin. Sie erzählten mir, dass sie in einem Camp von New Age Travellers vor den Toren der Stadt lebten. Als ich sie fragte, ob sie in Galway ein Hostel kannten, schüttelte Seany den Kopf.

»Du musst dich nicht in so ein Hostel einsperren lassen«, sagte Clara. »Irgendwer im Camp hat sicher ein Bett frei. Und wenn nicht, dann haben wir ein Sofa in unserem Wagen, solange es dir nichts ausmacht, es mit unserem Terrier zu teilen. Er beißt auch nicht.«

Gegen halb drei verließen wir den Pub. Seany fuhr durch leere Straßen, Clara drehte The Clash im Radio auf und schrie, weil er angeblich zu schnell fuhr, nur um ihm eine Minute später zu sagen, er solle sich mal ein bisschen beeilen. Wir fuhren aus der Stadt hinaus, weg von den Lichtern und in die dichte Dunkelheit, die Küste auf der einen und Wiesen und Hecken auf der anderen Seite der Straße. Bis Seany plötzlich scharf rechts abbog.

»Gut, dass du Stiefel anhast«, sagte er mit einem Blick auf

meine hohen Lederstiefel, die ich über der Jeans trug. Wir kletterten aus dem Auto und standen auf einer schlammigen Wiese. Ich konnte das leise Geräusch der Wellen auf den Felsen hören. Seany bemerkte, dass ich aufs Wasser hinausschaute. »Schön, oder? Morgen gibt's Muscheln zum Abendessen. Die wachsen da draußen auf den Steinen, bei Ebbe kann man sie ernten.«

Im Mondschein sah ich die umgebauten Trucks und Lieferwagen auf der Wiese und einige rauchende Lagerfeuer. Wir hatten die Hunde geweckt, und jetzt standen sie auf und bellten uns an, als wir vorbeigingen.

»Kümmere dich nicht um sie, das sind alles Freunde«, sagte Seany, als wir bei einem hölzernen Pferdetransporter stehen blieben. Seany schwang sich hinein und half erst Clara und dann mir in den Transporter, den sie zu einem Wohnmobil umgebaut hatten, mit einem Bett über der Fahrerkabine und einer Küche mit zweiflammigem Gaskocher und Spülbecken unter dem einen Fenster. An den Fenstern hingen Traumfänger, und eine Batikdecke lag auf dem Sofa am anderen Ende des Wagens neben einem Holzofen, der noch ein wenig Wärme ausstrahlte.

»Mach's dir gemütlich«, sagte Seany, gähnte und rieb sich den Nacken. »Clara zeigt dir morgen, wie man Tee macht. Ich hätte meinen gern mit Milch und zwei Stück Zucker, aber nicht so früh.« Dann zwinkerte er uns beiden zu, gab Clara einen Klaps auf den Hintern, dass sie nach vorn sprang, und kletterte in das Bett über der Fahrerkabine. Seine Stiefel ließ er krachend auf den Boden fallen.

Zwei Monate lang wohnte ich bei Seany und Clara im Camp und lebte von meinen Ersparnissen, die von dem Rennpferdejob in England und der Arbeit in Dublin noch übrig waren. Von den Fenstern des Transporters aus konnte man das Meer sehen, und bei Ebbe liefen wir über die glitschigen Felsen und das braune Seegras hinaus zu den Muschelbänken und pflückten Hände voll blauer Muscheln, die wir in einem Topf auf dem Feuer kochten. Das Camp war seit anderthalb Jahren eine stehende Einrichtung, nachdem eine Handvoll Leute ihre Wagen und Lautsprecher für einen Rave dort aufgebaut hatten und danach nicht wieder weggefahren waren. Jede Woche kamen neue Wagen und umgebaute Trucks an, fast alles Engländer und Iren in den Zwanzigern und Dreißigern, die einen Platz für ein paar Tage suchten oder ein bisschen feiern wollten. Sie trugen alle dieselbe Art Uniform und rauchten selbst gedrehte Zigaretten. Die Männer hatten rasierte Köpfe und trugen Camouflage-Hosen, die Frauen Batikröcke mit dicken Leggings und lederne Schnürstiefel. Einige hatten Babys oder kleine Kinder dabei, und fast alle Frauen trugen lange Dreadlocks, die sie zu einer Art Pferdeschwanz zusammenfassten. Der Platz war sehr schlammig, und die harte Technomusik entsprach nicht so ganz dem, was ich an meinem ersten Abend in Galway gesucht hatte, aber ich war zufrieden damit, große Teile des Tages nichts anderes tun zu müssen, als das Lagerfeuer in Gang zu halten.

Auf der einen Seite des Camps war ein Wäldchen, wo man Holz sammeln konnte, es gab Muscheln und einen unerschöpflichen Vorrat an Tee.

»Sie hat mich gefragt, was ich den ganzen Tag so mache, und ich habe gesagt, ich sitze am Feuer und sorge dafür, dass das Wasser kocht«, lachte Seany und streckte seine Hände über den Flammen aus, als er von dem Gespräch im Jobcenter erzählte, das er am Nachmittag geführt hatte. Eine der Frauen im Camp hatte zwei Pferde mitgebracht, die sie am Rand des Platzes grasen ließ. Manchmal durfte ich auf einem von ihnen ohne Sattel zum Meer hinunterreiten, und ich genoss es, den schlammigen Platz zu verlassen und laut platschend und spritzend über die Felsen hinaus ins tiefere Wasser zu reiten.

Ich war achtzehn Jahre alt. Mums Unfall lag zwei Jahre zurück. Was morgen oder gar nächste Woche mit mir sein würde, lag in den Sternen. Die Tage spülten einfach durch mich hindurch, wuschen die Erinnerung an die vergangenen zwei Jahre aus meinen Muskeln und trugen sie mit der Flut hinaus bis zum Horizont.

Als der Frühling 1994 zu Ende ging, wurden Seany und Clara unruhig und sprachen davon, weiterzuziehen. Ich war noch nicht bereit, nach England zurückzukehren, aber nach Dublin wollte ich auch nicht mehr. Aber ich hatte so etwas wie einen Plan. Im letzten Sommer, kurz vor meinen Abschlussprüfungen in der Schule, hatte ich einen Traveller mit Pferdewagen kennengelernt. Er hieß Brad und hatte damals für Mark Palmer gearbeitet und ihm mit seinen Pferden geholfen. Als Gegenleistung hatte Mark ihm erlaubt, seine Kutschponys auf der Wiese grasen zu lassen und den Wagen im Hof zu parken. Brad hatte mit fünfzehn die Schule abgebrochen und war damals, als ich ihn kennenlernte, bereits seit zehn Jahren mit Pferd und Wagen unterwegs. Er war nicht als Fahrender geboren, sondern hatte als New Age Traveller angefangen und war in den späten Achtzigern mit einem ganzen Konvoi durch Südengland gezogen. Aber er liebte Pferde und hatte sich das Reiten auf den Pferden anderer Traveller, die er auf der Straße getroffen hatte, selbst beigebracht. Dann hatte er angefangen, seine eigenen Kaltblüter zu kaufen und zu züchten. Er kannte Irland und war ein paar Jahre zuvor dort herumgereist, und als ich ihn damals bei Mark in Gloucestershire traf, plante er, noch einmal nach Irland zu fahren.

»Nur für einen Sommer, so eine Art Ferien, würde ich sagen«, erklärte er. »Ich will an die Westküste und ein bisschen Pferdehandel betreiben. Wär mal was anderes. Da unten bei Cork gibt es einen Pferdemarkt, in Cahirmee. Da kann man gute Geschäfte machen.«

»Mit den Fahrenden?«, fragte ich mit großen Augen. Marks Küche war vollgestopft mit Leuten, die mit einem Glas vor sich um den großen Tisch vor dem Aga-Herd saßen und redeten. Am

Kopf des Tisches residierte Marks Frau Catherine und sprach über Astronomie, Astrologie und die Phasen des Mondes, und ihr Lachen übertönte das Stimmengewirr um sie herum. Brad beugte sich zu mir herüber und schenkte uns beiden Wein nach. Eine dunkle Haarsträhne fiel ihm über das breite, kräftige Gesicht, und als er grinste, fühlte ich mich gut.

»Natürlich, mit wem denn sonst? Was für ein Pferdemarkt soll das denn sonst sein? Komm doch auch. Nächsten Sommer. Wir treffen uns in Tipperary, wenn du magst.« Es war nett gewesen, sich an dem Abend mit ihm zu unterhalten. Ich hatte ihm sogar ein bisschen von mir erzählt, zum Beispiel dass das Haus, in dem ich meine Kindheit verbracht hatte, verkauft werden sollte, aber er hatte keine schwierigen Fragen gestellt und mich in seinem Wagen schlafen lassen, der in Marks Hof gestanden hatte.

Brad hatte mir nach Galway geschrieben; ich wusste also, wo ich ihn finden würde. Ich musste nur den Bus nach Tipperary nehmen und dann weiterfahren in ein Dorf namens Golden. Als ich aus dem Bus stieg, starrte mich eine Herde braun-weißer Kühe über eine Steinmauer hinweg an, und für einen Moment zweifelte ich an mir selbst. Denn auch wenn ich Brad vertraute, so kannte ich ihn ja eigentlich kaum.

Er war nicht schwer zu finden. Selbst in Irland, wo es mehr Pferde gibt als in England, vergessen die Leute einen rot-gelben Wagen mit zwei gescheckten Ponys, die daneben angebunden sind, nicht so schnell. Ein Traktorfahrer mit einer Kordel als Gürtel deutete die Straße hinunter ans andere Ende des Dorfes, und ich konnte Brads Lagerfeuer und die Pferde schon aus der Ferne sehen, bevor ich ihn selbst erkannte. Seine Hunde, zwei drahthaarige Lurcher namens Minn und Blaze, liefen bellend auf mich zu, sprangen die Straße entlang und schlängelten sich dann um meine Beine, als ich mich hinunterbeugte, um sie zu streicheln. Mücken tanzten in der ungewöhnlich warmen Abendluft, und Brad hatte sein Hemd ausgezogen und trug einen Vorschlaghammer über der Schulter.

Er hatte gerade einen neuen Pflock in den Boden gehauen, damit die Pferde auf einem frischen Stück Wiese grasen konnten. Eins der Tiere stand ihm direkt gegenüber – zwei dunkle Silhouetten, die sich im Abendlicht spiegelten. Er hämmerte den Pfahl in den Boden und wickelte die Kette des Pferdes darum, das nickte und in Brads ausgestreckte Hand schnaubte. Dann sah er zu mir herüber und lächelte. Er sah absolut nicht überrascht aus.

»Also kommst du mit nach Cahirmee?«

Da er nur den Sommer in Irland verbringen wollte, hatte Brad seinen großen Pferdewagen in England zurückgelassen. Bei ihm hatte dieser Sommer auf der Straße in Irland so geklungen wie Sommerurlaub oder Ferienlager, aber als ich am dritten Tag sah, wie Eddie, der große schwarz-weiße Hengst, mit dem ich ihn am ersten Abend gesehen hatte, in der Deichsel auf die Hinterläufe stieg, spürte ich in mir plötzlich etwas Wildes, Fremdes und Neues.

Nell und ich waren ab und zu mit Annie gefahren, ich wusste also, wie man ein Kutschpony anschirrte und an die Deichsel hängte, aber inzwischen war ich doch wieder eher an den schnellen Rhythmus der Rennpferde gewöhnt als an ein Zigeunerkaltblut. Brad hatte eine dreijährige Stute namens Moon, die er am Tag seiner Ankunft in Irland gekauft hatte, »weil mir ihre Augen gefielen, sie sah einfach aus, als könnte sie zu mir passen«. Moon machte keine Schwierigkeiten. Meistens lief sie hinter dem Wagen mit, blieb stehen, wenn wir stehen blieben, und trabte weiter, sobald Brad mit der Zunge schnalzte. Sein Zugtier war Eddie, ein echter Anführer, ein Hengst mit einem Stockmaß von etwa eins fünfzig, der aber so tat, als würde er alles und jeden überragen. Er sprang und schnaubte bei jeder Plastiktüte und blieb stocksteif stehen, sobald er eine Katze auf einem Zaunpfahl sitzen sah. Sein dickes, flauschiges weißes Fell um die Hufe verlieh ihm ein fast glamouröses Aussehen.

Er und Brad gerieten ständig aneinander. Eddie schüttelte den Kopf und legte die Ohren an, wenn Brad ihm das Geschirr anlegen wollte, er drehte sich um und stieß Brad seine kräftige Ramsnase in den Magen, bis Brad ihm gegen den Hals schlug, ihn ein blödes Mistvieh nannte und ihm das Zaumzeug vor die Hufe warf und wegging. Dann senkte der Hengst den Kopf und schnaubte, als wollte es sich entschuldigen. Und im nächsten Moment versöhnten sie sich. Eddie atmete in Brads ausgestreckte Hand, und Brad streichelte ihm das samtweiche Maul und flüsterte ihm Worte ins Ohr, die nur er allein verstand.

Eddie stand nicht gern still und wollte am liebsten sofort loslaufen, wenn er vor den Wagen gespannt wurde. Manchmal fielen bei seinem plötzlichen Start der Kessel oder eine Kiste mit Töpfen klappernd auf die Straße. Geschirr, Kochgeräte und Bettzeug waren unter einer grünen Plane auf dem Wagen aufgetürmt, und ich warf meine Tasche einfach dazu. Brad konnte seine Pferde selbst beschlagen, er fand die besten Weiden und konnte den Pfahl so tief in die Erde rammen, dass selbst Eddie ihn nicht wieder herausbrachte. Er konnte das Geschirr reparieren und Kanincheneintopf kochen. Wenn die Sonne schien und die Pferde grasten und wir nicht mehr weiterfahren wollten, nahm er sein zerdelltes Saxophon, das er überall dabei hatte, und ging in die hinterste Ecke der Wiese, um zu üben. Und wenn wir unterwegs waren, sang er gern irische Folksongs.

Das Leben auf der Straße gab Brad die Freiheit, von Ort zu Ort zu ziehen, wie es ihm gefiel. Am meisten liebte er den süßen, nassen Duft des Taus am frühen Morgen, wenn noch niemand über die Wiese gelaufen war. Aber er trank auch gern und nahm Drogen, denn es ist zwar sehr romantisch auf der Straße, aber manchmal saßen wir auch zwei Tage im Regen fest, und dann war es extrem langweilig.

»Was sollen wir denn sonst tun, als die Pferde anbinden und

eine Flasche Wodka trinken?«, fragte er an einem nassen Dienstagnachmittag, nachdem wir zwanzig Kilometer gelaufen waren und selbst die Hunde keine Lust mehr hatten. Dann öffnete er eine Flasche mit billigem Wodka und warf den Deckel ins Feuer, damit es kein Zurück mehr gab, bis alles ausgetrunken war.

Wenn man auf der Straße lebt, kann man nichts anderes tun, als weiterzugehen. Und so existiert man immer in der Gegenwart. Manchmal, wenn ich hinter dem Wagen ging und Brad vorn, die Zügel über der Schulter, stellte ich mir vor, ich könnte den Augenblick in meiner Hand auffangen wie eine winzige Pfütze kalten, klaren Wassers. Zeit verwandelte sich in die Schritte, die wir gingen von dem Moment, in dem wir Eddie und Moon bei Tagesanbruch von der Weide holten, bis zu dem Moment, wenn wir ein neues Lager aufschlugen und einschliefen. Wenn es regnete, schliefen wir unter dem Wagen, wenn nicht, lagen wir hinten auf dem Wagen unter der Plane, mit nichts als der Natur und einem samtblauen Himmel um uns herum. Dann lag das Geschirr unter dem Wagen und Minny und Blaze gleich daneben. »Man braucht die Hunde in der Nähe, falls man nachts Besuch bekommt«, erklärte Brad, während er feuchtes Holz für das Feuer zerbrach. Es gab ständig Besuch, aber eher tagsüber: Fahrende in ihren Pickups und 4x4s, die neben uns anhielten, um zu handeln.

»Wie viel für den Hund? Das Pony? Den Wagen? Wie viel für den Eisenkessel? Die Plane? Das Zaumzeug?«, fragten sie. Schmutzige Hemden spannten sich über ihren dicken Bäuchen, dass die Knöpfe fast abplatzten, während sie mit einem hölzernen Stock auf unser Leben deuteten. Brad nannte Preise, die so absurd hoch waren, dass man sie halbieren konnte, und es wäre immer noch zu teuer gewesen, einfach nur, weil es ein Spiel war, bei dem man mitspielen musste. Sie kauften dann auch nichts. Aber man wusste nie, ob sie nicht nachts zurückkamen, um etwas zu stehlen. Manchmal lachten sie auch und sagten: »Wie viel für das Mädchen?« Und ich wusste nie genau, ob sie es ernst meinten oder nicht.

Brad kannte viele Fahrende, und sie respektierten ihn ein wenig widerwillig, weil er mit Pferden umgehen konnte und eine gute Ausrüstung hatte mit seinem glänzenden Geschirr und den kräftigen, stolzen Tieren. Außerdem kannte er die besten Weideplätze und wusste, welche Pub-Wirte unsere Pferde in ihren Garten ließen oder ihnen einen Eimer Wasser hinstellten, wenn wir eine Limonade und ein paar Gläser Wodka bei ihnen tranken. Einmal, in der Nähe von Limerick, fuhren wir an einem Lagerplatz von Fahrenden in der Nähe einer Schnellstraße vorbei. Ein paar Jungs auf Sulkys, leichten zweirädrigen Rennkarren, donnerten durch den Autoverkehr. Sie schienen überhaupt keine Angst zu haben, ihre mageren Ponys an den Lastwagen und Bussen vorbeizulenken, den Kopf hoch erhoben und ohne auf das Hupen und die lauten Beleidigungen zu hören, selbst wenn ein Pferd seitlich ausbrach und die Autos mit quietschenden Bremsen anhalten mussten. Brad kannte einige von den Jungs dort, und wir hielten kurz an, weil er mit ihnen über eine Stute sprechen wollte, die er ihnen vor ein paar Jahren verkauft hatte. Ich war müde und jammerte, es sei doch eh schon Zeit, sich einen Platz für die Nacht zu suchen, da könnten wir doch auch hier Halt machen.

»Auf keinen Fall«, sagte er schnell und fast unhörbar zu mir, obwohl er zu allen Fahrenden, die wir trafen, immer freundlich war. Limerick war eine raue Stadt, erklärte er mir später, rauer als alle anderen in Irland. Und so trabten wir weiter, obwohl es schon fast dunkel war und die Autos mit aufgeblendeten Scheinwerfern an uns vorbeizischten und uns vollspritzten. Meine Leggings waren voller Schlamm.

Zum Leben auf der Straße gehörte auch, dass es zuweilen kalt und ungemütlich war, dass wir in nassen Kleidern herumliefen und nur selten etwas Warmes zu essen oder ein Bad bekamen. Um uns zu waschen, mussten wir erst ein paar Kessel und Töpfe mit Wasser auf dem Lagerfeuer erhitzen und uns dann ausziehen und mit einem Waschlappen abreiben. Meine Haare wusch ich bald gar nicht mehr, weil mich mein welliges blondes Haar hier draußen ohne Spiegel nicht mehr störte. Es verfilzte zu blonden Strähnen, die ich mit den Fingern kämmte, damit keine Dreadlocks daraus wurden. Manchmal fuhr ich mit den Fingern auch über die Schwielen, die sich an meinen Handflächen gebildet hatten, weil der Boden hart war und ich ständig die Pflöcke einhämmern musste, an denen wir die Pferde anbanden. Ich lebte in einer Lederjacke über einem halblangen Blümchenkleid und knielangen Stiefeln mit flachen Absätzen und dicken Ledersohlen, die nicht dünner wurden, so weit wir auch liefen. Einmal, als wir durch ein Dorf zogen, kam ein Mann aus seiner Garage. Er hatte einen öligen Lappen in der Hand und betrachtete mich von oben bis unten, während ich neben Moon hinter dem Wagen lief. Sobald Brad ihn nicht mehr hören konnte, hob er das Kinn und rief »Zigeunernutte!« Dann verschwand er wieder in der Garage, um sein Auto zu polieren. Ich lachte und legte die Hand auf Moons Flanke. Der Mann hatte ja keine Ahnung von dem Ruf der Freiheit in mir.

Die meiste Zeit waren wir allein unterwegs und blieben dort, wo wir genug Weidefläche für die Nacht fanden. Manchmal blieben wir auch zwei oder drei Nächte, wenn wir der ständigen Bewegung müde waren und ein paar Tage ausruhen wollten. Nach Tagen auf der Straße war es eine Erleichterung, einfach am Lagerfeuer zu sitzen und darüber zu diskutieren, wie man unter diesen Umständen wohl am besten eine Bolognese kochte. In der Abenddämmerung gingen wir mit den Hunden Kaninchen jagen, oder wir fanden einen Fluss, in dem wir an einem warmen Nachmittag nackt baden konnten. Das Leben unter freiem Himmel fühlte sich an, als hätte ich eine neue Haut bekommen. Brad zeigte mir, wie man Eddie das Geschirr wieder anlegte, wenn er sich wieder einmal aufgebäumt hatte und der Bauchgurt aufgegangen war. Und er zeigte mir auch, wie man das beste Kleinholz zum Feuermachen fand oder wie man Moon neben Eddie anschirrte, wenn wir einen steilen Hügel hinauf mussten. Am Anfang waren wir nur Freunde, aber wenn es nachts regnete, schmiegte ich mich enger an ihn, und bald wurde aus dem Gefühl von Sicherheit, das ich schon bei unserer ersten Begegnung empfunden hatte, mehr. Ich brauchte und wollte ihn und den Platz, den er mir in seinem Leben einräumte.

Brad zeigte mir, wie man auf einem Lagerfeuer kocht. Zum Frühstück gab es Spiegeleier auf Toast, den wir direkt über den Flammen grillten und der nach Rauch und frühem Morgen schmeckte. Eine Zeitlang zogen wir zu dritt weiter, weil sich eine Freundin von ihm, Anya, zu uns gesellte. Sie hatte dickes braunes Haar, das ihr bis zur Taille reichte und kannte Brad noch von seiner ersten Reise nach Irland. Es hatte einen gewissen zerzausten Glamour, wie sie morgens hinten auf dem Wagen saß und darauf wartete, dass das Teewasser kochte, während sie sorgfältig eine hauchdünne Linie schwarzen Lidstrich auftrug. Sie hatte Goldzähne und trug meistens ein Oberteil aus lila Samt mit Kapuze, dazu enge schwarze Jeans und Schnürstiefel. Ich hätte gern ihr Selbstvertrauen gehabt, mit dem sie ihr scheckiges Pony aufzäumte, oder die Geschicklichkeit, mit der sie Blutflecken auf ihrer Kleidung vermied, wenn sie ein Kaninchen häutete und in Stücke schnitt, die sie dann in der Pfanne über dem Feuer briet. Dazu gab es Salzkartoffeln und Gurkenscheiben. Anders als die meisten der tougheren New Age Traveller, die sich ständig etwas beweisen mussten, war sie zudem auch noch freundlich.

»Er ist praktisch wie ein Sohn für mich, und Brads Freunde sind auch meine Freunde«, sagte sie, und ich fragte mich, wie oft sie das wohl schon zu irgendwelchen anderen Mädchen gesagt hatte. Wir hatten sie auf dem New Age Camp bei Cork getroffen, wo sie als Friedensstifterin und Vermittlerin fungierte, wenn zwischen den jüngeren Paaren am Lagerfeuer oder in den Wagen Streit aufkam.

Ich wäre gern bei unseren provisorischen Nachtlagern am Rand der Straße geblieben, aber Brad kannte viele New Age Traveller und wollte ein paar Freunde wiedersehen. Die Orte, an denen sie sich zusammenfanden, waren meist abgelegen und weit entfernt von Städten und Dörfern, einfach weil die Traveller nirgendwo gern gesehen waren. Und auch sie selbst bevorzugten die Abgeschiedenheit, weil die meisten von ihnen eine Vorliebe für laute, eintönige Beats hatten und große Lautsprecher in ihren Trucks mit sich herumfuhren. Ein paar Tage lang kampierten wir im Moor unweit Tipperary, umgeben von dichtem Wald, den kein Laut durchdringen konnte. Im Schutz des Waldes lagerten weit verstreut ein Dutzend bunt bemalte Pferdewagen. Magere Lurcher streunten herum, und Kinderbanden mit rasierten Köpfen liefen von einem Lagerfeuer zum anderen. Zwischen Wäscheleinen und Holzrauch konnte es manchmal sogar ganz idyllisch wirken. Brad kannte fast alle hier aus seiner früheren Zeit in Irland, und jeder hatte einen Spitznamen. Trivet John baute die dreibeinigen Metallgestelle, mit denen man einen Kessel oder eine Pfanne übers Feuer hängen konnte. Und dann war da noch German Chris mit den dunklen, schwierigen Augen und John the Bus, der einen Bus mit aufgemalten psychedelischen Tierkreiszeichen fuhr.

Einige der New Age Traveller waren mit Pferden unterwegs und lebten in Wagen, die von schweren Kaltblütern gezogen wurden. Aber manchmal kamen auch Traveller mit umgebauten Trucks oder alten Bedford-Vans. Dann gab es meistens Streit, weil oft Dealer darunter waren und das Crackrauchen die Pferdeleute durchdrehen ließ. Wer sich um ein Tier kümmern muss, das so groß und fordernd ist wie ein Pferd, muss klar im Kopf sein. Wir alle nahmen Amphetamine, also Speed oder Ecstasy, was relativ billig zu bekommen war und eine einfache Möglichkeit bot, länger wach zu bleiben und zu tanzen. Die wenigsten von uns nahmen Crack oder Heroin, und keiner war wirklich abhängig von dem Zeug. Das ist auch logisch, weil so ein Rausch und das ewige High oder narkotische Low der richtig harten, schmutzigen Drogen es unmöglich macht, sich so um die Pferde zu kümmern, dass sie gesund bleiben und die schwere Arbeit verrichten können, die man auf der Straße von ihnen verlangt. Pferde brauchen immer wieder neue Weideplätze, frisches Wasser und eine Art von Liebe und Fürsorge, derer man einfach nicht mehr fähig ist, wenn man harte Drogen nimmt. Deshalb neigten die New Ager, die mit dem Auto unterwegs waren, auch dazu, unter sich zu bleiben, und die Pferdeleute waren im Allgemeinen die angenehmeren Zeitgenossen.

Aber wenn die Dealer kamen, dann zerbrach die Lagerfeuerharmonie. Ich konnte Ketamin schniefen und Ecstasy schlucken, bis meine Kehle brannte und mein Kopf klapperte wie eine Pillendose, aber der Dreck und das Schuldgefühl beim Crackrauchen machten mir Angst. Wenn es Crack gegeben hatte, waren die Lagerfeuer, die normalerweise das Herz des Lagers bildeten, zerstört. Zerbrochene Gläser lagen im Schlamm und ausgebrannte Bierdosen in der Asche der verglühten Lagerfeuer; die Stühle und Hocker, auf denen am Abend noch Leute gesessen hatten, lagen umgestürzt in den Pfützen. Aber am traurigsten war der Anblick der Pferde hinten auf der Wiese, die vor sich hin nickten und hofften, dass es nun endlich losging.

Brad hatte bald genug davon. An einem Nachmittag, nachdem es einen besonders heftigen Streit gegeben hatte, brachen wir auf. Die Leute hatten gerade ihre Stütze kassiert.

»Wart's ab, Geld bringt immer Streit ins Lager«, sagte Brad zu mir und griff mit einem Tuch nach dem heißen Henkel des Kessels, der auf dem Feuer stand, ohne auf die gedämpften Schreie aus dem Truck neben uns zu achten, in dem zwei Paare sich stritten. Viele New Age Traveller nahmen Stütze in Anspruch, aber Brad mochte sich darauf nicht einlassen.

»Ich verdiene genug mit meinen Pferden und dem Zeug, das ich verkaufe. Warum soll ich mich dann mit falschen Versprechungen abgeben?«, sagte er. Genau aus diesem Grund mochten ihn die Fahrenden – er hatte immer ein Geschirr, einen alten Hund, ein paar Hühner oder Werkzeuge, um die man mit ihm schachern konnte. Er beschlug seine Pferde selbst, sodass er nie einen Schmied bezahlen musste, und abgesehen vom Wodka ist das Leben auf der Straße nicht besonders teuer.

Der Rest des Lagers sah den Zahltag immer als Grund zum Feiern – eine willkommene Unterbrechung der zwei Wochen, in denen sie ständig pleite waren. Die meisten kamen schon ohne Geld aus der Stadt zurück. Wahrscheinlich war der Zahltag deshalb immer so eine Katastrophe. Sie fuhren mit ihren Pferden und Wagen zum Amt und verbrachten den Tag nach den Formalitäten im Pub. Es war ein Anblick, wenn die vielen bunten Wagen und die geduldigen schwarzweißen Ponys angebunden auf dem Parkplatz des Pubs standen, während die Traveller mit schwarzen Guinness-Pints, orangefarbenem Cider und wasserklaren Schnäpsen in den Händen rein und raus torkelten. Es gab immer Schlägereien, entweder schon im Pub oder später auf dem Lagerplatz – verletzte Gefühle, geschuldetes Geld, Flirts.

An dem Tag, als wir den Platz verließen, gab es gebrochene Nasen und Blut auf wütenden Gesichtern, helles metallic Rot auf dem grünbraunen Torfmoor. Wir schirrten Eddie an und fuhren noch am selben Nachmittag davon.

Einmal in der Woche, manchmal auch seltener, wenn ich genug Zehn-Pence-Stücke für die Telefonzelle gesammelt hatte, rief ich zu Hause an. Der Verkauf von Minety stand unmittelbar bevor, und beim allerletzten Mal, als ich im Haus anrief, sagten meine Schwestern mir, sie stünden in leeren Zimmern voller Umzugskisten. Draußen vor der Telefonzelle konnte ich sehen, wie Brad Eddies Geschirr ordnete, während Moon, die bereits hinten an den Wagen gebunden war, geduldig wartete. Die Stimme meiner Schwester klang beunruhigend nahe, als stünde sie mit mir in der Telefonzelle. Ich fragte, wie es Mum ginge, und merkte, dass sie sich Mühe gab, fröhlich zu klingen, als sie sagte, Mum würde jetzt in ein neues Pflegeheim in der Nähe von Milton Keynes umziehen, aber ansonsten gäbe es keine wirkliche Veränderung oder Verbesserung. Ich versuchte, mich auf die Umrisse der schwarzen und weißen Flecken auf Eddies Rücken zu konzentrieren, während ich ihre Stimme hörte, die sich in dem Raum bewegte, in dem einmal unser Leben stattgefunden hatte. Irgendwann sagte ich, ich müsse auflegen. Die Pferde würden unruhig.

Den Rest des Nachmittags liefen Brad und ich schweigend nebeneinander her. Ich versuchte, nicht an Minety zu denken, und konzentrierte mich auf den Grünstreifen zwischen uns und der Steinmauer neben der Straße. Die Pferde gingen im Schritt, nachdem wir sie den ganzen Morgen hatten traben lassen, und wir liefen so langsam, dass ich die aufgestapelten Steine zählen konnte, die oben auf der Mauer lagen. Sie war stabil genug, um das Vieh auf der Weide zu halten, aber auch hübsch, und zwischen den Steinen gab es immer wieder Löcher, durch die das Licht drang.

»Clover, hast du mich gehört? Wie lange bist du jetzt in Irland? Neun Monate? Du solltest nach Hause gehen«, sagte Brad, der vor mir lief, irgendwann und drehte sich zu mir um, sodass ich seine Stimme über Eddies Hufschlag hinweg hören konnte. »Du wirst es bereuen, wenn du das Haus nicht noch mal siehst. Wenn du es nie wieder siehst. Das ist ein echter Verlust.«

Ich redete mich damit heraus, dass ich mir die Fahrtkosten nicht leisten könnte, und als Brad mir anbot, die Fahrkarte zu bezahlen, ignorierte ich ihn und ging langsamer, sodass der Abstand zwischen uns noch größer wurde. Für mich war Minety längst Vergangenheit, mein Zuhause gab es nicht mehr.

Außerdem war ich feige. Ich hatte die ganze Arbeit mit dem Hausverkauf meinen Geschwistern überlassen, weil ich das Haus nicht mit leeren Wänden und Zimmern ohne Möbel sehen wollte. Ich verabscheute den Gedanken an die hellen Flecken an den

Wänden, wo Mums Bilder gehangen hatten, und an die Regale in der Küche ohne ihre Töpfe und Pfannen. Der Winter ging gerade zu Ende, der Unfall lag zwei Jahre zurück; ihr Garten wäre braun und völlig überwuchert, die Apfel- und Kirschbäume ohne Blätter und die Rosen rund ums Haus nur ein Dornengestrüpp. Wenn ich daran dachte, dass man Mums Pferde aus ihren Boxen in ein neues Zuhause bringen würde, verkrampfte sich mein Herz wie eine Faust, die von innen gegen meine Rippen schlug. Da war es leichter, sich vorzustellen, dass gar nichts passierte. Denn nachts, wenn ich unter der Plane lag, die weißen Nadelstiche der Sterne sah und Eddie hörte, der sich auf der Wiese neben uns bewegte, dann konnte ich mir vorstellen, mein jüngeres Ich, das kleine Mädchen, wäre noch immer in Minety.

So ist es auch jetzt noch. Wenn ich die Augen schließe und ganz still dasitze, während Erinnerung und Zeit ineinanderfließen, dann spüre ich mich wieder dort, mit Mum. So kann ich mir einbilden, dass es all das noch gibt, und ich kann uns sicher in einer Schachtel in der Vergangenheit bewahren.

Stattdessen wurde das Lagerfeuer zu meinem Zuhause. Ich fand Trost in dem gebogenen schwarzen Henkel des schmiedeeisernen Kessels und in dem metallischen Geräusch, wenn Brad einen Pflock in die Erde schlug. Und wenn es regnete und wir unter dem Wagen schliefen, dann übertönte das Trommeln des Wassers das wilde Pochen meines Herzens, wenn meine Gedanken sich zu nah an die gefährliche Grenze bewegten, hinter der Mum existierte.

Und dann waren da natürlich die Pferde. In der Nähe von Limerick hatte Brad einem Händler in einem Traveller-Camp einen fünfjährigen Wallach namens Buckle abgekauft. »Hauptsächlich aus Mitleid«, sagte Brad und streckte die Hand aus, um Buckles weiche Nase zu streicheln, während wir Wasser für die Pferde aus einem Trog schöpften. Wir lagerten auf einer Wiese neben der Straße, und Eddie und Moon hatten das Gras rund um ihre Pflöcke bereits systematisch wie zwei Rasenmäher abgefressen, aber Buckle hatte noch ein paar Flecken mit langem Gras stehen lassen. Er kam mit dem Pflock nicht so gut zurecht und hielt oft beim Grasen inne, um den Kopf zu heben und laut zu wiehern, als riefe er nach den Pferden, die er in Limerick zurückgelassen hatte.

»Glaubst du, er will zurück?«, fragte ich Brad.

»Ich glaube kaum, dass er dahin zurückwill, oder, mein Junge?«, erwiderte Brad an Buckle gewandt. Die Abenddämmerung mischte sich mit dem Rot und Orange am Himmel; nachdem es den ganzen Tag geregnet hatte, war es jetzt endlich warm und windstill. Ich stapfte in meinen nassen Stiefeln von einem Fuß auf den anderen, weil ich spürte, wie die Nässe aus dem Gras durch das Leder drang. Minny tanzte durch das hohe Gras auf Brad zu und wedelte zur Begrüßung mit ihrem ganzen Körper. Brad kniete sich neben sie.

»Heute ist ein guter Abend zum Reiten. Keine Wolken, und der Mond wird groß und hell sein«, sagte er mehr zu sich selbst als zu mir. Wir hatte keine Sättel, sondern warfen den Ponys nur ein paar Decken über und trabten dann Richtung Wald, wo die Dunkelheit von Lichtflecken unterbrochen wurde. Minny und Blaze rannten dem gedämpften Klappern der Pferdehufe voraus. Der Mond stand weiß und fast geisterhaft über uns, aber sein Licht war hell, und die Pferdeleiber warfen lange Schatten zwischen die Bäume. Ich konnte den Boden nicht sehen, aber ich krallte meine Finger in Buckles dicke Mähne und folgte der Silhouette von Brad und Eddie, die vor mir hergaloppierten. Zum Fürchten hatte ich keine Zeit. Ich konnte meinen eigenen Atem hören, als existierte er unabhängig von mir und meinem Körper, während ich mich unter den Ästen hindurchduckte, die plötzlich aus dem Dunkel auftauchten, und meine Beine in Buckles feuchte Flanken drückte, um ihn anzutreiben. Aber dann kam unerwartet ein Ast, der niedriger hing als die anderen, und ich fiel vom Pferd und bekam für einen Moment keine Luft mehr. Beim Sturz hatte ich etwas an meinem Gesicht gespürt, aber der Boden war weich und dämpfte meinen Fall, und ich hielt den glitschigen Zügel fest, um Buckle in der Dunkelheit nicht zu verlieren. Eddie und Brad waren weit vor uns, aber Buckle drehte sich im Mondschein zu mir um, als wollte er nachsehen, ob alles in Ordnung sei. Er schnaubte, ließ den Kopf sinken und seufzte so tief, dass ich zwei Atemwölkchen sehen konnte. Ich war wütend auf mich selbst, aber das Adrenalin trieb mich weiter, sodass ich keine Zeit hatte, den Schmerz zu spüren oder mich selbst zu bedauern. Der Wald um mich herum war dicht und schwarz, und ich zitterte und versuchte wieder zu Atem zu kommen. Irgendwo in der Ferne heulte ein Fuchs. Ich führte Buckle zu einem umgestürzten Baum und benutzte einen Ast, um wieder auf seinen Rücken zu steigen. Dann nahm ich die Zügel auf, um mir selbst zu beweisen, dass ich keine Angst hatte, und trieb ihn wieder an. Er lief jetzt noch schneller, und ich spürte, wie ich mit ihm verschmolz, sodass es nichts mehr gab als die feuchte, frische Sommernacht um mich herum und das Geräusch der Hufe unter mir, während ich durch die Nacht flog.

In diesem Frühling wurde ich neunzehn. Ich hatte Brad nichts davon gesagt, weil es sich so herrlich nach einem frischen Frühlingswind in meinem Leben anfühlte, ein Mensch ohne Vergangenheit und Zukunft zu sein. Aber es war warm an diesem Tag, und wir breiteten ein paar Decken auf der Wiese aus und lagen auf dem Rücken unter einem wolkenlosen Himmel. Brad hatte in einem Dorfladen Batterien für sein Radio gekauft, und wir lagen einfach im Gras, gingen die Sender durch und suchten nach der richtigen Musik.

»Ein perfekter Tag, oder«, sagte Brad. Es war eine Feststellung, keine Frage. Dann rollte er sich auf den Bauch. Eine Biene summte im Gras neben uns. Niemand konnte uns den Moment verderben, und das Radio knisterte und spielte dann einen Song von den Kinks, den wir beide kannten.

Für einen Augenblick fühlte ich mich bei der aufklingenden Musik, der Wärme der Sonne und den Geräuschen im Gras neben mir offen für alles um mich herum und so nah an meinem besten Ich, wie ich es nie zuvor gewesen war. Aber als sie anfingen zu singen, ließ der Text etwas in mir zusammenstürzen. Die Stimme des Sängers war klar und rein, und er sprach zu einem Menschen, den er liebte. Er sang vom Verlust langer, ihm heiliger gemeinsamer Tage, die nie zu enden schienen. Er schwor, keinen einzigen dieser Tage zu vergessen, und plötzlich trat Mum in einen entfernten Winkel meines Blickfelds, und ich spürte, wie die gewohnte, schweigende Wut Besitz von mir ergriff und diesen wunderschönen sonnigen Nachmittag zerstörte. Brads Lächeln war verschwunden, während die Vergangenheit, gegen die ich so sehr gekämpft hatte, seit ich nach Irland gekommen war, mich übermannte. Das Lied lief weiter, grausam und unwiderstehlich, während der Sänger von dem Segen sprach, den dieser geliebte Mensch ihm gespendet hatte, und dass kein einziger gemeinsamer Tag jemals in Vergessenheit geraten würde.

Brad streckte die Hand aus, um mein Gesicht zu berühren, aber ich drehte mich weg, tränenblind und mit einer entsetzlichen Übelkeit in meinem Körper, der sich einen Moment zuvor noch so schwer und herrlich entspannt angefühlt hatte.

»Nicht weinen, Clover. Das ist ein gutes Lied, kein trauriges«, sagte Brad.

»Nein, ist es nicht«, schluchzte ich. Aber als ich nach Worten suchte, um ihm zu erklären, warum ich weinte, unterbrach er mich.

»Ich liebe dich, Clover, weißt du das? Ich liebe die Wildheit, mit der du hier ganz allein hergekommen bist. Das liebe ich an dir, und ich …« Er legte mir eine Hand an die Wange, aber ich schüttelte ihn wütend ab.

»Sag das nicht, bitte, sag das nicht. Bitte, sag mir nicht so was«, schluchzte ich, schob ihn weg und stand auf. Dann wischte ich mir das trockene Gras von Armen und Rock. Brad setzte sich verblüfft auf und schaltete das Radio aus. Ich ging hinüber zu Eddie und vergrub meinen Kopf unter seiner Mähne. Er stand ganz still und wartete, während meine Tränen in das warme Fell an seinem Hals liefen. Und er ließ den Kopf sinken, damit ich mich ganz an ihn anlehnen konnte.

Als ich zurückkam, hatte Brad den Kessel übers Feuer gehängt. Jetzt erst erzählte ich ihm wirklich von Mum, all die Dinge, die ich bei unserem ersten Treffen nur kurz angedeutet hatte. Ich erzählte ihm, dass sie am Leben war und doch verloren, und wie verrückt und traurig sich das anfühlte, weil ich keine Vorstellung davon hatte, wo sie war und ob ich sie jemals wiederfinden würde. Ich sagte ihm, dass mein Herz sich oft anfühlte, als würde ich an einem steilen Abhang stehen. Und er schien zu wissen, was ich meinte. Er sagte, manchmal würde ich nachts plötzlich hochschrecken und schreiend dasitzen und am Bettzeug zerren. Und dann würde ich einfach wieder einschlafen, ohne richtig wach geworden zu sein.

»Ich wusste, dass irgendetwas in dir zerbrochen ist«, sagte er und goss Teewasser in einen rauchblauen Emaille-Becher. »Deshalb habe ich nie nachgefragt. Manchmal ist es besser, wenn man nichts erklären muss.« Er streichelte Minny über den Kopf und reichte mir den Becher mit Tee. »Es wird ein schöner Abend werden. Wollen wir ausreiten?«

Anfang Juli waren wir in der Nähe von Buttevant, der Marktstadt, wo jedes Jahr am 12. Juli der Pferdemarkt von Cahirmee abgehalten wird. Brad hatte hier schon mal Pferde verkauft, für ihn waren die weißen Wohnwagen am Straßenrand, vor denen die Kinder mit Plastikspielzeug spielten und die Pferde an ihren Pflöcken grasten, nichts Besonderes. Aber ich war sehr aufgeregt, als wir uns der Stadt näherten. Auch hier mieden wir die Lagerplätze der Fahrenden, aber in den Tagen vor dem Markt bekamen wir immer wieder Besuch, und Brad und die Männer führten die üblichen Verhandlungsgespräche. Brad wollte weder den Kessel, noch die Hunde oder mich verkaufen. Aber er wollte möglichst viel Geld für die Pferde bekommen, um wieder nach England und zu seinen Pferden in Gloucestershire zurückkehren zu können.

»Ein Sommer in Irland, und ich erinnere mich wieder genau, warum ich beim letzten Mal weggegangen bin«, sagte Brad, als wir in einer leeren Scheune an der Straße vor dem Regen Schutz suchten. Er reichte mir die Zigarette, die wir uns teilten. »Und die Raves sind in England sowieso besser. Die wissen hier doch gar nicht, wie man so was aufzieht«, sagte er.

Aber er konnte nur nach England zurückkehren, wenn er die Pferde für einen guten Preis verkaufte, denn ein Transport nach England war einfach zu teuer. Buckle und Moon würden nicht viel einbringen, aber Brad rechnete damit, einiges Geld für Eddie zu bekommen, den er für tausend Pfund gekauft hatte.

»Ich müsste ihn für mindestens viertausend verkaufen«, sagte er und sah ungewöhnlich ernst aus. »Das wird nicht leicht.«

Als wir am letzten Tag vor dem Markt unser Lager abbrachen, hielt ein roter Pick-up neben uns, und das Fenster wurde langsam heruntergefahren wie in den Filmen, in denen dann irgendein Mafiaboss sein Gesicht zeigte. Stattdessen nickte ein Fahrender mit blonden Korkenzieherlocken und teigigem Gesicht Brad zu. Brad brachte Eddie zum Stehen. Buckle war hinten am Wagen angebunden. Sie redeten etwa zehn Minuten lang leise miteinander. Brad stand an den Pick-up gelehnt, und ich hielt Eddie am Zügel. Sie warfen mit Zahlen um sich, und dann streckte Brad seine Hand in den Wagen und schlug ein. Ein Mädchen mit dunklen, taillenlangen Haaren stieg schweigend aus dem Wagen und lächelte Brad zu, während er Buckle losband und ihr das Führseil in die Hand gab. Sie ging an mir vorbei die Straße hinunter Richtung Markt.

»Ich konnte mich gar nicht von ihm verabschieden«, rief ich Brad zu, der mir Eddies Zügel abnahm und einfach weiterging. »Du hast ihn verkauft, und ich konnte ihm nicht mal auf Wiedersehen sagen.«

Brad zuckte mit den Schultern. »Er ist ein Pferd, Clover. Kein Grund, wegen eines Pferdes sentimental zu werden. Es gibt ganz andere Dinge im Leben, die einem das Herz brechen können. Ich dachte, das wüsstest du besser als jeder andere.«

Am nächsten Tag schmollte ich immer noch, während Brad wütend in den Pub marschierte. Er hatte Moon am frühen Morgen an eine Engländerin verkauft, die ein Familienpony gesucht hatte, und gegenüber dem Preis von fünfhundert Pfund, den er seinerzeit für Moon bezahlt hatte, zweihundert Pfund Gewinn gemacht. Aber Eddie ließ sich nicht so leicht verkaufen, und am frühen Nachmittag hatte Brad die Nase voll von den Fahrenden und ihrem ewigen Geschacher. »Fünftausend? Das ist ein Witz, oder? Für diese Mähre?« Auf mich war er auch sauer, weil ich immer noch um Buckle trauerte, und er erklärte mir, er bereue zutiefst, überhaupt nach Irland gekommen zu sein.

»Verdammt, warum versuchst *du* nicht mal, diesen Elendsgaul zu verkaufen!«, brüllte er mich irgendwann an und drückte mir Eddies Zügel in die Hand.

Der Pferdemarkt konzentrierte sich auf einer Wiese am Stadtrand, aber die Fahrenden waren überall in der Stadt unterwegs, führten ihre Ponys an dünnen Leinen hinter sich her, standen für Fish & Chips an oder drängten sich in den Pubs, um ein paar Guinness zu trinken. Überall waren Pferde – struppige Shetlandponys vor kleinen Wägelchen, die von sieben- oder achtjährigen Kindern gelenkt wurden, ganze Herden von bis zu sechs Ponys, die von dicken Männern an einer Leine geführt wurden, und junge Kerle, die ohne Sattel ritten, so wie der Junge, den ich in Dublin gesehen hatte. Die Männer waren allesamt dick; die älteren trugen schlecht sitzende Anzüge, die jüngeren eine Uniform aus Trainingshosen, Wollpullovern und Sportschuhen. Frauen mittleren Alters mit verhärmten Gesichtern schoben ihre Enkel in Buggys über die Wiese. Nur die jungen Mädchen waren anders. Sie hatten sich mächtig aufgebrezelt, manche trugen hautenge Kleider mit Spitze und Rüschen und hohe Stiefel, aus denen Oberschenkel mit erschreckender Gänsehaut herausschauten. Mir wurde ganz schwindelig bei dem Anblick, als hätten sie mehr von dieser Welt verstanden als ich.

Die meisten Mädchen waren schon weg, als ich mit Eddie langsam um die Wiese ging. Das Gras hatte sich in ein Meer aus Schlamm verwandelt, und in den Hecken hingen Pommestüten. Mittlerweile waren auch nur noch wenige Pferde da. Ich wusste, dass ich nicht mit den Fahrenden reden konnte, oder jedenfalls würden *sie* nicht mit *mir* reden, und ich wollte Eddie schon zurück zu unserem Lagerplatz bringen, als ein Mann mit lockigen weißen Haaren und einem grünen Tweed-Jackett auf mich zu kam. Lächelnd streckte er beide Hände aus wie ein Prophet, und plötzlich erkannte ich ihn. Es war Walter, ein Pferdehändler von der Küste. Ich hatte ihn vier Jahre zuvor kennengelernt, als ich mit Mum in Irland gewesen war. Er war schon über sechzig, hatte aber einen kleinen Sohn und eine Tochter mit einer Frau, die wiederum mit Mark Palmer befreundet war. Sie verkauften Pferde auf einem Hof in der Nähe von Galway, und die leicht heruntergekommene Romantik ihres Lebens hatte mich als Fünfzehnjährige sehr beeindruckt. Walter seinerseits hatte ganz offensichtlich Mum nicht vergessen.

»Clover? Du bist doch Clover, nicht wahr? Das Mädchen mit der bemerkenswerten Mutter«, sagte er mit dem sanften, singenden irischen Akzent, den ich auch in den Dörfern gehört hatte. »Und wo ist deine Mutter? Ist sie hier?«, fragte er und sah sich um. Ich wusste, dass ich ihn enttäuschen würde, aber ich wollte jetzt nicht erklären müssen, was passiert war. Ich wollte nicht, dass ihr Unfall jetzt mit uns hier auf dieser Wiese war, mitsamt all den unbeantwortbaren Fragen, ob sie wieder gesund würde.

»Nein, sie ist nicht mitgekommen. Aber ich möchte dieses Pferd verkaufen. Wollen Sie es?«, fragte ich, schob den Unfall weit von mir und lenkte das Gespräch in eine andere Richtung. Walter kaufte und verkaufte Pferde so schnell, wie andere Leute Milch kauften, und war dabei nicht immer ganz ehrlich. Die Familie, bei der wir in Galway gewohnt hatten, hatte uns erzählt, Walter sei dafür bekannt, dass er Pferde verkaufte, um sie ein paar Tage später wieder zu stehlen und an den nächsten Kunden zu verkaufen. Manchmal sogar noch einmal an denselben.

Jetzt ging er um Eddie herum, schaute sich die Hinterbeine an, fuhr mit knotigen Fingern über die Vorderbeine und schnalzte leise, während er die Ohren betastete. Eddie, der sich allmählich langweilte, nachdem man ihn den ganzen Tag befummelt und betastet hatte, tat keinen Muckser.

»Ein Hengst, wie ich sehe. Schöne Präsenz, sieht gut aus. Sieht sehr gut aus«, sagte Walter und legte mir eine Hand auf die Schulter. »Pass auf, Clover, hör zu. Du willst dieses Tier verkaufen, und ich habe da eine Idee.«

Er hatte eine Freundin, die viel zu viel Geld hatte und ein Kutschpferd suchte. Wie viel ich denn für den Hengst haben wollte?

»Sechstausend fünfhundert«, sagte ich schnell. Walter nickte und ließ sich von diesem lächerlichen Preis nicht weiter beeindrucken.

»Nun, wir wissen natürlich beide, dass der Gaul nicht so viel wert ist. Diesen Preis erzielst du hier auf keinen Fall. Aber das Mädchen will so ein Tier haben, und sie wird zahlen. Ich sage: sechstausend, und keinen Pence mehr. Eintausend davon für mich, dann hast du immer noch was verdient.«

Die Zahlen machten mich schwindelig. Brad hatte kaum gehofft, viertausend für Eddie zu bekommen, die fünftausend waren ein Vermögen. Ich trat von einem Fuß auf den anderen und fuhr mit der Hand über Eddies breite Schulter, nur um Walter ein bisschen hinzuhalten. Eddie steckte die Nase in meine Tasche, aber Brad hatte ja gesagt, man dürfe nicht sentimental werden. Er war nur ein Pferd.

Und Walter hielt Wort. Als Brad aus dem Pub gestapft kam, hatte ich kein Pferd mehr, das ich ihm zurückgeben konnte, aber dafür fünftausend Pfund in Zwanzig-Pfund-Noten. Erst dachte Brad, ich würde ihn auf den Arm nehmen, aber dann nahm er das Geld in die Hand, blätterte das Bündel mit seinem dicken Daumen durch, und langsam breitete sich ein Lächeln auf seinem Gesicht aus.

»Du bist ein verdammter Pferdehändler, Clover«, sagte er und krümmte sich vor Lachen. »Wer hätte das gedacht, scheiße noch mal!«

Später am selben Abend tauschte er den Wagen gegen einen Renault 5 ein, den wir mit dem Pferdegeschirr und unseren Töpfen und den Hunden beluden, bevor wir uns auf den Weg zur Fähre machten, zurück nach England.

Den Rest des Sommers verbrachten wir auf dem Ridgeway. Nach dem endlosen Regen und den Fahrenden, dem Schlamm und den Schlägereien und Brads Zorn auf sich selbst, weil er noch einmal nach Irland zurückgekehrt war, war die Reise mit Pferd und Wagen in einem warmen englischen Sommer wie eine einzige Party. Nach den Nächten unter dem einfachen Karren in Irland war Brads elegante Kutsche vornehm wie das Ritz. Wenn es regnete, konnten wir den Ofen anmachen, Karten spielen und heißen Whiskey trinken. Es gab einen Schrank für meine Kleider und einen Platz für meine Stiefel, sodass sie immer trocken waren. Wir trafen auch jede Menge Freunde, denn das Leben in einem Pferdewagen brachte viele Besucher, und diesmal waren keine Fahrenden darunter. Brad war stolz auf seine große Stute Kim und ihre Tochter Midnight, kaufte aber bald noch ein Pony namens Romey und einen Einachser, den sie ziehen konnte. Jetzt hatte ich nicht nur eine Kutsche zum Schlafen, sondern auch noch mein eigenes Wägelchen.

Wir machten uns auf den Weg nach Süden und verließen so oft wie möglich die Straße, um auf dem Höhenzug des Ridgeway zu fahren. Der weiße Kreidestrich durch die Downs ist wie geschaffen für Pferde. Ihre Hufe verschmelzen mit dem Boden, auf dem seit Tausenden von Jahren Pferde dahinziehen. Es gab Abschnitte, wo die tiefen, ausgetrockneten Rillen es unmöglich machten, mit einem Wagen zu fahren, aber über weite Strecken konnten wir den Beton und die vorbeifahrenden Autos hinter uns lassen und in die Hügel fahren, wo die Lerchen sich in den Himmel schwangen und das Gras federte, wenn die Schafe und ihre Lämmer es kurzgefressen hatten.

Der Ridgeway ist steil, aber Brad zeigte mir, wie man ein Pferd mit Wagen am besten hinaufführte. Einen steilen Hügel geht man nämlich am besten mit Tempo und Kraft an, statt sich sanft hinaufzuschlängeln. Er ließ Romey das steilste Stück fast hinaufgaloppieren, sodass der Schwung der Wagenräder ihr Schub gab, bevor sie sich richtig ins Geschirr legen musste. Erst als ihre Hufe auf dem glatten Beton ausrutschten, ergab der schwere quadratische Eisenblock einen Sinn, den ich auf Brads Anweisung hinter dem Wagen hertrug.

»Du musst so schnell laufen, dass du die Rückseite des Wagens berühren kannst, aber du darfst dich *nie* daran festhalten«, sagte er. Als der Berg richtig steil wurde und Romey stehen bleiben musste, rief er mir zu, das Rad zu blockieren, damit sie vom Gewicht des Wagens nicht nach hinten gezogen wurde.

»Der Wagen wiegt eine Tonne, Clover, eine verdammte Tonne«, sagte er, als ich jammerte, der Block sei zu schwer und der Hügel zu steil und ich könne so nicht hinauflaufen. »Wenn du den Wagen nicht abbremst, wird Romey von einer Tonne Holz und Segeltuch den Berg runtergezogen. Der Block kann also gar nicht zu schwer sein, verstehst du?«

In diesem Sommer pulsierte England vor Partys – die Raver genossen noch einen Sommer der Liebe. Der Friedenskonvoi der Achtzigerjahre, an dem Brad teilgenommen hatte – eine Kavalkade von Trucks und umgebauten Lieferwagen mit einer Schar von New Age Travellern – war längst zu Ende, aber in einigen wenigen Sommern Mitte der Neunziger fanden sich die letzten Übriggebliebenen auf den Straßen und Wegen Südenglands hin und wieder wie von Zauberhand für eine Nacht zusammen, stellten ihre Lautsprecher auf und tanzten. Damals sah ich keinen Nachteil darin, Ecstasy zu nehmen; es war genau das Schmerzmittel, das ich brauchte, wenn ich nach einem Besuch bei Mum ins Camp zurückkam.

Sie lebte jetzt in einem Rehazentrum in Milton Keynes. Zwar konnte sie immer noch nicht reden oder auf eine andere Weise kommunizieren, aber sie konnte gehen, und ihre Arme waren stark. Wenn ich mit ihr im Garten spazieren ging, klammerte sie sich so fest an meinen Arm, dass es wehtat. Aber sie umarmte mich nie oder streichelte mein Gesicht oder schenkte mir irgendeine Zärtlichkeit, wie sie es früher getan hatte, um mir ihre Liebe zu zeigen. Damals, als sie noch wirklich meine Mutter gewesen war. Jetzt waren ihre Bewegungen angespannt und hektisch, und oft sah sie regelrecht gehetzt aus. Sie konnte zwar nicht kommunizieren, machte aber manchmal Geräusche, als wollte sie etwas sagen. Dann setzte ich mich mit ihr hin und versuchte, ihr durch Suggestion Worte zu entlocken. Ich drückte ihr einen Stift in die Hand, damit sie etwas aufschreiben oder zeichnen konnte, aber sie brachte überhaupt keine sinnvolle Kommunikation zustande. Manchmal versuchte ich zu raten, mir selbst eine Erklärung zurechtzulegen, wie sie sich fühlte oder was sie dachte, aber auch damit kam ich nicht weiter.

Sie hatte ein eigenes Zimmer mit einem Schrank, in dem ein paar von ihren alten Kleidern aus Minety hingen, aber auch Jogginghosen und weiche Baumwollshirts in Pastellfarben. Ich saß mit ihr im Zimmer und erzählte von Irland und dass ich Walter getroffen hatte. Ihr Kopf war immer noch sehr angeschwollen, ihr rechtes Auge nur halb geöffnet, und sie starrte mich an wie ein Vogel, während ich erzählte. Ich hatte ein paar Fotos von Eddie und Buckle mitgebracht, aber als ich sie ihr zeigte, legte sie sie umgedreht auf den Tisch zwischen uns, murmelte ein paar unverständliche Laute vor sich hin und stand auf, um an die Tür zu gehen und an der Klinke zu rütteln. Doch ihre Zimmertür war abgeschlossen. Seit sie einmal an der Hauptstraße in Milton Keynes aufgegriffen worden war, lebte sie auf einer geschlossenen Station. Zuerst hatte man sich keine Sorgen gemacht, wenn sie auf Tour ging. Sie blieb im Garten, manchmal ging sie auch zu der Kirche auf der anderen Seite der Wiese, dem letzten Rest von Dorfleben, das ansonsten von all den Kreisverkehren verschluckt worden war. Manchmal ging sie zum Gottesdienst, und gelegentlich fand ich das Liedblatt einer Hochzeit oder Beerdigung in ihrem Zimmer. Einmal ging ich auch selbst zur Kirche hinunter und besuchte den Pfarrer und seine Frau.

»Ihre Mutter, Charlotte, scheint unsere Gottesdienste zu genießen, und sie ist uns herzlich willkommen«, sagte er mit einem freundlichen Lächeln. »Es muss sehr schwer für Sie alle sein. Wir hoffen, sie findet wenigstens in der Kirche ein wenig Frieden.«

Mums starkes Bedürfnis, in die Kirche zu gehen, stimmte uns optimistisch. Wenn ich Emma besuchte, sprachen wir viel über Mum. War das mit den Gottesdiensten nicht ein Zeichen, dass sich ihr Zustand verbessern konnte? Wenn es ihr dort gefiel, würde sie vielleicht auch alles andere wiederfinden, das sie verloren hatte. In der Kirche fand sie ja auch die Worte wieder, denn obwohl sie nicht sprechen und auch nicht auf sinnvolle Weise mit Ja oder Nein antworten konnte, war sie in der Lage, das Vaterunser mitzusprechen, und versuchte sogar, einige der bekannteren Lieder mitzusingen. Doch, versicherten wir uns gegenseitig, es war ein Zeichen, dass sie wieder sprechen lernen konnte, dass es ihr irgendwann besser gehen würde.

Die Gottesdienste hatten ganz offensichtlich irgendetwas in ihr geweckt, denn ein paar Monate später versuchte sie, aus dem Pflegeheim zu entkommen. Man fand sie an der Schnellstraße in Milton Keynes. Einmal hatte sie ein blaues Auge, als ich zu Besuch kam. Die Pflegekräfte sagten mir, sie sei auf einem Spaziergang gestürzt, und danach kam sie in die geschlossene Abteilung. Die meisten anderen Patienten dort waren junge Männer, und aus den verschlossenen Zimmern hörte man manchmal die Schreie von gedämpften Männerstimmen und das Poltern zu Boden fallender Möbel.

Konzentrier dich aufs Positive, sagte ich mir, wenn ich hinfuhr, obwohl ich wusste, dass jeder meiner Besuche einfach nur schmerzhaft und schrecklich war. Ich würde mit ihr dasitzen und ihr erzählen, was ich erlebt hatte; meine Stimme würde leicht und positiv klingen, und ich würde wie immer versuchen, in ihre seltsame innere Welt einzudringen. Die gemeinsamen Spaziergänge im Garten waren gut, und sie schien immer weiter gehen zu wollen, immer rund um den großen Garten mit dem künstlichen Teich und den Nadelbäumen auf der einen Seite, auch wenn ich wusste, dass sie eigentlich erschöpft war und eine frische Windel brauchte.

Einmal, als ich sie besuchte, zeigten die Schwestern mir ein paar Zeichnungen, die Mum in der Kunsttherapie angefertigt hatte. Ihre Handschrift war immer noch wie früher, und sie zeichnete mit kräftigen, selbstbewussten Strichen.

»Das hier hat sie letzte Woche gezeichnet«, sagte die Kunsttherapeutin, die dicke honigblonde Haare hatte und eine Bernsteinkette trug. Sie reichte mir das Bild eines Pferdekopfes mit einem kräftigen, gebogenen Hals. Darunter stand der einzige Satz in all den Jahren nach dem Unfall, der irgendeinen Sinn ergab: »Ich habe mich zerstört.«

Der Lagerplatz, die Pferde, der Wagen und das wilde Gefühl von England um mich herum waren wie eine Narkosedecke, in die ich mich wickelte. Ich ritt barfuß und ohne Sattel auf Romey über die Downs und spürte die Umarmung der ganzen Welt, riesengroß und frei und ohne Forderungen. Brad und ich reisten mit den Pferden zu den Raves, banden sie auf einer Wiese neben der Party an, und ritten manchmal ohne Sattel durch die Nacht, um den Thrill zu spüren, wenn sich die Dunkelheit und die Drogen und die Pferde zu einem einzigen nackten Augenblick vermischten. Einmal wurden wir von Polizeihubschraubern verfolgt, als wir zu Pferd eine Party verließen. Nichts war unmöglich. Ich zog mich aus und galoppierte nackt auf Romey über die Downs, mit nichts als der Nachtkälte und dem Rücken meines Pferdes auf der Haut.

Aber auch diese Party war irgendwann zu Ende. Ich musste mein Studium beginnen. Brad brachte mich mit dem Pferdewagen nach Oxford, und es war ein nettes Zusammentreffen, als mein Vater uns in einem Pub mitten in der Stadt auf einen Drink einlud, während die Pferde draußen vor der Tür standen. Als Brad anschließend davonfuhr, musste ich mich zusammenreißen, um nicht zu weinen. Die Pferdehufe klapperten über die High Street, er winkte zum Abschied, und dann ging Rick mit mir in ein Kaufhaus und kaufte mir eine neue Daunendecke und einen Toaster.

Brad kehrte zu seinem Leben auf der Straße zurück, und manchmal, wenn er durch Wiltshire zog und in der Nähe von Wayland's Smithy vorbeikam, traf ich mich mit ihm. Auch heute sehe ich ihn noch hin und wieder bei der Stow Horse Fair oder am Küchentisch von Mark Palmer, und seine Gegenwart ist immer beruhigend, denn sie erinnert mich daran, wie er mir beigebracht hat, noch tapferer zu sein. Und dann denke ich an all das Gute, das aus einem Stückchen Leben entstehen kann, das wir miteinander teilen.

Wenn ich heute über die Downs gehe, spüre ich die Erinnerung an die Tage, als wir mit den Pferden dort oben auf dem Ridgeway lebten. Mittlerweile hat man ein paar der großen Steine entlang des Ridgeway vor die Eingänge zu den Wanderwegen gelegt, die die großen Wiesen dort durchziehen. Sie sind zu groß, um sie ohne schweres Gerät zu bewegen, und sollen dafür sorgen, dass keine Partys mehr dort stattfinden. Die offenen, weiten Flächen dort oben sind über Tausende von Jahren als Treffpunkt genutzt worden, lange bevor die Raver ihre Lautsprecher auf den Ridgeway brachten und den Himmel mit ihren monotonen Beats aufrissen, aber es wird schwieriger. Die Raver tun sich selbst keinen Gefallen. Sie hinterlassen Müll, Wasserflaschen und die kleinen Metallbehälter für das Lachgas. Das gefällt den Grundbesitzern nicht, und ich kann sie verstehen. Die Raver bringen Unordnung, diese Leute mit ihrer Musik und den Drogen, den Hunden und den schweren Stiefeln, mit denen sie das Getreide zertrampeln. Warum können diese Leute ihre Partys nicht in den Städten feiern, wo sie hingehören? Dabei vergessen die Grundbesitzer die Fetzen der schwarzen Folien, die im Zaun beim weißen Pferd hängen, und die Pestizide und Insektizide, die das uralte Land tränken, und die Weideflächen außerhalb des Dorfs, die sie gerade verkauft haben, damit dort hundert neue Häuser gebaut werden können.

Kapitel 5

Es ist April. Die harten weißen Wintertage haben sich in die Erde zurückgezogen, die jetzt ganz sahnig aussieht mit dem Wiesenkerbel und den Holunderblüten an den Wegrändern. Am White Horse Hill schwingen sich die Lerchen in den Himmel und schicken ihren trillernden Gesang hinunter auf die Erde. Im Winter hat das Kreidepferd ausgesehen, als würde es galoppieren. Jetzt, in der Frühlingswärme, streckt es sich, schüttelt den Kopf und beugt sich hinunter, um zu grasen. Was für eine Erleichterung. Die Wintermonate, die auf unseren Umzug nach Baulking folgten, waren wie harte Knochen, aber im April seufzt die Erde und rollt sich auf den Rücken. Die Dunkelheit lässt nach, die Landschaft singt. Der April ist wie ein Siegespreis.

Drei Jahre an der Universität waren dahingegangen. Ich hatte Bücher gelesen, in Vorlesungen gesessen, geflirtet, auf den Partys gelacht und insgesamt einen ganz überzeugenden Eindruck von einem Mädchen gemacht, das sich in die richtige Richtung bewegte. Auch wenn es sich in den ersten Monaten immer so anfühlte, als würde ich schauspielern. Der Umzug von einem Zigeunerwagen in ein Studentenwohnheim mitten in der Stadt war ein Sprung ins kalte Wasser. In den ersten Wochen hingen Fotos von Romey und Brad auf dem Ridgeway an der Wand meines Studentenzimmers.

»Wer ist das denn?«, fragte Eliza und betrachtete das Bild von Brad und mir, wie wir ohne Sattel durch die Dämmerung ritten.

Das Foto war ein bisschen unscharf, und Eliza musste es genau anschauen, während sie einen Bagel mit Frischkäse und Schinken kaute, den sie sich in der Gemeinschaftsküche am Ende des Flurs gemacht hatte.

»Ein paar Freunde, ist schon ewig her«, antwortete ich. »Ewig. Sag mal, weißt du, wann wir das Essay über Yeats abgeben müssen?« Mein Leben auf der Straße mit den Pferden und Brad war wie ein verstaubtes Puzzleteilchen, das ich unter einem Bett gefunden hatte. Ich wusste nicht, wie ich es in den Rest der Geschichte einfügen sollte.

Als die erste Hälfte des Semesters um war, nahm ich die Fotos ab und hängte stattdessen eine lila Federboa und eine silberne Plastikkrone auf, die ich für eine Kostümparty gekauft hatte. Ich trug die braunen Lederstiefel nicht mehr, mit denen ich über die Straßen gewandert war, sondern kaufte mir stattdessen ein paar enge schwarze Kleider und eine rote Webpelzjacke. Ich wollte ein anderer Mensch sein.

Manchmal begegnete ich dem Menschen, der ich in Irland gewesen war, und dann wieder tat ich so, als hätte dieser Mensch nie existiert. Ich dachte, wenn ich einfach nach vorn schaute, könnte ich das Trauma hinter mir lassen, das sich wie kleine Wellen auf dem Ozean durch mein Leben bewegte. Auch wenn ich die Wellen nicht sah, unter der Oberfläche waren sie immer da.

Da ich nicht mehr nach Minety konnte, verbrachte ich die Ferien in Ricks neuem Zuhause in London oder bei Emma in Norfolk, wo sie und Matthew mit ihren beiden kleinen Töchtern lebten. Die Aufregung meiner Kindertage, wenn ich Emma sah, war immer noch da. Manchmal nahm ich Freunde von der Uni mit und fuhr abends noch zu ihr, auch wenn ich erst mitten in der Nacht ankam. Oder ich fuhr allein mit dem Zug, und dann holte mich Emma vom Bahnhof ab. Ich kannte Matthew, seit ich zwölf war, und er war für mich wie ein Bruder. Als wir das Gefühl bekamen, das Rehazentrum in Milton Keynes sei doch nicht das Richtige für Mum, organisierte Emma einen Platz in einem Sue-Ryder-Pflegeheim an der Küste in Norfolk. Von da an waren meine Besuche bei ihr auch mit einem Besuch bei Mum verbunden. Manchmal fuhren wir am Samstagmorgen zusammen hin, saßen bei ihr und erzählten uns etwas, während Mum uns beobachtete. Es war so schwer, immer nur Monologe zu führen, weil Mum ja nicht antwortete. Hinterher, bei Emma zu Hause, redeten wir wie besessen über Mums Fortschritte oder eher den Mangel an Fortschritten, bis eine von Emmas Töchtern hereingelaufen kam und sie nach draußen zog, um ihr ein paar kleine Küken zu zeigen oder mit ihr im Pool zu schwimmen. Und irgendwann mussten wir uns dann von dem Thema losreißen, weil Matthew das Mittagessen im Garten vorbereitet hatte. Oder wir gingen an dem Strand in Cley schwimmen, den Mum so sehr geliebt hatte.

Manchmal jedoch lief ich auch einfach nur wie betäubt durch Emmas großes Haus. Mums Bilder an den Wänden, ihr Geschirr in den Schränken und ihre Daunendecken auf den Betten schienen mich zu beobachten. Ich kam mir vor wie ein Flüchtling, wie die Überlebende eines Atombombenangriffs, umgeben von Dingen, die zu meinem Zuhause gehört hatten, aber verloren gegangen waren. Manchmal war es schön, Mums Zuckerdose auf dem Küchentisch zu sehen oder ein Kleid in den Händen zu halten, das sie geliebt hatte, aber manchmal überfiel mich auch ungläubiger Schrecken. Was war mit der Vergangenheit passiert? Sie war nicht tot, aber wo war sie? Dann saß ich im Dämmerlicht im Wohnzimmer, wo ihre Bücher in den Regalen standen und ihr geliebter alter Teppich aus Frankreich auf dem Boden lag, und die Tränen liefen mir übers Gesicht, während ich versuchte, ihre Seele zu spüren.

Ich fand neue Freunde an der Universität. Einige von ihnen hatten auch schon mit Nell zusammen studiert, die ein Jahr vor meiner Ankunft ihren Abschluss gemacht hatte. Und obwohl es mich nervte, wieder mal als Nells kleine Schwester gesehen zu werden, hatte es auch seine Vorteile. Einige Male während des Semesters traf ich mich mit Dan, und auf diese Treffen freute ich mich am meisten. Genau wie Nell hatten die meisten seiner Freunde ihr Studium mittlerweile beendet und waren nach London gezogen, aber er war ja kein richtiger Student. Deshalb war er immer noch in Oxford und kam selten aus den irischen Pubs an der Cowley Road heraus, wo er der Anführer der Lock-in-Partys war, die erst anfingen, wenn die Pubs offiziell schlossen. Solche Pubs gibt es heute gar nicht mehr. Einer von ihnen, das Bullingdon Arms, hatte sogar noch Sägespäne auf dem Boden der düsteren hinteren Bar, wo Poolbillard gespielt wurde und wo man vor lauter Zigarettenrauch kaum bis zum anderen Ende des Raums sehen konnte. Dan holte mich meist am College ab, und nachdem wir die Studentenbar schnell als zu grell abgetan hatten, nahmen wir den Bus zum Elm Tree, wo Maurer und Zimmerleute neben alten Professoren ihr Bier tranken und fast alle mit starkem irischem Akzent sprachen. Auch Dan hatte immer noch diesen Akzent; er sprach wie die Jungs, die ich auf dem Markt im Norden von Dublin gehört hatte. Auf der Cowley Road war er so etwas wie ein Held. Manchmal arbeitete er hinter der Theke oder zapfte dort jedenfalls Bier, und fast jeden Abend machte er irgendwo Musik. An guten Abenden klang er wie Sean McGowan, wenn er Songs wie »Leaving of Liverpool«, »Dirty Old Town« und »The Fields of Athenry« spielte. Alle liebten es, wenn Dan sang, und vorn an der Bühne standen immer ziemlich viele Mädchen, mit denen er genauso geschickt umging wie mit seiner Gitarre.

Die richtigen »Dan-Songs« spielte er aber später am Abend, wenn der Pub fast leer war und der Wirt die Rollläden runtergezogen und die Tür abgeschlossen hatte. Dan hatte eine Stimme, bei der selbst gestandenen Männern die Tränen kamen. Er drang tief ins Herz der irischen Lieder vor, machte sie sich zu eigen, die Lieder der Aufständischen, die Folksongs von Schlachten und

Hungersnöten und Elend, sodass man glauben konnte, er würde den Schmerz selbst spüren. Ich liebte diesen Schmerz in seiner Stimme und wünschte mir seine Aufmerksamkeit, badete einen Abend lang darin und hoffte immer, in dieser Nacht würde er mich unter einer Straßenlaterne in die Arme nehmen und küssen. Und dann würde er einfach verschwinden, und ich würde mich monatelang nach seiner Rückkehr sehnen.

Rick kam einmal pro Semester zu Besuch und führte mich zum Abendessen in ein Restaurant aus, das früher ein Blumengeschäft gewesen war. Mum und er waren früher öfter dort hingegangen, als sie vor unserem Umzug nach Minety in Oxford gelebt hatten. Manchmal erzählte er von ihr, wie sehr er sie geliebt hatte, aber dann wechselten wir das Thema und sprachen über die Zukunft und was wohl aus ihr werden würde. Eines Abends, während meines zweiten Jahrs an der Uni, stand er plötzlich unangekündigt vor der Tür.

Seit dem Unfall hatte Mum jeden Tag starke krampflösende Medikamente und Schmerzmittel bekommen, um die Epilepsie, die Infektionen und andere gesundheitliche Probleme zu behandeln, unter denen sie seit dem Sturz litt. Diese harten Drogen wurden ihr immer von einer Schwester verabreicht, aber jetzt war Mum irgendwie an den Medikamentenschrank gekommen und hatte eine gewaltige Überdosis genommen. Sie lag wieder im Koma.

»Vielleicht hat sie gedacht, es wären Süßigkeiten, Smarties oder so«, sagte Rick und starrte auf seine Hände. Ich hatte das Gefühl, als wäre der ganze Raum in Schieflage geraten. Mir wurde schwindelig, und ich musste mich an der Tischkante festhalten, um nicht umzufallen. Das war doch unmöglich, sie konnte unmöglich wieder im Koma liegen! »Vielleicht war sie auch nur verwirrt.« Das war durchaus denkbar, denn seit dem Unfall hatte sie einen geradezu unstillbaren Hunger und Durst. Wenn man ein Tablett mit Tee und Keksen vor sie hinstellte, aß und trank sie alles, einschließlich der Zuckerwürfel und der Milch, die sie direkt aus dem Kännchen trank. Rick versuchte, mir etwas von meiner Traurigkeit und Angst zu nehmen, aber wir wussten beide, dass diese Überdosis kein Unfall gewesen war. Mum konnte zwar nicht sprechen und kam nicht allein zurecht, aber es bestand kein Zweifel, dass sie versucht hatte, sich umzubringen.

Drei Tage lang lag sie im Koma, kein Vergleich zu den drei Monaten, die sie bewusstlos in Bristol gelegen hatte, aber als sie aufwachte, wurde deutlich, dass ihre Hirnschädigung noch schlimmer geworden war. Jetzt konnte sie nicht einmal mehr zur Kirche gehen, und sie bewegte sich insgesamt viel langsamer. Irgendwann lief sie nur noch, wenn die Schwestern sie vom Sessel hochzogen oder wenn Emma, Nell und ich es während eines Besuchs taten. Vor der Überdosis hatte sie manchmal zischende oder murmelnde Geräusche von sich gegeben, die zwar keinen Sinn ergaben, aber doch eine Art Verbindung herstellten. Nach dem zweiten Koma hörte man sie fast gar nicht mehr.

Wenn wir alle zusammen waren, redeten wir ununterbrochen darüber, wann es Mum besser gehen würde. Wir brauchten diesen Optimismus, denn der Gedanke an Mum war wie ein Felsbrocken aus Herzschmerz, den wir nie ablegen konnten. Traurigkeit und Trauma und Sehnsucht und Schmerz, verbunden mit Schuldgefühlen. Schuldgefühle, weil sie in einem Pflegeheim lebte, nachdem sie rund um die Uhr Spezialpflege benötigte, Schuldgefühle, weil sie vielleicht Angst hatte, weil sie so viel vom Leben verpasste. Und auch, weil ich manchmal glücklich war, weil ich lachte und draußen herumlief, während sie allein da drinnen saß. Und weil ich es drei Monate lang nicht fertiggebracht hatte, sie zu besuchen.

Ich benahm mich in dieser Zeit wahrscheinlich sehr seltsam, aber der Schmerz war so intensiv und so gegenwärtig, und ich weiß, dass ich auch sehr zornig war. Eines Abends kam die Mutter einer Freundin nach Oxford und lud ein paar von uns zum Essen ein. Es war ein fröhlicher Abend, sie bestellte ein paar Flaschen Wein für uns, und es störte sie nicht, dass wir am Tisch rauchten. Aber als sie uns wieder am College abgesetzt hatte und wir auf dem Bett meiner Freundin saßen, verdrehte die ihre Augen und schnalzte mit der Zunge, als ich sie nach ihrer Mutter fragte.

»Herrgott, sie mischt sich in alles ein. Sie will immer an meinem Leben teilhaben«, seufzte sie. »Manchmal wünschte ich mir wirklich, sie würde sich ein bisschen mehr zurückhalten.«

»Aber … du solltest … Ich würde alles tun … Du hast ja keine Ahnung …«, stammelte ich. Dann grub ich mir die Fingernägel in die Handflächen, um die Wut einzudämmen, die ich bei der Vorstellung verspürte, Mum würde zu Besuch kommen und mich zum Essen einladen. Aber die Wut übermannte mich, und ich stand auf und zog mir den Mantel an. »Sag deiner Mum herzlichen Dank von mir, ja? Es war furchtbar nett von ihr, uns einzuladen.«

Zu Beginn und Abschluss des Semesters war es besonders schwer, wenn die schmale Straße vor dem College mit Volvos vollgeparkt war. Die Kofferraumdeckel standen offen, Mütter packten Bücher und Bettzeug ein und nahmen ihre Kinder mit nach Hause. Mir wurde schwindelig vor Neid, weil ich mir auch so eine Mutter wünschte. Um meine Wut zu bändigen, suchte ich Trost bei Männern, oder besser gesagt bei Jungen. So musste ich nicht an all die Dinge denken, die ich verloren hatte. In dieser Zeit gab es in meinem Leben keine Pferde, aber andere Ablenkungen.

Als die wilde Zeit der Abschlussprüfungen vorbei war, fühlte ich mich wie aus dem Nest geworfen, verwirrt und abgetrennt von mir selbst. Wie benommen lief ich durch die Stadt und sah zu, wie meine Freunde zu Partys gingen und Champagnerpicknicks auf dem Collegerasen veranstalteten oder mit ihren Pints vor den Pubs herumstanden, immer lachend, mit weit offenen Mündern.

Leben war etwas, was anderen Leuten passierte, und ich hatte keine Ahnung, wie ich eine von ihnen werden sollte. Während eines College-Balls saß ich mit vier Freundinnen im Studentenwohnheim unter den alten Postern, die schon halb von der Wand fielen, trank Cola und bereute alles, was mir an der Universität widerfahren war. Am meisten bereute ich die hundert Pfund, die ich für ein Paar rote Calvin-Klein-Sandalen mit hohen Absätzen ausgegeben hatte, bloß um mit ihnen über den nassen College-Rasen zu schlittern, sodass sie jetzt voller Matsch waren.

1998 verließ ich die Universität. Es war die Dot-Com-Zeit, überall herrschte eine Art Hysterie, und alle waren fest davon überzeugt, dass die Freunde, die nach dem College bei irgendwelchen Start-up-Unternehmen einstiegen, bald richtig reich sein würden. Dabei war das Internet damals noch gar nicht so allgegenwärtig und selbstverständlich, wie es heute ist. Die wenigsten meiner Freunde hatten Handys oder E-Mail-Adressen, und »www« war noch lange kein so vertrautes Kürzel wie heute. Alle zogen nach London. Und ich hatte einen Abschluss in Englisch und absolut keine Ahnung, was ich damit anfangen sollte.

»Wie wäre es mit einem Verlag?«, fragte mich mein Vater, als ich ihn in London besuchte. Er kochte Pasta mit Krabben, und wir tranken Weißwein und schauten hinaus auf die Themse. Nach dem Verkauf von Minety war Rick auf ein Hausboot gezogen. Das Leben mit den Pferden und dem großen Garten und den Hühnern, das war Mums Welt gewesen. Rick, der in London aufgewachsen war und sich in Soho oder Chelsea am ehesten zu Hause fühlte, hatte es nur mitgemacht, weil er Mum so sehr liebte.

Es war eine tolle Idee gewesen, sich ein Hausboot zu kaufen, denn das war genauso schön wie Minety, aber kein Versuch, es zu kopieren. Aber in den letzten Monaten hatte sich das Boot verändert. Plötzlich stand pinkfarbene Lüsterkeramik auf den Regalen zwischen Ricks Büchern über den Zweiten Weltkrieg, und am Fuß der Treppe stand ein Paar schwarze Schuhe mit hohen Absätzen. Für eine Weile hatte es so ausgesehen, als würde der Unfall unser aller Leben in einem einzigen Moment einfrieren, aber Rick blickte offenbar nach vorn. Mum konnte nicht mehr seine Frau sein, ebenso wenig, wie sie unsere Mutter sein konnte. Und als er Alexandra kennenlernte, diese schwindelerregend glamouröse Frau in Satin und Pelz, da freuten Nell und ich uns für ihn. Auch wenn ich traurig war, als ich bemerkte, dass er das Foto von Mum von seinem Schreibtisch genommen hatte.

Aber die Vergangenheit kann die Gegenwart nicht bestimmen. Alexandra zog bei ihm ein, hängte ein paar bunte Gemälde auf und stellte zartes Porzellan auf die Regale. Ihr gemeinsames Leben konzentrierte sich ganz und gar auf London. Alexandra war witzig und klug, und wir saßen Abende lang bei ein paar Flaschen Wein zusammen und redeten. Sie mochte es, wenn es richtig heiß war auf dem Boot, und kochte dann barfuß in der Küche Spargelrisotto, und ein paar Jahre später ließ Rick sich von Mum scheiden und heiratete Alexandra im Rathaus von Chelsea. Zur Hochzeit kamen nur ihr Sohn Daniel, Nell und ich, und nach der Trauung aßen wir im Chelsea Arts Club zu Mittag. Rick wurde mit ihr wieder sehr glücklich.

An diesem Abend jedoch war Alexandra beruflich unterwegs, und Rick und ich waren allein. Er schenkte uns noch ein Glas Wein ein und trank einen großen Schluck.

»Ich könnte mir dich hervorragend in einem Verlag vorstellen. Du kannst gut Nein sagen«, erklärte Rick, aber ich drehte den Kopf, damit er mein Gesicht nicht sah. Es gab viele Dinge, zu denen ich nicht gut Nein sagen konnte. Unbehaglich rutschte ich auf meinem Stuhl hin und her.

»Ich will nicht für immer in London leben und den ganzen Tag in einem Büro sitzen. Ich brauche körperliche Arbeit, nicht nur was für den Kopf. Jedenfalls für eine Weile. Und ich muss etwas anderes sehen. Kennst du dieses Gefühl, einfach weg zu wollen?«, fragte ich.

Rick lächelte mich an. »Natürlich, Bugsy«, sagte er und redete mich mit dem Spitznamen meiner Kindheit an. »Tja, dann solltest du das vielleicht auch tun. Wenn du wirklich glaubst, dass du das brauchst. Sollen wir noch eine Flasche aufmachen?«

An diesem Abend hörten wir Willie Nelson und Emmylou Harris und all die alten Songs auf seinen CDs. Wir sahen uns *Nashville* von Robert Altman an, und als Rick in seinem Sessel einschlief, wechselte ich zu *Sweet Dreams* über, dem Film über das Leben von Patsy Kline. Ich hatte ihn schon oft gesehen, aber bei der Szene, in der Patsy mit ihrem Mann Charlie neben dem Pick-up zu einem County-Song tanzt, während ihr ganzes Leben zerbricht, musste ich so sehr weinen, dass es mich schüttelte. Ich war betrunken, und die Musik schlug wie eine Welle über mir zusammen und ließ mich mit all der Sehnsucht und dem Gefühl von Verlust zurück, die sich so vertraut anfühlten, als sähe ich in der Ferne mein Zuhause. Ich wollte dorthin.

Also zog ich wieder los. Ich hatte Geld von einem Ferienjob in einem Verlag gespart, und Rick schenkte mir ein Flugticket nach New York. Das war vor 9/11, da konnte man noch einfach in die USA einreisen, mit einem One-Way-Ticket und ein paar Adressen von Freunden und Freunden von Freunden, die über die Staaten verteilt lebten.

Es war, als würde ich in einem ganz neuen Film aufwachen und das alte Leben hinter mir lassen. In New York hielt ein LKW-Fahrer neben mir an und rief: »Mädchen, du bist zu hübsch, um allein da draußen rumzulaufen.« Ich wohnte bei einem Freund eines Freundes meines Bruders auf der Upper East Side. Es war August, sehr schwül, und er nahm mich mit in einen irischen Pub. Er sagte: »Ich will mit dir ins Bett und dich vögeln, bis du schreist.« Und ich wäre am liebsten gleich wieder abgehauen, aber er hatte auch guten Koks, also blieb ich eine Woche da, während die dampfende Stadt um mich herum stöhnte. Nach einer Woche fuhr ich mit dem Greyhound-Bus nach Colorado auf einen Reiterhof in den Bergen, von dem mir jemand erzählt hatte. Es war so eine Art Spielranch für Millionäre, wo ich die Laken aus ägyptischer Baumwolle in den Zimmern reicher Leute wechselte, die unter echten Pelzdecken von Calvin Klein schliefen. Der Besitzer sagte, ich könne mich für Kost und Logis um die Pferde kümmern, aber es stank dort überall nur nach Geld, und ich fühlte mich wie eingesperrt. Also fuhr ich kreuz und quer durch Colorado und Montana, wohnte in Motels und suchte nach einer festen Anstellung – Narrengold, das immer außerhalb meiner Reichweite blieb. Ich dachte schon daran, wieder nach Hause zurückzukehren, aber dann sah ich in einem Billigladen ein T-Shirt mit dem Aufdruck TEXAS IS THE REASON – Texas ist der Grund. Und ich nahm den nächsten Bus nach Dallas.

Unsere Kindheit war von Countrymusik durchzogen. Wenn ich im Bett lag, hörte ich Merle Haggard und Gram Parsons von den zerkratzten Platten singen, die Rick spielte. Bevor ich überhaupt verstand, worum es in ihren Songs ging, sang ich schon mit: Geschichten von Gesetzlosen und Cowboys und Mädchen auf Barhockern und Rodeo-Königinnen. Schon als Kind, bevor mich der Unfall meiner Mutter in eine schartige Verwirrung stürzte und mein gesamtes Denken veränderte, vermittelte mir die Countrymusik eine Sehnsucht, die immer noch zu mir spricht und umso stärker wird, je öfter ich sie höre.

Wenn ich die Aufnahmen von Gram Parsons hörte, in denen er von Adlern am Himmel über den Bergen sang, dann sehnte ich mich nach dieser Melancholie, die sich so gut anfühlte.

Es war also kein Zufall, dass ich irgendwann in einem Greyhound-Bus nach Dallas saß. Die ersten acht Stunden verbrachte ich neben einem Mädchen namens Kacey-Louise, die mir erzählte, dass sie mit zwölf Jahren in irgendwelchen Motels für ihren Stiefvater als Prostituierte gearbeitet hatte. Als der Bus um

Mitternacht an einer Tankstelle hielt, teilten wir uns in der Hitze ein paar Zigaretten, hörten den Grillen zu, deren Zirpen selbst das Grollen der Lastwagen übertönte, und tranken Kool-Aid.

»Warum willst du eigentlich nach Dallas?«, fragte sie und trat die Kippe aus. Doch während ich noch überlegte, wie ich ihr das mit den Cowboys erklären sollte, von denen ich mit zwölf Jahren geträumte hatte, war sie schon losgezogen, um von einem anderen Fahrgast noch eine Zigarette zu schnorren.

Bevor ich in die USA aufgebrochen war, hatte mir eine Freundin die Telefonnummer einer Freundin namens Mary gegeben, die in Dallas lebte. Diese Mary rief ich jetzt an und fragte, ob ich ein paar Tage bei ihr wohnen könnte. Ich saß auf dem heißen Straßenpflaster unter der brennenden Sonne und versuchte den Kakerlaken auszuweichen, als sie in einem schwarzen Sportwagen mit eingedelltem Dach an der Bushaltestelle in Dallas anhielt und mir zurief, ich sollte einsteigen.

»Woher wusstest du, dass ich es bin?«, fragte ich, während Mary mit Vollgas durch den Verkehr raste. Sie schnaubte.

»Ich bin Engländerin, genau wie du, Clover«, sagte sie mit einer präzisen, kantigen Stimme, als wollte sie nach mir picken. »Natürlich habe ich dich erkannt.« Mary hatte schwarze Haare, die ihr über ein Auge fielen, und leuchtend rote Lippen. Sie sah aus wie Winona Ryder und hatte eine raue Energie, die mir das Gefühl gab, gemeinsam könnten wir so ziemlich alles erreichen. Sie lebte bei einer religiösen Gemeinde und untersuchte gerade die Wirkung von Fernsehevangelisation. Das bedeutete: im Morgengrauen aufstehen, beten und in der Gemeindeküche mithelfen. Ihr Freund arbeitete ebenfalls in dieser Gemeinde, und sie ließ mich auf einer Matratze in ihrem gemeinsamen Haus in Dallas schlafen.

Einen Monat blieb ich bei ihr und ging etwas widerwillig mit zu den Gebetstreffen. Mary fand es nicht gut, dass ich von einem Kult sprach, aber angesichts ihrer Wildheit wunderte es mich, mit welchem Eifer sie sich auf das religiöse Leben einließ. Ich machte mit, hatte aber einfach andere Schwächen.

An mehreren Abenden pro Woche fuhr ich mit dem Taxi in einen der Nachtclubs am Stadtrand, um mit fremden Leuten zu tanzen. Die Clubs hießen The Red Fox und Country 2000, und überall tanzten Paare Walzer zu den Top-Ten-Hits. Ich trug einen Jeans-Minirock und blaue Cowboystiefel mit Totenköpfen an den Seiten. Die Stiefel hatte ich in einem Vintageladen gekauft, und ich brauchte mich nur ein paar Augenblicke an die Bar zu lehnen, dann kam garantiert irgendein Fremder mit Cowboyhut und forderte mich zum Tanzen auf. Man darf Two-Step nicht mit Line Dancing verwechseln. Line Dancing würde ich nie machen; Two-Step ist romantisch und sexy, die Paare wirbeln herum und pressen sich fest aneinander.

Die Männer hießen Carl oder Billy oder Clarke, und im Grunde waren mir die Namen egal, Hauptsache, sie sahen mit ihren Stiefeln und den großen Hüten aus wie Cowboys, selbst wenn sie in Wirklichkeit Bauarbeiter waren. Diese Phantasie hielt ein paar Wochen lang an, und ich konnte mir vorstellen, ich wäre Patsy Cline und tanzte zur Countrymusik auf einem Parkplatz.

Tatsächlich aber suchte ich verzweifelt nach einer echten Ranch. Ein paar Wochen nach meiner Ankunft in Dallas erzählte uns ein Freund von Mary von einem Mann, der außerhalb der Stadt lebte und mit seinen paar Pferden und den Kühen Hilfe gebrauchen konnte. Er war über fünfzig, und sein Sohn, ein großer, mürrischer Kerl mit einer Pistole unter seinem riesigen Bauch, war der örtliche Sheriff. Der Mann ließ mich seine Pferde reiten, und das neue Gefühl mit dem großen Westernsattel und einer Scheune voller Pferde lenkte mich eine Weile ab. Ich war so verzweifelt auf der Suche nach Cowboys, dass ich dachte, ein Anfang wäre immerhin gemacht. Dafür ignorierte ich sogar die Bilder der Models in schwarzer und roter Spitzenwäsche, die in seinem Wohnzimmer hingen. Eine Woche lang konzentrierte ich mich auf die Pferde und war dankbar, als er mir zeigte, wie man ein Lasso schwang, oder besser gesagt ein Seil. Er nahm mich auch im Pick-up mit und fuhr mit mir durch Mesquite-Gestrüpp über staubige, holprige Weiden, um nach dem Vieh zu sehen. Ich ignorierte alles, bis er eines Abends in mein Zimmer geschlichen kam und seinen teigigen Körper an meinen presste. Ich spürte seine Erektion durch die rosa Bettdecke, und er murmelte, der Herr habe mich geschickt und es würde sicher mehr daraus werden. Um Mitternacht kam Mary aus Dallas und holte mich ab.

Mary kannte jemanden, der auf einer Ranch namens The Pitchfork gearbeitet hatte. Oder besser gesagt, sie hatte diesen Jemand nie gesehen, kannte aber seinen Namen. »Er könnte ebenso gut mein bester Freund sein«, sagte sie, als wir rauchend auf der Veranda saßen und uns die nächsten Schritte überlegten. Sie rief die Ranch an und sagte der Frau am Telefon, ein guter Freund hätte ihr gesagt, wir seien dort willkommen.

»Na ja, eigentlich sehen wir es nicht gerne, wenn Mädchen hier mit den Cowboys ausreiten«, erwiderte die Frau, die dabei laut hörbar Kaugummi kaute. Aber Mary kann man schlecht etwas abschlagen, und sie überredete die Frau, den Hörer an ihren Mann weiterzugeben, den Vormann der Ranch. Mary hat immer so eine Wirkung auf andere Leute. Immer wenn ich ihr einen neuen Freund vorstellte, redeten die Kerle danach nur noch mit ihr. Letztes Jahr, bei Dashs Taufe, stand sie als Patin am Taufbecken, und mein Freund Toby fragte später: »Diese Frau mit den schwarzen Haaren, ist sie verheiratet? Wer ist das?« Sie hat einen pfeilschnellen, quecksilbrigen Glamour, der in den Menschen den Wunsch weckt, ihr nahe zu sein.

Wir fuhren also nach Westtexas, vorbei an Lubbock und hinaus auf die offene Prärie, wo die Windräder das Wasser aus der Erde pumpen und die Ölpumpen nicken. Stundenlang sahen wir nur den Horizont, dann tauchte irgendwann wie eine Fata Morgana eine Tankstelle auf, und wir hielten an, aßen Twinkies und tranken Dr. Pepper. Später dann aßen wir in einem Diner Hähnchenschnitzel mit grünen Bohnen und tranken Eistee, bevor wir die letzten sieben Meilen über einen Feldweg fuhren, der uns zu der Ranch brachte. Eine Frau mit ernstem Gesicht und engen Jeans zeigte uns das Gästehaus, und später am Abend stellte sich auch der Vormann kurz vor. Ansonsten war von Cowboys oder Pferden keine Spur zu sehen. Er sagte uns, wir sollten bei Morgengrauen zur Koppel kommen. »Da drüben«, sagte er und zeigte auf ein paar Scheunen in der Ferne. Und tatsächlich waren am nächsten Morgen viele Cowboys dort, mehr als ich mir je vorgestellt hatte. Allerdings sprachen sie kein Wort mit uns. Der Vormann reichte uns die Zügel von zwei Quarter Horses mit Westernsätteln. In der Luft des dunklen Morgens klingelten die Sporen, und man hörte Hufgeklapper auf dem trockenen Boden, als wir von den Scheunen wegritten. Der Vormann sagte uns nur, wir würden eine Herde Rinder von einem Bereich der Ranch in einen anderen treiben, und wir sollten einfach den Anweisungen des Cowboys vor uns folgen.

Es war wie ein Traum, der vor meinen Augen Wirklichkeit wurde. Die Männer trugen breitkrempige Hüte, ihre Jeans hingen über Cowboystiefeln, und wenn sie zur Seite blickten, sah ich ihr Profil mit dem dicken Schnurrbart. Wenn die Cowboys die Zügel anzogen und ihre Pferde gegen die Herde schoben, tanzten sie um diese herum und bildeten dabei ein endloses Band, das die Rinder wie ein Zaun umgab. Die Rinder bewegten sich langsam, nicht in dem halsbrecherischen Galopp, wie ich es aus den Westernfilmen kannte.

Wir verbrachten den gesamten Vormittag im Sattel, klebten wie Schatten an den Cowboys und trabten hinter ihnen her, während sie die Rinder weitertrieben. Der grüne Duft der Mesquite-Büsche, die von den Hufen der Tiere zertreten wurden, erfüllte die Luft, und als ich mir mit der Hand übers Gesicht fuhr, hatte ich roten Staub auf der Hand. Die Cowboys und ihre Pferde waren wunderschön mit ihren Lederzügeln und Westernsätteln mit den eingeprägten Mustern und Daten. Ihre Chaps reichten von den Oberschenkeln bis zu den langen Steigbügeln. Sie behandelten Mary und mich höflich und redeten uns mit Ma'am an, wenn wir Fragen stellten, aber im Wesentlichen arbeiteten sie schweigend, außer, wenn sie den Rindern etwas zuriefen, die manchmal versuchten, aus der Herde auszubrechen. Am frühen Nachmittag war der Umzug beendet, und wir ritten zurück zur Ranch. Der Vormann trabte neben mir.

»Tut mir leid, Ma'am, aber Frauen machen diesen Job nicht, jedenfalls nicht in Westtexas«, sagte er, während sein kastanienbraunes Pony neben mir tänzelte. »Aber es gibt jede Menge Reiterhöfe, die jemanden für den Stall brauchen können.« Diese Reiterhöfe sind Freizeitanlagen. Man kann dort Ferien machen, oder sie gehören einem reichen, in der Regel abwesenden Besitzer, so wie die in Colorado. So etwas wollte ich nicht. Ich wollte auf der Ranch bleiben, aber der Vormann machte mir sehr höflich klar, dass dies nur ein Tagesbesuch gewesen war.

Als wir unsere Reisetaschen wieder in Marys Auto packten, kam einer der Cowboys auf uns zu und fragte mich, ob ich ihn am kommenden Wochenende zu einem Rodeo begleiten wollte.

»Drüben in Lubbock, wenn Sie Lust drauf haben, Ma'am«, sagte er und lüpfte kurz seinen Hut. Er hieß Jake, und später erzählte mir sein Freund Lyle, er würde »Jake the Snake«, die Schlange genannt. »Weil er manchmal ein bisschen glatt ist, wenn Sie verstehen, was ich meine, Ma'am.«

Am nächsten Wochenende fuhr ich also mit dem Bus von Dallas nach Lubbock zu einem Rodeo, wo Männer auf bockenden Pferden ritten und in einer staubigen Arena Rinder zusammentrieben. Am Ende gab es dann noch einen Wettbewerb im Bullenreiten. Als die Show vorbei war, saßen wir hinten auf seinem Pick-up und tranken Bier aus Dosen, während sich der Himmel blutrot verfärbte. Als wir kein Bier mehr hatten, kramte er eine Flasche Bourbon zwischen den alten Playboy-Heften hinter seinem Fahrersitz hervor. Es war ein warmer Septemberabend in Texas, und später spielte noch eine Band von der Ladefläche eines LKWs herunter. Nach all den Tanzabenden in Dallas konnte ich inzwischen Two-Step tanzen, und wir wirbelten unter einem Zeltdach mit Lichterketten, die heller funkelten als die Sterne, über den Betonboden. Danach fuhren wir aufs Land hinaus, weg von der Stadt, wo ein Gewitter den Himmel zerriss.

Jake war ein ungewöhnlicher Mann. Im Gegensatz zu seinem Vormann fand er meine Pläne nicht lächerlich oder ganz und gar unmöglich, und nach diesem Abend besuchte ich ihn manchmal in seiner Unterkunft, wenn der Vormann weg war. Wir brieten uns Steaks auf einem Lagerfeuer, und nachts quietschte das schmale Bett, wenn er sich über mir bewegte. Und selbst im Dunkeln konnte ich die große Tätowierung auf seiner Brust sehen: einen Pferdekopf.

»Verdammt, Clover, du willst es wirklich wissen«, sagte er eines Abends, als wir zu einer weiter entfernten Weide gefahren waren, um nach den Stuten und Fohlen zu schauen, und ich ihm zum zehnten oder elften Mal meinen Plan darlegte, eine Ranch zu finden – irgendeine Ranch, die mir eine Chance geben würde. Jake schrieb mir jede einzelne Ranch auf, die er kannte, und drei Wochen lang saß ich in Dallas und rief von einer Telefonzelle aus mit den Dimes, die ich gesammelt hatte, bei jeder von ihnen an. Alle Vormänner, mit denen ich sprach, erklärten mir, in dieser Welt gäbe es keinen Platz für mich, der Job sei zu hart, zu schwer, zu männlich für eine junge Frau, schon gar für eine Engländerin.

In Dallas saß ich nur noch meine Zeit ab. Ich tat nicht einmal mehr so, als würde ich Marys Begeisterung für das religiöse Leben teilen, und nachdem ich Jake getroffen hatte, fand ich auch das Tanzen mit den Bauarbeitern im Red Fox nicht mehr besonders romantisch.

Als ich Jake in seiner Unterkunft auf der Pitchfork Ranch anrief, konnte ich über seinen schweren Akzent hinweg hören, wie er grinste. »Wenn's zu schlimm wird, könntest du es vielleicht mal auf dieser Lesbenranch im Osten von Texas versuchen. Oder bei Slash Y unten bei Alpine an der Grenze zu Mexiko, in den Big Bend Mountains. Ist ziemlich wild da unten, Clover, das würde zu dir passen.«

Die Slash Y gehörte einem Mann namens Al, der auch als Big Al bekannt war. Er lebte in Dallas, flog aber einmal pro Woche mit seinem Privatjet auf die Ranch. Tatsächlich hatte er sein Vermögen mit einem einzigen Plastikteil gemacht, das in jeder Waschmaschine in Amerika verbaut wurde. Er ließ mich zu einem Bewerbungsgespräch in Fort Worth antanzen, der alten Viehhändlerstadt in der Nähe von Dallas. Während seine Sekretärinnen, alles Frauen mit hoch auftoupierten Haaren, immer wieder ins Büro kamen, um ihm Eistee zu bringen, musste ich ihm erzählen, wer ich war und was ich konnte und wollte. Meine Ambitionen schienen ihn vor allem zu amüsieren. Ich musste an Mum denken und fühlte mich ein bisschen, als würde ich JR Ewing gegenübersitzen.

»Sie wollen sich also Ihren Traum erfüllen«, sagte er, als ich ihm meinen Plan darlegte. »Das bewundere ich. Es ist leicht, zu träumen, aber man braucht schon eine gewisse Entschlossenheit, um seinen Träumen zu folgen. Und auf einer Ranch im Westen von Texas zu arbeiten, nun, Lady, Sie haben *cojones,* das muss man Ihnen lassen. Wenn Sie es bei mir versuchen wollen, meinetwegen.«

Ich blieb drei Monate auf der Slash-Y-Ranch und wohnte in einem stromlinienförmigen Wohnwagen am Fuß der Big Bend Mountains, gleich neben einem Blockhaus, in dem ein Cowboy namens Chuck mit seiner Freundin Dusty lebte. Sie arbeitete in Alpine als Grundschullehrerin. Das riesige Ranchhaus lag eine

Meile entfernt, aber Big Al tauchte eh selten auf. Nur hin und wieder mal joggte er mit seiner vollbusigen Personal Trainerin über das Gelände.

»*Sehr* persönlich, diese Trainerin, möchte ich wetten«, kicherte Dusty, wenn wir ihnen von der Veranda aus zusahen, wo wir abends Hähnchen grillten. Ich hatte die Aufgabe, mich um ein Dutzend Pferde zu kümmern. Mein Lieblingsjob war es, sie vom Pferderücken aus zur Scheune zurückzutreiben. *Jingling* nannte man das. Manchmal ritt ich mit Chuck oder einem der Cowboys vor Ort raus, um nach den Rindern zu sehen. Ich hatte immer gedacht, Texas wäre flach, aber um die Ranch herum zogen sich richtige Berge, die mit ihren messerscharfen Höhenzügen vor dem orangefarbenen Himmel aufragten, wenn die Sonne unterging. Der Rest der Landschaft wurde von den Mesquite-Büschen beherrscht und wirkte immer etwas unscharf. Hinter Alpine lag Marfa, das nur aus ein paar Häusern bestand, aber dafür berühmt war, dass jeden Abend diese weißen, blinkenden Lichter aus dem Nichts auftauchten.

Die Arbeit war nicht ganz so aufregend, wie ich gehofft hatte, aber Alpine selbst war ziemlich wild. Es war die Westernstadt meiner Träume, mit echten Cowboys, die von den Ranches in der Umgebung kamen und abends über die Gehwege spazierten. Die Grenze zu Mexiko war nicht weit, und man hatte das Gefühl, an einem gesetzlosen Ort zu sein, mit Eisenbahnschienen, die mitten durch die Stadt führten, und zwei Bars: Die Crystal Bar mit ihren Schwingtüren und einer Tanzfläche, wo reine Countrymusik gespielt wurde, und das Moody Blues, eine Biker Bar, wo die Männer Halstücher trugen und riesige Tattoos auf den massigen Armen hatten. In der Crystal Bar traf ich ein knochiges Mädchen mit rot gelockten Haaren, die es zu einem Pferdeschwanz zusammengebunden hatte. Sie arbeitete hinter der Theke.

»Cara«, sagte sie und stellte mir ein Bud Light hin. »Ich bin ein lautes Großmaul, aber ich werde deine beste Freundin sein, wenn du mir jetzt ein Bier ausgibst.« Sie war in Alpine aufs College gegangen und kannte alle hier, von den Cowboys zu den Fernfahrern und den Mädchen im Friseursalon, und auch den Mann, dem das Steakhaus gehörte. Mit ein paar Freunden von ihr fuhren wir in die Wüste, wo die schwarzen Berggipfel über uns aufragten, schossen auf Straßenschilder und Kojoten und machten ein Lagerfeuer, an dem wir bis zum Morgengrauen saßen und tranken. Da sie alle besessene Spieler waren, fuhren wir oft zu den Casinos in den Grenzstädten. Und überall gab es Rodeos. Cara lachte viel, auch wenn die Cowboys eine Schlägerei vom Zaun brachen und wir anhalten mussten, um Eis und gefrorene Steaks zu kaufen, die sie auf ihre blauen Augen legen konnten. Wir tranken und tanzten und spielten, und ich verlor meinen besten roten Slip bei einem Rodeo in El Paso. Es war nicht gerade ein Zuhause, aber ich dachte nur dann an Mum, wenn ich nachts allein in meinem Wohnwagen lag und die Kojoten irgendwo in der Ferne heulten.

Wenn ich einsam war, trösteten mich die Pferde. Zwischen all den Partys gab es gerade genug davon auf Big Als Ranch, um mich beschäftigt zu halten. Dann traf ich Shay, und später fragte ich mich, ob ich nicht vielleicht ganz in Alpine geblieben wäre, wenn sich die Dinge anders entwickelt hätten.

Shay roch nach Tabak und den grünen Büschen auf den Weiden und nach Lippenfettstift mit Kirschgeschmack, weil es da draußen so heiß und windig war, dass man ständig aufgesprungene Lippen hatte. Ich wusste, dass er nach all diesen Dingen roch, schon bevor er mich küsste, gleich als er in die Crystal Bar kam, wo ich mit Cara ein Bud Light trank. Shay hatte einen alten Cowboyhut aus Palmblättern auf dem Kopf und einen Ring aus Schweißtröpfchen um den Haaransatz. Er hatte kurz geschnittene braune Haare und brachte all die Offenheit der Ranch mit, auf der er gearbeitet hatte. Er kannte Cara von früher, und so setzte er sich zu uns, und als ihre Schicht hinter der Theke begann, rückte er mit seinem Stuhl näher zu mir herüber. Wir unterhielten uns, und er brachte mich zum Lachen und erzählte mir von einem jungen Hengst, den er an diesem Morgen eingeritten hatte. Der Gaul hatte ihn fünfmal hintereinander abgeworfen. Seine offene Art erinnerte mich an meine Freunde zu Hause, und wir redeten den ganzen Abend.

Nach Mitternacht, als die Bar schon geschlossen hatte, saßen wir draußen auf der Ladefläche seines Pick-ups, tranken ein paar Flaschen kaltes Bier, das er noch bei Cara gekauft hatte, und das Radio spielte laut eine Reihe von Patsy-Cline-Songs. Da nahm er meine Hand und zog mich auf die Straße, hielt mich fest an sich gedrückt und tanzte mit mir im Mondschein. Irgendwann fragte er: »Willst du nicht die Nacht mit mir verbringen?« Und natürlich wollte ich.

Shay wohnte außerhalb der Stadt, und ich verbrachte noch viele Nächte in seinem Holzhaus mit der umlaufenden Veranda, wo er allein mit seinen zwei Hunden lebte. Die beiden schliefen vor der Haustür. Das Haus war gemietet, und Shay lebte davon, dass er junge Pferde einritt. Er hatte eine runde Koppel eingezäunt und auch einige Holzpferche, wo ein Dutzend Pferde im Schatten einer großen Holzscheune vor sich hin nickten. Er konnte Zäune aus Wasserrohren bauen und seinen Truck selbst reparieren.

Ich schlief jedes Mal an seine heiße Haut geschmiegt ein, aber wenn ich aufwachte, war ich allein, und durch das offene Fenster neben dem Bett sah ich ihn schon wieder auf der Koppel und auf dem Rücken eines Pferdes, das unter ihm die Muskeln anspannte, während er eine Runde nach der anderen ritt, um es an einen Reiter zu gewöhnen. Es war, als spürte er es, wenn ich ihn beobachtete, denn er blickte immer auf und warf mir dieses besondere Lächeln zu: wissend und verletzlich zur gleichen Zeit.

Bald verbrachte ich mehr Nächte in seinem Haus als in meinem Trailer. Er zündete in der Grube vor dem Haus ein Feuer an und briet Steaks, die wir an den heißen, dunklen Abenden aßen, die sich langsam in die Nacht hineinzogen. Eines Abends fuhren wir mit seinem Pick-up zwei Stunden lang aus der Stadt raus in die Berge, und als er in der tiefschwarzen Dunkelheit anhielt, waren nur noch die gelben, funkelnden Sterne zu sehen. Wir schliefen nicht, sondern redeten und tranken, bis er mich irgendwann an sich zog, sodass ich über ihm kniete, meinen Rock hochhob und mich gegen das Lenkrad schob. Ich hatte das Gefühl, mich aufzulösen, hinauszugleiten aus der Fahrerkabine, in die Landschaft und von dort in den blutroten Morgenhimmel.

Später, als die blasse Morgensonne die Dunkelheit durchbrach und es Tag wurde, faltete er seinen ausgebleichten gelben Carhartt-Mantel zu einem Kopfkissen zusammen. Ich lag auf seinem Schoß, und er schob seine Hand in mein Haar. Es gab nichts zu sagen, wir lebten nur in diesem perfekten Augenblick, mit unserem Atem und dem Morgen, und dann war es Zeit, zur Ranch zurückzufahren. »Pferde jingeln«, sagte er und fuhr noch einmal mit seiner Hand durch meine Haare. »Auf geht's, wach werden, wildes Mädchen.« Als wir zurückfuhren, warf der Truck brüchige Schatten auf die Mesquite-Büsche neben der Fahrspur, und Shay sah mich von der Seite an. Als wir vor den Ställen anhielten, lag neben dem Tor eine Feder von einem wilden Truthahn, und ich dachte: »Das ist Freiheit, wie ich sie nie gekannt habe.«

Viele Country- und Westernsongs handeln von Cowboys, die davonreiten und dein Herz in ihrer Jackentasche mit sich fort nehmen. Ich dachte immer, so etwas gäbe es nur in Liedern, aber genau das tat Shay mit meinem Herzen, und danach dachte ich anders über Alpine. Wir verbrachten viele Nächte zusammen in seinem Haus oder unterwegs mit Cara zu einem Rodeo an der mexikanischen Grenze. Manchmal fuhren wir auch allein hinaus und beobachteten die Marfa-Lichter, die geheimnisvoll in der Ferne blinkten. Dann, eines Nachmittags, kam er zu meinem

Wohnwagen, und sein Pick-up sah irgendwie anders aus: Auf der Ladefläche lagen sein Bettzeug und ein paar Taschen, seine Sättel und ein paar Seile. Und dahinter hing der Pferdeanhänger mit vier Pferden.

»Willst du weg, Shay?«, fragte ich von der Tür meines Wohnwagens aus. Er antwortete erst nicht, dann zog er den Hut in die Stirn und malte mit dem Stiefel im Staub herum.

»Sieht so aus«, sagte er schließlich und lächelte dabei ein bisschen, sodass ich für einen Augenblick nicht wusste, ob er es wirklich so meinte. Man hatte ihm Arbeit in Santa Rosa in New Mexico angeboten. Er sollte dort Pferde einreiten, und damit war eine Menge Geld zu verdienen. Genug, um im nächsten Jahr seinen eigenen Hof kaufen zu können.

»Hier in der Nähe von Alpine?«, fragte ich und versuchte rauszufinden, was er mir eigentlich sagen wollte.

Er zog die Schultern hoch. »Kann sein. Vielleicht auch drüben bei Santa Rosa, das weiß ich noch nicht«, erwiderte er und wandte sich ab. »Es tut mir leid, Darling. Glaub mir, es tut mir echt leid. Du bist ein tolles Mädchen, ein großartiges Mädchen, und die letzten Wochen waren klasse, aber Typen wie mir werden solche Jobs nicht allzu oft angeboten. Du sollst bloß wissen, dass es mir echt leidtut.« Er sah mich wieder an, dann kam er zu mir, nahm mein Gesicht in beide Hände und küsste mich so heftig, dass unsere Zähne kurz zusammenstießen. Einen Moment lang war alles von ihm mir so nah, und es fühlte sich unheimlich gut an.

Dann drehte er sich um, setzte sich ins Auto und verschwand mit seinem Anhänger in einer riesigen Staubwolke.

Von da an war Alpine ein schrecklich einsamer Ort. Manchmal fuhr ich mit Cara in eins der Casinos in der Wüste, aber egal, wohin ich blickte, ich sah immer nur ihn. Außerdem wurde es Winter, und mit dem Wind, der um meinen Wohnwagen heulte, war es richtig unheimlich. Von der Cowboyunterkunft aus rief ich Jake an, und wieder half er mir. Ich sollte es doch mal bei der T-Bar-Ranch im Pan Handle bei Amarillo versuchen. »Die gehört einer Frau, einer richtig guten Frau, hab ich gehört. Ist eine richtig gute Ranch, die T-Bar. Der Manager heißt Randy, den kannst du anrufen. Vielleicht gibt er dir eine Chance.«

Vier Monate in Texas hatten meinen Wunsch, einfach mit jedem zu tanzen, der einen Cowboyhut trug, deutlich relativiert. Inzwischen hatte ich einen besseren Begriff davon, was Cowboykultur bedeutete. Die großen Betriebe wie die Pitchfork Ranch, wo Jake arbeitete, waren historische Ranches und eng mit der Geschichte von Westtexas und der gesamten amerikanischen Geschichte verbunden. Daneben gab es die neueren Betriebe wie den von Al. Das Leben in Alpine hatte mir geholfen, die Unterschiede zu verstehen. Doch als wir die Hauptstraße verließen und auf eine schmale Straße abbogen, die sich weit über das Land in die Ferne wand, da wurde mir klar, dass wir in eine Gegend kamen, die größer, roter und wilder war als alles, was ich jemals auf dem Pferderücken erlebt hatte.

»Hallo, na, bist du bereit für das hier?«, fragte Maria, die Köchin der Ranch, als sie mich mit ihrem riesigen Pick-up an der Bushaltestelle in Amarillo abholte. Der Wagen war mit Flaschen und Taschen von Wal-Mart beladen. Maria selbst war ein glamouröses Durcheinander von schwarzen Haaren und massenweise Silber- und Türkisschmuck, und ihre Hände am Lenkrad waren klein und weich, ihre Nägel spitz zugefeilt. Der Pick-up holperte so sehr durch die Furchen, dass ich mich am Sitz festhalten musste, um nicht durch die Fahrerkabine zu fliegen. Maria erklärte mir, dass sie die Köchin und mit Sandy Paul verheiratet war. Die beiden hatten drei Kinder: Colt, Bronc und RJ.

Im Seitenspiegel konnte ich die staubigen Berge sehen und dahinter die struppigen Weiden mit Büschen und leuchtenden Kakteen. Es sah aus wie in einem Zeichentrickfilm. Maria trat kräftig aufs Gas und donnerte über ein Viehgitter und über Weiden, die mit Stacheldraht eingezäunt waren. Zwei kleine gelbe Kojoten schossen aus dem Gebüsch.

»Verdammte Viecher!«, rief sie. »Fressen die Kälber, noch während sie geboren werden. Die Jungs erschießen sie, wenn sie sie erwischen, aber sie sind wie die Pest. Man müsste sie ausrotten.«

»Reitest du, Maria?«, fragte ich.

»Um Gottes willen, nein!«, sagte sie lachend und sah mich an. »Ich meine, als Kind, klar. Mein Daddy hat als Verwalter gearbeitet, da gehörte es dazu, hier und da mitzuhelfen. Aber heute, nein. Das hier ist eine Männerwelt. Und weißt du, was man hier sagt?«

»Nein, keine Ahnung«, erwiderte ich.

»Die Pioniere haben das gesagt: Für Pferde und Frauen ist Texas die Hölle. Da ist schon was dran.« Sie starrte wieder auf die Fahrbahn, dann streckte sie die Hand aus und tätschelte mir den Oberschenkel. »Aber mach dir keine Sorgen. Also, das Haupthaus, wo wir alle wohnen, liegt etwa fünf Meilen weiter die Straße runter. Das hier sind die Pferdeweiden, über die wir gerade fahren, etwa zweitausend Hektar groß. Links, da wo es richtig wild aussieht, da liegt der Canyon.« Die Straße verließ die Pferdeweiden und führte am Rand eines steilen Hanges entlang, der in eine Senke mit roten Felsen abfiel. Über uns leuchtete ein strahlend blauer Himmel, und die Landschaft sah aus wie in einem Wildwestfilm. »Siehst du die Häuser da hinten?«, fragte Maria und zeigte auf ein paar winzige Punkte zwischen dem Rand des Canyons und der Ebene. »Das ist das Haupthaus, da drüben am Fluss, siehst du? Die Kinder werden sich riesig freuen, dich kennenzulernen.«

Es war ein Sonntag, und die Cowboys saßen mit ihren Familien auf der Veranda, die an einer Seite des Küchenbaus entlangführte. Über der Tür hing ein Stierkopf, an den Fenstern gab es grün karierte Vorhänge, und an einem Fenster hing ein gemaltes Schild mit einem Cowboyhut: »Herzlich willkommen«, stand darauf. Maria stellte mich dem Vormann Randy vor, der breit lächelnd eine Reihe schiefer Zähne zeigte. Seine Frau Sarah hatte blonde Haare, die aussahen wie Zuckerwatte, und dann waren da noch ihre Töchter Amy und Christine und ein weiterer Cowboy namens Red, der einen breiten Schnurrbart trug, und seine Frau Jackie und ihre Söhne Donnie und Shy. Die Männer trugen Cowboyhüte und Jeans, Stiefel und Sporen, und die Jungen ebenfalls.

Später zeigte mir Reds älterer Sohn Donnie die Hütte, in der ich wohnen würde, und wies dabei stolz auf ein Bild am Eingang. Es zeigte einen Mann im schwarzen Anzug, und Donnie sagte mir, das sei Charles Goodnight, einer der ersten Viehbarone Amerikas. Er stammte von dieser Ranch.

Donnie selbst wirkte vor dem Bild überraschend klein. »Toll, oder?«, sagte er und lächelte mir schüchtern zu, als er die Tür öffnete. Die Hütte hatte ein kleines Wohnzimmer mit einem großen offenen Kamin und oben ein Schlafzimmer mit einer Patchworkdecke über dem Bett. Die hintere Mauer war an das Haupthaus angebaut, und Donnie zeigte mir, wie man über die Veranda in die Eingangshalle kam. Dort lagen indianische Teppiche auf dem Holzboden, es gab ein holzgetäfeltes Wohnzimmer mit vielen Büchern und ein Speisezimmer mit einem langen Tisch. Von den Wänden starrten Antilopenköpfe blicklos in die Stille.

»Hier wohnt Eleanor«, sagte Donnie und fuhr mit der Hand neidisch über die glatte Tischplatte. »Echt schön hier, oder? Wenn mir das Haus gehören würde, dann würde ich immer hier sitzen. Eleanor ist eine echte Lady, eine der besten, sagt mein Dad, aber sie ist nicht oft hier. Sie hat ein Haus in Amarillo und noch eine zweite Ranch in Colorado.«

Donnie war zwölf Jahre alt und auf der Ranch aufgewachsen. Er strahlte eine rastlose, lebhafte Energie aus und zählte mir aufgeregt einige seiner Lieblingsorte auf: den Hügel mit den dunkelgrünen Salbeibüschen namens Mitchell's Peak im Canyon und

Coogill Falls, wo angeblich einmal eine wütende Wagenköchin eine ganze Herde Maultiere hinuntergestürzt hatte, nachdem der Rinderboss sich über matschige Bohnen beschwert hatte. Er erzählte vom Flachland rund um Battle Creek und Griffin Hills und dass er und sein Bruder Shy gern mit ihrem Tipi im Canyon kampierten, vor allem im Frühling.

»Im Frühling ist es hier besonders schön, wenn die wilden Blumen ganz hoch wachsen«, sagte er und hielt seine Hand in Taillenhöhe. »Das wird Ihnen gefallen, glaube ich.« Wir gingen zurück zu meiner Hütte, und ich erklärte ihm, dass es mir ganz sicher sehr gefallen würde. Als ich anfangen wollte, auszupacken, merkte ich, dass er immer noch an der Tür stand.

»Ma'am darf ich Sie mal was fragen? Gibt es Straßen in England? Und haben Sie schon mal die Königin getroffen? Und was für Ranches gibt es da?«

»Das hier ist Gottes ganz eigenes Land«, sagte Randy, der Vormann, als wir zum ersten Mal vom Haupthaus aus losritten. Riesige Weiden gab es hier, und wir ritten durch wilde Gegenden mit Bächen, die plötzlich aus dem Nichts auftauchten, um sich dreißig Meter in die Tiefe zu stürzen. In den Schluchten mit den Zedern lebten Rinder, so wild wie die Büffel, die einmal diese Landschaft beherrscht hatten. Randy zeigte mir, wo man im Flussbett alte Pfeilspitzen der Indianer finden konnte. Der Salt Fork war ein Nebenarm des Red River, und nach langen Arbeitstagen ritten wir mit den Pferden durchs Wasser, um sie abzukühlen. Wenn ich neben Red oder Randy oder Sandy Paul ritt und nur die Sporen und das Platschen der Pferdehufe hörte, dann war ich am glücklichsten und fühlte mich sehr, sehr weit weg von der Vergangenheit.

Nach etwa einem Monat, als ich den Weg von Coogill Falls zu den Griffin Hills kannte, gestand Randy mir, dass er sich bei der Entscheidung, mir einen Job zu geben, vor allem Sorgen darum gemacht hatte, ich könnte beim Treiben verloren gehen. Ein Jahr zuvor hatten sie die Rinder aus dem Canyon zusammengetrieben, eine wahre Mammutaufgabe, für die Randy ein paar Tagelöhner angeheuert hatte, Cowboys, die von einer Ranch zur anderen zogen und nicht fest angestellt waren. Am Ende des Triebs war dann einer dieser Männer nicht wieder aufgetaucht, und Randy erzählte mir, dass die drei Tage, die er mit der Suche nach dem Cowboy verbracht hatte, die schlimmsten seines Leben gewesen waren. Die Hitze und eine plötzliche Panik hatten dazu geführt, dass sich der Mann in der riesigen Landschaft verirrt hatte und drei Tage lang wie blind durch den Canyon geritten war, bis man ihn auf der Nachbarranch gefunden hatte, dehydriert, erschöpft und halluzinierend.

»Er war komplett gaga«, sagte Randy und schüttelte langsam den Kopf. Der Arbeitstag war vorbei, und wir hatten uns gegen den Pick-up gelehnt und redeten.

»Er ist dann Bauarbeiter geworden«, fügte Sandy Paul hinzu, der das Ende mitbekommen hatte, schnaubte abfällig und spuckte Tabaksaft aus.

»Aber wenn man sich hier verirrt, dann gerät man wirklich leicht in Panik«, unterbrach ihn Randy. »Du kennst inzwischen die Kompasspunkte, oder?«, fragte er mich.

Ich nickte. »Natürlich«, schwindelte ich.

Ich hatte Billy gesagt, ich könnte reiten und wäre bereit, hart zu arbeiten, aber ein Cowgirl muss weit mehr können, als nur mit einem Stetson auf dem Kopf gut auszusehen. Außerdem trugen die Cowboys gar keine Stetsons, sondern schwarze Filzhüte, und sie mochten auch lieber Wrangler-Jeans als Levis. Eins der Mädchen nahm mich mit nach Amarillo in einen Westernladen namens Cactus Jack's mit langen Reihen von Stiefeln an den Wänden und Ständen mit Carhartt-Jacken. Die Arbeitsstiefel hatten nichts mit den furchtbar spitzen Dingen zu tun, die JR und Al trugen, sondern waren einfach kniehohe enge Stiefel mit abgerundeten Spitzen und Absätzen. Die Jeans wurden in die Stiefel gesteckt, um die Beine vor den Mesquite-Büschen zu schützen, durch die wir ritten, und auch vor den Klapperschlangen, die wirklich überall waren. Die Männer trugen Jeanshemden oder sogar weiße Hemden, denn es war wichtig, immer gut auszusehen. Red zeigte mir, wie man dem Hut über einem dampfenden Wasserkessel die richtige Form gab, indem man die Seiten hochbog, sodass sie fast senkrecht standen.

»Man kann Red von der anderen Seite des Canyons aus erkennen, nur an der Form seines Huts«, lachte Randy und schenkte mir eine Feder von einem wilden Truthahn, damit ich sie mir ins Hutband stecken konnte. Dann bekam ich ein paar lederne Halbchaps für die Arbeit, um meine Beine vor den Dornen zu schützen.

»Wenn du von den Dornen welche ins Bein kriegst, bist du tagelang voller Gift«, erklärte mir Red, als wir vom Haupthaus wegritten, um ein paar Rinder weiterzutreiben. Die Chaps schützten auch vor dem Seil, das vorn am Sattel angebunden war, so wie Randy es mir gezeigt hatte. Damit wurden die Rinder eingefangen, und Randy verbrachte Stunden mit mir vor dem Schlafhaus der Cowboys und zeigte mir geduldig, wie man das dicke, steife Seil schwang. Ich übte an einem Kuhkopf aus Plastik, der in einem Heuballen steckte – Schlingen drehen und werfen, Schlingen drehen und werfen, immer und immer wieder. Meistens verfehlte ich den Kopf, und dann kam eins der Kinder vorbei, nahm sich ein Seil und traf.

»Lass dich nicht frustrieren, Schwester«, sagte Randy kopfschüttelnd, wenn ich irgendwann wütend das Seil auf den Boden warf. »Diese Jungs machen das schon, seit sie krabbeln können, es ist ihre zweite Natur.«

Randy hatte unendlich viel Geduld mit mir. Jeden Morgen versammelten sich die Cowboys im Küchenbau, um den Tag zu besprechen. An Tagen, an denen besonders viel anstand, zum Beispiel vor dem Anbringen der Brandzeichen, machte Maria uns allen Berge von Pfannkuchen und Keksen, Speck und Spiegeleiern, die wir an den langen Tischen mit Wachstuchdecken verspeisten. Im Sommer trafen wir uns schon um halb vier Uhr morgens, um der Hitze zu entgehen. Aber der Küchenbau war kein Vergnügungszentrum. Ich aß schweigend und hörte zu, wenn Randy mit Sandy Paul über das kaputte Windrad sprach, das repariert werden musste. Vergilbte Fotos von Männern mit Rindern und kräftigen Pferden hingen an den Wänden. Später, nach einem langen Arbeitstag, fuhr Randy mit mir über die Farm, zeigte mir die Wege durch den Canyon und wie man männliche von weiblichen Kälbern unterschied, wie man sich einer Weide mit Bullen näherte und wo ich die Stellen auf der Ranch finden konnte, an denen die Pferde am liebsten grasten. Er brachte mir bei, tief im Sattel zu sitzen und mein Pony um einen Bullen herumzuführen. Diese Bullen waren riesig, groß wie ein Truck, und selbst Sandy Paul sah nervös aus, wenn er mit seinen Leuten rausging, um ein paar Bullen einzufangen, die den Zaun zum Canyon durchbrochen hatten. Sandy Paul lächelte nicht so viel wie Red, aber einmal, als es schneite, trug er eins der Kälber aus seinem Bereich auf den Schultern ins Haus, gab ihm vor dem Kamin in seinem Wohnzimmer zu trinken und sprach mit ihm, als wäre es eins seiner Kinder.

Die Arbeit war furchtbar anstrengend, aber ich war glücklich. Rinder treiben, Zäune flicken. Manchmal arbeiteten wir auch auf einer der anderen Ranches. Einmal halfen wir beim Trieb auf der Four-Sixes-Ranch, auch so einer historischen Ranch, auf der Frauen nicht mit den Cowboys zusammenarbeiten durften. Aber Randy sprach mit dem Manager und sagte ihm, ich gehöre zu seiner Mannschaft.

»Ich habe ihm gesagt, du arbeitest wie ein Mann und du kommst mit«, sagte er mir, als wir morgens um halb fünf durch die Dunkelheit fuhren, die Pferde hinten im Anhänger. »Und wenn er Probleme macht, dann drehe ich um, und wir fahren alle wieder nach Hause.«

Manchmal vergaß ich nach der Arbeit allerdings, wieder zum Mädchen zu werden. Die Familien saßen oft zusammen, grillten Steaks, sogar wenn Schnee lag, oder machten in einer der Scheunen Musik. Manchmal fuhren sie am Freitagabend auch nach Amarillo, um ein Bier zu trinken und in einem der Drive-ins mexikanisch zu essen. Nach einem langen Arbeitstag sprach ich einmal vor Reds Haus mit Red und Randy über ein Pferd, und Red schickte mich in die Küche, damit ich noch drei Bier holte. Als ich hereinkam, war Jackie beim Zwiebelschneiden. Sie hielt inne, wischte sich die Hände an der Schürze ab und holte zwei Bier aus dem Kühlschrank. »Weißt du«, sagte sie, »normalerweise lassen wir die Männer allein trinken. Colt kann das rausbringen. Du kriegst hier in der Küche einen Eistee.«

Die entlegensten Teile der Ranch wurden *the concrete*, der Beton, genannt, weil es dort eine Straße gab, die in die nächste Kleinstadt führte, nach Clarendon. Einmal pro Woche fuhr ich mit Maria dorthin, in den Schulferien auch manchmal mit einem Jungen namens Brandon, der in den Ferien auf der Ranch mithalf. Randy sagte, er habe nie einen Jungen wie Brandon kennengelernt. Der Bursche wollte nichts, als draußen im Sattel zu sitzen. Selbst wenn wir ein paar Stunden frei hatten und alle vor dem Fernseher hingen, fuhr Brandon im Canyon herum, schaute nach seinen Fallen oder fütterte das Jungvieh auf den Weiden von Lone Tree. Wir verbrachten viel Zeit miteinander, vor allem wenn Randy unterwegs war und Sandy Paul uns die Arbeiten machen ließ, die er am meisten hasste, zum Beispiel gefrorene Wassertanks auf den entlegensten Weiden zu kontrollieren oder in der Sommerhitze Zäune zu ziehen. Dann mussten wir Meilen von alten, rostigen Stacheldrahtzäunen ausreißen, die die ersten Pioniere gesetzt hatten, als die Gegend aufgeteilt worden war. Wir parkten den Pick-up und drehten das Radio mit Country FM laut auf, um uns von den Stichen abzulenken, wenn der Draht unsere schweren Lederhandschuhe durchdrang, sodass die Handflächen bluteten. Wir rollten den Draht zu tödlichen Gewirren auf, sodass sie aussahen wie große braune Rattennester, und dann zog Brandon mit dem Pick-up den neuen Draht straff.

»Pass auf, das ist gefährlich!«, rief er mir aus der Fahrerkabine zu und bedeutete mir zurückzutreten. »Mein Onkel Connie ist vom Gürtel bis zum Kinn von einem Stück Draht aufgeschlitzt worden, das sich losgerissen hat. Das ist's dann für ihn gewesen.«

Manchmal setzten wir uns in die Fahrerkabine, drehten die Klimaanlage auf und tranken Cola, benommen von der Hitze draußen. Dann erzählte mir Brandon von seinem Stiefvater, der ihn geschlagen hatte, bis er eines Tages plötzlich größer gewesen war als er. Und dass er unbedingt Cowboy werden wollte.

Wenn wir Glück hatten, konnten wir uns einen der Pick-ups ausleihen und nach Clarendon fahren, um Bier und Zigaretten zu holen. Der Bierladen lag zehn Meilen außerhalb der Stadt im nächsten County, Clarendon war nämlich offiziell »trocken«. Entsprechend viele Alkoholiker gab es dort. Die Cowboys liehen uns nicht gern ihre Trucks, also musste sich Brandon manchmal irgendeinen Vorwand ausdenken, damit Sandy Paul ihm die Bitte nicht abschlagen konnte. »Unsere Tumbleweed hier muss in den Drugstore und sich ein paar Frauensachen holen«, erzählte er ihm dann. Das wirkte. Wir fuhren in die Stadt und gingen in das mexikanische Café an der Bushaltestelle, das mich an die Spielzeugcafés erinnerte, die Nell und ich in Minety gebaut hatten. Die Farbe blätterte von den Wänden, irgendwo hingen ein zerrissenes Poster mit einem Klippenspringer in Acapulco und ein paar Hängekörbe mit staubigen Plastikblumen. Kleine quadratische Tische mit ausgefransten lila Wachstuchdecken standen im Raum verteilt, und die Ventilatoren an der Decke verwirbelten die heiße

Luft. Halb erwartete ich, dass ein als Bedienung verkleidetes Kind unsere Bestellung aufnehmen würde. Wir aßen Cheese and Chili Enchiladas, und Brandon berichtete mir ohne Punkt und Komma vom Cowboyleben, weil er genau wusste, dass ich nicht genug davon bekommen konnte. Er sagte, dass er die Schule immer schon gehasst hätte und davon träumte, für eine große Ranch zu arbeiten, und dass es kein schöneres Gefühl gäbe, als draußen im Sattel zu sitzen, und er sprach über diese besondere Art von Melancholie, die alle Cowboys umgibt.

Dann fuhren wir nach Hause, die Musik laut aufgedreht. Brandon lenkte mit einer Hand, die andere hing aus dem offenen Fenster, während wir uns durch mein Päckchen Camel Lights arbeiteten. Die Musik war so laut, dass wir nicht sprechen mussten, und ich schob meinen Sitz weit zurück, sodass meine Haare aus dem Fenster flatterten und ich mich im Seitenspiegel sehen konnte. Der Canyon verschwand hinter uns in einer roten Staubwolke. Ich betrachtete mein Spiegelbild mit der wechselnden Landschaft hinter mir, starrte mir selbst ins Gesicht, und doch schien mein wirkliches Leben Millionen von Meilen weit weg und außerhalb meiner Reichweite.

Ich hatte Randy angelogen, was die Kompasspunkte anging, und ich log noch einmal, als ich behauptete, ich hätte in England Pferde eingeritten. Natürlich hatte ich jede Menge Pferde geritten, auch junge, hektische Vollblüter seinerzeit auf dem Rennhof, aber richtig eingeritten hatte ich noch kein einziges Pferd. Ich musste ihn anlügen, sonst hätte er mich auf eins von den Kinderpferden gesetzt, wie den großen Fuchs Squirrel, der fest wie ein Sessel dastand, selbst wenn eine Klapperschlange sich zwischen seinen Beinen aufrichtete. Ich wusste auch, dass Randy nur mein Bestes und meine Sicherheit im Sinn hatte, aber ich suchte ja nach etwas ganz anderem. In Irland war ich immer lieber auf Eddie als auf Buckle geritten, weil Eddie zwar eigenwilliger und schwieriger gewesen war, aber eben auch nicht so berechenbar wie Buckle. Es war aufregend, auf ihm zu reiten, mit ihm fühlte ich mich lebendig. Als ich auf der Ranch anfing, wollte Emma mir einen Rückenschutz und Sturzhelm schicken, doch für mich war die Gefahr ein wichtiger Teil meiner Beziehung zu den Pferden.

Es machte mir nichts aus, mich zu verletzen. Ich wollte mich sogar verletzen, wenn ich damit näher an das herankam, was das Leben als Cowboy ausmachte. Später einmal sagte Randy lachend, ich hätte ausgesehen, als wäre ich genau darauf aus gewesen, als ich ankam, aber am Anfang scheute er das Risiko.

»Nein, Clover, dafür übernehme ich nicht die Verantwortung«, sagte er kopfschüttelnd, als ich ihm erklärte, ich wolle eins der jungen Pferde einreiten. Aber ich quälte ihn weiter, verbrachte Stunden in dem runden Metallpferch unterhalb des Haupthofs und brachte seinen Einjährigen den Umgang mit dem Halfter bei. Sie waren flauschig wie Teddybären und hatten das erste Jahr ihres Lebens wild im Canyon gelebt, aber wenn sie ein Jahr alt waren, wurden sie zusammengetrieben und zum Haupthaus gebracht, um sie ans Halfter zu gewöhnen. Eingeritten wurden sie erst mit vier Jahren.

»Alles, was wir ihnen jetzt beibringen, ist Gold wert«, erklärte Randy, als er mir erlaubte, ein paar von ihnen in den runden Pferch zu bringen, um sie an den Kontakt mit Menschen zu gewöhnen. Am Anfang liefen sie vor mir weg, aber der Sand war tief, und bald wurden sie müde und schauten mich an, schwer atmend und mit großen, blinzelnden braunen Augen. Wenn ich mich abwandte, kamen sie mir neugierig nach, und irgendwann erlaubten sie mir sogar, ihre samtweichen Nasen zu streicheln und ihnen mit einem Seil über die Seiten zu fahren. Es war ein langsamer Prozess, und im Sommer kamen sie wieder hinaus in den Canyon. Ein Jahr später ging es weiter.

Das Einreiten – oder Einbrechen, wie die Cowboys sagten – ging dann schneller und war oft auch ziemlich brutal. Red schaffte es innerhalb eines Tages, ein Pferd an den Sattel zu gewöhnen. Er ließ es rundherum durch den schweren Sand laufen, bis es so müde war, dass es förmlich darum bat, stehen bleiben zu dürfen, zur Mitte abbog und zum Zeichen seiner Niederlage den Kopf senkte. Sandy Paul ging mit mehr Gewalt ans Werk. Er band dem Pferd ein Bein hoch und ließ es einen Nachmittag so stehen, bis es ihm die Kontrolle überließ.

Mir war eigentlich egal, wie es gemacht wurde, wenn Randy mir nur endlich gestattete, einen Bronc einzureiten. Und nach monatelangem Halftertraining im tiefen Sand stimmte er endlich zu, dass ich es mit einem kleinen Hengst namens Amigo versuchen durfte.

»Er sieht ziemlich sanft aus«, sagte Randy, der auf dem Zaun des Pferchs saß, die Füße in die Stäbe geklemmt, und mir Anweisungen gab, wie ich Amigo im Sand laufen lassen sollte. »Ein gutes Pferd, um anzufangen. Er sollte dir eigentlich nicht zu viele Schwierigkeiten machen.«

Es war früh am Abend, und Jackie und Red schauten ebenfalls zu. Powder, ein Cowboy von einer der Nachbarranches, war vorbeigekommen, um Heu zu holen, und jetzt beobachtete auch er mich, die Arme auf die Umfassung gelegt. Ich konnte die Kinder hören, die gerade aus der Schule kamen, die Schwingtür der Küche, die gegen die Außenwand schlug, und Maria, die ihren Söhnen zurief, sie sollten ins Haus kommen und etwas essen, bevor sie ihre Hausaufgaben machten.

Als Amigo irgendwann den Kopf sinken ließ und durch den Sand auf mich zukam, erklärte Randy, jetzt sei der richtige Zeitpunkt, um ihm einen Sattel aufzulegen. Amigo zitterte, als ich den Gurt festzog, und versuchte dem Druck um seinen Bauch auszuweichen. Doch Randy hielt das Halfter fest und murmelte leise »Ruhig, Junge, ganz ruhig«, während Amigo mit großen runden Augen wild um sich blickte.

»Jetzt konzentrier dich, Clover«, sagte Randy, als ich neben

Amigo stand, einen Arm auf den Sattel gelegt. »Konzentration ist alles. Wenn du nur einen Moment nicht aufpasst, macht er dich fertig. Halt dich gut fest und bleib ruhig. Ich helfe dir rauf. Wenn du im Sattel sitzt, mach dich klein. Sobald er dich auf seinem Rücken sieht, kriegt er Panik.« Kalter Schweiß lief mir zwischen den Schulterblättern hinunter. Ich setzte meinen Helm auf und zog die Handschuhe hoch. Da legte Randy eine Hand auf meinen Arm und sagte: »Und Clover, du musst das nicht machen. Ich bin nicht sauer, wenn du es nicht tust.«

Ich blickte hinunter in den Sand und atmete tief durch. »Ich weiß, aber ich mache das nicht für dich, sondern für mich.« Randy warf mich sanft in den Sattel und ließ das Seil am Halfter los, sodass Amigo frei im Pferch stand. Plötzlich war es um mich herum ganz still.

Als Nell und ich Kinder waren, hatten wir unsere Ponys bocken lassen, wenn wir auf den Wiesen rund um Minety unterwegs waren. Wir drückten ihnen in die weiche Haut hinter dem Sattel oder kitzelten sie unter dem Sattelgurt, damit sie ausschlugen. Einfach, weil es aufregend war. Amigo jedoch bewegte sich ganz anders. Er sprang in einem einzigen großen Satz durch den Pferch, sodass ich im Sattel hochflog, kaum dass ich den Haltegurt gepackt hatte. Er schnaubte und trat um sich, warf alle vier Beine in die Luft, und ich krachte wieder in den Sattel, während er sich schon gegen die Umzäunung warf, den Kopf zwischen die Beine nahm und erneut einen Riesensprung durch den Sand tat. Hinterher erzählte mir Powder, Red habe gepfiffen und gejohlt, und Randy habe mit beiden Händen über dem Kopf geklatscht, aber ich hörte nichts davon, ich hörte auch Amigos Hufe im Sand nicht oder das schwere Geräusch seines Körpers an der Umzäunung. Ich hörte nur, wie mir das Blut im Kopf rauschte. Aber ich sah seine braune Mähne aufblitzen und einen Funken von seinen wilden weißen Augen, als er den Kopf nach hinten warf, als wollte er mich sehen. Und dann kam der Sand plötzlich meinen ausgestreckten Händen entgegen, und Amigo bockte mit leerem Sattel zur anderen Seite des Pferchs. Mit weichen Knien stand ich auf, als Randy auch schon von der Umzäunung sprang und sich zu mir in den Sand hockte.

»Mann, was kann der Scheißkerl springen«, grinste er. »Der hat dich ganz schön verladen. Alles in Ordnung?« Das Adrenalin kreiste, ich nickte, keuchte, meine Hände prickelten, wie wenn ich als Kind in Minety mit dem Fahrrad auf den Kiesweg gefallen war.

»Noch mal«, sagte ich schnell und außer Atem, bevor Randy es sich anders überlegen konnte. »Ich will es noch mal versuchen, damit er gleich weiß, dass er mich nicht geschlagen hat.« Red war zu uns hereingesprungen und hielt Amigo am Halfter, und bevor ich lange nachdenken konnte, half Randy mir schon wieder in den Sattel. Diesmal war ich vorbereitet und hielt mich von Anfang an besser fest, während Amigo schnaubend und buckelnd herumsprang, Sand aufspritzen ließ und sich mit seinem ganzen Gewicht gegen den Zaun warf, sodass die Weiden wiederhallten. Beim zweiten Mal fühlte es sich schon fast an wie Reiten, und ich erinnerte mich an das, was Randy mir früher einmal gesagt hatte: Ein guter Reiter ist kein Fahrgast, er tut mehr als nur oben zu bleiben. Er arbeitet mit dem Pferd zusammen. Allmählich kam Ordnung in Amigos Bewegungen zwischen den Bocksprüngen; manchmal schoss er in einer Mischung aus Trab und Galopp vorwärts, manchmal schlidderte er gegen den Zaun, als wollte er vor meiner Gestalt auf seinem Rücken davonlaufen. Dann buckelte er überhaupt nicht mehr, sondern lief nur noch schnell seine Runden, und irgendwann senkte er den Kopf, schnaubte und gab sich geschlagen. Mein Mund fühlte sich an wie Sandpapier, meine Hände zitterten, und allmählich sah ich den Rest der Welt wieder, auch Red, der seinen Hut in die Luft warf, und Jackie, die mit einer Hand über den Augen dastand und sagte: »Ich glaub's nicht.«

Danach humpelte ich zu ihnen, und meine Knie waren so

weich, dass sich alles drehte. In meinem Kopf war ein dumpfes metallisches Klingeln, und meine Hände zitterten so stark, dass ich die Zigarette fallen ließ, die Red mir spendierte. Powder schüttelte den Kopf, als er uns zusah, während wir Amigo absattelten.

»Hast du zufällig irgendeine persönliche Rechnung mit den Pferden offen, Clover?«, fragte er mich. Red lachte.

»Sie wollte das machen, seit sie hier ankam, das weiß ich«, sagte Randy und ließ Amigo auf die Koppel. Ich widersprach ihm nicht. Ich dachte nicht daran, wie weh mir alles tat, und wenn doch, dann kümmerte es mich nicht. Viel wichtiger als meine Sicherheit war der Gedanke, dass ich bei dieser Reise bis an meine absoluten Grenzen gegangen war. Seit ich auf der Ranch, oder eigentlich in Texas, angekommen war, wusste ich, dass mein Leben dort so echt wie möglich sein musste. Ich wollte jede Faser meines Körpers, mich selbst ganz spüren, solange ich in Texas war. Die Vorstellung von Ferien oder einer Auszeit war mir nur lästig. Wenn mir etwas wehtat, dann bedeutete es, dass ich mich selbst bis an meine Grenzen getrieben hatte. Ich hätte mir niemals eingestehen können, dass ich vor etwas Angst hatte.

Aber Randy irrte sich, wenn er glaubte, ich wollte mich an den Pferden für irgendetwas rächen. Denn was ich wirklich empfand, wenn ich mit einem Pferd zusammen war, war eine ganz besondere Nähe zu mir selbst und zum Kern aller Dinge. Nur sie konnten mir das geben. Und vielleicht fühlte ich mich Mum umso näher, je gefährlicher die Situationen wurden, in die ich mit einem Pferd kam. Denn eigentlich wünschte ich mir ja nur, sie zu finden.

Als wir Amigo zurück auf die große Koppel gebracht hatten und ich mir das Zaumzeug über die Schulter warf, durchflutete mich ein Gefühl von Vollständigkeit. Es war nicht nur das Adrenalin, das mir dieses Hochgefühl gab, sondern auch der Gedanke, diesen Moment festgehalten und nicht wieder losgelassen zu haben.

Die Sonne war gerade hinter dem Horizont verschwunden, aber die Luft war noch warm. Es war einer dieser schweren texanischen Abende, an denen kein Windhauch wehte und einem die Luft auf der Haut klebte. Ich wischte mir mit dem Unterarm die Schweißperlen von der Oberlippe und hinterließ eine Spur aus Staub auf meinem Ärmel. Als ich mich auf den Weg zu meiner Hütte machte, blieb Randy kurz stehen. »Du wirst dich nachher ganz wund fühlen von den Prellungen, sobald die Aufregung nachlässt. Gönn dir ein langes heißes Bad, bevor du schlafen gehst.« Ich nickte, schluckte und streckte meine Hand aus, um zu sehen, ob sie immer noch so sehr zitterte.

»Und danke, Randy. Dass du mir diese Chance gegeben hast.«

»Na, ich sollte mich wohl bei dir bedanken, dass du mich davor bewahrt hast, mir auf dem Scheißkerl die alten Knochen zu brechen.« Er blickte hinaus auf die Pferdeweide, wo Amigo sich wieder der Herde angeschlossen hatte und graste. Nichts als ein dunkler Schweißfleck an der Stelle, wo der Sattel aufgelegen hatte, erinnerte mehr daran, was geschehen war. »Du hast dir deine Sporen jetzt wirklich verdient«, fügte er noch hinzu, bevor er sich in seinen Truck schwang.

An diesem Abend lag ich in der Badewanne, eine Hand auf dem Herzen, um zu spüren, wie das Adrenalin immer noch durch meinen Körper strömte. Mir tat alles weh, aber ich habe mich nie so lebendig gefühlt. Eingewickelt in ein Handtuch setzte ich mich auf den Badewannenrand und untersuchte die leuchtend blauen Flecken an den Innenseiten meiner Oberschenkel. Meine Haut verfärbte sich lila und blau, die Flecken wurden immer größer. Sie hatten dieselbe Farbe wie Mums Augen in der ersten Koma-Nacht.

Aber diese Prellungen waren wunderschön, und als ich in der Nacht wach wurde, machte ich das Licht an und zog die Decke weg, um mit den Fingern über die blauen Flecken zu streichen.

Eine Woche später rüttelte Red an der Tür meiner Hütte und rief, Randy wolle mich drüben im Haus sprechen. »Schätze, du bist in irgendwelchen Schwierigkeiten, du Verrückte«, sagte er und verschwand in Richtung Haus. Alle hatten sich in dem kleinen Wohnzimmer versammelt und drehten sich nach mir um, als die Tür hinter mir ins Schloss fiel und den Hund, der auf der Veranda döste, aufschrecken ließ. Randy stand an den Kaminsims gelehnt, und als ich hereinkam, tat er etwas, das er noch nie zuvor getan hatte: Er nahm seinen Hut ab. Dann fing er an zu reden, sagte, wie dankbar er für die harte Arbeit sei, die ich auf der Ranch leistete, und wie überrascht er gewesen sei – wie alle hier –, als ich ankam. Und noch überraschter seien sie gewesen, dass ich nicht einmal mit der Wimper gezuckt hätte, als man mich zum Zäune setzen geschickt hatte.

»Aber die Sache mit dem Einreiten des Hengstes war die größte Überraschung von allen«, sagte er und reichte mir eine braune Papiertüte. »Hier, die sind für dich.«

In der Tüte war ein Paar wunderschöne Metallsporen mit dem Brandzeichen der Ranch und dem Wort »Clover« in Silber auf dem Metallband. Die Nieten auf den verzierten Lederbändern hatten die Form von Herzen, und ich spürte, wie ich rot wurde. Randy umarmte mich, und Red nickte und sagte, jetzt sei ich eine echte Reiterin. Nur Sandy Paul, der am anderen Ende des Zimmers stand, zögerte und wartete, bis alle Kinder ein bisschen mit den Sporen gespielt hatten und die Mädchen mit ihren langen, lackierten Fingernägeln die herzförmigen Nieten nachgezogen hatten. Dann beugte er sich vor und schüttelte mir die Hand.

»Gratuliere, Dude«, sagte er zögernd. »Scheint so, als hättest du sie dir echt verdient.« Dann zog er die Tür auf, spuckte einen Mund voll Tabaksaft auf den Hof und ging.

Ich bewahre die Sporen bis heute auf einem Regal in meinem Schlafzimmer auf. Manchmal, wenn ich einsam bin und mich in die Vergangenheit zurücksehne, nehme ich sie in die Hand und lasse die Rädchen kreisen, sodass sie klingen wie Sporen auf einem Steinboden. Und dann fühle ich mich wieder so wie in Texas.

In Texas habe ich mich selbst verloren. Ich konnte den Dingen aus dem Weg gehen, die ich vergessen wollte, und dann verschluckten mich der Himmel und die Landschaft, zusammen mit dem Schmerz, der mich manchmal zu erdrücken schien. Ich liebte den stillen Trost, jeden Tag mit den Pferden zusammen zu sein, und die vielen Stunden, die ich jede Woche im Sattel verbrachte. Ich liebte die Art, wie die Cowboys mit ihren Lieblingstieren redeten – Packman und Brown Jug, Bar Stool und Happy – und wie diese Pferde auch mich aufnahmen.

Ich war fitter als je zuvor oder danach in meinem Leben, und wenn ich in der Badewanne lag, drückte ich auf den Schwielen an meinen Händen herum, während meine Haut schrumpelig wurde und das Kondenswasser von den Wänden lief. Mein Körper fühlte sich stark an, als sorgte er für mich und ich könnte alles leisten.

Ich rief nicht oft zu Hause an. Skype gab es noch nicht, und Übersee-Gespräche kosteten eine Menge Geld. Gelegentlich sprach ich mit Emma und Rick, die mir von Mum in Norfolk erzählten. Aber es gab keine Fortschritte. Es wurde nicht besser mit ihr, und seit der Überdosis bewegte sie sich noch weniger. Sie ging nicht mehr zur Kirche, und sie war jetzt vollkommen inkontinent. Ich benutzte Eleanors Telefon im Haupthaus, wo der Büffel auf mich niederstarrte, und hörte Ricks ferne Stimme durch den Hörer. Doch es war, als trennten uns nicht nur ein Ozean, sondern ein ganzes Leben. Blicklos starrte ich zum Fenster hinaus, über die Mesquite-Büsche hinweg und zum Canyon, und ließ die Worte davonfließen. Wenn Brandon nicht da war, fühlte ich mich oft einsam, und dann saß ich abends auf der Veranda, wenn die gelben Sterne den samtschwarzen Himmel durchstachen und unter ihnen nichts war als meilenweite Leere und einsam heulende Kojoten in der Ferne. Ich hatte Heimweh, aber ich wusste nicht mehr, wo oder was mein Zuhause war. Ohne Mum als Bindeglied gab es keinen Ort, an den ich gehen konnte.

Manchmal, in der Abenddämmerung, wanderte ich die lange rote Auffahrt vom Haupthaus hinunter und über das Viehgitter hinaus in die Wildnis, damit sich in der Hitze, dem Staub und dem riesigen, riesigen Himmel alles auflöste oder wenigstens verdünnte. Bevor ich nach Texas gekommen war, hatte ich das stechende, traurige Gefühl gehabt, dass alles, was mit Mum und Minety und unserer Familie geschehen war, mich ein Leben lang definieren würde. In Texas gelang es mir zum ersten Mal, mich von diesem Unfall zu lösen und ein anderer Mensch zu sein. Ich konnte mir gar nicht mehr vorstellen, wie mein Leben vor Texas ausgesehen hatte. Es war, als wäre nichts mehr von Bedeutung, nur noch die weiten Ebenen und der rote Canyon und mein Gefühl, ganz allein zu sein und mich in ihrer stillen Mitte um mich selbst zu drehen.

Im Frühling kehrte ich für einen Monat nach England zurück, weil Nell heiratete. Nach der schier endlosen Weite von Texas, kam mir England vor wie ein Feengarten. Narzissen und Tulpen blühten am Fuß der Steinmauern, die die Blumengärten von den Obstgärten trennten. Nell heiratete in einer Kirche in Norfolk, unweit von Emmas und Matthews Haus. Die Party fand bei Emma und Matthew im Garten statt, mit etwa hundert Gästen an langen Tischen in einem weißen Zelt. Es gab Hummer, dann ein paar Reden, und schließlich wurde getanzt. Dan und seine irische Band machten Musik, und Nells Brauttanz war »Dirty Old Town«, bevor die Frauen sich ihre hohen Schuhe von den Füßen traten, und alle auf der Wiese tanzten.

Später schnappte sich Dan meinen Cowboyhut, nahm meine Hand und zog mich barfuß auf die Wiese hinter dem Haus, um mich zu küssen. Ich verließ das Fest gemeinsam mit ihm und verlängerte meinen Urlaub noch ein wenig, damit wir zusammen nach Irland fahren konnten, wo Dan in den Pubs an der Westküste in den Jam Sessions mitspielte. Ich war trunken vor Liebe, ohne einen Tropfen Alkohol angerührt zu haben. Als ich England wieder verließ, weinte ich, aber ich wusste, dass ich nach Texas zurück musste, denn es wurde Sommer, und die Rodeo-Saison begann. Und Dan hatte mir ja versprochen zu schreiben.

»Das ist deine Chance, mal einen Bullen zu reiten«, scherzte Randy, als wir zum Rodeo fuhren. Er hatte als Profireiter bei Rodeo-Shows gearbeitet, aber jetzt hatte er die Verantwortung für zwei Kinder und fuhr nur noch zu den Ranch Rodeos. Die Professional Rodeo Cowboy Association ist eine ganz andere Veranstaltung als die Ranch-Rodeo-Szene. PRCA-Cowboys, wenn Sie Erfolg haben, sind von ihrem Status und Einkommen her mit europäischen Profifußballern zu vergleichen, auch wenn sie nie auch nur in die Nähe einer Ranch gekommen sind. Aber das Rodeoleben ist wild. Die Cowboys sind ständig auf der Suche nach dem nächsten Adrenalinkick, immer unterwegs, von einem Bundesstaat zum nächsten, teilen sich Sättel, Pferde, Motelzimmer und die Groupies, die nun mal zum Geschäft gehören. Buckle Bunnys nennt man diese Mädchen – Cowboys gewinnen neben dem Preisgeld keine Pokale, sondern Buckles, Gürtelschnallen. Je größer der Buckle, desto besser die Bunnys.

An diesen Bullenreitern ist etwas zutiefst Romantisches und Trashiges zugleich. Ich hatte sie zusammen mit Shay in Fort Worth und El Paso gesehen – das verführerische Drama, wenn sie mit ihren bunten Chaps mit den vielen Fransen mitten in der Arena niederknien, um zu beten, die Spannung in dem kurzen Moment der Stille, bevor sie aufsteigen, die Hände mit den Handschuhen fest am Bauchgurt des Bullen, und dann das schnelle, nervöse Nicken, mit dem sie das Signal geben, das Tor zu öffnen.

Ranch Rodeos sind etwas ganz anderes. Sie finden in provisorischen Arenen am Rande kleiner Städte wie Clarendon statt, und an ihnen nehmen nur Cowboys teil, die wirklich auf einer Ranch arbeiten. Professionelle Rodeo-Cowboys können mit ihrem wilden, rastlosen Leben ein Vermögen verdienen. Die meisten Ranch-Cowboys heiraten mit achtzehn und kommen über tausend Dollar im Monat und ein halbes Rind pro Jahr nie hinaus.

Am Abend des Rodeos in Clarendon war es unglaublich heiß. Ich saß mit Brandons älterem Bruder Clay auf der Tribüne, aß Maischips und trank Coors Light. Clay trug einen breitkrempigen Hut, der seine Augen verdeckte und den er nie abnahm. Ich wusste, dass er ihn immer trug, sogar beim Baden, denn er hatte mich im Frühling mal mit raus zu seiner Hütte genommen, um mir seine Pferde zu zeigen. Wir waren zusammen im Bett gewesen, aber inzwischen waren wir nur noch gute Freunde. In der Arena hatte ein blondes Mädchen aus Oklahoma auf einem ebenso blonden Palomino-Pony gerade das Barrel Racing gewonnen, als die kratzige Stimme aus dem Lautsprecher den nächsten Wettbewerb ankündigte.

»Und jetzt das Ereignis, auf das ihr alle wartet, Leute. Wir wissen ja, ihr brennt darauf, endlich zu sehen, welcher dieser mutigen jungen Cowboys heute Abend fünfhundert Dollar mit nach Hause nehmen wird. Also, ein großes texanisches Willkommen für alle Teilnehmer!« Die Stimme des Kommentators wehte mit dem warmen Wind über die Arena. Am anderen Ende hingen zahlreiche Cowboys über den Abtrennungen der Paddocks gleich vor dem Haupteingang zur Arena. Einige tranken Bier aus Dosen, und Mädchen in unglaublich engen Jeans, als hätte man sie geschmolzen und dann hineingegossen, taillierten Hemden und breiten, mit Strass besetzten Gürteln schwirrten in der Hitze um sie herum.

Clay, der neben mir saß, versuchte den Blick einer Rothaarigen ein paar Reihen vor uns einzufangen. Aber das Mädchen ignorierte uns. Er gähnte.

»Hast du was zu rauchen dabei, Clover?«, fragte er träge,

lehnte sich auf seinem Sitz zurück und legte die Arme weit ausgestreckt auf die Rückenlehne.

»Klar«, erwiderte ich und gab ihm ein verknautschtes Päckchen Marlboro Lights. »Ist doch mal eine Abwechslung, dieses Rodeo.«

Clay sah mich an und schnaubte. »Ich bin mein Leben lang auf Rodeos gewesen, für mich ist das nicht wirklich neu«, sagte er und gähnte wieder. »Aber es ist wenigstens kein Show-Rodeo, sondern ein echtes Ranch-Rodeo mit echten Cowboys.« Er hielt inne. »Diese Bullenreiter und Profi-Cowboys sind eine Horde gottverdammter Hochstapler.« Der Wind war jetzt ganz eingeschlafen, und ich spürte den Schweiß auf meinem Rücken.

»Ich hol mir ein Bier vom Pick-up, willst du auch eins?«, fragte ich ihn, aber er schüttelte den Kopf. Also wischte ich mir die Hände an der Jeans ab und überließ ihn der Rothaarigen. In der Arena kletterten jetzt die Teams für das Rennen mit den wilden Stuten über die Absperrung in den Sand. Ich lehnte mich über das Geländer und beobachtete, wie drei Männer eine wilde Stute sattelten. Einer von ihnen musste dann auf ihr bis ans andere Ende der Arena reiten. Die Cowboys sahen ganz klein aus, wie sie da auf den buckelnden Pferden herumhüpften.

Der Parkplatz war voller Pick-ups mit offenen Heckklappen, und überall standen Männer, tranken Bier und hörten Country- und Rockmusik aus ihren Autoradios. Manchmal hörte man Willie Nelson, dann wieder ACDC. Meine Arme prickelten vom Sonnenbrand, und ich war müde. Am Ende der Reihe mit den Pick-ups sah ich Brandon mit ein paar anderen jungen Leuten. Ich wollte nicht zurück auf die Tribüne, aber zu ihm und seinen Freunden gehörte ich auch nicht. Also setzte ich mich in den Pick-up, schaltete das Radio ein und beobachtete von dort aus, wie die Cowboys durch die Arena donnerten. Die Menge tobte.

Ich blieb allein im Wagen, bis die letzte Gürtelschnalle verteilt war und die Leute aus der Arena in die danebenliegende Scheune strömten, wo am Abend getanzt werden würde. Drinnen gab es einen Tanzboden aus Holz und daneben lange Tische mit rot-weiß gestreiften Tischdecken. Die Tische bogen sich unter Tellern mit Steaksandwiches, Rippchen und Schüsseln mit leuchtend grüner Guacamole. Marmeladengläser mit Sträußen aus Wildblumen standen da, und es war so heiß, dass einige Blumen schon verwelkt waren. Ich saß immer noch ziemlich schläfrig im Wagen, aber dann sahen Red und Jackie mich, zogen mich aus dem Auto und stellten mich allen möglichen Leuten vor. Es hätte ein schöner Abend werden können, aber ich war gereizt und fühlte mich plötzlich, als gehörte ich nicht länger dazu.

Vom Rand der Tanzfläche aus sah ich zu, wie Red und Jackie tanzten, und spürte einen eifersüchtigen Stich, weil sie sich so fest im Arm hielten. Bei einer ähnlichen Tanzveranstaltung im Winter, kurz nach meiner Ankunft auf der Ranch, hatte Maria sich zu mir rüber gebeugt, sodass ich das Bier in ihrem Atem hatte riechen können, und mir ins Ohr geflüstert, man sähe ja wohl schon beim Tanzen, dass Red fantastisch im Bett sein müsse. Damals hatte ich gelacht, und als ich aufblickte, sah ich, dass Sandy Paul uns wütend anstarrte. Da kannte ich ihn noch nicht gut genug, um zu wissen, wie wütend er auf Maria war.

Später tanzte ich mit Reds Söhnen und Little Paul, dem größten Mann, der mir je begegnet war, und mit Randys Bruder Smithy und auch mit Clay, aber irgendetwas hatte sich verändert. Das hier war nicht mehr mein Leben, es war, als würde ich einen Film ansehen, der mich nichts anging. Da wusste ich, dass meine Geschichte in Texas sich dem Ende zuneigte.

Am nächsten Abend, nach einem langen Arbeitstag mit den Cowboys, ging ich hinaus. Die heiße Luft war angefüllt mit dem hypnotischen Geräusch der Zikaden. An den Wegrändern vor den rostigen Stacheldrahtzäunen wuchs eine Decke aus taillenhohen gelben Blumen, die ihre samtigen Blütenblätter in der Hitze hängen ließen und mit schweren Köpfen den vorüberziehenden

Schatten zunickten. Dann zerriss ein leises, fernes Rumpeln die Stille, ein Pick-up fuhr langsam über einen anderen Ranchweg. Ich blieb stehen und lehnte mich gegen das Tor der Pferdeweide. Die Pferde standen entspannt mit gesenkten Köpfen da und dösten. Im Staub unter dem Tor lag eine tote Eidechse, ihr Rücken war dreckverkrustet, aber der Bauch war noch leuchtend grün, fast wie ein Smaragd. Von drüben bei den Scheunen hörte ich Red und Jackie, die mit ihren Kindern Football spielten. Ich konnte mich ihnen anschließen, aber es würde nie mein Leben sein. Ich schaute auf meine Füße und zeichnete mit der Stiefelspitze einen Bogen in den roten Staub. Ja, ich liebte Texas, aber ich gehörte nicht hierher, so sehr ich mir auch einredete, es zu meinem Zuhause machen zu können. Einen Moment lang dachte ich an die nasse, tiefliegende Wiese mit den dichten Schlehenhecken hinter dem Haus in Minety und an die Ecke beim Teich, wo die Brennnesseln höher wuchsen als der Stacheldrahtzaun. Das war die Landschaft, die ich wirklich kannte. Sie lag mir im Blut, in den Knochen und ihm Herzen. Einen Augenblick lang, während ich da im roten Staub stand, fühlte ich mich beobachtet. Und dann wollte ich einfach nur noch nach Hause.

Einen Monat später reiste ich ab, im Spätsommer, als die Rodeo-Saison ihrem Ende zuging. Clay und Brandon nahmen mich an meinem letzten Abend noch einmal mit zu einem Rodeo und hielten auf dem Rückweg bei einem Tätowierer an, damit ich mir TEXAS auf den linken Bizeps tätowieren lassen konnte. Die letzten Wochen auf der Ranch kamen mir vor, als würde ich in einem Farbfilm leben. Die roten Felsen und gelben Hügel pulsierten vor Farbe, und ich hatte das Gefühl, eine Welt zu bewohnen, die ich so detailliert nie wahrgenommen hatte. Schon bevor ich fortging, vermisste ich Mitchell's Peak und Coogill Falls, das Gefühl, den ganzen Tag im Sattel zu verbringen, und das Geplänkel mit Red und Randy. Selbst Sandy Paul, der wohl spürte, dass ein Ende in

Sicht war, wurde etwas zugänglicher. Einmal, nachdem wir eine hundertköpfige Rinderherde aus dem Canyon getrieben hatten, nickte er mir beim Absatteln auf dem Weg in die Sattelkammer zu und sagte: »Gut gemacht, Sister.«

Es fiel mir sehr schwer, von ihnen allen Abschied zu nehmen, aber am schlimmsten war es bei Donnie und Brandon, denn sie waren inzwischen so etwas wie Brüder für mich geworden, und plötzlich sollte das alles zu Ende sein. Als ich zu Brandon sagte, ich würde am liebsten weinen, wenn ich meine Sporen abnehmen müsste, sagte er nur: »Ja, zum Teufel, dann mach sie wieder dran und komm zurück, Tumbleweed.«

Die erste Zeit in England fühlte sich an, als hätte ich Ferien. Ich war mehr als anderthalb Jahre in Amerika gewesen, und inzwischen war ich dreiundzwanzig Jahre alt. Es war September, als ich nach Hause zurückkehrte, und plötzlich hatte ich keine Kälber mehr zu kennzeichnen, keine Zäune mehr zu reparieren. Ich schob das richtige Leben noch ein bisschen auf und arbeitete erst einmal für Mark Palmer. Ich zog in eine Wohnung über seinen Ställen und half ihm, seine Pferde zu reiten. Gut immerhin, dass Dan da war. Ich war zurück in England, ich war seine Freundin, und er wohnte bei mir in der Wohnung über dem Stall, wo die Ratten im Sofa nisteten. Ich hängte ein paar von Mums alten Bildern an die Wände, und Dan machte Musik im Dorfpub, wo ich abends ein bisschen kellnerte, um mir etwas dazuzuverdienen. Ich kaufte mir eine große graue Stute, die Ghost hieß, und ritt sie auf Marks Hof ein. Dabei trug ich die schwarzen Chaps mit den silbernen Herzen auf den Gurten, die ich auch in Texas getragen hatte. Die Arbeit war so leicht, dass sie mich regelrecht hypnotisierte und ich mir einreden konnte, die Entscheidung, was ich wirklich tun wollte, noch ein bisschen hinausschieben zu können.

Dann kam die Jahrtausendwende, und das ganze Land feierte. Drei Tage später war mir immer noch übel. Am 3. Januar 2000 saß ich auf dem Badewannenrand in Mark Palmers Haus und hielt ein Plastikstäbchen mit zwei deutlich sichtbaren blauen Linien in der Hand. Ich erwartete ein Kind.

Kapitel 6

Die Rapsfelder, durch die ich mit Trigger auf meinem Weg von Baulking nach Uffington fahre, sind so gelb wie Mums Küchenwände damals in Minety, wo dieses kräftige Eigelb hinter den Tellern mit dem Weidenmuster, die sie auf der Anrichte aufgestellt hatte, sogar noch strahlender wirkte. Während Triggers Hufeisen dahinklappern, Metall auf Beton, schließe ich die Augen ein wenig und berühre die Vergangenheit. Es ist windstill, England bereitet sich auf den Sommer vor. Der klebrig süße Duft des Raps umgibt mich wie ein Mantel. Ich lasse Trigger im Schritt gehen, und das Geschirr um sein Hinterteil strafft sich, als er kurz stehen bleibt, um seine lange Mähne an seinem ausgestreckten Bein zu reiben. Hinter Uffington erstreckt sich die Horizontlinie des White Horse Hill. Ich lasse die Zügel schnalzen, damit Trigger wieder antrabt, und wenig später sind wir am Fuß des Berges mit den Wiesen, die noch immer die welligen Spuren des Gletschers aufweisen. Der Berg ist steil, und ich verlange viel von Trigger, wenn ich von ihm erwarte, den Wagen dort hinaufzuziehen. Also schnalze ich noch einmal mit den Zügeln und lasse ihn traben. Über mir liegt das weiße Pferd; auf der anderen Seite fällt der Berg steil ins Gletschertal des Manger ab. Oben angekommen binde ich Trigger in einer Parkbucht am Wegrand fest und lehne mich an seine Seite, während wir beide wieder zu Atem kommen.

Das Tal des weißen Pferdes liegt jetzt unter uns, und der Horizont erstreckt sich von tief im Westen bis zur grauen Masse des Mount Swindon im Osten. Ganz in der Ferne kann ich die dunkleren Umrisse der Chiltern Hills erkennen. Ein roter Drachen kreiselt über mir, und flache Wolken ziehen über den blauen Himmel. Trigger ist froh, sich nach dem steilen Anstieg ausruhen zu können, also schließe ich die Augen und stehe einfach da wie vor fünfzehn Jahren, mit einem anderen Pferd, einem anderen Wagen, am Tag vor der Geburt meines Sohnes Jimmy.

Jimmy brachte das vollkommene Glück in mein Leben, aber das konnte ich noch nicht wissen, als ich die beiden blauen Linien auf dem weißen Plastikstäbchen sah. Damals hatte ich einfach nur schreckliche Angst. Ich saß auf dem Rand einer Badewanne mit Löwenfüßen in Marks Badezimmer, und die beiden blauen Linien pulsierten förmlich in meinen zitternden Händen. Ich riss das andere Päckchen auf und setzte mich auf die Toilette, um auch auf das zweite Teststäbchen zu pinkeln. Aber man kann einen positiven Schwangerschaftstest nicht austricksen, und als ich über den Hof zu meiner Wohnung ging, konnte ich nur noch eines denken: Was um alles in der Welt mache ich jetzt?

Ich lebte in einer Stallwohnung und bekam von Mark hundertfünfzig Pfund, damit ich jeden Morgen seine Pferde bewegte. Ich hatte eine Matratze auf dem Boden und eine Wand mit ein paar alten Drucken und Gemälden aus Minety, und Dan war mehr oder weniger bei mir eingezogen. Da ich ihn schon mit siebzehn kennengelernt hatte, waren wir seit fast sieben Jahren befreundet, was mir sehr lange vorkam. Richtig zusammen waren wir aber erst seit knapp vier Monaten.

Ich hatte einen Job und eine Wohnung, um die Zeit zu überbrücken, bis ich das nächste Stück von meinem Leben anging. Ich hatte mir vorgestellt, ich würde wohl nach London ziehen, mir eine richtige Arbeit suchen, eine Wohnung mieten und ein wenig Ehrgeiz entwickeln. Ich liebte das Reiten, und dass mein Leben chaotisch und ohne jede Form war, hatte mich bisher nicht gestört. Ich liebte die Abende an dem hölzernen Esstisch in der

Küche von Mark Palmer, mit den Flaschen auf dem Tisch, und den Hunden, die ausgestreckt auf dem Steinboden lagen, während Dan sang – dort fühlte ich mich zu Hause, und es bestätigte mir, dass es die richtige Entscheidung gewesen war, Texas zu verlassen.

Morgens hatte ich oft einen Kater, nicht nur am Wochenende. Aber diese dumpfe, schwitzige Paranoia hatte nichts mehr mit dem leichten Trip durch einen verlorenen Tag zu tun wie nach den Drogennächten meiner späten Teenagerjahre. Wenn ich früh am Morgen nach einem unruhigen Amphetaminschlaf aufwachte, rauschte Panik durch meine Adern, aber meist drehte Dan sich dann zu mir um und sagte etwas Witziges, und irgendwie schien alles wieder okay zu sein.

Zu dieser Zeit fing ich an, von einem eigenen zu Hause zu träumen – feste, dichte Traumknoten, in denen ich immer wieder Häuser verlor und fand, die ich zwar nicht kannte, aber in denen ich gern leben wollte. Manchmal war es Minety oder Varianten davon, mit fremden, angebauten Zimmerfluchten, wo früher mein Schlafzimmer gewesen war. Manchmal erwachte ich mit tränennassem Gesicht oder schrak zusammen, weil ich das Gefühl hatte zu fallen, und oft träumte ich, ich hinge an der Kante eines hohen Hauses über einem wirbelnden Abgrund. Dann wachte ich auf, zerzaust und verwirrt und mit dem entsetzlichen Gefühl, das einen überfällt, wenn einem klar wird, dass man etwas sehr Wichtiges verloren hat.

Und als der Test mir sagte, dass ich schwanger war, wünschte ich mir nichts sehnlicher als meine verlorene Mutter.

Schwanger?

Ich war vierundzwanzig.

»Aber ich wollte immer gern Kinder!«, sagte Dan, warf den Kopf in den Nacken und brach in lautes Gelächter aus, als ich ihm das Plastikstäbchen zeigte. »Großartig! Wir kriegen ein Kind!« Er hob mich hoch und wirbelte mich in seinen Armen herum. »Ich wollte immer schon Vater werden. Und jetzt werde ich es. Fantastisch!«

Ich liebte ihn nur noch mehr für seine Begeisterung und sein großes Herz, aber ich brauchte eine Mutter, die mir sagte, was ich tun sollte. Diese gigantische Entscheidung, die jetzt vor mir lag, konnte ich einfach nicht allein treffen.

Ein Baby? Aber wie?

Es war kein Unfall, kein Versehen, keine vergessene Pille und kein gerissenes Kondom. So gut organisiert war das alles nicht. Wir hatten überhaupt nicht verhütet, und ich hatte Sex mit so vielen Leuten gehabt und war nicht schwanger geworden, dass ich eigentlich wissen musste, wie so etwas ging.

Mir war schlecht vor Entsetzen. Dabei hatte ich es doch im Grunde genau so gewollt. Was für ein schönes Mittel, um die ausgefransten Kanten meines Lebens wieder zu begradigen. Ich war schwanger, um das Verlorene zurückzuholen. Vielleicht war das tatsächlich so, vielleicht sollte etwas Neues wachsen und das Verlorene ersetzen. Aber ich hatte auch schon Kinder haben wollen, als ich selbst noch ein Kind gewesen war. Schon als Elfjährige hatte ich mich in Minety immer um die kleinen Kinder gekümmert, die die Freunde meiner Eltern mitgebracht hatten, wenn sie zu Besuch gekommen waren. In meinen frühen Teenagerjahren hatte ich manchmal mit Mum darüber gesprochen, und ihr hatte der Gedanke immer gefallen.

»Ach ja, wenn du einmal ein Kind bekommst, werden wir viel Spaß zusammen haben. Dann ziehen wir los und kaufen Windeln und Lätzchen. Es wird dir gefallen, ein Baby zu haben.« Ich glaube, Mum liebte uns am meisten, als wir noch Babys waren, so mit acht oder neun Monaten, wenn wir gerade groß genug waren, um auf ihrem Schoß zu sitzen und Bananenbrei zu essen, aber noch nicht so groß, dass wir aufstehen und weglaufen konnten. »Ein Baby ist wie eine Liebesbeziehung«, sagte sie zu mir. »Du bist genauso besessen davon wie von dem Jungen, in den du dich verliebt hast. Du willst einfach mit ihm im gleichen Zimmer sein und ihm ins Gesicht schauen. So fühlt es sich an, wenn man ein Baby hat.« Sie war keine von den Frauen, die sich über kurze Nächte, Erschöpfung, Langeweile und Einsamkeit beschwerten. Während manche Frauen die Geburt als schreckliche, angsteinflößende Ereignisse beschreiben, von denen man einer werdenden Mutter lieber nichts erzählte, lehrte Mum uns, die Erfahrung zu lieben. Als mein Schwager Matthew sie vor der Geburt des ersten Kindes anrief, um ihr zu sagen, dass bei Emma die Wehen eingesetzt hätten, sagte sie: »Oh, die Glückliche, ich bin ja so was von neidisch!«

Sobald ich die beiden blauen Linien auf dem Plastikstäbchen in meiner Hand sah, wurde ich wütend auf sie. So wütend, dass ich sie hätte umbringen können. Nur weil ich sie so dringend bei mir haben wollte. »Bitte, sag mir, was ich machen soll, was soll ich denn bloß machen?«, sagte ich laut, während ich planlos durch die Dörfer in der Umgebung fuhr und versuchte, mir einen Plan zurechtzulegen. Ich konnte doch nicht wirklich ein Kind bekommen, oder? Ich hatte etwas ganz anderes gewollt. Ich wollte reiten, aber ich wusste auch, dass man von der Arbeit mit Pferden nicht leben konnte, es sei denn, man opferte ihnen sein gesamtes Leben. Ich wollte bei ihnen sein, aber auch wieder weggehen können.

Während ich jetzt jeden Morgen meine eigene Galle hochwürgte, wünschte ich mir verzweifelt jemanden, der mir sagte, was ich machen sollte. Der Geruch und Anblick einer Tasse Kaffee oder eines gebratenen Eis verursachte mir entsetzliche Übelkeit. Ich verschlang Unmengen von Weißbrot mit Butter, weich und anspruchslos, und währenddessen stellte mir mein Körper Fragen, die ich nie zuvor gehört hatte.

Bitte, sag mir, was ich machen soll. Was sollte ich nur tun? Sollte ich dieses Kind bekommen? Wirklich?

Die Fragen rissen mich morgens um fünf aus dem Schlaf. Da Dan noch schlief, verließ ich im Morgengrauen die Wohnung, sattelte Ghost und trabte mit ihr die Wege entlang durch die kalte

Winterwelt. Dan freute sich wirklich, aber meine Hände zitterten, wenn ich im Stall unter unserer Wohnung einem Vollblüter das Zaumzeug anlegte, den Kinnriemen anzog und den Sattel auflegte.

Meiner Familie verriet ich nichts, aber ich erzählte es Mark. Mir liefen die Tränen über die Wangen, als ich es ihm sagte, während ich seinen grau gefleckten Lieblingswallach striegelte.

»Reite weiter«, sagte er und lehnte sich an die Stalltür. »Einfach weiterreiten, dann wird sich schon alles finden. Pferde haben den besten Einfluss auf unser Leben, gerade wenn wir das Gefühl haben, die Kontrolle zu verlieren. Weil sie uns zwingen, uns zusammenzureißen. Sie zwingen uns, nicht ganz durchzudrehen. Pferde haben mir das Leben gerettet, und sie können auch dir das Leben retten.«

Ich wusste nicht genau, wie schwanger ich eigentlich schon war. Die letzten Wochen, bevor ich es bemerkt hatte, waren vergangen wie im Nebel. Weihnachten 1999 – alle tranken bis zur Bewusstlosigkeit, alle redeten vom Millennium-Crash der Computer und vom Ende der Welt. Da ich keine Ahnung hatte, wann meine letzte Periode gewesen war, schickte mich mein Hausarzt zu einem Ultraschall ins Krankenhaus. Vor der Untersuchung hatte ich einen Termin bei einer Familienberaterin, einer Irin mit kurzen braunen Haaren und einer schweren Strickjacke. Auf ihrem Schoß lag ein Klemmbrett mit einem Fragebogen. Sie sah solide und vernünftig aus. Vielleicht kannte sie ja die Antwort auf meine Fragen.

»Ihr Mann, hat er …«, fing sie an.

»Mein Freund«, unterbrach ich sie. »Ich bin nicht verheiratet.«

»Wie lange sind Sie schon zusammen?«, fragte sie weiter, rückte ihre Brille zurecht, warf einen Blick auf ihre Papiere und nahm ihren Stift zur Hand, wie um zu beweisen, dass sie sich jetzt wirklich konzentrierte.

»Seit etwa drei Monaten«, erwiderte ich und schaute auf meine Hände. »Ich habe es noch niemandem erzählt, in meiner Familie, meine ich. Sie wären sicher schockiert. Es würde ihnen nicht gefallen.«

»Und Ihr Freund, weiß er davon? Von der Schwangerschaft?« Sie legte den Kopf ein wenig schief.

»Ja, er weiß es. Und er freut sich.«

»Und Sie? Wie geht es Ihnen bei dem Gedanken, Mutter zu werden?«

Ich hielt inne. Einen kurzen Moment lang fühlte ich mich gar nicht wirklich angesprochen. »Mutter zu werden«, das klang viel erwachsener, als ich mich fühlte. Ich starrte auf den Parkplatz hinaus, wo schlammfarbene Autos herumfuhren und eine Lücke suchten.

»Ich? Oh, ich freue mich auch … ich meine, ehrlich gesagt, habe ich furchtbare Angst. Wir sind erst so kurz zusammen und haben kein Geld und keine richtige Arbeit …« Dann erzählte ich ihr in einem minutenlangen Monolog, was mir so viel Sorgen bereitete. Kein Geld, kein Plan fürs Leben. Die Tatsache, dass meine Mutter nicht da war, jetzt, wo ich sie am dringendsten brauchte. Wegen des Unfalls. Und die Tatsache, dass mein Freund ziemlich viel trank, eigentlich jeden Tag. »Ich weiß nicht, was ich machen soll. Keine Ahnung, ob es nur so eine Phase ist oder ob er weniger trinken wird, wenn das Kind da ist. Wenn wir Eltern sind. Wenn meine Mutter da wäre, könnte ich mit ihr darüber sprechen. Aber sie kann überhaupt nicht sprechen, wegen ihres Unfalls. Und ich weiß nicht, was ich machen soll. Ich weiß es einfach nicht.«

Sie beobachtete mich, kritzelte ein paar Bemerkungen auf ihr Blatt, stellte mir Fragen zu meinem Leben, sah mich kurz an, dann wieder aufs Papier. Als ich fertig war, blätterte sie ihre Notizen durch, legte den Kugelschreiber auf den Tisch, der zwischen uns stand, und rollte ihn mit einer Hand über die Platte, sodass er leise klapperte.

»Nach allem, was Sie mir erzählt haben, mit dem Alkoholkonsum und Ihren Sorgen und dem Mangel an Unterstützung und Struktur in Ihrem Leben, wäre meiner Meinung nach ein Schwangerschaftsabbruch die beste Lösung.«

Anschließend ging ich zum Ultraschall, denn selbst wenn das Krankenhaus mich für eine Abtreibung aufnahm, mussten sie wissen, wie weit die Schwangerschaft schon fortgeschritten war. Eine Schwester quetschte mir durchsichtiges Gel auf den nackten Bauch, und als sie den Bildschirm zu mir hindrehte, sah man eine wässrige Szenerie. Graue Flüssigkeit schwappte hin und her, während sie das Bild einfror und mit dem Cursor über einige Stellen fuhr, um etwas zu messen. »Es ist nur ein Zellhaufen«, sagte ich mir.

»Man sieht nicht viel, es ist im Moment noch sehr undeutlich«, sagte sie, starrte auf den Bildschirm und drückte etwas fester mit dem Schallkopf auf meinen Bauch. »Na, wo bist du denn?«, sagte sie leise, und zu meiner Überraschung stellte ich fest, dass sie nicht mit mir redete. »Sechs Wochen. Ich würde sagen, sechs Wochen. Ach, da bist du ja, jetzt hab ich dich gefunden.« Sie klang ein wenig triumphierend, als der kleine weiße Punkt auf dem Bildschirm pulsierte, eindringlich und klar. »Das ist der Herzschlag.«

In dem Moment wusste ich, was ich zu tun hatte.

Ich war fast im fünften Monat, als Dan und ich aus Marks Stallwohnung in das Haus in Oxford zogen, in dem ich auch schon als Studentin gelebt hatte. Es war ein winziges Haus, zwei Zimmer im Erdgeschoss, zwei im ersten Stock. Rick hatte es für Nell und mich gekauft, nachdem Minety verkauft und er ganz nach London gezogen war. Nell und ich hatten als Studentinnen dort gelebt. Jetzt pinselte ich die Wände strahlend gelb, mit einem breiten Streifen Rosa ganz oben, wie Rhabarber mit Vanillesoße. Ich suchte mir einen Job an der Universität, wo ich im Einschreibungsbüro Anrufe entgegennahm und Daten eingab. Dan war nicht mehr die ganze Zeit über in Oxford, sondern arbeitete für Nell. Sie und ihr Mann hatten einen Zirkus gegründet, indem sie eine Show mit einem tanzenden Pferd und eine Hochseilnummer zusammengeworfen hatten. Sie engagierte Freunde, die sich um die Beleuchtung oder das Bühnenbild kümmerten, und reparierte die Kostüme aus der Verkleidungskiste, mit der wir als Kinder gespielt hatten. Während dieses Sommers war Dan für zwei Monate ihr musikalischer Leiter und spielte dort dieselben Jigs und Reels wie in den Pubs in Oxford.

Wir heirateten in der katholischen Kirche St. Giles und luden alle ein, die wir kannten, natürlich auch unsere gesamten Familien mit allen Cousins und Tanten und Onkeln, und dazu die irischen Zimmerleute und Gastwirte, die Dan von der Cowley Road kannte. Am Anfang fand er die Idee etwas beunruhigend, und ein paar Wochen vor der Hochzeit erklärte er mir, er müsse dringend etwas erledigen, und verschwand. In Oxford nannte man ihn Irish Dan oder Dublin Dan, und sein harter Nord-Dublin-Akzent war zwar etwas schwächer geworden, aber immer noch deutlich zu hören. In dieser Nacht warnte er seine Freunde, dass die Familie, die sie auf der Hochzeit kennenlernen würden, nicht ganz so irisch klingen würde wie er. Dass sie eigentlich gar nicht irisch klang.

Er hatte immer mit diesem Akzent gesprochen und ihn nie abgelegt, selbst als er mich mit nach Hereford nahm, um mich seiner Familie vorzustellen. So, wie ich mich gleich vom ersten Moment an in Dan verliebt hatte, ging es mir jetzt auch mit seinen jüngeren Geschwistern und seinen Eltern. Er war das älteste von fünf Kindern, und seine Geschwister purzelten förmlich aus dem großen Ziegelhaus, eins netter und klüger als das andere. Sie waren allesamt gut in der Schule, und der Jüngste spielte ein paar beeindruckende Klavierkonzerte, um vor seinem großen Bruder ein bisschen zu prahlen – was ihm auch ohne weiteres gelang. Dans Mutter war eine warmherzige Frau, die immerzu lächelte, während sie einen Fischauflauf zubereitete und den Tisch deckte, damit das Essen auf dem Tisch stand, wenn sein Vater nach Hause kam. Er war Direktor eines Colleges für Kunst und Musik. Nach so einer warmen, gemütlichen Familienküche hatte ich mich lange gesehnt, und ich stürzte mich mit offenen Armen hinein. Gleichzeitig überraschte mich diese Familie. Dan hatte immer den Eindruck erweckt, als käme er aus einer harten Arbeiterfamilie, und mir erzählt, sein fehlender Schneidezahn sei das Resultat eines Boxkampfes in seiner Kindheit.

»Hat er das wirklich behauptet?«, sagte seine Mutter, die gerade die Erbsen abgoss. »Ach was, er ist vom Fahrrad gefallen, als er vielleicht zehn war. Oh, Danny!« Alle lachten, und nach dem Abendessen gingen wir in den Pub, wo Dan Musik machte und die Augen seines Vaters verdächtig glitzerten, als sein Sohn »The Leaving of Liverpool« sang.

Ich war bis über beide Ohren verliebt in Dan. Ich liebte die Art, wie er sang und wie er redete, wie er auf mich zukam und wie er an der Bar stand und auf ein Bier und einen Schnaps wartete. Ich liebte die Art, wie er mich fünfzehnmal am Tag zum Lachen brachte, und seine Freundlichkeit Fremden gegenüber. Mir war es egal, dass er nicht wirklich aus Dublin stammte und dass er seine Herkunft kreativ ausgemalt hatte. Ich hatte in Amerika ja oft genug dasselbe getan. Einmal hatte ich in einer Bar in Tucson einen Geschäftsmann kennengelernt, der auf dem Weg nach Kalifornien gewesen war. Ich erzählte ihm, ich sei mit einem professionellen Bullenreiter aus den Rodeo-Shows verheiratet. Einen ganzen Abend lang führte ich ein komplett anderes Leben. Ich verstand, warum man sich manchmal erfinden und wieder neu erfinden musste. Und Dan hatte ja nicht gelogen. Die Familie seiner Mutter war von Irland nach Liverpool gekommen; er hatte sogar noch ein paar entfernte Verwandte in Connemara. Es war nicht alles erfunden. Er hatte diesen wunderbaren Akzent und konnte im Übrigen mit mehr Seele und Geist singen als irgendjemand, den ich in meinem Jahr in Irland erlebt hatte.

Manchmal machte ich mir ein bisschen Sorgen, weil er morgens so ungern aufstand und mühelos bis ein oder zwei Uhr nachmittags schlafen konnte. Er schien auch nicht besonders erpicht darauf, sich Arbeit zu suchen. Aber das war okay, sagte ich mir, ein Leben mit Dan würde immer unkonventionell sein. Ich wollte kein normales Leben. Das Leben mit ihm würde ein aufregendes, romantisches Chaos werden, und außerdem hätte ich dann endlich eine echte eigene Familie. Im Übrigen war er Musiker, und die waren nun mal unkonventionell. Und wenn das Baby erst mal da war, würde er schon anfangen, das Leben etwas ernster zu nehmen.

Unsere Hochzeit fand an einem kalten, sonnigen Tag Mitte April statt. Dan hatte vier Auftritte an zwei Abenden gespielt, sodass wir genug Geld hatten, um ein paar Kisten Wein zu kaufen und einen Saal zu mieten. Mit fast allem anderen halfen mir meine besten Freundinnen, meine Schwestern und meine neue Familie, die ich in Dans Eltern und Geschwistern gefunden hatte. Sophia schneiderte mir ein rosa-weißes Hochzeitskleid, eine Kopie eines Kleides von Loretta Lynn, das ich in einer Fernsehdoku gesehen hatte. Eine andere beste Freundin, Etaine, machte Brathähnchen und Sahnekuchen, und Jackie brachte ihre Kamera mit und machte die Fotos.

Mit ihrer Hilfe gelang es uns, mit nur ein paar Hundert Pfund eine Riesenhochzeit zu organisieren. Als Kind, wenn ich mir ein Nylonnetz übers Gesicht gezogen und schweigend vor meinem Spiegel gestanden hatte, sodass nur mein Atem zu hören gewesen war, hatte ich mir meine Hochzeit anders vorgestellt. Es war auch nicht wie die Hochzeiten, die ich in den Filmen gesehen hatte, mit großem Brunch und dramatischen Brautmutterszenen. Mum war ja nicht da. Nein, so würde es niemals sein.

Es war anders. Nell, Emma und Alexandra flochten mir rosa Bänder ins Haar, weil ich keinen Schleier trug, und ich kaufte mir in einem Second-Hand-Laden in Oxford eine grün-rosa Kette aus Glasperlen. Die goldenen Bilder in der katholischen Kirche funkelten mir zu, während ich oben im Mittelgang stand. Ich fühlte mich unsortiert und verwirrt. Nach der Zeremonie erwartete uns Mark Palmer mit seinem schwarz-weißen Pony und einem bunt bemalten Wagen vor der Kirche und fuhr die Brautjungfern im Trab durch Oxford zu dem Saal, in dem Dan und seine Band den ersten Song spielten.

Am nächsten Morgen um fünf Uhr flogen wir nach Pisa und fuhren mit einem Mietwagen in die Toskana, wo wir für eine Woche ein Zimmer in einer Villa gebucht hatten. Erschöpft fiel ich auf das Bett neben meinen Koffer, und als Dan eine Flasche Wein entkorkte und die Terrassentür öffnete, kam mir ein Gedanke und nistete sich in meinem Kopf ein.

Was habe ich getan? So wird es jetzt für immer bleiben. Für den Rest meines Lebens. Was zum Teufel habe ich getan? Eine kalte, harte und unmissverständliche Furcht ergriff mich und lastete etwa drei Minuten lang auf mir. Dann schlief ich ein, und als ich fünfzehn Stunden später wieder aufwachte, war der Gedanke weg.

Die Hochzeitsreise mit Dan war ein Traum. Eines Nachmittags, als ich nach einem langen Spaziergang durch eins der Bergdörfer auf dem Bett lag und schlief, ging er aus und kaufte mir einen rosafarbenen Schal, weil ich gesagt hatte, mir sei kalt. Abends saßen wir draußen auf der Terrasse, Dan rauchte, wir aßen den Fisch, den er gegrillt hatte, und sprachen über die Zukunft. Dan brachte mich immer wieder zum Lachen, und ich fühlte mich wunderbar geliebt. Was auch immer später in unserer Ehe passierte, das Leben mit Dan hatte viele gute Seiten. Jeden Tag gab es etwas Gutes, auch zu den schlimmsten Zeiten. Der rosa Schal ist ein Beweis dafür.

Wir hatten nicht viel Geld, insofern war es ein Glück, dass wir das Haus hatten. Wir kauften uns ein Sofa im Second-Hand-Laden, und eines Nachmittags brachte Dan ein paar Schränke vom

Sperrmüll mit, die wir in die Küche stellten. Ich fand noch ein paar ausgebleichte Teppiche aus Minety, die voller Mottenlöcher waren, und wir strichen das ganze Haus in leuchtenden Farben. Wenn ich im Wohnzimmer den Kamin anzündete und Dan kochte und sang, hatte ich das Gefühl, als gäbe es in ganz Oxford keinen schöneren Ort. Ich gewöhnte mich daran, dass meine EC-Karte an der Kasse und am Geldautomaten zurückgewiesen wurde. Ich wusste, wie man am späten Nachmittag auf dem Wochenmarkt billige Früchte und Gemüse bekam, und einmal in der Woche fuhr ich zu einem Discounter an der Ringstraße, wo man Reis, Nudeln, Mehl und solche Dinge lose und ohne Verpackung kaufen konnte. Spül- und Waschmittel kaufte ich bei Kwik Save, und dort gab es auch billigen Alkohol. Wenn er wusste, dass ich dorthin ging, setzte Dan sich im Bett auf, fummelte in seinen Jeans nach einem zerknitterten Zehn-Pfund-Schein und streckte ihn mir hin.

»Bring mir Cider mit. Den billigen. Vielleicht kriegst du ja White Lightning.«

»White Lightning?«, kicherte ich. »Den habe ich das letzte Mal mit vierzehn getrunken.«

»Ja, ist schon in Ordnung, irgend so was«, sagte er und zwinkerte mir zu. »Ich liebe dich, Clo.«

Fünfzehn Jahre später, an diesem Tag mit Trigger oben auf dem Ridgeway, ist die Luft sauber und warm. Trigger reibt seinen Kopf an meinem Arm. Er ist verschwitzt, und sein Fell juckt. Alle Kutschpferde machen das, wenn ihnen warm ist. Und ich erinnere mich, dass auch das andere Pferd seinen Kopf an mir rieb, als ich mit Dan hier war, am Tag bevor unser Kind geboren wurde.

Es war im September, an einem warmen Sonntagnachmittag am ersten Septemberwochenende, und es versprach ein richtiger Altweibersommer zu werden, der die Landschaft schmücken würde. Ich hatte neununddreißig und eine halbe Woche meiner Schwangerschaft hinter mich gebracht, mein Bauch war riesig und so prall, dass ich meine Füße nicht mehr sehen konnte. Ich war unruhig und wollte endlich das Kind kennenlernen, dessen Herz in mir schlug. Nachts konnte ich kaum noch liegen und tigerte durchs Haus, rückte Kommoden und Tische hin und her, pinselte hellblaue Farbe auf die Badezimmerwände, wusch und hängte die dünnen Baumwollvorhänge in unserem Schlafzimmer wieder auf.

An diesem Nachmittag wollten wir aufs Land fahren. Dan belegte Sandwiches mit Resten vom Lammbraten, den er am Abend zuvor gekocht hatte, wickelte sie sorgsam in Butterbrotpapier und packte sie in eine Baumwolltasche, dazu ein paar Vollkornkekse, Äpfel und eine Flasche Cider, die er im Laden an der Ecke gekauft hatte.

Wir fuhren raus zu Candidas Haus in Uffington und schirrten ihren Schecken Axle an, um den White Horse Hill hinaufzutraben. Von dem hohen Kutschbock ihres Zweisitzers aus konnten wir über die Hecken schauen.

Wenn ich mich konzentriere, kann ich diesen Tag immer noch spüren. Die weiche Baumwolle der blasslila Weste, die ich trug, das Gefühl des Blümchenrocks um meine Knie – ich hatte ihn in einem Billigladen gekauft. Ich höre noch Candidas Lachen, als wir bei ihr abfuhren – »Ihr seid ein toller, Anblick, ihr drei!« –, und das Rumpeln der Räder auf der Straße. Einen Teil des Weges fuhren wir auf dem Wagen mit, aber als der Hang steiler wurde, sprangen wir ab. Ich spüre noch die Hitze von Axle, der neben mir ging. Und mein Lachen. Ich lache über Dan, der mit seinem besten irischen Akzent einen Fahrenden mimt, während wir den Berg hinaufstapfen.

In holpriger Fahrt ging es über den Ridgeway, nördlich von Wayland's Smithy, und über einen Nebenweg, der jetzt mit einem Tor verschlossen ist. Irgendwann verschwand der Weg im langen braunen Spätsommergras, und es fühlte sich an, als ob wir mit Axle über offene Wiesen oder eine Prärie fuhren, wie eine Flucht.

Ein Stück weiter gab es ein paar Scheunen und ein Cottage mit blau bemalten Fensterrahmen. Manchmal gehe ich heute noch mit den Kindern dort vorbei, wenn wir auf dem Ridgeway wandern oder reiten, und wie damals, als ich mit Dan dort war, denke ich dann daran, dass wir hier als Kinder mit Candida ein Picknick gemacht haben.

In der Abenddämmerung flogen pfeilschnelle Schwalben um die Dächer, aber je länger die Schatten wurden, desto stiller wurde der Himmel. Dan legte sich ins Gras, ein wenig benommen von der Abendhitze, und zog den Cider aus seinem Rucksack.

»Weiter sollten wir nicht fahren, Clo, sonst wird das Baby noch hier oben geboren«, sagte er zu mir, während ich Axle am Zaun festband, damit er neben uns grasen konnte. Wir lagen im Gras und aßen die Sandwiches, posierten für ein paar Fotos, und Axle beobachtete uns. Manchmal nickte er mit dem Kopf, dann konzentrierte er sich wieder auf das Gras.

Am nächsten Morgen wurde ich im ersten Morgenlicht wach, richtete mich im Bett auf und konnte nur noch an Mum denken. Dann ging es los. Jimmy wurde an diesem Nachmittag geboren, fünf Tage früher als errechnet. Das Gefühl, wie absolut und vollkommen richtig seine Existenz war, strömte in mein Leben wie ein Topf voll goldener Plakafarbe, die auf einem weißen Boden ausgeschüttet wird.

Als Jimmy einen Monat alt war, nahm ich ihn mit zu Mum in ihr Pflegeheim in Norfolk. Seit ich wieder in England war, besuchte ich sie mindestens einmal im Monat, und zu manchen Zeiten dachte ich verzweifelt daran, wie viele Stunden und Jahre ich inzwischen in Heimen verbracht hatte, wo ich neben ihr saß und ihr von meinem Leben erzählte, während sie mich schweigend anstarrte. Sie tippte leise mit dem Fuß auf den Boden, wenn ich sprach, sah dem Teewagen nach, der an ihr vorbeifuhr, und griff nach einem Teller Kekse. Inzwischen hatte man ihr alle Zähne ziehen müssen, weil sie sich weigerte, sie zu putzen, und auch niemand anderen an ihren Mund heranließ. Sie hatte Abszesse am Kiefer, und da sie mit der Prothese nicht zurechtkam, hatte man keine andere Möglichkeit gesehen, als ihr sämtliche Zähne zu ziehen, um eine schwere Infektion zu vermeiden. Es sah schrecklich aus, wenn sie lächelte, und es hörte sich schrecklich an, wenn sie dieses seltsame schlürfende Geräusch machte, wenn sie eine Tasse Tee trank. Ihr blankes Zahnfleisch war rosa und wund und erschreckte mich jedes Mal, wenn ich es sah.

Aber es ging nicht nur um ihre Zähne, wir beschäftigten uns auch sonst ständig mit ihrer Gesundheit. Sollten die Medikamente gegen Epilepsie, die ständig Harnwegsinfektionen verursachten, reduziert werden, oder riskierten wir damit einen neuen Anfall? Kamen die entzündeten Ekzeme von ihren Windeln? Wenn sie eine Grippe hatte, wie konnte man ein Wundliegen vermeiden? Die Schwestern waren wahre Engel, ganz ehrlich, das waren keine normalen Mädchen oder Frauen, sie gaben wirklich alles für die Patienten, die sie versorgten. Sie freuten sich, wenn ich Jimmy mitbrachte, und nahmen ihn abwechselnd auf den Schoß. Alle wollten ihn mal im Arm halten und waren entzückt von seinem kleinen, perfekten Gesicht.

Mum ließ sich weniger von ihm beeindrucken. Als ich sie während meiner Schwangerschaft besucht hatte, hatte sie einen Moment fast schockiert oder wütend ausgesehen und seltsam gezischt und geseufzt. Dann hatte sie nach meinem Arm gegriffen, als wollte sie mich umdrehen und wegschieben. Als ich ihr dann Jimmy zeigte, sah sie ihn an, wie er da in meinem Arm lag, dann sah sie wieder mich an und studierte mein Gesicht. Und dann wieder mein Baby. Sie murmelte etwas Unverständliches und wandte sich ab.

»Das ist Jimmy, mein Baby, Mum«, sagte ich. »Ist er nicht hübsch? Ist er nicht ein ganz reizendes Baby?« Mum schaute mich an und zeigte zur anderen Seite des Zimmers.

»Das ist Ihr Enkel, Charlotte«, schnurrte eine der Schwestern, die neben ihr stand, streichelte ihr über den Arm und drückte sanft ihre Hand. »Ich finde, er hat Ihre Augen, Charlotte. Was für ein kleiner Herzensbrecher. Jetzt können wir also Grandma Charlotte zu Ihnen sagen. Ich lasse den Tee hier stehen. Sie können ihn später trinken«, sagte sie dann, stellte zwei Tassen Tee mit Milch auf den dunklen Holztisch neben uns und eilte weiter zu dem Mann, der am Fenster still vor sich hindöste. Mum wandte sich von mir ab, griff nach der Teetasse und ließ sich dann wieder in den Sessel sinken.

»Möchtest du ihn in den Arm nehmen, Mum?«, fragte ich sie leise. »Ich kann dir helfen, ihn zu halten. Möchtest du ihn nicht mal halten?« Sie sah mich wieder an und stöhnte leise. Dann schob sie die Hände unter ihre Beine und setzte sich fest darauf. Ich schluckte und spürte einen trockenen Druck in der Kehle, als müsste ich gleich weinen.

»Gut, dann bleiben wir einfach hier sitzen, und du kannst Jimmy anschauen. Du hast recht, das ist sicher einfacher«, sagte ich und tat so, als würde ich mich auf dem Stuhl entspannen, der neben ihrem Sessel stand. »Es ist so schön mit ihm, Mum. Du hattest recht, was das Kinderkriegen angeht. Findest du, er sieht mir ähnlich? Habe ich so ähnlich ausgesehen, als ich ein Baby war?« Ich lächelte sie an, als wären wir einfach Mutter und Tochter und würden zu Hause im Wohnzimmer miteinander plaudern. Mum saß neben mir und starrte durch die Terrassentür in den Garten hinaus, wo die Spätsommerblätter an den Bäumen langsam braun wurden. Sie seufzte, tippte leise mit dem Fuß auf den Boden und saß immer noch auf ihren Händen.

Jimmy war mein Leben; er ließ all meine schönen Träume wahr werden. Auf ihn konzentrierte sich nun die Liebe, von der Mum mir erzählt hatte. Er war das fehlende Teilchen in einem zerbrochenen Puzzle, das ich nun wieder zusammensetzte. Und Dan liebte uns beide so sehr. Als Jimmy ein paar Wochen alt war, schenkte mir eine Nachbarin einen braunen Kinderwagen von Silver Cross, der seit Anfang der Achtzigerjahre bei ihr in der Garage gestanden hatte. Wir entstaubten ihn, und Dan polierte die Bremse und die Räder, bis sie funkelten. Candida hatte mich in den Tagen nach Jimmys Geburt ein paar Mal besucht. Ich glaube, sie versuchte ganz bewusst, mir Mum ins Gedächtnis zurückzurufen, indem sie die Rituale der Freundschaft auf mich übertrug, die die beiden gepflegt hatten. Als ich aus dem Krankenhaus kam, stand ein Strauß Wildblumen in einem blauen Emaille-Krug auf der Treppe vor unserem Haus, und daneben lag eine bunte Häkeldecke. »Liebes, ich wollte dich und den Kleinen nicht stören. Das ist mein Geschenk zum Einzug. Deine Mutter ist mit mir durch den Garten gegangen, als ich die Blumen pflückte. Alles Liebe, Cand. P.S.: Die Decke habe ich für das Baby gemacht, bitte achte nicht auf die verlorenen Maschen.«

Dan wickelte Jimmy in die Decke und legte ihn sanft in den neuen Kinderwagen, um ihn im Sonnenschein die Straße hinunterzufahren.

»Ich habe noch nie einen so stolzen Vater gesehen wie Ihren Mann an diesem Morgen«, sagte unsere Nachbarin später zu mir. »Dieser Stolz – das vergesse ich nie.«

Ich liebte Jimmy, aber das Gefühl, am Küchentisch festgebunden zu sein, weckte in mir den Wunsch nach dem animalischen Duft und dem Hufschlag eines Pferdes. Als Jimmy etwa anderthalb Jahre alt war, begann ich wieder zu reiten, diesmal für einen anderen Rennpferdetrainer, der seinen Hof in der Nähe des Ridgeway hatte, in Wantage. Von Oxford aus brauchte man nur fünfundzwanzig Minuten dorthin. Früh morgens um halb sieben, wenn Dan noch schlief, fuhr ich los, mit einem überrascht blinzelnden Jimmy auf der Rückbank im Babysitz. Die Frau eines der Stallknechte passte auf ihn auf, während ich zwei oder drei Pferde ritt. Es war ein ernsthafter Betrieb mit sechzig schlanken Vollblütern, die wie Gewehrkugeln jeden Morgen über die Bahn galoppierten, und einer ganzen Reihe von Vollzeitangestellten für die Ställe. Ich war nur an ein paar Vormittagen in der Woche da und fand nicht so leicht Anschluss an die Stallknechte wie seinerzeit bei Barbury Castle, aber ich tat es ja ohnehin nur wegen der Pferde.

Die Rennpferde traten wie Befreier gerade in dem Moment wieder in mein Leben, als ich anfing, mich mit einem kleinen Kind wie eine Küchengeisel zu fühlen. Ich trug wieder meine Lederchaps und genoss jedes Mal diesen Moment der Stille im Stall, wenn ich den Sattelgurt eines Pferdes festzog und mit der Hand über die samtigen Seiten des Tieres strich, wenn es die Ohren spitzte und ich in seinen Augen mein rund verzerrtes Spiegelbild sah.

Die Pferde machten mir ein bisschen Angst, aber ich brauchte diese gestohlene Zeit mit ihnen. Am meisten fürchtete ich mich jedes Mal vor dem Moment, wenn sie sprangen – also volles Tempo aufnahmen –, doch zugleich brauchte ich dieses Gefühl auch immer und immer wieder. In den kurzen Augenblicken vor dem Springen ist die Wahrscheinlichkeit am höchsten, dass die Pferde bocken oder ausschlagen. Entsprechend angespannt waren wir, wenn wir an den Start gingen. Wenn das Pferd erst einmal galoppiert, kann es nicht mehr zurück, dann muss man es nur noch pfeilgerade auf die Bahn ausrichten. In diesem Moment des Absprungs ließ ich alles hinter mir, mein Dasein als Mutter, als Ehefrau, als Tochter meiner Mutter, und galoppierte donnernd hinaus aus der Vergangenheit und pfeilgerade in meine eigene Gegenwart.

Mit Dan verheiratet zu sein, war ebenfalls der Wahnsinn.

All die endlosen Nächte und frühen Morgen, wenn er bei Tagesanbruch von einem Auftritt zurückkam. Dann stand er erst am Nachmittag auf, krümelte Tabak auf den Boden und erzählte Witze, während ich löffelweise Nudeln in Jimmy hineinschaufelte. Wenn wir uns einen Babysitter leisten konnten, zog ich enge Jeans und Cowboystiefel an und begleitete ihn, um ihn spielen zu hören.

»Hey, schau an, du bist auch mal wieder dabei«, sagte ein Freund aus London, als wir in einem dunklen Pub am Tresen standen und die Eiswürfel in meinem Wodkaglas klirrten, wenn ich es an die Lippen führte. Mal wieder mit dabei zu sein war aufregend und besänftigte die Sorgen in mir ein wenig. Denn natürlich versuchte ich, nicht daran zu denken, wie viel in unserer Ehe getrunken wurde. Ich erzählte niemandem davon, weil ich dachte, dann würden sie es vielleicht nicht merken. Ich erzählte meinen Schwestern nichts und blendete es aus wie Hintergrundmusik. Wir waren jung, und wir tranken. Wir waren erst Mitte zwanzig, und alle meine Freunde tranken Unmengen an Alkohol. Alle waren ständig betrunken, und wenn überhaupt, dann glaubte ich, mich sogar glücklich schätzen zu können. Dan hatte das Baby immer haben wollen. Er hatte sich auf das Wagnis eingelassen, Vater zu werden, und zwar zu einer Zeit, als die meisten unserer Freunde noch Jahrzehnte davon entfernt waren. Und so redete ich mir ein, er würde nicht anders trinken als alle anderen.

Wenn er sich nach einem Auftritt endlich aus dem Bett hievte, malochte er auf irgendwelchen Baustellen und kam mit den Haaren voller Betonstaub zurück, die großen Lederstiefel schlammverkrustet. Später schob er dann Nachtschichten in einer Unterkunft für Obdachlose. Es gefiel ihm, anderen Leuten helfen zu können, und die nächtlichen Arbeitszeiten passten ihm sehr gut. Nach Jimmys Geburt hatte ich meine Stelle an der Uni aufgegeben, und in den Stunden, wenn er schlief, oder wenn Dan abends unterwegs war, fing ich an zu schreiben. Ich kaufte mir einen Computer, ein riesiges weißes Plastikteil, das auf einem alten Tisch aus Minety stand, und eine Kneipenbekanntschaft von Dan gab mir meinen ersten Auftrag. Es ging darum, die Biographien großer Künstler für eine Website zu recherchieren und ihr Leben dann in kleine, leicht verdauliche Textpassagen zu verpacken.

»Vielleicht solltest du mal was über Texas schreiben«, sagte meine Stiefmutter Alexandra eines Sonntagnachmittags, als sie und Rick zu Besuch kamen und ich ihr die Notizbücher zeigte, die ich in Amerika vollgeschrieben hatte. »Daraus könnte man einen guten Zeitungsartikel machen«, fügte sie hinzu. »Mach eine richtige Story draus, wie man sie in einer Zeitschrift lesen würde.«

Es funktionierte tatsächlich, und eine Zeitschrift kaufte den Text für fünfhundert Pfund.

»Die Leute in der Features-Redaktion fanden den Artikel toll«, mailte mir die Herausgeberin später. »Wenn Sie das nächste Mal in der Stadt sind, kommen Sie doch mal vorbei.« »In der Stadt« hieß in London, und da ich kein Kindermädchen und auch keine richtige Betreuungsmöglichkeit hatte, nahm ich Jimmy mit. Ich zog ihm seinen niedlichsten Fair-Isle-Pullover und blassgrüne Cordhosen an und spazierte mit ihm durch die glänzende Drehtür eines riesigen Zeitschriftenkonzerns in der Nähe der Oxford Street. Die Herausgeberin lud mich in ein japanisches Restaurant ein, wo wir Butterkrebse und japanische Nudeln aßen, während Jimmy in seinem Buggy schlief. Hinterher klapperte sie auf ihren hohen Absätzen zurück in ihr glänzendes Büro, das nach riesigen weißen Lilien duftete.

»Schicken Sie mir mal ein paar Ideen, ich liebe Ihre Art zu schreiben.«

Als ich mein zweites Kind erwartete und im dritten Monat schwanger war, fing ich an, zu Al-Anon-Treffen zu gehen, bei denen sich die Angehörigen von Alkoholikern trafen. Wir hatten die Sommerferien mit Emma, Matthew und ein paar Freunden von ihnen in einem Ferienhaus in Frankreich verbracht, und Dan hatte sich mit dem Mann einer Freundin von Emma zusammengetan und in dieser Zeit besonders viel getrunken. Die beiden hatten sich die Nächte um die Ohren geschlagen und eine Flasche nach der anderen geleert, bis es hell wurde. Dan sang jeden Abend nach dem Essen so schön, dass man ihm die Unmengen von leeren Flaschen fast verzieh, aber als die Ferien zu Ende gingen, nahm mich die Frau seines Saufkumpans zur Seite. »Al-Anon ist ein guter Ort, dort bekommt man Unterstützung, wenn man mit einem Alkoholiker verheiratet ist«, sagte sie zu mir, während wir in der brütenden Hitze in der Einfahrt des französischen Bauernhauses standen. Ich wusste zuerst gar nicht recht, wovon sie redete. Man konnte so viel Spaß mit Dan haben, und ich dachte, bei Al-Anon würden lauter Frauen mit blau geschlagenen Augen sitzen, Frauen von irgendwelchen brutalen Trunkenbolden.

»Al-Anon? Ehrlich, was willst du denn da?«, fragte Dan, als ich ihm nach unserer Rückkehr von dem Vorschlag erzählte. »Glaubst du ernsthaft, ich wäre ein Alkoholiker? Aber vielleicht solltest du wirklich mal da hingehen, da triffst du Leute, die echte Probleme haben. Leute, die mit echten Alkoholikern verheiratet sind. Ansonsten ist das Zeitverschwendung.« Und als wollte er mir etwas beweisen, versprach er mir, ein Treffen der Anonymen Alkoholiker zu besuchen.

Ich versteckte mich hinter einem Schal und einem Mantel mit hohem Kragen, als ich in den Gemeindesaal trat, wo man ein paar Plastikstühle im Kreis aufgestellt hatte. Ich dachte, wahrscheinlich hätte Dan recht und ich würde schnell merken, dass die anderen Leute, die zu diesem Treffen kamen, wirklich litten, ganz anders als ich. Also saß ich da und hörte ihren Geschichten zu. Geschichten vom Leben mit einem Suchtkranken. Ganz gewöhnliche Leute wie ich sprachen über die Verwirrung, über den Verrat und die Desorientierung, die entsteht, wenn man mit jemandem zusammenlebt, der den Alkohol mehr liebt als einen selbst. Dan hatte sich geirrt. Die Geschichten, die ich hörte, waren der meinen sehr ähnlich, nur dass ich oft noch weit Schlimmeres erlebte. Ich verschränkte die Arme vor der Brust und saß schweigend da, während mir klar wurde, mit welchem Ausmaß von Sucht ich zu Hause konfrontiert war.

Als ich später an diesem Abend nach Hause kam, saß Dan vor dem Kamin und trank eine Flasche Wein. Er war beim Treffen der Anonymen Alkoholiker gewesen.

»Also ehrlich, ich soll ein Problem haben? Ernsthaft, Clover, ich war bei dem Treffen, und den Leuten dort ging es so viel schlechter als mir, dass ich nach der Hälfte der Zeit gegangen bin. Ich bin kein Alkoholiker, vergiss es. Ich trinke bloß gern mal was. Und jetzt hör auf, dir Sorgen zu machen.«

Nie hatte ich Mum mehr vermisst als bei der Geburt meiner Tochter Dolly. Die Kleine kam zwei Wochen zu früh, eine vollkommene kleine Knospe von einem Mädchen, die mir aus tief dunklen Augen direkt in die Seele blickte. Ich hatte mir nicht vorstellen können, noch einmal eine solche Liebe zu empfinden wie in dem Moment, als ich Jimmy in den Armen gehalten hatte, aber mit Dolly kam das alles mit derselben Intensität zurück. Das Ende der Schwangerschaft war nervenzerfetzend gewesen. Im letzten Monat hatte ich viel Fruchtwasser verloren und musste alle paar Tage zur Überwachung ins Krankenhaus in Oxford. Am Anfang der Schwangerschaft hatte ich einen kräftigen elektrischen Schlag an einem Wildzaun bekommen, als ich meine Freundin Claudia in Devon besucht hatte. Später sagte Jimmy einmal, vielleicht sei Dolly deshalb so einzigartig und besonders. Wir gaben ihr den zweiten Vornamen Electra.

Dolly wurde im gleichen Krankenhaus geboren wie Jimmy, Nell und ich. Dort fühlte ich mich Mum besonders nahe, und ich war von Anfang an völlig verliebt in Dolly. Nach ihrer Geburt wollte ich so lange wie möglich in diesem sauberen weißen Krankenhauslicht bleiben. Die Geräusche auf der Station nachts um halb eins erinnerten mich an das tröstliche Gefühl als Kind, wenn ich oben im Haus geschlafen und die Gespräche der Erwachsenen unten gehört hatte. Ich gehörte dazu, musste aber nicht mitmachen. Ich konnte mit meiner Tochter allein sein, während sich mein Körper an die neue Rolle herantastete, Mutter eines Sohnes und einer Tochter zu sein. Wenn ich im Halbdunkel im Krankenhausbett saß, Dolly an meiner Schulter, dann war ich glücklich, sie zu haben, aber auch trauriger als jemals zuvor in meinem Leben, weil ich den Verlust meiner Mutter so deutlich spürte. Man spricht oft von Verlust in dem Sinne, als würde einem etwas weggenommen, aber ich spürte die Abwesenheit meiner Mutter eher wie die Anwesenheit eines anderen starken, sehr realen Gefühls, das mich umschlang, als wäre es das einzig wirklich Sichere in meinem Leben.

Manchmal, wenn Dan nicht arbeitete und trotzdem tagsüber schlief und ich mit den Kindern wach war, hätte ich ihm am liebsten eins über den Schädel gezogen. Ich wollte ihm wehtun. Zum Beispiel bei den meisten Geburtstagen der Kinder, und ganz besonders, als Jimmy ein Jahr alt wurde und Dan sich nicht einmal die Mühe machte aufzustehen, weil er sagte, Jimmy würde es doch gar nicht merken. Als Jimmy zwei wurde, war es dasselbe, ebenso am dritten Geburtstag seines Sohnes. Nachdem ich Jimmy geholfen hatte, die Geschenke auszupacken, die ich am Abend zuvor eingepackt hatte, ging ich mit beiden Kindern in den Supermarkt und holte alles, was ich brauchte, um den Geburtstagstee vorzubereiten. Beim Ausladen des Wagens ging eine der Plastiktüten kaputt und ein halbes Dutzend Orangen kullerte über die Straße wie große, dicke Comic-Tränen. Ich setzte mich aufs Straßenpflaster, während Dolly in ihrem Kindersitz kreischte und Jimmy mich aus dem Wohnzimmerfenster beobachtete, und konnte nicht mehr aufhören zu weinen. Es war drei

Uhr nachmittags am Geburtstag unseres Sohnes, Dan war noch im Bett, und es durfte alles überhaupt nicht wahr sein.

Ich liebte Jimmy und Dolly mit jeder Faser meines Herzens, und ich liebte auch Dan, und so war ich nicht auf das vorbereitet, was zwischen uns passierte. Es hätte mich nicht so schockieren sollen, denn es kam ja nicht über Nacht, sondern war immer da gewesen. Einmal, schon ziemlich am Ende, fand ich ein paar Kreditkartenabrechnungen in dem Spalt zwischen Küchenschrank und Kühlschrank, und die Beträge waren selbst nach Dans Maßstäben so hoch, dass ich schlucken musste, auch wenn die Liste der Begünstigten mich kaum überraschte: Moody's Pool Bar, Twelve Bar, Coach and Horses, Whites, Half Moon, Elm Tree, Bullingdon Arms, High Low Jamaican, und jeder der Beträge war dreistellig: £175, £122, £279, £333, £102, £289. Er hatte also nicht nur getrunken, sondern auch gespielt. Bisher hatte mir das Spielen nicht so viel Sorge gemacht wie das Trinken, irgendwie erschien es mir weniger bösartig. Ich stellte mir vor, dass er hier und da mal fünf Pfund ausgab, weil ihn das pinkfarbene Blinken der Spielautomaten verführte. Bei dem Geruch von abgestandenem Wein und schalem Bier wurde mir schlecht. Das Spielen tat mir nicht so weh, regte mich nicht so auf wie der Wodka.

Der Alkoholismus machte mich genauso fertig wie Dan, einfach weil ich glaubte, ich könnte ihm helfen. Ich könnte ihm helfen, den Menschen wiederzufinden, der er sein konnte, wenn der Wodka nicht alles verzerrte. Selbst wenn er mich eine elende Schlampe nannte, hatte ich immer noch das Gefühl, zu ihm zu gehören. Wenn er herumbrüllte und in der Küche Gläser zerschmiss, hatte ich noch immer das Gefühl, er wäre da. Die Zeichen an der Wand waren deutlich zu sehen, aber ich hatte verlernt, sie zu lesen.

Es ging kaputt, ohne dass ich es bemerkte. Ich hätte früher erkennen müssen, dass es vorbei war, denn dann hätte ich die Kinder wenigstens zum Teil vor dem Chaos in unserem Leben beschützen können. Sie waren ja noch so klein. Als Dolly geboren wurde, hing es schon wie eine körperliche Präsenz über uns, gelb und schwammig und immer weiter wachsend, wenn ich nicht hinsah. Ich wollte dieses gelbe Chaos in meinen Händen halten und zurück in das schwarze Loch stopfen, das sich in der Mitte unseres Wohnzimmers oder in der Küche auftat. Oder im Kinderzimmer. Egal in welchem Raum wir uns befanden, das schwarze Loch war immer da. Sogar im Auto. Und während das Chaos wuchs wie eine scheußliche aufgeschwemmte Amphibie, die man aus Versehen im Zoohandel gekauft hatte, in ihrem trüben grünen Aquarium, verschluckte das schwarze Loch alles, was ich an meinem Leben liebte, sodass ich vor lauter Platzangst in Panik verfiel. Und selbst wenn ich glaubte, dem Loch entkommen zu können, weil meine Beine lang genug wären, um darüber zu steigen, hätte ich wissen müssen, dass die Kinder hineinfallen würden, wenn ich nicht bald etwas unternahm.

Ich bin stark, ich werde damit fertig, redete ich mir ein, als nach dem nächsten Streit um Geld die sechs Holzstühle, die wir zur Hochzeit geschenkt bekommen hatten, zu Bruch gegangen waren. Ich glaubte, Mums Unfall hätte mich besonders zäh gemacht, und gestand mir selbst nicht ein – geschweige denn meiner Familie oder Freunden –, dass meine Ehe mir zwischen den Fingern zerrann.

Ich war schrecklich verwirrt, weil das Leben mit Dan ja eigentlich genau das war, was ich mir gewünscht hatte. Selbst zu den übelsten Zeiten gab es jeden Tag Augenblicke, in denen er mich zum Lachen brachte, wie kein anderer es konnte. Der Weg hinaus aus dieser Ehe fühlte sich an, als würde ich durch ein Labyrinth irren. Meine Angst vor dem, was mit uns geschah, war wie die Angst vor dem Minotaurus, der hinter jeder Ecke des Labyrinths lauern konnte. Ich wusste nicht, wann er mich brüllend anspringen würde, aber ich wusste, er war da.

Zu dieser Zeit sprach ich mit niemandem über die Risse, die

unsere Familie zerstörten. Ich log. Ich tat so, als würde Dan jeden Morgen aufstehen und zur Arbeit gehen. Ich tat so, als wären wir an einem Freitagabend beide zu Hause, während er im Pub die paar Hundert Pfund ausgab, die er in dieser Woche verdient hatte, und das Geld für das Schulessen und unsere Stromrechnung in den Automaten warf. Alles weg.

Auch am Schultor wahrte ich den Schein. Einmal hielt ich bei Jimmys Schulkonzert das Plakat mit dem Liedtext und zwang mich, ruhig dazustehen und mir nichts anmerken zu lassen. Dabei zitterte ich vor Wut, weil Dan zu Hause im Bett lag und sich weigerte, aufzustehen, um entweder zur Arbeit zu gehen oder wenigstens mit zu dem Konzert seines Sohnes.

Es gelang mir, die Fassung zu wahren, bis die Kinder anfingen zu singen und ich Jimmy anschaute, der mit gekreuzten Beinen in der ersten Reihe stand. Sein Mund sah aus wie ein großes rotes O, als er die Worte aus *Lord of the Dance* sang: »I am the life that will never, never die.« Ich hielt das Plakat und versuchte mitzusingen, als ich spürte, wie meine Mundwinkel unkontrolliert nach unten sackten. Ich hatte einen Kloß im Hals, und mir liefen die Tränen über die Wangen. Doch ich konnte sie nicht wegwischen, weil ich ja das Plakat halten musste, also lächelte ich weiterhin die Kinder an, während die salzigen Tropfen über meinen Pullover rollten und auf den Boden fielen. Einige Kinder in der ersten Reihe hörten auf zu singen und starrten mich mit aufgerissenen Mündern an, als wäre ich eine faszinierende Gruselfigur in einem Museum. In diesem Moment fühlte ich mich wie ein Rattenschädel oder ein Schrumpfkopf im Pitt Rivers Museum. Ich war dankbar, dass Jimmy mich nicht sehen konnte, weil er am anderen Ende der Reihe stand. Aber selbst als das Lied zu Ende war und ich mich wieder auf eine der kleinen Bänke setzte, die ganz hinten in der Halle für die Eltern reserviert waren, liefen die Tränen weiter über meine Wangen.

Bevor ich geheiratet habe, bevor ich Dan überhaupt kennenlernte, habe ich manchmal über Scheidung nachgedacht und mich gefragt: Wie macht man so was? Für mich war eine Scheidung genauso exotisch wie eine Hochzeit, nur dass das zuckersüße pinkfarbene Leuchten durch ein glasig schwarzes Wort ersetzt wurde, wie eine gesprungene Fensterscheibe in einem dunklen Fenster ganz oben im Haus. Was macht man, um geschieden zu werden? Wie schlimm muss es werden, bevor man vernünftigerweise sagen kann, genug ist genug? Wie fühlt es sich an, wenn dieser Punkt gekommen ist?

Es war ein Donnerstag, und Dan hatte mir eine SMS geschickt, dass er mit den Jungs von der Baustelle noch ein schnelles Feierabendbier trinken würde. Ich hatte inzwischen gelernt, dass es kein schnelles Bier gibt und dass man immer lügt, wenn man es so nennt. Insofern war ich nicht überrascht, aber enttäuscht, als er erst gegen elf Uhr nach Hause kam. Seine Augen funkelten, wie sie es nur taten, wenn er sehr viel getrunken hatte. Er zog den Mantel aus, rubbelte sich den Regen aus den Haaren und lächelte mich glasig an.

»Die hab ich dir mitgebracht«, sagte er und hielt mir eine Zellophanhülle mit lila Chrysanthemen und einem Preisaufkleber mit dem Aufdruck »Jetzt nur noch 50p« hin. Die Kinder schliefen schon seit Stunden. Sie waren nach dem Baden noch aufgeregt auf ihren Betten herumgehopst, aber um neun waren sie dann vom Schlaf übermannt worden. Ich war gerade oben im Bad, als er kam, und putzte mir die Zähne. »Clover, Liebling, die hab ich dir mitgebracht, in Ordnung?« Ich war nicht nach unten gegangen, also war er die Treppe heraufgekommen und drückte mir jetzt die Blumen in die Hand. Ich schwankte zwischen Zorn und Enttäuschung, also nahm ich die Blumen zwar, wandte mich aber mürrisch ab und ging zurück ins Badezimmer, wo ich sie auf den Rand der Badewanne legte. Er kam mir nach, und so wütend ich auch war, freute ich mich doch, dass er nicht wieder gegangen war.

»Ich habe vor einer Ewigkeit Abendessen gemacht«, sagte ich und beobachtete ihn im Spiegel.

»Hast du auch was zu trinken mitgebracht?«, hickste er und lehnte sich gegen die Wanne. Ich schüttelte den Kopf. »Na toll«, murmelte er. »Ganz toll. Echt großartig.«

»Ich dachte, du würdest früher kommen. Ich wollte in den Laden gehen, wenn du kommst. Jetzt hat er zu. Du hättest früher kommen sollen, Dan.«

»Ich hab doch bloß schnell ein Bier mit den Jungs … Herrgott, Clover, dir kann man's aber auch nicht recht machen.«

»Warum gehst du was trinken, wenn wir uns nicht mal mehr leisten können, die Heizung einzuschalten?« Meine Stimme klang dünn und schrill; allmählich wurde ich zu dem Menschen, vor dem mir graute. Ein Meckerweib. Dan schlug die Hände vors Gesicht, aber ich konnte einfach nicht aufhören. An dem, was danach geschah, waren wir beide schuld. »Ich hatte mir gewünscht, du würdest heimkommen und mir helfen, die Kinder ins Bett zu bringen. Ich dachte, wir könnten vielleicht die Kinder zusammen ins Bett bringen und dann hier was trinken. Nicht im Pub. Du bist ständig im Pub, du bist nie hier. Und wenn du hier bist, dann wärst du lieber im Pub.«

»Und ist das ein Wunder, wenn du mich so behandelst? Es waren doch bloß ein paar Pints.« Dan sah mich nicht an, als er das sagte. Er fummelte mit seinem Tabak und den Blättchen herum, krümelte auf den Badezimmerboden und musste noch mal von vorn anfangen. Irgendwann lag ein ganzes Häufchen aus braunem Tabakstaub vor seinen Füßen.

»Bloß ein paar Pints?«, zischte ich und verschränkte die Arme vor der Brust. Mein Gesicht war hart und verzerrt. Ich sah zornig und hässlich aus, aber das kümmerte mich nicht. Als ich Dan kennengelernt hatte, hatte ich mir gewünscht, er möge mich so lieben, wie ich war. Vollständig. Jedes Mal, wenn ich ihn angesehen hatte, hatte ich versucht zu lächeln und einen Schmollmund zu machen, damit er das Bedürfnis hatte, mich zu küssen. Jetzt sah er mich an, wand sich und ließ den Tabak schon wieder fallen. Ich riss ihm das Paket aus der Hand, zupfte ein Blättchen heraus und gab ihm Sekunden später eine fertig gedrehte Zigarette. »Du bist sogar zu besoffen, um dir eine Kippe zu drehen, Dan. Und ich soll dir glauben, dass du nur ein paar Pints getrunken hast?«

Er wandte sich ab. »Schau, die hab ich dir auch noch mitgebracht.« In der Tüte war eine Packung kleiner Schokoladenwindbeutel. Ihre Spitzen waren eingedellt, sodass die Creme überall an den Wänden klebte.

»Ein bisschen spät, findest du nicht? Ich habe Jimmy und Dolly allein ins Bett gebracht und vor Stunden Abendessen gemacht. Dan, hast du irgendeine Vorstellung, wie es ist, den Tag allein mit einem Baby und einem Kleinkind zu verbringen und dann den ganzen Abend dazusitzen und mir zu wünschen, du würdest endlich nach Hause kommen? Kannst du nicht einen Moment mal an mich denken oder an uns beide? Ich war den ganzen Tag allein, und ich wollte den Abend mit dir verbringen, und jetzt ist es zu spät, Dan, so sollte dieser Abend nicht laufen, so sollte hier überhaupt nichts laufen, und jetzt ist es zu spät, Dan, zu spät für alles, siehst du das nicht, bist du so blind? Nein, du bist nur einfach zu betrunken.« Ich wischte mir mit dem Handrücken über den Mund, weil ich Schaum in den Mundwinkeln hatte.

Dan ließ die Packung mit den Windbeuteln fallen und schüttelte den Kopf. »Herrgott noch mal, Clover, halt die Klappe, ja? Halt endlich die Klappe, du kleine Schlampe.«

»Sag mir nicht, ich soll die Klappe halten. Und hör auf, mich zu beschimpfen, Dan. Hör auf!«, brüllte ich. Und dann beging ich einen großen Fehler. Ich beugte mich vor und stieß ihn mit beiden Händen vor die Brust. Plötzlich kam er auf mich zu und stürzte sich auf mich, das Gesicht eine einzige Explosion aus Zorn.

»Scheiße noch mal, fass mich nicht an, Clover! Warum sollte ich zu dir nach Hause kommen wollen, wenn du eh nur rumzickst und stöhnst und dich beschwerst und sagst, ich würde nichts taugen? Schau dich doch an, du blöde Kuh! Du hast doch keine Ahnung, wie das ist, einen Tag lang richtig zu arbeiten. Du hast doch noch nie in deinem Leben richtig gearbeitet, du verwöhnte kleine Schlampe! Elende Schlampe.«

Ich hätte es nicht tun dürfen. Ich hätte es wissen müssen, nach all den Abenden bei Al-Anon. Alle hatten es immer wieder gesagt, diese Leute mit den trinkenden Müttern und Ehemännern und Kindern und Vätern und Liebhabern: Streite nicht mit einem Alkoholiker, wenn er betrunken ist.

Aber das konnte ich nicht, es war mir einfach unmöglich. Und so lief es immer wieder. Wir warfen uns Beleidigungen an den Kopf wie bei einem Pingpongspiel: Du bist betrunken. Du bist verwöhnt. Du bist immer sauer. Du nörgelst nur an mir rum. Immer weiter, hin und her. Manchmal rollten sie dann unter das Sofa oder hinter den Fernseher und waren für ein paar Tage oder Wochen vergessen. Aber wir spielten das Spiel einfach zu gern, und ich weiß nicht, wie es kam, aber es gab immer einen unerschöpflichen Vorrat an diesen glänzenden weißen Beleidigungen, die man einander zuwerfen konnte.

Dan war außer sich vor Wut. Ich hatte ihn gegen die Wand geschubst und konnte sehen, wie er zitterte. Für einen kurzen Moment wünschte ich mir, er würde zuschlagen. Ich wollte, dass er mich schlug, wollte seine flache Hand in meinem Gesicht spüren. Ich brauchte ein sichtbares Zeichen dessen, was sich zwischen uns abspielte.

Aber er schlug mich nicht. Stattdessen schleuderte er mich rückwärts durch das Badezimmer und gegen das Waschbecken. Dann riss er die Verpackung der Windbeutel auf und warf mir eine Handvoll Gebäck und Schokoladencreme ins Gesicht.

„Hier ist dein Scheiß-Nachtisch, du elende kleine Schlampe", sagte er, nahm einen Windbeutel aus der Packung und warf ihn durch das Zimmer. „Und hier. Du Schlampe. Du dämliche Kuh."

Die Windbeutel klebten an der Wand hinter mir, braune Schokolade und weiße Sahne, die sich vermischten und an den weißen Wänden hinunterliefen. Dann nahm Dan die Blumen vom Badewannenrand und warf sie hinterher.

Mit wildem Blick drehte er sich zu mir um. Als er hinausging, schlug seine Schulter gegen den Spiegel mit dem schlichten Holzrahmen, der über dem Waschbecken hing. Er war ein Hochzeitsgeschenk gewesen, doch jetzt fiel er von der Wand und traf dabei noch die Lampe. Es wurde dunkel im Zimmer, und ich spürte etwas Kaltes an meiner Wange. Im Dunkeln sah ich rosa Blütenblätter und Schokoladensoße und Schlagsahne, vermischt mit Glasscherben. Und Blut. Und in der Sahne war Blut, und in meinem Mund der Geschmack nach kaltem Metall, und rote Tropfen auf dem weißen Holzboden.

Kapitel 7

Auf Dragon Hill ist die Nacht so dunkel, dass ich Jimmys Umriss neben mir kaum erkennen kann. Es regnet nicht, aber die Luft ist kalt und nass, wie ein feines Nebelnieseln auf meinem Gesicht. Jimmy stampft mit den Füßen und schiebt die Hände in seine Manteltaschen. Er unterdrückt ein Seufzen.

»Was machen wir hier schon wieder, Mum?«

Ich hatte Jimmy nachts um halb eins geweckt, als Pete ins Bett gegangen und das Haus so still war, dass es sich anfühlte, als würde es mich heimlich beobachten. Ich hatte mich an Jimmys Bett gekniet und ihn an der Schulter gerüttelt. Schlaftrunken wie er war, hatte er sich erst gewehrt.

»Jimmy? Erinnerst du dich an unseren Plan?«, flüsterte ich. »Sonnenwende. Wir gehen auf den Berg, weißt du noch?« Er rieb sich die Augen, wickelte sich aus der Decke, zog sich Jeans und Turnschuhe an und folgte mir aus dem Haus ins Auto. Unsere Scheinwerfer glitten über die schwarzen Hecken an den leeren Straßen, als wir zum Dragon Hill hinauffuhren.

In der Mittsommernacht, der kürzesten Nacht des Jahres, surrt der Ridgeway förmlich vor Magie. Auf der Ebene von Salisbury, in Stonehenge, finden sich Tausende von Pilgern, Partygängern und Druiden zusammen, und auch am Steinkreis in Avebury wird einiges los sein. Der Zauber des Ridgeway und des White Horse Hill sind eher noch ein Geheimtipp. Ich war schon ein paarmal am 21. Juni hier oben, und selten habe ich mehr als einen einsamen Druiden auf Pilgerfahrt gesehen. Jetzt gähnt

Jimmy und schaut sich in der leeren Finsternis um, derentwegen ich ihn aus seinem warmen Bett gelockt habe.

»Es ist kalt«, sagt er direkt hinter mir, während ich schweigend vom Parkplatz zu den dunklen Hängen gehe. »Mum, mir ist kalt.« Er hält inne, seufzt wieder. »Haben wir noch Bacon zu Hause?«

»Jetzt komm«, sage ich und hake mich bei ihm unter. »Lass uns etwas schneller gehen.« Wir steigen schweigend hinauf, bis die Wallanlagen von Uffington Castle über uns aufragen. In der Dunkelheit kann ich noch eine Gestalt sehen, nur eine, am anderen Ende der Burg.

»Siehst du, Mum, noch so ein Hippie wie du«, flüstert Jimmy kichernd an meiner Schulter, und auch ich muss lachen, denn der Mann da drüben hat eine Trommel im Arm und schlägt leise einen Rhythmus, der sich in der Nacht verliert. Da man die weite Landschaft unter uns nicht sehen kann, fühle ich mich, als würde ich in den Berg hineingezogen, als wären das weiße Pferd und all die Geister um uns herum ganz dicht bei uns. Allein fände ich es unheimlich, aber mit Jimmy an meiner Seite, dessen Schulter die meine berührt – er ist schon so groß! –, habe ich keine Angst. Der Trommler ist in die Mitte der Burg gegangen, und jetzt sehe ich dort noch ein paar weitere Gestalten. In der Dunkelheit kann man schlecht schätzen, wie nah sie sind.

Ich spüre Jimmys Ungeduld, als wir am höchsten Punkt oberhalb des Pferdes Halt machen und darauf warten, dass die Dunkelheit sich in der Morgendämmerung und im ersten Tageslicht verliert. Nebel legt sich feucht auf mein Gesicht, und bald sind meine Haare schwer und nass. Man sieht keine Sterne, keine Streifen des Morgenrots, nur das nasse, grüne England, das langsam erwacht, während es um uns herum hell wird.

Irgendwo in der Dunkelheit, weit über uns, beginnt die erste Lerche ihr Lied. Ich spüre, wie sich so etwas wie Melancholie in mir breitmacht, und halte die Luft an. Unsere Anwesenheit hier, zusammen in der Finsternis auf dem Berg, scheint so zerbrechlich. Ich möchte diesen Augenblick festhalten, bevor es hell wird, mit dem Gesang der Lerche hoch über uns, während ich mit meinem fünfzehnjährigen Sohn hier sitze. Die Dunkelheit zerbricht, und gelbes Morgenlicht überzieht alles. Eine zweite Lerche fängt an zu singen, durchbohrt den Himmel, und dann eine dritte – wie die Punkte auf einem Kompass beschreiben sie einen Bogen durch das Licht. Ich atme aus. Das Licht wird stärker. Der ganze Berg singt.

Wir waren schon einmal hier, Jimmy und ich, in der kürzesten Nacht des Jahres. Als wir eine halbe Stunde später durch das nackte Morgenlicht den Berg hinuntergehen, erinnere ich ihn daran. Ich bin mit ihm und Dolly ein paar Mal zum Campen nach Britchcombe Farm oberhalb von Uffington gefahren, als die beiden noch sehr klein waren. Dieser erste Sommer mit ihnen als alleinerziehende Mutter war wie ein Geschenk, das ich immer wieder auspackte. Ich war so glücklich in dieser glitzernden neuen Freiheit mit meinen Kindern, nachdem ich aus meiner Ehe ausgebrochen war. Es war angsteinflößend und zugleich wunderbar, die Gegenwart zu organisieren und über die Zukunft nachzudenken, denn alle Sorgen darin gehörten von nun an allein mir. Ich musste mich nicht mehr um die Sucht und die Dämonen eines anderen Menschen kümmern, die in der Dunkelheit lauerten. Ich war siebenundzwanzig Jahre alt und allein für zwei kleine Kinder verantwortlich, aber nach den Kämpfen der letzten vier Jahre war das eine Freude und ein Geschenk.

Den besten Rat in dieser ersten Zeit gab mir meine Stiefmutter Alexandra, als sie mir sehr entschieden erklärte, ich solle sicherstellen, dass ich nie jemand anderen um Geld bitten müsse. »Bitte ihn um nichts«, sagte sie schlicht und lehnte sich an die Spüle in meiner Küche. »Mach dich nicht von seinem Beitrag abhängig, unter keinen Umständen. Du musst wissen, dass du allein für die Kinder sorgen kannst. Und du musst die Fähigkeit dazu entwickeln.« Während sie das sagte, glitzerte die kleine Goldbrosche in Form eines Storchs mit Augen aus Rubinen am Revers ihrer schwarzen Seidenjacke.

Unsere Scheidung war reibungslos über die Bühne gegangen, da wir keine Besitztümer und kein Geld aufteilen mussten. Ich blieb mit den Kindern in Dads Haus. Dan und ich hatten uns zwar getrennt, aber er besuchte die Kinder oft. Manchmal holte er sie von der Schule ab, oder er nahm sie am Wochenende oder in den Ferien mit zu seiner Familie nach Hereford.

Seit knapp vier Jahren verdiente ich meinen Lebensunterhalt als freie Journalistin, aber ich kam finanziell nur gerade so über die Runden. Ich schrieb in den kleinen Zeitportionen, die ich hinter dem Sofa neben Jimmys Kekspackungen fand, oder versteckt unter Dollys Strampelanzügen, die an der Heizung trockneten. Ich schrieb am Küchentisch, nachts, wenn die Kinder schliefen, und frühmorgens, bevor sie wach wurden. So klaubte ich mir mühsam und stückchenweise meine Artikel zusammen, aber auf diese Weise konnte ich bei den Kindern sein, zumindest so lange, wie ich die Unsicherheit aushielt, nie zu wissen, woher das Geld für meinen nächsten Großeinkauf kommen würde. Andererseits war mir dieses Gefühl ja nicht ganz neu.

Als Kleinkind war Jimmy ein blonder Pfeil voll quecksilbriger Energie, den ich kaum aufhalten konnte, wenn er die Wände hochging und sich an den Vorhängen entlanghangelte. Ich machte mir Sorgen, er könnte hyperaktiv sein. Das Sofa war sein Klettergerüst, und wenn er seine Hosentaschen neben der Waschmaschine ausleerte, fand sich darin ein Konfetti aus zerknautschten Bonbonpapierchen. Er mochte nur weißes Essen – Nudeln, Brot, Milch – und verweigerte sich jeglichem Mannschaftssport. Ich glaubte damals, er müsse irgendeinen Mannschaftssport ausüben, obwohl ich so etwas selbst immer gehasst hatte. Aber gehörte das nicht zu einem richtigen Jungen dazu? Nun, er hasste Mannschaftssport genauso sehr wie ich, und er schien es zu wissen, ohne dass ich ihm jemals davon erzählt hatte.

Dolly war ganz anders als er. Sie beobachtete die Welt um sich herum genau und hatte ihr ganz eigenes Tempo, schien aber sehr wohl zu wissen, was sie tat, selbst schon als kleines Kind. Sie war ein winziges, hübsches Baby und wurde zu einem kleinen Mädchen, das weder sprach noch lief, bis es zwei Jahre alt war. Dann stand sie auf und erklärte mir, sie wolle auch mitspielen. Ich hatte gedacht, eine Tochter würde mir ähnlicher sein, aber Dolly überraschte mich immer wieder. Schon mit drei Jahren hatte sie ein Selbstvertrauen und eine Selbstsicherheit, die mir bis heute fehlten.

Als Jimmy und Dolly sieben und vier Jahre alt waren, ging ich mit ihnen ins Kino, um den Film *Die Unglaublichen* zu sehen, und plötzlich stand da Jimmy auf der Leinwand: ein kleiner blonder Junge namens Dash, der pfeilschnell und mit unermüdlicher Energie unterwegs war, sodass seine Mutter ständig hinter ihm herrennen musste. Die nächsten Monate ließ Jimmy sich Dash nennen, und der Boden meines Schlafzimmers war mit Plastikspielzeug aus dem Film übersät.

»Weil wir die echten Unglaublichen sind, Jimmy und ich und du, oder, Mum?«, fragte mich Dolly eines Abends im Bett, nachdem ich ihr eine Gute-Nacht-Geschichte vorgelesen hatte. Ich nickte. In dieser Zeit hatten wir ein schwarz-weißes Pony, das ich in einem Tierheim in Gloucestershire gekauft hatte. Der Name Queenie hätte zu einer glänzenden braunen Stute mit geflochtener Mähne gepasst, aber unser Pony hatte nur ein struppiges Fell und sah immer ein bisschen niedergeschlagen aus. Die Kinder wollten ihr einen neuen Namen geben. Und so wurde aus Queenie irgendwann Dash.

Dash kam aus dem Dartmoor und sah aus wie ein kleines Schaukelpferd mit samtiger Nase und gescheckterm Fell, dessen Flecken an Puzzleteile erinnerten. Sie kostete hundert Pfund, die ich eigentlich nicht hatte, aber die Investition lohnte sich: ein Nachmittag weniger im Park. Das Herumstehen hinter einer

Schaukel oder zwischen leeren Chipstüten am Ende einer nassen Rutsche weckte in mir jedes Mal eine ebenso hoffnungslose Verzweiflung wie jegliche Mannschaftssportarten.

In der Nähe unseres Hauses in Oxford gab es ein paar nasse Wiesen, auf denen Kanadagänse grasten. Dash ebenfalls dort grasen zu lassen kostete mich fünf Pfund pro Woche. Einen Hufschmied brauchte ich nicht, die Kinder konnten Dash auch ohne Hufeisen reiten. Ihr Unterhalt kostete also praktisch nichts, und bei allen Sorgen, die ich hatte, war ich doch erleichtert, weil sich gleich mehrere davon erledigt hatten, indem ich den Kindern ein Pony gekauft hatte, obwohl sie mitten in der Stadt lebten. Gut möglich, dass Jimmy hyperaktiv war, aber er konnte reiten. Dolly konnte keinen Stift in der Hand halten, aber sie wusste, wie man einem Pferd das Halfter anlegte. Und dass jetzt wieder rot und blau bestickte Lederteile und das harte Metall des Mundstücks neben den Schultaschen im Flur hingen, fühlte sich vertraut an. In der Zwischenzeit lernte ich, eine Mutter zu sein. Ich beruhigte die Kinder, wenn sie sich aufregten, brachte ihnen das Lesen bei, schubste sie an regnerischen Tagen auf der Schaukel an, schnitt die harten Krusten von den Sandwiches und ging mit ihnen auf die Wiese bei der Schule, um am Lagerfeuer Würstchen zu grillen und Verstecken zu spielen, bis es dunkel wurde. Sie ritten ohne Sattel mit Dash zum Laden an der Ecke und lernten, wie man sie aufzäumte. Klingt romantisch, und das war es auch. Mit Jimmy und Dolly an meiner Seite gab es keine unüberwindlichen Mühen, keine echten Härten, nur diese Liebe zwischen uns, die mit der Zeit immer stärker und schöner wurde. Wir waren eine Dreierbande, nichts konnte uns trennen. Der Begriff »alleinerziehende Mutter« ist irreführend, denn man ist nie allein, wenn man Kinder großzieht. Eigentlich war ich eine dreifache oder vierfache Mutter, denn genau so fühlte es sich an. Als wäre ich zur Kriegerin geworden. Als eine Freundin von mir sich von ihrem Mann trennte und erklärte, sie bräuchte jetzt einen Ritter in glänzender Rüstung, der sie rettete, fand ich das erbärmlich. Man kann nicht darauf warten, dass jemand kommt und einen rettet. Man muss selbst der Ritter sein.

Das bedeutet nicht, dass ich nicht auch manchmal weinte oder Angst hatte. Die Albträume mit Mum als Hauptperson überfielen mich nachts um drei oder schlichen sich im Morgengrauen an und bliesen ihren Atem in meine Brust. Wenn ich es mir gestattete, darüber nachzudenken, was mit Mum passiert war, oder wenn ich mir einen ganz anderen Freitag vorstellte, einen, an dem ich einfach mit den Kindern übers Wochenende zu ihrer Großmutter fuhr, dann wurde mir schwindelig vor lauter Unglauben und Sehnsucht. Das Grauen von Mums täglichem Leben machte es fast unmöglich, die Vergangenheit loszulassen. Der emotionale Schmerz wurde zu einer Art Zufluchtsort, weil er so vertraut war. Ich war fast süchtig danach, mich ins Schweigen zu flüchten, indem ich der galoppierenden Angst nachjagte, die in mir donnerte. Ich trieb sie eher noch an, als dass ich sie zügelte.

Es fühlte sich gut an, mir selbst wehzutun, mich in einer Kiste im Dunkeln einzusperren, wenn ich den Erinnerungen an Mum nahe sein wollte. Mein Leben mit den Kindern war so schön und weich, aber ich brauchte auch einen dunklen Ort ohne sie, wo ich mich selbst zu Tode erschrecken konnte, um mich lebendig zu fühlen. Ich sehnte mich nach schnellen, kraftvollen Bewegungen und dem Gefühl der Angst. Auf Rennpferden im donnernden Galopp über die Berge zu reiten – dabei fand ich diese Angst wieder. Und Sex wurde zu einer seltsamen Art von Strafe. Es gefiel mir nicht, wenn einer der Männer, mit denen ich schlief, sagte: »Ich will Liebe mit dir machen.« Dann lief ich weg, denn ich brauchte etwas anderes: eine Art Gewalt, hinter der ich mich vor dem Rest meines Lebens verstecken konnte. Von den Männern, mit denen ich fickte und die mich fickten, erwartete ich keinen Respekt, und ich erwies ihnen auch keinen Respekt. Es war, als wäre mein Leben in verschiedene Schachteln aufgeteilt.

Mum lebte, war aber unerreichbar. Meine Sehnsucht nach ihr und nach diesem Ort, den man »Zuhause« nennt, machte mich wieder zum Kind. Ich fühlte mich wie ein Baby, das weinte, ohne dass die Mutter es hörte, ohne dass die Mutter zu ihm kam. Ein Baby, das allein in seinem Bettchen lag und sich nach einem Mobile über seinem Kopf ausstreckte, das es nicht erreichen konnte. Wenn ich im Pflegeheim neben Mum saß und ihre Hand hielt, während ich von Dollys zweitem Geburtstag oder Jimmys erstem Schultag erzählte, fühlte ich mich entsetzlich abgeschnitten von der Frau, die sie einmal gewesen war. Manchmal fragten Freunde, ob mir irgendetwas an ihr noch vertraut vorkam, irgendeine wichtige innere Perle der Mutter und Frau, die sie einmal gewesen war. Die Pflegekräfte sahen solche Dinge, aber meine Geschwister und ich hatten große Mühe damit.

»Ich weiß, ich sollte das nicht sagen, aber Charlotte ist unser Liebling«, sagte eine der Schwestern einmal zu mir und gab damit etwas wieder, das ich im Laufe der Jahre in den verschiedenen Heimen immer wieder gehört hatte. Nachdem das Heim in Norfolk geschlossen hatte, war sie nach Oxfordshire gezogen. »Sie hat Humor, und oft drückt sie mir die Hand, wenn ich ihr Bett mache oder ihre Windeln wechsle. Sie ist ein echter Schatz.« Irgendwie fand Mum in ihrem Zustand wohl doch Kontakt zu den Engeln, die sie umsorgten. Sie alle kannten sie nicht aus der Zeit vor dem Unfall, aber sie sahen etwas Helles und Liebevolles in ihr, das auch vorher schon dagewesen war. Uns Angehörigen blieb das oft verborgen. Manchmal ignorierte sie mich regelrecht, wenn ich mich neben sie setzte. Zu anderen Zeiten zerrte sie an meinem Shirt, als wollte sie es zerreißen, oder drückte meine Hand, bis es wehtat. Aber sie setzte diese Kraft nie ein, um mich zu umarmen. Sie küsste mich auch nicht, wenn ich mein Gesicht zu ihr hinunterbeugte, um sie zu küssen, und in der Regel schob sie die Bilder weg, die Jimmy und Dolly ihr gemalt hatten, ebenso wie die Fotos, die ich ihr zeigte. Dann stöhnte und würgte sie oder starrte mich mit halb geschlossenen Augen an. Wenn Freunde mich fragten, wie sie sich verhielt, schmerzte es immer, sie zu beschreiben: diese verschiedenen Versionen eines Menschen, denen ich begegnete, wenn ich das Heim betrat. Abgesehen von der liebevollen Beziehung zu den Schwestern hatte sie sich komplett verändert, aber der Gedanke an Mum, die in diesem veränderten Zustand ein neues Leben führte, tat mir im Herzen weh.

Bei Patienten mit schweren Hirnschädigungen spricht man oft von einem »vegetativen Zustand«, aber dieser Begriff traf auf Mum nicht zu. Oft genug zeigte sich, dass ein paar Gedächtnisfunktionen noch vorhanden waren, dass sie wusste, was mit ihr passiert war. Da sie aber nicht kommunizieren konnte, nicht einmal durch einfachste Zeichen oder mit Hilfe eines Stiftes, fanden wir nie wirklich heraus, was sie dachte oder empfand. Ich weiß nicht, ob meine Mutter mich nach dem Unfall jemals als Clover, ihre jüngste Tochter, erkannte. Ich habe keine Ahnung, ob sie mich mochte oder liebte, wenn sie mich sah. Vielleicht wandte sie nur deshalb so oft den Blick von uns ab, weil wir sie einfach zu traurig machten.

Das Einfachste war es meist, bei ihr zu sitzen und gar nichts zu sagen. Als die Kinder noch ganz klein waren, nahm ich sie gern mit, weil sie den anderen alten Menschen im Heim so viel Freude bereiteten. Aber nach jedem Besuch war ich am Ende immer völlig verzweifelt und niedergeschlagen, weil ich keine Verbindung zu Mum gefunden hatte. Ich hasste mich dafür, aber oft genug hasste ich auch die Frau, die da im Pflegeheim saß, würgend und stöhnend, und mit dem Fuß auf den Boden tippte, während sie sorgsam ihren Tee schlürfte und mit ihrem zahnlosen Mund zischende Geräusche von sich gab, diese makabre Imitation meiner Mutter, die sie mir genommen hatte.

Etwa zehn Jahre nach dem Unfall hörte ich auf, daran zu glauben, dass es Mum irgendwann besser gehen würde, wenn ich nur genug betete. Von da an wünschte ich ihren Tod herbei. Auf dem

Weg ins Pflegeheim umklammerte ich jedes Mal zunehmend hektischer atmend und mit pochendem Herzen das Lenkrad. Ich wäre gern zur Mörderin geworden und hätte ihrem Leben ein Ende bereitet. In meinem Kopf kreiste eine Art zeitlupenartige Trauer, wenn ich mir vorstellte, noch weitere fünf, zehn, zwanzig, dreißig oder gar vierzig Jahre bei Mum in einem Pflegeheim zu sitzen und hinter dem zerbrochenen Spiegel dessen zu leben, was geschehen war. Als sie bei dem Unfall verloren ging, war sie gerade einmal zweiundfünfzig, und in ihrer Familie lebten die Leute in der Regel lange. Ihre Tante fuhr bis zu ihrem Tod im Alter von einhundertvier Jahren mit ihrem Shetlandpony und einem Wägelchen über Land; meine Großmutter starb mit siebenundneunzig. Wenn ich an Mum dachte, hielt ich mir oft die Hände vor die Augen, als sähe ich einen Horrorfilm, aber wenn ich genauer hinschaute, sah ich Jahrzehnte, in denen die Folgen des Unfalls sie immer weiter in ihre fremde Welt hineinzogen und dabei Trauma in unser aller Leben sickern ließen wie schwarze Tinte, die ein sauberes Löschpapier durchtränkte. Oft fühlte es sich an, als säßen wir in einem Zeittunnel fest, eingefroren an jenem 25. November 1991, als Mum von ihrem Pferd gestürzt war. Ich sah mich und meine Geschwister, gegen eine dicke Glasscheibe gepresst, unfähig uns zu bewegen, während wir uns mit aller Kraft dagegenstemmten, um diesen Moment zu überwinden. Ihr Tod wäre die bessere Alternative gewesen. Dann wäre ihr Schmerz endgültig vorbei gewesen, anstatt dauerhaft konserviert zu werden, während er immer schwerer und größer wurde, je mehr Zeit verging.

Sie sah auch nicht mehr aus wie meine Mutter, aber wenn ich sie sah, tat sie mir entsetzlich leid: eine Frau in tiefem Schmerz, schwer geschädigt und ohne Lebensfreude. Die Arztberichte erzählten von einer körperlichen und emotionalen Katastrophe nach der anderen. Sie konnte nicht lächeln oder lachen, es gab nur noch diese seltsame, würgende Imitation eines Geräuschs. Die Töne, die sie von sich gab, klangen gestresst und erinnerten mich an das, was ich selbst empfand, an die Töne, die ich selbst am liebsten hervorbringen wollte, wenn ich an sie dachte oder einen Nachmittag mit ihr verbrachte. Jede Woche riefen die Schwestern an, berichteten von neuen Harnwegsinfektionen, die ihnen Angst machten, von ihrer Schlaflosigkeit, die dazu geführt hatte, dass sie in der Nacht gefallen war, und von erneuten epileptischen Anfällen, woraufhin man sie ins Krankenhaus hatte einliefern lassen müssen. Wenn ihr Hausarzt anrief und mir in aller Ruhe erzählte, sie hätte ein Ekzem am gesamten Körper, das blutete und wund wurde, wo es sich aufgrund ihrer Inkontinenz entzündete, dann schrie ich nach dem Ende des Gesprächs in das schweigende Zimmer um mich herum.

Mein Gott, hat sie denn noch nicht genug gelitten?

Das Leben, das Mum mit uns vor dem Unfall geführt hatte, war nicht nur verschwunden, sondern zerschlagen, zerfetzt, zerbrochen, ruiniert. Mums Unfall war kein einmaliges Ereignis, sondern ging immer weiter, jahrzehntelang, ohne Ende. Er quälte mein Herz zu Tode.

Ich bemühte mich, meine innerlichen Wunden vor den Kindern zu verbergen, aber manchmal überkam es mich, und ich konnte es nicht länger verstecken. Ein paar Töne eines bestimmten Liedes, Worte aus einem Kinderbuch, das sie mir vorgelesen hatte, selbst das plötzliche Aufblitzen von Trollblumen in einem Graben oder ein Feld Blauglöckchen im Wald konnten mich zum Weinen bringen. Dann umarmte Jimmy mich, vergrub seinen Kopf, der immer nach Vollkornkeksen roch, an meinem Hals und hielt mich mit seinen warmen, molligen Händchen ganz fest. »Ist schon gut, Mum, du darfst traurig sein wegen deiner Mum. Ist schon gut.« Er war erst vier Jahre alt, aber er verstand alles.

Dagegen war mein Leben mit den Kindern in Oxford warm und süß. Hin und wieder ging ich mit ihnen ins Hot Chocolate Cottage, und in diesem ersten gemeinsamen Sommer zu dritt kaufte ich für tausend Pfund bei eBay ein Wohnmobil. Es hatte eine winzige Resopalküche und dunkelblaue Plastiksitze, die man zu einer buckeligen Matratze umbauen konnte. Das Lenkrad war groß wie ein Wagenrad, und man parkte damit am besten an einem Hang, weil der Anlasser nicht immer funktionierte. Wir fuhren im Regen nach Cornwall und besuchten eine Freundin, die ein rosa gestrichenes Haus am Strand gemietet hatte. Dolly war erst ein Jahr alt und konnte noch nicht laufen; ich trug sie auf der Hüfte in die Brandung, während Jimmy immer wieder mit einem breiten Grinsen im Gesicht ins Wasser und wieder hinaus rannte und die nassen Haare ihm im Gesicht klebten.

Wir schrieben uns Liebesbriefe im Sand, aßen Krabbensandwiches und fingen Makrelen, die wir in der Abenddämmerung auf einem Einweggrill am Strand grillten. Zurück fuhren wir an der Küste entlang durch Devon, übernachteten auf Campingplätzen und aßen Fish & Chips an den Stränden. Nachts schliefen wir alle eng aneinandergeschmiegt als Dreierbande auf der Matratze im Heck. Dolly lag in meiner Armbeuge, und Jimmy stellte mir unendlich viele Fragen über die Welt, die sich um ihn herum so schnell veränderte.

»Warum müssen Hunde an die Leine? Glaubst du, ein Floh ist größer als eine Laus? Warum kann man Fürze nicht sehen? Mum, glaubst du wirklich, dass jede Schneeflocke anders aussieht? Wie kann man das rausfinden? Und Mum, wann bekommen wir ein eigenes Gespenst im Haus?«

Als die Ferien vorbei waren und ich zurück in Oxford war, fing ich wieder an zu schreiben. Ich arbeitete für billige Anzeigenblätter und Finanz-Websites, Babyzeitschriften und ein paar landesweite Wochenblätter. Ich schrieb in unterschiedlichen Tonarten und begriff bald, dass ich auf diese Weise in der einen Woche einen Artikel über die Credit Suisse schreiben konnte und in der nächsten Woche einen saftigen Text über vorgespielte Orgasmen für die Lifestyle-Seite einer landesweiten Zeitung. Manchmal bekam ich Anfragen für Reiseberichte und war fast sprachlos, dass man mich dafür bezahlte, mit den Kindern ein paar Tage in eine Blockhütte in Norwegen zu fahren oder ein neues Wellnesshotel in Estland auszuprobieren. Was für ein Luxus!

Andere Reiseaufträge musste ich getrennt von den Kindern erledigen, hier und da mal eine Woche, alle vier bis fünf Monate. Aber bis ich Zour kennenlernte, bestand mein Wunsch, von zu Hause wegzukommen, in kaum mehr als der Vorfreude auf ein paar Tage Ferien, die ich als bezahlte Arbeit tarnen konnte.

Als Zour in mein Leben trat, änderte sich das. Bei unserem ersten Treffen saß er auf einem Pferd. Natürlich, wo auch sonst. Auf einem trippelnden, muskulösen Fuchs mit heller Mähne, der endlos mit einem Mann auf dem Rücken im Kreis galoppierte. Ich stand in der Scheunentür, und irgendwann schaute der Mann kurz zur Seite und fing meinen Blick auf, bevor er schnell wieder das Pferd und den Sandkreis ansah, in dem es galoppierte. In einem hypnotisierenden Rhythmus schlugen die Hufe auf den Boden.

Zour gehörte zu einer Kosakengruppe, die Nell in jenem Sommer für ihren Zirkus engagiert hatte. Aus der kleinen Truppe, mit der sie und ihr Mann in dem Sommer angefangen hatten, als Jimmy geboren wurde, war ein richtiges Unternehmen mit dreißig oder vierzig Artisten, Musikern und Arbeitern geworden, die in ihren Zirkuswagen jeden Sommer durch den Süden Englands reisten.

Es wunderte mich nicht, dass Nell einen Zirkus gegründet hatte, auch wenn die meisten Leute, die mich nach ihr fragten, erstaunt reagierten: »Einen eigenen Zirkus? Einen richtigen, echten Zirkus?« Nell hatte schon als Kind vorgeschlagen, wir sollten den Katzen Puppenkleider anziehen und sie in Puppenwagen herumfahren. Während ich als Kind bei jedem Fest mit den Babys spielte, plante Nell mit den Siebenjährigen eine Theatervorstellung. Als eine Nachbarin sie bat, das Geburtstagsfest für ihre Tochter zu organisieren, dachte sich Nell eine Zirkusparty aus. Für mich war nach Mums Unfall die Gefahr der galoppierenden Pferde ein Trost gewesen – Nell fand ihren Trost, indem sie die Kraft der Pferde in der Manege feierte.

Ich hatte immer schon viel Zeit in Nells Zirkus verbracht, aber in diesem Sommer wurde ein Vollzeitjob daraus. Ich leitete ein chaotisches Backstage-Café, brutzelte Bacon, schmierte Käsesandwiches und kochte literweise Tee für die Artisten. Jimmy war erst vier, Dolly noch keine zwei Jahre alt, wir konnten Oxford also einfach so verlassen. Ich schrieb eine wöchentliche Zeitungskolumne über das Leben in einem Wanderzirkus, und der Sommer wirbelte vorbei wie ein Karussell. Zour lud mich oft in seinen Wohnwagen ein, wo er Hühnersuppe mit Petersilie und ein Reisgericht mit Kümmel kochte, das er *plov* nannte. Er stellte den Kindern Süßigkeiten hin und schenkte Wodka an all die Künstlerkollegen aus, die sich in seinem Wagen drängten. Manchmal spürte ich, dass er mich beobachtete, und nach der Eröffnungsshow, als alle anderen Artisten gegangen waren, zog er mich in seinen Wagen, wo ich dann auch den Rest des Sommers verbrachte.

Sein Job bestand unter anderem darin, sich in Pelze zu kleiden, in der Manege vom Pferd zu stürzen und den anderen irgendetwas auf Russisch zuzurufen. Aber er erzählte mir auch von seiner Heimat Ossetien, dem Bergland in der Nähe von Tschetschenien, das man manchmal mit dem Garten Eden vergleicht.

»In Ossetien, jeder kennt Krieg und betet für Frieden«, sagte er. Zwischen seinen Augen verlief wie ein Blitz eine gezackte Narbe. Zour erzählte mir von seiner Kindheit und Jugend während der Auflösung der Sowjetunion und von den Folgen des Krieges in Tschetschenien. »Sehr, sehr kreeminelle Zeit«, sagte er und betonte das Wort dabei so, dass es wie der Name eine Gesichtscreme klang. Wir sprachen ein so gebrochenes Englisch miteinander, dass ich mich manchmal fragte, ob wir überhaupt von denselben

Dingen redeten. Nach seiner Ausbildung als Athlet war der Zirkus für ihn ein Ausweg aus der Kriminalität gewesen.

»Ich gehe Zirkus oder Interpol«, erklärte er fröhlich. Er war unwiderstehlich, ich musste mich einfach in ihn verlieben, auch wenn wir unterschiedliche Sprachen sprachen, auch wenn er in Ossetien verheiratet war, auch wenn er noch mehr trank als Dan. In diesem Sommer spielte das alles keine Rolle, weil ich mich in einem Ausnahmezustand befand. Die einzige Welt, die zählte, befand sich im Kreis der Zirkuswagen.

»Zeit vergeht schnell«, sagte er eines Nachts zu mir, als wir in seinem schmalen Bett im Wohnwagen lagen. »Wenn ich gehe, komm mich besuchen. In mein Land. Versprich mir. Du kommst in die Berge. Wir nehmen Pferde und reiten. Versprich mir, wenn ich gehe weg von England, du kommst, Clover.« Es war wie Honig und Sirup, die aus einer Orchidee tropften. Ich wäre ihm überallhin gefolgt.

Wladikawkas ist die Hauptstadt Nordossetiens. Der Name bedeutet »Herrscher des Kaukasus«. Neben den Bergen waren ossetische Traditionen Zours große Leidenschaft. Er zeigte mir Fotos von der Stadt mit den goldenen Zwiebeltürmen der russisch-orthodoxen Kirchen, aber die Rituale, die er mir beschrieb, waren Teil einer heidnischen Tradition, die mich sehr an die Steinsetzungen am Ridgeway erinnerte. Wenn er mit nacktem Oberkörper am Herd seines Wohnwagens stand und Kräuter für die Hühnersuppe hackte, erzählte er mir Legenden von den Nart-Helden und von Uastirdschi, dem indo-iranischen Kriegergott, den die Osseten ähnlich verehren wie wir den heiligen Georg. Er beschrieb ein Leben, das geprägt war von Festen und vom Essen, und das sich um die Blutbande drehte, die Familien, Freunde und Brüder miteinander verband. Als er mich nach englischen Bräuchen fragte, fielen mir nur Fish & Chips und die Morris Dancers ein. Dann sagte ich überhaupt nichts mehr, als er mir Videos der ossetischen Nationaltänze zeigte, mit Männern in schwarzen

Kriegerroben mit Ledergürteln, die mit spitzen Messern umeinander herumwirbeln.

Auf der Suche nach irgendetwas Altenglischem, das ich ihm zeigen könnte, nahm ich ihn mit zum White Horse Hill. Es war Ende August, und der Tag war so warm und still, dass die Schirmchen der Pusteblumen regungslos im Abendlicht hingen und der Klang der Kirchenglocken im Tal bis zu uns hinauf zu hören war. Zour wollte alles über Artus hören, den er für den größten aller englischen Könige hielt.

»Es gibt eine Legende, die besagt, dass Artus nicht tot ist, sondern nur schläft«, sagte ich, als wir den Berg hinaufstiegen, während die Landschaft gelb und erschöpft in der Augusthitze hinter uns zurückblieb. »Wenn England ihn irgendwann wirklich dringend braucht, wird er aufstehen und kämpfen. Und wenn das geschieht, so besagt die Legende, dann wird das weiße Pferd sich aus dem Gras erheben und auf dem Dragon Hill stehen.«

Zour blieb oberhalb des Pferdes stehen und stampfte auf den Boden. »Artus«, murmelte er. Und dann erzählte er mir in der heraufziehenden Dunkelheit von den Alanen, den umherziehenden Reiterkriegern, die einst die Steppen östlich des Schwarzen Meeres heimgesucht hatten. Sie waren wild und unschlagbar, und als sie im Jahr 175 n. Chr. auf die Römer trafen, erkannten diese ihre außergewöhnlichen Fähigkeiten als Reiterkrieger und entsandten eine Truppe Alanen nach Britannien. Der Anführer dieser Truppe wurde in Northumberland zur Legende. Er hieß Artoris, und Zour glaubte, er sei der wahre König Artus.

»Artus war unser Bruder und euer König. Er war Ossete, Clover. Artoris, der Alane«, sagte er, packte mein Handgelenk und zog meinen Ärmel hoch. Dann drehte er sein eigenes Handgelenk um, sodass die Adern an unseren Armen zu sehen waren. »Weißt du das nicht? Du und ich, wir haben gleiche Geschichte. Gleiches Blut.« Er ließ mein Handgelenk los, zog ein Taschenmesser hervor und schnitt sich in den Daumen, sodass rotes Blut hervorsprang. Dann nahm er meine Hand, schnitt auch mir blitzschnell in den Daumen und drückte unsere Daumen zusammen, sodass sich unser Blut vermischte. »Siehst du? Wir machen böse Dinge. Du und ich, wir sind gleich.«

Zours Versprechen faszinierten mich, natürlich taten sie das, aber es war nicht leicht, ihm nach Ossetien zu folgen. Der Krieg mit Tschetschenien war vorbei, aber überall im Kaukasus gab es Entführungen und willkürliche Bombenangriffe. Im Sommer, bevor ich Zour kennenlernte, wurde Beslan, eine Vorstadt von Wladikawkas, von einem entsetzlichen terroristischen Anschlag tschetschenischer Separatisten getroffen. Sie griffen eine Grundschule an, nahmen 1100 Lehrkräfte und Kinder als Geiseln und ermordeten 385 von ihnen. Das britische Außenministerium empfahl, nur die allernotwendigsten Reisen nach Nordossetien zu unternehmen, und es war klar, dass der »unruhige Nordkaukasus«, wie er in den Nachrichten immer wieder genannt wurde, kein Touristenziel war.

Ich wusste um das Risiko, aber das bestärkte mich nur in meinem Entschluss. Zour bot mir ein unglaubliches Abenteuer an, und nichts würde mich aufhalten. Ich packte sexy Unterwäsche und ein paar enge neue Miniröcke ein. Jimmy und Dolly freuten sich auf Ferien mit Dan und seiner Familie. Und ich hielt mich ohnehin für unzerstörbar und glaubte, etwas so Furchtbares wie der Unfall meiner Mutter könne meinen Kindern unmöglich zustoßen. Der Blitz schlägt nicht zweimal an derselben Stelle ein, redete ich mir ein.

Zour holte mich in Moskau am Domodedowo-Flughafen ab und umarmte mich so heftig, als wäre ich gerade aus einem Kriegsgebiet zurückgekehrt, nicht er. Wir blieben die ganze Nacht wach, lachten über alles, was der andere sagte, und genossen wie Verhungernde jede gestohlene Sekunde, die wir miteinander verbringen konnten. Das Geld für die Reise hatte ich mir mit dem Auftrag für einen Artikel darüber verdient, aber nach einem Tag als Touristin im Kreml und auf dem Roten Platz wollte ich die andere Seite der Stadt sehen, das wahre Leben der Menschen dort. Zour zuckte mit den Schultern, kniff mir ins Kinn und küsste mich stürmisch: »Was du willst, ich bringe dir.«

Wir fuhren mit der Metro so weit wie möglich hinaus in den Norden der Stadt, warteten im Schnee und rauchten eine Zigarette, bis ein Auto mit schwarz verklebten Fenstern erschien und Zour mich hineinschob. Auf dem Boden des Wagens lag eine Kalaschnikow, und drinnen saßen vier Männer in schwarzen Mänteln, die Zour wie einen Bruder begrüßten. Der älteste von ihnen, Aslan, war etwa fünfzig. Er zog Zour auf den Beifahrersitz, während ich mich hinten zwischen zwei Männer quetschte. Das Auto wurde nur von ihren Zigaretten geheizt, und bald wurden meine Zehen in den hochhackigen Lederstiefeln zu Eiszapfen. Ich hörte die russischen Stimmen neben mir, und eine intensive männliche Energie erfüllte den Wagen. Irgendwann fing Zour meinen Blick im Rückspiegel auf.

»Werde ich jetzt entführt, Zour? Geht das so schnell?«, fragte ich. Er lachte und übersetzte den anderen meine Frage. Alle lachten, aber sie fuhren weiter. Sie sahen sich sehr ähnlich – kurz geschnittene dunkle Haare und wettergegerbte Haut, die sich straff über slawische Wangenknochen zog. Plötzlich öffnete der Mann neben mir die Hand und zeigte mir eine kleine Silbermünze mit einem aufgeprägten Bild von Reiter und Drache.

»Nimm es, Clover«, sagte Zour, der mich im Spiegel beobachtete. »Das ist heiliger Georg. Für sichere Reise. Nimm es. Morgen wir nehmen Zug nach Ossetien, aber heute wir bleiben nahe Moskau.«

Wir fuhren noch eine Stunde, bis die grauen, schneebedeckten Hochhäuser einer leereren Landschaft wichen und nur noch ein paar einzelne Häuser an den Straßen standen. Irgendwann zündeten sich die Männer einen Joint an, der den Wagen mit seinem Kräuterduft erfüllte. Ich lehnte mich an die Schulter des Mannes, der mir den silbernen Talisman gegeben hatte, und schlief. Als ich wach wurde, standen wir neben einem vergitterten Kiosk, wo Zour Zigaretten und eine Flasche Cola kaufte. In der Woche zuvor hatte es vor diesem Laden eine Schlägerei gegeben, bei der einem Mann mit einem Spaten die Hand abgehackt worden war, wie Zour mir fröhlich erzählte, während das Auto vor einem kleinen Haus anhielt. Eine Frau mit langen roten Haaren öffnete die Tür. Die Wärme aus ihrer Küche ließ den Schnee auf der Schwelle schmelzen.

»Meine Frau, Zina«, erklärte Aslan. Die Frau umarmte mich. Ihre Mutter, die hinter ihr stand, schaukelte ein kleines Baby auf dem Arm, nicht älter als einen Monat. Zour erklärte mir, sie seien Tschetschenen und hätten Grosny während des Krieges verlassen. Im Hintergrund plärrte ein Fernseher mit Nachrichten, die ich nicht verstand. Zour und Aslan brachten komplizierte Trinksprüche aus, auf dem Tisch standen geraspelte Möhren, Wurst in Scheiben, eingelegte Gurken und in Stücke geschnittener Honigkuchen. Stundenlang, so schien es mir, saßen wir am Tisch, aßen und tranken und brachten immer wieder Trinksprüche aus, bis ich völlig erhitzt und erschöpft war. Zour ging mit mir nach draußen, und wir spazierten durch den Kiefernwald in der Nähe des Hauses. Der Schnee knirschte unter unseren Stiefeln, aber die Luft roch grün und scharf. Auf einer Lichtung, unter einem Baum mit winzigen Holzäpfeln blieben wir stehen. Sie schmeckten kalt und sauber nach der Hitze in Zinas Küche. Zour stand still neben mir, und der leise fallende Schnee sammelte sich in seinen schwarzen Haaren. Im Halbdämmer tauchte auf einmal ein Kind aus dem Nichts auf. Es stand ganz still und beobachtete uns.

»Alles in Russland ist fremd und hart«, sagte Zour und reichte mir noch einen der kleinen Äpfel. Seine Finger berührten mein Kinn, als er mein Gesicht zu sich heranzog, aber er küsste mich nicht. Ich drehte mich um und ging auf die Lichtung, weg von seiner intensiven Gegenwart. Der Schnee fiel unablässig und beruhigend, und als ich mich wieder zu ihm umdrehte, war das Kind verschwunden. Die ganze Szene war wie verzaubert, und ich erinnere mich daran wie an einen weißen Traum.

Dann kam die stockdunkle Nacht. Im Haus saßen die Männer in einer Ecke, und ihre Stimmen füllten das Zimmer, während Zina und ich versuchten, mit Händen und Füßen ein Gespräch zu führen. Ein paar Worte der Männer verstand ich: Perestroika, Gorbatschow, Moskau, aber im Grunde waren ihre Stimmen nur ein leises Hintergrundsummen, das ich auch noch hören konnte, als ich in einem Zimmer im Obergeschoss auf einer Matratze neben Zina, ihrer Mutter und dem Baby einschlief. Die Stimmen wurden die ganze Nacht hindurch nicht leiser, und auch der Fernseher blieb an. Nacht und Tag gingen ineinander über; ich war benommen, wie betrunken vom Schlaf und der Hitze im Haus. Irgendwann wurde es wieder hell, Zina machte uns wieder etwas zu essen und stellte gebratenen Reis mit Datteln, klare Suppe mit Klößchen und Schweineschnitzel auf den Tisch. Die Frauen gingen nicht aus dem Haus und beschwerten sich auch nicht, als Aslan und Zour plötzlich eilig im Auto verschwanden, als wäre etwas Wichtiges passiert. Nach zwei Stunden kamen sie wieder, und Zour befahl mir, sofort meine Sachen zu packen. »Wir müssen jetzt zum Zug, in den Kaukasus. Aber erst will ich dir Pferde zeigen.«

Er nahm mich mit zu den Kosaken im Moskauer Staatszirkus, wo er vor fast zwanzig Jahren einmal gearbeitet hatte, und führte mich durch ein Labyrinth von Korridoren mit Garderoben, vorbei an Mädchen in Netztrikots und mit knallroten Lippen, die mich mit glasigem Blick beobachteten. Zour kannte die meisten von ihnen, rief Grüße in die Garderoben, wo schlanke Gestalten sich in Trikots zwängten, Grüße zurückkreischten und ihm Kusshändchen zuwarfen oder seine ausgestreckte Hand drückten. Der letzte Raum war die Umkleide der Kosaken. Dort gab es weder Lippenstift noch Trikots, dafür aber eine ganze Wand voller

St.-Georgs-Ikonen und ein Dutzend Männer, die sich Pelzwesten und Lederstiefel anzogen, als würden sie in den Krieg ziehen. Wie in Zinas Küche gab es einen Tisch mit Tellern voller Fleisch, eingelegtem Gemüse und Kräutern.

Als die Männer Zour sahen, zogen sie sich Hocker und Kisten heran. »Kleine Party«, erklärte Zour und reichte mir ein Glas Wodka. Die Männer saßen dicht beieinander und umarmten sich, und als Zour meine Überraschung sah, erklärte er: »Wir nennen uns Brüder, weil wir gleiches Leben, gleiche Träume haben.«

Später ging er mit mir die Treppe hinunter zu einer Trainingsmanege, in deren Mitte ein Mann stand, umgeben von sechs muskulösen braunen Pferden, die im Kreis um ihn herumgaloppierten.

»Schöne Pferde, hm?«, sagte Zour. Ich nickte und riss mich zusammen, um mich nicht über die Brüstung zu lehnen und eines der glänzenden Tiere zu berühren, die immer noch galoppierten. »Dieser Zirkus war zweites Zuhause. Ich bin hier aufgetreten, immer und immer wieder, mit Kosaken.« Nur zu gern wäre ich geblieben und hätte mir die Vorstellung angesehen, die in einer Stunde beginnen sollte, aber dafür hatten wir keine Zeit. Wir mussten zum Zug.

Die schnellste Art, von Moskau nach Wladikawkas zu reisen, ist das Flugzeug, aber Zour hatte mir von dem Zug erzählt, der sich an der russischen Westgrenze zur Ukraine entlangschlängelte, in Rostow am Don hielt und dann zwei Nächte und drei Tage durch die Steppe ratterte – dreitausend Kilometer Richtung Süden, bis zu den Bergen. Wir verließen den Zug in diesen drei Tagen nur kurz und lebten in unserem Abteil, streckten uns auf den roten Samtpolstern des Liegewagens aus und spielten Karten, mit einer blauen Glasvase mit einer künstlichen Rose zwischen uns. Es war wie Hypnose: die Bewegung des Zugs, die Hitze im Abteil und das sichere Gefühl, Zour ganz nah bei mir zu haben. Er verließ den Zug jedes Mal nur widerwillig, wenn er an den winzigen Bahnhöfen aus dem Wagen sprang, um für ein paar Rubel Rote-Bete-Salat und Tomaten in der Flasche, heißen Kirschkuchen und Plastikbecher mit Joghurt zu kaufen. Ab und zu kauften wir Gläser mit heißem Kaffee bei der *prowodniza*, einer Frau mittleren Alters in hellblau-goldener Uniform, die mit rasselndem Schlüsselbund durch die Wagen ging und mit der man sich nicht anlegen durfte. Zour flirtete ein wenig mit ihr und überredete sie, die Wodkaflaschen zu ignorieren, die er mitgebracht hatte. Und natürlich durften wir in unserem Abteil rauchen. Manchmal waren die Bahnsteige menschenleer. Auf anderen Bahnhöfen liefen Männer durch den dichten Schnee und hielten Stangen mit Räucherfisch in die Höhe. »*Ryba, ryba, ryba!*«, riefen sie. An den meisten Bahnhöfen stiegen Händler ein, die bis zum nächsten Halt mitfuhren. Sie verkauften Honig, fein gewebte Schals aus Ziegenhaar, Goldarmbänder, Kaschmir und Tüten mit bunten Stofftieren. Zour kaufte mir einen ganzen Arm voll für meine Kinder.

Der Zug schlängelte sich den Don hinunter bis nach Rostow, und Zour erklärte mir, wenn Kiew die Mutter der Russenmafia sei, dann sei Rostow der Vater. Dort stieg ein ganzes Regiment russischer Soldaten ein. Sie waren auf dem Weg nach Grosny, und ihre Gesichter waren rot vom Schnaps und von der Aufregung. Am Ende des Bahnsteigs sah ich ein Mädchen in einem engen Mantel aus Leopardenfell. Sie lehnte sich an einen Mann in blauer Uniform und flüsterte ihm etwas ins Ohr.

»Sehr kreeminelle Gegend hier«, sagte Zour, der mich beobachtete. Ich erklärte, ich hätte keine Angst und würde mich umso sicherer fühlen, je näher wir seiner Heimat kämen. Er lächelte. »Soll ich dir richtiges Leben im Kaukasus zeigen? Richtige Leute? Manchmal Verbrecher sehr kreeminell, aber ich zeige dir alle.« Ich schauderte und öffnete ein paar Mal meine Hand, um die Anspannung loszuwerden.

Bevor wir in Wladikawkas ankamen, legte Zour beide Hände auf den Tisch, weil er mir etwas sagen musste.

»Zweimal ich lüge, Clover«, sagte er. Das Lächeln war aus seinem Gesicht verschwunden.

Eines Abends hatte ihn im Zirkus in England ein großes, hageres Mädchen in engen schwarzen Hosen und roter Spitzenwäsche besucht. Er hatte behauptet, sie sei seine Cousine, aber jetzt sagte er mir, sie sei seine Freundin. Außerdem hatte er zweimal mit seiner Frau geschlafen, bevor er losgefahren war, um mich abzuholen. Er erzählte mir all das mit ernster Miene, als hätte er Angst, mich zu schockieren.

Ich blickte hinaus in die Steppe, die endlos an unserem Fenster vorbeizog. Wir hatten nur noch diese wenigen Momente, und ich wollte nicht, dass er mir wehtat. Als der Zug an einem verlassenen Bahnhof anhielt, sah ich, wie sich ein Mann einen Weg über den Bahnsteig bahnte und den Schnee zu immer größeren Haufen auftürmte.

»Zour, diese Dinge machen mir nichts aus. Ich bin nicht deine Frau, und ich gehöre nicht dir. Ich bin jetzt hier, für heute. Verstehst du das?« Er kniff die Augen zusammen und nickte, aber ich wusste, dass die Kluft zwischen uns zu groß war, um einander wirklich zu verstehen.

Zour lebte nicht mit seiner Frau zusammen, aber er sagte ihr, ich sei eine Journalistin, die einen Begleiter bräuchte. Zu dieser Zeit war ich wirklich gut darin, mein Leben stückweise zu leben. Ich konnte die Dinge, die ich sehen wollte, ganz genau ansehen und andere Dinge aus meinem Blickfeld schieben. In Russland ist es normal, dass ein Mann mit einer Frau schläft, mit der er nicht verheiratet ist, also ignorierte ich die Tatsache, dass er verheiratet war und Kinder hatte, die so klein waren wie meine eigenen. Für seine Frau stellte ich keine Bedrohung dar, ebenso wenig wie sie für mich. Sie lebte mit ihren zwei Jahre alten Zwillingen außerhalb von Wladikawkas, und Zour brachte mich ohne Umwege in die Wohnung, in der er aufgewachsen war und sein gesamtes Erwachsenenleben verbracht hatte. Er balancierte einen orange und weiß emaillierten Kessel auf einem Kocher aus sowjetischen Zeiten, und das Wasser darin fing sofort an zu kochen. Dann zog er die schwarze Jacke aus, die er während der Reise getragen hatte, und die blauen Sporthosen an, in denen ich ihn den ganzen Sommer über gesehen hatte. Wieder erzählte er mir von den Bergen, die wir sehen würden, den Pferden, auf denen wir reiten würden, dem Spaß, den wir zusammen haben würden. Er schenkte zwei Gläser Wodka ein, ließ mich auf unsere sichere Ankunft trinken und zog mich an sich. Und dann drückte er mich gegen den Tisch und war plötzlich überall um mich herum und in mir drin.

In Ossetien gab es überall Pferde. Wir fuhren drei Stunden aus der Stadt hinaus in die Berge, in einem Auto voller Zigarettenrauch und elektronisch verfremdeter Volksmusik, durch Dörfer, in denen die Hunde hinter uns her bellten und alte Frauen in schwarzen Kleidern auf den Straßen standen. Die Landschaft war saftig grün, bis wir die höheren Bergregionen erreichten, wo die Luft kalt war wie Eisen und Schnee über die Straße wehte. Am Ende der asphaltierten Strecke folgten wir einer steinigen Piste voller Schnee zu einem Holzhaus, das mit einem schwarzroten geometrischen Muster bemalt war. Zour hielt an und ließ die Türen beim Aussteigen offen, sodass die Musik und der Motor dröhnten. Er brüllte etwas, bis ein Mann mit kurzen grauen Haaren und Mandelaugen auftauchte und seinen Arm zur Begrüßung hob.

Tamerlan hielt eine ganz Schar Pferde auf den Koppeln, die sich hinter seinem Haus den Berg hinaufzogen. Er und Zour redeten ununterbrochen und ignorierten mich, während sie schwere Sättel auf den Rücken von zwei Ponys warfen. Dann half mir Zour beim Aufsteigen und sprang geschickt auf den Rücken eines weiteren Pferdes. Sie redeten immer noch, als wir in den Schnee hinausritten, vorbei an zwei Kindern mit Filzmützen, die einen Esel an einem Strick hinter sich her zogen und nicht einmal aufblickten. Vielleicht hatten sie uns gar nicht gesehen.

»Ich bringe dich zu heiligem Ort für Sankt Georg«, erklärte Zour, der sich grinsend im Sattel zu mir umdrehte. »Weil du ewig bist, Clover. Ewig.«

Der Weg führte zu einer Lichtung, wo die Hänge flacher wurden. Dort stand eine Steinhütte mit ein paar Bäumen rundherum. Zour beugte sich hinunter, griff nach dem Zaumzeug meines Pferdes und wies mich an, abzuspringen. Dann band er beide Pferde an einen Zaun. Drinnen, in der Mitte des Raums stand ein langer Tisch. An drei der Wände hingen blasse Malereien des heiligen Georg, und an einem Holzpfeiler in der Mitte ausgefranste alte Stoffbänder. Die Hütte fühlte sich lebendig an, als hätten wir gerade eine Party gestört. Einige Laibe ossetisches Brot lagen auf dem Tisch, ebenso wie Salz, einige leere Wodkaflaschen und ein paar Schnapsgläser.

Zour schenkte drei Gläser voll ein, brach ein paar Stücke von dem Brot ab und tauchte sie in das Salz, bevor er sie an Tamerlan und mich weiterreichte und einen Trinkspruch auf den heiligen Georg ausbrachte. Der Wodka war klar und rein und schickte einen Adrenalinstoß durch meine Adern. Zour trug eine kleine Tasche um die Brust und zog ein spitzes Messer, ein paar gebratene Steaks und eine frische Flasche Wodka heraus. Er schnitt das Fleisch in Stücke und reichte sie Tamerlan und mir, damit wir sie in das Salz tauchten. Die Flasche Wodka blieb auf dem Tisch stehen, eine Gabe für den Heiligen und die nächsten Besucher.

Draußen hinter der Hütte gab es einen Wasserfall, der donnernd auf die schwarzen Steine stürzte. Die Männer mussten brüllen, um einander zu hören. Tamerlan zog eine Pistole aus dem Gürtel und zielte lässig zwischen die Felsen hinter dem Wasserfall. Der Schuss krachte durch das Tal und hallte weiter, während Tamerlan mir die Pistole reichte und mir bedeutete, ich solle ebenfalls schießen. Die Waffe wog schwer in meiner Hand und war kalt wie das Wasser im Wasserfall, das unten in ein Becken fiel. Als ich schoss, hallte der Knall von den Gipfeln wieder. Ich spürte den Rückstoß und die Härte der Waffe, eine schreckliche, kalte Macht der Zerstörung, und gab Tamerlan die Pistole zurück. Als er mich aufforderte, noch einmal zu schießen, schüttelte ich den Kopf.

Es war schon dunkel, als wir den Berg hinunter und zu Tamerlans Haus zurückritten. Wir verbrachten die Nacht in einer Holzhütte, in der alle Zimmer, abgesehen von einem Bett in der Ecke, leer waren. Zour zündete ein Feuer im Herd an, und als es warm wurde, öffnete er den Reißverschluss seiner Jacke und zog mich so heftig an sich, dass es wehtat, als er mich umdrehte. In dieser Nacht träumte ich erst von Mum und dann von den Kindern. Ich hörte Jimmys Stimme sagen »Was machst du mit mir?«, und als ich wach wurde, spürte ich ein Schuldgefühl, das ich gern sofort wieder vergessen hätte.

Die Zeit mit Zour war wie eine nie endende berauschende Party. Sobald wir ein Restaurant betraten, drehten sie dort die Musik auf und schoben die Tische zur Seite. Wohin wir auch gingen, wurden die Tische mit Essen beladen, Wodkaflaschen wurden herausgeholt, und ein improvisiertes Fest begann. Er brachte eine besondere Art von Aufregung mit sich, und selbst ein zufälliges Treffen mit einem Freund auf der Straße war ein Grund zum Feiern. Ruhige Tage gab es nicht, und ich begann den Geist der ossetischen Berge zu spüren, in denen Gastfreundschaft eine so wichtige Rolle spielt. Selbst als wir an einer Autowerkstatt Halt machten, um einen Reifen zu wechseln, wurde eine Party daraus. Eine Frau namens Malika, mit kurzen braunen Haaren, briet scharfe Würstchen mit Zwiebeln auf dem Gaskocher hinter der Werkstatt, und Zour trank mit ein paar Gläsern Wodka auf unser Glück.

Viele von Zours Freunden waren sehr arm. Es gab kaum Arbeit, und manchmal musste eine ganze Familie in zwei oder drei kleinen Zimmern leben. Aber sie waren tapfer und kannten kein Selbstmitleid. Irina, die mit ihren beiden jugendlichen Söhnen zusammenlebte, arbeitete als Maniküre und verdiente damit doppelt so viel wie früher als Lehrerin. Ihr Mann saß im Gefängnis, erklärte mir Zour, während sie frisches Brot aus dem Backofen in ihrer kleinen Küche zog und Plov, Pfirsichkompott und Birnen mit Walnüssen auf den Tisch stellte. Er hatte seinen Bruder gerächt, der von einem anderen Mann ermordet worden war. Am Ende hatte er drei Männer getötet und war zu acht Jahren Haft verurteilt worden. Sie lächelte mich strahlend an, und ich spürte an dem Leuchten, mit dem sie Zour ansah, dass er mit ihr schlief, aber das machte mir nichts aus. Solange ich in Ossetien war, schlief er nur mit mir. Was danach kam, spielte keine Rolle.

Wir besuchten seinen besten Freund Alan, der gerade eine intensive Trauerzeit für seine tote Mutter beendete. Ihr Foto stand auf dem schmalen Bett im Wohnzimmer, das sie mit ihrem Sohn geteilt hatte, und wir genossen ihr zu Ehren ein fantastisches Essen. Natürlich gab es wieder Trinksprüche, und es gab kleine Teller mit Brot und verschiedenen Gerichten, und später kamen noch mehr Leute. Robson, der sich als Privatpolizist vorstellte, trug einen schwarzen Anzug und ein enges weißes Tanktop. Er habe fünfzehn Jahre in Tschetschenien gekämpft, sagte er. Zour übersetzte und erklärte, das würde dreißig Jahren an einem anderen Ort entsprechen. Wir spielten Karten, und Robson lächelte mich sehr charmant an, aber dann wollte er mir auf seinem Handy ein Video von einer Hinrichtung zeigen.

»Zours Gott sind die Pferde, weißt du«, sagte er später und sah mich von der Seite an, während er die Karten mischte. »Mein Gott sind die Waffen.«

Irgendwann nach Mitternacht kam Slava, ein Künstler mit einem dicken grauen Haarschopf, und zerrte Zour nach nebenan in sein Atelier, wo Leinwände mit abstrakten Bildern an den Wänden standen. Slava hatte ein Gewehr, und die beiden übten Zielschießen im Hof hinter dem Atelier, bis der Morgen graute.

Eines Nachts brachte mich Zour zu einem Hochhaus, lief, immer drei Stufen auf einmal nehmend, die Treppe hinauf und hämmerte irgendwann an eine Holztür, bis ein Mann mit Augen wie schwarze Teiche ihm öffnete. Die Wohnung war kahl, mit nackten Glühbirnen und ohne Teppiche, die schmalen, vorhanglosen Fensterschlitze so hoch, dass kein Tageslicht hereinkam. Möbel gab es auch kaum, aber dafür das Geräusch von essenden und feiernden Menschen. Stühle wurden zurückgeschoben, als Zour hereinkam. Um den Tisch herum, der vollgestellt war mit Essen und Wodkaflaschen, saßen zwanzig oder dreißig Männer. Die Männer umarmten Zour und traten einen Schritt zurück, um mir die Hand zu schütteln, während er mich zum Kopfende des Tisches zog. Scharfe Messer, die aussahen wie Dolche, und große Springmesser lagen überall auf dem Tisch, und in einer Ecke des Zimmers lag eine ganze Sammlung Gewehre und Kalaschnikows unter einem Regal mit Pistolen.

Zour übersetzte ihre Fragen. Sie wollten wissen, warum ich nach Wladikawkas gekommen war, wann ich wiederkommen würde und wer mein Gott sei. Sie sprachen über Artus und die Alanen, als gehörten sie selbst zu diesen Kriegern, und immer wieder kehrte das Gespräch zum Thema Volkszugehörigkeit zurück. An diesem langen Abend erklärte mir Zour, die Männer seien gerade von einer Kapelle im Wald zurückgekommen, wo sie dem heiligen Georg ein Opfer gebracht hätten. Ich rauchte und sah auf die Wasserpfützen auf dem Betonboden, wo der Schnee von ihren Stiefeln geschmolzen war und sich an einigen Stellen mit dem Blut vermischt hatte, das an ihren schmutzig grünen Camouflage-Hosen klebte. Irritiert und verunsichert drückte ich meine Zigarette in einem Aschenbecher aus, aber Zour lachte nur laut, schlug sich auf die Schenkel und zündete mir eine neue an.

»Schafe haben sie geopfert, Clover, keine Menschen. Sie

schneiden Schafen die Kehle durch, um sie dem Heiligen zu opfern.« Er lachte wieder und schnappte sich die nächste Flasche. »Pass auf, Clover. Pass auf, was ich dir jetzt zeige.«

Ich wusste nie, was er mir im nächsten Moment zeigen würde. Ich spreche kein Russisch, und selbst wenn, hätte Zour jederzeit ossetisch sprechen können, um mich zu verwirren. Ich konnte ganze Trinksprüche auf die Heimkehr, den heiligen Georg und das Leben der Krieger auswendig hersagen, aber ich hatte keine Ahnung, wie man nach dem Bahnhof fragte oder etwas zu Essen bestellte. Die meiste Zeit war Russisch ohnehin keine Sprache, sondern nur ein Hintergrundgeräusch und der Soundtrack zu dem, was wir taten.

Zour war wie Quecksilber. Ich wusste nie, wohin wir gingen und was als Nächstes passieren würde, verbrachte Stunden mit dunkeläugigen Männern, die im Schnee herumstanden und Pläne machten, diskutierten, ihre Pläne wieder änderten und noch einmal änderten. Ich kannte das Gefühl der Verwirrung, wenn ich plötzlich von einer warmen Küche in ein kaltes Auto geschoben wurde, mit dem wir auf einen Parkplatz fuhren, wo Zour dann wieder im Schnee stand und mit Männern in schwarzen Mänteln Zigaretten rauchte, das Gesicht dabei immer abgewandt. Sie sprachen dringlich in ihre Handys, und wenn das Guthaben zu Ende war, tauschten sie die Sim-Karten. Ihre Sprache klang intensiv und drängend, manchmal zornig, aber nie leichtfertig. Sie hatten es immer eilig, und trotzdem geschah die meiste Zeit überhaupt nichts. Es schien, als diskutierten sie immerfort über ihr eigenes Herzblut und das ihrer Gefährten.

Wäre ich nicht so fasziniert von diesen Leuten und ihrem fremden Leben gewesen, hätte mich der Mangel an Selbstständigkeit frustriert. Ich war dreißig Jahre alt, als ich zum ersten Mal in den Kaukasus reiste, und zwei Jahre lang kehrte ich alle paar Monate zurück. Ich kannte die Reise schon, aber es wurde nie langweilig, obwohl mich Zour oft wütend machte und ich ihn anbrüllte und protestierte, es wäre doch wohl sicher nicht nötig, nachts um drei fluchtartig das Haus zu verlassen, nur wegen irgendeiner geheimnisvollen Verabredung. Aber er verwandelte die Zeit, die wir miteinander verbrachten, in ein schillerndes Abenteuer. Er verursachte mir Herzklopfen, und selbst wenn wir die ganze Nacht auf den Beinen gewesen waren, bis zum Morgen getrunken und geredet hatten, konnte ich oft nicht einschlafen, lag neben seinem nackten Körper und spürte, wie das Adrenalin und eine ängstliche, entzückte Schlaflosigkeit in mir pulsierten.

Ich war fasziniert von der Intensität, mit der er und seine Freunde kommunizierten, und heute wünschte ich, ich hätte verstanden, worüber sie redeten. Damals gehörte es zum Spiel, nichts zu wissen und machtlos zu sein. Genau deshalb war ich dort und nahm immer wieder die Strapazen auf mich, nach Ossetien zu reisen, zurück zu Zour. Ich sehnte mich nach den Wochen, in denen ich mein kontrolliertes Leben hinter mir lassen konnte. In England saß ich immer am Steuer und war diejenige, die telefonierte, Pläne machte, das Leben bestimmte. Dan holte die Kinder einmal in der Woche von der Schule ab, aber ich musste alle Entscheidungen treffen. Ich war es, die das Geld für jedes einzelne Schulessen, jede Karatestunde und jede Tube Zahnpasta heranschaffen musste, und die zu jeder Schulveranstaltung und zu jedem Elternabend ging.

In Russland war es anders. Ich gab Zour meinen Pass und wurde zum Fahrgast in seinem Leben. Der Kontrollverlust gehörte zu der ausgefeilten Phantasie, an der ich teilnahm. Es war Zours Phantasie, genau wie meine. Ich ließ es zu, wollte, dass er mich kontrollierte. Ohne etwas zu sagen, spielte ich die Rolle der Untergebenen.

Natürlich freute ich mich auf meine Kinder, wenn ich zwei Wochen später wieder nach Hause flog, aber die Rückkehr in den Rhythmus meines eigenen Lebens fühlte sich an, als würde ich nach einem Tauchgang in einem tiefen, funkelnden See wieder in einem grauen Teich herumwaten.

»Zeit vergeht schnell, nicht weinen, Clover«, sagte Zour am Flughafen und küsste meine nassen Lider. Aber die Zeit ohne ihn floss zäh dahin wie Sirup. Ich bekam Geld für einen Artikel über Kiew, flog für drei Tage dorthin und verbrachte die Zeit mit ihm in einer gemieteten Wohnung. Von der Stadt sah ich nicht viel, abgesehen von einem Ausflug am Nachmittag. Die Sophienkathedrale nahm ich gar nicht wahr, stattdessen fuhren wir mit dem Bus hinaus in einen Vorort zu einem Zigeunermarkt, wo magere Ponys neben kauenden Eseln angebunden standen und Männer mit hageren Gesichtern Hände voll ukrainischer Hrywnjas für ledernes Zaumzeug zahlten.

Zour schloss Freundschaft mit einem der Männer, der uns dann in eine Bar hinter dem Markt mitnahm, wo wir auf kaputten Holzstühlen saßen, Horilka tranken und Borschtsch aßen, der kräftig nach Dill und Knoblauch schmeckte.

»Siehst du, Clover? Zeit vergeht schnell, bald wir sind wieder zusammen«, sagte Zour am nächsten Tag und verschwand vor meinen Augen, als ich mich auf den Weg zum Flughafen machte.

Im nächsten Frühjahr reiste ich wieder nach Ossetien, nachdem ich einen Vorschuss für einen Artikel über die Ernährung der kaukasischen Bergbewohner bekommen hatte. Ein Fotograf namens Toby kam mit. Wir ärgerten uns über das mickrige Honorar, und Toby machte sich Sorgen wegen des schlechten Lichts, weil es schneite, als wir bei einer Opferdarbringung für den heiligen Georg fotografieren sollten. Zour verstand nicht, wieso wir unter Zeitdruck standen, und nahm uns erst mal mit auf den Markt, um Brot, Gemüse und Wodka zu kaufen und mit den Frauen an den Marktständen zu plaudern und zu scherzen. Ein Dutzend seiner Freunde kam ebenfalls mit. Sie sollten das Schaf kaufen, das geschlachtet werden sollte, und die Sachen auf den Berg bringen. Auf halbem Weg nach oben hielt Zour unseren Konvoi mit La-das und Trucks an, um in einem der winzigen Häuser, die in den Fels hineingebaut worden waren, eine Familie zu besuchen. An der Wand hing ein gesticktes Bild mit einer Gebirgsszene, Betten und Tische waren aus Brettern gebaut, und in einer Ecke standen ein paar Plastikkisten. Der Fels oberhalb des Hauses war von Einschusslöchern übersät. Die Einschüsse waren sehr alt, erzählte uns Zour, und stammten noch von den Alanen, die diesen Ort gegen Dschingis Khan verteidigt hatten. Alles sehr aufregend, aber Toby und ich wollten endlich anfangen zu arbeiten. So waren wir erleichtert, als einer von Zours Freunden der Familie ein Schaf abkaufte, es an den Hörnern packte und hinten auf seinen Truck warf. Wir fuhren über einen Hügel in ebenes Gelände bis zu einer Lichtung, auf der ein steinernes Gebäude stand. Die Sankt-Georgs-Kapelle.

»Siehst du, Clover, kein Grund zur Sorge«, lachte Zour und nahm mein Gesicht in beide Hände. Die Wolken verzogen sich, die Sonne schien. Das Opfer war schnell vollzogen, die Trinksprüche und Rituale für den Heiligen wurden gesprochen, der Hals des Schafes aufgeschlitzt. Rot sickerte das Blut in den Boden. Der Blick des Tieres wurde glasig, dann brach es zusammen. Die Männer zerlegten das Schaf mit schnellen, geschickten Schnitten, sodass ihre Messer im Abendlicht funkelten.

»Ossetische Männer sehr gut mit Messern«, sagte Zour zu mir und nickte zu seinen Freunden hinüber, deren Klingen im Zickzack durch das Fleisch drangen und das Vlies abzogen, als würden sie eine Decke zurückschlagen. Aus dünnen grünen Zweigen von den Bäumen um uns herum machten sie Spieße, dann grillten sie die Fleischstücke über einem offenen Feuer. Herz, Lunge, Nieren und Leber kochten in einem Topf mit Wasser; auch das gehörte zu den Ritualen rund um das Opfer. Später, im Dunkeln, gab es ein Festessen mit gegrilltem Schaf, Weintrauben, Tomatenscheiben, eingelegtem Knoblauch und geraspelten Möhren; die Teller wurden auf dem langen Tisch aufgebaut. Natürlich gab es auch zahlreiche Trinksprüche, und bevor wir die Kapelle verließen, legte Zour einen Schafsknochen auf den Türsturz.

»Für die Rückkehr von Sankt Georg«, sprach er in den Raum hinein und nahm mich an der Hand, als wir hinausgingen. Mit heißem Atem flüsterte er an meinem Hals: »Und für dich.«

Von jeder Reise nach Ossetien kam ich mit einem Koffer voll Messer zurück. Zours Freunde hatten die Angewohnheit, ihre Habseligkeiten zu tauschen, selbst ihre Kleider. Sie tauschten Mäntel und Sweatshirts als sichtbares Zeichen ihrer Bindung. Vier oder fünf von ihnen schenkten mir Messer für Jimmy, und ein Zwillingspaar namens Tamour und Tamir ließ einen goldenen Dolch mit einer Inschrift für die Kinder und mich gravieren. Daneben brachte ich auch tütenweise Süßigkeiten für Jimmy und Strickkleider und Lederstiefel für Dolly mit, aber am meisten faszinierten Jimmy die Klappmesser, deren Klingen sich so ordentlich schlossen und die er auf einem Regalbrett in seinem Zimmer aufbewahrte. Einmal, in den Bergen, sprach Zour mit einem Mann in einem grauen Hemd, der die Straße entlangging. Seine Augen hatten die Farbe eines dunklen Himmels. Er hieß Rouslan und wollte wissen, was eine englische Frau in den Bergen des Kaukasus wollte. Dann erzählte er Zour, er sei bei der Belagerung von Beslan dabei gewesen, und berichtete ohne mit der Wimper zu zucken, wie er Kinder aus den Flammen gezogen hatte. Als er seine Geschichte beendet hatte, schaute er zur Seite und ignorierte stumm Zours Fragen. Er schenkte mir seine Uhr und bestand darauf, dass wir die Schule in Beslan besuchten.

Die Schule stand immer noch so da wie nach dem Terroranschlag. Verkohlte Balken hielten das Skelett des Hauses aufrecht, die Wände waren mit Einschusslöchern übersät, und die Wände im Naturwissenschaftsraum waren mit Blut verschmiert. Hier hatte sich, erzählte Rouslan, eine Terroristin in die Luft gesprengt. Der Boden der Turnhalle war rundum verbrannt. Auf den Holz-dielen in der Mitte hatten die Kinder und ihre Lehrer gesessen. Fotos von hunderten Opfern hingen an den Wänden der Turnhalle. Darunter standen Wasserflaschen als Opfergaben, zur Erinnerung an das Wasser, dass die Terroristen ihren Opfern in den drei Tagen verweigert hatten, bevor sie die Schule sprengten.

Nach dem Besuch gingen wir über den Friedhof der Opfer. Grabsteine aus Marmor standen in Reihen auf dem windgepeitschten Platz. Ältere Frauen, die zerknautschte Papiertücher vor ihre Gesichter hielten, pflegten die Gräber. Buntes Spielzeug, Puppen mit Glasaugen und leuchtend gelbe Spielzeugautos standen da für die toten Kinder. Und über dem Friedhof ragte die riesige Statue von drei Müttern mit zwölf Engeln auf. Bei der Enthüllung des Denkmals hatte man Tauben auffliegen lassen, erzählte Zour mir.

»Aber Tauben wollten Gräber nicht verlassen«, sagte er, wandte sich von dem Denkmal ab und schob die Hände in die Taschen, weil es plötzlich kalt geworden war. »Waren wie Kinder, sie wollten bleiben bei den Müttern, bei ihrem Zuhause.«

In diesem zweiten Jahr änderte sich etwas an der Leichtigkeit und Feierlaune bei meinen Reisen nach Ossetien. Einmal, im Jahr 2007, finanzierte ich die Reise mit einem Artikel über Sotschi, den Ferienort am Schwarzen Meer. Stalins ehemaliger Spielplatz war jetzt eine einzige Baustelle für die Olympischen Winterspiele 2014. Es war brütend heiß, meine Haare kräuselten sich, und die Mücken machten sich in dem fast tropischen Klima über meine Beine her. Wir hatten uns am Flughafen treffen wollen, aber Zour war nicht da. Erst fünf Stunden später, nachdem ich bereits ins Hotel gefahren war, tauchte er auf, eine dunkle Sonnenbrille in den Haaren. Er stank nach Wodka und hatte sich bei einer Schlägerei im Zug ein blaues Auge geholt.

Ich schrieb über ein schickes neues Hotel, das für die Olympischen Spiele gebaut worden war. Mein Zimmer hatte eine Glaswand, die sich drehte, und das Bett mit Bezügen aus Unmengen ägyptischer Baumwolle war mit einem massiven, ledergepolsterten Kopfende ausgestattet. Zu Hause war das Geld knapp, und Zour hatte auch nichts, denn er hatte alles für eine Kiste Wodka ausgegeben, die er im Zug von Wladikawkas geleert hatte.

»Kein Rubel und keine Kopeke«, lachte er und drehte seine Taschen um. Mir lief ein Schweißtropfen über den Rücken. Zum ersten Mal langweilte Zour mich, und sauer war ich auch, angefressen von dem widerwärtigen Luxus in diesem Hotel, der Hitze und der Feuchtigkeit. Drei Tage lang stritten wir uns in Sotschi, dann setzten wir uns für zwei Tage in den Zug, um nach Ossetien zu fahren. Ich war unruhig, der Zug kam mir auf einmal schrecklich unbequem vor, und Zours Hand auf meiner Haut war viel zu drängend und zu stark.

Während wir zwischen den Abteilen standen und rauchten, rief ich ihm über das Rumpeln des Zuges hinweg etwas zu, von dem ich nie gedacht hätte, dass ich es einmal sagen würde: dass dies vielleicht meine letzte Reise nach Wladikawkas sein würde. Ich roch Kohlenrauch in der Luft, als er mich kurz ansah und dann den Kopf sinken ließ.

»Sag das nicht, Clover. Sag nicht, das ist Ende«, murmelte er. Dann wandte er sich ab, hob die Fäuste und zerschlug die dicke Glasscheibe, die die Wagen trennte. Ich taumelte zurück, Glas knirschte unter meinen Schuhen, aber er hatte sich schon abgewandt und ging schnell den Gang hinunter. Rotes Blut tropfte wie Tränen von seinen Knöcheln. Ein paar Frauen, an denen er vorbeiging, griffen in ihre Taschen und holten Fläschchen mit gelber Jodtinktur und Verbandsmaterial für ihn heraus. Auf dem nächsten Bahnhof gab es einen Erste-Hilfe-Raum, wo eine Krankenschwester in hellblauer Uniform die Verletzung schnell nähte. Ihr langer brauner Pferdeschwanz hüpfte, als sie über Zours Scherze kicherte.

Erst später, als wir in Wladikawkas angekommen waren und

die hitzigen Streitigkeiten von Sotschi hinter uns lagen, fiel mir auf, wie seltsam ich es fand, dass es auf dem Bahnhof einen Erste-Hilfe-Raum gab und dass so viele Frauen Verbandsmaterial bei sich hatten, um verletzte Männer zu verarzten.

In Ossetien war ich immer von Männern umgeben; ich war fasziniert von ihrem abenteuerlichen Leben und immer auf der Jagd nach Romantik und den Erinnerungen der Krieger im hohen Kaukasus. Ihre Frauen jedoch blieben in ihren Häusern eingesperrt. Die Ehefrauen von Zours Freunden lebten hinter Glas, schauten aus Hochhäusern oder Berghütten, schaukelten Kinder auf ihren Schultern und warteten auf die Rückkehr der Männer, ohne jemals zu wissen, wie diese zurückkommen würden. Sie lebten wie Geiseln des Machismos und Alkohols. Ossetien kam mir vor wie ein Ort, der besessen war von Tod und Tragödien, und beides tranken die Männer wie starken Schnaps. Sie tranken auf den Frieden, als läge er ihnen wirklich am Herzen, und redeten ohne Unterlass von der Schönheit des Kampfes. Sie waren wie besessen von Blut. In Ossetien waren Tragödien Teil jedes Alltagsgesprächs, eine Lebenswährung für die Männer, die davon lebten, und für die Frauen, die die Folgen zu tragen hatten. Aber meine eigenen inneren Wunden taten weniger weh, wenn ich dort war. Unter Zours Leuten war ich keine Fremde mehr, weil sie alle wussten, wie sich ein Trauma anfühlte, und gelegentlich schien ich mich dort sogar daran zu gewöhnen, dass Blutrache etwas ganz Normales sein könnte.

»Wenn du Messer ziehst, musst du auch töten, aus Respekt«, erklärte mir Zour irgendwann einmal, als wir in einem Auto saßen und vor einem Hochhaus warteten, wo ein Freund von ihm im Zusammenhang mit einer Blutfehde verhandelte. Der Freund hatte sich in einen Streit zwischen zwei Familien verwickeln lassen, der schon seit einer Generation tobte, so lange, dass Zour sich an deren Anfang gar nicht mehr erinnern konnte. Sein Freund hatte einen Mann so stark verletzt, dass dieser jetzt querschnittsgelähmt war. In den Verhandlungen ging es um eine Entschädigungszahlung.

Ein anderes Mal fuhr Zour mit mir an die Grenze zu Inguschetien, um meine endlosen Fragen zu beantworten, wie seine Gesellschaft wirklich funktionierte. Inguschetien ist ein Nachbarland von Ossetien, das seit Generationen unter den blutigen Folgen des Tschetschenien-Krieges litt. Die Besiedlung wurde spärlicher, während wir über die Piste fuhren, Zour mit einem Arm im Fenster, immer mit einer Zigarette in der Hand. Er erklärte mir, dass hier bis zum Krieg in den frühen Neunzigerjahren blühende Dörfer gestanden hatten. Eine Stunde nachdem wir das letzte Dorf passiert hatten, hielt er an den Überresten einer Siedlung an, und wir gingen über die aufgerissene Erde. Zour zeigte mir die Grundmauern eines ganzen Dorfes. Von einem fernen Gipfel hörte man das Echo von Gewehrfeuer, und die Erinnerung an das Leid, das hier geschehen war, hing wie ein schriller Schrei über den Grundmauern dieses Dorfes, das nicht mehr existierte. Ausgebrannte Blechdosen lagen auf dem Boden, Stacheldraht war um einen kaputten Pferdewagen gewickelt, verkohlter Müll schaukelte leicht im Nachmittagswind. Bei der Vorstellung von dem Leben, das hier einmal geherrscht hatte, und dem Tod, der eines Tages gekommen war, ekelte ich mich vor mir selbst. Und zum ersten Mal hatte ich Angst davor, wohin Zour mich als Nächstes bringen würde.

»Du willst echtes Leben hier sehen. Das hier ist sehr kreeminelles Gebiet, sehr gefährlich«, sagte er mit dem Rücken zu mir. »Hier gibt Terroristen, Heckenschützen, verstehst du? Die Polizei hat Wasser vergiftet, aber sie leben in Wald. Du willst das sehen, und ich zeige dir.« Seine Stimme hallte von der schmutzigen Erde wieder, von den Wäldern in einiger Entfernung, aus denen man uns womöglich beobachtete. Aus dem Autoradio plärrte die harte, metallische Musik von Deep Purple, und in diesem Moment wusste ich, dass ich ihm nicht trauen konnte. Ich war an einen dunklen Ort gegangen. Und ich wandte mich von Zour ab, weil ich mich so sehr nach dem Licht sehnte.

Am letzten Abend ritten wir zusammen in die Berge bei Wladikawkas. Es war warm, und die Hitze staute sich unter den Kiefern, während unsere beiden Pferde sich einen Weg durch das steinige Gelände suchten. Mücken tanzten im Abendlicht, und es fühlte sich an, als würden die Berge niemals enden. Wir ritten zwei Stunden lang. Die Margeriten strichen über die Bäuche der Pferde, als wir durch die Täler galoppierten, bevor die Hänge steiler wurden und wir die Pferde im Schritt gehen ließen. Es war still, nur unsere eigenen Stimmen waren zu hören, gedämpft durch die Berge um uns herum. Auf einer Lichtung hielten wir an, banden die Pferde an eine Kiefer und gingen die letzten hundert Meter zu einem Fluss, wo Zour sich Hände voll klaren Wassers über den Kopf schüttete und darüber lachte, wie warm und still und perfekt dieser Abend war.

Ich stand hinter ihm und strich mir die Haare aus dem Gesicht, während ich mich einmal um mich selbst drehte. Über mir nur Berge. Zour kam zu mir und tat so, als würde er ein Foto von mir machen. Seine nassen schwarzen Haare standen ihm wirr vom Kopf ab.

»So ich behalte Bild von dir, wenn du nicht da bist«, sagte er und fuhr mir mit dem Daumen über die Wange, dann am Hals entlang und in meinen Ausschnitt. Einen Moment später stieß er mich ins Gras.

Später regnete es, meine Haare wurden nass und verbargen die Tränen, die ich plötzlich auf den Wangen spürte. Ich wollte ihn nicht wissen lassen, dass ich weinte. Wir galoppierten zurück über die letzte Wiese, und Zour drehte sich atemlos im Sattel um, beugte sich zu mir rüber und nahm meine Hand. »Darauf, dass du wiederkommst, Clover. Versprich mir. Du kommst zurück.«

Ich nickte und biss mir so fest auf die Lippe, dass ich Blut im

Mund schmeckte. Denn in diesem Moment wusste ich, dass dies der letzte Tag war, den wir zusammen verbringen würden.

Zurück in England dachte ich an Zour und meine seltsame Sehnsucht nach seinem harten Leben. Und ich spürte, wie meine Schuldgefühle und meine Verwirrung auf mir lasteten. Zum ersten Mal seit vielen Jahren drohte der Schmerz, den ich in mir trug, mich zu überwältigen Ich ging zu einer Therapeutin, die nach C. G. Jung arbeitete und nur zehn Pfund pro Sitzung nahm, weil sie mit ihrer Ausbildung noch nicht ganz fertig war. Einmal in der Woche ging ich zu ihr in das hohe Ziegelhaus im Norden von Oxford, wo Kinderjacken im Flur hingen und Schultaschen auf dem Tisch im Wohnzimmer lagen.

»Ich verstehe nicht, warum ich immer wieder nach Ossetien reise«, sagte ich zu ihr. »Es ist gefährlich und macht mir Angst, aber es ist der einzige Ort, an dem ich sein will. Es macht mir Angst, dass ich dort sein will und dass ich mich in dieser Finsternis so vollständig fühle.« Ich erzählte ihr von den Schusswaffen und Messern und von dem Gefühl lässiger Gewalt, das mir geradezu tröstlich vorkam verglichen mit dem Erstickungsgefühl und dem Grauen, das ich am Schultor in Oxford empfand. Ich gestand ihr, dass ich Mum nur noch selten besuchte, nachts aber davon träumte, verfolgt zu werden oder in Schränken eingeschlossen zu sein, wo ich mich versteckte, um einer nicht endenden, tödlichen Gefahr zu entgehen. Ich weinte in ihrem Wohnzimmer, wo Musikinstrumente und Schulbücher im Regal an der Wand standen, sichere Zeichen eines glücklichen, gut funktionierenden Familienlebens. Es war wie fremdes Land.

»Wie werde ich diese Dunkelheit in mir los? Ich habe das Gefühl, ich müsste sie herausschneiden«, sagte ich zu ihr. »Wie werde ich sie nur los?«

Sie überlegte einen Moment und sah mich an. »Sie sind ein Mensch, der irgendeine Art von Dunkelheit braucht. Das ist nicht schlimm. Es ist auch kein Zeichen für etwas Schlimmes, es gehört einfach zu Ihrer Seele«, erklärte sie mir mit ruhiger, gleichmäßiger Stimme. »Sie können diese Dunkelheit nicht herausschneiden. Sie wird immer da sein, und wenn Sie versuchen, sie loszuwerden, wird sie sich einen anderen Ort in Ihnen suchen.«

»Ich kann sie nicht loswerden? Ich kann nicht gesund werden?«, fragte ich flehend.

Sie schüttelte den Kopf. »Sie gehört zu Ihnen. Sie wird immer da sein, aber Sie können lernen, sie sich anzueignen.«

Kapitel 8

Um uns herum nur Steine und Bäume und Leere. Wir sind so hoch oben, dass ich spüre, wie mein Kopf und mein Herz sich ausdehnen, als würden sie sich für etwas ganz Neues öffnen. Es ist nicht, als würde der Ridgeway mir davonlaufen, aber es war so mühsam, hinaufzukommen, nur wir zwei. Der Ridgeway ist immer da, am Horizont hinter dem Haus. Ich sehe ihn morgens vom Schlafzimmerfenster aus, wenn ich mir den Schlaf aus den Augen reibe und eine schwarze Hose und ein T-Shirt anziehe. Eine halbe Stunde später sehe ich ihn, wenn Dash und Evangeline an meinen Hosenbeinen ziehen, während ich an der Spüle vor dem Küchenfenster stehe und Thunfisch-Sandwiches für Dolly und Jimmy mache. Ich folge ihm mit meinen Blicken, wenn ich nach Faringdon fahre, und er scheint auch mir mit seinen Blicken zu folgen, wenn ich am späten Nachmittag nach der Schule mit Dolly und Evangeline über die Wiese gehe, um nach den Ponys zu sehen. Seine Gegenwart ist beruhigend, aber auch verführerisch. Ich brauche ihn, aber manchmal vergehen Wochen, bis ich wieder einmal hinaufkomme.

Jetzt sind wir hier, allein, und wir verlassen die hohe, leere Biegung des Hügels und gehen Richtung Westen, auf dem Teilstück des Ridgeway, der durch die Weizenfelder zu Wayland's Smithy führt. Ich nehme seine Hand, aber wir reden nicht, gehen einfach nur zusammen durch den Nachmittag, weil wir nur hier sein wollen. Schon bald liegt die Straße weit hinter uns. Ich kann ihn neben mir atmen hören, das weiche Geräusch seiner Sportschuhe auf dem Erdboden. Er drückt meine Hand, und aus irgendeinem Grund bleiben wir beide stehen und drehen uns, bis wir einander ansehen.

»Willst du? Hier? Jetzt?« Einer von uns sagt es.

»An diesem Stein? Denn dieser Stein wird immer hier sein, und wir sind nur jetzt hier.« Sein Hals riecht nach Mann und Schweiß und der Haut, die ich gern um mich herum haben will. Eine Waldtaube gurrt auf dem Baum über uns, bevor sie auffliegt und verschwindet. Ich möchte das Drängen spüren, den kompletten Verlust meiner selbst, ich bin ungeduldig und hungrig, ziehe ihn näher zu mir und brauche ihn so sehr. Brombeerdornen zerkratzen mir das Bein, und ich erschlage eine Mücke, die sich hinten auf meinen Oberschenkel gesetzt hat. Jedes Knacken eines Zweiges lenkt mich ab. Ich kann mich nicht gut konzentrieren.

»Ehrlich. Man wird uns sehen«, kichere ich und mache meine Jeans wieder zu.

»Aber es ist doch niemand da«, sagt er. »Nur du und ich.«

Der Stein fühlt sich uralt und schartig an meinem Rücken an, ich spüre Nässe an meinem Shirt, und als ich die Hand an den Rücken lege, blute ich ein wenig. Ich liege auf dem Rücken, grüne Buchenäste breiten sich über mir aus und drehen sich, als ich mich in das Bett aus feuchten Blättern drücke. Die Erde ist wärmer und weicher als der Stein, und als ich mich zurücklege, zerspringt der Himmel über mir in Millionen winziger Atome und Lichtpunkte. Wenn ich mein Ohr an den Boden lege, höre ich den Galopp von tausend Hufen. Es ist nur das Blut, das in meinem Kopf rauscht, aber es klingt prähistorisch, als würden die Erde und ich im Einklang miteinander atmen.

In jenem ersten Sommer in Baulking bin ich wie benommen vom Sonnenlicht. Die Kinder laufen direkt aus der Küche auf den federnden Rasen vor dem Haus, die Tür steht immer offen. Licht und Platz um uns herum. Ein paar Meilen weiter südlich erhebt sich der Ridgeway am Horizont, und ich kann das weiße Pferd sehen, wenn es nicht allzu nebelig ist oder regnet – dann verschwimmt es mit dem Hang. Im Osten setzen die Downs den Bergkamm in einer stetigen, ununterbrochenen Linie bis zum Gipfel des Devil's Punchbowl fort.

Dolly und Evangeline verbringen den größten Teil des Sommers mit dem Shetlandpony Holly. Meine Cousine Chloe leiht mir einen Korbsattel, der Trigger passt. Hier und da blitzen Erinnerungen an das Reiten mit Candida auf, damals, als ich noch klein war – vielleicht konnte ich noch nicht einmal sprechen. Dash ist erst ein Jahr alt, und in dem Korbsattel muss er nicht auf dem Pferderücken balancieren, sondern kann richtig sitzen. Er hüpft auf und ab und sieht sehr selbstzufrieden aus, wie ein dicker kleiner Kaiser auf seinem Paradepferd. Ich kaufe ein paar bunte Rosetten im Internet, und wir spielen Gymkhana. Dolly legt kleine Hindernisse aus alten Baumstämmen im Paddock aus und bastelt Fähnchen, um die Ponys durchzuwinken. Fast jeden Tag führen wir beide Holly und Trigger mit Dash und Evangeline auf ihren Rücken über die langgestreckte Wiese in Baulking. Es gibt hier keine Geschäfte, kein Dorf und keinen Pub; die schmale Straße mit den vielen Schlaglöchern am Rand der Wiese führt nirgendwohin, abgesehen von einem Bauernhof ganz am Ende. Die wenigen Autos, die hier vorbeifahren, gehören den Leuten, die in einem der paar Häuser am westlichen Rand der Wiese wohnen und sich grüßen, wenn sie sich begegnen.

Ich kaufe einen bunten Wagen, in dem ich mein Büro einrichte. Er ist smaragdgrün mit komplizierten Malereien von Szenen an einem See und aufgemalten Rosen am Fahrgestell. Drinnen ist Platz für meinen Schreibtisch und ein großes Bett, sodass er uns auch als Gästezimmer dienen kann, wenn Freunde kommen. Jeden Morgen arbeite ich dort, mache den Ofen in der Ecke an und bleibe bis vier Uhr am Nachmittag. Dann steigen Jimmy und Dolly aus dem Schulbus, der vor unserem Haus hält, und ich weiß, jetzt ist auch für mich Zeit zum Aussteigen. Dash fängt gerade an zu laufen, Evangeline rennt vor ihm her. In diesem Sommer atme ich auf; zum ersten Mal nach zwanzig Jahren verbinden sich die zerbrochenen Teile meines Lebens, und ich habe das Gefühl, etwas Neues, Ganzes entsteht.

Am Ende des Sommers sehe ich das weiße Pferd aus einem ganz neuen Blickwinkel. Es hängt auf dem Kopf vom Hügel. Seine seltsame, fast geometrische Form dreht sich von mir weg auf den Kopf, während ich Jimmys Hand drücke und es von dem herumwirbelnden Sitz eines Kirmesfahrgeschäfts aus betrachte. Es ist August, Bank Holiday, und wir sind auf der White Horse Show. Die Show soll an die Feste des 19. Jahrhunderts erinnern. Pferdestriegeln, Käserollen, Wagenrennen und Boxen ohne Handschuhe haben allerdings einer Landwirtschaftsausstellung Platz gemacht. In einem weißen Zelt findet die Siegerehrung für die größte Möhre, die besten Zwiebeln und den feinsten viktorianischen Biskuitkuchen statt. Außerdem gibt es ein abgezäuntes Ausstellungsgelände, wo die Foxhounds von Old Berk ihr Schaulaufen haben, danach alte Traktoren und Kaltblüter. Und schließlich wird die Arena umgebaut für den Agility-Wettbewerb der Hunde. Jimmy verschwindet im Geflügelzelt, kommt irgendwann wieder und bittet mich um fünfzehn Pfund, weil er sich ein Pärchen Bantamhühner kaufen will, die gleichen Hühner, die Mum auch in Minety gehalten hat.

»Schaut mal«, sagte sie immer, wenn sie den Hennen nach einem ausgedehnten Mittagessen ein paar Brotkrumen zuwarf. »Hühner sind gesellig. Sie mögen Gesellschaft und kommen mich immer besuchen, wenn ich im Garten arbeite«, erklärte sie Nell und mir, wenn wir schon wieder auf dem Weg waren, um unsere Ponys aus dem Paddock zu holen.

Am Rande des Festgeländes, noch hinter dem Teezelt und dem Wagen, wo man Hamburger kaufen kann, gibt es eine kleine Kirmes: eine Losbude mit Gummienten, ein Spiegelkabinett. Wir reiten zusammen auf dem Karussell mit den galoppierenden Pferden, und Evangeline schlingt ihre Arme um die goldene Stange auf dem Pferderücken, als wäre sie Zuckerwatte. Es ist schon fast Zeit zu gehen, als Jimmy mich noch zu einer Runde mit dem einzigen Fahrgeschäft überredet, das ein bisschen beängstigend aussieht. Wir sitzen zusammen in einem Metallkäfig und werden auf dem Kopf fünfzehn Meter in die Höhe geschleudert. Das Teil sieht aus wie ein Hammer. Ich sehe das Pferd und die grünen Berge aufblitzen, und den riesigen blauen Himmel dahinter, schwindelerregend und aufregend und weit.

Meine Sehnsucht nach Kraft und Bewegung, die mich nach Ossetien geführt hatte, tiefer in Zours Welt hinein, als mir guttat, ließ sich nicht so leicht ablegen. Meine Therapeutin hatte recht, ich konnte sie nicht aus mir herausschneiden und fortwerfen. Ich musste eine Möglichkeit finden, damit zu leben.

Ich vergrub mich in meiner Arbeit, schickte jede Woche mehrere Artikel raus und schrieb über alles, was man mir anbot. Meine restliche Kraft gehörte den Kindern. Jimmy und Dolly forderten mich sehr, und ich war auch nicht einsam, weil ich sie ja an meiner Seite hatte. Trotzdem fühlte ich mich recht oft allein, als sie klein waren. Weil ich die beiden schon mit Mitte Zwanzig bekommen hatte, gab es kaum enge Freundinnen, mit denen ich diese Erfahrung hätte teilen können. Die meisten meiner ältesten Freundinnen bekamen ihre Kinder erst fünf, sechs Jahre später, als Jimmy und Dolly schon zur Schule gingen. Den Mahlstrom der ersten Jahre mit Kleinkindern, in dem man sich so leicht in einem Strudel aus einzelnen Söckchen, zerrissenen Bilderbüchern und ständigem dumpfem Kopfschmerz gefangen fühlt, hatte ich allein durchgestanden.

Stattdessen verbrachte ich viel Zeit mit den Au-pairs, die in den ersten Jahren bei uns lebten. Eine Krippe oder gar eine ausgebildete Kinderfrau für zwei Kinder konnte ich mir nicht leisten, also holte ich mir ausländische Studentinnen und Studenten ins Haus, die für Kost und Logis jeden Tag ein paar Stunden auf die Kinder aufpassten. Unser Haus war mit seinen zwei Zimmern und einem Büro-Kämmerchen eigentlich zu klein, aber die Kinder überließen den Au-pairs bereitwillig ihr Zimmer und kletterten jeden Abend zu mir ins Bett. So kamen und gingen eine ganze Reihe von ihnen. Und sie bereicherten unser Leben: Dede, die Doktorandin aus dem Kongo, Peter aus der Slowakei, der anderthalb Jahre bei uns blieb, Giovanni aus einem Pariser *Banlieue* mit seinen engen Jeans und der schmalen Krawatte, der so gern in der Modebranche arbeiten wollte, David mit den dunklen Augen und dem trägen Gesichtsausdruck, und Kristina aus Ungarn, die für die Kinder fast eine zweite Mutter wurde und zwei Jahre bei uns lebte, während ich mindestens zweimal in der Woche in London war.

Ich hatte das Glück, immer noch in dem kleinen Haus in Oxford wohnen zu können, das Rick zwei Jahre nach dem Unfall auf Mums Namen gekauft hatte. Damals waren wir noch voll blindem Optimismus gewesen und hatten geglaubt, sie würde irgendwann wieder gesund werden. Rick hatte das Haus gekauft, nachdem Minety verkauft worden war, damit Mum einen Platz zum Leben hätte. Doch dieses Haus verfolgte mich, obwohl es mir so viel Freiheit ermöglicht hatte. Nach der Trennung von Dan benahm ich mich genau wie alle Geschiedenen: Ich ließ mir die Haare kurz schneiden und kaufte mir einen ganzen Schrank voll neuer Kleider. Dann strich ich das Haus neu und übermalte die leuchtenden Farben meiner Ehe mit einem kreidigen Rosa, das ich selbst anmischte. Im Charity-Laden kaufte ich Vorhänge mit aufgedruckten Rosenranken und eine Tagesdecke mit noch mehr Rosen für das Bett, in dem ich mit den Kindern schlief.

Ich dachte, ich könnte unser Leben an dieselben Dinge binden, mit denen Mum mir ihre Liebe gezeigt hatte. Aus Ricks altem Schreibtisch hatte ich einen großen Esstisch gemacht, auf dem eine bunte Wachstuchdecke lag, und im Garten blühten Reihen von Studentenblumen. Die Kinder gingen in die Schule direkt hinter dem Haus, und nach dem Unterricht ritten wir auf dem schwarz-weißen Pony Dash durch die Straßen und banden es vor dem Laden an der Ecke an, damit Jimmy reinspringen und Kaugummi und Chips mit Salz und Essig holen konnte.

Ich wünschte so sehr, das Haus möge sich anfühlen wie ein Zuhause. Aber dann wurden meine Albträume von Dunkelheit und Gefangenschaft und Gefahr abgelöst von drängenderen Träumen, in denen es darum ging, ein Zuhause zu finden und zu verlieren. Minety, oder doch eine seltsame Imitation eines Hauses, das Minety hätte sein können, stand meistens im Mittelpunkt dieser Träume. Dann sah ich das Haus aus einem fremden Blickwinkel oder kroch auf einem Dachboden herum, der in einen ganzen Flügel mit neuen Zimmern führte. Ich träumte auch, Mums gesamte Besitztümer zu verlieren, und wenn ich wach wurde, zitterte ich vor Kälte, obwohl Jimmys und Dollys warme kleine Körper dicht bei mir lagen. Und dann sagte mir eine schmutzig graue Morgendämmerung, dass ich mich einfach auf die andere Seite drehen konnte, um alles zu vergessen. Ich lag wach und fragte mich besorgt, was eigentlich aus der Glocke geworden war, die Mum immer geläutet hatte, wenn wir draußen im Paddock ritten und sie uns zum Abendessen ins Haus rufen wollte. Oder aus den bestickten Kissen, die auf dem Sofa im Wohnzimmer gelegen hatten. Minety war ein so großes Haus gewesen, ich kam immer noch nicht damit zurecht, dass es einfach so verschwunden war und unser Leben und unsere Familie mitgenommen hatte.

Mum wurde von den Schwestern im Heim wunderbar versorgt, aber als sie Mitte sechzig war, wurde sie immer häufiger krank. Die Überwachung ihrer Medikamentencocktails war schwierig, denn ein Schmerzmittel konnte Nebenwirkungen haben und ihre Harnwegsinfektionen wieder aufflammen lassen. Wenn sie nachts nicht schlafen konnte und im Bett ihre Laken mit den Fingernägeln zerriss, dann bekam sie ein Schlafmittel, das ihr ruhigere Nächte verschaffte, aber leider auch Übelkeit verursachte. Und ein krampflösendes Mittel, das sie in einer besonders schlimmen Phase ihrer Epilepsie bekam, ließ ihre Haut so sehr austrocknen, dass ihr Ekzem wieder aufflammte.

»Wir kommen einfach nicht voran. Im Grunde genommen rudern wir nur, um nicht rückwärts zu treiben«, sagte Schwester Kim, die sie mit püriertem Essen fütterte und dabei mit jener Wärme anlächelte, die ich nur meinen Kindern schenkte. Im Heim gab es Musikabende, und einmal, als ich zu Besuch kam, saß Mum mit einem Tamburin da und klopfte den Takt. Und beim Krönungsjubiläum der Queen machten die Schwestern Cream Tea für alle und sangen Lieder aus dem Zweiten Weltkrieg. Mum konnte Farbe auf Papier malen, wenn man ihr einen Pinsel gab, aber dann versuchte sie ihn aufzuessen oder das schlammige Farbwasser zu trinken. Sie konnte sich inzwischen nur noch mit viel Mühe bewegen und stand kaum noch allein auf. Manchmal mussten die Schwestern sie mit einem Kran aus dem Sessel heben. Gerade als sie wieder einmal in ein neues Heim in Oxfordshire umziehen sollte, reduzierte die staatliche Gesundheitsfürsorge die Pflegezahlungen. Es hieß, ihre Pflegebedürftigkeit, die über die Jahre eher größer und komplexer geworden war, sei nicht mehr so groß, dass sie den hohen Aufwand rechtfertigte. Ich war so wütend, dass ich Einspruch erhob und den Kampf aufnahm, mit zahllosen Besuchen von Sozialarbeitern, die entschlossen schienen zu beweisen, dass Mum geistig klar sei und ihr Leben unter Kontrolle habe. Ihre Pflegebedürftigkeit, die von Frauen wie Kim so sensibel und sorgfältig gemanagt wurde, sei viel weniger dramatisch, als wir es darstellten, hieß es. Diese Leute saßen da, schoben Formulare hin und her, stopften sich Kuchen in die roten Münder und wollten beweisen, dass Mum nicht länger rund um die Uhr Pflege brauchte, wie sie sie bisher bekommen hatte. Sie legten ihr Bildkarten vor oder stellten einfache Fragen, und Mum starrte sie mit glasigem Blick an und nickte bei jeder Frage, was sie als Beweis nahmen, dass sie alles verstand, selbst als ich sie fragte, ob ich ihr Sohn sei, und sie immer noch nickte. Ich hatte so viele Jahre mit fruchtlosen Versuchen zugebracht, zu Mum durchzudringen, dass ich jetzt richtig wütend wurde. Die Bürokratie der NHS war zwar ein mächtiger Gegner, aber ich durchforstete Mums Arztberichte und recherchierte nach ähnlichen Fällen. So wurde ich gezwungenermaßen zur rechtlichen und medizinischen Expertin in Bezug auf die körperlichen und geistigen Gesundheitsbedürfnisse von Patienten mit schweren Hirnschädigungen. Vier Jahre lang stellte ich Mums Fall in zahllosen Expertenkommissionen und Gerichtsverhandlungen vor, und das zu einer Zeit, als Jimmy und Dolly noch sehr klein waren. Ich verbrachte Wochenenden und Abende damit, die Berichte von Mums Ärzten zu studieren, um besser zu verstehen, was in ihrem undurchschaubaren Körper und Geist vorging. Es ist sehr schwierig, gegen die NHS anzukämpfen, denn sie ernennt die Kommissionsmitglieder und Richter selbst, man hat also eigentlich kaum eine Chance. Aber ich weigerte mich standhaft, die Lügen zu akzeptieren, die sie verbreiteten. Mehrmals schrieb ich in landesweiten Zeitungen über den Fall, und irgendwann kam sogar ein Fernsehproduzent auf mich zu und bat mich um eine Dokumentation über die Pflege von schwerkranken Menschen an ihrem Lebensende. Und ich gewann den Kampf gegen das staatliche Gesundheitssystem, sogar zweimal. Einmal nach den ersten vier Jahren, und dann noch einmal, als sie mit noch mehr Vehemenz zehn Jahre später wieder damit anfingen.

»Du bist unsere Erin Brockovich«, sagte Jessie, eine Feature-Redakteurin, die inzwischen eine gute Freundin von mir geworden war, und ihre Worte trösteten mich, denn zu diesem Zeitpunkt hatte ich das Gefühl, in einer Sackgasse zu stecken. Das Haus in Oxford, das mir im Zusammenhang mit der Scheidung die Freiheit geschenkt hatte, wurde zum Gefängnis, weil es im Prinzip ja Mum gehörte. Auch dieser Gedanke verfolgte mich. Jeden Tag seit dem Unfall hatte ich Mum vermisst und hätte nur zu gern gewusst, was sie von meinem Weg durchs Leben hielt. Aber meine Sehnsucht war zugleich wie ein enger Strick. Manchmal fühlte ich mich, als würde sie mich erdrosseln. Und weil Mum immer noch lebte, hatte ich ständig das Gefühl, ich müsste doch in der Lage sein, mit ihr zu kommunizieren, irgendwie, wenn ich mir nur mehr Mühe gab.

In all diesen Kämpfen tauchte irgendwann ein neues Ziel auf: ein eigenes Zuhause für Jimmy, Dolly und mich. Etwa zu dieser Zeit begann ich auch, mir zu wünschen, Mum wäre tot. Und ich fing an, mich von den hypnotischen Verlockungen der Vergangenheit zu trennen, um etwas ganz Neues für die Kinder und mich zu erschaffen. Eine Maßnahme war es, mich von den Pferden zu trennen, auch wenn es sich anfühlte wie ein Verrat an meiner Mutter, als würde ich die Glücksbringer zurückweisen, die Mum uns in unserer Kindheit geschenkt hatte. Aber die Spannungen zwischen Vergangenheit und Gegenwart waren manchmal einfach unerträglich. Alles, was ich tat, stand irgendwie im Wettstreit mit dem Leben, das Mum mir gezeigt hatte, als ich ein Kind gewesen war. Und dieser Gedanke erstickte mich.

Durch meine Arbeit unterschied ich mich allerdings von ihr, denn sie hatte nie einen Beruf gehabt. Ich brauchte die Arbeit natürlich, um meinen Lebensunterhalt zu verdienen, aber manchmal fühlte es sich auch einfach an wie Trotz. Eine Zeitlang richtete ich auch unser Zuhause ganz anders ein als Minety. Da wir keine Miete bezahlen mussten, sparte ich eine Anzahlung zusammen und kaufte ein hässliches Sechzigerjahre-Haus mit drei Schlafzimmern am Rand einer Wohnsiedlung. Wohnzimmer und Küche lagen im ersten Stock. Niemand, den ich in Oxford kannte, lebte in dieser Gegend, sie alle zogen es vor, sich in den gesellschaftlich akzeptablen viktorianischen Reihenhäusern am anderen Ende der Stadt zu verkriechen. Einmal kam eine Freundin, die gerade in Scheidung lebte und mit ihrem Exmann um die Unterhaltszahlungen kämpfte, zu mir zu Besuch. Sie kam durch die große Kunststofftür herein und setzte sich zu mir an den Küchentisch, um mir von ihrem Kummer zu erzählen.

»Ich meine, wenn wir zu keiner vernünftigen Regelung kommen, muss ich am Ende womöglich in so einem Haus leben wie dem hier«, sagte sie und sah dabei richtig entsetzt aus. Ich fand sie dumm und blind, denn wenn man an den hässlichen, grob verputzten Häusern und dem Pub mit den kaputten Fensterscheiben vorbeischaute, sah man die Auwiesen, die sich wie ein gut gehütetes Geheimnis bis zur Ringstraße hinaus erstreckten. Meine Freundin aber hatte nur den überquellenden Müllcontainer, einen Mann mit einem Rottweiler und einen Wohnwagen in einem Garten gesehen, als sie kam. Was sie nicht sah, waren die Kirschblüten im Frühling und die Zweige der Trauerweide vor dem Haus, wo ich für die Kinder ein Baumhaus gebaut hatte. Was sie sah, war nicht das Zuhause, das ich spürte.

Das Haus lag auf der anderen Seite der Stadt, sodass wir nicht mehr so einfach mit dem Fahrrad zu dem Hof fahren konnten, wo unser schwarz-weißes Pony Dash stand. Da ich viel schreiben musste, um mir die Raten leisten zu können, hatte ich auch keine Zeit mehr, um den Stall auszumisten oder mit Kindern und Pony zum Laden an der Ecke zu gehen. Jimmy interessierte sich ohnehin nicht so sehr für Pferde, und Dolly konnte an den Wochenenden bei Nell reiten. Also erinnerte ich mich an Brads Rat, in Bezug auf Pferde nicht sentimental zu werden. Ich verkaufte Dash, der seinerzeit hundert Pfund gekostet hatte, für zwölfhundert und freute mich im Stillen, dass das Leben in der Stadt mir meine Fähigkeiten als Pferdehändlerin noch nicht geraubt hatte. Und dann wandte ich mich ganz bewusst von den Pferden ab. Ich besuchte auch den Hof mit den Rennpferden nicht mehr, auf dem ich damals, als die Kinder noch klein gewesen waren, die Vollblüter geritten hatte, und packte Halfter und Zaumzeuge auf den Dachboden. Stattdessen kaufte ich mir bei Zara neue schwarze Anziehsachen mit goldenen Knöpfen, die auf einem Reiterhof lächerlich ausgesehen hätten, aber genau das Richtige waren, wenn man zu einem Meeting nach London fuhr.

In dieser Zeit erlebten die Kinder und ich andere Abenteuer. Wir verbrachten viel Zeit auf der A303 nach Devon oder Cornwall, um zu campen, und fuhren auch einmal die Küste von Pembrokeshire hinauf, wo wir auf Campingplätzen an den weißen Sandstränden übernachteten. Mutter zu sein war ein Vollzeitjob. Jimmy und Dolly wurden größer, sie waren keine vorläufigen Skizzen mehr, sondern richtige Persönlichkeiten. Ich arbeitete viel, ging gelegentlich auf Reisen und fühlte mich sehr urban, so weit weg von den Pferden wie nur möglich.

Doch noch immer gab es Nächte, in denen ich auf die Flucht ging, mit pulsierenden Drogen und aufregendem Sex mit irgendwelchen Fremden, die ich anschließend einfach hinter mir lassen konnte, ohne Verpflichtungen. In diesen Nächten vergaß ich alles. Die Männer erfuhren nichts über mein Leben, und keiner von ihnen lernte meine Kinder kennen.

Jede geschiedene Frau braucht eine Komplizin, und meine Komplizin hieß Anna. In aller Regel machte sie gerade eine noch schlimmere Krise durch als ich, aber das hielt sie nicht davon ab, einfach umwerfend zu sein. Bei ihr konnte ich mitten in der Nacht anklopfen, wenn ich von einer Essenseinladung voller Pärchen geflohen war. Dann saß sie im Pyjama mit mir in der Küche, und wir tranken Wodka und stießen auf alle alleinerziehenden Mütter an. Eine Zeitlang gingen ihre beiden Jungs in der Nähe von meinen Kindern zur Schule, und im Winter wanderten wir über die Weiden bei ihrem Haus, tranken Brandy aus einem silbernen Flachmann und lachten, bis wir keine Luft mehr bekamen.

Wir zelteten auf einer nassen Wiese in Yorkshire und machten uns Irish Coffee auf dem Lagerfeuer, während die Kinder wild herumtobten. Diese Tage haben sich tief in die Zellen meines Körpers eingeprägt und gehören zu meinen schönsten Erinnerungen. Wenig später zog Anna zurück nach London und suchte sich einen richtigen Freund, aber in diesen ersten fünf Jahren als Alleinerziehende war sie mein Lichtblick. Ich hätte alles für sie getan.

Natürlich gab es auch Männer in meinem Leben, aber wenn ich brav sein wollte, ging immer irgendetwas schief. So schlief ich mit einem Mann, den ich auf dem Spielplatz in der Nähe unseres Hauses kennengelernt hatte. Er schien mir wie ein ungeschliffener Diamant, aber irgendwann erzählte er mir, dass er von Beruf Einbrecher war. So viel zum Thema Diamanten. Der Trompeter, der mich mit in seine Wohnung in Brixton nahm, entpuppte sich als gewalttätiger Drogendealer. Der Steuerberater, der so nett und vernünftig zu sein schien, war in Wirklichkeit Soldat bei einer SAS-Spezialeinheit und verschwand plötzlich zu irgendwelchen Untercoveraktionen im Urwald von Borneo, gerade als ich dachte, aus uns könnte wirklich etwas werden.

Überall um mich herum wurden Kinder geboren. Aus Langzeitbeziehungen wurden Ehen und dann Familien, und ich fühlte mich ausgeschlossen. Ich hasste das Mitleid, das man Alleinerziehenden so oft entgegenbringt, vor allem da ich der Ansicht war, mein Leben sei viel interessanter als das dieser abgesicherten Ehepaare in meiner Umgebung. Mitleid und Missfallen sorgten nur dafür, dass meine Röcke noch kürzer und meine Absätze noch höher wurden. Und dass ich immer mal wieder neben einem Mann aufwachte, den ich nicht kannte und garantiert nie wiedersehen würde.

Das alles tat nicht wirklich weh, weil Jimmy und Dolly mich mit so viel Lebenskraft umhüllten und weil ich die besondere Liebe spürte, die uns verband. Jimmy hatte angefangen, Geige zu spielen, und während ich ihnen ihr Abendessen machte, beobachtete Dolly ihn beim Üben, steckte sich die Finger in die Ohren und verzog das Gesicht, als hätte sie Schmerzen. Einmal in der Woche ging er im Gemeindesaal zum Karate, wo seine wilde kindliche Energie in die konzentrierte Energie der Katas kanalisiert wurde. Dolly hatte eine besondere Art, jeden Erwachsenen zu überraschen und zu bezaubern, den sie traf. Sie war sehr witzig, und ihr einzigartiger, exzentrischer Geist entwickelte sich auf Wegen, die ich niemals hätte vorhersagen können.

Ich liebte es, bei Jimmy auf der Bettkante zu sitzen, während er mit großem Ernst von seiner Legosammlung erzählte. Und ich genoss es, mit Dolly aus dem Charity-Laden nach Hause zu gehen und all das bunte Geschirr zwischen die Bücher auf den Küchenregalen zu packen. An den Wänden im Wohnzimmer hingen Poster von Countrymusikern, die ich von einer Amerikareise mit meiner Schwester Emma mitgebracht hatte, und hinter dem Küchentisch hing ein riesiger Spiegel, in dem sich das Fenster spiegelte, sodass wir von überall auf die große Trauerweide schauen konnten und das Zimmer mit Licht erfüllt wurde.

Manchmal, wenn ich mich allein fühlte, zerrten Zour und seine Heimat mit den hohen Bergen noch an meinem Herzen. Dann hörte ich ossetische Musik, die ich jedes Mal laut aufdrehte, wenn ich allein im Auto saß, sodass der Wagen und mein Kopf sich mit der fremdartigen Volksmusik füllten, die sich mit einem harten Technobeat mischte. Eine Mischung aller Welten, nach denen ich mich sehnte. Manchmal stand ich spät abends allein in der Küche, trank ein paar Gläser eiskalten Wodka und aß Salzgurken, weil sie mich an die Nächte erinnerten, in denen ich mit Zour am Tisch gesessen und über das ossetische Volk und Tschetschenien gesprochen hatte. Ich zwang mich, nach vorn zu schauen, aber oft kamen mir die Erinnerungen und die Sehnsucht dabei in die Quere. Mums Unfall hatte einen Brunnen der

Sehnsucht in mir geöffnet, der mich jederzeit mit einer erschütternden Kraft einsaugen konnte. Meistens spürte ich es daran, dass mir plötzlich das Atmen schwerfiel oder ein schmerzhaftes Stechen in meiner Brust mir ankündigte, dass ich gleich grundlos anfangen würde zu weinen. Gleichzeitig stieg die Sehnsucht in mir auf, man möge mich an einen anderen Ort bringen. Einmal saß ich am Küchentisch und arbeitete, als Dolly zu mir kam, ihren Schulrucksack neben mir fallen ließ und mir einen Kuss gab. Sie ging zum Kühlschrank, nahm eine Flasche Milch heraus und griff nach den Keksen im Regal darüber. Ich genoss diesen Moment, sie bei mir zu haben, bis sie anfing, mit ihrer leisen Mädchenstimme eine Melodie zu singen, die mich in einem wilden Strudel in die Vergangenheit zog. Mein Blick schnellte nach oben, wie von einem unsichtbaren Gummiband zu ihr gezogen.

»Was ist das? Die Melodie, die du da singst?«, fragte ich, während die Pixel der Vergangenheit sich plötzlich zu einem schärferen Bild verbanden. »Was singst du da?«, sagte ich leise. »Ich kenne das Lied, aber was ist das, Dolly?«

»Haben wir in der Schule gelernt, ein Kirchenlied«, antwortete sie und fing dann an, richtig zu singen, sodass ihre klare, schöne Stimme durch die Küche schallte.

Wenn ein Ritter in alter Zeit die Sporen gewann,
war er sanft und tapfer, ein kühner junger Mann.
Mit dem Schild auf dem Rücken und der Lanze in der Hand
ritt er weithin für Gott und das Gute durchs Land.

Ich habe kein Pferd und kenn doch den Streit.
Auch ohne Schwert weiß ich von der Dunkelheit.
Von Riesen ist nur noch in Märchen zu lesen,
die Ritter sind tot, die Drachen und Wesen.

Mein Schild ist der Glaube, die Freude mein Tier
gegen Drachen des Zorns und Riesen der Gier.
Mit der Kraft meiner Jugend will ich tapfer sein,
aus dem dunklen Verlies die Wahrheit befreien.

Die Melodie flog von den dunklen Verliesen der alten Zeit in die unmittelbare Vergangenheit, zurück zu Mum, die mir dieses Lied vorgesungen hatte, als ich so alt gewesen war wie Dolly. Meine eigene Tochter, die nichts von meinen Gefühlen ahnte, spazierte durch die Küche und schenkte sich noch ein Glas Milch ein, aber die Erinnerung schlug ihre Krallen in mich, und ich spürte die vertraute Sehnsucht nach der Vergangenheit mit Mum, nach den Phantasien von Zour und seinen dunklen Rittern.

Ich kniff die Augen zu und kämpfte den Schmerz in meiner Kehle nieder, der mir sagte, dass ich gleich weinen würde. Schnell wischte ich mir mit den Handflächen die Tränen vom Gesicht, bevor Dolly sie bemerkte. Während sie weiter durch die Küche ging, wickelte ich das Kabel meines Laptops auf und packte ihn weg, damit sie ihre Hausaufgaben auf dem Küchentisch ausbreiten konnte. Dann ging ich zur Spüle und ließ Nudelwasser in einen Topf laufen. Das Wasser lief über, und der Moment verstrich.

Damals ging ich davon aus, dass mein Leben genauso weitergehen würde. Ich würde arbeiten und reisen, wenn es möglich war, die Kinder würden größer werden, und mein Leben würde sich nur um die Kinder und mich drehen. Einen Mann in dieser Mischung unterzubringen war mir bisher nicht gelungen.

»Du musst dich nicht immer so unabhängig fühlen«, hatte ein älterer Freund meiner Schwester einmal zu mir gesagt, der bei einem Abendessen mein Tischherr gewesen war. »Du musst dich und die Kinder nicht immer nur als Einheit sehen.«

Aber genau das tat ich. Ich sah uns als eine Einheit, in der die Kinder und ich in Sicherheit waren, in der wir zusammen waren, wenn wir mal wieder ein Wochenende bei Emma und ihrer Familie verbrachten oder bei Nell im Zirkus.

In dem Winter, in dem es zum ersten Mal seit Ewigkeiten richtig schneite, veränderte sich diese Einheit jedoch. Es war kurz nach Weihnachten 2009, und die digitale Klarheit des Jahres 2010 war schon hübsch ordentlich auf meinem Bildschirm zu sehen. Jimmy war jetzt fast zehn Jahre alt, und die quecksilbrige Art seiner frühen Jahre hatte sich ausgewachsen. Er fing an, sich von mir wegzubewegen, dachte über die Sekundarschule und seine eigenen Bedürfnisse nach. Dolly war sechs, ein mageres Frettchen mit dichten braunen Haaren, das in rosa Cowboystiefeln und Jeansrock herumklapperte und ohnehin sein eigenes Ding machte.

Ich hatte an diesem Abend zu arbeiten und hätte um ein Haar gar nicht auf die SMS geantwortet, in der mich jemand fragte, ob ich Lust hätte, mit ihm was trinken zu gehen. Ich erkannte den Namen – Peter Browning, ein Bekannter von der Universität –, aber ich erinnerte mich nur vage. Wir hatten kurz vor den Abschlussprüfungen mal betrunken auf einer Party herumgeknutscht. Ich erinnerte mich, dass ich ihn irgendwann gefragt hatte, was er nach der Uni machen wollte, und er hatte mir erzählt, er würde mit seiner Freundin nach Kuba reisen. Mach die Reise allein, hatte ich ihm geraten, dann ist das Abenteuer viel größer. Später hörte ich von einem gemeinsamen Freund, dass er seine Freundin geheiratet hatte. Mein Rat war also falsch gewesen, aber ich hatte ohnehin kaum noch Kontakt zu Studienkollegen. Jetzt, fünfzehn Jahre später, saß ich an meinem Küchentisch und las die SMS von ihm. Er lebte wieder in Oxford, allein jetzt, langweilte sich und suchte ein wenig Abwechslung. Und ob ich wohl Lust hätte, mit ihm was trinken zu gehen.

Ich hatte einen Abgabetermin einzuhalten, und draußen schneite es. Als es am Abend dunkel geworden war, waren die Kinder noch einmal hinaus auf die zugeschneite Straße hinter dem Haus gelaufen. Der Schnee hatte alles zugedeckt, die Autos aus der Landschaft entfernt und die Straßenränder und gelben Linien des Parkverbots verschwinden lassen. Die Kinder hatten geschrien und gekreischt, nur um Krach zu machen, wie es Kinder nun einmal tun. Sie hatten sich auf die Straße gelegt und mit ihren Armen und Beinen Schneeengel gemalt. Danach waren sie bibbernd und mit roten Gesichtern wieder ins Haus gelaufen und hatten zusammen gebadet. Jetzt war es still im Haus, die Kinder lagen im Bett. Kristina, unser Au-pair, war ebenfalls zu Hause. Wenn ich mich beeilte, könnte ich den Artikel fertig schreiben und hätte immer noch ein paar Stunden vom Abend übrig. Selbst wenn nichts dabei herauskam, war es immerhin ganz aufregend, durch die verschneiten Straßen zu laufen.

An diesem Abend zog ich mir einen dunkelblauen, engen Mantel mit Perlmuttknöpfen an, malte mir einen schwarzen Lidstrich und trug rosa Lippenstift auf, weil es sich mit all dem Schnee da draußen anfühlte, als müsste ich mich fürs Theater aufbretzeln. Ich nahm mein Handy und schrieb ihm zurück, ich würde um acht Uhr da sein, hätte aber nur eine Stunde Zeit.

Manchmal wünsche ich mir, die Zeit zurückdrehen zu können und noch einmal in dieser Eckkneipe in Oxford zu sitzen – zu beobachten, wie ich in die Bar komme und Pete zum ersten Mal seit unserer Studienzeit wiedersehe. Ich wäre nur zu gern noch einmal vierunddreißig, hätte diesen Mantel an und glaubte, ich wüsste genau, wer ich bin. Obwohl ich, ohne es zu wissen, an der Schwelle zu einem neuen Leben stand. Pete veränderte mein Leben, heute weiß ich das. Seit diesem Abend hat sich mein gesamtes Sonnensystem in mir und um mich herum verändert und neu auf ihn ausgerichtet. In diesem Moment jedoch war er einfach nur ein Name aus meiner Vergangenheit, mit dem ich eine Stunde meiner Zeit verbringen würde. Ich wünschte, ich könnte noch einmal zurückgehen und mein Gesicht sehen, meinen Körper, als ich ihn zum ersten Mal wiedersah. Ich würde mich gern noch einmal so fühlen wie in diesem Augenblick, als Pete hereinkam.

Normalerweise trinke ich so etwas gar nicht, aber an diesem Abend bestellte ich einen Whiskey und Wasser ohne Eis, und zwei- oder dreimal standen wir vom Tisch auf, um draußen vor der Tür eine Zigarette zu rauchen. Ich muss irgendwann an diesem Abend mal von ihm weggeblickt haben, natürlich, aber vom Gefühl her würde ich sagen, ich habe ihn die ganze Zeit angesehen. Wir erzählten uns von dem Leben, das wir seit unserer letzten Begegnung geführt hatten. Unsere Wege waren sehr unterschiedlich verlaufen; Pete hatte die meiste Zeit in London und Paris gelebt. Aber es gab auch Ähnlichkeiten. Wir hatten beide kurz nach der Uni geheiratet, beide Ehen waren in die Brüche gegangen, und wir waren beide Journalisten und liebten nichts mehr als die Geschichten anderer Leute. Ein paar gemeinsame Freunde hatten wir auch, und jetzt kam es uns seltsam vor, dass wir uns seit dem Ende unseres Studiums nicht mehr begegnet waren. Es gab also eine Verbindung über die lange Zeit hinweg, aber ich weiß noch, dass ich den ganzen Abend über, während wir mit unseren Gläsern dasaßen, noch ein anderes Ziehen spürte, das viel, viel stärker war als die Nostalgie nach ein paar gemeinsamen Jahren an der Universität.

Ich wollte ihm alles über mich erzählen und alles über ihn erfahren. Drei Stunden vergingen, ohne dass ich es merkte. Ich spürte, dass er mich verstand, auch meine dunklen Seiten, und ich erzählte ihm von den Dingen, die mir Angst machten, und von meinen Albträumen. Es war, als lebten seine Stimme und seine Gefühle schon längst in mir und wären ein Teil von mir, genau wie heute.

Pete hat ein breites, freundliches Gesicht mit blonden Haaren und sehr blauen Augen. In dieser Nacht beobachtete ich ihn, wenn er sprach, folgte der Form seiner Lippen, wenn sie sich bewegten, und der Art, wie er manchmal mit schweren Lidern nach unten schaute. Ich wollte ihm nahe sein, und nach einer Weile wünschte ich mir sehnlichst, seinen Hals zu berühren, wo die weiche Haut auf das harte Schlüsselbein traf. Ich wollte ihn riechen und schmecken. Aber es war schon spät, die Stunde war längst um, und so biss ich mir auf die Lippen und schaute woanders hin.

»Ich muss los, ich muss morgen früh aufstehen. Die Kinder …«, setzte ich an, als die Uhr im Spiegel hinter Petes Stuhl schon nach elf zeigte.

»Nein, geh noch nicht. Bleib doch noch ein bisschen, dann können wir weiterreden«, erwiderte er. Ich ließ mich leicht überreden, und erst nach Mitternacht gingen wir hinaus in den knirschenden Schnee. Er brachte mich zu meinem Auto, wir machten Pläne, uns wiederzusehen, sehr bald, in ein paar Tagen. Und dann sagte er plötzlich wie aus heiterem Himmel: »Du musst darüber nachdenken.« Ich atmete aus und wünschte mir, ich könnte meine flache Hand auf sein Herz legen und dort liegen lassen.

Aber das tat ich nicht, jedenfalls nicht in dieser Nacht. Tatsächlich berührte ich seine Haut noch drei Monate lang nicht so, wie ich es mir schon am ersten Abend gewünscht hatte. Dabei trafen wir uns oft, redeten dort weiter, wo wir aufgehört hatten, und erforschten unsere Gefühle. Ich stand gern neben ihm, weil ich ihn dann riechen konnte, und jedes Mal, wenn wir uns trennten, sehnte ich mich danach, mich in ihm zu vergraben und ein Teil seiner Haut zu werden. Was auch immer da mit uns geschah, wir spürten es beide, und es war sehr stark, obwohl wir umeinander herumschlichen wie Magneten, die sich anziehen und gleichzeitig die Gegenkraft spüren.

Eines Abends, ein paar Wochen nach unserem ersten Treffen, saßen wir in einem Pub namens The White Horse in Oxford. Es war unsere dritte oder vierte Verabredung, und ich erzählte ihm von den Pferden und dem Reiten und was es mir mein ganzes Leben lang bedeutet hatte.

»Ich habe einen guten Sitz«, sagte ich. Meine Beine in den engen schwarzen Jeans berührten seine unter dem Tisch, als wollten sie das Begehren einfangen, das ich in seinem Gesicht aufblitzen sah. Es war gemein, aber ich wusste, was es mit ihm machte. In der Woche zuvor war er mit einer Reihe von Freunden bei mir zum Mittagessen gewesen, doch er war zwei Stunden zu spät gekommen und in einem verknitterten Hemd, das aussah, als hätte er es die ganze Nacht getragen. Ich wusste, dass er mit einer anderen Frau schlief, und das gefiel mir gar nicht.

»Könnte ich bloß eine Tasse schwarzen Kaffee bekommen?«, hatte er geantwortet, als ich ihn fragte, was er trinken wollte. Ich wusste, dass er von einer anderen Frau zu dieser Party gekommen war. Während des Essens ignorierte ich ihn wütend, weil ich mir alles schon so schön zurechtgelegt hatte, natürlich ohne mit ihm darüber zu sprechen. Als er sich verabschiedete, drückte ich mich kurz an ihn, damit er sich erinnerte.

An diesem Tag vergaß er sein Telefon bei mir. Ich fand es unter dem Tisch und las am Abend seine sämtlichen SMS und Mails. Er schlief nicht nur mit einer anderen Frau, sondern mit vielen. Ich wollte alle diese Frauen sein.

Irgendetwas an Pete sorgte dafür, dass ich mich sicher fühlte und gleichzeitig angespannt und aufgeregt. Er wurde ein Freund, mit dem man sprichwörtlich Pferde stehlen konnte, denn ich vertraute ihm ganz und gar. In unseren Gesprächen in der vergangenen Woche hatte ich ihm von der Dunkelheit erzählt, die ich so stark in mir spürte, dass sie mir mit ihrer Wildheit manchmal Angst machte, aber das hatte ihn nicht abgeschreckt. Ich hätte nie gedacht, dass ich mit einem anderen Menschen so glücklich sein könnte. Pete war klüger, liebenswerter und stärker als alle anderen Menschen, die ich kannte. Ich verehrte ihn und spürte, dass ich in ihm mein Gegenstück gefunden hatte. All die anderen Männer, die sich durch mein Leben gezogen hatten, bedeuteten nichts im Vergleich zu Pete.

Außerdem wusste ich nach dem Gespräch im White Horse, dass er noch nie eine Reiterin kennengelernt hatte. Und jetzt wollte ich ihm zeigen, wie gut mein Sitz war, wie stark meine Beine waren, wie entschlossen ich war. Welche Risiken ich bereit war einzugehen

Ein paar Wochen später, nachdem wir uns zum ersten Mal geküsst hatten, schrieb er mir in einer Mail: »Du hast mir den Kopf verdreht.« Aber unser Leben war ja auch noch mit anderen Menschen verbunden. Er schlief mit anderen Frauen, und ich selbst musste ebenfalls ein paar Geschichten beenden. Eine Zeitlang, mindestens zwei oder drei Monate immerhin, leistete ich tapferen Widerstand, weil ich nicht etwas Großes verschenken wollte, indem ich einfach so mit ihm schlief. Und ich wollte wissen, dass ich die richtige Entscheidung traf, auch für die Kinder. Bisher hatte ich mich immer bemüht, mein Liebesleben vom Rest meines Lebens getrennt gehalten. Nur wenige Männer hatten meine Kinder überhaupt kennengelernt. Aber ich wusste, das mit Pete war anders als alles, was ich bisher erlebt hatte. Die Vorstellung, mich wirklich an ihn zu binden, bedeutete eine Kehrtwende, einen klaren Blick auf mich selbst, auf Licht- und Schattenseiten, Liebe und Verlust, all das, was sich in mir mischte wie ein Tropfen schwarzer Farbe, die in ein Glas mit klarem Wasser fällt. Es war schwindelerregend und abgründig zugleich. Zum ersten Mal in meinem Leben zeigte ich jemandem, wer ich wirklich war, ohne Angst vor den Narben unter meiner Haut. Er sah mich ganz und gar so, wie ich war. Drei Monate nach unserer ersten Begegnung beendeten wir alle anderen Geschichten und wandten uns wirklich einander zu. Und seitdem gibt es nur noch uns.

Genauso empfinde ich auch heute noch für ihn. Pete ist ein Teil meines Herzens, er ist der Rhythmus meines Körpers. Wenn ich Angst habe, stelle ich mir vor, ich könnte den ganzen Tag in seiner Tasche sitzen, ganz nah an seinem Herzen. Ich will ein Teil von ihm sein, weil er mich verwandelt hat, indem er die zerschlagene Finsternis erkannte, die ich überall mit mir herumtrug. Er versuchte nicht, sie zu vertreiben, sondern nahm das, was in mir schlägt, und half mir, es mir anzueignen.

Er sah mein Trauma und versuchte nie, es zum Schweigen zu bringen, sondern half mir, es mir zu eigen zu machen, indem ich ihm wirklich nachspürte. Und er zeigte mir, wie ich mich dabei ganz sicher fühlen konnte. Pete hat die Art verändert, wie ich mich selbst verstehe.

Als ich noch mit verschiedenen Männern schlief, war meine wichtigste Voraussetzung immer, dass ich wieder gehen konnte, wenn ich wollte. Weil ich mich im Sex nicht wirklich verlieren konnte, weil ich dieses Geheimnis nicht preisgeben wollte, dessen ich mich am meisten schäme, das mir aber auch am nächsten ist. Er brachte mich dazu, diesem Teil von mir ins Gesicht zu sehen und mich nicht dafür zu hassen. Er ließ mich die Finsternis spüren – und lieben.

Ich habe Sex immer wieder benutzt, um mir selbst wehzutun. Aber wenn man sich bewusst für Sex entscheidet, der Schmerzen bereitet, und zwar mit dem Mann, den man auf der ganzen Welt am meisten liebt, dann ist das der ultimative Vertrauensbeweis. Dann wird der Schmerz zu Balsam, er macht meinen Kopf leer und lässt alles heilen. Und ich liebe Pete so sehr dafür. Er hat sich nie von der Finsternis meines Traumas abgewandt, sondern mir vielmehr geholfen, es anzunehmen, sodass es sich frisch und neu anfühlt, süß und sehr scharf und manchmal auch schmerzhaft, und wie etwas, das nur zwischen uns geschieht. Ich bin ein Teil von ihm, auch wenn er nicht bei mir ist. Und wenn ich in seiner Brust sitzen könnte, wäre ich glücklich.

Natürlich nahm ich ihn auch mit, um Mum kennenzulernen.

Die Schwester fütterte sie gerade, als wir kamen, und sprach mit einer unangenehm lauten Stimme mit ihr. »Charlotte, Ihre

Tochter ist da. Clover ist da«, sagte sie und verschliff die Vokale in ihrem weichen Wiltshire-Akzent, den ich zum ersten Mal in der Dorfschule gehört hatte. Mum blickte auf und gleich wieder weg, als Pete und ich uns neben sie auf zwei Stühle setzten.

»Letzte Woche habe ich Nell besucht, Mum, und in der Woche davor war ich mit Emma im Theater«, sagte ich und nahm den vertrauten laufenden Kommentar zu meinem Leben auf, den ich seit meiner Jugend abspulte. Während dieser Monolog lief, hatten sich ganze Leben verändert, aber Mum sagte nie etwas dazu. Ich hörte nur meine eigene Stimme, als lauschte ich von ferne; manchmal konnte ich sie fast ausblenden, aber manchmal fühlte sich diese Wiedergabe der Ereignisse in meinem Leben an wie eine Ohrfeige, und dann wollte ich mich nur noch davor verstecken. Aber mit Pete an meiner Seite empfand ich mich selbst nicht mehr als ganz so erschreckend. Er sprach so freundlich mit ihr und nahm ihre Hand, mit der sie unbestimmt durch die Luft gewedelt hatte, als sie ihn gesehen hatte, sodass sie ihn tatsächlich anlächelte und von ihm zu mir und wieder zurück blickte. Sie sah glücklich aus.

Als wir eine Stunde später das Pflegeheim wieder verließen, wollte ich mir den Geruch von Essen, gebleichten Laken und Tee mit Milch aus dem Kopf pusten lassen. Auf Barbury Castle, mit Blick hinunter auf Swindon und Purton, fühlte ich, wie die Vergangenheit mir ein wenig mehr Raum ließ, obwohl sie noch immer gefährlich nahe war, während die Familien um uns herum Drachen steigen ließen und ihre Hunde Tennisbällen hinterherjagten. Es war Ostern, drei Monate, nachdem ich Pete wiedergetroffen hatte. Später würde es ein Familienessen in Emmas neuem Haus in Oxfordshire geben, mit Lammbraten und Eiersuchen. Jimmy und Dolly würden sich die bunt verpackten Schokoladeneier schnappen, die sie zwischen den Narzissen fanden. Aber jetzt wollte ich nur ihn spüren. An der Straße hinunter vom Ridgeway gibt es einen Stein mit einer Inschrift aus dem

19. Jahrhundert. Die Worte stammen von dem Mystiker und Autor Richard Jeffries, und er spricht über die Macht des Glücks, das hier im gegenwärtigen Augenblick lebt, nicht in der Vergangenheit oder der Zukunft, denen wir ständig nachjagen.

Jetzt ist Ewigkeit
und ich in ihrer Mitte.
Um mich geht es, jetzt im Sonnenlicht.

In diesem Augenblick gab es nur noch Pete. Ich spürte ihn im Sonnenlicht, und das, was zwischen uns geschah, war absolut richtig.

Wir waren noch keinen Monat zusammen, als Pete mich mit nach Edinburgh nahm, um seine Mutter kennenzulernen. Wir hatten Sex im Dunkeln vor einem Spiegel in einem Hotelzimmer, wo ich ihm einen Teil von mir schenkte, von dem ich nicht einmal selbst gewusst hatte, dass er existierte. Danach gingen wir zu Arthur's Seat, und er sagte, er glaube, dass er mich liebe. Ich musste darüber nicht nachdenken, ich wusste es. Auf dem Weg zum Haus seiner Mutter in einem Vorort von Edinburgh schlief ich im Auto ein. Später sagte er zu mir, er sei enttäuscht gewesen, weil ich nach seinen Worten einfach geschwiegen hätte. Er wusste ja nicht, dass ich mich so sicher fühlte wie nirgendwo sonst auf der Welt, wenn ich auf seinem Beifahrersitz saß und in einem warmen Auto durch den Regen gefahren wurde. Es war, als würde ich mit Mum nach Hause fahren.

Candida war die Erste, der ich es erzählte, als ich zwei Jahre später mit Evangeline schwanger war. Zwei Monate danach fragte ich sie, ob sie mir mit den Blumen helfen könnte und mit dem Hochzeitskleid.

»Deine Mum hat mir beigebracht, dass man niemals Schnittblumen kaufen muss, sondern immer die Zweige aus den Hecken benutzen sollte«, erinnerte sie mich, und so organisierten Pete und ich unsere Hochzeit in diesem Sinne. Wir schrieben Postkarten mit Einladungen an etwa dreißig Freunde und beschlossen, zu Fuß mit den Kindern zu unserer Trauung im Rathaus von Oxford zu gehen. Wir mieteten den Pub, in dem wir uns zum ersten Mal getroffen hatten, um dort mit unseren Gästen zu essen, aber danach würden wir abreisen, um das Wochenende mit Jimmy und Dolly am Meer zu verbringen. Sehr einfach, das alles, aber Dolly war mit meinen Plänen für das Hochzeitskleid überhaupt nicht einverstanden. Ein Jahr zuvor hatten wir sie in den Hyde Park mitgenommen, um die königliche Hochzeit anzusehen, und der Anblick von Kate Middleton, der perfekten Prinzessin in Spitze und Diamanten, hatte sie tief beeindruckt. Jetzt war ihre Mutter die Braut, und ihrer Ansicht nach gehörte dazu ein weißes Kleid, so groß und rüschig wie möglich.

Nun habe ich aber eine angeborene Abneigung gegen weiße Hochzeitskleider. Als ich Dan heiratete, nähte mir meine Freundin Sophia ein rosa Kleid mit roten Blümchen. Vor Kurzem habe ich es wiedergefunden, es lag in einer Plastiktüte auf dem Dachboden, und ehrlich gesagt: Ich war schockiert. Es fühlte sich an, als würde man plötzlich feststellen, dass ein fremder Mensch da oben wohnt. Aber obwohl ich fremde Hochzeiten liebe, wenn diese verschleierten Frauen da stehen oder in einem geschmückten Auto vorbeifahren, empfinde ich diese weißen Opfergestalten insgeheim als ziemlich anachronistisch. Weiß ist das Sinnbild der Unschuld und Jungfräulichkeit. Als ich Pete heiratete, hatte ich zwei Kinder und war im vierten Monat schwanger. Aber Dolly bestand darauf.

Um sie zu besänftigen, fuhr ich nach Bicester Village und zwängte mich in ein wunderschönes, mit Perlen besticktes Hochzeitskleid. Schwitzend und mit rotem Gesicht stand ich unter den hellen Lampen und fand mich lächerlich – als hätte ich mich zu einem Kostümball verkleidet oder mir die Sachen ausgeborgt. Zu

Hause durchsuchte ich die Schränke und fand endlich eins meiner Lieblingskleider. Es war halblang und schwarz, mit einem Versace-Druck aus Hunderten knallig pinkfarbenen, orangefarbenen und lila Schmetterlingen und Stiefmütterchen. Es wurde am Rücken gebunden und hatte einen tiefen Ausschnitt. Darin sah ich nicht aus wie die errötende Braut, sondern wie die Frau, die ich sein wollte.

Am Tag unserer Hochzeit standen Pete und ich im Morgengrauen auf und schlichen uns auf den Spielplatz in der Nähe des Hauses, um grüne Zweige von der Hecke zu schneiden. Die nahmen wir mit in den Pub und steckten sie zwischen Sträuße aus Tulpen und Narzissen. Dann gingen wir alle zusammen durch die Stadt zum Rathaus, Pete und die Kinder und ich, plötzlich so etwas wie eine Familie. Dolly und ich machten unterwegs Halt und kauften in einem Blumengeschäft Sträuße mit Anemonen und Hyazinthen. Später, als ich in einem Regen aus Reis und Blütenblättern aus dem Rathaus auf die Straße trat, fühlte ich mich so glücklich wie noch nie, und ich war ganz und gar ich selbst.

Candida war wie eine Mutter auch am Tag nach Evangelines Geburt da. Evangeline kam schnell, so sicher und klar, wie sie sich jetzt durch ihr Leben bewegt. Sie ist ein sehr ordentliches kleines Mädchen, dass nichts lieber tut, als sich mit ihrem zwölf Jahre älteren Bruder Jimmy zu streiten. Sie war absolut perfekt, und als Pete mit ihr auf dem Krankenhausbett lag, überkam mich die Liebe für die beiden wie ein warmer Segen. Candida kam bei uns an, kurz nachdem ich aus dem Krankenhaus gekommen war. Sie setzte sich aufs Sofa und küsste erst einmal den kleinen Neuankömmling.

»Mein Schätzchen«, schnurrte sie und rieb ihre Wange an den weichen Babyhaaren. Am Nachmittag ging ich mit Dolly in den Park, Evangeline warm eingepackt im Kinderwagen. Dolly schob den Wagen vorsichtig durchs Gras, und in diesem Moment überkam mich ein seltsames neues Gefühl, eine Mischung aus Glück und Wehmut darüber, wie schnell die Zeit vergeht. Ich erinnere mich nicht, so etwas empfunden zu haben, als Jimmy und Dolly geboren wurden, aber seit Dolly so klein gewesen war wie das neue Baby im Wagen, war ja auch viel Zeit vergangen. Mir wurde ganz schwindelig, und ich dachte, vielleicht bin ich ja nur müde. Beinahe hätte ich die vertraute Angst vor Mum, die wortlos in mir klopfte wie ein gefangener Vogel, der mit den Flügeln schlägt, nicht erkannt.

Das intensive, absolute Glück, das Pete und ich miteinander erlebten, wurde durch die erneute Erfahrung der Mutterschaft aufgebrochen. Die intensiven Gefühle, die damit einhergingen, brachten meine Mutter zurück in mein Leben, nachdem es mir ein paar Jahre lang gelungen war, sie abzudrängen. Plötzlich war sie wieder da, und ich sehnte mich nach ihr.

Ich war in der Küche und hatte Evangeline gerade gefüttert und zum Schlafen ins Bett gelegt. Sie war acht Monate alt. Pete arbeitete oben an seinem Laptop, aber ich hatte Hunger und machte mir ein pochiertes Ei. Dabei beobachtete ich die Geisterfinger aus Eiweiß, die durch das kochende Wasser glitten und irgendwann nicht mehr durchsichtig waren, sondern weich und fest zugleich. Zwei Scheiben dunkles Brot sprangen aus dem Toaster. Im Kessel kochte das Wasser.

Es ging mir besser. Die Traurigkeit der postnatalen Depression war noch da, aber inzwischen fühlte sie sich eher an wie Ebbe und Flut. Manchmal fühlte ich mich fast wieder normal, und die Abstände zwischen den Wellen wurden länger. Ich nahm einen Schaumlöffel, hob das Ei auf den Toast mit Butter und stellte den Teller zu der Tasse Tee auf den Küchentisch. Dann mahlte ich schwarzen Pfeffer und Salz auf das Ei und etwas Chiliflocken auf das Eigelb. So hatte es einer der Cowboys in El Paso immer gemacht, und seitdem habe ich nie wieder ein Ei ohne Chiliflocken gegessen.

Als ich mich gerade hinsetzen wollte, erschien die Nummer von Mums Arzt auf dem Display meines Telefons. Ich kannte sie auswendig und wusste, dass seine Anrufe normalerweise medizinische Gründe hatten: Schwierigkeiten mit dem Ekzem, ein neuer epileptischer Anfall. Ich blickte auf das Ei auf meinem Teller, die glänzende Rundung des Eigelbs … Aber dann legte ich die Gabel hin und nahm das Gespräch an.

»Ihre Mutter hat einen Tumor«, sagte er, und seine beruhigende Stimme klang so, als wäre sie irgendwo in meinem Kopf. »Der Tumor drückt auf die Nieren und verursacht ein Nierenversagen. Wir hoffen, dass wir sie stabilisieren können, damit sie keine Schmerzen hat. Aber ich halte eine Operation unter Vollnarkose für nicht angemessen. Würden Sie und Ihre Familie das auch so sehen?« Ich hielt inne, atmete tief durch die Nase und hörte den Widerhall seiner Stimme in meinen Ohren. Dann nickte ich wortlos, als hätte ich vergessen, dass er mich nicht sehen konnte, und bat ihn, es mir noch mal zu erklären.

»Clover, wir können nicht mit Sicherheit sagen, wie Ihre Mutter in den nächsten Wochen reagieren wird, aber die Größe und Schwere des Tumors in Verbindung mit ihrem Nierenversagen legen die Vermutung sehr nahe, dass sie sterben wird.« Während er weitersprach, starrte ich hinaus auf die Trauerweide vor dem Küchenfenster, die ihre grünen Finger im Wind bewegte. Die langen, zarten Zweige schaukelten zur Seite und schickten ein paar dünne, längliche Blätter zu Boden. Unter dem Baum blühten lila Krokusse; Mum hatte diese Blumen immer geliebt. Ich erinnere mich, dass ich mit acht oder neun Jahren einmal zu ihr sagte, die Krokusse sähen aus wie Kuhfüße, weil sie so gespalten seien. Danach nannten wir die Blumen Kuhfüße; jedes Mal, wenn ich Krokusse sah, musste ich daran denken. »Es tut mir sehr leid, Ihnen das sagen zu müssen. Ich weiß, was Ihre Familie in all den Jahren durchgemacht hat, und wir wissen auch, dass es Ihnen allen immer am Herzen lag, Ihre

Mutter so wenig wie möglich leiden zu lassen. Aber dieser Tumor ist eine ernste Sache. Sie wird sterben.«

Nachdem er aufgelegt hatte, schob ich meinen Stuhl zurück und schlug so fest auf die Tischkante, dass das kalte pochierte Ei auf dem Teller zitterte. Ich warf Toast und Ei in den Müll. In mir tobte die Trauer aus zweiundzwanzig Jahren, drängend und schmerzhaft, und wollte hinaus. Dann ging ich nach oben. Ich wollte jetzt bei Pete sein.

Kapitel 9

Der Sommer in Baulking ist zu Ende, der Boden schon wieder hart gefroren. Nebel hängt über den Wolken hinter dem Haus, wenn ich morgens aufstehe und den Kindern Frühstück mache. Braune Blätter liegen in der Einfahrt. Seit wir im vergangenen Dezember hier eingezogen sind, gleiten die Jahreszeiten ineinander, und schon ist ein Jahr um. Als wir aus Oxford wegzogen, gab ich mir große Mühe, an Baulking als neues Zuhause zu glauben, auch wenn es Augenblicke gab, in denen ich das Gefühl hatte, ich würde es mir nur einbilden und wüsste immer noch nicht, wo mein Zuhause ist. In diesen Augenblicken schaute ich auf das weiße Pferd, denn wenn ich es über den Berg galoppieren sah, sobald ich von der A420 abbog, oder wenn ich auf dem Berg wanderte und die weiße Kreidelinie sah, dann fühlte es sich immer zeitlos und tröstlich an.

An einem Dienstag im Spätherbst auf dem White Horse Hill habe ich zum ersten Mal wieder das Gefühl, hierherzugehören und nicht nur so zu tun. Ich bin mit Dash und Evangeline oben. Dash kann jetzt laufen, seine Schritte sind noch kleiner als die von Evangeline, diesem strahlend blonden Adrenalinstoß, der vor uns herzischt, als wir die Schafweiden ganz in der Nähe des Pferdes überqueren. Die Kinder rennen kreischend voraus, ihre Stimmen hallen in den Gletscherfalten des Manger wider, als wir den letzten Asphaltweg hinter uns lassen. Evangeline läuft zum Viehgitter, und ich kann förmlich sehen, wie sie sich innerlich stählt, um über die Metallstangen zu laufen. Eine dichte schwarze Hecke zieht sich am Rand der Wiese unterhalb von Uffington Castle hin, und plötzlich ist da wie aus dem Nichts ein verschwommenes Gefühl von wilder Bewegung neben uns, sodass beide Kinder stehen bleiben und automatisch nach meiner Hand greifen. Wie Ping-Pong-Bälle springen fünf Rehe vor uns aus der Hecke und bleiben dann mit ihren dünnen Beinen auf der Wiese stehen. Ihre dunklen Augen blicken uns unverwandt an, die Ohren sind gespitzt, aber vollkommen ruhig. Sie starren die Kinder an, die ganz untypisch schweigend vor dieser Erscheinung stehen. Noch einen Augenblick lang beobachten uns die Rehe, dann stört eine Waldtaube die Stille und flattert in der Schlehenhecke auf. Die Rehe schauen sich um, werfen noch einen Blick auf die Kinder und springen dann in den dunkelgrünen Morgen Richtung Ridgeway.

»Bambi!«, kreischt Evangeline und springt in ihren roten Gummistiefeln in die Luft. Noch immer hält sie meine Hand. Jetzt springt Dash an meiner anderen Hand. Ich lache die beiden an. Ein paar Schafe halten beim Grasen inne und schauen uns dämlich blökend an, dann lassen sie die Köpfe wieder sinken, und die Kinder laufen dorthin, wo die Rehe gestanden haben, die jetzt nur noch als ferne Punkte zu sehen sind.

Ich wende mein Gesicht dem Kreidepferd zu und folge den Kindern über den nassen Grashang, auf einem Weg, den ich schon oft mit den beiden gegangen bin, ebenso wie mit Jimmy und Dolly, und auch allein, seit wir in Baulking wohnen. Ich habe miterlebt, wie der Berg sich vom Winter zum Frühling hin verändert, zum Sommer und zum Herbst und zurück zum Winter, als würde er lange Atemzüge durch die Zeit nehmen. Er ist so viel größer und älter als irgendetwas, das ich verstehen könnte.

Ich muss einfach nur hinter den Kindern her die Wiese hinaufgehen, dem Klang ihrer Stimmen und ihres Lachens folgen, sie aufheben, wenn sie auf dem nassen Boden ausrutschen, oder einen kleinen, feuchten Fuß mitsamt Strumpf wieder zurück in den Gummistiefel stecken. Mehr muss ich hier am Berg nicht für sie tun, und während ich ihnen hinauf zum weißen Pferd folge, während das Tal sich sanft wie eine Decke Richtung Baulking erstreckt, merke ich plötzlich, dass ich wirklich hierhergehöre.

Pete und ich fuhren noch am selben Nachmittag nach dem Anruf des Arztes zu Mum. Die M4 glitt vorbei wie ein Meer aus Metall, die Fahrzeuge bewegten sich lautlos. Drinnen im Auto gab Pete mir mit seiner Stimme ein wenig Sicherheit und lenkte mich ab. Nur da draußen in der Ferne existierte eine Vorstellung von Tod.

»Wie geht es Ihnen, Liebes?«, fragte Schwester Kim, als wir ankamen. Kim saß nie still, sie war ständig im Haus unterwegs, plauderte mit Angehörigen, munterte Patienten auf, überprüfte Medikamente, machte Tee. Sie hatte immer Zeit für ein paar Worte, so beschäftigt sie auch sein mochte, und bei mehr als einer Gelegenheit hatte ich schon in Tränen aufgelöst in ihrem Dienstzimmer gestanden und mich von ihrer Freundlichkeit umfangen lassen. Ich hatte aber auch oft Späße mit ihr gemacht, und nach Evangelines Geburt hatte sie mir einen silbernen Anhänger in Form eines Babyschuhs geschenkt. Diesmal blickte ich zu ihr hoch und lächelte schwach. Ich sagte, ich hätte mit dem Arzt gesprochen, und sie nickte sanft.

»Wir passen auf sie auf, machen Sie sich keine Sorgen«, sagte sie und griff nach meiner Hand. »Aber Ihre Mum wartet. Gehen Sie zu ihr.«

Kim hatte recht. Mum wartete wie in all den Jahren in ihrem Sessel an der Terrassentür, die auf einen kleinen Garten hinausging. Dahinter begann der Parkplatz. Sie schaute zu mir hoch, als ich mich zu ihr setzte, und erlaubte mir, kurz ihre Hand zu nehmen. Ich beugte mich vor und küsste ihre Wange, ließ mich von ihrem vertrauten Geruch einhüllen: warme Milch, verdünntes Desinfektionsmittel und der scharfe Geruch von etwas anderem, wie eine leichte Entzündung.

Wir waren eilig zu ihr gefahren, hatten nur noch schnell organisiert, dass eine Freundin nach Evangeline schaute und Abendessen für Jimmy und Dolly machte. Als hätte der Anruf des Arztes eine ganz neue Dringlichkeit in eine Situation gebracht, die doch seit mehr als zwanzig Jahren unverändert war. Der Arzt hatte gesagt, sie würde sterben, und ich hatte mir vorgestellt, sie würde im Bett liegen oder schwächer aussehen oder irgendetwas, das sich nach einem nahenden Tod anfühlte.

Aber das alles war nicht der Fall. Sie sah aus wie all die Jahre zuvor, in denen ich erst zwanzig und dann dreißig geworden war und noch ein paar Jahre älter. Sie sah nett aus mit ihrem grau melierten Haarschopf, die Haut war ohne Kontakt zu Wind und Wetter blass und faltenlos. Mit den Jahren waren ihre Augen verschlossener geworden und die Augenwinkel zogen sich etwas nach unten, und obwohl sie ein bisschen dünner aussah, wirkte sie eigentlich wie immer.

Sie starrte ins Zimmer, dann wieder zu mir, und zupfte an einem Baumwollfaden an meinem Pullover, als wollte sie sich irgendwie um mich kümmern. Ein Teil von Mum war noch da, aber so weit entfernt, dass es sich anfühlte wie das Echo ihres echten Lebens. Als Kim mit einem Tablett kam, auf dem Tee und Kekse standen, wurde ihr Blick lebhafter.

»So, meine Liebe, hier kommt eine schöne Tasse Tee«, sagte Kim und stellte das Tablett auf einen Klapptisch, den Mum fast immer vor sich stehen hatte, als wollte sie eine Schranke zwischen sich und dem restlichen Zimmer aufbauen, eine Schutzschicht für all ihre Verletzlichkeit. »Peter, würden Sie einschenken, dann kann ich das Tablett wieder mit zurück in die Küche nehmen, nur zur Sicherheit. Charlotte nimmt sich sonst alles, was drauf ist, nicht wahr, meine Liebe?« Kim streichelte Mums Wange, und Mum blickte zu ihr auf, tätschelte ihre Hand und nahm Verbindung zu ihr auf, als wäre Kim jetzt ihre Tochter. Die Schwester kannte sie am besten, bei ihr fühlte sie sich sicher. Ich war schon lange nicht mehr eifersüchtig auf die Schwestern, wie ich es früher gewesen war, als ich erkannt hatte, dass Mum sich allein an sie wandte, wenn sie überhaupt mit irgendeinem Menschen Kontakt aufnahm. Die Schwestern konnten in ihren Bewegungen Angst oder Schmerz erkennen, sie wussten, wie sie eine Verbindung zu den Resten ihrer Persönlichkeit herstellen konnten. Ich war nur eine Zuschauerin, eine Besucherin für einen Nachmittag.

Ich zeigte ihr ein Foto von Evangeline auf meinem Telefon, hielt ihr das Display hin, während sie darauf starrte und es dann wegschob. Dann erzählte ich ihr von Dollys neuer Schule. Wir tranken Tee mit Milch, und Mum wischte die Innenseite ihrer Tasse mit dem Daumen aus, nachdem sie ausgetrunken hatte. Dabei tippte sie die ganze Zeit über leise mit dem Fuß auf den Boden, bis mir keine Worte mehr einfielen und meine Stimme ihren Schwung verlor. Ich lehnte mich zurück und schloss die Augen.

Als wir wenig später das Haus verließen, mischten sich strahlender Sonnenschein und Regen. Der Himmel war blau und kalt wie an einem wunderbaren Apriltag, Regentropfen glitzerten im Licht. Pete legte mir den Arm um die Schulter, zog mich an sich und küsste meine Schläfe.

»Ich liebe dich, Clover, ich liebe dich«, sagte er und hielt mich fest. Um uns herum funkelten die Regentropfen. Nach der sanften Wärme und den langsamen Bewegungen im Pflegeheim kam mir das Nachmittagslicht eindringlich und scharf vor. In mir prallten die Gefühle aufeinander wie die bunten Kugeln beim Poolbillard, die auf dem grünen Filz durcheinanderrollen. Im Augenblick des Unfalls hatten sich Tod und Leben ineinander verwoben und dann meine Mum eingehüllt, und die Vorstellung, sie könnten sich wieder trennen, ließ mich in alle Richtungen zittern. Ich wusste nicht, wie ich meine Gedanken ordnen sollte. Schock, Erleichterung und etwas ganz Neues, vielleicht Trauer oder etwas Unbestimmtes, trafen aufeinander, ohne einen Ruheplatz in mir zu finden. Meine Handflächen prickelten, und so kühl der Nachmittag auch war, meine Achseln waren nass vom Schweiß.

Es war fast unmöglich, sich vorzustellen, dass die Reise zu Ende gehen sollte. In meinem Kopf galoppierten die Worte rückwärts und vorwärts wie Vollblüter, die seit Ewigkeiten zum ersten Mal wieder auf die Weide gelassen werden. Mum stirbt. Hufschläge donnerten über harten Boden, mein Atem wurde schneller, und ich sagte es mir noch einmal: Mum stirbt. Dumpf dröhnte es in meinen Augenhöhlen.

Bis zum 25. November 1991 war ich ein Kind gewesen, und der Gedanke, Mum könnte sterben, war das Schlimmste gewesen, das ich mir vorstellen konnte. Jetzt war dieser Gedanke verknotet und ausgefranst und nicht mehr so klar, und das Schuldgefühl, dass ich einen so bösen Gedanken überhaupt jemals gehabt haben könnte, fuhr seine Krallen nach mir aus. Tatsächlich hatte ich in diesem Augenblick absolut keine Ahnung, was ich wirklich fühlte.

Seit mehr als zwanzig Jahren hatte ich mit ihrem Tod gerechnet und viele Male an ihrem Bett gesessen, wenn sie zwischen Leben und Tod geschwebt hatte. An manchen Tagen unmittelbar nach dem Unfall, als sie an all den Schläuchen und Maschinen auf der Intensivstation gehangen hatte, war sie dem Tod ganz nahe gewesen. Immer wieder hatten uns der Chirurg und die Schwestern mit ernsten Gesichtern auf ihren Tod vorbereitet. So viele Male hatte man uns in diesen ersten Wochen gesagt, die Chancen stünden sehr schlecht, dass sie die nächste Operation überlebte. Wir hatten gebetet und gehofft, dass sie es schaffen würde, und sie hatte es geschafft.

Auch in den Jahren danach war die Möglichkeit, sie könnte sterben, allgegenwärtig gewesen. Mindestens einmal im Jahr hatten wir Anrufe aus dem Pflegeheim oder vom Arzt bekommen, in denen es hieß, die aktuelle Grippeinfektion oder eine sonstige Infektion, wären Mums letzte. Aber die Ärzte hatten sich in all den Jahren stets geirrt, Mum hatte durchgehalten und saß immer noch in ihrem Pflegeheim. Sie war nur ein paar Zentimeter vom Tod entfernt, aber sie klammerte sich immer noch ans Leben.

Ihr Arzt erklärte uns jedoch, diesmal sei es anders. Er rief noch einmal an, als ich mit Dolly und ihrem Pony Bliss einen Feldweg in der Nähe unseres Hauses entlangging. Das Pony blieb stehen, als ich den Anruf entgegennahm, senkte den Kopf und fing hungrig an, das Frühlingsgras am Wegrand abzuweiden. Dolly schimpfte, aber ich hob die Hand und wandte mich von ihr ab. Eine dicke, schwere Biene bewegte sich träge durchs Gras, Butterblumen standen optimistisch an dem alten Fußweg, gelb wie Eidotter. Im vergangenen Sommer hatten wir an diesem Weg Brombeeren gepflückt. Dolly war auf dem Pony geritten, und ich hatte ihr einen Topf hingehalten, in den sie die Beeren legen konnte, bis ihre Finger dunkel lila verfärbt waren. Danach war der ganze Herd mit verbranntem Zucker verklebt, aber Dolly meinte, das wäre es wert für die lange Reihe von Gläsern mit Brombeergelee, die wie dunkle Edelsteine auf dem Fensterbrett funkelten. Neben mir hörte ich das Geräusch von Bliss, die auf dem Gras herumkaute, während Mums Arzt mir von dem Tumor berichtete. Er drückte auf ihre Nieren, und der Arzt glaubte zwar nicht, dass sie Schmerzen hatte, aber ihre Blutwerte legten die Vermutung nahe, dass sie diesmal wirklich sterben würde.

»Selbstverständlich können wir nicht sagen, wie lange Ihre Mutter in diesem Zustand durchhält«, sagte er und hielt kurz inne. Er wählte seine Worte sorgfältig, als würde er mit feinen Linien auf Papier zeichnen und wollte keine schwarzen Abdrücke hinterlassen. »Ihre Mutter … Charlotte … sie ist sehr kräftig und willensstark, wie sie ja sicher wissen. Sie hat uns in der Vergangenheit schon oft Lügen gestraft, aber Sie sollten wissen, dass es diesmal wirklich eine andere Situation ist.«

Er war freundlich, seine Stimme ruhig und gemessen, aber er konnte nur vage in der Zukunft herumstochern und wollte sich nicht auf einen Zeitraum festlegen. »Normalerweise würde ich aufgrund der Blutwerte und des allgemeinen Gesundheitszustands Ihrer Mutter sagen, zwei Wochen. Vielleicht auch ein paar Wochen länger, höchstens jedoch ein paar Monate.« Es war schrecklich und verführerisch zugleich, aber der Gedanke, so lange ohne Gewissheit leben zu müssen, schien mir unerträglich. Also drängte ich weiter.

»Glauben Sie, es könnte auch noch ein Jahr dauern, oder haben Sie eine klarere Vorstellung von den Zeiträumen? Sprechen wir von Monaten oder Jahren?«

Von Jahren sicher nicht, erklärte er mir ruhig. Ein oder zwei Monate seien das Höchste.

Am Ende überlappten sich Tod und neues Leben. Eine Woche nach dem ersten Anruf ihres Arztes stellte ich fest, dass ich mein viertes Kind erwartete. Der Gedanke, dass der Ball des Lebens mit einem neuen Kind weiterrollen würde, machte mich glücklich und ließ das Gefühl nahender Trauer verschwimmen. Im Übrigen trotzte Mum noch eine ganze Weile allen Aussagen der Ärzte, wie sie es schon immer getan hatte. Im Gegenteil, nachdem die Diagnose gestellt worden war, schien sie sich noch fester ans Leben zu klammern als zuvor. Sie nahm wieder zu und schien präsenter zu sein als seit Monaten. Wenn ich sie besuchte, schaute sie mich manchmal an und hielt minutenlang Blickkontakt, statt wegzuschauen oder mir sogleich ihre Hand zu entziehen.

Ich selbst allerdings fühlte mich jedes Mal, wenn ich zu ihr fuhr, noch verwirrter. Die Ärzte hatten sich so oft geirrt, vielleicht würde es auch diesmal so sein. Vielleicht war sie einer dieser wundersamen Fälle, die allen Diagnosen trotzten, egal wie oft die Ärzte auch mit ihrem Tod rechneten. Vielleicht würde der Monolog tatsächlich noch zehn oder gar zwanzig Jahre weitergehen. Jedes Mal, wenn ich von zu Hause losfuhr, hatte ich das Gefühl, ich müsste ihr noch deutlicher als sonst sagen, wie sehr ich sie liebte.

Aber ich spürte auch die Anspannung, wenn ich mir vorstellte, noch jahrelang an ihrem Sterbebett zu sitzen. Dieser Schwebezustand und die ständige Erwartung ihres Todes zehrten an meinen Kräften, und ich fühlte mich wie zerrieben zwischen dem, was ich fühlen sollte, und meinen wahren Gefühlen.

Ich wollte die Glaswand der Trauer zerschlagen, hinter der ich wie eingequetscht seit zweiundzwanzig Jahren lebte. Ich wollte, dass die Trauer mich endlich überflutete. Ich erinnerte mich an den ruhigen, fernen Blick des Schafs, dem die Männer an dem Berg in Ossetien die Kehle aufgeschlitzt hatten. Das Blut hatte sich um die kleinen Hufe herum gesammelt wie eine rote Schürze. Manchmal stellte ich mir vor, so würde sich der echte Schmerz der Trauer anfühlen. Eine absolute Ergriffenheit von Körper und Seele, der ich mich überlassen konnte, weil sie größer war als ich. Mein gesamtes Erwachsenenleben lang hatte ich einen unablässigen Kampf gegen die Trauer geführt, hatte Widerstand geleistet, sie verachtet und mich doch nach ihr gesehnt, ohne sie jemals wirklich zu spüren. Denn meine Mutter lebte, und ich konnte doch nicht um einen Menschen trauern, der noch am Leben war.

Im Laufe des Sommers ließ die Kraft, die Mum in den ersten Monaten nach der Krebsdiagnose – zu Beginn meiner vierten Schwangerschaft – aufgebracht hatte, nach. Ich ging zum Ultraschall in der zwanzigsten Schwangerschaftswoche. Pete saß neben mir auf einem Plastikstuhl, während die formlose Gestalt eines neuen Lebens auf dem Bildschirm erschien und wieder verschwand. Der Kopf, das Rückgrat, zwei verschränkte Beine. Konnten wir die kleinen Finger erkennen? Das Bild des Babys wurde schärfer und wieder unscharf, lockte uns mit seiner Gegenwart und verschwand wieder in der Schwärze.

In diesem Sommer spürte ich die ersten Schmetterlingsbewegungen, immer kräftiger, bis ich kleine Fingerspitzen spüren konnte, die in mir kratzten, das Bohren eines Ellbogens oder einer Ferse. Ein paar Tage danach besuchte ich Mum, die plötzlich dramatisch verändert aussah. Das Einzige, was all die Jahre nach dem Unfall unverändert geblieben zu sein schien, waren ihre Unterarme und Finger gewesen. Ihr Hirnschaden hatte ihren ganzen Körper in Mitleidenschaft gezogen und ihr Gesicht stark verzerrt, aber ihre Arme waren immer noch stark, ihre Finger kräftig mit dicken, gerade geschnittenen Nägeln. Und plötzlich sahen diese Arme aus wie die einer sehr alten Frau, und ihr Griff, der so stark gewesen war, dass sie mir manchmal wehgetan hatte, wenn sie mir die Hand gedrückt hatte, wurde schwach. Die Haut auf ihren Unterarmen wurde faltig, und sie konnte die Finger nicht mehr bewegen, um eine Tasse zu heben oder an einem meiner Mantelknöpfe herumzufummeln, wie sie es sonst so gern tat.

Wir wohnten zu dieser Zeit noch in Oxford, und ich war erleichtert, als es endlich Herbst wurde. Als Evangeline im Sommer anfing zu laufen, war mir bereits klar, dass das Stadthaus mit der Küche und dem Wohnzimmer im oberen Stockwerk uns allmählich zu klein wurde. Dabei hatte es sich so sehr nach zu Hause angefühlt, als ich es vor sechs Jahren gekauft hatte. Jetzt war ich mit Evangeline in der Hitze oben eingesperrt und stellte mir sehnsüchtig vor, wie es wäre, wenn man einfach so rausgehen könnte, von der Küche in den Garten.

Zum Ausgleich verbrachte ich mehr Zeit auf dem Hof, auf dem Bliss stand. Dolly und ich gingen fast jeden Tag nach der Schule mit Evangeline im Buggy dorthin, banden das Pony auf dem rissigen Betonboden an, bürsteten die weiche weiße Mähne und klaubten Steinchen aus den Hufen. Im Spätsommer waren die Wiesen abgemäht, und manchmal schloss Pete sich uns am frühen Abend an, wenn wir über die Stoppeln liefen, mit den Geräuschen der Stadt im Ohr.

Ich betrachtete unser Leben in der Stadt mit wachsender Unsicherheit, denn wenn ich mit den Kindern und Bliss auf dem Hof war, fühlte ich mich am ruhigsten und kam mit dem Muttersein am besten klar. Die innige Beziehung meiner Töchter zu dem kleinen grauen Pony weckte alte Erinnerungen, und der Drang, die Stadt zu verlassen, wurde immer stärker. Aber das würde bedeuten, dass wir unser gesamtes Leben ändern müssten. Und in diesem Moment – ein Kind unterwegs, Mum im Sterben – erschien mir diese Aufgabe unlösbar.

Im März hatten die Ärzte von ein paar Monaten gesprochen, aber Mum strafte sie wieder einmal Lügen. Sie hielt bis in den Winter hinein durch, dann veränderte sie sich plötzlich wieder. Wir hatten so viele Jahre mit der Möglichkeit ihres Todes gelebt, aber das Ende war dann doch schockierend.

Pete und ich besuchten sie am ersten Sonntag im Dezember im Pflegeheim, wo uns fröhliche Weihnachtslieder entgegenschallten. Die Schwestern hatten mit den Bewohnern am Nachmittag Papiergirlanden gebastelt, die jetzt wie Spinnennetze von der Decke hingen. Jimmy und Dolly waren noch nicht zu alt, um begeistert aufzuschreien, als sie den metallic-grünen Weihnachtsbaum in der Ecke sahen, der mit roten Kugeln und silbrigem Lametta geschmückt war und an dem eine bunte Lichterkette blinkte. Evangeline auf Petes Arm beugte sich vor und streckte die Hand nach dem glitzernden Baum aus. Aber als wir uns Mum näherten und sie langsam den Kopf drehte, um uns anzuschauen, wurde uns klar, dass sich in ihr eine dramatische Veränderung vollzog. Sie war sehr dünn geworden, ihre Haut grau und durchscheinend. Sie hatte die Augen zusammengekniffen, schaute aber die Kinder an und zeigte auf Evangeline, die zum Baum marschierte, sodass Pete sie am Pullover festhalten musste.

Wir saßen und redeten mit Mum, erzählten ihr von unseren Plänen für das Weihnachtsfest, bis mir irgendwann die Themen ausgingen. Jimmy hatte ein Puzzle mit großen Teilen auf einem Sideboard gefunden, und jetzt saß er mit Dolly zu Mums Füßen und legte das Puzzle, bis das Bild eines aufrecht sitzenden Kaninchens zu erkennen war. Pete setzte Evangeline auf den Tisch vor

Mum, und die streckte ihre Hand aus und drückte sanft eins der kleinen Füßchen.

Zum Tee gab es an diesem Nachmittag Pastetchen mit Früchtefüllung, und wir saßen bei Mum, einfach so als Familie, und für einen kurzen Moment konnte ich die Sehnsucht loslassen, die ich so viele Jahre mit mir herumgetragen hatte. Ich hatte so lange versucht, mir vorzustellen, wie meine Beziehung zu Mum ausgesehen hätte, wenn der Unfall nicht passiert wäre. Stunden hatte ich damit verbracht, in meinem Kopf den Film abzuspulen, wie ich als Erwachsene mit meinen Kindern Mum in ihrem Haus besuchte, um den Nachmittag mit ihr zu verbringen. Ich wusste, wir würden sicher eine Weile draußen sein; sie hätte einen schönen Garten und ein unordentliches Haus, und irgendwo würde ein Pony in einem Paddock stehen, auf dem eins meiner Kinder reiten könnte. Ich wusste genau, wie es sein würde, und in meinen Träumen hatte ich es so oft erlebt, dass ich den Film zurückspulen und anhalten und noch einmal abspielen konnte, immer wieder, ohne mich je zu langweilen.

Aber als ich jetzt neben Mum in dem Sessel im Pflegeheim saß, umgeben vom schalen Geruch nach schwachem Tee und Essen, während Mum schweigend meine Kinder ansah, die zu ihren Füßen spielten, und dann wieder wegsah, ließ ich diesen Traum los. Die Sehnsucht nach dieser Version meiner Mutter verschob sich und wurde mit jedem Atemzug schwächer.

An diesem Nachmittag sah ich meine Beziehung zu ihr, wie sie in diesem Moment war, nicht überschattet von der Vergangenheit, sondern ganz und gar gegenwärtig. Die Situation war Millionen Meilen von dem Leben entfernt, das ich mir vorgestellt hatte, und sie war alles andere als heil, aber wir erlebten einen realen Augenblick miteinander, und das war auf seine besondere Weise kostbar.

Als ich am nächsten Tag mit Pete wiederkam, lag sie im Bett. Wir hatten die Kinder nicht mitgenommen, sondern verbrachten den Abend mit ihr allein, sprachen über dies und das, und Mum hielt meine Hand und beobachtete mich, plötzlich ganz aufmerksam, vom Bett aus. Sie atmete flach, konnte sich aber vorbeugen, und als Pete einmal zwischendurch aus dem Zimmer ging, schien es, als wollte sie meine Hand noch fester drücken. Gegen zehn Uhr schlief sie ein, und wir saßen noch eine Stunde an ihrem Bett, fast so, als würden wir auf etwas warten. Ich wollte sie nicht verlassen, aber ich spürte die vertraute Unsicherheit. Was würde passieren? War das jetzt wirklich das Ende? Sie hatte sich so lange ans Leben geklammert, ich konnte mir einfach nicht vorstellen, dass sie jetzt still und heimlich ging.

»Sie ist jetzt sehr friedlich«, sagte Pete. »Wenn in der Nacht etwas passiert, weißt du, dass sie ganz friedlich geschlafen hat.«

Im Flur vor ihrem Zimmer sprach ich mit der Schwester, die mir versprach, sofort anzurufen, wenn sich die Situation änderte. »Aber wir erwarten nicht, dass es so schnell geht. Wir wissen doch alle, wie stark unsere liebe Charlotte ist«, fügte sie hinzu.

Aber dann rief sie mich doch gegen fünf Uhr morgens an und bat mich, schnell zu kommen. »Sie atmet jetzt ganz anders, wir glauben, es dauert nicht mehr lange.« Ich zog mich an, rief meine Geschwister an und wusste, sie würden sich jetzt auch im Dunkeln anziehen und auf den Weg machen. Ich hatte das Glück, ganz in der Nähe zu wohnen; es war noch stockdunkel, als ich von Oxford nach Swindon fuhr. Im Rückspiegel sah ich, wie sich am Himmel helle Streifen zeigten, und als ich um sechs Uhr vom Parkplatz zu Mums Zimmer eilte, hörte ich eine Amsel in der Gartenhecke singen.

Mum atmete nur noch ganz flach; sie lag mit geschlossenen Augen auf dem Rücken. Ich nahm ihre Hand, die sich jetzt kühler anfühlte, streichelte ihre Wangen und sagte ihr immer wieder, dass ich sie liebte. Ich erinnerte mich, dass Mum früher nach dem abendlichen Vorlesen immer gesagt hatte: »Schaut auf die Engel, Kinder. Sie stehen rund um euer Bett und passen auf euch auf.« Stilles Morgenlicht glitt durch das Zimmer, während die Abstände zwischen ihren Atemzügen immer länger wurden.

»Siehst du, Mum, die Engel warten auf dich. Sie warten auf dich, mit weichen, goldenen Flügeln. Du kannst zu ihnen gehen«, flüsterte ich ihr zu und versuchte, sie nicht hören zu lassen, wie brüchig meine Stimme wurde. »Schau auf die Engel.«

Und dann, ein paar Minuten, nachdem ich angekommen war, fühlte es sich an, als würde der Himmel erleichtert aufseufzen, weil sie sich endlich auf den Weg gemacht hatte. Und plötzlich schwang sich ihre Seele auf, war frei, umgeben nur von hellem Licht und reinster, stärkster Liebe.

Einige Augenblicke später kamen Emma, Tom und Nell, und wir saßen eine Weile um sie herum, benommen, schweigend, vereint. Es war wie das Ende einer sehr, sehr langen Reise, die uns von einem Zeitalter in ein anderes und darüber hinaus geführt hatte. Am Ende war alles doch erschreckend schnell gegangen. Wie eine große Eisfläche auf einem See, die Risse bekommt und langsam und dann immer schneller aufbricht. Jetzt konnte ich die Trauer spüren, die sich so lange in mir angestaut hatte.

Niemals habe ich mich einem Menschen so nahe gefühlt wie an diesem Morgen, als ich mit meinem Bruder und meinen Schwestern in Mums Zimmer neben ihrem toten Körper saß. Draußen auf dem Flur erwachte das Pflegeheim, die Wagen mit den Medikamenten und dem Frühstück wurden von Zimmer zu Zimmer gefahren, hier und da hörte man seltsame Geräusche, die von Verwirrung und Schmerz erzählten. Mum sah sehr schnell sehr tot aus. Es war, als hätte sich ihr Geist, nachdem er endlich frei war, blitzschnell aus ihrem Körper verabschiedet. Ihre Haut nahm schon bald eine wächserne Farbe an.

Ich fand es immer zutiefst beruhigend, wenn die Hebammen mit Toast und Tee kamen, sobald ich die Wehen hinter mir hatte und mit einem winzigen Neugeborenen im Arm dasaß. Bei allen vier Geburten habe ich Grenzen überschritten, bin in vollkommen fremde Dimensionen vorgedrungen, die ich sonst nicht kannte. Als ich nach Mums Tod eine Tasse Tee trank und eine Scheibe Toast aß, stellte ich mir vor, dass Mum an diesen Ort gegangen war. Meine Trauer war noch frisch und stark, aber ich war auch erleichtert, weil ich wusste, es ging ihr gut.

Später an diesem Morgen kam der Pfarrer aus der Gemeinde in Purton, segnete Mum und betete an ihrem Leichnam, während Nell, Emma, Tom und ich um ihr Bett standen. Ihre Haut war inzwischen ganz blass. Die Schwestern hatten ihr eine Rose in die Hand gegeben. Ihre Seele war weit weg, und plötzlich wollte ich sie so gern zurückholen, damit sie noch ein bisschen länger blieb. All die Jahre hatte ich gedacht, ich hätte ihre Seele verloren, und die Suche nach ihr hatte mich so weit weggeführt, aber jetzt wurde mir plötzlich mit einem Stich von Schuldgefühl und Traurigkeit klar, dass ihre Seele die ganze Zeit dagewesen war, tief in ihr und unerreichbar. Jetzt jedoch war sie wirklich fort, und wir hatten nur noch das Gefäß ihres Körpers bei uns.

Noch später kam der Bestatter und nahm auch den Körper mit. Emma fuhr nach Hause, Tom fuhr zu unserer Schwester Sophy, und Nell und ich räumten Mums Schränke aus. Es versetzte uns einen Stich, zu wissen, dass ihr ganzes Leben in dieses kleine Zimmer gepasst hatte. Als sie ins Heim gezogen war, hatte Nell ihr Zimmer mit Schwarzweißfotos aus Mums Kindheit dekoriert – Mom als kleines Mädchen mit ihrem Vater oder als junge Frau mit ihrer Schwester, und dann Bilder von uns allen, erst Mom als junge Mutter in den Sechzigerjahren mit Emma, bis hinein in die Achtzigerjahre, als ich klein war. Ich packte die Fotos in eine Pappschachtel, aber ich war zu traurig, um sie noch einmal anzusehen.

Am späteren Vormittag kam Rick, und wir saßen in Mums Zimmer und sortierten alte Fotos und Postkarten, die in den Schubladen gelegen hatten. Die Leere im Zimmer schien zu pulsieren; eine Weile saßen Nell und ich nur auf der Bettkante, umgeben von schwarzen Müllsäcken.

»Es ist, als wäre ein sehr, sehr langer Film zu Ende gegangen«, sagte Nell und rieb sich die Augen. Später, auf der Suche nach einem Ritual, an das wir unser Herz hängen konnten, fuhren wir zur Kirche in Purton – Rick, Nell und ich – und gingen über den Friedhof. Mums Unfall war Ende November gewesen, bei sehr ähnlichem kaltem, hartem Wetter. Rauch von einem Blätterfeuer trieb über den Friedhof, aber der Schock, draußen im hellen Tageslicht zu sein, tat uns gut. Ich glaube nicht, dass einer von uns wusste, was er sagen oder denken sollte, abgesehen von dem wachsenden Gefühl, dass es wirklich vorbei war.

Nell musste für ein paar Stunden zurück nach Hause, würde aber später am Nachmittag zurückkommen. Mums Tod musste offiziell angezeigt werden, und ich musste in Purton bleiben, um ihren Arzt zu treffen, also fuhren Rick und ich in die nächste Stadt, Wootton Bassett, wo es ein Café gab. Es war, als würde man über einen unbekannten Planeten wandeln, alles kam mir vollkommen irreal vor, und ich lief wie durch Nebel. Der Boden unter meinen Füßen war nicht mehr eben, sondern wellte sich, kam mir entgegen und verschwand wieder. Meine Schritte waren so schwer, als hätte ich einen Schlag auf den Kopf bekommen oder wäre betrunken. Als ich in dem Café auf die Holzbank rutschte und mir Rührei bestellte, hörte ich meinen eigenen Atem rauschen, als läge ich unter Wasser. Die Teetasse in meiner Hand fühlte sich plötzlich flauschig und undeutlich an, als würde sie verschwinden, wenn ich nur fest genug drückte. Rick mir gegenüber bewegte den Mund und sprach mit mir, aber es war, als trennte uns eine unsichtbare Wand voneinander.

»Clover? Schatz? Alles in Ordnung?«, wiederholte er und ich blinzelte, versuchte etwas wiederzufinden, etwas Wichtiges, das ich verloren hatte, als die Trauer sich auf mich gelegt hatte.

Mir war heiß, in meinem Kopf wirbelten die Gedanken herum, und ich war nicht in der Lage, mich auf irgendetwas zu konzentrieren. In der Hoffnung, dass es mich beruhigen würde, irgendetwas zu tun, erklärte ich Rick, ich müsse noch etwas zum Abendessen für die Kinder einkaufen. Draußen stolperte ich die Hauptstraße entlang, das Pflaster schien unter meinen Füßen zu schwanken, und ich hatte keine Ahnung, was ich da eigentlich tat. Ich ging in ein altmodisches Gemüsegeschäft, wo Kisten mit Kohlköpfen und Orangen aufgestapelt vor verspiegelten Bänken und Theken standen, und kaufte ein paar Äpfel und einen Brokkoli. Im Charity-Shop überflog ich mit glasigem Blick eine Reihe Taschenbücher und kaufte ein Pferdebuch, das Dolly vielleicht gefallen würde. An der Kasse suchte ich in meinem Portemonnaie hektisch nach fünfundzwanzig Pence, aber alles sah so fremd aus! Ein paar Türen weiter war ein Handarbeitsgeschäft, wo es neonfarbene Wolle gab. Hinter der Theke waren ein paar fertige handgestrickte Kinderpullover aufgehängt. Ein winziger blauer Pullover fiel mir ins Auge, aber ich wusste, er würde Evangeline nicht mehr passen, sie war ja schon fast ein Jahr alt. Auch eine rote Strickjacke hing da, mit einem ziemlich schrillen Weihnachtsmann darauf, dessen Nase ein bisschen zu lang und dessen Augen ein bisschen zu klein waren. Und ein rosafarbener Pulli mit Babar dem Elefanten. Mum hatte uns manchmal Geschichten von Babar vorgelesen, als wir noch klein waren. Ich vermute allerdings, sie waren ihr zu lang, denn sie fing immer mittendrin an zu gähnen. Der Pullover hatte die richtige Größe für Evangeline. Ich gab der Frau hinter der Theke eine Zehnpfundnote, und sie steckte den Pullover in eine Plastiktüte.

»Der wird meiner Tochter gefallen, vielen Dank«, sagte ich und blieb dann ratlos stehen, sodass das Schweigen sich zwischen uns ausbreitete. Ich wollte den Laden nicht verlassen und wieder da rausgehen, aber die Frau sortierte schon Wollknäule in verschiedenfarbige Haufen. An der Tür drehte ich mich noch einmal um und sagte ohne nachzudenken: »Meine Mutter ist gestorben.

Sie ist gestorben. Heute Morgen.« Die Frau sah mich erschrocken an, dann lächelte sie mit traurigem Blick und nickte langsam.

»Das tut mir sehr leid, Liebes. Es tut mir sehr leid.«

Später an diesem Nachmittag, nachdem Rick wieder abgefahren war, kam Nell zurück nach Purton, um Mums letzte Sachen durchzusehen. Uns hielt nichts mehr in diesem Pflegeheim, es war wirklich vorbei, aber trotzdem fiel es uns schwer, zu gehen. Die Schwestern waren über die Jahre hin zu Freundinnen geworden, und es fühlte sich falsch an, jetzt von ihnen Abschied zu nehmen. Dabei wusste ich, dass ich nie wieder zurückkommen würde.

Der einzige Mensch, in dessen Nähe ich sein wollte, war Nell. Aber wie eine Taube, die in der Luft kreist und ihr Nest sucht, wusste ich nicht, wie ich Purton und die Gegend um das Heim verlassen sollte. Dort hatte ich das Gefühl, Mum nah zu sein. Ich wusste, dass ich irgendwann wieder nach Hause zurück musste, nach Oxford. Pete würde den Kindern Abendessen machen, und ich wurde dort gebraucht, schließlich war ich ihre Mutter. Ich war im fünften Monat mit Dash schwanger, aber ich war so erschöpft, dass ich das Gefühl hatte, meinen Kindern nichts mehr geben zu können.

Also fuhren Nell und ich erst einmal zurück nach Wootton Bassett, setzten uns in einen Pub und tranken eine Cola. In der Ecke standen eine kaputte Jukebox und ein Spielautomat, an der Bar saßen Männer und scherzten leise miteinander. Es gab kein Essen hier, keine geschmackvollen Farben, nur den dunklen Tresen mit den Pints und den Matten darunter und einen roten Teppich mit einem Muster aus gelben Strichen. In solche Pubs waren Nell und ich als Teenager gegangen, wenn wir mit dem Pony und dem Wagen unterwegs gewesen waren. Sie waren uns zutiefst vertraut und hatten sich in all den Jahren überhaupt nicht verändert. Wir saßen zusammen und sprachen über Mum. Ich fühlte mich wie ein kleines Kind und wollte meine Schwester nicht verlassen. Trotzdem umarmten wir uns, als es dunkel wurde, und fuhren heim zu unseren Familien.

Am nächsten Morgen lag ich neben Pete, und er hielt mich im Arm, unsere Körper im Dunkeln ineinander verschlungen, bevor er aufstand und den Kindern Frühstück und Schulbrote machte. Ich saß bei heruntergelassenen Rollläden auf der Bettkante, weil die Dunkelheit mir weniger Mühe machte als das Tageslicht. Es war, als hätte man mich in eine neue Welt geworfen, und meine Energie reichte so gerade, um meine Umstandsjeans anzuziehen, die mir plötzlich viel zu lässig vorkamen. Ich war wie abgetrennt von den Geräuschen unten, wo sich Jimmy und Dolly um die letzten Frühstücksflocken stritten und Evangeline im Hochstuhl mit dem Löffel gegen ihre Schüssel schlug.

»Mum ist tot«, sagte ich in das Halbdunkel des Schlafzimmers hinein. Es klang, als würde jemand neben mir sitzen, also sagte ich es noch einmal. »Meine Mutter ist tot. Sie ist tot. Mum ist tot.«

Die Tage unmittelbar nach Mums Tod waren anders als die nach ihrem Unfall, die von einer Art schrillem Krankenhausleben bestimmt gewesen waren. Jetzt gab es nur das stille Ritual, eine Beerdigung zu organisieren, was mir viel leichter fiel als der Alltag mit den Kindern. Ihre kleinen, klammernden Händchen und endlosen Forderungen kamen mir ganz unmöglich vor. Ich wollte ein großes Ritual, das den Gefühlen in mir entsprach, aber ich hatte keine Ahnung, wo ich es finden könnte.

Dieses neue Gefühl frischer, roher Trauer war schockierend und fühlte sich sehr einsam an. Ich wollte der Küche und den Kindern entkommen, wusste aber nicht, was um alles in der Welt ich tun sollte, wenn ich mein Haus verließ. Ich wollte an einen uralten, strengen, mystischen Ort gehen, um zu weinen und lateinische Choräle zu singen. Ich wollte mich schwarz kleiden, meine Schreie in ernster klassischer Musik ertränken, meiner Welt entfliehen, indem ich Räucherstäbchen und Kerzen anzündete und Mum meine Gesänge opferte. Ich wollte mich in sie einwickeln. Wenn ich gekonnt hätte, dann hätte ich ein brennendes Schiff auf den Ozean hinaustreiben und mich zusammen mit ihr lebendig begraben lassen.

Stattdessen fuhr ich zwei Tage nach ihrem Tod mit dem Auto nach Minety und parkte neben dem Friedhof, der nur durch eine hohe Kalksteinmauer vom Haus getrennt war. Seit wir vor über zwanzig Jahren das Haus verlassen hatten, hatte ich die Auffahrt nicht mehr betreten, geschweige denn das Haus. Ich hatte meine geheime Phantasie nicht zerstören wollen, dass wir immer noch dort lebten und dass ich immer noch sieben Jahre alt wäre. Aber jetzt, nur durch die hohe Gartenmauer von dem Haus getrennt, fühlte ich seinen alten, vertrauten Atem um mich herum, ohne einen allzu genauen Blick in eine erschreckende Vergangenheit werfen zu müssen.

Der Friedhof verschaffte mir die nötige Distanz, aus der hinaus ich über die Mauer das Haus betrachten konnte, das Badezimmer, das Mum blassrosa gestrichen hatte und von wo aus man die Schwalben hatte sehen können. Toms Zimmer mit der Kletterrose unter dem Fenster, und ganz hinten im Garten die große Eibe und den Giebel des Stalls. Ich ging in Sportschuhen über den schlammigen Friedhof und öffnete das Törchen, das zum Paddock führte. Mum und Rick hatten ihn immer die Kirchenwiese genannt. Dort hatten Nell und ich uns im Sommer nach der Heuernte Sprunghindernisse aus Heuballen gebaut.

Der Lehm von Minety, über den Mum sich immer beschwert hatte, staute das Wasser, als ich die Wiese betrat. Das nasse Gras durchweichte meine Schuhe und den Saum meiner Jeans. Drei Krähen erhoben sich aus der Hecke und sprenkelten den Himmel mit schwarzen Punkten, als ich über die Wiese ging. Hinter mir spürte ich die pulsierende Gegenwart des Hauses: mein Haus, mein Zuhause, alles weg, längst verloren und gleichzeitig so gegenwärtig. Ich ging zum anderen Ende der Wiese, mit laut klopfendem Herzen, brachte die Wiese zwischen mich und das Haus. Dann erst drehte ich mich um und gestattete Minety, mich zu sehen.

Da war das Badezimmer, das an Mums und Ricks Schlafzimmer angegrenzt hatte. Dort hatte ich oft an Mums Frisiertisch gesessen, wenn sie in der Wanne lag, und mit den Holzperlen gespielt, die um den Spiegel hingen. Manchmal hatte ich auch die weiß und golden dekorierte Dose mit Chanelpuder geöffnet, die sie so sehr mochte. An der Wand hing ein Spiegel vor einer roten Laura-Ashley-Tapete mit Blumen und Schmetterlingen, und ein paar französische Schwarz-Weiß-Drucke hingen auch dort. Ich konnte auch die Rückseite meines Zimmers sehen. Unter diesem Fenster hatte der kleine Schreibtisch aus Mahagoni gestanden, den Mum aus einem anderen Zimmer geholt hatte, damit ich einen Platz für die Hausaufgaben hatte. Eine Zeitlang hatte ich in meinem Zimmer ein Taubenpärchen in einem Käfig gehalten, bis alle irgendwann von dem Lärm und dem Schmutz genervt gewesen waren. Aber jetzt konnte ich vor meinem inneren Auge sehen, wie sie die Flügel bewegten. Ich stand im nassen Gras und sah den weißen Schrank mit dem Spiegel, meinen Spielzeughasen und die Sammlung Pandas, die mich von der Kante des Schranks aus beobachteten. Ich konnte den kratzigen roten Binsenteppich auf dem Boden spüren und die kühle, feste Schwere eines Füllers in meiner Hand. Mum hatte ihn mir gegeben, um meine schreckliche Handschrift zu verbessern. Ich konnte ein Murmeln aus der Küche unter meinem Zimmer hören. Die Erwachsenen aßen zu Abend, Stühle wurden über den Steinfußboden geschoben, und die Wärme drang durch die Dielen in mein Zimmer. Ich saß in meinem Zimmer und sah die Cowboystiefel, die grün-weißen Vorhänge, und konnte eine der Kassetten mit Countrymusik hören, die Mums und Ricks Freund Ken für mich aufgenommen hatte. Ich konnte tatsächlich in diesem Zimmer leben, konnte dreizehn, vierzehn, fünfzehn Jahre alt sein. Dann war es vorbei. Ich schaute über die Wiese und atmete ganz flach, sodass der Horizont hinter der Wiese und die schwarzen Hecken anfingen sich zu drehen. Als ich sechzehn gewesen war, hatte alles aufgehört. Ich hörte nur noch das Weinen eines Mädchens.

Wir organisierten sogar ein paar Pferde für Mums Beerdigung. Zwei von Nells Freunden aus dem Zirkus brachten ihren großen grauen Kaltblüter und ein schwarz-weißes Warmblut mit. Sie luden sie auf dem Hof aus, wo Bliss stand, und ritten von dort aus durch Oxford. Als wir bei der Kirche ankamen, warteten sie schon dort. Mums Körper war am Tag zuvor verbrannt worden. Bei der Zeremonie waren nur wir, ihr Bruder und eine ihrer ältesten Freundinnen anwesend gewesen. Der Gottesdienst nun sollte eine Feier ihres Lebens sein, und tatsächlich füllte sich die Kirche mit Hunderten von Menschen, von denen viele sie seit dem Unfall gar nicht mehr gesehen hatten.

Ich wollte einen Nachruf auf Mum sprechen, und Pete und ich waren Anfang der Woche in der Kirche gewesen, damit ich üben konnte. Ich wollte den Nachruf nicht ablesen, sondern auswendig sprechen. Pete saß in einer Kirchenbank, während ich vor mich hin stotterte. Allmählich fand ich mein Selbstbewusstsein wieder, und irgendwann sagte er, jetzt müsste ich aufhören, es sollte auch nicht zu perfekt sein. Und wie Margaret Thatcher klingen wollte ich ja auch nicht. Auch Emmas Ehemann Matthew sprach über Mum, und Nell las aus *Das wüste Land* von T.S. Eliot. Mark Palmers Haare waren so igelig und stachelig, dass es Mum gefallen hätte. Seine Goldzähne funkelten, als er aus Shakespeares *Kaufmann von Venedig* vorlas. Und Candida kam in einem langen Rock mit Leopardenmuster und las Louis MacNeice' Gedicht »Snow«. Ihre Stimme klang rein und klar, bis sie zur letzten Zeile kam und plötzlich ein Schluchzen nach ihrer Kehle griff. Wir sangen »Amazing Grace« und »How Great Thou Art«, und danach schritten die Pferde vor uns her von der Kirche über die große, halb überflutete Wiese, wo eine Schar Gänse sich erhob und eine Herde Ponys in der Ferne die Köpfe hob, als sich auf einmal so viele Menschen auf sie zu bewegten.

Wir standen auf der Brücke am Fluss und hörten zu, wie der Pfarrer das letzte Gebet für Mum sprach, solange ihr Körper noch bei uns war. Dann kniete sich Tom hin und hob mit einer schnellen Bewegung den Deckel von der Urne mit Mums Asche. Ich weiß, dass ich dort war, auf dieser hölzernen Brücke, den Regen auf meinem Gesicht spürte, den dunklen, nassen Wintergeruch um mich herum. Aber ich hatte nicht das Gefühl, wirklich anwesend zu sein, und als Tom vorsichtig den Inhalt der Urne ins Wasser kippte und der Fluss den großen grauen Fleck mitnahm, musste ich wegschauen. Ich wollte nicht sehen, wie sich das Grau auflöste. Sie war fort. Sie war fort.

Epilog

Ich stehe auf dem Ridgeway, als ich die Pferde sehe. Ein Brauner und ein Fuchs; sie gehen mit langen, geraden Schritten, als gehörte ihnen die Wiese. Selbst bei diesem Spaziergang sind sie wie schlanke Pfeile, die sich durchs Gras bewegen. Ich sehe zuerst nur die Pferde, aber sie werden von zwei Männern geritten, die ruhig miteinander sprechen, während sie sich nähern. Die Steigbügel sind kurz, die Knie dicht unter den Oberschenkeln. Schutzbrillen klemmen unter den Helmen, die mit ausgeblichenem Stoff überzogen sind. Die Männer sehen mich nicht, aber ich beobachte sie, während ich an der Hecke entlanggehe und dem gewundenen Weg aus weißer Kreide folge.

Als die Pferde näherkommen, scheint es, als würden die Männer mit ihnen verschwimmen. Die Tiere bewegen sich jetzt etwas schneller, die Männer straffen die Zügel, heben sich im Trab aus dem Sattel und beugen sich dann vor zu einem rollenden Galopp.

Plötzlich sind die Pferde nicht mehr nur eine ferne Idee, sondern ein Galopp aus Hufen und Mähnen und fliegenden Schweifen, so schnell und so nah, dass ich meine Handgelenke umfasse, während ich ihnen nachsehe, wie sie am Zaun entlanglaufen. Ich merke, dass ich die Luft angehalten habe. Die Männer reiten nah beieinander, gleichauf, sodass es aussieht, als würden ihre Waden aneinander reiben. Die Pferde laufen weiter am Rand der Wiese und dem niedrigen Zaun entlang, bis der Zaun auf einmal bergauf führt. Dort drehen sie um, lange, schlanke Striche mit fließenden Schweifen, galoppieren auf mich zu und an mir vorbei, der Druck steigt, die Hufe schlagen auf den Boden. Früher, als Mum noch lebte, wäre ich jetzt traurig gewesen, als hätte ich etwas verloren. Jetzt empfinde ich reines Verlangen. Ich kann nicht mehr so tun, als wäre es nicht da oder als könnte ich mich davon befreien, selbst wenn ich wollte. Dieses Gefühl zeigt mir, dass ich am Leben bin, es lässt mein Herz schneller schlagen und meine Seele zittern, als wäre ich high oder vollgepumpt mit Adrenalin, als hätte ich Schmerzen und Sex und Liebe zur gleichen Zeit. Es ist die Finsternis, die zu Güte wird, wenn sie mich durchströmt. Ich möchte sie immer in mir haben, was auch geschieht. Die Pferde galoppieren vorbei, der Hügel verschluckt sie wie ein riesiges Maul, und ich sehne mich schon wieder nach ihnen, als hätten sie einen Nerv in mir getroffen.

Pete brachte alles, was ich liebe, zurück in mein Leben. Es ist also nicht besonders überraschend, dass er mich auch wieder zum Reiten verführte. Solange ich noch mit Jimmy und Dolly allein gewesen war, war ich ab und zu auf den Pferden von Freunden geritten. Aber zu dieser Zeit hatte ich mich auf meine Arbeit und die Kinder konzentriert und dafür gesorgt, dass unser Wägelchen Richtung Horizont fuhr. Das letzte Mal, dass ich ein Pferd wirklich geritten hatte, war in den Bergen mit Zour gewesen. Danach waren die Pferde aus meinem Leben verschwunden. Die Kinderponys – Bliss und Dash in Oxford, mein Kutschpony Trigger und der Shetland-Winzling Holly – zählten nicht, denn sie waren eher so etwas wie Spielzeuge gewesen.

Ich hatte mir immer eingeredet, ich würde das Reiten nicht vermissen. Kleine Kinder und große, aufregende, gefährliche Pferde passen nicht gut zusammen. Ein großes Pferd in der Nähe eines kleinen Kindes ist keine gute Sache, und Pferde brauchen ständig Aufmerksamkeit, jeden Tag, genau wie ein Baby. Zähe kleine Ponys dagegen, so wie Holly und Trigger, kommen gut damit zurecht, einfach ein paar Tage auf der Weide zu stehen. Sie müssen nachts nicht in den Stall und sind viel leichter in ein Familienleben einzufügen als Pferde. Holly ist nicht größer als ein großer Hund. Wenn sie Dash beim Striegeln mal auf den Fuß tritt oder einen Sprung macht, sodass Evangeline runterfällt, tut das niemandem weh.

Aber die Sache war die: Ich konnte gut mit den Kinderponys spielen, aber ich konnte das große, fantastische weiße Pferd nicht ignorieren, das in der Nähe unseres Hauses in den Hang eingeprägt war. Es erinnerte mich sehr deutlich daran, dass ich etwas vermisste, jeden einzelnen Tag. Und Pete wusste das. Er sah es mir jedes Mal an, wenn wir durch Lambourne fuhren und ich das Gesicht ans Autofenster drückte, um die Rennpferde an der Straße besser sehen zu können, oder wenn wir am White Horse Hill vorbeifuhren und ich sagte: »Schau doch nur, das Pferd, schau doch nur, wie kraftvoll es aussieht.«

Einmal, auf einem Spaziergang durch Baulking – Evangeline saß auf Holly, Dash im Buggy – sahen wir ein Mädchen, das auf einem schwarz-weiß gescheckten Pony ritt. Das Pony hatte eine lange Mähne und große Hufe und galoppierte lässig durchs Gras.

»Schön, oder?«, fragte ich und legte mir eine Hand über die Augen, um sie vor der Sonne zu schützen und das Mädchen besser beobachten zu können, das sich so mühelos im Einklang mit seinem Pferd bewegte.

»Du solltest das auch wieder machen. Wir könnten ein Pferd kaufen, damit du wieder reiten kannst. Sind wir nicht deshalb hierhergezogen?«, sagte Pete und drehte sich zu mir um. Ich schaute auf meine Füße, zupfte an Hollys Mähne und entfernte ein paar Knoten aus den Pferdehaaren. Evangelines Beinchen waren gerade lang genug, um die Steigbügel zu erreichen, wenn sie im Sattel saß, und ihre blonden Locken flossen an der Seite unter ihrem Helm hervor.

Ich schüttelte den Kopf. »Ein Pferd zu halten ist zu schwierig. Ich schaffe das nicht mit den Kindern und der Arbeit. Ich wäre nie hier, müsste ständig ausmisten oder so. Es ist zu teuer, zu aufwändig, zu lästig für alle anderen, die keine Lust darauf haben«, sagte ich, obwohl mir klar war, das meine Stimme ganz hohl klang. »Ich glaube, im Moment habe ich lieber Spaß mit den Ponys und den Kindern.« Das stimmte zum Teil sogar, obwohl die Vorstellung, viele Meilen über die Wege am Ridgeway zu reiten, schon sehr verführerisch klang. Aber es gab noch etwas anderes, das mich davon abhielt, mir ein eigenes Pferd zu kaufen. Ich wollte nicht bloß auf irgendeiner fetten Mähre herumtraben. Der Neid, den ich auf das Mädchen mit dem schwarz-weißen Pferd empfunden hatte, legte sich schnell wieder. Das war es nicht, was ich wirklich wollte. Wenn ich jemals wieder ritt – richtig ritt, so wie ich es liebte –, dann wollte ich Donner und Angst.

Ich hatte gedacht, in den Jahrzehnten nach Mums Unfall hätte ich genug Trauer kennengelernt. Schließlich trauerte ich die ganze Zeit um den Menschen und die Lebenskraft, die sie einmal dargestellt hatte. Nach ihrem Tod jedoch wurde mir klar, dass ich zwar kurze Seitenblicke auf die Trauer geworfen hatte, sie aber nie wirklich in mein Leben hineingelassen hatte. Ich hatte sie mit dem Trauma verwechselt, das dieser Unfall in mir hervorgerufen hatte, aber das ist etwas ganz anderes. Ein Trauma ist elektrisch und dynamisch, ein intensiver Schmerz, aber manchmal auch sehr aufregend. Dieses Trauma hatte mich nachts geweckt, damit ich Worte herausschrie, die ich selbst nicht hören konnte, wenn ich wieder einmal von meiner Mutter geträumt hatte. Gefunden, verloren. Oder wenn ich im Traum aus dem Zuhause meiner Kindheit vertrieben wurde, das ich nicht einmal wiedererkannte.

Dieses Trauma hatte mich manchmal zornig und wunderlich gemacht, aber es hatte auch eine ganz besondere Energie gehabt. Im Rückblick verstehe ich, dass es mich im Grunde genommen am Leben erhalten hatte. Irgendetwas hatte mich zu den Fahrenden in Irland geführt, auf die Ranch in Texas und in das Kriegsgebiet im Kaukasus, und dieses Etwas war mein Trauma gewesen. Es hatte mir Angst gemacht, aber es hatte mir auch die großartigsten Momente meines Lebens geschenkt. Ich war ihm dankbar.

Die Trauer jedoch war alles andere als elektrisch.Sie umgab mich von allen Seiten und wurde noch schwerer und dichter, als auch Candida Mum nachfolgte.

Nach Mums Tod schrieb Candida uns einen Brief, in dem sie viele Dinge beschrieb, die Mums Freunde an ihr so geliebt hatten. Sie beschrieb, wie Rupert ihr Mum 1963 bei einer Tanzveranstaltung vorgestellt hatte, und erinnerte sich, dass Mum ein wadenlanges weißes Kleid getragen hatte. Und dass sie sich an nichts sonst an diesem Abend erinnerte, nur an diese Begegnung mit Mum.

Ich mochte sie von Anfang an. Sie war so klug und schön, sie leuchtete förmlich. Aber es war die Kraft ihres Geistes, die mich am meisten an ihr fasziniert hat. Er war fast mit Händen zu greifen. Es ist wahr. Ich habe gesehen, wie dieser Geist euch alle in den letzten zwanzig Jahren erfasst hat. Und nun, da sie von uns gegangen ist, wird dieser Geist in euch noch stärker werden. So etwas geschieht nur, wenn ein so gütiger und starker Mensch stirbt, wie sie es war.

Mütter sollten nur einmal sterben. Mums Unfall jedoch nahm sie uns weg, als wäre sie gestorben, und als es dann wirklich so weit war, fühlte es sich an wie ein zweiter Tod. Und nach ihrem Tod sagte mir Candida, dass sie Bauchspeicheldrüsenkrebs habe, den man nicht mehr operieren könne, und sie würde ebenfalls bald sterben. Es war eine wahre Welle der Trauer.

Manchmal stelle ich mir Trauer und Trauma als zwei schöne, gefährliche, große Katzen vor. Das Trauma ist ein Leopard, blitzschnell und elektrisch, er will herumschleichen und springen und weigert sich, stillzustehen. Meine Trauer war ein ganz anderes

Tier, eher ein schwarzer Panther, der sich in die Schatten drückte, mich beobachtete und in meinem Kopf schnurrte. Als Mum starb und Candida ihr bald darauf folgte, starrte er mich mit Augen wie goldene Glasmurmeln an, erbarmungslos, regungslos. Mehr als ein Jahr lang blieb er bei mir, bis er schweigend davonschlich.

Mein Trauma jedoch gehört nach wie vor mir. Als die Zeit in Russland hinter mir lag, ich aber noch mit Jimmy und Dolly allein war, blickte ich manchmal mit schlechtem Gewissen zurück und machte mir Vorwürfe, weil ich sie zurückgelassen hatte und ohne einen vernünftigen Grund an einem gefährlichen Ort mit fremden Männern zusammen gewesen war und Dinge getan hatte, die ich nicht hätte tun sollen. Innerlich prügelte ich auf mich ein, weil ich meine Pflichten gegenüber Jimmy und Dolly vernachlässigt hatte, indem ich weggegangen war und solche Risiken auf mich genommen hatte. Wie konnte ich das tun, ich als Mutter?, fragte ich mich später voller Wut auf mich selbst. Warum war ich keine bessere Mutter gewesen? Warum hatte ich meine eigenen erbärmlichen Wünsche nicht geopfert?

Aber dann, ein paar Jahre später, als ich mich noch einmal auf das Abenteuer der Mutterschaft einließ und Dash und Evangeline sehr klein waren, spürte ich wieder diesen vertrauten, fast erschreckenden Sog. Während sich die Kleinen an meine Beine klammerten und mich im Haus festhielten, erinnerte ich mich wieder daran, warum ich Jimmy und Dolly ab und zu verlassen hatte und in den Kaukasus gegangen war. Das hat nichts mit meinen Gefühlen für meine Kinder zu tun. Meine Seele ist fest mit ihnen verbunden, und ich liebe sie mit allem, was ich habe. Aber ich kann diesen Teil von mir, der von ihnen getrennt sein will und die Berührung mit diesem wilden anderen sucht, nicht aufgeben.

Eine ganz ähnliche Sehnsucht führte uns zurück zum Ridgeway und in unser Haus in Baulking. Wir fanden das kleine weiße Haus, in dem wir heute leben, durch Candida. Obwohl sie nicht mehr miterleben konnte, wie wir dort einzogen, glaube ich fest daran, dass sie uns den Weg zeigte. Ich besuchte Candida zum letzten Mal drei Wochen vor ihrem Tod, in dem Sommer, nachdem Mum von uns gegangen war. Dash war gerade geboren. Candida hatte mir eine SMS geschickt und geschrieben, sie wolle ihn so gern sehen. Da er noch so klein war, würde sie ihn ja nie so gut kennenlernen wie meine anderen Kinder. Sie lag in ihrem Schlafzimmer in nächster Nähe zum Ridgeway und dem weißen Pferd. Dichter grüner Juli tobte vor ihrem Fenster, und die Rosen dufteten betäubend. Sie saß aufrecht im Bett und trug ein weißes Nachthemd und einen weißen Turban. Und als ich mit Dash hereinkam, streckte sie sofort die Arme nach ihm aus. Er lag auf ihrem Bauch und sah sie an, während sie seine Händchen hielt, und ich legte mich zu ihr ins Bett und spürte die Tränen auf meinen Wangen, als ein Windzug die weißen Gardinen vor ihrem Fenster bewegte. Die ganze Welt drehte sich im Kreis.

»Wie soll ich bloß weitermachen? Wie soll es weitergehen?«, fragte ich und versuchte, das Zittern in meiner Stimme zu unterdrücken. Wir wussten beide, dass es unser letztes Treffen sein würde. Ich kam mir schrecklich egoistisch vor. Mum war gegangen, jetzt durfte Candida nicht auch noch verschwinden. Ich brauchte sie doch, sie musste mir den Weg zeigen.

»Du musst jetzt erwachsen werden«, sagte sie in einem trockenen, schlichten Ton. »Nach dem Tod meiner Mutter dachte ich auch, ich könnte nicht weitermachen, aber du schaffst das. Natürlich schaffst du das.« Sie schaute von Dash zu mir und legte mir eine Hand auf den Rücken. »Ich behielt sie in meinem Kopf. Es war ein tröstliches Gefühl, wie ein warmer Mantel. Mittlerweile ist sie mir so nah und so sehr ein Teil von mir, dass ich manchmal das Gefühl habe, als wären wir ein und dieselbe Person. Sie war immer da, bei allem, was ich tat.«

Nach Candidas Tod half ich ihren Töchtern Lucy und Delli dabei, Immergrün, Buchenblätter und Kastanienzweige in die Speichen des Pferdewagens zu binden, auf dem ihr Sarg fortgefahren wurde. Irgendwann gingen die Mädchen los, um auch die Kirche mit Blumen zu schmücken, und ich blieb allein beim Wagen zurück. Tränen und Regen mischten sich auf meinen Wangen, meine Haare waren ganz nass, und es fühlte sich an, als würde ich innerlich und äußerlich wegschwimmen. Hinter dem Haus war der Ridgeway. Als der Wagen fertig geschmückt war, nahm Lucy mich mit in die Kirche, damit ich mir die Emaille-Krüge mit Rosen, Päonien und Lavendel anschauen konnte, die sie für ihre Mutter ausgesucht hatte. Die Kirche befand sich in Baulking, und gleich neben der Kirche stand das weiße Haus mit der schwarzen Scheune, das unser Zuhause werden sollte. Candida erfuhr nie, dass meine Kinder auf dem Ridgeway herumlaufen würden, den sie so sehr geliebt hatte, und dass ich mit meinem Pony Trigger auf den White Horse Hill fahren würde, so wie sie es mir mit den Ponys meiner Kindheit gezeigt hatte. Mum und Candida bekamen das alles nicht mehr zu sehen, aber sie sind immer da, bei allem, was ich tue. Wie Glocken, die in fernen Zimmern läuten. Sie sind das Band, das mich mit der Zeit und mit meinen Kindern verbindet.

Niemand weiß, warum das weiße Pferd sich da oben auf dem Berg oberhalb von Uffington befindet. Es ist ein Geheimnis der Menschen aus alter Zeit. Wir können darüber spekulieren, aber letztlich immer nur raten. Wenn ich auf die seltsame, fast geometrische Form des Kreidepferdes blicke, denke ich manchmal an die uralten Höhlenmalereien in Frankreich und an den Umriss eines Pferdes, den ich dort sah, als ich mit Emma Ferien machte. Ich war damals Ende Zwanzig, doch ich habe das Geheimnis dieser Höhlenpferde nie vergessen, und als Pete und ich ein Jahr zusammen waren, fuhren wir mit Jimmy und Dolly in den Ferien in die Dordogne, um die Höhlenmalereien noch einmal zu sehen.

Tief im Erdboden in einer Höhle in Rouffignac, sind die Cro-

Magnon-Menschen in die tiefe Finsternis gekrochen, haben sich auf den Rücken gelegt und den Umriss eines Pferdes an die Decke einer niedrigen Höhle gemalt, die gerade einmal einen halben Meter hoch war. Wir waren mit einem kleinen, offenen Zug in die beleuchtete Höhle gefahren, und der Guide hatte uns die Kratzspuren an den Wänden gezeigt, Spuren von Bären, die zur gleichen Zeit hier gelebt hatten wie die Menschen, die diese Höhle bemalt hatten. Er erklärte uns, wir könnten heute durch die Höhlen laufen, weil man die Gänge für die Touristen erweitert habe, aber die Menschen damals hätten kriechen müssen. Sie krochen in einen tiefen Schlitz in der Erde, auf den Knien oder auf dem Bauch, mehrere Kilometer weit, nur mit einer rußenden, flackernden Fackel in der Hand. Und dort fanden sie dann eine Wand, an der sie Mammut, Bison, Nashorn, Bergziegen und fünfzehn außergewöhnliche Pferde malten.

Die Tiere haben keine unscharfen Umrisse, sondern sind mit kühnen, schwarzen Strichen gemalt, als hätte der Künstler sie in einem Zug gezeichnet, ohne Fehler zu machen. Sie sehen erstaunlich und ganz modern aus. Einige Bilder überschneiden sich, wie ein Echo durch Zeit und Raum aus einer fernen und doch stets gegenwärtigen Vergangenheit.

Die Zeichnungen sind schön und seltsam, vor allem die Mammuts. Es fühlt sich an, als würde man Skizzen aus der Zeit der Dinosaurier betrachten. Aber die Präsenz dieser Pferde beeindruckte mich doch am meisten. Eine Zeichnung sticht besonders hervor: Es ist der Umriss eines Ponys mit ausgestrecktem Schweif und hochstehender Mähne, wie es bei Ponys meist der Fall ist. Die großen Augen starren nach vorn, nehmen aber dennoch alles um sich herum wahr. Der Cro-Magnon-Künstler lebte und atmete und träumte das Gefühl dieses Pferdes. Er hatte ihm in die Augen geschaut und im tiefen, undurchdringlichen Dunkel die Liebe dargestellt, die er für dieses Tier empfand. Um es auf seine Weise zu ehren.

Als ich mit meinen Kindern und Pete zehn Jahre nach meinen Ferien mit Emma an diesen Ort zurückkehrte, war die Kraft der Zeichnungen immer noch so berauschend wie beim ersten Mal, auch wenn Jimmy im Dunkeln bibberte und mich flüsternd fragte, wann wir wohl wieder raus in die Sonne gehen könnten. Ich kann diese Höhlenpferde nicht vergessen, ebenso wenig wie die niemals zu beantwortende Frage, warum diese Menschen so weit ins Dunkel krochen, um sie zu zeichnen. Ihre Rituale und Übergangsriten kennen wir nicht, ebenso wenig wie ihre Götter und die Orte, an denen sie nach ihnen suchten. Historiker gehen jedoch davon aus, dass die Zeichnungen in den Höhlen von Rouffignac etwa vierzehntausend Jahre alt sind. Zehntausend Jahre später zeichnete dann ein anderer Mensch das weiße Pferd auf einem strahlend grünen Berg in England. Wir wissen nicht, warum diese Pferdebilder existieren. Ob man mit diesen Zeichnungen ein Territorium markierte, ob man die Männlichkeit feierte, ob man einen alten Gott verehrte oder das Gefühl, das Gott und die Pferde diesen Menschen schenkten. Vielleicht waren das tiefe, dunkle Innere einer Höhle und der kühn geschwungene grüne Hang aber auch eine Grenze zwischen diesem Leben und einer anderen, ganz und gar unbekannten Welt. Die Menschen der Vorzeit zeichneten keine Selbstporträts auf die Höhlenwände in Rouffignac und auf die Hänge in England. Sie zeichneten Pferde. Sie wussten, dass keine andere Kraft und Energie sich mit dem uralten Donnern von Pferdehufen vergleichen lässt, die über die Erde galoppieren.

Nachdem ich all die Jahre nach Mums Unfall in einem Gefühl unaufhörlichen Verlusts gelebt hatte, bildet das weiße Pferd nun meinen eigenen Schlusspunkt. Ich sehe es von unserem Haus in Baulking aus, es ist mein Leitstern, wenn ich nach Hause möchte. Als Mum Nell und mich mit den Ponys auf den Ridgeway schickte, damit wir lernten, tapfer zu sein, konnte sie nicht ahnen, wie tapfer wir sein mussten, nachdem wir sie verloren hatten. Später, als ich begriff, dass sie nicht mehr da war, waren es die Pferde, die mich in die Welt hinausgeschickt haben. Wo auch immer ich mich befand und wie weit ich auch ritt, ich habe immer nach ihr gesucht. Als ich Pete traf, wusste ich, dass ich aufhören konnte zu suchen, weil sie hier war, bei mir und in mir, die ganze Zeit. Bis dahin hatten mich die Krieger auf ihren Pferden wie eine Armee umgeben. Die Ponys der Fahrenden, die an ihrem Pflock in der Dunkelheit schnaubten, die Cowboys draußen im Canyon auf ihren buckelnden Pferden und die wilden Alanen mit ihren Messern und Gewehren, ihr Sinn war es nie, mich zu erschrecken. Ich suchte sie, weil ich sie brauchte, damit sie mit mir in die Schlacht ritten. Ich brauchte sie, um zu überleben. In den Wochen nach Mums Tod verfolgte mich das Bild eines Kriegers, der das Schlachtfeld verließ, mit zerbeultem Schild und zersplittertem Schwert, die Haut zerrissen, blutend, sicher schwer verletzt, aber nicht gebrochen. Es war wie ein fernes Bild des altenglischen Königs Alfred oder von Artus, vielleicht auch vom schlachtmüden Wela-nandaz, dem ersten protogermanischen Namen für Wieland den Schmied. Mit Mums Tod endete die Schlacht. Ich hatte mein Zuhause verlassen, um gefährliche Pferde zu reiten, nicht um mich selbst zu zerstören, sondern weil sie mich über das Schlachtfeld trugen und meine Waffenbrüder waren.

Es ist noch dunkel in Baulking, als ich das Haus verlasse und die fünf Meilen bis nach Letcombe Regis fahre. Das Dorf klammert sich an den Berg, und darüber erhebt sich der Kamm der Downs. Weiße Finger aus Licht durchbrechen die Nacht, als der Himmel ein blutiges Morgenrot zeigt. Ich schalte das Radio aus und zittere ein bisschen bei dem Gedanken an die eisenzeitliche Hügelfestung oberhalb des Dorfes. Heute gibt es dort nur noch Schafe und Büsche, aber die Legende besagt, Letcombe hätte seinen Namen von einer Schlacht zwischen den Dänen und den Sachsen, als das Blut der Feinde vom Ridgeway ins Tal floss und die Dorfbewohner riefen: »Lass es kommen! Lass es kommen!«

Die ersten Pferde sind schon vom Hof, als ich ankomme, ihre Hufe klappern die schmale Straße zum Ridgeway hinauf. Die Jungs, die sie mit ihren kurzgeschnallten Steigbügeln reiten, beugen sich über die Hälse der Tiere. Ich schnalle mir die Chaps, die Pete mir geschenkt hat, um die Waden, ziehe die Gurte über den Nieten fest, damit sie nicht verrutschen, wenn ich im Sattel sitze, setze meinen Helm auf und schließe den Reißverschluss meiner Jacke bis zum Kinn, denn es ist kalt heute Morgen, und oben auf dem Berg wird es eisig sein. Dann schiebe ich die Hände in ein paar Reithandschuhe aus schwarzem Nylon. Sie haben kleine Gumminoppen in den Handflächen, mit denen ich die Zügel fester halten kann. Meine Reithosen sitzen eng, noch enger als vor einem Monat, als ich zum ersten Mal hier war. Sie sind nicht mehr so bequem um die Taille, denn ich bin wieder schwanger. Das Baby kommt im Sommer, mein fünftes und letztes Kind, aber im Moment ist es gerade so groß wie eine rote Bohne. Ein paar Wochen wird es noch Petes und mein Geheimnis sein.

Im Stall ist es dunkel, es riecht nach sauberem Stroh und warmen Pferden. Ich schiebe Bally das Gebissstück ins Maul. Ich habe den dunkelbraunen Wallach den ganzen Herbst über geritten, und er öffnet bereitwillig das Maul, als ich ihm das Zaumzeug über die Ohren streife und den Gurt schließe. Das kurze braune Fell fühlt sich weich an, als ich ihm das Sattelpolster auflege und die Gurte festziehe. Er stampft auf den Boden, sodass sein hartes Hufeisen auf den Beton kracht. Ich fahre mit der Hand über seinen Hals, atmete ihn ein, und er beobachtet mich aus den tiefen Seen seiner braunen Augen.

Oberhalb des Hofs erstreckt sich der Ridgeway nach Osten Richtung Devil's Punchbowl. Dort liegt die Galoppbahn, auf der die Rennpferde trainieren, nur durch einen zweifachen Stacheldraht vom Weg getrennt. Ich treibe Bally an, während er durch die schlammigen Pfützen auf dem Weg platscht, und straffe die Zügel, als er kurz scheut, weil eine Krähe aus einer Hecke neben uns auffliegt.

In der Ferne, wo der Berg nach Osten abbiegt, sehe ich die Umrisse von zwei anderen Pferden, die sich schnell über die Galoppbahn bewegen, bis sie plötzlich hinter dem Horizont verschwinden. Bally sieht sie auch, lässt den Kopf sinken und schnaubt, als wir durch das Tor reiten, das den Ridgeway von der Wiese trennt. Ich nehme die Zügel auf, als er auf das federnde Gras trabt. Dann erhebe ich mich aus den Steigbügeln, während er in einen springenden Galopp fällt und wir zur Bahn reiten. Als wir am Fuß des Berges ankommen, verkürze ich die Zügel noch mehr, weil Bally jetzt schneller wird. Seine Hufe schlagen auf den Boden, als freute er sich auf die Arbeit, die wir auf der Bahn zu tun haben. Er will den Erdboden hinter sich lassen, will losspringen. Sein Atem wird schneller, er schiebt den Kopf vor und beißt auf das Metall, als er sich noch schneller zu der weißen Linie bewegt, wo die Galoppbahn beginnt.

Auf dem Ridgeway ist es Tag geworden. Die Dunkelheit ist vergangen. Jetzt spüre ich das Pferd wie eine Sprungfeder unter mir. Ich erhebe mich aus den Steigbügeln, um mich über seinen Hals zu beugen. Bally springt, und ich spüre neues Leben in mir, bevor der Boden unter mir davonrast und wir wirklich galoppieren. Wir fliegen. Wir galoppieren nach Hause.

Dank

Meine Erinnerungen an Mum und die ungewöhnlichen Umstände ihres Unfalls haben mich dazu gebracht, dieses Buch zu schreiben. Ich bin meinem Bruder Tom und meinen Schwestern Emma, Sophy und Nell unendlich dankbar für all die Zeit und Liebe, die wir miteinander teilen – bevor all das passierte, und auch danach. Wir haben diese Reise gemeinsam gemacht, aber unsere Wege unterschieden sich voneinander, und dieses Buch ist nur meine Interpretation dessen, was in dieser Zeit passierte.

Meine Mutter ist von einigen wirklich außergewöhnlichen Menschen betreut worden, und ich werde ihnen immer dankbar sein für die Liebe und Fürsorge, die sie ihr gespendet haben, besonders Kim, Mark und Hilary in Purton und Sarah Farmer-Wright und Kate Reid in Norfolk.

Ich danke meiner Agentin, Kirsty MacLachlan, die ein gutes Gespür dafür hatte, wie meine Trauer aussah, und mich ermutigte, darüber zu schreiben. Ihr Zuspruch führte mich hoch auf den Ridgeway und half mir auch, wieder einen Weg nach Hause zu finden.

Danke auch an meine Lektorin Maddy Price, einer Quelle unerschöpflicher Ermunterung und Unterstützung, vor allem für ihre Begeisterung bereits für die Idee, die einmal zu diesem Buch führen sollte, und für ihre sorgfältige Redaktion während dieses Prozesses. Ebenso danke ich allen bei Hodder, die an diesem Buch beteiligt waren, besonders Kerry Hood, Caitriona Horne und Auriol Bishop. Danke, Sarah Young und Sara Marafini, für das wunderschöne Cover der englischen Ausgabe.

Während des Schreibens habe ich immer wieder auf meine Notizbücher und Tagebücher zurückgegriffen, aber ich danke Gillian Stern, die mir eine weise Lektorin und großartige Freundin war. Joanna Frank half mir vor langer Zeit, als ich über Texas geschrieben habe, und auch ihr möchte ich an dieser Stelle danken.

Als Journalistin danke ich den Redakteuren, die mir geholfen haben, meine eigene Stimme zu finden, besonders Geordie Grieg, Jo Craven, Tiffanie Darke, Anna Murphy, Tim Jepson, Tim Auld, Jon Stock, Catherine Fairweather, Lindsay Frankel, Anna van Pragh und Jessica Brinton. Julia Perowne verdient ebenfalls eine besondere Erwähnung für eine inspirierend wilde Zeit.

Ich danke Gareth Stone, Jessica Balkwill, Nicky Johnston und Lucy Rose Singh, die Pete und mir halfen, Baulking zu unserem Zuhause zu machen.

Auch möchte ich mich ganz besonders bei einer Handvoll enger Freunde dafür bedanken, dass sie frühe Kapitel und Fassungen meines Manuskripts gelesen haben, vor allem Antonia Quirke, Kirsten Foster, Toby Glanville, Mary Wakefield, Lorraine Hart, Tiffany Roy, Irene Molodtsov und vor allem Imogene Lycett Green und Clem Cecil. Danke auch an David Barabas, Brent Cauble, Vikki Bond, Paule Cifuentes Lopez und Arturo Blanco Alonso, dass ihr die Kinder versorgt habt, während ich schrieb.

Ich danke Ninia Ritchie für texanische Träume, Etain McDaid

für den Abend bei Gaz, Abi Strevens für all die weisen Worte, Mark und Sarah Bradstock fürs Galoppieren, Isabel und Julian Bannerman für ihre unberechenbare Inspiration und Mark und Catherine Palmer für mit die beste Zeit meines Lebens.

Rupert Lycett Green, du und Candida, ihr habt Pete und mir und unseren Kindern so viel gegeben. Danke.

Ich spreche fast jeden Tag mit meinem Vater, Rick Stroud, und ich weiß nicht, ob ihm bewusst ist, wie viel diese Gespräche mir bedeuten. Für mich sind sie lebenswichtig. Ich möchte ihm und meiner Stiefmutter, Alexandra Pringle, für ihre unendliche Liebe und Weisheit danken, und für all die Zeiten, in denen wir gemeinsam lachen.

Vor allem aber möchte ich Jimmy, Dolly, Evangeline, Dash und Lester sagen, wie sehr ich sie alle liebe. Ihr seid meine Träume.

Und Pete, für dich, alles, was ich bin. Für immer.

ROGUES AND VAGABONDS

Also by Sir Compton Mackenzie and available in the NEL series

SYLVIA SCARLETT
SYLVIA AND ARTHUR
SYLVIA AND MICHAEL

Rogues and Vagabonds

Compton Mackenzie

NEW ENGLISH LIBRARY
TIMES MIRROR

To A. H.

First published in Great Britain in 1927

*

FIRST NEL EDITION NOVEMBER 1971

*

NEL Books are published by
New English Library Limited from Barnard's Inn, Holborn, London E.C.1.
Made and printed in Great Britain by Hunt Barnard Printing Ltd., Aylesbury, Bucks.

45000944 0

CONTENTS

Chapter 1

NEPTUNE'S GROTTO

SUPERIOR
FIREWORKS
at the
NEPTUNE'S GROTTO
Tavern and Tea Gardens
PIMLICO
on Thursday Evening, 20th July, 1829.
By
MADAME ORIANO
The Celebrated Pyrotechnic to HIS MAJESTY.
The Exhibition will include
A Grand Display of various kinds of
WATER FIREWORKS
On the Grosvenor Basin.

ORDER OF FIRING

1. A Battery of Maroons, or Imitation Cannon.
2. A Bengal Light.
3. Sky Rockets.
4. A Saxon Wheel.
5. Tourbillons.
6. Phenomenon Box and Mine.
7. Line Rockets.
8. A Metamorphose with Alternate Changes, and a Beautiful Display of Chinese Lattice Work.
9. Sky Rockets.
10. Horizontal Wheel with Roman Candles and Mine.
11. Tourbillons.
12. A Regulating Piece in Two Mutations, displaying a Vertical Wheel changing to Five Vertical Wheels and a Figure Piece in Straw and Brilliant Fires.

13. Grand Battery of Roman Candles and Italian Streamers.
14. A Regulating Piece in Four Mutations displaying a Vertical Wheel changing to a Pyramid of Wheels, a Brilliant Sun, and a Superb Shower of Fire.
15. Sky Rockets.

GRAND FINALE

MADEMOISELLE LETIZIA ORIANO

will, with a temerity hitherto unknown in the blazing annals of her profession, slide down an inclined rope 350 feet high erected on the firework platform, wreathed in Fizgigs and Fiery Serpents and accompanied by the awful thunder of a Battery of Maroons.

Admission 1s. each.

Gardens open at half-past-seven, and commences at Nine o'clock precisely.

Neptune's Grotto was one of the many pleasure-gardens that in days when the Londoner was comparatively a free man helped to amuse his leisure. Yet even by the ninth year of the reign of King George IV most of the famous resorts of the preceding century had already been built over, and now that Lord Grosvenor was developing the Manor of Ebury (Buckingham Palace appearing fixed as the metropolitan abode of the Sovereign) *Neptune's Grotto* was likely to vanish soon and leave no more trace of its sparkling life than the smoke of a spent rocket. Indeed, change was already menacing. For two years Cubitt, the famous builder, had been filling up the swampy land between Vauxhall Bridge Road and Ranelagh with the soil he had excavated in the construction of St Katharine's Docks. His cadaverous grey-plastered terraces were creeping nearer every week. Willow Walk, a low-lying footpath between the cuts of the Chelsea Water Works, in a cottage hard by which Jerry Avershaw and Gentleman James Maclaine the highwaymen once lodged, would soon be turned into the haggard Warwick Street we know today. The last osier bed would ultimately be replaced by the greasy aucubas of Eccleston Square, and Lupus Street would lie heavy on ancient gardens. The turnpike at Ebury Bridge had been gone these four years; the old country road to Chelsea would within a lustrum be lined by houses on either side and become Buckingham Palace Road. Even the great basin of the Grosvenor Canal would run dry at last and breed from its mud Victoria Station.

However, in 1829, *Neptune's Grotto* still remained such as it had been for over a century. The house of mellow red brick was covered with lattice-work, which on this warm July evening was all fragrant and ablow with climbing roses. Only the box trees had changed the pattern of their topiary. In place of earlier warriors or statesmen you would have found Lord Nelson and the Duke of Wellington at this date, the general more freshly trimmed than the admiral, but likely to go unpruned in the years of his unpopularity that were coming. His Sacred Majesty King George III had been allowed to sprout into the rounder bulk of His Sacred Majesty King George IV, but the new portrait was hardly more attractive than the blowsy original. The garden paths were bordered with stocks and hollyhocks. There were bowling-greens and fishponds, and a dark alley in emulation of the notorious dark alley of Vauxhall. Most of these amenities, however, had been made familiar by a score of other pleasure-gardens all over London. What gave *Neptune's Grotto* its peculiar charm was the wide green lawn running down to the edge of the great reservoir. In the middle of this was the grotto itself, under the ferny arches of which an orchestra of Tritons languorously invited the little world of pleasure to the waltz, or more energetically commanded it to the gallopade. The firework platform was built out over the water on piles; and the lawn was surrounded on three sides by small alcoves lined with oyster shells, in some of which the lightest footstep on a concealed mechanism would cause to spring up a dolphin or a mermaid, a harlequin or a Mother Shipton – startling intruders for the maiden who first encountered them, so startling that she would usually fling herself into the arms of the beau in escort and require to be restored with various liquors, much to the satisfaction of Mr Seedwell, the owner of the gardens.

High tortoiseshell combs and full-curled hair, wide skirts of Gros de Naples flounced and pinked and scalloped and fluted, white stockings and slippers of yellow prunella, Leghorn hats of transparent crape bound with lavender sarsenet or puffed with small bouquets of marabout, bonnets of jonquil-yellow with waving ostrich plumes, bonnets of marshmallow-rose with ribbons of lilac and hortensia floating loose, double Vandyke collars of Indian muslin, grass-green parasols and purple reticules, leg-of-mutton sleeves and satin roulades, pelisses and pèlerines most fashionably of camelopard-yellow, ivory shoulders, Canezon spencers and gauze capotes, fichus of ethereal-blue barège, laughter and whispers and murmurs and music (ah, yes, no doubt and plenty of simpers too) where now trains thunder past filled with jaded suburbans, whose faces peep from the windows as their owners wonder if the new film at the picture-theatre will be worth the trouble of visiting after tea in our modish contemporary shades of nude, French nude, sunburn, and flesh. Would that Stephenson had never cursed humanity with his steam-engine, and would that this tale might never creep nearer to the present than that July night of 1829! Alas, it has more to do with the grandchildren and great-grandchildren of those who fluttered out like moths in that summer dusk to watch Madame Oriano's fireworks; and these at whom you gaze for the moment are but creatures in a prologue who will all be ghosts long before the last page is written.

However, here come those ghosts, still very much alive and shilling in hand, some from Knightsbridge, some from Chelsea, some from Westminster. *Strombolo House* which used to charge half a crown for its fireworks, so famous were they, is closed. To be sure the *Monster* is still open, but there are no fireworks in the entertainment there tonight; a performing bear is all that the *Monster* can offer tonight. The *Orange* Tea Gardens are gone for good: St Barnabas's Pimlico, will occupy their site, and on it cause as much religious rowdiness in another twenty years as ever there was of secular rowdiness in the past. *Jenny's Whim*, hard by the old turnpike, has already been covered with builder Cubitt's beastly foundations. There is no longer much competition with *Neptune's Grotto* in the manor of Ebury. A few pause in Vauxhall Bridge Road when they see the hackney coaches filled with merry parties bound for the most famous gardens of all; but they decide to visit them another evening, and they cross the road to Willow Walk, where one remembers seeing Jerry Abershaw's body swinging from the gibbet on Putney Common, and that scarcely thirty years ago, and another marvels at the way the new houses are springing up all round. Some shake their heads over Reform, but most of them whisper of pleasure and of love, while ghostly moths spin beside the path, and the bats are seen hawking against the luminous west, and the dog-star which was glimmering long before his fellows is already dancing like a diamond in the south.

While the public was strolling on its way to *Neptune's Grotto* within the gardens themselves Mr Seedwell, the proprietor, and Madame Oriano made a final inspection of the firework platform.

'You think she can do it?' he was saying.

'Offa coursa she can to do it,' Madame replied sharply.

Mr Seedwell shook his head in grave doubt. Weighing eighteen stone and a bit over he found it hard to put himself in Mademoiselle

Lietzia's[1] place.

'I don't want an accident,' he explained. 'The magistrates are only too glad of an excuse to close us down these days.'

'Dere will not be no accident,' Madame Oriano assured him.

And Mr Seedwell, looking at the raven-haired and raven-beaked and raven-eyed woman beside him, took her word for it and went off to see that all was ready inside the house for the entertainment of his guests.

Madame Oriano squeezed a handful of her yellow satin gown.

'*Bagnato!*'[2] she murmured to herself. Then looking across to one of the alcoves she called out in a shrill, harsh voice, 'Caleb! Caleb Fuller!'

A beetle could not have left his carapace more unwillingly than Caleb Fuller that alcove. He was a young man – certainly not more than twenty-five, perhaps not as much – whose lumpish and pasty face suggested at first an cxtreme dullness of mind until one looked a little closer and perceived a pair of glittering, granite-grcy eyes which animated the whole countenance with an expression that passed beyond cunning and touched intelligence. Beside the dragonfly vividness of his employer he appeared, as he shambled across the lawn to hear what she wanted of him, like an awkward underground insect, with his turgid rump and thin legs in tight pantaloons and his ill-fitting tail coat of rusty black.

'Dissa English cleemat *non è possible*' Madame shrilled. 'Everyting will be wet before we beginna to fire.'

'It's the heavy dew,' said Caleb.

'Oh, *diavolo!* What do it matter which it is, if de fireworks will alla be – how you say – spilt?'

'Spoilt,' he corrected gloomily.

'*Che lingua di animali* questa English linguage! Where is John Gumm?'

'In the tap-room,' Caleb informed her.

'Drinking! Drinking!' she shrilled. 'Why you don't to keep him never to drink before we are finished?'

John Gumm, who was Madame's chief firer, had already imperilled by his habits several of her performances.

'Somebody musta go and putta clothes on de fireworks. *Non voglio che abbiamo un fiasco*[3] I don't wish it. You hear me, Caleb?'

[1] Pronounce 'Letitsia'.
[2] 'Wet!'
[3] 'I do not want us to have a fiasco.'

Caleb was used to these outbursts of nervous anxiety before every display, and on most evenings he would have humoured Madame by bullying the various assistants and have enjoyed giving such an exhibition of his authority. But this evening he would not have been sorry to see the damp air make the whole display such a fiasco as Madame feared, for he bitterly resented the public appearance of Letizia Oriano, not so much for the danger of the proposed feat, but for the gratification the sight of her shapely legs would afford the crowd. In fact, when Madame had summon him to her side he was actually engaged in a bitter argument with Letizia herself, and had even gone so far as to beg her to defy her mother and refuse to make the fire-clad descent.

'There won't be enough dew to prevent the firing,' he argued. 'And more's the pity,' he added, gathering boldness as jealousy began once more to rack him. 'More's the pity, I say, when you're letting your only child expose her – expose herself to danger.' He managed to gulp back the words he just lacked the courage to fling at her, and though his heart beat 'Jezebel! Jezebel!' he dared not say it out.

'Dere is nottings dangerous,' she snapped. 'She has walked the slacka rope and the tighta rope since she was a *bambina*. Her fazer has learnt her to do it.'

Caleb groaned within himself. Letizia's father was as mythical and as many-sided as Proteus. Italian prince, English nobleman, play-actor, ballet-master, acrobat, with as many aliases as a thief, he was whatever Madame chose he should be to suit her immediate argument. Nobody knew his real name or his real profession. Once, when Caleb had remonstrated with her for being apparently willing to sell Letizia to a rich and snivelling old rake, she had actually dared to argue that she was better capable of guarding her daughter's virtue than anybody else, because the father of her had been a cardinal. Caleb, who was sick with love for Letizia and sick with hate for Popery, was near losing his reason. Luckily, however, the old suitor fell into a hopeless palsy; and since then Madame's financial affairs had prospered sufficiently to make her independent of Letizia's cash value. That her affairs had prospered was largely due to Caleb himself, who, entering her service as a clerk when he was hardly nineteen, had lost no time in gathering into his own plump white hands the tangled skeins of the business so that he might unravel them at his own convenience without ever again letting them go.

Madame Oriano had been glad enough to put the financial side of the business in Caleb's hands, for having inherited from her father, who had been Padua's chief artist in pyrotechny, a genuine passion for inventing new effects, she devoted herself to these with renewed interest, an interest, moreover, that was no longer liable to be interrupted by amours, for she had grown gaunt and her temper, never of the sweetest, had long made her an impossible mistress for any man however young he might be. At the age of sixteen she had eloped from her father's house in Padua with an English adventurer who, after a year of doubtful bliss, had left her stranded in a Soho garret with a cageful of lovebirds and twenty pairs of silk stockings, which he had intended as a present for the schoolgirl he was planning to abduct, but which in the confusion of escaping from his old sweetheart he left behind him. Maria Oriano, after a period of fortune-telling, entered into partnership with an Italian pyrotechnist, to whom with intervals of amorous escapades she remained loyal for ten years – in fact, till he died, after which she carried on the business in her own name. Letizia was born when her mother was approaching forty, and since neither Letizia nor anybody else ever discovered who the father was, it may safely be assumed that Madame really did not know which of her lovers might be congratulated. She had a dozen in tow about this time. No solution of the mystery had ever been provided by Letizia herself, who now, at seventeen, was the image of her own mother when she, a year younger, ran away from Padua, a dark and slim and supple and lustrous-eyed young termagant.

There she was now, fretfully tapping the floor of the alcove with her dainty foot and wondering what her mother could want with Caleb. It was not that she wanted Caleb so much for herself – at any rate, for the pleasure of his conversation. But she was used to quarelling with him, and she missed his company much as a child might miss a toy that it could maltreat whenever it was in the mood to do so. She might laugh at his awkward attempts to make love to her, but she would have been piqued by his indifference – piqued and puzzled by it as she would have been puzzled by the failure of her spaniel to wag its tail when she entered a room. There was Caleb bowing and scraping to her mother (who looked a pretty sight in that yellow satin gown) while she who, after all, was this evening indubitably *the* attraction was left alone in this dull alcove without so much as a glass of champagne to sip. How much would her mother worry about the dampness of the fireworks were she to announce that she could not make the descent that was to bring the display to such a grand conclusion? It would serve them all right if she did rebel. They would appreciate her much more were she sometimes to assert herself. Letizia pulled open the cloak of light blue velvet that she was wearing over her costume and contemplated her slim legs and the beautifully unwrinkled tights. The upper part of her dress consisted of an abbreviated tunic of asbestos, round which the unlit fireworks coiled like blue snakes.

'Or sausages,' murmured Letizia resentfully. 'If I did not look like Guy Fawkes, and if it were a little darker, I'd put on a mask and have such fun amongst the crowd. Oh, gemini, wouldn't I just!'

She jumped up in a fit of impatience. Her foot pressed the concealed mechanism in the floor of the alcove, and immediately there sprang up before her a life-size Mother Shipton, quivering all over and shaking her steeple hat, and seeming in the twilight most horribly real.

'Gesù, Maria, Giuseppe!' she shrieked, crossing herself in an agony of terror.

Caleb, whose first thought was that some young buck was trying to kiss Letizia, paid no more attention to Madame Oriano's complaints of Gumm's drunkenness and the dewy nightfall, but plunged off to the rescue, splitting the seat of his pantaloons in an effort to move his clumsy legs really fast.

'Oh, gemini, Caleb, the Devil's been sitting beside me all the time and I never knew it!' Letizia cried when she saw him.

'I make no doubt he has,' said Caleb in lugubrious agreement. 'But this ain't him. This ain't no more than one of those fortune-telling figures you'll see at fairs. That's what they call fun, that is,' he groaned.

'It sprang up so sudden, Caleb. The Devil couldn't have sprung up no faster. Oh, gemini, it set me off praying, Caleb.'

'Praying!' he scoffed. 'I wouldn't give much for you if the Devil did come to take you, and you had to trust to *your* prayers.'

'It's made my heart thump, Caleb. Only feel how fast it beats.'

The young man snatched his hand away from her.

'Hussy! Nought would please you so well as to lead me on into sin.'

It was Caleb's heart that was beating now, so fast indeed that he turned in desperation to strike down the puppet that seemed to be leering at him like an old bawd in a dark entry.

'Oh, you sicken me,' she pouted. 'I'll surely never have the courage to mount to the top of the mast now. At least, I won't unless I have some champagne, Caleb.'

There was no answer.

'Did you hear me, Caleb?' she pressed softly. 'I said champagne.'

He turned his back and feigned not to hear. But a passing waiter heard and came into the alcove, rubbing his hands in anticipation of serving them.

'Champagne, Caleb.'

'Yes, ma'am. Certainly, ma'am.'

'No,' Caleb shouted.

The waiter inclined his head in sarcastic acknowledgement.

'And light the lamp,' Caleb told him.

Above the circular stone hung a great green globe painted over with fish, which when lighted up shed a kind of subaqueous sheen upon the alcove.

'And the champagne, sir?' the waiter asked.

'Bring a bottle quickly,' Letizia commanded, with a laugh of mockery.

'Bring nothing at all,' cried Caleb, swinging round on his heels in a rage.

'Oh, gemini, Caleb,' Letizia cried, 'your handkerchief's falling out of your pocket.'

She grabbed at it, and pulled out the tail of his shirt.

Letizia flung herself into a chair, clapping her hands and throwing her legs into the air in a very ecstasy of delight.

'Oh, gemini, Mr Waiter, bring two bottles,' she cried. 'And a needle and a thread, for I'll burst my own trunks next and never dare stand on a chair, let alone come sliding down to the ground from a mast.'

The waiter departed to obey her commands, a wide grin on his insolent face.

'Listen to me, Letizia,' Caleb cried in a rage, seizing her wrist. 'I'll pay for not one drop of champagne, dy'e hear me? Little Jezebel that you are! You love to make me suffer for your wantonness. I was pure till your popish gipsy eyes crossed mine and turned them to thoughts of sin. Isn't it enough that you're going to mount that accursed firework platform for every gay young sprig to stare at you carnally and gloat on your limbs and lust after you? Isn't it enough, I say, for one evening?'

'You're a fine one to accuse me of making myself a show.' she retorted, wrestling herself from his grasp. 'And you with the tail of your shirt sticking out of your breeches! You'd better call it your flag of truce, Caleb, and cry peace.'

'I'll make no peace with you, young Jezebel, in this wanton humour.'

'Why, then, catch me if you can, Mr Preacher, for I'll have my champagne, and Mr Devil can pay for it, if you won't.'

With this she stood mocking him from the lawn outside.

'Come back,' he groaned, the sweat all beady on his forehead.

'I won't come back neither,' laughed Letizia, pirouetting.

'Pull your cloak round you, shameless minx.'

'No, and I won't do that, neither.'

She flung it farther from her and taunted him with the sight of her legs, so slim and so shapely in the light blue silk.

'You dursn't run after me, Caleb, or you'll be taken to Bedlam for a lunatic when the people see you running after me like a draggle-tailed duck. Quack-quack, Caleb! I'm the grand finale tonight, and if you won't give me champagne I'll find someone who will, and he'll have the grandest finale of all.'

Unfortunately for Letizia when she turned round to run away she ran into her mother, who caught her by the ear and led her back into the alcove.

'*Sei pazza?*' she demanded.

'If I am mad, it's his fault,' protested Letizia angrily. 'Let go of my ear, mamma! You're hurting me.'

'*Vuoi far la putanella* eh?'[1] cried Madame Oriano furiously, squeezing her daughter's ear even harder.

'En, *basta*[2] mamma! Or I'll be no grand finale tonight for you or nobody else. I only asked for champagne because that old witch jumped up out of the floor and frightened me. If you hadn't been screaming so loud yourself you might have heard me scream.'

'*Insolente*' cried Madame, making coral of her daughter's ivory cheeks with several vicious slaps.

Luckily for Letizia the waiter came back at this moment with a tray on which were glasses and the bottle of champagne. This gave Madame Oriano a real opportunity. Lifting up her skirt as if she were going to drop a curtsy, she raised one foot and kicked the tray and its contents up to the oyster-inlaid ceiling of the alcove. She might have been giving the signal for the fireworks to begin, for just as the contents of the tray crashed to the ground the thunder of the maroons reverberated about the pale sapphire of the nine o'clock sky.

[1] 'You want to play the little wanton, eh?'
[2] Enough.

Madame hurried out into the excited crowd of spectators, clapping her skinny hands and crying, '*Bravo! Bravissimo!*' at the top of her voice. She believed in the power of the claque and always led the applause of her own creations. Immediately after the maroons the Bengal light flared and turned the upturned faces of the crowd to a lurid rose, the glassy waters of the basin to garnets. Letizia, who had been sobbing with pain and fury while the maroons were exploding, responded with all her being to the excitement of the Bengal light. She forgot her pain, her rage, her disappointment. She quivered like the Mother Shipton, became like the puppet a mere dressed-up spring. She longed for the moment when she should be summoned to ascend the platform and climb the mast to the crow's-nest on the summit, and most of all for the moment she should hear the sausages round her asbestos tunic fizz and crackle and spit, and when, wreathed in flames, balancing herself with a flashing Italian streamer in each hand, she should slide down the long rope into the tumultuous cheers of the public below.

Caleb was aware of her eagerness, and having in himself nothing of the mountebank supposed that she was merely longing to display her legs to the mob. He vented the bile of his jealousy upon the waiter.

'I'll report you to Mr Seedwell,' he stormed. 'How dare you bring champagne without an order?'

'Madame . . . '

'Get out of here,' Caleb shouted. 'This is no madam, you lousy wretch. I'll have no rascals like you come pimping round this young lady.'

Sky rockets were shedding their fiery blossoms upon the air, and the water below was jewelled with their reflections. Tourbillons leapt up to tremble for a moment in golden spirals. Mutation followed mutation as shivered wheels of rubies turned to fountains of molten emeralds and amethysts and blazing showers of topaz. Above the explosions, above the applause, the shrill voice of Madame Oriano rang out continually, '*Bravo! Bravissimo! Ancora! Bene! Benissimo! Che splendore! Che magnificenza!*'

Letizia stood rapt like a saint that expects a corporeal assumption to the seventh heaven.

'It's time I went up,' she breathed.

'Not yet,' Caleb pleaded, in horror of the moment when that lewd and accursed mob should gloat upon her slim form.

'It is! It is! Let me go, Caleb! Gemini, you crazy fool, you'll make me late.'

Letizia sprang away from his detaining arms.

'Why don't you set fire to your shirt, Caleb, and slide down behind me?' she called back to him in mockery.

There were shouts of enthusiasm when the figure of Letizia stood up dimly against the stars. Followed a silence. Old John Gumm fired the fizgigs and the serpents. With a shriek of triumphant joy Letizia launched herself from the mast. High above the wondering murmurs of the crowd her mother's voice resounded.

'*Che bella ragazza!*[1] *Brava! Bravissima! Avanti figlia mia! Che forma di Venere!*'[2]

'Almighty God,' Caleb groaned, 'she might be naked!'

When the flaming vision touched earth he rushed forward to recapture it; but Letizia, intoxicated with success, flung herself into the arms of three or four young bucks who were waiting to carry her off to champagne, while from the grotto in the middle of the lawn the orchestra struck up Weber's seductive *Invitation to the Waltz.*

Chapter 2

THE FACTORY

CALEB was in such a turmoil of jealous agitation for several hours after the grand finale as to be almost beside himself; and although Madame Oriano, in high good humour over the success of the fireworks, offered to sow up the split in his pantaloons, she could not sew up the rents that Letizia's behaviour was tearing in her manager's peace of mind. Once he ventured to approach the alcove where she sat drinking and flirting with half a dozen hopeful courtiers, and asked her to come with him. Letizia shrieked with laughter at such a notion, and shrieked louder when her companions began to pelt Caleb with crusts of bread; and maybe she would not have laughed much less loudly if they had gone on to pelt him with bottles, as they threatened they would unless he quickly took himself off and ceased to annoy them. Caleb, to do him justice, would not have cared a jot if he could have rescued

[1] 'What a lovely girl!'

[2] 'Forward, my daughter! What a figure of Venus!'

Letizia from their company at the cost of a broken crown; but he did not want to expose himself to the mortification of being vanquished, and, since he felt positive that this could be the only result of his intervention, he retreated to brood over his wrongs in a secluded arbour, from which he had the minor satisfaction of driving away the amorous couples that in turn hopefully sought its dark protection throughout that warm and starry July night.

Was Madame Oriano dependent enough yet upon his help in the business to insist on her daughter's marrying him? That was the question. Caleb felt convinced that she would not object, but if the little hussy herself refused, would her mother compel her? Brought up in the egocentric gloom of an obscure Protestant sect known as the Peculiar Children of God, Caleb's first thought was always the salvation of his own soul. This, as often happens, had become a synonym for the gratification of his own desires. He desired Letizia. Therefore he must have her, or his soul would be imperilled. What she felt about it was of little importance. Besides, she so clearly had as well, which he had every reason to suppose he should be able to do in her the makings of a wanton that it was his duty to save her soul could he but safely secure her for a wife. The state of affairs could not continue as it was at present. His imagination must not remain for ever the tortured prey of carnal visions. Letizia's white neck . . . Letizia's girlish breasts . . . Letizia's red alluring lips . . . Letizia's twining fingers . . . and at this moment in the alcove those drunken sons of Belial were gloating upon her . . . No, it could not go on like this! She must be his with God's benign approval. Caleb sat for an hour, two hours, three hours maybe, in a dripping trance of thwarted passion, burning as fiercely with the hot itch of jealousy as if he had actually been flung into a steaming nettle-bed.

Dawn, a lucid primrose dawn, was bright beyond the towers of Lambeth Palace when the hackney coach with Madame Oriano, Letizia, and Caleb went jogging homeward over Westminster Bridge. Even now, though Letizia had fallen deliciously asleep on his shoulder, Caleb was not at peace, for the semi-octagonal turrets which were set at intervals along the parapet to serve as refuges for the homeless reminded him of the alcoves at *Neptune's Grotto* and his mind was again tormented by the imagination of her behaviour that night. She reeked, too, of wine in this fresh morning air. He shook her roughly.

'Wake up! We're nearly home.'

Madame Oriano was snoring on the opposite seat.

'Why don't you poke mamma like that?' Letizia cried out resentfully.

An impulse to crush her to his heart surged over Caleb; but he beat off the temptation, panting between desire of her and fear for himself. Kisses would forge no chain to bind this wanton; and he, should he once yield to kissing her, would be led henceforth by a Delilah. The hackney coach jogged on into the Westminster Road.

Madame Oriano's factory consisted of the unused rooms in an ordinary York Street dwelling-house. Special precautions to isolate the dangerous manufacture were practically unknown at this date. All firework-making by an Act of Dutch William was still illegal, and from time to time prosecutions of pyrotechnists were set on foot at the instigation of the magistrates when the boys of a neighbourhood became too great a nuisance on the Fifth of November. Inasmuch, however, as firework displays were a feature of coronations, peace declarations, births of royal heirs, and other occasions of public rejoicing, the Law adopted then as ambiguous an attitude as it does now in this early twentieth century to betting. Until Caleb arrived in London from the Cheshire town where he had been born and bred, Madame Oriano produced her fireworks in fits and starts of inventive brilliance that were symbolical of the finished product. Most of her workmen were habitual drunkards. No kind of attempt was made to run the business side with any financial method. From time to time the proprietress put a card in the window advertising her need for an accountant. Clerks came and clerks went until she began to look on the whole class as no better than predatory nomads. It was in answer to one of these cards in her window that Caleb presented himself. His conscience troubled him at first when he found with what mountebank affairs firework-making was likely to bring him into contact, but he was seized by a missionary fervour and began to devote all his energy to making the business respectable. Only John Gumm, the chief firer, managed to survive Caleb's cleansing zeal. The rest of the drunken workmen were sacked one after another, and their places taken wherever it was possible by young lads and girls that Caleb procured from the poorhouse. The long hours and bad food he inflicted upon these apprentices seemed to bring the business nearer to genuine respectability. It showed sound economy, and not the most censorious Puritan could discover in those workrooms filled with listless children anything that pandered to the gratification of human pleasure. One could feel that when the fireworks left the factory there was nothing against their morality. Their explosion under the direction of Madame Oriano and drunken John Gumm was of course regrettably entertaining, but the rest of the business was impeccably moral. Not only did Caleb attend to the accounts, to the management of the workers, and to the judicious purchase of materials, but he also studied the actual art of pyrotechny, and early this very year he had discovered how to apply chlorate of potash to the production of more brilliant colours than any that had hitherto been seen. He had not yet revealed this discovery to Madame Oriano, because he was planning to use the knowledge of it as a means of persuading her to insist on Letizia's marrying him. She would be so much astonished by the green he had evolved by combining nitrate of baryta with chlorate of potash that she would give him anything he demanded. And as for the red he could now produce by adding nitrate of strontia to his chlorate of potash, why, if such a red could only be bought in the ultimate depths of hell, Madame would have to buy.

The hackney coach drew up in front of the dingy house in York Street, and by the time Caleb had done arguing with the driver about his fare mother and daughter had tumbled into bed. In spite of the nervous strain he had been enduring all night Caleb could not make up his mind to go to sleep himself. He was indeed feeling very much awake. It was now full day. The sunlight was glinting on the grimy railings of the area, and the footsteps of early workers shuffled past along the pavement at intervals. Caleb looked round the room and frowned at the tools lying idle on the tables and benches. He was filled with indignation at the thought that all those misbegotten apprentices should be snoring away these golden hours of the morning in their garret. He was too lenient with them, far too lenient. It would do the brats good to be awakened a little earlier than usual. He was up and dressed; why should they still be snoring? The back of his mind, too, itched with an evil desire to make somebody pay for what he had suffered last night. Caleb set off upstairs to rouse the apprentices. As he drew near the bedroom where Madame Oriano and Letizia slept together in that gilded four-poster which so much revolted his sense of decency Caleb paused, for the door was wide open. He tried to keep his face averted while he hurried past; but his will failed him and, turning, he beheld the vision of Letizia, so scantily wrapped in her cloak of sky-blue that her white body appeared as shamelessly unclad as the vicious little Cupids that supported the canopy of the bed. Caleb staggered back. Had there been a knife in his hand he might have cut Letizia's throat, such an intolerable loathing of her beauty seized him. He rushed madly past the open door, and a moment or two afterwards he stood in the garret, surveying, full of hate, the sleeping forms of the apprentices. A sunbeam glinting through the broken lattice of the former lit up the four flushed faces, spangled the hair of the youngest and fairest, and for Caleb pointed at the spectacle of brazen sloth.

'Get up, you charity brats!' he shouted, pulling off the dirty coverlet. 'Get up and work, or I'll report you to the overseers for incorrigibles.'

The children sat up in bed dazed by this sudden awakening.

'Don't loll there, rubbing your eyes and staring at me,' Caleb snarled. 'If you aren't downstairs and hard at work on those composition stars in five minutes I'll see what a good flogging will do for you.'

From the boys' garret Caleb went across to visit the girls.

'Get down to your scissors and paste, you lazy hussies,' he bellowed in the doorway.

The little girls, the eldest of whom was hardly twelve, sat up in a huddle of terror. The shift of the youngest, who might be ten, was torn so that her bare shoulder protruded to affront Caleb's gaze. He strode into the room and struck the offending few inches of skin and bone.

'Will nothing teach you modesty?' he gibbered. 'Aren't you afraid of burning in hell for your wickedness? Shame on you, I say. Have you no needle and thread, Amelia Diggle? You ought to be whipped, and I hope Madame will whip you well. Now stop that blubbering and dress yourself, and in five minutes let me find you all hard at work.'

Caleb retired to his own bedroom, where, after a miserly use of soap and water, he changed out of his rusty black evening clothes into the drab of daily life. He was then able to bend down and say his prayers, partly because the drab breeches were not so tight as the black pantaloons and partly because they did not show the dust so easily.

In contemplating Caleb while he is kneeling to ask his savage deity to give him Letizia and to bless his discovery of chlorate of potash as a colour intensifier and to fructify his savings and to visit his wrath upon all unbelievers, one may feel that perhaps it was being unduly sentimental last night, a trifle wrought upon by music and starshine and coloured lamps, to wish that this tale might remain in the year of grace 1829.

Caleb rose from his knees and fortified by his prayers succeeded this time in passing the open door of Letizia's bedroom without so much as one swift glance within. He came down to the basement and with a good deal of complacency gloated over the sight of those children all so beautifully hard at work. He would have liked to tell them how lucky they were to be in the care of somebody who took all this trouble to rouse them early and teach them the joys of industry. The thought of how many more composition stars would be made today than were made yesterday was invigorating. He regarded the tousled heads of the apprentices with something like goodwill.

'That's the way, boys, work hard and well and in three hours you'll be enjoying your breakfast,' he promised. Then suddenly he looked sharply round the room. 'Why, where's Arthur Wellington?'

At this moment the foundling thus christened, a fair-haired child of eleven, appeared timidly in the doorway, and shrank back in terror when his master demanded where he had been.

'Please, Mr Fuller, I was looking for my shoe,' he stammered, breathing very fast.

'Oh, you were looking for your shoe, were you, Arthur Wellington? And did you find your shoe?'

'No, Mr Fuller,' the boy choked. 'I think it must have fell out of the window.'

His blue eyes were fixed reproachfully, anxiously, pleadingly, on Joe Hilton, the eldest apprentice, who bent lower over his task of damping with methylated spirit the composition for the stars, the while he managed to scowl sideways at Arthur.

'So you've been loitering about in your room while your companions have been hard at work, Arthur Wellington?'

'I haven't been loitering. I've been looking for my shoe.'

'Contradict me, will you, Arthur Wellington?' said Caleb softly. 'Show me your other shoe. Come nearer, Arthur. Nearer. Take it off and give it to me.'

The boy approached, breathing faster; but he still hesitated to take off the shoe.

'Don't keep me waiting, Arthur,' Caleb said. 'You've kept me waiting long enough this lovely summer morning. Give me the shoe.'

Arthur did as he was told.

'Don't go away, Arthur Wellington. I'm talking to you for your good. This lovely summer morning, I said. Perhaps you didn't hear me? Eh? Perhaps you're deaf? Deaf, are you, you workhouse brat?'

Caleb gripped the boy's puny shoulder and banged him several times on the head with the shoe.

'Perhaps you won't be so deaf when I've knocked some of the deafness out of you,' he growled. 'Blubbering now, eh, you miserable little bastard? Look up, will you! Look up, I say! Oh, very well, look down,' and Caleb pushed the boy's head between his own legs and thrashed him with the first weapon that came to hand, which was a bundle of rocket-stocks.

'Button yourself up, Arthur Wellington,' said Caleb, when he had finished with him and flung him to the floor, where he lay writhing and shrieking and unbraced. 'If I were you, Arthur Wellington, I'd be ashamed to make such an exhibition of myself in front of girls. That's enough! Stop that blubbering. Do you hear? Stop it, and get to work. Stop it, will you, Arthur Wellington, unless you want another thrashing twice as bad.'

One of the apprentices was placing the stars on the fender to dry them before the fire which Caleb had lighted to make himself the tea.

'Be careful, Edward Riggs, not to put those stars too close, or you'll be having an accident.'

'They're all right where they are, aren't they, Mr Fuller?'

'Yes, as long as you're careful,' said Caleb. 'Now I'm going upstairs to my office to work. We all have our work to do, you know. And if I hear any laughing or chattering down here I'll make some of you see more stars than you'll ever make in a week.'

One of the girls managed to titter at this and was rewarded by one of Caleb's greasy smiles. Then he left the apprentices to their work and went into the question of accounts, hidden in the sanctum, which was on the first floor and hardly bigger than a powder closet. Indeed Caleb's high stool and desk with two ledgers and an iron box chained to a staple in the floor filled it so nearly full that when the manager was inside and hard at work nobody could get in unless he squeezed himself into the corner. Caleb's expressed object in keeping Madame Oriano's books so meticulously was that if at any moment a purchaser came along with a firm offer for the business, lock, stock, and barrel, he would obtain a better price for it. It was useless for the owner to protest that no inducement or offer of any kind would tempt her into a sale. Caleb insisted. He was as always outwardly subservient to his mistress, but he insisted. And she would tire of arguing with him when she had fired off a few Italian oaths and shrugged her shoulders in contempt of such obstinacy.

'Besides,' Caleb used to point out, 'so long as I keep my books properly, anybody can see my honesty If I kept no books, people would be saying that I was robbing you.'

'I would not to believe them.'

'No, you mightn't believe them until you were angry with me about something else; but you might believe it then, and I shouldn't care to be accused of robbing you. It would hurt me very deeply, ma'am.'

As a matter of fact, Caleb had robbed Madame Oriano with perfect regularity for the last five years. Indeed, the humble savings, to which from time to time with upturned eyes he would allude, were actually the small clippings and parings he had managed to make from her daily profits. He did not feel the least guilt in thus robbing her, for not merely could he claim that he was the only person who did rob her nowadays, but he could also claim that these robberies practically amounted to the dowry of her daughter. It was not as if the money was going out of the family. Whether, in the event of his failing to marry Letizia, Caleb would have made the least reparation is doubtful. He would have found another excuse for his behaviour. One of his principles was never to admit even to his tribal deity that he had been or was wrong. He could imagine nothing more corruptly humiliating than the popish habit of confession. On the other hand, he was always willing to admit that he was liable to err, and he always prayed most devoutly to be kept free from temptation.

In his dusty little office that morning the various emotions to which he had been subjected since yesterday began to react at last upon Caleb's flabby body. Leaning forward upon his desk, he put his head down upon his folded arms and fell into a heavy sleep.

He was awakened by a series of screams, and jumping off his stool he hurried out into the passage just as one of the girl apprentices enveloped in flames came rushing up the stairs from the basement. He tried to stop her from going higher, but she eluded him, and as she went flashing up the stairs toward the upper part of the house she screamed:

'It was Arthur Wellington done it! Don't laugh at him, Joe Hilton. Don't laugh at him no more, or he'll throw the stars on to the fire. Where's a window? Where's a window?'

The wretched child vanished from sight, and the moment after a ghastly scream announced that she had found a window and flung herself from it into the street.

Letizia's spaniel came barking down from the room above. Simultaneously there was a frenzied knocking on the front-door, flashes and crashes everywhere, smoke, more shrieks of agony, and at last a deafening explosion. It seemed to Caleb that the whole house was falling to pieces on top of him, as, indeed, when he was dragged out of the ruins he found that it had.

Chapter 3

THE PROPOSAL

ACCIDENTS in firework factories occured so often in those days, when the law had not yet recognised gunpowder as a means to provide popular diversion and taken steps in the Explosives Act to safeguard its employment, that for six poorhouse children to lose their lives and for two others to be permanently maimed was hardly considered as serious as the destruction of two comparatively new houses in York Street. Madame Oriano's own escape was voted miraculous, especially when it was born in mind that both her legs had to be amputated; and while some pointed out that if she had not been sleeping in that florid four-post bed she need not have had her legs crushed by the canopy; others were equally quick to argue that it was precisely that canopy which saved the rest of her body from being crushed as completely as her legs. The bed certainly saved Letizia.

The accident was attributed to the inhuman carelessness of a parish apprentice known as Arthur Wellington, whereby he had placed a composition star on the hob of a lighted fire in order to dry it more expeditiously before being rammed into the casing of a Roman candle. Caleb in his evidence suggested that parish apprentices were inclined to make up for lost time in this abominable way. Everybody shook his head at the wickedness of parish apprentices, but nobody thought of blaming Caleb for the arrangement of a workroom that permitted such a dangerous method of making up for lost time. As for Caleb himself, when he had recovered from the shock of so nearly finding himself in Heaven before he had planned to retire there from the business of existence, he began to realise that the destruction of the factory was the best thing that could have happened for an earthly future that he hoped long to enjoy. He took the first opportunity of laying before Madame Oriano his views about that future. Should his proposal rouse her to anger, he could feel safe, inasmuch as she could certainly not get out of bed to attack him and was unlikely to leave the hospital for many weeks to come.

'Well, I willa always say dissa one ting, my friend, and which is I have never had no *esplosione* in alla my life before dissa one. Such *fortuna* could never last for ever, I am secure. My legs they makka me a little bad, datta is all.'

Caleb regarded his mistress where she was lying in bed looking like a sharp-eyed bird in a tropical vegetation under the gaudy satin coverlet of her four-poster which she had insisted on having mended and brought to the hospital.

'I'm sure we ought all of us to be very thankful to our Father who put His loving arms around us and kept us safe,' he oozed.

Madame Oriano, become an old lady since her accident, smiled grimly.

'*Peccato che Nostro Padre non ha pensato per mie povere gambe!*' she muttered.

'What did you say?' Caleb asked timidly. He could never quite rid his mind of the fancy that the Italian language had a dangerous magic, an abracadabral potency which might land him in hell by merely listening to it.

'I say it issa damn pity He does not putta His arms around my legs. Dat is what I say, Caleb.'

'He knows best what is good for us,' Caleb gurgled, turning up his eyes to the ceiling.

'*Può essere*,' the old lady murmured. 'Perraps He do.'

'But what I've really come to talk about,' Caleb went on, 'is the future of the business. Your presence, of course, will be sadly missed; but you'll be glad to hear that I have managed to fulfil all our engagements up to date, though naturally with such a terrible loss of material the profits will be small – dreadfully small.'

No doubt Caleb was right, and even what profit there was he probably put in his iron box, which had comfortably survived the destruction of the factory.

'I don't aspect no profit,' said Madame Oriano.

'But I have been turning things over in my mind,' Caleb pressed, 'and I hope very much that you will be pleased with the result of my – er – turnings. Yes, I'm hoping that very much indeed.'

Caleb took a deep gulp before he went on, staring away out

across the chimney-stacks to escape the old lady's arched eyebrows.

'Madame Oriano, when I came to London six years ago and entered your service, you were a mother to me. I can never forget your beautiful maternal behaviour, ma'am, and, oh, ma'am, I am so anxious to be a son to you now in the hour of your trouble – a true son.'

'You never could not be a son for me, Caleb. *Siete troppo grasso caro*. You are too big. How you say? Too fat.'

'Ah, Madame Oriano, don't say you won't let me be a son to you till you've heard all I have to tell you. I want to marry your daughter, ma'am. I want to marry your Letizia. I loved her from the first moment I set eyes on her, although, of course, I knew my position too well to allow myself to indulge in any hopes that would have been wanting in respect to my employer. But I have worked hard, ma'am. Indeed, I venture to think that my love for your daughter is not near so presumptuous at this moment as it would have been when I first entered your service.'

'*Sicuro!* She has seventeen years old now,' said Madame Oriano sharply. 'She had only eleven years then.'

'Sweet seventeen!' Caleb sighed.

'*Non credo che sia tanto dolce*.'

'Oh, I do wish that I understood Italian a little better,' Caleb groaned unctuously.

'I say I do notta tink she is so very damn sweet. I think she is – how you say in English – one beech.'

No doubt Caleb profoundly agreed with this characterisation of Letizia, held he up never so plump a protestant hand.

'Oh, do give your consent to our marriage,' he gurgled. 'I know that there is a difference of religion. But I have ventured to think once or twice that you could overlook that difference. I have remarked sometimes that you did not appear to attach very great importance to your religion. I've even ventured to pray that you might come in time to perceive the errors of Romanism. In fact, I have dreamed more than once, ma'am, that you were washed in the blood of the Lamb. However, do not imagine that I should try to influence Letizia to become one of the Peculiar Children of God. I love her too dearly, ma'am, to attempt any persuasion. From a business point of view – and, after all, in these industrious times it is the business point of view which is really important – from a business point of view the match would not be a very bad one. I have a few humble savings, the fruit of my long association with you in your enterprises.'

Caleb paused a moment and took a deep breath. He had reached the critical point in his temptation of Madame Oriano, and he tried to put into his tone the portentousness that his announcement seemed to justify.

'Nor have I been idle in my spare time, ma'am. No, I have devoted much of that spare time to study. I have been rewarded, ma'am. God has been very good to me and blessed the humble talent with which He entrusted me. Yes, ma'am, I have discovered a method of using chlorate of potash in combination with various other chemicals which will undoubtedly revolutionise the whole art of pyrotechny. Will you consider me presumptuous, ma'am, when I tell you that I dream of the moment when Fuller's Fireworks shall become a by-word all over Great Britain for all that is best and brightest in the world of pyrotechny?'

Madame Oriano's eyes flashed like Chinese fire, and Caleb perceiving that he had made a false move tried to retrieve his position.

'Pray do not suppose that I was planning to set myself up as a manufacturer of fireworks on my own. So long as you will have me, ma'am, I shall continue to work for you, and if you consent to my marrying your Letizia I shall put my new discovery at your service on a business arrangement that will satisfy both parties.'

Madame Oriano pondered the proposal in silence for a minute.

'Yes, you can have Letizia,' she said at last.

Caleb picked up the hand that was hanging listlessly over the coverlet and in the effusion of his gratitude saluted it with an oily kiss.

'And you'll do your best to make Letizia accept me as a husband?' he pressed.

'If I say you can have Letizia, *caro*, you will have her,' the mother declared.

'You have made me the happiest man in England,' Caleb oozed.

Whereupon he walked on tiptoe from the room with a sense even sharper than usual that he was one of the Lord's chosen vessels, a most peculiar child even among the Peculiar Children of God.

Just when the hot August day had hung two dusky sapphire lamps in the window of the room Madame Oriano, who had been lying all the afternoon staring up at the shadows of the birds that flitted across the ceiling, rang the bell and demanded her daughter's presence.

'*Letizia devi sposarti*' she said firmly.

'Get married, mamma? But I don't want to be married for a

long time.'

'*Non ci entra cara. Devi sposarti. Sarebbe meglio – molto meglio. Sei troppo sfrenata.*'[1]

'I don't see why it should be so much better. I'm not so harum-scarum as all that. Besides, you never married at my age. You never married at all, if it comes to that.'

'*Lo so. Perciò dico che tu devi sposarti.*'[2]

'Thanks, and who am I to marry?'

'Caleb.'

'Caleb? Gemini! Caleb? Marry Caleb? But he's so ugly! And he don't wash himself too often, what's more.'

'*Bello non è . . . ma che importa? La bellezza passa via.*'

'Yes, I dare say beauty does pass away,' said Letizia indignantly. 'But it passed away from Caleb before ever he was born.'

'*Che importa?*'

'I dare say it don't matter to you. But you aren't being expected to marry him. Besides, you've had all the beaux you wanted. But I haven't, and I won't be fobbed off with Caleb. I just won't be, and you may do what you will about it.'

'*Basta!*' Madame Oriano exclaimed. 'Dissa talk is enough.'

'Basta yourself and be damned, mamma,' Letizia retorted. 'I won't marry Caleb. I'd sooner be kept by a handsome gentleman in a big clean cravat. I'd sooner live in a pretty house he'd give me and drive a crimson curricle on the Brighton Road like Cora Delaney.'

'It does not import two pennies what you wish, *figlia mia*. You will marry Caleb.'

'But I'm not in love with him, the ugly clown!'

'Love!' scoffed her mother. '*L'amore! L'amore!* Love is mad. I have had so many lovers. *Tanti tanti amanti! Adesso sono felice? No! Ma sono vecchia assai.* Yes, an old woman – *una vecchia miserabile senza amanti, senza gambe – e non si fa l'amore senza gambe, cara ti giuro – senza danaro, senza niente.*'

Sans love, sans legs, sans money, sans everything, the old woman dropped back on her pillows utterly exhausted. A maid came in with candles and pulled the curtains to shut out the dim grey into which the August twilight had by now gradually faded. When the maid was gone, she turned her glittering, sombre eyes upon her daughter.

[1] 'That doesn't come into it, my dear. You must get married. It would be better – much better. You are too harum-scarum.'

[2] 'I know that. That's why I say that you must get married.'

'You will marry Caleb,' she repeated. 'It will be better so – *molto meglio cosi. Gli amanti non valgono niente.* All who I have been loving, where are dey now? *Dove sono? Sono andati via.* Alla gone away. Alla gone. You will marry Caleb.'

Letizia burst into loud sobs.

'But I don't want to marry, mamma.'

'*Meglio piangere a diciasette che rimpiangere a sessanta*'[1] said Madame Oriano solemnly. 'You will marry Caleb.'

Letizia felt incapable of resisting this ruthless old woman any longer. She buried her head in the gaudy satin coverlet and wept in silence.

'*Allora dammi un bacio!*'

The obedient daughter leaned over and kissed her mother's lined forehead.

'*Tu hai già troppo l'aria di putana, figlia mia. Meglio sposarti. Lasciammi sola. Vorrei dormire. Sono stanca assai . . . assai.*'[2]

Madame Oriano closed her eyes, and Letizia humbly and miserably left her mother, as she wished to be left, alone.

Chapter 4

MARRIED LIFE

So Caleb Fuller married Letizia Oriano and tamed her body, as without doubt he would have succeeded in taming the body of any woman of whom he had lawfully gained possession.

Madame Oriano did not long survive the marriage. The effort she made in imposing her will upon her daughter was too much for a frame so greatly weakened. Once she had had her way the desire to live slowly evaporated. Yet she was granted a last pleasure from this world before she forsook it for ever. This was the satisfaction of verifying with her eyes that her son-in-law's discovery of the value of chlorate of potash as a colour intensifier was all that he claimed for it. That it was likely to prove excessively dangerous when mixed with sulphur compounds did not concern this pyrotechnist of the old school. The prodigious depth and brilliant clarity of those new colours would be well worth the

[1] 'Better to weep at seventeen than to repine at sixty.'

[2] 'You have already too much the air of a wanton, my daughter. Better to get married. Leave me alone. I want to sleep. I'm very tired.'

sacrifice of a few lives through spontaneous ignition in the course of manufacturing them.

The first public demonstration that Caleb gave was on the evening of the Fifth of November in a Clerkenwell tea-garden. It is unlikely that Madame Oriano ever fully comprehended the significance of these annual celebrations. If she ever did wonder who Guy Fawkes was, she probably supposed him to be some local English saint whose martyrdom deserved to be commemorated by an abundance of rockets. As for Caleb, he justified to himself some of the pleasure that his fireworks gave to so many people by the fact that the chief festival at which they were employed was held in detestation of a Papist conspirator.

On this particular Fifth of November the legless old lady was carried in an invalid's chair through the press of spectators to a favourable spot from which she could judge the worth of the improved fireworks. A few of the rabble jumped to the conclusion that she was a representation of Guy Fawkes himself, and set up the ancient chorus:

Please to remember the Fifth of November
Gunpowder treason and plot;
We know no reason why gunpowder treason
Should ever be forgot!
A stick and a stake for King George's sake,
A stick and a stump for Guy Fawkes's rump!
Holla boys! holla boys! huzza-a-a!

Madame Oriano smiled grimly when Caleb tried to quieten the clamour by explaining that she was flesh and blood.

'Letta dem sing, Caleb. *Non fa niente a me.* It don't matter notting to me.'

A maroon burst to mark the opening of the performance. This was followed by half a dozen rockets, the stars of which glowed with such greens and blues and reds as Madame Oriano had never dreamed of. She tried to raise herself in her chair.

'*Bravo* Caleb! *Bravissimo! Ah dio, non posso più!* It is the besta *colore* I havva ever seen, Caleb. '*E ottimo! Ottimo, figlio mio.*'

She sat entranced for the rest of the display; that night, like a spent firework, the flame of her ardent life burnt itself out.

The death of his mother-in-law allowed Caleb to carry out a plan he had been contemplating for some time. This was to open a factory in Cheshire on the outskirts of his native town. He anticipated trouble at first with the Peculiar Children of God, who were unlikely to view with any favour the business of making fireworks. He hoped, however, that the evidence of his growing prosperity would presently change their point of view. There was no reason to accuse Caleb of hypocrisy, or to suppose that he was anything but perfectly sincere in his desire to occupy a high place in the esteem of his fellow-believers. Marriage with a Papist had in truth begun to worry his conscience more than a little. So long as Letizia had been a temptation, the fact of her being a daughter of Babylon instead of a Peculiar Child of God had only made the temptation more redoubtable and the satisfaction of overcoming it more sharp. Now that he was licensed to enjoy her, he began to wonder what effect marriage with a Papist would have on his celestial patron. He felt like a promising young clerk who has imperilled his prospects by marrying against his employer's advice. It began to seem essential to his salvation that he should take a prominent part in the prayer-meetings of the Peculiar Children of God. He was ambitious to be regarded himself as the most peculiar child of all those Peculiar Children. Moreover, from a practical standpoint the opening of a factory in the North should be extremely profitable. He already had the London clients of Madame Oriano; he must now build up a solid business in the provinces. Fuller's Fireworks must become a by-word. The King was rumoured to be ill. He would be succeeded by another king. That king would in due course have to be solemnly crowned. Liverpool, Manchester, Sheffield, Leeds, and many other large towns would be wanting to celebrate that coronation with displays of fireworks. When the moment arrived there must be nobody who would be able to compete with Fuller and his chlorate of potash.

So to Brigham, in Cheshire, Caleb Fuller brought his wife. In some fields on the outskirts of the town in which he had spent a poverty-stricken youth he built his first sheds, and in a dreary little street close to Bethesda, the meeting-house of the Peculiar Children of God, he set up his patriarchal tent. Here on a dusty September dawn, just over two years after her last public appearance at *Neptune's Grotto*, Letizia's eldest daughter was born. The young wife of Caleb was not yet thoroughly tamed, for she produced a daughter exactly like herself and called her Caterina in spite of the father's objection to a name associated with the wheels of which he made so many. Not only did she insist on calling the child Caterina, but she actually took it to the nearest Catholic chapel and had it baptised by a priest.

It happened about this time that one of the apostles of the meeting-house was gravely ill, and Caleb, who had designs on the vacant apostolic chair, decided that his election to it must not be endangered by the profane behaviour of his young wife. When he remonstrated with her, she flashed her eyes and tossed her head as if he were still Caleb the clerk and she the spoilt daughter of his employer.

'Letizia,' he said lugubriously, 'you have destroyed the soul of our infant.'

'Nonsense!'

'You have produced a child of wrath.'

'My eye!' she scoffed.

Caleb's moist lips vanished from sight. There was a long silence while he regarded his wife with what seemed like two pebbles of granite. When at last he spoke it was with an intolerable softness.

'Letizia, you must learn to have responsibilities. I am frightened for you, my wife. You must learn. I do not blame you entirely. You have had a loose upbringing. But you must learn.'

Then, as gently as he was speaking, he stole to the door and left Letizia locked behind him in her bedroom.

Oh, yes, he tamed her body gradually, and for a long time it looked as if he would tame her soul. She had no more daughters like herself, and each year for many years she flashed her eyes less fiercely and tossed her head less defiantly. She produced several other children, but they all took after their father. Dark-eyed Caterina was followed by stodgy Achsah. Stodgy Achsah was followed by podgy Thyrza. These were followed by two more who died almost as soon as they were born, as if in dying thus they expressed the listlessness of their mother for this life. Maybe Letizia herself would have achieved death, had not the way Caleb treated little Caterina kept her alive to protect the child against his severity.

'Her rebellious spirit must be broken,' he declared, raising once more the cane.

'You shall not beat her like this, Caleb.'

'Apostle Jenkins beat his son till the child was senseless, because he stole a piece of bread and jam.'

'I wish I could be as religious as you, Caleb,' said his wife.

He tried to look modest under the compliment.

'Yes,' she went on fiercely, 'for then I'd believe in hell, and if I believed in hell I'd sizzle there with joy just for the pleasure of seeing you and all your cursed apostles sizzling beside me.'

But Letizia did not often break out like this. Each year she became more silent, taking refuge from her surroundings in French novels, which she bought out of the meagre allowance for clothes that her husband allowed her. She read French novels, because she despised the more sentimental novelists of England that were so much in vogue at this date, making only an exception in favour of Thackeray, whom she read word for word as his books appeared. She was learning a bitter wisdom from literature in the shadows and the silence of her wounded heart. After eight years of married life she bore a son, who was called Joshua. There were moments when Letizia was minded to smother him where he lay beside her, so horribly did this homunculus reproduce the lineaments of her loathed husband.

Meanwhile, the factory flourished. Caleb Fuller became the leading citizen of Brigham and served three times as mayor. He built a great gloomy house on the small hill that skirted the mean little town. He built too a great gloomy tabernacle for the Peculiar Children of God. He was elected chief apostle and sat high up in view of the congregation on a marble chair. He grew shaggy whiskers and suffered from piles. He found favour in the eyes of the Lord, sweating the poor and starving even the cows that gave him milk. Yes, the renown of Fuller's Fireworks was spread far and wide. The factory grew larger year by year. And with it year by year waxed plumper the belly and the purse of Caleb himself, even as his soul shrivelled.

In 1851, after twenty years of merciless prosperity, Caleb suffered his first set-back by failing to secure the contract for the firework displays at the Great Exhibition. From the marble chair of the chief apostle he called upon the Peculiar Children of God to lament that their Father had temporarily turned away His countenance from them. Caleb beat his breast and bellowed and groaned, but he did not rend his garments of the best broadcloth, because that would have involved his buying new ones. The hullabaloo in Bethesda was louder than that in a synagogue on the Day of Atonement, and after a vociferous prayer-meeting the Peculiar Children of God went back to their stuffy and secretive little houses, coveting their neighbours' wives and their neighbours' maids, but making the best of their own to express an unattainable ideal. Horrid, stuffy little bedrooms with blue jets of gas burning dimly through the night-time. Heavy lumps of humanity snoring beneath heavy counterpanes. Lascivious back-biting of the coveted wives and maids on greasy conjugal pillows. Who in all that abode of prurient respectability and savage industrialism should strip Caleb's soul bare? Who should not sympathise with the chief apostle of the Peculiar Children of God?

Yet, strange to say, Caleb found that God's countenance continued to be averted from his own. He was still licking the soreness of his disappointment over the Exhibition fireworks when one morning in the prime of June his eldest daughter left the great gloomy house on the hill, never to return. While Caleb stormed at his wife for not taking better precautions to keep Caterina in bounds, he was aware that he might as well be storming at a marble statue. He lacked the imagination to understand that the soul of Letizia had fled from its imprisonment in the guise of Caterina's lissom body. But he did apprehend, however dimly, that henceforth nothing he might say or do would ever again affect his wife either for good or for ill.

Cold, dark eyes beneath black-arched brows surveyed him contemptuously. He had never yet actually struck Letizia; but he came near to striking her at that moment.

'She wanted to go on the stage.'

'A play-actress! My eldest daughter a play-actress!'

'Alas, neither she nor I can cup those drops of blood she owes to you. But her soul is hers and mine. You had no part in making that. Even if you did crawl over my body and eat the heart out of me, you slug! Do what you like with the others. Make what you can of them. But Caterina is mine. Caterina is free.'

'As if I had not suffered enough this year,' Caleb groaned.

'Suffered? Did you say that you had suffered?' His wife laughed. 'And what about the sufferings of my Caterina all these years of her youth?'

'I pray she'll starve to death,' he went on.

'She was starving to death in this house.'

'Aye, I suppose that's what the Church folk will be saying next. The idle, good-for-nothing slanderers! Not content with accusing me of starving my cows they'll be accusing me of starving my children now. But the dear Lord knows . . . '

'You poor dull fool,' Letizia broke in, and with one more glance from her cold dark eyes she left him.

Caterina had as dissolute a career as her father could have feared and as miserable an end as he could have hoped, for about twelve years later, after glittering with conspicuous shamelessness amid the tawdry gilt of the Second Empire, she died in a Paris asylum prematurely exhausted by drink and dissipation.

'Better to die from without than from within,' said her mother when the news was brought to Brigham.

'What do you mean by that?' Caleb asked in exasperated perplexity. 'It's all these French novels you read that makes you talk that high-flown trash. You talk for the sake of talking, that's my opinion. You used to talk like a fool when I first married you, but I taught you at last to keep your tongue still. Now you've begun to talk again.'

'One changes in thirty-four years, Caleb. Even you have changed. You were mean and ugly then. But you are much meaner and much uglier now. However, you have the consolation of seeing your son Joshua keep pace with you in meanness and in ugliness.'

Joshua Fuller was now twenty-six, an eternal offence to the eyes of his mother, who perceived in him nothing but a dreadful reminder of her husband at the same age. That anybody could dare to deplore Caterina's life when in Joshua the evidence of her own was before them enraged Letizia with human crassness. But Joshua was going to be an asset to Fuller's Fireworks. Just as his father had perceived the importance of chlorate of potash in 1829, so now in 1863 did Joshua perceive the importance of magnesium, and the house of Fuller was in front of nearly all its rivals in utilising that mineral, with the result that its brilliant fireworks sold better than ever. The Guilloché and Salamandre, the Girandole and Spirali of Madame Oriano, so greatly admired by old moons and bygone multitudes, would have seemed very dull affairs now. Another gain that Joshua provided for the business was to urge upon his father to provide for the further legislation about explosives that sooner or later was inevitable. With an ill grace Caleb Fuller had complied with the provisions of the Gunpowder Act of 1860; but, when the great explosion at Erith occurred a few years later, Joshua insisted that more must be done to prepare for the inspection of firework establishments that was bound to follow such a terrific disaster. Joshua was right, and when the Explosives Act of 1875 was passed the factory at Brigham had anticipated nearly all its requirements.

By this time Joshua was a widower. In 1865, at the age of twenty-eight, he had married a pleasant young woman called Susan Yardley. After presenting him with one boy, who was christened Abraham, she died two years later in producing another, who was christened Caleb, after his grandfather.

The eldest of these two boys reverted both in appearance and disposition to the Oriano stock, and old Mrs Fuller – she is sixty-three now and may no longer be called Letizia – took a bitter delight in never allowing old Mr Fuller to forget it. She found in him, now a flash of Caterina's eyes, now a flutter of Madame Oriano's eyelids. She would note how much his laugh was like her own long ago, and she would encourage him at every opportunity to thwart the solicitude and defy the injunctions of Aunt Achsah and Aunt Thyrza. When her son protested against the way she applauded Abraham's naughtiness she only laughed.

'Bram's all right.'

'I wish, mama, you wouldn't call him Bram,' Joshua protested. 'It's so irreverent. I know that you despise the Bible, but the rest of us almost worship it. I cannot abide this irreligious clipping of Scriptural names. And it worries poor papa terribly.'

'It won't worry your father half so much to hear Bram called Bram as it'll worry poor little Bram later on to be called Abraham. That boy's all right, Josh. He's the best firework you've turned out of this factory for many a day. So, don't let Achsah and Thyrza spoil him.'

'They try their best to be strict, mama.'

'I'm talking about their physic, idiot. They're a pair of pasty-faced old maids, and it's unnatural and unpleasant to let them be for ever messing about with a capital boy like Bram. Let them physic young Caleb. He'll be no loss to the world. Bram might be.'

Joshua threw his eyes up to heaven and left his unaccountable mother to her own unaccountable thoughts. He often wondered why his father had never had her shut up in an asylum. For some time now she had been collecting outrageous odds and ends of furniture for her room, to which none of the family was allowed access except by special invitation. Ever since Caterina had run away old Mrs Fuller had had a room of her own. But she had been content with an ordinary bed at first. Now she had procured a monstrous foreign affair all gilt and Cupids and convolutions. If Joshua had been his father he would have taken steps to prevent such a waste of her allowance. He fancied that the old man must be breaking up to allow such furniture to enter the house.

Not long after the conversation between Joshua and his mother about Bram, a travelling circus arrived at Brigham on a Sunday morning. The Peculiar Children of God shivered at such a profanation of the Sabbath, and Apostle Fuller – in these days a truly patriarchal figure with his long, white, food-bespattered beard – preached from the marble chair on the vileness of these sacrilegious mountebanks and the pestilent influence any circus must have on a Christian town. In spite of this denunciation the chief apostle's own wife dared to take her elder grandchild on Monday to view from the best seats obtainable the monstrous performance. They sat so near the ring that the sawdust and the tan were scattered over them by the horses' hooves. Little Bram, his chin buried in the worn crimson velvet of the circular barrier, gloated in an ecstasy on the paradisial vision.

'*Brava! Bravissima!*' old Mrs Fuller cried loudly when a demoiselle of the *haute école* took an extra high fence. '*Brava! Bravissima!*' she cried when an equestrienne in pink tights leapt through four blazing hoops and regained without disarranging one peroxide curl the shimmering back of her piebald steed.

'Oh, grandmama,' little Bram gasped when he bade her good night, 'can I be a clown when I'm a man?'

'The difficulty is not to be a clown when one is a man,' she answered grimly.

'What *do* you mean, grandmama?'

'Ah, what?' she sighed.

And in their stuffy and secretive little bedrooms that night the Peculiar Children of God talked for hours about the disgraceful amount of leg that those circus women had shown.

'I hear it was extremely suggestive,' said one apostle, smacking his lips with lickerish disapprobation.

'Was it, indeed, my dear?' the dutiful wife replied, thereby offering the man of God an opportunity to enlarge upon the purient topic before he turned down the gas and got into bed beside her.

'Bram was very naughty to go to the circus, wasn't he, Aunt Achsah?' young Caleb asked in a tone of gentle sorrow when his pasty-faced aunt leaned over that Monday night to lay her wet lips to his plump pink cheeks.

'Grandpapa was very cross,' Aunt Achsah mournfully replied, evading the direct answer, but implying much by her expression.

'Gran'papa's not cross with me, is he, auntie?' young Caleb asked with an assumption of fervid anxiety.

'No, my dear child, and I hope that you will never, never make your dear grandfather cross with you.'

'Oh, I won't, Aunt Achsah,' young Caleb promised, with what Aunt Achsah told Aunt Thyrza was really and truly the smile of one of God's most precious lambs.

'Thyrza, Thyrza, when that blessed little child smiles like that, nobody could deny him anything. I'm sure his path down this vale of tears will always be smoothed by that angelic smile.'

She was talking to her sister in the passage just outside young Caleb's bedroom – he had already been separated from his elder brother for fear of corruption – and he heard what she said.

When the footsteps of his aunts died away along the passage, the fat little boy got out of bed, turned up the gas, and smiled at himself several times in the looking-glass. Then he retired to bed again, satisfied of his ability to summon that conquering smile to his aid whenever he should require it.

Chapter 5

TINTACKS IN BRIGHAM

On a wet and gusty afternoon in the month of March, 1882, Bram Fuller, now a stripling of sixteen, sat in one of the dingiest rooms of that great gloomy house his grandfather had begun to build forty years before. It looked less stark, now that the evergreen trees had grown large enough to hide some of its grey rectangularity; but it did not look any more cheerful in consequence. In some ways it had seemed less ugly at first, when it stood on top of the mean little hill and was swept clean by the Cheshire winds. Now its stucco was stained with great green fronds and arabesques of damp caused by the drip of the trees and the too contiguous shrubberies of lanky privet and laurel that sheltered its base. Old Mr Fuller and his son were both under the mistaken impression that the trees planted round Lebanon House – thus had the house been named – were cedars. Whereas there was not even so much as a deodar among the crowd of starveling pines and swollen cryptomerias. Noah's original ark perched on the summit of Ararat amid the surrounding waters probably looked a homelier abode than Lebanon House above the sea of Brigham roofs.

The town had grown considerably during half a century, and old Mr Fuller had long ago leased the derelict pastures in which his cows had tried to eke out a wretched sustenance on chickweed and sour-dock, to accommodate the enterprising builder of rows of little two-storied houses, the colour of underdone steak. The slopes of the hill on which the house stood had once been covered with fruit trees, but the poisoning of the air by the various chemical factories, which had increased in number every year, had long made them barren. Joshua had strongly advised his father to present the useless slopes to Brigham as a public recreation ground. It was to have been a good advertisement both for the fireworks and for the civic spirit that was being fostered by the Peculiar Children of God. As a matter of fact, Joshua himself had some time ago made up his mind to join the Church of England as soon as his father died. He was beginning to think that the Bethesda Tabernacle was not sufficiently up-to-date as a spiritual centre for Fuller's Fireworks, and he was more concerned for the civic impression than the religious importance of the gift. On this March afternoon, however, the slopes of Lebanon were still a private domain, for old Mr Fuller could never bring himself to give away nine or ten acres of land for nothing. He was much too old to represent Brigham in Parliament himself, and it never struck him that Joshua might like to do so.

So, Bram Fuller was able to gaze out of the schoolroom window, to where, beyond the drenched evergreens hustling one another in the wind, the drive ran down into Brigham between moribund or skeleton apple trees fenced in on either side by those raspberry-tipped iron railings that his grandfather had bought so cheaply when the chock-a-block parish churchyard was abolished and an invitingly empty cemetery was set apart on the other side of the town for the coming generations of Brigham dead. Bram was still a day-boy at the Grammar School, and as this afternoon was the first half-holiday of the month he was being allowed to have a friend to tea. Jack Fleming was late, though. There was no sign of him yet coming up the slope through the wind and wet. Bram hoped that nothing had happened to keep him at home. He was so seldom allowed to entertain friends that Jack's failure to appear would have been an overwhelming disappointment. He looked round the school-room dejectedly. Never had it seemed so dingy and comfortless. Never had that outline portrait of Queen Victoria, filled in not with the substance of her regal form, but with an account of her life printed in minute type, seemed such a futile piece of ingenuity; never had the oilcloth seemed infested with so many crumbs, nor the tablecloth such a kaleidoscope of jammy stains.

Old Mrs Fuller had been right when she recognised in the baby Bram her own race. She and he had their way, and Abraham was never heard now except in the mouth of the grandfather. Yes, he was almost a perfect Oriano, having inherited nothing from his father, and from his mother only her pleasant voice. He was slim, with a clear-cut profile and fine dark hair; had one observed him idling gracefully on a sun-splashed piazza, he would have appeared more appropriate to the setting than to any setting that Brigham could afford. He was a popular and attractive youth with a talent for mimicry, and a gay and fluent wit. His young brother, who fortunately for the enjoyment of Bram and his friend had been invited forth himself this afternoon, was a perfect Fuller, save that he had inherited from his mother a fresh complexion which at present only accentuated his plumpness. All the Fuller characteristics were there – the greedy grey eyes, the podgy white hands, the fat rump and spindle legs, the full wet lips and slimy manner. To all this young Caleb could add his own smile of innocent candour when it suited his purpose to produce it. At school he was notorious as a toady and a sneak, but he earned a tribute of respect from the sons of a commercial community by his capacity for swopping to his own advantage and by his never-failing stock of small change, which he was always willing to lend at exorbitant interest on good security. Bram was badly in debt to his young brother at the present moment, and this added something to the depression of the black March afternoon, though that was lightened at last by the tardy arrival of his expected friend with the news that Blundell's Diorama had arrived in Brigham and would exhibit itself at seven o'clock.

'We must jolly well go, Bramble,' Jack declared.

Bram shook his head despondently.

'No chink!'

'Can't you borrow some from young Caleb?'

'I owe him two and threepence halfpenny already, and he's got my best whalebone-splice bat as a security till I pay him back.'

'Good Lord, and I've only got six d.,' Jack Fleming groaned.

'Anyway, it's no use,' Bram went on. 'The governor wouldn't let me go into Brigham on a Saturday night.'

'Can't you find some excuse?'

Bram pondered for a few seconds.

'I might get my grandmater to help.'

'Well, buck up, Bramble. It's a spiffing show, I hear. They've got two girls with Italian names who play the guitar or something. We don't often get a chance of a decent evening in Brigham.'

'You're right, Jack. All serene! Then I'll have a try with the grandmater. She's such an old fizzer that she might manage it.'

Bram went up cautiously to old Mrs Fuller's room. She was

seventy now, but still able to hate fiercely her octogenarian husband, who was for ever browsing among dusty commentaries on the Old Testament nowadays, and extracting from the tortuous fretwork of bookworms such indications of the Divine purpose as the exact date and hour of the Day of Judgement. He was usually clad in a moth-eaten velveteen dressing-gown and a smoking cap of quilted black silk with a draggled crimson tassel. The latter must have been worn as a protection to his bald and scaly head, because not a puff of tobacco smoke had ever been allowed to contend with the odour of stale food that permeated Lebanon House from cellar to garret.

The old lady was sitting by the fire in her rococo parlour, reading Alphonse Daudet's new book. Her hawk's face seemed to be not so much wrinkled as finely cracked, like old ivory. Over her shoulders she wore a wrap of rose and silver brocade.

'Why, Bram, I thought you were entertaining visitors this afternoon.'

'I am. He's downstairs in the schoolroom. Jack Fleming, I mean.'

'Is that a son of that foxy-faced solicitor in High Street?'

Bram nodded.

'But Jack's rather decent. I think you'd like him, grandmama.'

'Ah, I'm too old to begin liking new people.'

Bram kicked his legs together, trying to make up his mind what line to adopt for enlisting the old lady's sympathy.

'Blundell's Diorama is here,' he announced at last.

'What's that? A new disease?'

The boy laughed.

'It does sound rather like a disease, doesn't it? No, it's the same sort of thing as Poole's Myriorama.'

'I'm no wiser.'

'Well, it's a set of large, coloured pictures of places in foreign parts. And there are some singers with guitars. Italian perhaps.' Ah, cunning Bram!

'Italian, eh? And you want to gaze into their liquid and passionate orbs, eh?'

'I would rather like to – only as a matter of fact I haven't got any chink. Caleb lent me some, but he won't lend me any more till I pay him back. I've had to give him my best bat till I do.'

'How much do you owe the little alligator?'

'Two and threepence halfpenny, and sixpence interest up to date, and twopence for the linseed oil for oiling the bat, because he said he'd have to keep it in good condition during the winter. Two and elevenpence halfpenny altogether.'

Mrs Fuller grunted.

'And anyway papa won't let me go down into Brigham unless I can get a good excuse.'

'And so you want an excuse from me? *Ho capito.* Well, Bram, it's a strange thing, but my rheumatism has suddenly become very bad, and I'd be much obliged if you'd go down into Brigham and buy me a bottle of embrocation. Here's five shillings. I don't want the change. St Jumbo's Oil is the name of the embrocation. It'll probably take you all the evening to find it, and if you don't find it I shan't really mind, because my rheumatism is bound to be much better by the time you come back.'

'I say, grandmama, you are . . . you are . . . '

But Bram could not find any word to describe her suitably without blushing too deeply to attempt it.

Blundell's Diorama, which filled the Brigham Corn Exchange (not much corn was sold there by this date), was an entertainment at which the least sophisticated would scoff in these cinematographic days. It consisted of a series of crude and highly coloured views of the world's beauty spots treated in the panoramic manner of the drop-curtain. The lighting was achieved by gas footlights and floats, with occasional assistance from amber, green, and crimson limes. Mr Blundell himself, a gentleman with a moustache like an Aintree hurdle, and dressed in a costume that was something between a toreador's, a cowboy's, and an operatic brigand's, stood in front to point out with a stockrider's whip the chief objects of interest in each picture that was unrolled for an absorbed audience.

'This scene to which I now have the pleasure of inviting your earnest attention represents the world-famous Bay of Naples. *Veedy Napowly ee poy morry* as Dante said. Dante, I may remind you, was the Italian equivalent of our own William Shakespeare, the world-famous dramatic genius at whose house in Stratford-on-Avon we have already had a little peep this evening. Yes, "See Naples and die," said the Italian poet. In other words, "Don't waste your time over sprats when there's whales to be caught." The world-famous fir tree on the extreme right of the picture as I stand is reputed to be two thousand years old, and under its hoary branches it is said that the Emperor Nero held many of his most degraded orgies, which I shall not sully your eyes by exhibiting at an entertainment to which I flatter myself the youngest infant in

Brigham can come without a blush. The waters of the Bay of Naples, as you will note, are always blue, and the inhabitants of the gay city are renowned for macaroni and musical abilities. With your kind permission the Sisters Garibaldi will now give you a slight impression of the atmosphere of Beller Napowly, as it is affectionately called.'

Two young women dressed in ribbons and sequins immediately pranced on to sing *Santa Lucia* while the lecturer beat time with his stock whip, rolling occasionally a sentimental eye at the audience. When the music was over, he invited their attention to various architectural features in the landscape, and then, assuming a tragic profundity of tone, he continued:

'Hitherto all has been fair, but the words "See Naples and die" have sometimes been fraught with a much deeper significance. On the extreme left as I stand you will observe towering above the unconscious city the mighty peak of Vesuvius, the world-famous volcano which from time to time commits the most horrible eruptions and threatens to overwhelm with boiling lava the gay city at its base. With your kind permission I shall now have the pleasure of giving you a realistic representation of the city of pleasure when threatened by one of the burning mountain's all-too-frequent outbursts.'

He signalled with his whip to the limelight man at the back of the hall. Whereupon, after a loud preliminary fizzing, a crimson glow suffused the whole picture, while the orchestra, consisting of a piano, a flageolet, and a double-bass played the Dead March from *Saul*.

'Our next picture shows you the world-famous Alhambra of Granada by moonlight . . .'

No tragedy here, but a transparency moon and a *pas de deux* by the Sisters Garibaldi accompanied by castanets, which on the authority of Mr Blundell was a lifelike rendering of the world-famous Spanish fandango . . .

When the performance was over, Bram emerged from his circumgyration of the illustrated world feeling that something must be done about Brigham. After the sequins and ribbons and cobalt seas, after bullfights and earthquakes, juggernauts, pagodas, and palms, Brigham in the wind and wet of a Saturday night in March was not to be endured without some kind of protest. To go meekly back to Lebanon House and a long jobation from his father on the sin of attending a public performance in which female dancers actively participated was unimaginable in this elated mood. If there had to be a row, why couldn't there be a row over something that really deserved it?

'My gosh, Jack, I'm just itching to do something,' he confided to his chum. 'Don't you wish we had wings and could fly right away to the other end of the world now?'

'What's the use of wishing for wings?' objected young Fleming, who had enjoyed the entertainment, but was not prepared to be mentally extravagant in its honour.

'Well, of course, I don't mean real wings,' Bram explained. 'Only I simply can't stick Brigham much longer. I couldn't stick it even if I left school.'

They were passing Bethesda as Bram was speaking, and the sight of its hideousness looming up in the empty, wet, gas-lit street revolted the boy.

'I wish I could burn that down,' he exclaimed savagely.

'Well, you can't do that either,' said his friend, 'so what's the good of wishing?'

'I say, Jack, there's a window open! I believe I could climb in,' declared Bram in sudden excitement.

Jack Fleming was not one of the Peculiar Children of God, nor had he any clear notion how severe a penalty was entailed by sacrilege; but the idea of climbing into any place of worship by night – church, chapel or meeting-house – filled him with superstitious dread, besides alarming him in its legal aspect.

'Don't be a mad ass,' he adjured his friend. 'What would you do if you did climb in?'

'Oh, I don't know. Just mess it up,' said Bram.

'But supposing you were caught?'

'Well, it would be worth a row. You don't know my governor, Jack. If you knew him you'd do anything that was worth while getting pi-jaws for. I get pi-jaws now for nothing. If you funk it, don't stay with me; but I'm going to climb into that rotten old tabernacle, and if I can burn it up, I jolly well will burn it up.'

Jack Fleming was seized with panic. Bram was always a mad sort of chap, but this project was far madder than anything of which he had fancied him capable.

'Look here, I've got to be in soon,' he protested. 'And you've farther to go than I have. Don't play the giddy goat.'

But Bram's mind was dancing with the brightness of Blundell's Diorama. He had no patience with the dull brain of his friend.

'I tell you I'm going to climb in,' he insisted.

'Well, I tell you I'm going home,' said Jack.

'All right then, go!' Bram could not forebear from shooting a poisoned shaft. 'Only if there's a row don't preach, that's all I ask.'

'You needn't sneer at a fellow just because he doesn't happen to be quite such a giddy goat as yourself,' said Jack.

But Bram was riding over the deserts of Arabia; he was away on the prairies farther than Fenimore Cooper or Mayne Reid had ever taken him; Chimborazo towered above his horizon, not the chimney-pots of Brigham.

'See you on Monday as usual,' he called back cheerfully to his friend as he leapt up and caught hold of the sill. A moment later his lithe shape had vanished in the darkness of Bethesda. Jack Fleming hesitated a moment; but, after all, he was not one of the Peculiar Children of God, and if it became a case for the magistrates, they might take a more serious view of his behaviour as the son of a church-going solicitor than of Bram's, who was the grandson of a chief apostle. Jack turned his face homeward.

Meanwhile inside the tabernacle, Bram was wondering what he should do with the beastly place. He struck a match, but the shadows it conjured all over the great gaunt building made him nervous, and he soon abandoned the project of burning the whole place to the ground. He thought and thought how to celebrate his adventure at the expense of the worshippers when they gathered together tomorrow morning to groan loudly over their sins and louder still over the sins of other people. He could think of nothing. Inspiration was utterly lacking. Had he known beforehand that he was going to break into Bethesda like this, what a multitude of tricks he would have been ready to play. As it was, he would just have to climb out again and be content with the barren triumph of having climbed in. He had struck another match to light his path out among the benches without barking his shins as he had barked them feeling his way in from the window, and it illuminated a cardboard packet of tintacks evidently left there by the caretaker, who must have been renovating something or other in honour of the approaching Sabbath. Bram did not hesitate, but forthwith arranged four tintacks on each of the pitch-pine chairs of the eleven apostles, and actually half a dozen, and these carefully chosen for their length and sharpness, on the marble chair of the chief apostle himself. For once in a way he should look forward to Sunday morning; for the first time in his life he should be able to relish the smell of veils and varnish in Bethesda. Of course, it would be too much to hope that all the fifty tintacks would strike home, but the chances were good for a generous proportion of successes because it was the custom of the twelve apostles to march in from the apostolic snuggery and simultaneously take their seats with the precision of the parade-ground.

While Bram was having to stand up and listen to a long pi-jaw that night on his return, he nearly laughed aloud in thinking that tomorrow morning in Bethesda his father who occupied at present the chair of James the Less would wish that he was standing too. Before going to bed Bram went in to wish good night to his grandmother and thank her for the way she had helped him.

'I wish I could travel round the world, grandmama.'

'Ah, child, be glad that you can still have wishes. It's when all your wishes turn to regrets that you can begin sobbing. Here am I with only one wish left.'

'What's that?'

'The grave,' said the old lady.

Bram was startled when his grandmother said this with such simple earnestness. Death presented itself to his young mind as something so fantastically remote that thus to speak of it as within the scope of a practical wish seemed to demand some kind of distraction to cure such excitability.

'You never go to Bethesda, do you, grandmama?'

She laughed and shook her head.

'I wish you'd come tomorrow morning.'

'What, at seventy become a Peculiar Child of God? No, Bram, I may be in my second childhood, but it's not going to be a peculiar second childhood.'

'All the same, I wish you would come. I think you'll laugh.'

Bram's dark eyes were twinkling so brightly in anticipation of the scene tomorrow that his grandmother's curiosity was roused. However, he would not tell her why he advised her to sample the meeting-house for the first time in her life tomorrow. He still retained enough of the child's suspicion of the grown-up's theory of what is and what is not a good joke to make him cautious even with her, though he was extremely anxious to give the old lady the benefit of the diversion he had prepared. He was so urgent indeed that in the end she actually promised to come if she felt able to stand the prospect in the morning.

Before going to bed Bram went into his brother's room and paid him back the loan with interest.

'And I'll have my bat tonight, thank you very much,' he said.

Caleb did not play cricket himself, but he was much disgusted at losing the bat, because he had planned to sell it for at least five shillings at the beginning of the summer term.

'Look here, I'll give you three shillings for it, if you don't want to pay me back the money, Bram.'

'No thanks.'

Caleb tried his last resource. Sleep was heavy on his eyelids, yet he managed to suffuse his pink, podgy countenance with that bland, persuasive smile.

'It isn't really worth more than two shillings, Bram, but as you're my brother I don't mind giving you three and twopence for it.'

Bram had one tintack left in his pocket. This he dug into Caleb's fat leg.

'Ouch! You cad!' Caleb squealed. 'You cad! You cad! What is it?'

'A tintack,' said Bram coolly. 'Want it in again? No? All serene. Then hand over the bat.'

He retired with his rescued treasure to his own room, and for five minutes, in the joy of repossession, he practised playing forward and back to the most devilishly tricky bowling, until at last he caught the leg of the bedstead a whack which clanged through the nocturnal quiet of Lebanon House like an alarm bell. Whereupon Bram hurriedly put out the gas and jumped into bed. People were right when they said he was very young for his age and wondered how Joshua Fuller ever produced such a flippertigibbet of a son.

The next morning was fine, and old Mrs Fuller's announcement that she was going to visit Bethesda threw the household into consternation.

'Mama!' the eldest daughter gasped. 'Why, you've never . . .'

Mrs Fuller quelled poor Achsah instantly.

'Thank you, my dear, I am not yet in my dotage. I know precisely what I have done and what I have not done in my life.'

'You don't think you'll catch cold,' suggested Thyrza.

'Not if your father preaches about hell,' said the old lady.

'If you're coming to mock, mama,' her son interposed, 'I can't help feeling it would be better if you stopped away.'

'Hoity-toity, Master Joshua,' the old lady chuckled.

What the chief apostle thought about his wife's intention did not transpire, for he was so deaf nowadays that his family considered it wiser not to apprise him of the sensational news. He would probably never understand what they were trying to tell him, but if he should, the nervous shock might easily render him as mute as he was deaf, to the detriment of his weekly discourse, which was the delight of the older Peculiars, flavoured as it was with the brimstone and sulphur of the sect's early days. The chief apostle, no doubt partly on account of his pyrotechnical knowledge, could conjure hellish visions against any preacher in the land.

There was some discussion about who should drive to chapel in the Fuller brougham, a dreadful old conveyance looking like a large bootblack's box which had been picked up cheap at the sale of a deceased widow's effects. Either Achsah or Thyrza usually accompanied their father. There was no room for a third person when Mr Fuller and his beard were inside.

'Don't disturb yourselves,' said Mrs Fuller. 'I've sent the boy to fetch a fly from the hotel. Bram can be my beau.'

When she and her grandson were driving off together, she turned to him and said:

'Now what is the reason for having dragged me out in this musty fly on a Sunday morning?'

Her regard was so humorous and candid that the boy surrendered his suspicion and confided to her what he had prepared for the apostles.

'I'll give you sixpence for every tintack that goes hard home,' the old lady vowed. 'I'd give you a sovereign apiece, if I had the money.'

The congregation of Bethesda seemed to be composed of candle-faced men and fiery-nosed women. The atmosphere literally did stink of respectability, for even scented soap was considered a diabolic weapon. However, in spite of the discouragement that the male Peculiars accorded to the vanity of female dress, the female Peculiars were as well equipped with paniers and bustles as the fashionable females of other sects. In view of what was waiting for them, it was unfortunate for the men that they too did not wear bustles. Bram cast an eye on the apostles' chairs and whispered to his grandmother that the tintacks were undisturbed. She emitted a low chuckle of approbation, such as that with which a parrot welcomes some special effort of ventriloquism by a human being.

The door of the apostolic snuggery opened. Shambling along with an exaggeration of the way he used to shamble as a young man, followed by a trail of dismal men, most of whom had mutton-chop whiskers, came Caleb Fuller making for the chair of Simon Peter – oblivious presumably of the Popish claims thereby implied. The sons of Zebedee were represented by two grocers in partnership – Messrs Giddy and Dopping. Andrew suitably had an expatriated Scotsman in the person of Maclozen the chemist. Philip, Bartholomew, Matthew, and Thomas were earthily represented by Mr Hunnybum, Mr Rabjohn, Mr Campkin, and Mr Balmey. The seat of James the Less was Joshua Fuller's. Simon and Jude found their types of apostolic virtue in Mr Pavitt and Mr Pead, and finally Mr Fricker, a sandy-haired young man who walked the shop of Mr Rabjohn the draper, followed humbly in the rear as the co-opted Matthias, hoping no doubt one day to lead the lot as patriarchally as Mr Fuller was leading them this morning.

'Brethren,' the chief apostle groaned, 'I am four-score years and two in the sight of the Lord, and my sins are as scarlet.'

'Made with chlorate of potash,' muttered Mrs Fuller, 'so bright a scarlet are they.'

'Brethren, groan with me.'

The Peculiar Children of God groaned lustily.

'Brethren, we will now be seated until one of us shall be moved by the Spirit of the Lord to testify.'

The congregation rustled down into their seats. The apostles sat down firmly and austerely as became leaders of religion. The congregation remained seated. The apostles rose with a unanimous howl, moved not by the Spirit, but by the fifty tintacks, every one of which, by old Mrs Fuller's reckoning when she paid over twenty-five shillings to Bram, must have struck hard home.

Of course, there was an investigation into the lamentable affair by the apostolic body of the Peculiar Children of God. The caretaker was invited to explain the presence of all these tintacks on the apostolic chairs. It was idle for the caretaker to deny all knowledge of tintacks, because in the chapel accounts there was an item against her, proving that she had only this week purchased for use in Bethesda a large packet of tintacks. This purchase of tintacks she made no attempt to deny, but she maintained, without her evidence being in the least shaken, that when she last saw the tintacks the bulk of them remained in the cardboard box from which she had only taken two or three to nail down the strips of carpet on the benches where they had come loose. It seemed equally idle for the apostles to accuse such a ramshackle old woman of having deliberately arranged the tintacks as weapons of offence, nor could it seriously be argued that mere carelessness was responsible for leaving them about point upward in groups of four. Some of the older apostles were inclined to blame the devil for the assault; but the younger members of the apostolic body, reacting to the spirit of intellectual progress that was abroad, could not accept the theory of so literally diabolic, a practical joke. Mr Fricker, the junior apostle, put forward an opinion that the outrage had been committed by members of the Salvation Army, a body which was making considerable and most unwelcome progress in Brigham. The result of the investigation, however, was to leave the horrid business wrapt in mystery, in which costume it would doubtless have remained for ever if that afternoon young Caleb Fuller had not said to his father with a smile of radiant innocence:

'Papa, how funny it should have been tintacks on your chair.'

'What do you mean by "funny", my boy?' demanded Joshua angrily. 'What are you grinning at?'

'I didn't mean to grin, papa,' said Caleb, turning out his smile as swiftly as if it were a flaring gas-jet. 'What I meant was "funny" was that last night Bram had a tintack in his pocket, because he ran it into my leg.'

'Bram had a tintack?' repeated the father.

'Yes, and he was out late last night, and Mrs Pead was saying outside Bethesda that she'd noticed one of the windows in the chapel was left open all last night.'

Joshua Fuller's pasty face pulsed and sweated like a boiling beef-steak pudding.

'Where's Bram now?'

'He's upstairs in grandmama's room, and they were laughing, papa. I thought it funny they should be laughing like that on a Sunday afternoon.'

'You thought it funny, did you?' Joshua growled. 'If you don't look out for yourself, my boy, I'll thrash you soundly when I've finished with your brother.'

'What have *I* done, papa?' Caleb began to blubber. 'I thought you wanted to find out who put the tintacks on the apostle's chairs.'

But his father did not stop to listen. His only idea was to punish Bram. The threat to Caleb was really nothing more than the effervescence of his rage. In the hall he picked out from the umbrella-stand a blackthorn stick, armed with which he entered his mother's parlour, where he found her feeding Bram with crumpets.

'So it was you, was it?' he chattered. 'Go up to your bedroom and wait for me.'

'What are you going to do to the boy?' old Mrs Fuller demanded.

'What am I going to do to him? I'm going to teach him a lesson with this.' He banged the floor with the blackthorn.

'You'll never use that on him, Joshua?' said his mother.

'Won't I?'

'Never! Bram, don't let your father touch you with that stick. If he strikes you, strike him. You're as good a man as he is in a fight. Strike him hard – hard, d'ye hear?'

'Are you mad, mama, to encourage the young ruffian in this way?'

'He'll be mad if he lets you strike him.'

While the other two were talking, a very white Bram was settling his future as rapidly as a drowning man is supposed to review his past. Fifty tintacks at sixpence a piece? Twenty-five shillings in his pocket. The only time he had ever been rich in the whole of his life! This would mean leaving the Grammar School. He would have to work in the factory. 'The bottom of the ladder, my boy; that's the way to begin.' No pocket-money. Sticking at accounts. Brigham eternally, hopelessly. Always Brigham. And Lebanon House. And the flogging. The pain wouldn't matter. But the disgrace of it at his age! And begging grandpapa's pardon. Shouting his apologies in those hairy ears. Coming always a little closer and trying to make himself understood, closer still – so close that he would be sick with the smell of stale food on that filthy old white beard. Apologising to the rest of them. To Giddy and Dopping and Hunnybum and Pead. Apologising to that horrible brute Fricker? No! Prayed for publicly by the Peculiars as last Sunday they prayed for that girl who had a baby? No!

'How did you find out, papa?' Bram heard himself saying from an infinitely remote distance. He was shivering lest he should hear that Jack Fleming had betrayed him.

'Because, thank the dear Lord, I have one son who knows his duty as a Christian,' his father was saying.

Of course! Caleb had had a taste of tintack last night. No! No! No! He could not give that little sneak the pleasure of gloating over his punishment. No! The pictures of Blundell's Diorama rolled across his memory. Cobalt seas and marble halls, pagodas, palms . . . twenty-five shillings in his pocket and the world before him if he could only make up his mind.

'Did you hear me tell you to go up to your bedroom, my boy?'

'Grandmama, grandmama, let me kiss you good-bye,' Bram cried by the door.

The old lady drew near.

'Grandmama,' he whispered as she folded him to her withered breast, 'I'm going to run away. Can you keep him in?'

Bram heard the key turn in the lock and a loud chuckle beyond the closed door. Then he heard the sound of his father's voice raised in anger. Bram paused. Surely he would not strike grandmama. He listened a moment at the keyhole, smiled at what he heard his father being called, and, blowing back a kiss to reach through the closed door the old lady's heart, hurried up to his room. But not to wait there for his father to come with the blackthorn. No, just to throw a few clothes into an old carpet-bag and a minute or two later to go swinging out of Lebanon House for ever. On his way down the drive he remembered that he had not licked Caleb for peaching. It was a pity to let the little brute escape like that. He hesitated, decided that it was not worth while to run the risk of being caught merely in order to lick Caleb, and swung on down the drive. He had no plans, but he had twenty-five shillings in his pocket, and there was a train to Liverpool in half an hour. As a dissipation he had sometimes watched its departure on the Sunday afternoons when he managed to escape from Lebanon House and Bible readings, which was not often. Of course, there would be plenty of people to tell his father where he had gone. But Liverpool was a larger place than Brigham, and, if he could not get taken on by the captain of an outward-bounder, he would be a stowaway. Something would turn up. Bram hurried on. It was a good mile from Lebanon House to the railway station. The booking-clerk stared through his pigeon-hole when Bram asked for a single to Liverpool. The idlers on the platform stared when they saw Bram Fuller, the grandson of the great Caleb, shoulder his carpet-bag and enter the Liverpool train. But Bram himself stared hardest of all when he found himself in a compartment with Mr Blundell of Blundell's Diorama and the Sisters Garibaldi.

Chapter 6

THE DIORAMA

MR BLUNDELL did not believe in allowing the public to suffer in ignorance of who he was. This was not merely due to a desire to advertise himself and his goods. He was genuinely anxious to give the public a treat, and his progress from town to town was a kind of unlimited extension of the free-list. There he sat opposite Bram as if the wooden seat of the third-class compartment was a Mexican saddle, the train a bronco. On the other hand, the Sisters Garibaldi had lost most of their exotic charm now that they were dressed like other women in paniers and bustles instead of the ribbons and sequins of Southern romance. What was left of it vanished for Bram when he heard one of them say to the other in an unmistakably Cockney accent:

'Did that masher in front send you the chocolates he promised, dear?'

'No, he didn't, the wretch!'

'I told you he'd have to pawn his trousers before you ever saw those chocolates, didn't I dear?'

'I wouldn't like to say what you've told me and what you haven't told me, dear. You wag your tongue a good deal faster than what a dog wags his tail.'

Mr Blundell doffed his sombrero and revealed a head of hair that was ridiculously out of keeping with that haystack of a moustache, for it looked as if somebody had unwound the shining black twine from the handle of a cricket bat and tried to wind it again with less than half the quantity.

'Now, girlies,' he remonstrated in a fruity voice, 'don't make things uncomfortable all round by arguing. Us men don't like to see little birdies pecking at one another. That's right, isn't it?'

This appeal was addressed to Bram, who smiled as politely as he knew how and received in exchange a wink from Blundell, so tremendous as almost to give the impression that he had pulled down the curtain of the compartment window and let it go up again with a snap.

'Going far?' he continued genially.

'Liverpool.'

'By thunder, so are we. The long arm again! You can't get away from it in this world. My name's Blundell.'

This information was vouchsafed with an elaborate nonchalance.

'Unwin U. Blundell,' he added.

'I was enjoying the Diorama last night,' Bram said. 'It was simply splendid.'

'Ah, you were in front? Dainty little show, isn't it? Instructive, yet at the same time trees amusong, as the Froggies say. Bright, but never coarse. Rich, but never ostentatious. Funny thing, I suppose I've knocked about the world more than most of us have, and yet I've always set my face against anything the teeniest, tottiest little bit coarse. Did you notice I said my name was Unwin U. Blundell? Got me, as our cousins the Americanos say? The initials by themselves would be coarse, and my entertainment is refined from start to finish.'

One of the Sisters Garibaldi giggled.

'Now, Clara,' he said severely. 'By the way, permit me, Miss Clara Garibaldi, Miss Mona Garibaldi, Mr . . . '

'Bram Fuller.'

'No relation to Fuller's Fireworks, I suppose?'

Bram explained that he was.

'By Jenkins, the long arm again! Why, only last week at Burton-on-Trent I used a packet of Fuller's squibs for the eruption of Mount Vesuvius. But I had to give it up. Yes, I found it frightened the women and children too much. They were so shook by the effect that when the moon rose behind the Alhambra they thought *that* was going off with a bang and started screaming again, so the fandango went rotten.'

'It certainly did,' the Sisters Garibaldi agreed in a huffy chorus.

'Coming back to my name,' said Mr Blundell. 'What do you think my second name is? I'll give you a sovereign if you can guess it in three. That offer's on tap to any stranger with who I have the pleasure of a heart to heart. Give it up? I thought you would. Ursula!'

'But that's a girl's name, isn't it?' Bram said in astonishment.

'Of course it is. But my dear old mother got it into her head that it was a boy's name. The parson argued with her. The sexton argued. The godfathers and godmothers argued. The only one that didn't argue was my poor old dad, who knew better. So, Ursula I was christened, by thunder. Unwin Ursula Blundell.'

The confidential manner of the showman invited confidence in return, and before the train had puffed out of more than two of the stations between Brigham and Liverpool he was in possession of Bram's history.

'So you're thinking of going to sea? It's a hard life, my young friend. Can't you think of a better way of earning a living than rolling down to Rio? What about the boards?'

Bram looked puzzled.

'The stage. The profession. Tragedy! Drama! Comedy! Farce!'

'Well, I'd like to be an actor,' said Bram eagerly. 'But could I act? My grandmater said I was a jolly good mimic.'

'There you are! What more do you want?'

'But aren't I rather young?' Bram asked, in a sudden panic that he was making a fool of himself. 'I mean, who would give me anything to act?'

'That's where Unwin U. Blundell enters, my young friend. Let's figure out your case. You want to keep out of the way of your father. You don't want to be hauled back to Brigham and set to work in an office. Am I right?'

Bram nodded.

'So far, so good. Now we're up against the long arm again. *I* want a young cannibal chief as an extra attraction for the Diorama. Why shouldn't you take on the job? It'll mean staining yourself brown and talking some kind of gibberish when I give the cue. I'll stand you in board and lodging and pay you five shillings a week for yourself. What's more, I'll teach you how to look like a cannibal chief, and how to act like a cannibal chief. I'd want a short war-dance every night. The girls will fake up something tasty there. Then before the show begins you could shake hands with the audience at twopence a head. Mind you don't forget to shiver all the time. That'll make the women take an interest in you. But you mustn't forget you're a cannibal. If anybody with a bit of ombongpong comes in to take a peep at you, you'll want to gloat some. You know what I mean? Look as if you was thinking which was the best slice. That'll go great. I *was* thinking of touring a big baboon, but a cannibal chief's worth two baboons. Nothing derogatory, if you follow my meaning. We'll make you a prince, so as you'll be treated with respect. Prince Boo Boo. You want to give 'em a nice easy name so as they can talk about it to their friends without thinking that some Mr Knowall in the corner's going to jump up and correct them all the time. Nobody could go wrong over a name like Boo Boo. An infant in arms could say it. Prince Boo Boo, the world-famous cannibal chief from the savage Solomon Islands. The youngest son of the world-famous King Noo Noo, who boasts of having eaten twenty-three missionaries, nine traders, and fourteen shipwrecked mariners since he ascended the throne. Prince Boo Boo himself was taken as a hostage for the lives of three French sailors who had been captured by his father. Unfortunately, the king's appetite was so ferocious and the sailors were so fat that without thinking about his youngest son he went and ate the lot. Prince Boo Boo was carried off to Europe where Unwin U. Blundell, always on the quee vyve for novelties that will attract his many patrons all over the civilised world, secured his exclusive services. Come on, say the word, and we'll get the bills printed and the costume made in Liverpool, and on Monday week we'll show 'em what's what when we open in St Helens.'

The runaway did not hesitate. Mr Blundell's offer solved the problem of his immediate future far more swiftly and far more easily than he would ever have dared to hope.

Bram was a great success as a young cannibal chief. His natural shivers during the excesses of an English summer filled the hearts of all the women with the warmest sympathy, and a moment later the way he gloated over imagined tit-bits of their anatomy made them shiver as realistically as himself.

'It's going great, laddie,' Unwin U. Blundell declared. 'To rights, it's going. Props at the Royalty, Blackburn, who's an old pal of mine, is making me a two-pronged wooden fork, which was used by your dad, King Noo Noo. With a bit of bullocks' blood we'll have the ladies of Bolton in a state of blue horrors next week. And if one of 'em faints, laddie, there's a shilling on to your salary when the ghost walks next Friday night.'

The Sisters Garibaldi were inclined to be jealous of Bram at first, but their feelings were appeased by being given a special new dance in which they were dressed in costumes that looked like rag mats trimmed with feather dusters, a dance that began with a seated swaying movement and ended with wild leaps into the air to the accompaniment of cannibalistic whoops.

Bram stayed with Unwin U. Blundell for nearly two years; but he did not remain a young cannibal chief to the exclusion of everything else.

'It's not good for any actor to play one part too long. My old granddad was considered the finest "Hamlet" ever seen on the Doncaster circuit. Well, I give you my word, after you'd heard him in "To be or not to be," you didn't know yourself if you were or if you weren't. But he played it too often, and he thought he'd vary things a bit by playing "Richard III" and "Macbeth" on the Shakespeare nights. But it was too late. He knew he'd waited too long the very first night he played "Macbeth", because instead of saying "Is this a dagger I see before me?" he started off, "Is this a bodkin that I see before me?" It humiliated him, poor old chap, and he gave up tragedy and took to farce, and that killed him. Yes, it's a mistake to get into a groove.'

So one day Prince Boo Boo disappeared from the programme of Blundell's Diorama and was succeeded by Wo Ho Wo, a Chinese philsopher. The Celestial did not prove an attraction, and Wo Ho Wo soon gave place to Carlo Marsala, the boy brigand of Sicily, a part which suited Bram to perfection, so well indeed that the Sisters Garibaldi could not bear it and were only persuaded to stay on with the Diorama by turning Bram into a young Indian brave, and featuring him in a dance with his two squaws before the tableau of Niagara.

In addition to the various geographical rôles he enacted with Unwin U. Blundell, Bram learnt something about theatrical publicity, and no doubt if he had cared he might have learnt from Mona and Clara Garibaldi a good deal about love. Although their obvious inclination to make him a bone of contention did not give Bram the least pleasure or even afford him the slightest amusement, Mr Blundell, who had evidently been observing the pseudo-sisters becoming quite like real sisters in the fierceness of their growing rivalry, ventured to utter a few words of worldly admonition to the endangered swain.

'Don't think I'm trying to interfere with you, laddie. But I've had so much of that kind of thing myself, and I'd like to give you the benefit of my experience. Never try and drive women in double harness. You might as well try and drive tigers. They'll start in fighting with each other, but it's *your* head that'll get bit off – that's a cert. I wouldn't be what I am now – Unwin U. Blundell of Blundell's world-famous Diorama – if I'd have let myself go galloping after the ladies. Two whiskies, and a man's a man. Two women, and he's a miserable slave. What does Bill Shakespeare say? "Give me the man that is not passion's slave." Take it from me, laddie, if Bill said that, he meant it. He'd had some. That's what I like about the One and Only. He's had some of everything.'

Bram assured Mr Blundell that he well understood how easily a young man could make a fool of himself, and thanked him for his good advice, which he followed so well during the whole of the time he was travelling round Great Britain with the Diorama that when at the end of it he left to tread the legitimate boards he found that the Sisters Garibaldi, if not sisters to each other, were wonderful sisters to him.

'I'm sorry to lose you, Bram,' said the showman when he was told of his assistant's engagement in a melodrama called *Secrets of a Great City*. 'But I won't try and persuade you to stop. You've got the sawdust in you, laddie. You're likely to go far, if you stick to your work.'

'You've been a good friend to me, Mr Blundell,' said Bram warmly.

'No man can wish to hear sweeter words than those,' the showman replied. 'You've listened to me every night spouting on antiquities, old man. But the best antiquities in the whole blooming world are old friends.'

The Sisters Garibaldi wept; Mr Blundell blew his nose very hard; the young actor passed into another sphere of theatrical life.

During the last two years Bram had written to his grandmother from time to time, and had had from her an occasional letter in return, in which he heard no news of Lebanon House beyond an occasional assurance of its eternal sameness. However, just before he left Blundell to join the melodrama company he did receive a letter, in which her large, spidery handwriting crossed and sometimes recrossed was spread over several sheets of notepaper.

Lebanon House
Brigham,
April 20th, 1884.

Dear Bram,

I thought it might interest you to hear that your grandfather died last week. Please don't write and tell me that you are sorry, because that would not be true, and there is no need to make the death of a relation an occasion for an insincere piece of politeness. You will notice that there is no black edge to this notepaper. Remember that, when you next write to me. What is more, if there were any red ink in the house I would use it. Your brother is leaving school to take up a chair in your father's office. There will not be room on the seat of that chair for anybody else. You need not worry that anybody in this house will ever try to kill the fatted calf for you. They wouldn't give you a slice of cold mutton if you came back tomorrow. They wouldn't give you a pickled onion. So stay where you are, and write sometimes to that withered leaf.

Your loving
Grandmother.

Bram made rapid strides in his profession – too rapid really; for by the time he was twenty-three he already had a reputation in the provinces as what was, and no doubt still is, known as a utility man. Such a reputation, serviceable enough in the provinces, is likely to prove a barrier to ultimate success. Paradox though it be, the better actor all round a man is, the less likely he will ever be to achieve success in London. It is the old tale of the general practitioner and the Harley Street specialist. However, to be playing good parts at so early age was enough for Bram. He had no ambition to become famous for a novel mannerism, and he was always ready to act anything – low comedy, light comedy, heroes, villains, heavy fathers, and walking gentlemen. He was never out of an engagement, and as he would have starved rather than ask help of his relations this was his chief concern. To fame and fortune on a grand scale he did not aspire.

Chapter 7

TRUE LOVE

It was when Bram was twenty-three that he first found himself in the same company as Nancy O'Finn. She was then a tall, dark-haired girl of eighteen with misted blue lakes for eyes and cheeks rose-burnt to the sharp crimson of a daisy's petals. Her voice, with just a touch of brogue in it, had the rich tones of a violoncello; her figure was what was called fine in those days when women were not anxious to look as if a steam-roller had passed over their bodies during the night. She was with her father, Michael O'Finn, who had been supporting Mrs Hunter-Hart in heavies ever since fifteen years ago Mrs Hunter-Hart had set out to tour the provinces with a repertory of Shakespeare's comedies. Mrs Hunter-Hart was now nearly fifty – some declared she was several years over – but her Portia, her Viola, her Rosalind, her Beatrice, and her Katherina, were ageless. This admirable veteran did not fear the rivalry of youth. So here was Bram at twenty-three playing Gratiano, Sir Andrew Aguecheek, Corin, Verges, and Biondello and Nancy O'Finn at eighteen playing Nerissa, Maria, and Audrey. Indeed, most of Mrs Hunter-Hart's company, with the exception of Michael O'Finn and herself, were under thirty. Bram was enjoying himself so much that out of sheer goodwill toward life he fell deep in love with Nancy. For a while everybody in the company watched the affair sympathetically. Even Miss Hermione Duparc, the second lady, who had never understood why Mrs Hart had cast Nancy for the part of Nerissa and herself for Jessica, was heard to murmur intensely that the little affair lent quite a sparkle of romance to Spring in the Black Country, and that it was pretty to see the way those two children were enjoying themselves. However, the affair presently became serious when the young lovers announced that they were going to be married, and Michael O'Finn woke up to the fact that he was in danger of losing his only daughter.

'But, O'Finn, you've only had Nancy touring with you for a few months,' Bram protested, when the heavy father, one hand thrust deep into his buttoned frock-coat, strode up and down the unusually spacious sitting-room which he and Nancy were sharing that week in Birmingham, and proceeded to give a performance of a character that had slipped between King Lear and Shylock and fallen into melodrama.

'I had dreamed,' the old actor declaimed in a voice that rustled with Irish foliage and was at the same time fruity with pompous tragic tones, 'I had dreamed of many harpy years before us, harpy, harpy years in which I would behold my only daughter growing more like her beloved mother, whose loss has darkened the whole of my existence since I laid her to rest to wait for the last trump to ring out above the moil and toil of Newcastle-on-Tyne. Young man, you have wounded a father in his tenderest spot. You have shattered his hopes. You have torn the fibres of his heart. In my mind's eye I perceive my little daughter still clutching at the dear maternal breast, and you blast that sacred vision by proposing to commit matrimony with this tender suckling.'

'But, O'Finn, you didn't object to her acting in other companies till she was twelve years old; and for four years after that she lived with an aunt in Dublin, so that you hardly ever saw her.'

'Young man, do not taunt an unhappy parent with what he has missed. She and I were caught by the iron hand of circumstance. The practical considerations of finance ruled that we should live sundered until now; but now – now at the very moment when the clouds are breaking to a glorious day – you descend upon us like a thunderbolt out of a clear sky and propose to marry this motherless child and drench the cheeks of a stricken father with tears, idle tears.'

'But, O'Finn, Nancy isn't as young as all that,' Bram protested.

'Spare your taunts, young man. I charge you, spare them. Be content with the havoc you have wrought, but do not gloat like a vulture upon the reeking ruins.'

'Look here, O'Finn, can't we discuss this matter sensibly?'

'Sensibly?' cried the heavy father, throwing his arms up as a suppliant at the throne of Heaven. 'Sensibly? Ha ha! Tarquin's loathly form steals into my domestic hearth and ravishes my daughter's love, and I – I the broken-hearted parent – am invited by the ravisher himself to discuss the matter sensibly! Tempt me not to violence, young man. Do not tempt me, I say. For twenty years, whenever I have had occasion to visit the metropolis of the

Midlands, I have stayed in Mrs Prattman's comfortable lodgings without ever breaking so much as a humble egg-cup. Do not tempt me to bring the whole house about my ears in the wild and uncontrollable fury of despair.'

Bram began to laugh.

'He laughs! Ha ha! He laughs! He surveys the havoc he has made and laughs! A hyena wandering in a desert might abstain from laughter at such a moment, but not this young man. No, no! *He* laughs.'

'I'm really very sorry, O'Finn, but if you will go on talking like that I simply can't help laughing.'

At this moment Nancy herself entered the sitting-room.

'Hallo, boys, what's the joke? Do tell a pal,' she cried in a radiance of good-fellowship.

The heavy father sank down into one of Mrs Prattman's arm-chairs and buried his head in his knees.

'It isn't a joke at all, Nancy. It's very serious. Your father won't hear of letting us get married; he says we're too young.'

'The dear old duffer,' said Nancy. 'Why, then, we'll just have to get married without saying any more about it.'

'Never!' thundered the heavy father, springing to his feet.

'Then I'll go back to Aunt Kathleen,' Nancy vowed. 'If I'm old enough to make love on the stage, I'm old enough to make love off it.'

Michael O'Finn, having taken up this attitude in his lodgings, could not resist elaborating it before the performance in the cosy little saloon bar of the *Saracen's Head* just round the corner from the stage-door. The result was that his delivery of Jacques's great speech in the Forest of Arden lost much of its austere melancholy and most of its articles, definite and indefinite. A pronounced thickening of all the sibilants with a quantity of unnecessary tears left Jacques at the end of that strange eventful history himself in a state of mere oblivion and apparently sans teeth, sans eyes, sans taste, sans everything. When the curtain fell on the second act, Mrs Hunter-Hart, who had been watching him from the wings, invited her heavy man to step up to her dressing-room and explain what he meant by it.

'I am ecsheedingly dishtreshed, Mrs Hart, but a domeshtic mishfortune overtook me thish afternoon, and I'm afraid that I drank more than wash good for me in the *Sharashen's Head*.'

He proceeded to give Mrs Hunter-Hart an account of the shock which had led him into such unprofessional conduct.

'O'Finn, I'm astonished at you! I would not believe that a man of your age could make such an unmitigated ass of himself. Come, let me try you with your cues.

'*Even a toy in hand here, sir: nay, pray be covered.*'

'*Will you be married, motley?*' O'Finn muttered thickly.

'*As the ox hath his bow, sir,*' Mrs Hart went on, '*the horse his curb, and the falcon her bells, so hath man his desires; and as pigeons bill so wedlock would be nibbling.*'

'Yes, I perceive the point you're making, ma'am,' the old actor admitted. 'But with your permission I would . . . '

'Beginners, third act,' cried the junior member of the company, hurrying along the stone corridors past the dressing-room doors.

Perhaps if the interval had been longer Mrs Hunter-Hart might have persuaded Michael O'Finn that he was behaving unreasonably and absurdly. As it was, he recovered his sense of outraged paternity, and on the following night he worked up his feelings in the bar of the *Saracen's Head* to such a pitch that several members of the company began to think that Bram really must have been behaving rather badly with Nancy. O'Finn played Sir Toby Belch that night, and, as the *Birmingham Daily Post* said, it was probably as ripe a performance as had ever been seen on any stage.

However, what had begun not exactly in jest, but to some extent as a piece of play-acting, became serious; for Michael O'Finn, who had nearly ruined his youthful career by hard drinking, seemed inclined to revert to the wretched habit in his maturity. Bram began to feel thoroughly upset, in spite of Nancy's protestations of undying love and her promise to run away and be married to him the moment he gave the word. Mrs Hunter-Hart herself continued to be kind, and was always assuring them of her great influence over the intransigent father and of the certainty that he would soon come to his senses. The rest of the company was on the whole unfavourable to the lovers, so sad was the picture that O'Finn drew of a desolate future bereft of his only daughter and doomed for ever to tour the provinces in lonely lodgings without being allowed to buy that little cottage in the country, where with Nancy in affectionate ministration he was to rest during the rose-hung Junes of conventional idealism, and to which he was ultimately to retire on his savings for a peaceful pipe-smoking old age. As a matter of fact, Michael O'Finn had exactly two weeks' salary in his bank, barely enough to pay the lawyer for the conveyance of a two-roomed bungalow on the banks of the Thames.

A week or two later, in the middle of this situation, Bram

received a letter from his grandmother:

Lebanon House,
Brigham,
May 31st, 1889.

Dear Bram,

Your father is dead. He was humbly presenting a loyal address to the Duke of Edinburgh, and having always had, as you know, a wretched crop of hair, he caught a cold which developed into pneumonia, and that's the end of my son Joshua. I understand that Caleb is the sole heir subject to certain annuities payable to your aunts and an injunction not to let his mother starve. You are not mentioned in the will. However, since Caleb won't come of age for a month or two, the executors (neither of whom are Peculiars) think that, if you were to return home immediately, pressure could be brought to bear on your brother to come to an equitable arrangement by which, if you consented to devote yourself to the business, you should be made a partner in the firm. It lies with you, my dear boy. Is it worth while to make yourself pleasant to that sleek Jacob for the sake of perhaps a thousand pounds a year (I don't think you'd get more out of it), or would you prefer to remain poor, free, and honest? I know which I should choose if I were you. You know that I would like to see you before I die, though I'm bound to say that at the present there is no sign of my dying. More's the pity, for I am heartily sick of this life, and though I admit I am faced with the dread of another much longer one hereafter, I'm hoping that the rumour prevalent about eternity has been grossly exaggerated. I rarely leave my own room nowadays, and my eyes have been giving me a good deal of trouble, so that I find it almost impossible to read. However, luckily I have unearthed in Brigham a pleasant young woman with a respect for commas and colons who reads aloud to me in a not quite intolerable French. She winces at Zola, but then so do I, for he's such a rank bad writer. Nevertheless, I cannot resist the rascal, just as once upon a time I could never resist staring into shop windows. How your grandfather hated that habit of mine! He never knew what it might lead to. People feel the same about Zola, I suppose. Strange your father dying abruptly like this. I had figured him as a perpetual phenomenon like the smoke of the Brigham chimneys. If you do *decide to come home, you should come quickly.*

Your loving
Grandmother.

Bram contemplated the sheets of sprawling, spidery handwriting and wondered what he ought to do. His grandmother did not know what a problem she was putting before him. It was not so easy to laugh at the idea of a thousand pounds a year, now that he was engaged to Nancy. A settled prospect was likely to make her father take another view of their marriage. It would be deuced hard to eat humble pie to Caleb, but with Nancy as a reward he could achieve even that. And life in Brigham? Ugh! Well, even life in Brigham with Nancy laughing beside him would be sweeter and lovelier than life in Paradise without her.

He showed the letter to his sweetheart and asked her advice. Afterwards, he used to wonder how he could ever have doubted for a moment what her answer would be.

'Go home?' she exclaimed. 'Why, Bram darling, you must be mad to think of such a thing. What's a thousand a year compared with your self-respect?'

'I thought your father might take a more reasonable view of our marriage if I could be doing something more solid than acting in the provinces.'

'Has *he* ever done anything more solid himself? Never in his life. Well, listen to me, Bram, if you go back home and crawl to that brother of yours, I swear I'll break off our engagement. Now there it is, straight.'

'You know there's only one reason would make me go home.'

'Well, you'll have to marry a squib, my dear, for you'll certainly never marry your Nancy if you do.'

'There doesn't seem much chance of my ever marrying you as things are now,' Bram sighed.

'Will you elope? Now listen to me, I'm serious. I'm after thinking that an elopement is the only solution for us. What is it Touchstone sings to Audrey:

> *Come sweet Audrey:*
> *We must be married, or we must live in bawdry!*

At least he doesn't sing it in our version, because dear old Ma Hart is so damned genteel she wouldn't have such a sentiment uttered by a member of her pure company. But it's in Shakespeare, for I read it when I was studying the part.'

'But your father, you lunatic?'

'Och, my father! He can't drink any more than he's drinking now, and it would give him a gentlemanly excuse for getting drunk if he was to celebrate his daughter's wedding. Listen. You've enough money to buy the ring and the licence?'

'I've saved twelve pounds this tour already.'

'Next week's Leamington and Coventry, and the week after's Leicester. Let's be married in Leicester on Saturday week. That's the only way to deal with father, and indeed it's a kindness to the man, for he's getting tired of playing the ill-used father, and a little bit of geniality for a change will do him all the good in the world.'

Bram caught her to him.

'You won't regret it, Nancy?'

'Why should I regret it?'

'You shan't, you shan't, dear Nancy. Listen. I haven't said anything about this before, because I didn't want to give you the idea that I was trying to make a bargain over you. But I don't believe in mixed marriages, and I think I'd like to be a Catholic. My grandmother's a Catholic, you know, and she's the only creature in the world I really care for, except you, my sweetheart.'

'Ah, now, don't think it's so easy to become a Catholic. You'll have to have the devil's own amount of instruction first. You can be married without knowing a thing at all about it. But the priest won't baptise you so easy as he'll marry you. Conversion can wait till we have a little more time to ourselves.'

So on the sixteenth of June at Leicester Bram and Nancy were married. The ceremony achieved, they went for a long drive in a fly through the not very beautiful Leicestershire country and arrived back at Michael O'Finn's lodgings about five o'clock to announce the state of affairs at the favourable hour when he should be digesting his dinner over a cigar. It was the last evening of the tour and *Twelfth Night* was in the bill, so that, if he should go out and get drunk before the performance, he was less likely to disgrace himself as obviously as in any of his other parts.

'Well, we've done it, father,' Nancy began.

'Done what?' he demanded, crackling the leaves of *The Stage* and scowling at Bram over the top of it.

'We're married. Yes, we were married in St Aloysius' Church this morning at twelve o'clock. There nothing's to be done about it, father.'

'Nothing to be done about it?' repeated O'Finn. 'There is a very great deal to be done. Come to my arms, my beloved child. Weep upon my shoulder in the excess of your new-found happiness. Weep, I say. Spare not one single tear. Weep, weep. Young man, give me your hand. I have entrusted you with the guardianship of the being I hold most sacred of earth's creatures. Honour that trust, young man. Rejoice a father's heart by your devotion. God bless you both, my children. And now let us make arrangements to celebrate this auspicious event by supper to our friends and intimates at that best of hostelries, the old *Blue Boar*. There is not a moment to be lost. Mine host will want to make his arrangements with the authorities for an extension of the licence to some seasonable small hour that will suitably hallow the occasion. I will leave you here to bill and coo. Did you see what *The Stage* said about my Tranio this week? Read it, my boy. You'll be delighted with the way the notice is written. Judicial – very, very judicial.'

With this O'Finn, humming the Wedding March in his rich bass, left the newly wed pair to themselves.

'Well, I'm bothered,' Bram gasped. 'He's completely turned round.'

'I rather thought he would,' Nancy said. 'I've never known him refuse a fat part. He was getting tired of gloom.'

When Nancy and Bram went down to the theatre that night, O'Finn met them at the stage-door, beaming with goodwill.

'I've seen my dear old manageress. She has consented to grace the festivity in person, and the acting-manager of the theatre has insisted on our using the green-room. The supper is being sent in from the *Blue Boar*. Ham. Chicken. Lobster. All the appropriate delicacies. Several of the orchestra are coming. Very jolly fellows. We'll have some capital fiddling. My dear old pal Charlie Warburton will give us Hood's *Bridge of Sighs* and I dare say we can persuade him into *Eugene Aram* as well. I've asked Mrs Hart to recite us one of her gems. In fact, the whole crowd will oblige. We are going to make a memorable night of it. You couldn't have chose a better time to get married. We've had a splendid Whit week, and that showery Whit Monday put Mrs H.-H. in such a delightful humour. The last day of the tour. By gad, girl, I'm proud to be your poor old father. And the booking tonight is splendid, I hear. We shall have a bumper house for *Twelfth Night*.'

It was a merry evening in the old green-room of the Opera House, Leicester, now, alas! fallen from its companionable status and turned to some practical and business-like purpose. Gilded mirrors on the walls, glittering gasoliers, bright silver and shining faces, warmth and happiness of careless human beings gathered together for a few hours in fellowship – all are vanished now. Files and dockets and roll-top desks have replaced them.

There is no doubt that the central figure on that genial night was Michael O'Finn. The bride and bridegroom were teased and toasted, but the central figure was the erstwhile dejected father. How many speeches he made it would be hard to say, but he certainly made a very great many. He proposed everybody's health in turn, and when everybody's health had been proposed and drunk, he proposed corporate bodies like the theatre orchestra, the town council of Leicester, and Mrs Hunter-Hart's Shakespearean Company. And when he had exhausted the living he sought among the dead for his toasts, raising his glass to the memory of Will Shakespeare, Davy Garrick, Ned Kean, and Mrs Siddons. When the mighty dead were sufficiently extolled, he proposed abstractions like Art and Drama. His final speech, made about four o'clock in the morning, was to the memory of happy days, old friends, and jolly companions.

'Ladies and gentlemen, I am sure that you will agree with me that we have all spent a very enjoyable and – er – delightful evening. Those who have not, hold up their hands. As I suspected *nemine contradicente* carried unam. But there is one more toast to which I will invite you to raise your glasses. Ladies and gentlemen, another night of our earthly pilgrimage has waned. The sun of tomorrow already gilds the horizon, though we may still seem to be living in tonight. We have all wished long life and happiness to my beloved daughter and the excellent young man – may I add excellent young actor – who has – er – joined his future with hers; in short, who has married her. But there is yet another toast to which I must bid you raise your glasses. Ladies and gentlemen, we have reached the end of a happy tour with my dear old friend and manageress Mrs Hunter-Hart. Some of us will meet again under her banner in the last week of July on the sunny South Coast; others will not. We shall probably never find ourselves all together at the same festive board. Let me beg you therefore to drink all together, for perhaps the last time in this mortal life, to the toast of happy days and sweet memories, old friends and jolly companions. Ladies and gentlemen, I confess without shame that a tear-drop lurking in the corner of my eyes has coursed down my cheek and alighted upon the lapel of my coat as I give you this solemn toast. Happy memories! What a world of beautiful images those two words conjure up! I see again the little cradle in which my mother rocked me to sleep. I kneel once more by her knees to say my childish prayers. Anon I am a happy urchin tripping and gambolling down the lane to the village school. Anon I stand before the altar with my dearly beloved and, alas! now for ever absent wife beside me. I hear once more the vociferous plaudits of the crowded pit as I cry to Macbeth, "Turn, hell-hound, turn." I live again through the delightful moments of first meeting my dear old friend and manageress Emmeline Hunter-Hart, who has upheld the banner of the legitimate drama against odds, ladies and gentlemen, odds, fearful, tremendous, overwhelming odds. She has seen on all sides the hosts of evil in the shape of these vile continental plays that have degraded, are degrading, and will continue to degrade the sacred fane of Thespis. Happy memories, ladies and gentlemen! And surely I may ask you to count this night as one of your happiest memories. To the young people who this morning resolved to face the storms of life together, surely this night will be a happy memory. Happy memories and – let us not forget them – old friends, for are not all our happiest memories bound up with old friends? Ladies and gentlemen, I give you the double toast to which I hope you will accord full musical honours by joining with me in singing friendship's national anthem, the moving song of the immortal Robbie Burns, *Should Auld Acquaintance be Forgot.*'

The party broke up. The footsteps of the company died away along the cobbled streets of Leicester. The night became a happy memory. The bride and bridegroom went dreaming homeward, life before them, the dewy freshness of June around them, and overhead the faded azure of the empty morning sky.

Chapter 8

ROGUES AND VAGABONDS

THE first thing that Bram and Nancy vowed to each other was that they would never accept anything but a joint engagement. It sounded so easy at first, but during the next four years many anxious moments were caused by that rose-flushed resolution of early married life. However, they did manage it, and not only that, but they managed somehow to take with them on tour the baby girl who was born on the sixteenth of July, just a year and a month after they were married.

Letizia was born in a tiny cottage buried among the cherry

orchards of Kent. The original Letizia's letter on being informed of the proposed tribute to herself was characteristic:

Lebanon House,
Brigham,
July 20th, 1890.

Dear Bram,

Why you should burden your wretched infant with the name that nearly eighty years ago was so unsuitably bestowed upon her great-grandmother I cannot imagine. I hope that the challenge you offer to Fate by calling any child Gladness will not be vented on her head.

Lying here in bed, for I am become a bedridden old bag of bones, I look back at my wasted life and wonder why it should be prolonged in this unreasonable manner. Letizia! Did either of you young people realise that Letizia means gladness? However, as you insist on an exchange of compliments between this poor infant and myself, why, let your wife kiss her with her own fresh lips and tell her that once the lips of another Letizia were as fresh. I have just picked up the mirror and looked at myself. When I die, ah, mon dieu when when . . . let me be crumpled up and flung into the nearest waste-paper basket.

Your affectionate ancestor
Letizia the First.

By the way, I don't think I've written since Master Caleb celebrated his coming of age by sacking all of the older workmen in the factory three months after they presented him with a token of esteem and respect. I understand they were informed that he only took this step, for their own good, because he was afraid that they were getting too old for the dangerous trade of making rockets! The Peculiars made an attempt to recapture him from the Church of England (in which your father had recently invested) by offering him a vacant apostolic seat. Caleb replied that he could not see his way to occupy such a position satisfactorily. True enough, for his behind has swollen like a pumpkin in the sun. The pleasant-faced young woman who reads aloud to me is a most capable gossip. I am getting a new insight into local affairs.

Nancy wished that she could meet this strange old woman whose fierce blood ran in the veins of the raspberry-coloured monkey at her breast that was growing daily so much more like a human being. But she and Bram agreed that it would be foolish to involve themselves in the domesticity either of his family or of hers. They must only have one aim, and that must be the joint engagement.

'Once we separate, things will never be the same again,' Nancy said.

'Oh, don't I know it, dearest! But we won't separate.'

Nor did they. Difficult though it was sometimes, they did always manage to keep together, those rogues and vagabonds, and what is more they did manage to keep Letizia with them.

'I wonder you don't let your little girl stay with some relation while you're on tour,' a jealous mother would observe.

'I like to have her with me during these first years. Time enough to lose her when she goes to school,' Nancy would reply.

'But surely the continual change and travelling cannot be good for so young a child?' the critic vould insist.

'I think change of air is good foı everything,' Nancy would reply firmly.

So, up and down the length of England, in and out of Wales, across to Ireland, and over the border to Scotland, for the next four years Bram and Nancy wandered. In every new company the first thing they pitched was Letizia's canvas travelling-cot, with its long poles and short poles and cross-pieces and canopy, which all fitted ingeniously together, until the final business of lacing up the back like a pair of stays was finished and Letizia was tucked away inside. Always the same luggage – the tin bath packed so full of Nancy's clothes that it was a great struggle to fasten it – Bram's second-hand portmanteau with its flap like an elephant's ear and bulging middle – the trim wicker luncheon-basket, and big wicker theatrical-basket smelling of grease paint and American cloth and old wigs. Endless journeys on Sundays in trains without corridors, and on some lines still lighted with oil-lamps, so that the baby Letizia, lying on the horse-hair cushions of the railway-carriage, would drop asleep to the rhythmic movement of the oil swaying to and fro in the glass container. Long waits at stations like York and Crewe, where the only Sabbath traffic in those days seemed to be touring companies and all the compartments in all the trains were labelled 'Engaged'. Long waits while stout men with red noses and blue chins greeted old pals and ran up and down the length of the train, and cracked jokes over flasks of whisky or brandy. Long waits in big, smoky junctions, sometimes catching sight of the *Dorothy* Company with its pack of hounds – to the great excitement and joy of Letizia, who would be held up to admire the barking of the bow-wows. Late arrivals in smoky northern towns when the only fly at the station would be collared by the manager and the humbler members of the company would have to shoulder their light luggage and walk to their lodgings. Late arrivals in snowstorm and rainstorm, in fog and frost, when the letter ordering the meal had miscarried and the landlady was a gaunt stranger who thoroughly enjoyed telling the weary vagabonds that, not having heard from them, she had *not* lighted the fire in the sitting-room. Late arrivals when the landlady was an old friend and came down the steps to embrace both her lodgers and lead them into a toasting, glowing room with the table laid and a smell of soup being wafted along the little passage from the kitchen. Early morning starts when every lady in Nancy's carriage wanted a different corner and signified her choice with an exaggerated and liverish politeness. Early morning starts when some familiar little thing was left behind and the next lodgings did not look like home until the missing article was forwarded on from the last town. Every week a new town, and sometimes two or three small towns in one week. Every Monday morning at eleven a music call, and after that a walk round the new town to discover the best and cheapest shops. Every day dinner at three o'clock and tea at six. Every evening Letizia left to the guardianship of the landlady while Bram and Nancy set out arm-in-arm to the theatre. Every night except Sunday the swing of a dingy door and the immemorial smell of the theatre within. Our modern young actors and actresses do not know that smell. It vanished in its perfection when electric light took the place of gas, and unretentive, encaustic tiles lined the corridors instead of bare stone or whitewashed bricks. It requires something more than the warmth of hot-water pipes to ripen and conserve that smell. It may have lost some of its quintessential peculiarity when gas supplemented candles; but those gas-jets covered with wire guards, on which the ladies and gentlemen of visiting companies were requested by the management not to boil kettles, must have added a beautiful richness of their own.

Thou glorious ancient smell of the theatre, thou sublime potpourri of grease-paint, wig-paste, vaseline, powder, perspiration, old clothes, oranges, tobacco, gas, drains, hair, whitewash, hot metal, and dusty canvas, where mayst thou still be savoured instead of that dull odour of Condy's Fluid and fire extinguishers which faintly repel us as we pass through the stage-doors of our contemporary palaces of amusement?

Our particular vagabonds found it easier to obtain joint engagements in musical shows. Nancy's contralto voice, untrained though it was, grew better and better each year, and Bram had developed into a capital comedian. In the third and fourth winters after they were married they played together in pantomime, and for the Christmas season of 1894 they were engaged at the Theatre Royal, Greenwich – Bram as Idle Jack in *Dick Whittington* and Clown in the Harlequinade, Nancy as Fairy Queen and Columbine. It was a pity that by now the Harlequinade was already a moribund form of entertainment, for Bram had a genuine talent for getting that fantastic street-life over the footlights. One may be allowed a fleeting suspicion that the English stage has lost more than it has gained by its banishment of the clown from its boards. The French, who are dramatically so much superior, have preserved their clowns.

Bram and Nancy found exceptionally pleasant lodgings in Greenwich. Starboard Alley was a row of diminutive Georgian houses running down to the river and overlooking at the back the grounds of the Trinity Hospital. The bow windows, which gave just such a peep of the wide Thames as one may get of the sea itself in little streets that lead down to ancient harbours, had no more than a genteel and unobtrusive curve; it was the very place in which an outward-bound mariner would have felt safe in leaving his wife to wait for his return. Starboard Alley was too narrow for vehicles, so that there was never any sound there but of the footsteps of people walking past on their way to stroll along the embankment above the river – a pleasant place that embankment, even in this cold December weather, with the sea-gulls wheeling and screaming overhead and the great ships coming home on the tide, coming home for Christmas on the flowing tide. Not only was the house in Starboard Alley itself attractive, but Mrs Pottage, the landlady, was as much a feature of it as the bow window, though, to say truth, she had a more obtrusive curve. She was a widow of forty years' standing, her husband, a gunner in one of Her Majesty's ships, having been killed off Sebastopol; but she was still comely with her fresh complexion and twinkling eyes, and her heart was young.

'I was hardly eighteen at the time my poor husband vanished out of this world,' she told her lodgers, 'and the offers of marriage I've had since – well, I assure you the men have always been round me like flies after sugar. But I've never melted like sugar does in the heat. I said "no" to the first in 1855 within four months of my pore William's death – well, it was death and burial all in one as you might say, because he'd been talking to his mate as cheerful as a goldfinch the moment before and the next moment there was nothing of him left. It was his mate I said "no" to, four months later, when he was invalided home with a wooden leg. He was the first; and I said "no" to the last only yesterday afternoon just before tea – a Mr Hopkins he is, a ship's chandler in a small style of business with a head like the dome of the Observatory, but no more in it than an empty eggshell. Oh, I ashore you I gave him a very firm "no", and he went back to his chandling as dumb as a doornail. Yes, you might really call it quite a hobby of mine refusing eligibles. I used to put the dates down in the butcher's book or the baker's book as the case might be, but I got charged for them one year as extra loaves, and ever since then I've kept the dates in my head. Off to rehearsal now, are you? Well, fancy them having a rehearsal on Christmas Eve! I call that making a great demand on anybody's good-nature. In fact, if anybody didn't mind being a bit vulgar, it's what they might call blooming sauce. And you'll leave your little girl with me? What's her name, Letishyer? Said with a sneeze, I suppose? Never mind, I'll enjoy myself her hanging on to my skirts. I never had no children myself. Well, I was just getting over the first shyness and beginning to enjoy married life when all of a sudden that Crimeen war broke out and my poor William had to leave me. Well, it was a mean crime, and no mistake. Got to start off to the theatre now? Wrap yourselves up well, for it's biting cold tonight. It's my opinion we're in for a real old-fashioned Christmas. Good job, too, I say, the size women are wearing their sleeves nowadays. Balloon sleeves they call them. Balloonatic sleeves I should say. Well, toora-looral! I'll pop your little girl into her cot and have the kettle on the boil for you when you come back. Ugh! What a perishing evening!'

The vagabonds arm-in-arm set out toward the theatre, the north wind blowing fiercely up Starboard Alley across the Thames from Barking Flats – a searching wind, fierce and bitter.

The *Dick Whittington* Company had been rehearsing hard during the previous week, and now two days before the production on Boxing Day it was seeming incredible that the management would ever have the impudence to demand the public's money to see such a hopelessly inadequate performance.

'We've been in some bad shows, my dear,' Bram said to Nancy on their way to the theatre, 'but I think this is the worst.'

'I'm too tired to know anything about it. But your songs will go all right, I'm sure.'

He shook his head doubtfully.

'Yes, but that fellow Sturt who plays the Dame is a naughty actor. He really is dire. I simply cannot get him to work in with me. That's the worst of taking a fellow from the Halls. He hasn't an elementary notion how to help other people. He can't see that it takes two people to make a scene funny.'

'Never mind,' said Nancy, yawning. 'It'll all be splendid, I expect, on Wednesday. Oh, dear, I am tired. They've given you a good trap-act in the Harlequinade.'

'Yes, it's all right. But one trap-act is exactly like another. There's no scope for originality. He stopped short and struck his forehead. 'Great Scott!'

'What is the matter?'

'We haven't got anything for Letizia's stocking?'

'Bram!'

'What time were we called again?'

'Six o'clock.'

'Look here,' he said, 'you go round and collect some toys from a toyshop. I'll make an excuse to Worsley if by any chance he wants the Fairy Queen at the beginning. But he won't. He wants to get the shipwreck right. We shall probably be on that till nearly midnight.'

So Nancy left Bram at the stage-door and went on to do her shopping. The streets were crowded with people, and in spite of the cold wind everybody was looking cheerful. The shops, too, with their brightly lit windows all decorated with frosted cotton-wool and holly, exhaled that authentic Christmas glow which touches all but hearts too long barren and heads too long empty. The man who sneers at Christmas is fair game for the Father of Lies.

Nancy revelled in the atmosphere, and for a while she allowed herself to drift with the throng – hearing in a dream the shrill, excited cries of the children, the noise of toy instruments, the shouts, of the salesmen offering turkeys and geese; smelling in a dream that peculiar odour of hung poultry mixed with crystallised fruit, oranges, and sawdust; and perceiving in a dream the accumulated emotion of people who were all thinking what they could buy for others, that strange and stirring emotion which long ago shepherds personified as a troop of angels crying 'Peace to men of goodwill.' She felt that she could have wandered happily along like this for hours, and she was filled with joy to think that in a short while she should be welcomed by some of these children as the Spirit of

Good. The part of the Fairy Queen had never hitherto appealed to her; but now suddenly she was seized with a longing to wave her silver wand and vanquish the Demon King. She passed four ragged children who were staring at a heap of vivid sweets on the other side of a plate-glass window. She went into the shop and bought a bagful for each. It was wonderful to pass on and leave them standing there on the pavement in a rapture of slow degustation. But her time could not be spent in abandoning herself to these sudden impulses of sentimental self-indulgence. She entered a bazaar and filled her bag with small toys for Letizia's stocking – a woolly lamb, a monkey-on-a-stick, a tin trumpet, a part-coloured ball – all the time-honoured cargo of Santa Claus. She had already bought a case of pipes for Bram's Christmas present. But now she was filled with ambition to give him some specially chosen gift that would commemorate this cold Greenwich Yuletide. What should it be? She longed to find something that would prove to him more intimately than words all that he had meant to her these years of their married life, all that he would mean to her on and on through the years to come. Bram was such a dear. He worked so hard. He was never jealous. He had nothing of the actor's vanity, and all the actor's good-nature. What present would express what she felt about his dearness? Ash-trays, cigarette-holders, walking-sticks, what availed they to tell him how deep was her love? Pocket-books, card-cases, blotters, what eloquence did they possess? Then she saw on the counter a little silver key.

'Is this the key of anything?' she asked the shopman.

'No, miss, that is what they call a charm. We have a large assortment this season. This silver puppy-dog, for instance. You'd really be surprised to know what a quantity of these silver puppy-dogs we've sold. They're worn on bracelets or watch-chains. Quite the go, miss, I can assure you.'

'No, I like this key better. Could you let me have a box for it?'

'Certainly, miss.'

'And I want to write something on a card and put it inside, if you'd kindly seal it for me.'

'With pleasure, miss.'

Nancy leant over the counter and wrote, with a blush for her folly: *This is the key of my heart. Keep it always, my darling.*

The key and the card were put inside the box; and she hurried off to the theatre, laughing to herself in an absurdly delicious excitement at the thought of hiding it under Bram's pillow tonight.

The dress rehearsal was not over till three o'clock on Christmas morning. The ladies and gentlemen of the company were all so tired when at last they were dismissed that when they came out of the theatre and found Greenwich white and silent under a heavy fall of snow, not even the comedians had any energy to be funny with snowballs.

'What time's the call tomorrow, dear?' one of the chorus called back to a friend in a weary voice.

'There's no call tomorrow, duck. It's Christmas Day.'

'Gard, so it is!'

'Don't forget the curtain goes up for the matinée on Boxing Day at half-past one, dear.'

'Right-o!'

'Queenie's got her boy staying at the *Ship*' the chorus girl explained to Nancy. 'And she's the limit for forgetting everything when he's about. She's potty on him. Merry Christmas, Miss O'Finn.'

'Merry Christmas to you.'

All the way back up the court, at the end of which was the stage-door, the Christmas greetings of one to another floated thinly along the snowy air.

'A merry Christmas! A merry Christmas!'

Bram took Nancy's arm, and they hurried away back as fast as they could to Starboard Alley, where they found Letizia safe in her cot, one of Mrs Pottage's stockings hanging like a coal-sack over the foot of it.

'You never told me which stocking to put out,' said the landlady. 'So I hung up one of my own. O course, I hung up one of hers as well, pore mite, but hers wouldn't hold more than a couple of acid-drops. Mine is a *little* more convenient.'

'How kind of you to sit up for us, Mrs Pottage,' the two vagabonds exclaimed.

'Oh, I've been thinking over old times. You know: on and off the doze, as you might say. My friend Mrs Bugbird didn't hop it till past midnight. She generally comes in for a chat of a Monday evening, and being Christmas Eve she stayed on a bit extra. She's a real comic, is Mrs Bugbird; but she had to be a bit careful how she laughed tonight, because last week she ricked the plate of her teeth laughing over a story I told her. Yes, the soup's lovely and hot. But I did let the fire out in your sitting-room. So if you wouldn't mind coming into my kitchen . . . '

'Was Letizia good?' the mother asked.

'She hasn't moved an inch not since I put her to bye-bye. I've popped up to look at her several times. In fact, Mrs Bugbird and me both popped up, and Mrs B. said a more sweetly pretty infant she never did wish to see. "Well," I said, "Mrs Bugbird," I said, "that's something for you to say with the fourteen you've had." Fancy fourteen! Tut-tut-tut! Still, if I'd accepted half my proposals I'd have had more like forty by now.'

A canary stirred upon his perch and chirped.

'Hear that?' said Mrs Pottage. 'That blessed bird understands every word I say. Don't you, my beauty? Now, come along, drink up your soup, and do eat a little bit of the nice cold supper I've put out for you.'

While her lodgers were enjoying the cold roast beef, Mrs Pottage examined the purchases made for Letizia's stocking.

'Oh, dear, how they do get things up nowadays!' she exclaimed, holding at admiring arm's length the monkey-on-a-stick. 'Lifelike, isn't it? You'll want an orange and an apple, don't forget. And I wouldn't put in too many lollipops if I was you, or she won't be able to eat any turkey. I got you a lovely little turkey. Nine pounds. Well, you don't want to sit down to an elephant. I remember one Christmas I invited my sister to come up from Essex, and I thought she'd appreciate some turkey, so I told the poulterer to send in a really dainty little one. Well, by mistake his boy brought round one that weighed thirty-two pounds and had won the prize for the biggest turkey in Greenwich that year. In fact, it come round to me with a red and white rosette stuck in its how-d'ye-do as big as a sunflower. Well, it didn't arrive till past eleven o'clock on Christmas Eve, and I was down at the *Nelson's Head* with my sister till closing time, and there it was waiting for us when we got back, tied on to the knocker. It gave me a bit of a start, because I'd had one or two for old sake's sake, and I thought for the minute some pore fellow had gone and suicided himself on my front door. Well, there was nothing to be done but cook it, and my sister's a small made woman, and when we sat down to dinner with that turkey between us she might have been sitting one side of St Paul's and me the other. I give you my word that turkey lasted me for weeks. Well, the wish-bone was as big as a church window, and I could have hung my washing out on the drumsticks. It *was* a bird. Oh, dear, oh, dear! Well, I know when I threw the head out to the cat the pore beast had convulsions in the backyard, and as for the parson's nose, well, as I said to my sister, the parson as had a nose like that must have been a Jewish Rabbit. What a set-out it was, to be sure! And my turkey which I ought to have had was sent up to a large family gathering in the Shooter's Hill Road, and half the party never tasted turkey at all that Christmas.'

Mrs Pottage continued in a strain of jovial reminiscence until her lodgers had finished supper, after which she wanted to accompany them upstairs to their room that she might help in the filling of Letizia's stocking.

'The fact is,' she whispered hoarsely, 'I put that stocking of mine out, because I'd bought a few odds and ends for her myself.' She dived into the pockets of her voluminous skirt. 'Here we are, a bouncing dog with a chube at the end of it to squeeze. She can't swallow it unless she swallows the dog too, and I don't think she'll do that. The *Story of the Three Bears* warranted untearable, which it isn't, for I tore up two in the shop with my own hands just to show the young man he didn't know what he was talking about. A toy violing. She won't be able to play on it, but the varnish won't hurt her. A drum – well, it was really that drum which decided me to use one of my own stockings. My calves have grown whopping. In fact, I've often said jokingly to Mrs Bugbird that I ought to call them cows nowadays. That's the lot, I think. Well, I shan't wake you in the morning till you ring. Just one tinkle will be enough. There's no need to turn it round as if you was playing a barrel organ, which is what the fellow who played the villain in *His Life for Her* did last November. He wound up all the wire somewhere inside the wall. A nice set-out we had, and then he grumbled because I charged him in the bill for the work the plumber did to get it right again. Well, good night, and a merry Christmas.'

When the sound of Mrs Pottage's hoarse whispering had departed, the little candle-lit room glowed in the solemn hush of the great white world, of which it seemed to be the warm and beating heart. Mother and father bent low over the cot and listened to the faint breathing of Letizia, watching lovingly those dark tangled curls and rose-red cheeks. The father bent lower to touch them with his lips.

'No, no, don't kiss her, boy,' said the mother. 'You might wake her, and she'll be having such an exciting day tomorrow.'

Nancy blew out the candle on the table by the bed, and slipped her silver key beneath Bram's pillow. A shaft of moonlight pierced the drawn curtains and struck the canopy of Letizia's cot. The radiance vanished as gathering snow-clouds obscured the face of the moon. Nancy fell asleep to the sound of Bram's watch carrying on a fairy conversation amid the echoes of Mrs Pottage's absurd stories.

Chapter 9

A MERRY CHRISTMAS

THE snowy air had painted the ceiling of the room a lurid grey when Letizia woke her father and mother next morning. She was standing up in her cot, holding the foot-rails of the big bed with one hand and waving the toy dog in the other.

'Look, muvver, look at my dog! I've got a dog, muvver! Look, faver, I've got a dog! Look, I say! Look, look!'

Her parents had just focused their sleepy eyes on the dog when it was flung on the floor, and the monkey was being waved in its place.

'Look muvver, I've got a monkey! And he's climbing up and down. Look, faver, look at my monkey. Oh, do look!'

The monkey's triumph was brief, his degradation swift. The fickle mob had found another favourite.

'Oh, muvver, look at my baa-lamb. I've got a little baa-lamb, faver. Look at my pretty little woolly baa-lamb, faver,' she shouted imperiously.

But the lamb immediately followed his colleagues to the floor.

'And I've got a rub-a-dub-dub and a wheedle-wheedle and an apple and an orange. And I saw Santy Claus come down the chiminy, and he had a most anormous beard you ever saw and he said "How d'ye do, Tizia, will you give me a nice kiss?" And I said "Yes", and he gived me a kiss, and he put fousands and fousands of lovely fings into my stocking. Wasn't Mrs Porridge kind to give me her stocking because it was so anormous? And please can I come and get into bed with you and bring my trumpet?'

'Come along, darling,' invited Nancy, holding out her arms.

Letizia climbed very cautiously out of her cot and was lifted up on the bed and deposited between her father and mother, where she sat and blew her trumpet without a stop until her father picked up his pillow and pretended to smother her.

'Hallo!' Bram exclaimed, looking at the little box which was thus uncovered. 'Here's something of mother's under father's pillow.'

Nancy smiled and shook her head.

'No, boy, that's yours.'

Bram smiled and shook *his* head.

'No, it's yours. I put it under your pillow last night.'

'But, Bram, I put it under yours.'

By this time Letizia had disentangled herself from the pillow and was sounding another tucket, so that she had to be smothered all over again with Nancy's pillow. And there was revealed another little box exactly like the first.

'Open it, muvver. Oh, do open it?' Letizia urged. 'Perhaps there's choc-chocs inside.'

'Strange,' Bram exclaimed. 'What's inside mine, I wonder?'

Nancy and he opened the two boxes. In each one was a silver key.

'Bram!'

'Nancy!'

'*This is the key of my heart. Keep it always, my darling*' he read in an awed voice.

'*With this key you unlocked my heart*' she read in equal awe.

They wished each other a merry Christmas, and with their eyes they vowed eternal love, those unlocked hearts too full for words, while Letizia blew such a resounding alarum on her trumpet that she fetched up Mrs Pottage.

'Well now, fancy that! I heard her right downstairs in the kitchen. Well, it's real Christmas weather, and no mistake. Good morning, my beauty, and how are you?'

This to Letizia.

'Mrs Porridge, Santy Claus brought me a dog and a lamb and a monkey and a rub-a-dub-dub and a wheedle-wheedle and a trumpet and a book and an orange and an apple and some sweeties and fousands of fings. And he came down the chiminy, and I wasn't a bit frightened.'

Mrs Pottage shook her head in delighted admiration.

'Did he come down head first or feet first?'

'Bofe,' Letizia declared, after a moment's pause.

'You can't catch her out, can you? Why, she's as cunning as King Pharaoh,' Mrs Pottage chuckled, and with this she departed to fetch the morning tea.

Nancy was suddenly seized with a desire to go to Mass and take Letizia.

'I'll come too,' Bram volunteered. 'Now, don't discourage me.'

It was true that Nancy always was inclined to discourage him from taking an interest in her religion. Not that she took such a very profound interest in it herself, to tell the truth. But she had a dread of people's saying that she had forced her husband to become a Catholic. He did at intervals bring up the subject of being received; but there never seemed to be time to take any steps in the matter when they were on tour, and when they were resting it seemed a pity to worry their heads about religion. However, that morning Nancy did not discourage Bram from accompanying her and Letizia to Mass.

Letizia was very full of her visit to the Crib, when she saw Mrs Pottage again.

'And I saw the baby Jesus in his nightygown, Mrs Porridge.'

'You did?'

'Yes, and He was lying on His back and kicking His legs up in the air ever so high. And there was a moo-cow smelling Him.'

'No, darling,' her mother interrupted, 'the moo-cow was praying to Him.'

'Well, he was smelling Him too.'

'You'd have to start walking the week before last to get in front of her,' said Mrs Pottage.

There was a letter from Nancy's father to greet with seasonable wishes her and hers, and as a kind of Christmas present there was an extra flourish to his already florid signature. He had been engaged to play Sir Lucius O'Trigger in a production of *The Rivals* at a West End theatre, and he felt sure that this meant finally abandoning the provinces for London. There was, too, a letter from old Mrs Fuller written by her companion.

Lebanon House,
Brigham,
Dec. 23, '94.

Dear Bram,

I can no longer hold a pen even to wish you a merry Christmas and a fortunate New Year, and as much to your Nancy and that unhappily named Letizia. Although I am indecently old – eighty-two – I ought still to be able to write, but I've had a slight stroke and I who once died to live now only live to die.

Your loving
Grandmother.

Besides these two letters there were a few cards from friends, but not many, for it is difficult to keep up with people's whereabouts on tour.

The Christmas dinner was entirely a small family affair, but only the more intensely enjoyed for that very reason. Mrs Pottage was invited in to desert, and Mrs Pottage's assistant, a crippled girl, who was imported to help in the household work on occasions of ceremony. Quite what help Agatha Wilkinson was no one ever discovered, for she could only move with extreme slowness and difficulty on a pair of crutches. Perhaps her utility lay in being able to sit quietly in a corner of the kitchen and listen to Mrs Pottage's conversation, which increased in volubility the more she had to do. There was a pineapple on the table, a slice of which the landlady emphatically declined.

'No, thanks, not for me. That's a thing I only eat from the tin. Raw, I'd sooner eat a pinecomb any day. Would you like to try a slice, Aggie?'

Agatha was too shy to refuse when Bram put a slice on her plate, and Mrs Pottage watched with obvious gratification her fearful attempts to manipulate it.

'Ah, I thought she wouldn't like it. You needn't eat any more, Aggie, if it puts your teeth on the edge. Yes, it's my opinion if pineapples cost twopence apiece instead of ten shillings people might buy a few just to throw at strange cats. To scrape your boots on? Yes. To eat? No. That's my opinion about pineapples.'

In the evening, when Letizia had been put to bed after a number of uproarious games in which Bram had surpassed even his own wonderful record as an animal impersonator, Mrs Pottage came in as magnificent as a queen-dowager in black satin to ask if her lodgers would give her the pleasure of their company in the parlour.

'I've got a few friends coming in to celebrate Christmas. Mrs Bugbird's here, and two of my unintendeds – Mr Hopkins, the chandler – well, I thought I'd ask him, though he's no more addition to anything than a nought, which is what he looks like – and then there's Mr Watcher. Yes, Watcher's a good name for him, for he watches me like a dog watches a bone. He and Mr Hopkins can't bear the sight of one another. Well, I dare say there's a bit of jealousy in it, if it comes to that, just because I happened to refuse him before I refused Hopkins. His business is coal. Sells it, I mean. I don't think even Watcher would have had the nerve to propose to me if he'd have actually been a coalman. Oh, dear, oh, dear, who does marry coalmen, that's what I ask myself? Or sweeps if it comes to that? And then there's Mr and Mrs Breadcutt, who's an inspector of nuisances for the London County Council. So, if you'll come in and join us, we shall be a very nice, merry little party.'

Though they were feeling rather tired, Bram and Nancy accepted the invitation, because Mrs Pottage had been so kind to them, and they knew she would be terribly disappointed if they refused. However, they stipulated that she must not persuade them to stay very late on account of the matinée, to which they reminded her she had promised to take Letizia tomorrow.

'Oh, I hadn't forgotten. In fact, I thoroughly enjoy a good pantomime. It's a pity Mrs Bugbird's got to go and see her relations over in Putney, because that woman so loves a bit of fun and always laughs so hearty that she'd make any panto a success just by being there.'

Mrs Bugbird, who was in the parlour when Bram and Nancy walked downstairs, was built on an altogether larger scale than Mrs Pottage. The latter was plump and for her age still remarkably buxom; but she was not noticeably too fat. On the other hand, Mrs Bugbird's immense face crowned a really massive campanulate base. When she laughed, which was practically all the time, her little eyes kept bubbling up out of her cheeks and then apparently bursting as they were once more swallowed up by the rolls of fat. This likeness to bursting bubbles was accentuated by the drops of moisture that during her spasms of mirth kept trickling down Mrs Bugbird's cheeks, so that she had from time to time to wipe them away with an extensive red silk handkerchief on which was printed in bright yellow a view of the Pool of London.

A feature of Mrs Pottage's best parlour was one of those Victorian triple chairs, two of which were occupied by Mr Hopkins and Mr Watcher. This meant that they were practically sitting back to back, an attitude which did nothing to allay the rumour of their mutual lack of esteem. Sitting thus, with their polished bald heads, they looked like two boiled eggs in a china stand. No doubt Mrs Bugbird had perceived this ridiculous resemblance, for every time she threw a glance in the direction of the two rivals her eyes bubbled in and out with the rapidity of soda-water. The outward appearance of Mr Breadcutt, the inspector of nuisances, bore no signs of his profession; indeed, he looked as tolerant and as genial a man as one might expect to meet in a month. Perhaps the nuisances were ferreted out by Mrs Breadcutt, an angular woman with a pair of intelligent pink-rimmed eyes, who sat up on the edge of her chair like an attentive bull-terrier. The party was completed by Agatha Wilkinson.

'Well, now we're all here, what game shall we play?' Mrs Pottage asked expansively.

'Kiss in the ring,' Mr Breadcutt suggested without a moment's hesitation. Whereupon Mr Hopkins and Mr Watcher both scowled, the one at the ceiling, the other at the floor, while Mrs Bugbird rocked backward and forward in a convulsion of irrepressible mirth.

'George,' said Mrs Breadcutt sharply.

'Yes, my dear?'

'Behave yourself, even if it is Christmas. You ought to know better at your age than suggest such a game in a little room like this.'

'That's just why I did suggest it,' Mr Breadcutt retorted. 'I'd have a chance of catching Mrs Pottage and helping myself to a good one.'

Mr Hopkins and Mr Watcher turned simultaneously at this outrageous admission to glare at the inspector of nuisances. Unfortunately, Mr Hopkins turned his head to the left and Mr Watcher turned his head to the right, so that their eyes met, and instead of glaring at Mr Breadcutt they glared at each other.

'Well, I'm going to call on Mr Fuller for a song,' said Mrs Pottage. She apologised later for thus dragging him into a performance on his night off. 'But really,' she said, 'I thought Hopkins and Watcher was going to fly at one another. They looked like a couple of boxing kangaroos.'

Bram obliged the flattered company with two or three songs, which Nancy accompanied on the ancient piano, for the noise of which the hostess apologised.

'More like teeth clicking than music, isn't it? Well, it hasn't really been used since the year dot except for a bookcase. It belonged to my dear old dad, and he only bought it to cover up a spot in the wall where the roof leaked. He couldn't bear music, the dear old man. When he was over seventy he nearly got fined for squirting a syringe full of the stuff he washed his greenhouse with into the big end of a cornet and which a blind man was playing outside his house. Of course, as he explained, he wasn't to know the pore fellow was blind, or he'd have spoke before he spouted. But *I'm* very fond of music, I am.'

And to prove her sincerity Mrs Pottage sang *Two Lovely Black Eyes*, a performance which so utterly convulsed Mrs Bugbird that she fell off her chair, and sat undulating on the floor for nearly five minutes, until the united efforts of the male guests got her back again, when, in order to deal with the moisture induced by such excess of mirth, she had to produce her reserve handkerchief, on which was printed a gruesome picture of the execution of Mr and Mrs Manning.

Then Nancy sang to Bram's accompaniment, after which Bram gave imitations of familiar animals to the intense pleasure of Mr Breadcutt, who slapped his leg and declared he was a blooming marvel.

'George!' snapped his wife.

'Yes, my dear?'

'Don't swear!'

'Blooming isn't swearing.'

'It's as near as not to be worth an argument,' she said severely.

This caused Mr Breadcutt to wink at Mr Watcher, who thought he was winking at Mrs Pottage and did not respond.

Then Mr Hopkins tried to remember for the benefit of the company what he assured everybody was a capital game that he often used to play at social gatherings twenty years ago.

'We all sit round in a circle,' he began in a doleful voice. 'Wait a minute, what do you do next? Oh, yes,' he went on, as soon as he was sure that Mr Watcher had been successfully isolated from Mrs Pottage. 'Now we all join hands.' Perhaps the emotion of finding her plump hand firmly imprisoned in his own was too much for the ship's chandler, for he could not remember what was the next move. 'Wait a minute,' he implored, holding Mrs Pottage's hand tighter than ever. 'Don't move, and I'll remember in a jiffy. Oh, yes, I've got it! I knew I would! Somebody has to be in the middle of the circle. Mr Watcher, perhaps you'd stand in the middle, will you?'

'Hadn't you better stand in the middle yourself?' the coal-merchant replied. 'You thought of this game. We aren't guilty.'

'Don't be so gruff, Watcher,' said Mrs Pottage sternly. 'You've been sitting like a skelington at the feast ever since you arrived. Wake up and be a man, do.'

Thus adjured Mr Watcher unwillingly stood up in the middle of the circle.

'What's he do now, Hopkins?' Mrs Pottage asked.

'I'm trying to remember. Oh yes, of course, I know. I know. I know! He's blindfolded,' Mr Hopkins exclaimed in a tone as near to being cock-a-whoop as his low-pitched funereal voice could achieve.

'Mrs B., you've got a nice big handkerchief. Tie Watcher up, there's a good soul,' the hostess ordered.

Mrs Bugbird in a gurgle of suppressed laughter muffled the coal-merchant's disagreeable countenance with her reserve handkerchief, from which his bald head emerged like one of those costly Easter eggs that repose on silk in the centre of confectioners' shops.

'Now what does he do, Hopkins?'

'Just a minute, Mrs Pottage. I'm stuck again. No, I'm not! I remember perfectly now. Turn him round three times.'

This was done, and there was another pause.

'Well, what next?' everybody asked impatiently.

'That's just what I'm bothered if I can remember,' said the chandler at last. 'It's on the tip of my tongue too . . . But wait . . . Yes, no . . . yes, I've got it . . . He asks . . . no, that's wrong, *he* doesn't ask anything, we ask *him* . . . now what the juice is it we do ask him? . . . don't say anything, because I'll remember in a minute . . . I'm bound to remember . . . you see, it's such a long time since I played this game that some of the rules . . . '

'Look here,' came Mr Watcher's irate voice growling through the folds of the handkerchief, 'if you think I'm going to stand here wrapped up like a Stilton cheese while you remember what game you played with Nore in the Ark, you're blooming well mistaken. And that's that.'

'If you'd only have a morsel of patience, Mr Watcher. I can't remember the whole of a big game all at once,' protested the chandler, still clinging desperately to Mrs Pottage's hand. 'But I will remember. It's on the tip of my tongue, I tell you.'

'Well, what's on the tip of my tongue to tell you,' shouted Mr Watcher, 'I wouldn't like to tell anybody, not in front of ladies.' With which he pulled down the handkerchief round his neck and stood glaring at the other players with the expression of a fierce cowboy.

Mr Breadcutt, in order to quieten the coal-merchant, proposed as a game familiar to everybody blind man's buff.

'Not me you don't blindfold again,' said Mr Watcher. 'And if Mr Hopkins starts in to try I'll blindfold him without a handkerchief.'

'Well, what about a snack of supper?' suggested the hostess, who felt that the situation required a diversion.

And her supper was such a success that before it was over the two rivals were confiding in each other various ways of getting the better of their common enemy, the purchaser.

When it was time to adjourn again to the parlour, Bram and Nancy begged to be excused from enjoying themselves any longer in Mrs Pottage's company in view of the hard day before them at the Theatre Royal.

'You've given us such a jolly Christmas, dear Mrs Pottage,' said Bram.

'A lovely Christmas,' Nancy echoed.

'Well, I'm sure I've enjoyed *my*self, and Mrs Bugbird said she's never laughed so much in all her life as what she did when Mr Fuller was imitating them animals. "Lifelike," she said they was, and she spent her girlhood on a farm, so that's a bit of a compliment, coming from her. Well, good night. Oh, dear, oh, dear, before we know where we are we shall be seeing in the New Year. I'm bound to say what with one thing and another life's full of fun.'

Chapter 10

THE PANTOMIME

Now listen, Letizia, you're to be a very good little girl and do anything that Mrs Pottage tells you without arguing,' Nancy admonished her small daughter before she left Starboard Alley next morning to dress for the matinée.

'Can I take my lamb what Santy Claus gave me to the pantomime?'

'Yes, I dare say Mrs Pottage will let you.'

'And my dog? And my monkey? And my rub-a-dub and my wheedle-wheedle and my . . . '

'No, darling, you can take the lamb, but the others must stay at home.'

'I aspeck they'll cry,' Letizia prophesied solemnly. 'Because they guessed they was going to the pantomime.'

'If she isn't a regular masterpiece,' the landlady exclaimed. 'Oh, dear, oh, dear! She's got an answer for every blessed thing. Listen, my beauty, we'll leave the rest of the menargerie to keep John company.'

John was the canary, and fortunately this solution commended itself to Letizia, who seemed more hopeful for the happiness of the toys that were going to be left behind.

There is no doubt that the presence of Mrs Pottage and Letizia contributed largely to the success of the Theatre Royal pantomime that afternoon. No false shame deterred Letizia from making it quite clear to the audience that it was her own mother who bearded the Demon King Rat in his sulphurous abode.

> '*Stop, ere you any viler magic potions brew,*
> *For I declare such wickedness you soon shall rue.*'

'Muvver!' cried Letizia, clapping her hands in an ecstasy of welcome.

' 'Ush!' said a solemn and deeply interested woman sitting in the row behind.

'It *is* my muvver, I tell you,' said Litizia, standing up on the seat of the stall and turning round indignantly to address the woman over the back of it.

'Of course, it's her mother,' Mrs Pottage joined in even more indignantly. 'Nice thing if a child can't call out "Mother" in a free country without being hushed as if she was nobody's child.'

The solemn woman took an orange out of a bag and sucked it in silent disapproval.

> '*No use for you to raise the least objection*
> *Dick Whittington is under my protection,*'

declared the Fairy Queen, waving her wand to the accompaniment of a white spot-lime.

> '*In vain you seek to make my plans miscarry,*
> *For Dick his master's daughter shall not marry,*'

declared the Demon King Rat, waving his sceptre to the accompaniment of a red spot-lime.

'That man's bad,' Letizia announced gravely.

If the traditional scene of alternate defiance of each other by the powers of Good and Evil had lasted much longer, she might have made an attempt to reach the stage and fight at her mother's side; but the Demon King Rat vanished down a trap and the Fairy Queen hurried off Left to make way for Cheapside.

'Why has faver got a red nose?' Letizia inquired, when Bram entered made up for Idle Jack. 'I don't like him to have a red nose. My lamb what Santy Claus gave me doesn't like him to have a red nose.'

Whereupon Letizia climbed up on the seat of the stall once more and turned her back on the stage in disgust.

'Would you mind telling your little girl to kindly sit down?' the solemn and deeply interested woman behind requested of Mrs Pottage.

'This is my lamb what Santy Claus gave me,' Letizia informed the solemn woman in her most engaging voice, at which the solemn woman turned to her neighbour and declared angrily that children oughtn't to be allowed into pantomimes if they couldn't behave theirselves a bit more civilised.

'Get down, duckie, there's a love,' said Mrs Pottage, who in spite of her contempt for the solemn woman could not but feel that she had some reason to complain.

'Well, I don't want to see faver with that red nose,' objected Letizia, who thereupon sat down in her stall, but held her hands in front of her eyes to shut out the unpleasant aspect of her father in his comic disguise. However, Idle Jack did so many funny things that at last his daughter's heart was won, so that presently she and Mrs Pottage were leading the laughter of the house.

Finally, when Idle Jack emptied a bag of flour on the Dame, Letizia was seized by such a rapture of appreciation that she flung her lamb into the orchestra and hit the first violin on the head.

'Faver,' she shouted, 'I've frowed my lamb what Santy Claus gave me, and the wheedle-wheedle in the band has tooked him somewhere.'

Bram came down to the footlights and shook his fist at his small daughter, an intimate touch that drove the house frantic with delight and caused the solemn woman to observe to her neighbour that she didn't know who did come to the theatre nowadays, such a common lot of people as they always seemed to be.

One of the features of pantomimes about this period was the introduction of a sentimental song, usually allotted to the Fairy Queen as having some pretensions to a voice, in the course of which a boy of about twelve, chosen no doubt from the local church or chapel choir, rose from his seat in the front row of the circle and answered the singer on the stage, to the extreme delectation of the audience. The refrain of the song this year went:

Sweet Suzanne,
I'll be your young man,
They've never made your equal
Since the world began.

Won't you take my name?
For my heart's aflame
For love of you,
My pretty Sue,
My sweet Suzanne.

And again:

Your lips are red as rubies,
Your eyes are diamonds rare,
So while I have you,
My lovely Sue,
I'm as rich as a millionaire.

Why the Fairy Queen should suddenly enter and break into this drivelling song was an unanswerable enigma, and why a little boy in an Eton suit with a very white collar and a very pink face should rise from the front row of the circle and sing each verse over again, while the Fairy Queen walked backwards and forwards with one hand held to her apparently entranced ear, was an equally unanswerable enigma.

At any rate, Letizia thoroughly disapproved of the anomaly. While all the women in the pit and gallery and stalls and circle were exclaiming: 'Oh, isn't he a little love? Well, I declare, if he isn't reely lovely. Oh, do listen to the little angel.' Letizia was frowning. Then with great deliberation, unobserved by Mrs Pottage, who was languishing upon the sibilant Cockney of this detestable young treble, she stood up on the seat and shouted:

'Muvver!'

The Fairy Queen, while still holding one hand to an entranced ear, shook her wand at her little mortal daughter. But Letizia was not to be deterred from the problem that was puzzling her sense of fitness.

'Muvver!' she shouted again, '*why* is that boy?'

Then Mrs Pottage woke from the trance into which the duet had flung her and pulled Letizia down again into a sitting posture.

'Duckie, you mustn't call out and spoil the lovely singing.'

'I don't like that boy,' said Letizia firmly.

'Yes, but listen.'

'And my lamb what Santy Claus gave me doesn't like him.'

'Hush, duckie, hush!'

'And I won't listen. And I won't look, Mrs Porridge.'

'Come, come, be a good girl.'

But Letizia struggled out of Mrs Pottage's arms and retreated under the seat of the stall, from which she did not emerge until this enigmatic interlude in the life of the Fairy Queen came to an end amid a tumult of applause from the profoundly moved audience.

Letizia failed to recognise her father when he came rushing on for the Harlequinade at the end of the Transformation Scene with the time-honoured greeting of 'Here we are again!' And when Mrs Pottage told her who the Clown was, she merely shook her head violently and reiterated 'No, no, no, no!'

However, the Harlequinade itself thoroughly amused her, although she did not approve of the Harlequin's dance with her mother the Columbine.

'Who is that spotted man?' she asked. 'Why does he frow muvver up like that? I don't like him. I don't like his black face. I won't let him frow up my lamb what Santy Claus gave me.'

'Well, you threw it up yourself just now and hit the poor fiddle.'

'Yes,' Letizia acknowledged in a tone of plump contentment.

The Harlequinade came to an end with a wonderful trap-act, in which the Clown was pursued by the Policeman head first through one shop-window, head first out through another, up a long flight of stairs that turned into planks just as they both reached the top, so that they both rolled down to the bottom and disappeared into a cellar. Out again and diving through more windows, whirling round doors without hinges, climbing over roofs, sliding down chimneys, until at last the Policeman's pursuit was shaken off and the Clown, after bounding up ten feet into the air through a star-trap, alighted safely on the stage, whence, after snatching a basket that was hanging up outside a shop-window, he began to pelt the audience with crackers while the orchestra stood up to play *God Save the Queen* and the curtain slowly descended on a great success at the Theatre Royal, Greenwich.

Chapter 11

AT THE END OF THE HARLEQUINADE

'I DON'T think you *were* a very good little girl,' said Nancy reproachfully, to her daughter when she was brought round by Mrs Pottage to the dressing-room after the matinée.

'Yes, yes, yes, yes, yes,' averred Letizia, entirely impenitent. 'My lamb what Santy Claus gave me saided I was a very good little girl. He saided, "Oh, Tizia, you *is* a good little girl!" '

The landlady beamed.

'There's one thing, she thoroughly enjoyed her little self, and so did I, I'm bound to say, even if we *was* a bit noisy.'

'I'm afraid Letizia was very noisy indeed.'

'Yes, but nobody minded two penn'orth of gin except a dismal-faced, widow-woman sitting just behind us, and she'd had more than two penn'orth before ever she come out, which is my opinion.'

'My husband and I won't have time to dress and come home between the shows,' said Nancy. 'We're having some dinner sent in to us here. The curtain goes up again at seven, and it's nearly six now.'

There was a tap on the door, and Bram, still in his Clown's dress but without the tufted wig, peeped round the corner.

'Well, you're a nice one,' he said to his daughter. 'I nearly sent the Policeman down to you.'

'*Was* you that white man with the funny face?' Letizia asked incredulously.

'There you are, I told you it was your dadda,' Mrs Pottage put in.

'Yes,' said Letizia, and in the tone of the affirmation a desire to admit frankly that she had been wrong was mingled with a slight resentment that Mrs Pottage should have been right.

When Letizia had departed with the landlady, Bram and Nancy joined several other members of the company at a picnic meal. The talk was mostly of the pantomime, of how this song had gone and how that joke had got across, of whether it would not be wiser to cut this scene out altogether and shorten that one.

'Of course it'll play closer tonight,' said one of the company. 'And they'll be a little quicker with the changes. Or it's to be hoped they will.'

'That limelight man is a bit of a jay,' said the Demon King gloomily. 'Would he follow me with that spot? Not he. And when I was singing my song, the fool was jigging it all over the stage like a damned rocket. His mate was better with you, Miss O'Finn.'

'He was on me all night,' Nancy allowed. 'But he ruined the last verse of my first song by letting it fizz till I could have knocked him off his perch with my wand.'

'I think our trap-act went great, old boy,' said the Policeman to the Clown. 'I've never known a trap-act go so smooth the first time. The house was eating it.'

Bram nodded.

'Yes, it went all right,' he admitted without enthusiasm. 'But that star didn't seem to me to be working properly again. Which reminds me, I must get hold of Worsley and tell him to have a look at it.'

'Who wants Worsley?' inquired the stage-manager, coming into the dressing-room at that moment.

'It was about that star-trap, old man,' said Bram.

'Now, that's all right, old chap. Don't you worry. I've been down under the stage, and it's working to rights now. Lovely.'

'I thought I wasn't coming through this afternoon,' Bram grumbled.

'Why, you came up like a bird,' Worsley assured him. 'What are you talking about?'

'Yes, I know I *did* come up,' Bram replied irritably, for he was feeling thoroughly tired. 'But it did stick for a second or two, and you know what it would mean if I got caught.'

'Oh, Mr Worsley,' Nancy exclaimed in a panic, 'for God's sake see it's all right tonight.'

'Now, don't you worry yourself, Miss O'Finn,' the stage-manager begged. 'Good Lord, you don't suppose *I* want to have a frost?'

'I wish you'd speak to that blasted limelight man about getting his red spot on me,' said the Demon King. 'He ruined every entrance I've got – and I haven't got too many.'

The stage-manager decided that he should be happier elsewhere, and left the assembled diners.

'Have a drink, old man,' somebody called after him. But Mr Worsley suspected a *quid pro quo* and shouted back:

'Haven't time now, old man. I'll join you after the evening show. I've got to see the property man.'

And they heard his voice go shouting along the corridors.

'Props! Props! Where the deuce is Props?'

'Poor old Mangel Worsley,' said the Demon King with a gloomy shake of the head. 'He never ought to have gone in for panto. He's not up to it. He'd have done better to stick to Shakespeare. I saw his production of *Macbeth* for Wilson Forbes. Very pretty little show it was, too. Very pretty. But this sort of thing is too big for him altogether. He can't grasp the detail. Result? My entrances go for nothing. For absolutely nothing! It stands to reason, if a red spot-lime's thrown Right Centre when I come on Down Stage Left it kills me dead. But that doesn't trouble Worsley, because he doesn't realise the importance of ensemble. He niggles, and it's a pity, because within limits he's quite a good stage-manager.'

How full the Theatre Royal was that Boxing Night! And Morton's Theatre, the rival house, was just as full. People went to the pantomime even in days as near to us as the early 'nineties. They could not amuse themselves then by sporting with Amaryllis in the shape of a picture palace while black-eyed heroes dreamed in profile during two hours of a monotonous reel or black-lipped heroines smeared their cheeks with vaseline and, intolerably magnified, blubbered silently at an unresponsive audience. The audience of the Theatre Royal that night was there to enjoy the performance, lasted it from seven o'clock till midnight. People went to the theatre in those days to see and to hear, to love and to hate. They were not sitting jam-packed in that reek of oranges and dust for the sake of cuddling one another. Nobody dressed up like a fireman came and squirted antiseptic perfumes over them. The odour of its own wedged-in humanity was grateful, an entity that breathed, cheered, laughed, and wept as one. The Grand, Islington, the Britannia, Hoxton, the Standard, Shoreditch, the transpontine Surrey – yes, and in those days Old Drury itself still defiant of change – all these theatres held people, not fidgety shadows gazing with lack-lustre eyes at a representation of fidgety shadows.

In spite of their fatigue the company played *Dick Whittington* that night at Greenwich with treble the vigour of the afternoon performance. Everything went better, in spite of the absence of Mrs Pottage and Letizia. Even the limelight men managed to keep their beams steadily fixed on the object of their enhancement whencesoever he might enter, withersoever he might move, wheresoever he might stand. The billows of the Demon King's bass tolled along twice as majestically. Nancy's song with the overwashed chorister in the circle earned a double encore. Principal boy, principal girl, dame, knockabout comedians, all gained the goodwill of the house. But *the* success was Bram. After his first scene Idle Jack had only to appear on the stage to send the audience into a roar. The tritest line of dialogue was received as heavenly wit. The stalest piece of fooling was welcomed in a rapture.

'Darling, you are being so funny tonight,' Nancy told him, when for a moment they found themselves side by side in the wings.

'I don't feel at all funny,' Bram said. 'In fact, it's because I'm feeling so tired and depressed off, I suppose, that I'm trying to cheer up by being extra funny on.'

He squeezed her hand, and a moment later she heard the deep-voiced laughter of the house greeting another of his entrances.

Bram's success as Idle Jack that night was consolidated by his Joey. He was not just the traditional Clown with wide red mouth, bending low in exaggerated laughter and treading always on hot bricks. There was something of the Pierrot in his performance. Not that he scorned tradition overmuch. The whole audience recognised him as the authentic Joey of their imagination; but he did contrive to be somehow the incarnate spirit of that London street much more essentially than the heavy-footed Harlequin, much more essentially than Columbine, whose short pink tarlatan skirt did not become Nancy's height, though she pirouetted on and off the stage gracefully enough. Pantaloon too was good, and the actor did manage to represent that hoary-headed ancient Londoner in his absurd Venetian disguise. But Bram was the ghost of old London itself – a London that was fast dying, though here in Greenwich it might seem to be as full of vitality as ever. It was the London of sweet lavender and cherry ripe, the London of hot cockles, of Punch and Judy shows and four wheelers and lumbering knifeboard omnibuses, of gas-lamps and queer beggars. Bram's incarnation of this vanishing city had that authentic whimsicality (the very term is nearly unintelligible now) of old Cockney humour, an urban Puckishness as if for a while Robin Goodfellow had tried to keep pace with the times and live in great cities. He made his audience feel that sausages were only strung together because it was more amusing to steal a string than a single sausage. His red-hot poker itself glowed with such a geniality of warmth as made the audience feel that everybody to whose seat it was applied was being slapped on the back in the spirit of the purest good-fellowship.

Nancy had flitted for the last time across that most fantastic yet so utterly ordinary street; and she paused in the wings for a moment, before going up to her dressing-room, to listen to the tumultuous laughter of the house at the great trap-act, which was the climax of the Harlequinade. She saw Bram's white figure come diving through the shop-window and safely caught by the scene-hands stationed on the other side. She saw the Policeman follow close upon his heels, and watched the pair of them chase each other round and round the revolving door. She heard the thunders of applause as the trick staircase shot the protagonists from top to bottom, and the still louder thunder when Bram appeared among the chimney-pots. Then she turned away and had just reached the door of her dressing-room when the corridors which had been echoing with the distant applause became suddenly still as death.

'I hope that husband of mine's not doing some particularly breakneck feat to thrill the Bank Holiday crowd,' she said to the principal girl, with whom she shared a room and who was by now nearly dressed. 'What has happened?' Nancy repeated. This quiet was unnatural. A gust of overwhelming dread sent her hurrying back down the corridor, as she head the agonised voice of Worsley crying:

'Ring down! Ring down! For the love of God, ring down!'

At the head of the stairs she met the Pantaloon, beardless, with startled eyes, who waved her back.

'Don't come down on the stage for a minute, Miss O'Finn. There's been an accident. He was caught in the star-trap. The spring must have broken.'

'Bram . . . '

He nodded, and burst into tears.

Nancy hurried past him toward the stage. Beyond the dropped curtain she could hear the murmur of the anxious and affrighted audience. Bram was lying beside the closed trap, the pointed sections of which were red.

'There isn't a doctor in the whole audience,' Worsley was saying. 'But several people have run to fetch one. How do you feel now, old man?'

Nancy pushed her way through the staring group, and knelt beside Bram, who was lying unconscious, a bloody belt round his white dress, his head pillowed on the string of sausages.

'My precious one!' she cried. 'Oh, my precious one!'

His eyelids flickered at her voice, and his limp body quivered very faintly.

'A doctor will be here in a minute, Miss O'Finn,' Worsley said.

A doctor!' she cried. 'Damn you, damn you! A doctor! He told you the trap wasn't working properly. If he dies, it will be you that has killed him.'

By now several of the ladies of the company had joined the group round the prostrate Clown.

'Hush, dear,' said one of them; 'don't say anything you may regret afterwards.'

Nancy did not answer this pacific woman, but bent low over her husband.

'My precious one, my precious one.'

The doctor came at last. When he had finished his examination, he shook his head.

'He is injured mortally.'

'Dying?' Nancy whispered.

'He can hardly live many more minutes with these injuries. Has he any relations here?'

'I am his wife.'

'My poor girl,' said the doctor quickly. 'I didn't realise that. But I couldn't have hidden the truth. He must lie here. He's unconscious. Even to move him to a dressing-room would probably kill him.'

The group round the dying man moved away and left him alone with his wife and the doctor on that silent, bright, unnatural stage.

'And is there nothing we can do?' she asked.

'Nothing, my poor girl. It is kinder to leave him unconscious and not to try to revive him. He will suffer less.'

But presently Bram's lips moved, and Nancy, bending low to his mouth, heard the dim voice speaking with a fearful effort.

'I'm dying – Nancy, darling – I wish – I wish . . . '

The dim voice died away.

'Oh, my only love, my darling, what do you wish? Do you want to see Letizia?'

'No – no – better not – not kind for baby girls to see death – better not – better not – Mrs Pottage very kind – kind and good – I wish – I wish . . . '

Again the dim voice was lost.

'What, my precious one? What do you wish?'

'Nancy – if things are difficult – we haven't saved much money – difficult – go to Caleb – too bitter about my people – too hard – faults on both sides – Nancy, kiss me once – quick – quick – I don't think I shall know soon if you kiss me . . . '

She touched his cold lips with hers.

'Such a darling wife – always such a darling – very happy together – happy memories – your father's speech – yes, Caleb will look after you if things very difficult – give my love to grandmama – always kind to me – happy memories – Nancy! Nancy! I wish – oh, my own Nancy, I do wish . . . '

The dim voice was lost in the great abyss of eternity that stretched beyond this fantastic ordinary street, beyond this silent, bright, unnatural stage.

'Sweetheart, what do you wish? What do you wish?'

But the Clown was dead.

Chapter 12

LOOKING FOR WORK

THERE was not much money left when the funeral expenses had been paid and Nancy had bought her mourning – those poor black suits of woe that in their utter inadequacy even to symbolise still less to express her grief seemed like an insult to the beloved dead. It was a desperate challenge to fortune to abandon the Greenwich engagement. But Nancy could not bring herself to the point of returning to the cast of the pantomime. That was beyond the compass of her emotional endurance. The management offered her a larger salary to play the Fairy Queen only, without appearing as Columbine; but she refused. The Employers' Liability Act did not exist at this date; and when the management suggested, as a reason for not paying her direct compensation, that the accident had already cost them dearly enough in the gloom it had shed over what promised to be a really successful production, Nancy's grief would not allow her even to comment on such a point of view. Bram was dead. People told her that she had a good case against the theatre. But Bram was dead. He was dead. He was dead. All she wanted was to leave Greenwich for ever, and when Mrs Pottage offered her hospitality she refused.

'It's not pride, dear Mrs Pottage, that prevents my staying on with you. You mustn't think that. It's simply that I could not bear to go on living alone where he and I lived together. I'm sure to find an engagement presently. I have enough money left to keep Letizia and myself for quite a little time.'

'Well, don't let's lose sight of each other for good and all,' said the landlady. 'Let's meet some day and go down to Margate together and have a nice sea blow. I've got a friend down there – well, friend, I say, though she's a relation really, but she is a friend for all that, a good friend – well, this Sarah Williams has a very natty little house looking out on the front, and we could spend a nice time with her when she's not full up with lodgers. I'd say "Come down now," but Margate in January's a bit like living in a house with the windows blown out and the doors blown in and the roof blown off and the walls blown down.'

So Nancy left Starboard Alley and went to live in rooms in Soho, perhaps in the very same house where more than a century ago Letizia's great-grandmother had been left with that cageful of lovebirds and the twenty pairs of silk stockings.

The houses in Blackboy Passage were flat-faced, thin, and tall like the houses in Hogarth's *Night*. At one end an archway under the ancient tavern that gave its name to the small and obscure thoroughfare led into Greek Street. At the other end a row of inebriated posts forbade traffic to vehicles from Frith Street. The houses had enjoyed a brief modishness in the middle of the eighteenth century, but since then their tenants had gradually declined in quality while at the same time steadily increasing in quantity. By this date nearly every one of the tall houses had a perpendicular line of bells beside its front-door and a ladder of outlandish names. The house in which Nancy found lodgings was an exception, for all of it except the basement belonged to Miss Fewkes, who was her landlady. Miss Fewkes was a dried-up little woman of over fifty, with a long, sharp nose, and raddled cheeks, so clumsily powdered as to give to her face the appearance of a sweet which has lost its freshness and been dusted over with sugar. Incredible as it now might seem Miss Fewkes had had a past. She had actually been in the Orient ballet once, and the mistress of several men, each of whom was a step lower down in the scale than his predecessor. From each of these temporary supporters she had managed to extract various sums of money, the total of which she had invested in furnishing this house in Blackboy Passage, where for many years she had let lodgings to the profession. In spite of her paint and powder and past Miss Fewkes wore an air of withered virginity, and appeared to possess little more human nature than one of her own lace antimacassars. Her thin, prehensile fingers resembled the claws of a bird; her voice was as the sound of dead leaves blown along city pavements. Letizia disliked Miss Fewkes as much as she had liked Mrs Pottage. Nor did Miss Fewkes like Letizia, whose presence in her lodgings she resented in the same way that she would have resented a pet dog's.

'I noticed your little girl's finger-marks on the bedroom door this morning. Two black marks. Of course, as I explained to you, Miss O'Finn, I don't really care to have children in my rooms, but if I do take them in I rather expect that they won't make finger-marks. It's difficult enough to keep things clean in London, as I'm sure you'll understand.'

Nancy would have left Miss Fewkes after a week if she had had to leave Letizia in her charge while she hung about in the outer offices of theatrical agents in Garrick Street and Maiden Lane.

Fortunately, however, there were staying in the same house a Mr and Mrs Kino, who took a great fancy to Letizia and insisted on having as much of her company as they could obtain. Mr Kino was the proprietor and trainer of a troupe of performing elephants which were then appearing at Hengler's Circus. Mrs Kino, a large, pink-and-yellow woman, had domestic ambitions and a longing for children of her own. Possibly her dependency on elephants had begotten in her a passion for diminutiveness. At any rate, until Letizia won her heart, she spent all her time in stringing beads for little purses. Even when she made friends with Letizia, the toys she always preferred to buy for her were minute china animals and liliputian dolls, for which she enjoyed making quantities of tiny dresses.

'Too large, duckie, much too large,' was her comment when Letizia showed her the cargo of her Christmas stocking.

Miss Fewkes sniffed when she saw the china animals.

'Silly things to give a child,' she said. 'Next thing is she'll be swallowing them and have to be taken in a cab to the hospital. But, then, some people in this world go about looking for trouble and, when they get it, expect everyone else to sympathise. Ugh! I've no patience with them, I haven't.'

Nancy had found it impossible to persuade Letizia that she would never see her father again in this world.

'I aspeck he's only wented away,' she insisted. 'I aspeck he'll come back down the chiminy one night. My lamb what Santy Claus gave me saided he was perfickatally sure faver would come back down the chiminy one night. So, I fink we'd better leave the gas burning, don't you, because he wouldn't like to come back all in the dark, would he?'

Mrs Kino was in the room when Letizia put forward this theory, and with a dumpy hand she silently patted the black sleeve of Nancy, who had turned away to hide the tears.

Perhaps the kindest thing that fortune could have done for the young widow was to throw difficulties in the way of her obtaining an engagement. Had she found a 'shop' immediately and gone out acting on tour alone after those happy years of joint engagements the poignancy of her solitude might have overwhelmed her. The battle for a livelihood kept her from brooding.

But it was a battle through that icy winter, with the little pile of sovereigns growing shorter and shorter every day and Nancy nearly starving herself that Letizia might lack nothing.

'Some people burn coal as if it was paper,' Miss Fewkes sniffed.

She did not know that every half-hundredweight meant no lunch for her lodger, and if she had, she would only have despised her for it.

'Nothing this morning, I'm afraid,' the agent would say. 'But something may be turning up next week. Two or three companies will be going out presently. Look in again, Miss O'Finn. I'm not forgetting you. You shall have a chance for the first suitable engagement on my books. Cold weather, isn't it? Wonderful how this frost holds. Good morning.'

Down one long flight of draughty stone stairs in Garrick Street. Up another flight of tumbledown wooden stairs in Maiden Lane. Two hours' wait in an icy room with nothing to warm one but the flaming posters stuck on the walls.

'Ah, is that you, Miss O'Finn? I'm glad you looked in today. Mr Howard Smythe is taking out *The New Dress*. Have you seen it? Capital little farce. There's a part that might suit you.'

Any part would suit her, Nancy thought, for she was beginning to lose hope of ever being engaged again.

'Look in this afternoon, Miss O'Finn, round about three. Mr Howard Smythe will be here then to interview a few ladies.'

Down the long flight of tumbledown wooden stairs and out past the Adelphi stage-door into the Strand. What was the time? Half-past one. Mrs Kino was taking Letizia to the circus. Not worth while to go home. She would find a tea-shop for lunch. A damp bun and a glass of London milk. A greasy marble table, and opposite a hungry-eyed clerk reading Gibbon's *Decline and Fall of the Roman Empire* while he eked out his bun and glass of milk. The waitress, who had nine warts on her fingers, flung down the skimpy bills with equal disdain for both these customers. Outside, the roar of the Strand on the frost-bound air. Inside, the rattle of plates and the harsh giggles of the waitresses. Outside, the grey, frozen sky. Inside, leathery poached eggs and somebody arguing in a corner of the shop that he had ordered coffee.

'That is coffee,' said the waitress, tossing her head.

'Is it? Well, I must have meant tea.'

After lunch a walk along the Embankment to get warm. Gulls screaming and quarrelling for the crusts that were being flung to them. Wretched men and women freezing on the benches. Plane trees hung with their little black balls that stirred not in this immotionable and icy air. Back to Maiden Lane, and up the tumbledown wooden stairs once more. Another endless wait in the cold ante-room.

'Ah, good afternoon, Miss O'Finn. I'm sorry, but Mr Howard Smythe has filled up the vacancies in his cast. But if you look in again next week, perhaps I shall have something that will suit you.'

'Anything will suit me,' Nancy sighed.

'Ah, but you won't suit anything,' the agent laughed. 'You're so tall, you know. The real tragedy queen, eh? And managers do not want tragedy queens these days.'

'Och, damn it, don't try to be funny,' Nancy burst out. 'You know I'm not a tragedy queen.'

'Sorry, I was only making a little joke.'

'Well, after a month of agents in this weather one loses one's sense of humour,' Nancy replied.

At home Nancy found Letizia in a tremendous state of excitement after her visit to the circus, which had concluded by Mr Kino's introducing her to his elephants.

'And I touched Jumbo's trunk, muvver, and it was all hot. And he wagged his tail. And Mrs Jumbo opened her mouf as wide as that.'

Here Letizia endeavoured to give an elephantine yawn to illustrate her story.

'Yes, she took to my elephants,' said Mr Kino. 'In fact, I was nearly offering her an engagement to appear with them.'

Nancy laughed.

'No, I'm serious, Miss O'Finn. What do you say to three pounds a week? And of course the missus and I would look after the kid as if she was our own.'

'Och, no, it's very sweet of you both, but I couldn't give her up like that.'

'Arthur's joking about the performing part,' Mrs Kino put in. 'He knows very well I wouldn't let her do any performing. But we would like to have her with us when we leave on Sunday week.'

'You're leaving on Sunday week?' Nancy asked in alarm.

'Yes, we're going out on a long tour.'

Nancy was terribly worried by the prospect of her fellow-lodgers' departure. It would mean asking Miss Fewkes to look after Letizia while she was out. In her bedroom she counted over the money she had left. Only seven pounds, and out of that there would be this week's bill to pay. Things *were* getting desperate.

Until now Nancy had avoided meeting her father in London, because she felt that she could not bear the scene he would be sure to play over her widowhood. Her life with Bram was too real and wonderful for histrionics. But matters were now so serious that she could not afford to let her own intimate feelings stand in the way of getting work. Her father might be able to help her to an engagement. He might even be able to lend her a little money in case of absolute necessity.

So Nancy sent a note to the Piccadilly Theatre, where he was acting, and three days later she received an answer from an address in Earl's Court to say that owing to severe illness he had had a week or two ago to resign his part at the Piccadilly. Would Nancy visit him, as he was still too unwell to go out?

'Mr O'Finn?' repeated the slatternly girl who opened the door. 'Can you see Mr O'Finn? Who is it, please?'

'It's his daughter, Miss O'Finn.'

The slatternly girl opened her eyes as wide as their sticky lids would let her.

'He's not expecting anybody this afternoon,' she muttered.

'He may not be expecting anybody this afternoon,' said Nancy sharply. 'But his daughter is not exactly anybody. He has been ill and I want to see him.'

The slatternly girl evidently felt incapable of dealing with this crisis, for she retreated to the head of the basement stairs, and called down:

'Mrs Tebbitt, here's somebody wants to see Mr O'Finn. Will you come up and talk to her, please?'

A sack-like woman with a flaccid red face and sparse hair excavated herself slowly from the basement.

'I understand my father has been very ill,' Nancy began.

'Ill?' gurgled Mrs Tebbitt breathlessly. 'It's an illness a lot of people would like to die of. He's been on the drink for the last month. That's what he's been. He's drunk now, and in another hour or so he'll be blind drunk, because he's just sent out for another bottle of brandy. If you say you're his daughter and insist of seeing him, well, I suppose you'll have to, but his room's in a disgusting state, and which is not my fault, for the last time the girl went up to give it a rout out he threw the dustpan out of the window and it hit a organist who was walking past – I know it was a organist, because he give me his card and said he'd lodge a complaint with the police, but we haven't heard nothing more since, but I've forbid the girl to touch his room again till he's sober, and which he won't be today, that's certain.'

Nancy's heart was hardened against her father. In her present straits she could not feel that there was any kind of an excuse for behaviour like this.

'Thank you,' she said coldly to the landlady. 'Perhaps when he can understand what you're telling him you'll be kind enough to say that Miss O'Finn called to see him, but would not come up.'

She turned away from the house in a cold rage.

In her bitterness she was tempted for a moment to accept the Kinos' offer to adopt Letizia and take her away with them on their tour. The worthlessness of her own father was extended in her thoughts to include all parents, including herself. It would be better to abandon Letizia lest one day she might fail her as today her father had failed herself.

Then she saw Bram's whimsical face looking at her from the silver frame on her dressing-table, and she felt ashamed. She wondered again about that last unspoken wish of his. She had put out of her mind the idea of appealing to his brother to help in the guardianship of Letizia. But perhaps Bram had been really anxious that Letizia should heal the breach between them. Perhaps that had been his unspoken wish. He might have felt that she would be unwilling to ask a favour from his brother, and even with his dying breath have abstained from saying anything that she could construe into the solemnity of a last request, in case she should not like the idea of begging a favour from his relations. That would be Bram's way. Just a diffident hint, but nothing that could involve her too deeply.

That Monday evening Nancy paid Miss Fewkes her bill and stared at the few pounds that remained. Of course, she could carry on for a little while by pawning, but had she any right to imperil by such methods Letizia's well-being? Besides, now that the Kinos were going away, there was the problem of looking after Letizia during the day. At a pinch she could ask Mrs Pottage to look after her for a week or two; but did not everything point to Brigham at this moment? Could she still have any pride after that account she had heard today of her father's degradation? No, her duty was clear. She would make one more round of the agents, and then if she was still without an engagement on Thursday, she would take Letizia to her husband's relations.

Chapter 13

LEBANON HOUSE

Of all the great stations in the world Euston alone preserves in its Tartarean architecture the spirit in which the first railway travellers must have set out. So long as Euston endures, whatever improvements humanity may achieve in rapidity of travel and transport, we shall understand the apprehension and awe with which the original adventure must have filled the imagination of mankind. Mrs Browning took to her bed in order to recover from the effects of a first view of Paddington Station; but Paddington is merely an overgrown conservatory set beside Euston, impressive in its way but entirely lacking in that capacity for permanently and intensely expressing the soul of an epoch, which makes Euston worthy of being mentioned in the same breath as St Peter's, or the Pyramids of Giza, or even as the sublime Parthenon itself. Not only does Euston express the plunge of humanity into a Plutonian era – a plunge more lamentable and swift than Persephone's from Enna in the dark chariot of Hades – but it peculiarly expresses within the lapse of a whole period the descent of the individual Londoner to the industrial hell.

On a frost-bound day in early March the grimy portico of Euston might oppress the lightest heart with foreboding, as passing through to the eternal twilight of those cavernous and funereal entries, the fearful traveller embarks for the unimaginable North. The high platforms give the trains a weasel shape. The departure bell strikes upon the ear like a cracked Dies Irae. The porters, in spite of their English kindliness, present themselves somehow in the guise of infernal guardians, so that we tip them as we might propitiate old Charon with an obol or to Cerebus fling the drugged sop. St Pancras and its High Anglican embellishments impress the observer no more than as a Ruskinian attempt to make the best of both worlds. King's Cross is a mere result of that ugliness and utility of which Euston is the enshrinement. Paddington is an annexe of the Crystal Palace. Victoria and Charing Cross are already infected with the fussiness and insignificance of Boulogne. Waterloo is a restless improvisation, Liverpool Street a hideous ant-heap. Wished anybody to see the spirits of damned Londoners pass for ever from their beloved city, he should wait on a frozen, foggy midnight outside the portals of Euston.

Nancy may not have read Virgil, but her heart was heavy enough with foreboding when with Letizia, a tiny Red Riding Hood, she entered the train for Brigham on that frost-bound morning early in March. She wished now that she had waited for an answer to the letter announcing her visit. Visions of a severe manservant shutting the door in her face haunted her. She tried to recall what Bram had told her about the details of his family life, but looking back now she could not recall that he had told her anything except his hatred of it all. And anyway, what could he have known of the present state of his family, apart from the sardonic commentary upon it in his grandmother's infrequent letters? It was twelve years since he had escaped from Lebanon House. His brother had been a boy of fourteen; his father was still alive then; his grandfather too; and that strange old grandmother, the prospect of meeting whom had kept Nancy from wavering in her resolution, was not bedridden in those days.

'Muvver,' said Letizia, who had been looking out of the window at the Buckinghamshire fields, 'I can count to fifteen. I counted fifteen moo-cows, and then I counted fifteen moo-cows again.'

'You are getting on, aren't you?'

'Yes, I am, aren't I?' Letizia echoed, whereupon she burst into a chant of triumph, which caused an old gentleman in the opposite corner of the compartment to look up in some alarm over the top of his newspaper.

'Hush, darling, don't sing like that. You'll disturb the ladies and gentlemen who want to read.'

'Why do they want to read?'

'To pass the time away.'

'I would like to read, muvver.'

Nancy produced her book.

'A cat sat on a mat. A fat rat sat on a mat,' she proclaimed aloud.

'No, darling, if you're going to read you must read to yourself. The gentleman opposite isn't reading his paper aloud.'

'Why isn't he?'

'Because it might worry other people and wouldn't be good manners.'

'Has that gentleman good manners?'

'Of course, he has. Hush, darling, don't go on asking silly questions.'

'When I make a rude noise with my mouf I put my hand up and say "Pardon".'

'Of course.'

'Well, that gentleman maked lots and lots of very rude noises, and he didn't put his hand up to his mouf and say "Pardon". Why didn't he, muvver?'

'Darling, please don't go on making remarks about people. It's not kind.'

Letizia was dejected by this insinuation, and sat silent for a space. Then she cheered up.

'Muvver, if that gentleman makes a rude noise again, would it be kind for me to put up my hand to my mouf and say "Pardon"?'

Nancy thought that her daughter's present humour of critical observations augured ill for her success at Lebanon House, and she began to wish that she had left her behind in London.

'Listen, darling. I don't want you to be a horrid little girl and go on chattering when mother asks you to keep quiet. If you behave like this, your Uncle Caleb won't like you.'

'If he doesn't like me, I won't like him,' said Letizia confidently.

Nancy shook a reproachful head.

'Well, I shan't talk to you any more. In fact, I've a very good mind to leave you behind in the train when we get to Brigham.'

'Where would I go?' Letizia asked, perfectly undismayed by this threat.

'I'm sure I don't know where you would go.'

'I would ask a porter,' Letizia suggested, 'I would say, "Please, Mr Porter, where shall I go to?" and then he'd tell me, and I'd say "Oh, that's where I shall go, is it?"'

Suddenly a cloud passed across the mother's mind. It might be that tomorrow she would be travelling back through these same fields without her little girl. Ah, nothing that Letizia said could justify her in making mock threats of abandoning her in the train when in her heart was the intention of abandoning her in the house of that unknown brother-in-law. In swift contrition she picked Letizia up and kissed her.

'My sweetheart!' she whispered.

Rugby was left behind, Lichfield in its frosty vale, the smoky skies of Crewe and Stafford. The country, outraged by man's lust for gold, writhed in monstrous contortions. About the refuse heaps of factories bands of children roamed as pariahs might, and along the squalid streets women in shawls wandered like drab and melancholy ghosts.

'Brigham, Brigham,' cried the porters.

On the cold and dreary platform Letizia in her scarlet hood made the people turn round to stare at her as if she was a tropical bloom or some strange bird from the sweet South.

'Lebanon House?' the driver of the fly repeated in surprise. 'Mr Fuller's, do you mean, ma'am?'

And every time he whipped up the smoking horse his perplexity seemed to be writing on the grey air a note of interrogation.

Letizia drew a face on the mildewed window strap and another larger face on the window itself.

'Aren't you making your gloves rather messy, darling?' her mother inquired anxiously.

'I was droring,' her daughter explained. 'This teeny little face is Tizia.' She pointed to the inscribed strap. 'And this anormous big face is you.' She indicated the window.

The horse must have been startled by the sound of Letizia's laughter which followed this statement, for it broke into a bony canter at the unwonted sound. A corpse chuckling inside a coffin would not have sounded so strange as the ripple of a child's laughter in this fly musty with the odour of old nosebags and dank harness.

Looking out at the landscape, Nancy perceived a wilderness covered with sheds, some painted grey, some scarlet. A hoarding was inscribed in huge letters FULLER'S FIREWORKS. That must be the factory. Presently the fly began to climb a gradual slope between fields dotted with swings, giant-strides, and various gymnastic frames. Another hoarding proclaimed THE FULLER RECREATION PARK. Nancy did not think much of it. She did not know that Joshua Fuller might perhaps have swung himself into Parliament from one of those swings, had he only lived a little longer.

At the top of the slope the fly passed through a varnished gate, swept round a crackling semicircle of gravel between two clumps of frost-bitten shrubs, and pulled up before the heavy door of Lebanon House. Nancy looked in dismay at the grim stucco walls stained with their aqueous arabesques and green pagodas of damp. That the bright little form beside her could be left within those walls was beyond reason. Better far to flee this spot and, whatever happened in London, rejoice that her baby was still with her. Yet perhaps Bram had really fretted over his separation from his family, perhaps in dying he had wished that Letizia might take his place in this house. Before she could be tempted to tell the driver to turn round Nancy jumped out of the fly and rang the front-door bell. It was opened, not by that severe manservant of her anxious prefigurations, but by an elderly parlourmaid, who must have been warned of her arrival, for she immediately invited her to step in. Nancy hesitated a moment, for now that she was here it seemed too much like taking everything for granted to send the fly away and ask the maid to accept the custody of her dressing-case. She had not liked to presume an inhospitable reception by arriving without any luggage at all, and yet, now that she saw her dressing-case standing on the hall chair, she wished she had not brought it. However, it would really be too absurdly self-conscious to keep the fly waiting while she was being approved. So, she paid the fare and tried not to resemble an invader, a thief, or a beggar.

'What is this house, muvver?' Letizia asked as they were following the elderly maid along the gloomy hall. 'Is it a house where bad people go?'

'No, it's where your Uncle Caleb lives, and your two aunts –' Nancy broke off in a panic, for she simply could not remember either of their names. Were they Rachel and Sarah? This was serious.

'How is Mrs Fuller?' she asked, in the hope that the elderly maid would feel inclined to be chatty about the health of the whole family and so mention the names of the two aunts in passing.

'Mrs Fuller is the same as usual,' said the maid.

'And Miss Fuller?' Nancy ventured.

'Miss Achsah and Miss Thyrza are both quite well.'

What was the name of the first one? The stupid woman had said it so quickly. However, she had got the name of one. Thyrza. Thyrza. She must not forget it again.

The elderly maid left Nancy and Letizia in a sombre square room overcrowded with ponderous furniture and papered with dull red flock. On the mantelpiece was a black marble clock on which an inscription set forth that it was presented to Caleb Fuller, Esquire, by his devoted employees on the occasion of his twenty-first birthday. But did she not remember that Caleb had sacked all his employees on that auspicious occasion? Perhaps he had not liked the gift, she thought, with a smile. Above the clock hung a large steel engraving of what Nancy at first imagined was intended to represent the Day of Judgement; but on examining the title she found that it was a picture of the firework-display by Messrs Fuller & Son in Hyde Park on the occasion of the National Thanksgiving for the recovery of H.R.H. the Prince of Wales.

'Why does this room smell like blot-paper, muvver?' Letizia inquired.

'Now, darling, I beg of you not to ask any more questions at all. Will you be kind to mother and do that?'

Letizia wriggled one fat leg against the other for a moment.

'Yes,' she whispered at last resignedly.

'There's a pet,' said Nancy, lifting her on a mahogany chair, the seat of which was covered with horsehair.

'Ouch!' Letizia exclaimed, rubbing her leg. 'It's all fistles, and where my drawses have gone away and left a piece of my leg the fistles have bitten it. Your drawses don't go away and leave a piece of your leg. So the fistles don't bite you.'

At this moment the heavy door opened quietly to admit Caleb Fuller, a plump-faced young man with brown, curly hair and a smile of such cordial and beaming welcome that Nancy's heart sank, for of course he would be delighted to accept the responsibility of Letizia's upbringing.

'How do you do? How kind of you to come and see us,' said Caleb. 'So very kind. I can't say how much we appreciate it. You'll stay and have tea with us, won't you?'

'Thank you very much,' said Nancy, wondering how on earth she was going to suggest what she had come all the way from London to suggest.

'You'll excuse our lack of ceremony? We're such simple people. I suppose you drove up from the station? And this is poor Bram's little girl, I suppose?'

Caleb's beaming expression had changed in a flash to one of extreme wide-eyed mournfulness.

'Will you give your Uncle Caleb a kiss, my dear?' he asked in smugly sentimental accents.

'No, fank you,' Letizia replied, evidently supposing that she was behaving extra well in refusing so politely.

Nancy could not bring herself to reprove her daughter's disinclination. She felt that, if she had been a little girl of Letizia's age, she should not have cared to kiss this very old young man.

Caleb turned on his smile to dispose of the rebuff.

'Let me see, how old is she?'

'Five next July.'

'Can she talk much?'

'I'm afraid she can talk a great deal too much,' Nancy laughed. 'Being with grown-up people all the time has made her a very precocious little girl, I'm afraid.'

She was wondering how she could manage to keep the conversation trained on Letizia until she could muster up the courage to ask her brother-in-law the favour she desired.

'I think it's such a pity to let children grow up too soon,' Caleb sighed in a remote and dreamy tone that trembled like the *vox humana* stop with the tears of things. 'I like all little things so much, but I think people and animals deteriorate when they grow big. I had a dear little cream-coloured kitten, and now that lovely little kitten has grown into an enormous hulking cat and spends all its time in the kitchen, eating. I noticed when I was going through the household books that we were getting extra fish, and I went into the matter most carefully, and do you know' – the horror of the story he was telling overcame Caleb for a moment, and he had to gulp down his emotion before he could proceed – 'do you know I found that they were actually buying special fish for this great cat?' His voice had sunk to an awestruck whisper. 'It came as a terrible shock to me that such a pretty little tiny kitten which only seemed to lap up a small saucer of milk every now and then should actually have become an item in the household expenditure nowadays. Of course,' he added hastily, 'I told the cook she had no business to give it anything except scraps that couldn't be used for anything else. But still . . . ' Caleb allowed his narrative to evaporate in a profound sigh.

'Bram spoke of you just before he died,' Nancy began abruptly.

'How very kind of him,' Caleb observed, reassuming quickly that expression of devout and wide-eyed sentimentality, though in the tone of his voice there was an implication of the immense gulf between Bram's death and his own life.

'He seemed to regret the breach between himself and his family,' she continued.

'It was always a great grief to us,' Caleb observed. He was still apparently as gently sympathetic; yet somehow Nancy had a feeling that behind the wide-eyed solemn eyes there was a twinkle of cunning in their grey shallows, a lambent twinkle that was playing round the rocky question of what she was leading up to, and of how he should deal with any awkward request she might end by making.

'He was anxious that I should bring Letizia to see you all,' Nancy pressed.

There was a reproach in her brother-in-law's gaze that made her feel as if she were being utterly remorseless in her persistency.

Nevertheless, Caleb turned on that cordial welcoming smile quite easily.

'I'm so glad,' he murmured from the other side of the universe. 'I don't think tea will be long now.'

'Oh, please don't bother about tea,' she begged.

Caleb beamed more intensely.

'Oh, please,' he protested on his side. 'My aunts and I would be very much upset indeed if you didn't have tea. And today's Thursday!'

Nancy looked puzzled.

'I see I shall have to let you into a little family secret. We always have a new cake on Thursday,' he proclaimed, smiling now with a beautifully innocent archness, and turning to Letizia he added playfully, 'I expect *you* like cakes, don't you?'

'I like the cakes what Mrs Porridge makes for me,' Letizia replied.

'Oatmeal cakes?' Caleb asked in bewilderment.

'Letizia,' her mother interrupted quickly, 'please don't answer your uncle in that horrid rude way. Mrs Pottage was our landlady at Greenwich,' she explained.

Caleb looked coldly grave. He disapproved of landladies with their exorbitant bills.

'You must find it very unpleasant always being robbed by landladies,' he said.

'Bram and I were very lucky usually. We met far more pleasant landladies than unpleasant ones.'

Nancy paused. She was wondering if she should be able to explain her mission more easily if the subject of it were not present.

'I wonder if Letizia's aunts would like to see her?'

'Oh, I'm sure they would,' Caleb answered. 'We'll all go into the drawing-room. I'm sure you must be wanting your tea.'

'If we could leave Letizia with her aunts, I would like very much to talk to you for a minute or two alone.'

Caleb squirmed.

'Don't be anxious,' Nancy laughed. 'I'm not going to ask you to lend me any money.'

'Oh, of course not,' he said with a shudder. 'I never thought you were going to do that. I knew Bram would have explained to you that I really couldn't afford it. We have had the most dreadful expenses lately in connection with the factory. I have had to lock up several thousand pounds.'

He made this announcement with as much judicial severity as if he had actually condemned the greater part of his fortune to penal servitude for life.

'Yes, it must be horrible to have a lot of money that can't behave itself,' Nancy agreed.

Her brother-in-law regarded her disapprovingly. He resented few things more than jokes, for he objected to wasting those ready smiles of his almost as much as he hated wasting his ready money.

'Well, shall we go into the drawing-room?' he asked, trying to make his guest feel that merely to lead her from one room to another in Lebanon House was giving her much more than he would give many people for nothing.

'Are those aunts?' Letizia exclaimed in disgusted astonishment when she was presented to the two drab, middle-aged women with muddy faces and lace caps who, each wearing a grey woollen shawl, sat on either side of a black fire from which one exiguous wisp of smoke went curling up the chimney.

'Yes, those are your aunts, darling,' said Nancy, hoping that Letizia's generic question had not been understood quite in the way it was intended. 'Run and give them a kiss.'

There must have been a note of appeal in her mother's voice, for Letizia obeyed with surprising docility, even if she did give an impression by the slowness of her advance that she was going to stroke two unpleasant-looking animals at the invitation of a keeper. Then it was Nancy's turn to embrace the aunts, much to the amazement of her daughter, who exclaimed:

'You kissed them too! Was you told to kiss them?'

'May I leave Letizia with you while I finish my talk with Caleb?' Nancy asked her aunts.

Caleb looked positively sullen over his sister-in-law's pertinacity, and he was leading the way back to what was apparently known as the library, when the elderly maid appeared with the tea. He beamed again.

'You *must* have tea first. I'm sure you *must* be wanting your tea. I was telling – er – Nancy about your Thursday cake, Aunt Achsah.'

Caleb's face was richly dimpled by the smile for which the family, joke was responsible, and at which Aunt Achsah and Aunt Thyrza tittered indulgently. Nancy was saying over in her head the name of the elder aunt so that she should be able to remember it in future. Then she gazed round in depression of spirit at the curtains and upholstery and wall-paper, all in sombre shades of brown, and at the bunches of pampas-grass, dyed yellow, blue and red, which in hideous, convoluted vases on bamboo stands blotched the corners of the room with plumes of crude colour. Could she leave Letizia in this house? Would Bram really wish it?

Aunt Achsah and Aunt Thyrza had by now wound themselves up to express the sorrow that they felt convention owed to Nancy.

'He was a wild boy and a great anxiety to us,' Aunt Thyrza sighed. 'But we were very fond of him.'

'It nearly killed his poor father when he took to the stage,' Aunt Achsah moaned. 'He had such a beautifully religious bringing-up, that it seemed particularly dreadful in his case. Of course, we do not believe that there may not be some good men and women on the stage, but all the same it was terrible – really terrible for us when Bram became an actor.'

'But didn't you have a sister who went on the stage?' Nancy asked.

The two drab women stared at her in consternation. How did this creature know the story of the lost Caterina? Why, their mother must have told Bram. The shameful secret was a secret no more.

Caleb knitted his brows, and his granite-grey eyes gleamed. So this was the woman's game. Blackmail! This was why she wanted to talk to him alone. He would soon show her that he was not the kind of man to be frightened by blackmail. As a matter of fact, Caleb himself, who had only heard when he came of age about the shameful past of his Aunt Caterina, had been much less impressed by the awfulness of the family secret than his aunts had expected.

'Yes, we did have a sister who went on the stage,' Aunt Thyrza tremulously admitted. 'But that was many, many years ago, and she has long been dead.'

Nancy was merciful to the aunts and forbore from pressing the point about the existence of good people on the stage. She was not merciful, however, to Caleb when tea came to an end and he showed no sign of adjourning with her to the library.

'Are you sure you won't have another piece of cake? Do have another piece of cake,' he begged, turning on the smile almost to its full extent. That he could not quite manage the full extent was due to the irritation this obtrusive young woman's pertinacity was causing him.

'No, indeed, I really couldn't,' said Nancy, donning a bright little smile herself as a cyclist hopes his oil-lamp will avail to protect him against the dazzling onrushing motor-car. 'Letizia, darling,' she added firmly, 'I'm going to leave you here with Aunt Achsah and Aunt Thyrza for a little while. You will be good, won't you?'

'But I'd like to stroke the puss-cat.'

'The cat?' Aunt Achsah exclaimed. 'What cat?'

'The puss-cat what that man was talking about to muvver,' Letizia explained.

'The cat isn't allowed in the drawing-room,' Aunt Thyrza said primly.

'Why isn't he? Does he make messes?'

The two aunts shuddered. It was only too sadly evident that the stage had already corrupted even this four-year-old child.

'Cats live in kitchens,' Aunt Achsah laid down dogmatically.

'Well, can I go to the kitchen, muvver?' Letizia asked. 'Because I would like to see puss-cat. I fink puss-cats are much, *much* nicer than aunts.'

'No, darling, I want you to stay here,' and with this Nancy hurried out of the room, followed reluctantly by her brother-in-law.

When they were back in the library, which, now that she had a clue to its status, Nancy perceived did contain half a dozen bound volumes of the *Illustrated London News* three or four books of religious reading, and a decrepit Bradshaw, she came straight to the point.

'Caleb, times are rather bad for theatrical business, and . . . '

'Business is bad everywhere,' Caleb interrupted. 'Of course, you know that I am engaged in manufacturing fireworks? My brother no doubt has told you that. Trade has never been so bad as it is this year, and only recently an Order in Council has made it illegal to use chlorate of potash with sulphur compounds. That is a very serious matter indeed for firework manufacture. Indeed, if it had not been for our discovery that aluminium can be successfully used for brightening our colour effects, I don't know what *would* have happened to the business. Luckily I was one of the first, if not *the* first, manufacturer to realise the advantages of aluminium, and so I had already ceased to use chlorate of potash with sulphur for quite a long time – in fact, ever since as a boy of twenty I found myself practically in sole charge of our factory. My brother's desertion of his father twelve years ago ruined all my chances. I was getting on so splendidly at school. I was winning prizes for Latin and Scripture and all kinds of subjects, and my masters were so enthusiastic about my education. But when I was only fifteen, my father said to me: "Caleb, you can either go on with your schoolwork or you can give up school and enter the business at once on a small salary." It was a hard choice, but I didn't hesitate. I gave up all my schoolwork, because after my brother's desertion I felt it was my duty to enter the business. And I did. You don't know how hard I've worked while my brother was amusing himself on the stage. But I don't bear his memory any grudge. Please don't think that I'm criticising him, because, of course, I wouldn't like to say anything about one who is no longer with us. I only want you to understand that my position is by no means easy. In fact, it's terribly difficult. So, though I would be happy to lend you lots of money, if I had any to spare, I'm sure you'll understand that, with all the expenses I've been put to over this Order in Council and changing my factory and one thing and another, it simply isn't possible.'

'I'm not asking you to lend me any money,' Nancy said, as soon as her brother-in-law paused for a moment to take breath. 'But Bram, when he was dying . . . '

'Oh, please don't think that I don't sympathise with you over my brother's death. It was a shock to us all. I read about it in the local paper. I'd had a little trouble with the proprietor over our advertisements. So he printed all about Bram being a clown in great headlines. But in spite of the shocking way he died like that on the stage, I showed everybody in Brigham how much upset we all were by asking for the Recreation Ground to be closed for two whole days. So please don't think we weren't very much shocked and upset.'

'Bram, when he was dying in my arms,' she went on, 'told me if I was ever in difficulties to go to you, because he was sure that you would want to help me.'

'Yes, that's just the kind of thing my brother would say,' said Caleb indignantly. 'He never cared a straw about the business. He hated the factory. He always had an idea that money was only made to be spent.'

'I don't think that Bram expected me to borrow any money from you,' said Nancy. 'But he thought that you might care to assume the responsibility of bringing up Letizia. He thought that she might be a link between him and his family.'

'Bring up Letizia?' Caleb gasped. 'Do you mean, pay for her clothes and her keep and her education?'

'I suppose that is what Bram fancied you might care to do. I would not have come here today if I had not believed that I owed it to his child to give her opportunities that her mother cannot give her. Please don't think that I want to lose Letizia. It has cost me a great deal . . . ' Her voice wavered.

'But you could have told me what you wanted in the letter, and that would have saved you your railway fare,' said Caleb reproachfully.

'I didn't mean the money it cost. I meant the struggle with my own feelings.'

'I think it would be wrong of me to try and persuade you to give up your child,' said Caleb solemnly. 'I wouldn't do it, even if I could. But I can't do it. You must remember that I still have my old grandmother to keep. Of course, she's bedridden now, and she can't waste money as she used to waste it, for she was shockingly extravagant whenever she had an opportunity. But even as it is she costs a great deal. I have to pay a nurse-companion; and the doctor *will* come once a week. You know how ready doctors always are to take advantage of anybody in a house being ill. They just profit by it,' he said bitterly. 'That's what they do – they just profit by illness. And besides my grandmother I have to pay annuities to my two aunts. I'm not complaining. I'm only too glad to do it. But I'm just telling you what a load of domestic responsibilities I have on my shoulders already, so that you can appreciate how utterly impossible it would be for me to do anything for my brother's little girl. Well, you heard what I told you about that cat, and if I can't afford the extra amount on the household books for a cat, how can I possibly afford what a child would cost? I'm only so distressed you should have gone to the expense of coming all this way to find out something that I could have told you so well in a letter. I can't imagine why you didn't write to me about this child. You do see my point of view, don't you? And I'm sure that you would rather not have your little girl brought up here. The air of Brigham is very smoky. I'm sure it wouldn't be good for children.'

'Well, that's that,' said Nancy. 'I've done what Bram asked me to do, but I'm just dazed. I just simply can't understand how you and Bram came out of the same womb.'

Caleb winced.

'Of course, I know that you do talk very freely on the stage,' he said deprecatingly. 'But I wish you wouldn't use words like that in this house. We're simple provincial people, and we think that kind of expression rather unpleasant. I dare say we may appear old-fashioned, but we'd rather be old-fashioned than hear a lady use words like that. I'm afraid, by what you just said, that you haven't really understood my point of view at all. So, I'm going to take you into my confidence, because I do want you to understand it and not bear me any ill-will. My motives are so often misjudged by people,' he sighed. 'I suppose it's because I'm so frank and don't pretend I can do things when I can't. So I'm going to give you a little confidence, Nancy.' Here Caleb beamed generously. 'It's still a secret, but I'm hoping to get married in June, and of course that means a great deal of extra money, especially as the lady I am going to marry has no money of her own.'

'I hope you'll be happy,' Nancy said.

'Thank you,' said Caleb in a tone that seemed to express his personal gratitude for anything, even anything so imponderable as good wishes, that might contribute a little, a very little, toward the relief of the tremendous weight of responsibility that he was trying so humbly and so patiently to support. 'Thank you very much.'

Nancy was wishing now with all her heart that she had not been so foolish as to bring that dressing-case with her. She only longed now to be out of this house without a moment's delay. She wished too that she had not dismissed the fly, for it would be impossible to carry the dressing-case and Letizia all the way to the railway-station. Here she would have to remain until another fly could be fetched.

'There's a good train at half-past seven,' said Caleb, who was observing Nancy's contemplation of her dressing-case on the hall chair. 'If you like, I'll telephone to the hotel for a fly to be sent up. But I'm afraid I shall have to ask you to excuse me from waiting any longer. I have rather a lot of work to do this evening. I'm trying to save expense wherever I possibly can,' he added with a martyr's ecstatic gaze toward a lovelier world beyond this vale of tears.

'Oh, please don't trouble to wait an instant. I'll go back to the drawing-room.'

'Yes, there's a fire in there,' Caleb observed, it seemed a little resentfully.

At this moment a neat young woman with bright, intelligent eyes came down the stairs.

'Excuse me, Mr Fuller, but Mrs Fuller would like Mrs Bram Fuller and her little girl to go up and see her.'

Caleb's face darkened.

'But surely it's too late for Mrs Fuller to see visitors? Besides, Mrs Bram Fuller wants to catch the seven-thirty train.'

'It's only half-past five now,' said Nancy eagerly, 'And I should not care to leave Brigham without seeing Letizia's great-grandmother.'

In her disgust at Caleb she had forgotten that there was still a member of this family who might compensate for the others.

'Mrs Fuller will be very annoyed, Mr Fuller, if she doesn't see

Mrs Bram Fuller and her little girl,' the young woman insisted.

'Very well, nurse, if you think it's wise,' Caleb said. 'But I hope this won't mean an extra visit from the doctor this week.'

The bright-eyed young woman was regarding Caleb as a thrush regards a worm before it gobbles it up.

'It would be extremely unwise to disappoint Mrs Fuller. She has been counting on this visit ever since she heard yesterday that Mrs Bram Fuller was coming to Brigham.'

'My poor old grandmother works herself up into a great state over every domestic trifle,' Caleb said angrily. 'It's a great pity an old lady like her can't give up fussing over what happens in the house.'

Nancy went into the drawing-room to rescue Letizia from her aunts.

'Good-bye – er – Nancy,' said Aunt Achsah. 'I hope you won't think that I am intruding on your private affairs if I say to you how grieved both your Aunt Thyrza and myself are to find that our poor little grand-niece apparently knows nothing whatever about our Heavenly Father. We do hope that you will try to teach her something about Him. Of course, we know that Roman Catholics do not regard God with the same reverence and awe as we do, but still a forward little girl like Letizia should not be allowed to remain in a state of complete ignorance about Him. It's very shocking.'

'Oh, I do so agree with my sister,' Aunt Thyrza sighed earnestly.

'Good-bye, Aunt Achsah. Good-bye, Aunt Thyrza,' said Nancy. 'Come along, Letizia.'

And the way her little daughter danced out of the room beside her mother exactly expressed what she wanted to do herself.

Chapter 14

LETIZIA THE FIRST

'MRS FULLER has been so excited ever since the letter came to say that you would pay a visit to Lebanon House,' the nurse stopped to tell Nancy at the head of the stairs before she showed the way along the landing to the old lady's room.

'Are we going to see more aunts, muvver?' Letizia anxiously inquired.

'No, darling, you're going to see dear father's grannie, whom he loved very much; and he would like you to love her very much, too.'

'Well, I will love her,' Letizia promised.

'You must remember that *your* name is Letizia and that *her* name is Letizia. You were christened Letizia because father loved his grannie. And remember she is very old and that's why you'll find her in bed.'

'Will she be like Red Riding Hood's grannie?' Letizia asked.

'Perhaps she will be a little.'

'But a naughty wolf won't come and eat her?' Letizia pressed on a note of faint apprehension.

'Oh, no,' her mother assured her. 'There are no wolves in this house.'

Was it a trick of the gathering dusk, or did the bright-eyed young woman raise her eyebrows and smile to herself at this confident reply?

Nancy had never been so much surprised in her life as she was by the aspect of old Mrs Fuller's room. The old lady, wrapped in a bed-jacket of orange and yellow brocade and supported by quantities of bright vermilion cushions, was sitting up in a gilded four-post bed, the curtains and valance of damasked maroon silk and the canopy sustained by four rouged Venetian *amorani* with golden wings. Over the mantelpiece was a copy of Giorgione's *Pastorale*. Mirrors in frames of blown glass decorated with wreaths of pink glass rose-buds and blue glass forget-me-nots hung here and there on the white walls, the lighted candles in which gave the window-panes such a bloom in the March dusk as is breathed upon ripe damsons. Bookcases on either side of the fireplace were filled with the sulphur backs of numerous French novels. On a mahogany table at the foot of the bed stood a green cornucopia of brilliantly tinted wax fruits that was being regarded with slant-eyed indifference by two antelopes of gilded wood seated on either side.

Of course, Nancy had known that old Mrs Fuller was different from the rest of the family; but this flaunting rococo bedroom made a sharper impression of that immense difference than all the letters to her grandson. It was strange, too, that Bram should never have commented on this amazing room, set as it was in the heart of the house against which his boyhood had so bitterly revolted. In her astonishment at her surroundings she did not for the moment take in the aspect of the old lady herself; and then suddenly she saw the dark eyes of Bram staring at her from the middle of those vermilion cushions, the bright eyes of Bram flashing from a death's head wrapped in parchment. She put her hand to her heart, and stopped short on her way across the room to salute the old lady.

'What's the matter?' snapped a high, incisive voice.

'Oh, you're so like Bram,' cried Nancy, tears gushing like an uncontrollable spring that flowed from her inmost being, that flowed like blood from a wound, and yet without any awareness of grief, so that her voice was calm, her kiss of salutation not tremulous.

'Might I lift my little girl on Mrs Fuller's bed, nurse?' she asked.

'Don't call her nurse,' the old lady rapped out. 'This ain't a hospital. It's only that sanctimonious ghoul Caleb who calls her nurse. She's my companion, Miss Emily Young. And why should the wretched child be lifted up to see an old bogy like myself?'

'I think she'd like to kiss you, if she may,' said Nancy.

'Yes, I *would* like to kiss you,' said Letizia.

The old woman's eyes melted to an enchanting tenderness, and, oh, how often Nancy had seen Bram's eyes melt so for her.

'Lift her up, Emily, lift her up,' said Mrs Fuller.

Miss Young put Letizia beside her, and the old woman encircled the child with her left arm. The other hung motionless beside her.

'I'm not going to maul you about. I expect your aunts have slobbered over you enough downstairs. Just give me one kiss, if you want to. But if you don't want to, now that you're so close to my skinny old face, why, say so, and I shan't mind.'

But Letizia put both arms round her great-grandmother's neck and kissed her fervidly.

'And now sit down and tell me how you like Lebanon House,' she commanded.

'Is this Lebbon House?'

The old woman nodded.

'I like it here, but I don't like it where those aunts are. Have you seen those aunts, grannie?'

'I made them.'

'Why did you make them, grannie? I don't fink they was very nicely made, do you? I don't fink their dresses was sewed on very nicely, do you?'

'You're an observant young woman, that's what you are.'

'What is azervant.'

'Why, you have eyes in your head and see with them.'

'I see those gold stags,' said Letizia, pointing to the antelopes.

'Ah-ha, you see them, do you?'

'Did Santy Claus give them to you? He gived me a lamb and a monkey and lots and lots of fings, so I aspeck he did.'

'I expect he did too. But they're antelopes, not stags.'

'Auntylopes?' Letizia repeated dubiously. 'Will Santy Claus put gold aunts in your stocking at Christmas?'

'*Mon Dieu* I hope not!' the old lady exclaimed. 'So you like antelopes better than aunts?'

'Yes, I do. And I like puss-cats better. And I like all fings better than I like aunts.'

'Well, then I'll tell you something. When Santa Claus brought me those antelopes, he said I was to give them to you.'

Letizia clapped her hands.

'Fancy! I fought he did, grannie.'

'So, if you'll take them into the next room with Miss Young, she'll wrap them up for you while I'm talking to your mother.'

'How kind of you to give them to her,' said Nancy, from whose eyes the silent tears had at last ceased to flow.

'Letizia, darling, say "thank you" to your kind grannie.'

'*Senza complimenti senza complimenti*' the old woman muttered. 'The pleasure in her eyes was all the thanks I wanted.'

'I aspeck they won't feel very hungry wivout the apples and the pears,' Letizia suggested anxiously.

'Of course they won't, darling,' her mother interrupted quickly.

'You'd better wrap up some of the fruit as well, Emily,' said the old lady with a chuckle.

'No, please . . . ' Nancy began.

'Hoity-toity. I suppose I can do what I like with my own fruit?' said the old lady sharply. 'Draw the curtains before you go, Emily.'

When Letizia had retired with Miss Young and the gilded antelopes and a generous handful of the wax fruit, the old lady bade Nancy draw up one of the great Venetian chairs and when her grandson's wife was seated beside the bed asked her why she had come to Brigham.

Nancy gave her an account of her struggles for an engagement and told her about Bram's death and that unuttered wish.

'He may have worried about your future,' said the old lady; 'but it was never his wish that Letizia should be brought up here. Never! I know what that wish was.'

'You do?'

'He was wishing that he had become a Catholic. He used to write to me about it, and I'm afraid I was discouraging. It didn't seem to me that there was any point in interrupting his career as a clown by turning religious somersaults as well. I'm sorry that it worried his peace at the last, but by now he is either at rest in an eternal dreamless enviable sleep or he has discovered that there really is a God and that He is neither a homicidal lunatic, nor a justice of the peace, nor even a disagreeable and moody old gentleman. I used to long to believe in hell for the pleasure of one day seeing my late husband on the next gridiron to my own; but now I merely hope that, if there is another world, it will be large enough for me to avoid meeting him, and that, if he has wings, an all-merciful God will clip them and put him to play his harp where I shan't ever hear the tune. But mostly I pray that I shall sleep, sleep, sleep for evermore. And so young Caleb objected to bring up my namesake? By the way, I'm glad you've not shrouded her in black.'

'I knew Bram wouldn't like it,' Nancy explained.

'I loved that boy,' said the old lady gently. 'You made him happy. And I can do nothing more useful than present his daughter with a pair of gilded antelopes.' Her sharp voice died away to a sign of profound and tragic regret.

Nancy sat silent, waiting for the old lady to continue.

'Of course, I could have written and warned you not to ask young Caleb for anything,' she suddenly began again in her high incisive voice. 'But I wanted to see you. I wanted to see Letizia the second. I *must* die soon. So I didn't attempt to stop your coming. And, as a matter of fact, you've arrived before I could have written to you. No, don't hand your child over to young Caleb, girl. Just on sixty-six years ago my mother handed me over to old Caleb. I suppose she thought that she was doing the best thing for me. Or it may have been a kind of jealousy of my young life, who knows? Anyway she has been dead too long to bother about the reason for what she did. And at least I owe her French and Italian, so that with books I have been able to lead a life of my own. Letizia would hear no French or Italian in this house except from me. And even if I could count on a few more years of existence, what could I teach that child? Nothing, but my own cynicism, and that would be worse than nothing. No, you mustn't hand her over to young Caleb. That would be in a way as wrong as what my mother did. Your duty is to educate her. Yes, you must educate her, girl, you must be sure that she is taught well. She seems to have personality. Educate her. She must not be stifled by young Caleb and those two poor crones

I brought into this world. It would be a tragedy. I had another daughter, and I was not strong enough in those days to secure her happiness. Perhaps I was still hoping for my own. Perhaps in trying to shake myself free from my husband I did not fight hard enough for her. She ran away. She went utterly to the bad. She died of drink in a Paris asylum. Caterina Fuller! You may read of her in raffish memoirs of the Second Empire as one of the famous *cocottes* of the period. If my mother had not married me to Caleb, I dare say I should have gone to the bad myself. Or what the world calls bad. But how much worse my own respectable degradation! It was only after Caterina's death that I ceased to lament my prison. It was as if the sentient, active part of me died with her. Thence onward I lived within myself. I amused myself by collecting bit by bit over many years the gewgaws by which you see me surrounded. They represent years of sharp practice in housekeeping. The only thing for which I may thank God sincerely is that I wasn't married to young Caleb. I should never have succeeded in cheating him out of a penny on the household bills. I should never have managed to buy a solitary novel, had he been my accountant. I should have remained for ever what I was when I married – raw, noisy, impudent, scatterbrained – until I died as a bird dies, beating its wings against the cage. Educate Letizia, educate her. I wish I had a little money. I have no means of getting any now. I had some, but I spent it on myself – every penny of it. Don't despair because you've not had an engagement since Christmas. It's only early March. *Mon Dieu* I haven't even a ring that you could pawn. But I don't worry about you. I'm convinced you will be all right. Easy to say, yes. But I say it with belief, and that isn't so easy. I shall live on for a few weeks yet, and I know that I shall have good news rom you before I die.'

All the while that the old lady had been talking, her face had been losing its expression of cynicism, and by the time she had finished it was glowing with the enthusiasm of a girl. It was as if she had beheld reincarnate in Letizia her own youth, and as if now with the wisdom of eighty-three years she were re-directing her own future from the beginning. Presently, after a short silence, she told Nancy to search in the bottom drawer of a painted cabinet for a parcel wrapped up in brown paper, and bring it to her. With this she fumbled for a while with her left hand, and at last held up a tunic made apparently of thick sackcloth and some fragments of stuff that looked like a handful of cobwebs.

'The silk has faded and perished,' she murmured. 'This was once a pair of blue silk tights. I wore them when I made my descent down that long rope from the firework platform. It was a very successful descent, but my life has perished like this costume – all that part of it which was not fireproof like this asbestos tunic. Take this miserable heap of material and never let your daughter make such a descent, however brightly you might plan the fireworks should burn, however loudly you might hope that the mob would applaud the daring of her performance, however rich and splendid you might think the costume chosen for her. Yes, this wretched bundle of what seemed once such finery represents my life. Wrap it up again and take it out of my sight for ever, but do you, girl, gaze at it sometimes and remember what the old woman who once wore it told you a few weeks before she died.'

There was a tap at the door, and the elderly parlourmaid came in to say that the fly for which Mr Fuller had telephoned was waiting at the door.

'Do you mean to say that Mr Fuller hasn't ordered the brougham to take Mrs Fuller to the station?' the old lady demanded angrily.

'I think that the horse was tired, ma'am,' said the elderly maid, retreating as quickly as she could.

'I wish I had my legs. I wish I had both arms,' the old lady exclaimed, snatching at the small hand-bell that stood on the table at the left of the bed, and ringing it impatiently.

Miss Young brought Letizia back.

'Emily, will you drive down with my visitors to the station? I shan't need anything for the next hour.'

It was useless for Nancy to protest that she did not want to give all this trouble. The old lady insisted. And really Nancy was very grateful for Miss Young's company, because it would have been dreary on this cold March night to fade out of Brigham with such a humiliating lack of importance.

'Good-bye, little Letizia,' said her great-grandmother.

'Good-bye, grannie. I've told my auntylopes about my lamb and about my dog and about all my fings, and they wagged their tails and would like to meet them very much they saided.'

On the way to the station Miss Young talked about nothing else except Mrs Fuller's wonderful charm and personality.

'Really, I can hardly express what she's done for me. I first came to her when she was no longer able to read to herself. I happened to know a little French, and since I've been with her I've learnt Italian. She has been so kind and patient, teaching me. I used to come in every afternoon at first, but for the last two years I've stayed with her all the time. I'm afraid Mr Fuller resents my presence. He always tries to make out that I'm her nurse, which annoys the old lady dreadfully. She's been so kind to my little brother too. He comes in two or three times a week and sometimes he brings a friend. She declares she likes the company of schoolboys better than any. She has talked to me a lot about your husband, Mrs Fuller. I thought that she would die herself when she heard he had been killed like that. And the terrible thing was that she heard the news from Mr Fuller, who, you know, she doesn't really like at all. He very seldom comes up to her room, but I happened to be out getting her something she wanted in Brigham, and I came in just as he had told her and she was sitting up in bed, shaking her left fist at him, and cursing him for being alive himself to tell her the news. She was calling him a miser and a hypocrite and a liar, and I really don't know what she didn't call him. She is a most extraordinary woman. There doesn't seem to be anything she does not know. And yet she has often told me that she taught herself everything. It's wonderful, isn't it? And her room! Of course it's very unusual, but, do you know, I like it tremendously now. It seems to me to be a live room. Every other room I go into now seems to me quite dead.'

And that was what Nancy was thinking when the dismal train steamed out of Brigham to take Letizia and herself back to London upon that melancholy March night.

Chapter 15

THE TUNNEL

THE only other occupant of the railway-carriage was a nun, who sat in the farther corner reading her breviary or some pious book. Letizia soon fell fast asleep, her head pillowed on her mother's lap, while Nancy, watching the flaring chimneys in the darkness without, kept thinking of that old lady who had flared like them in the murk of Lebanon House. After two hours of monotonous progress Letizia woke up.

'Muvver,' she said, 'I fink I've got a funny feeling in my tummy.'

'I expect you're hungry pet. You didn't eat a very good tea.'

'It was such a crumby cake; and when I blowed some of the

crumbs out of my mouf, one of those aunts made a noise like you make to a gee-gee, and I said, "Yes, but I'm *not* a gee-gee," and then the plate what I was eating went out of the room on a tray.'

'Well, I've got a sponge-cake for you here.'

Letizia worked her way laboriously through half the cake, and then gave it up with a sigh.

'Oh, dear, everyfing seems to be all crumbs today.'

'Try some of the lemonade. Be careful, darling, not to choke, because it's very bubbly.'

Letizia made a wry face over the lemonade.

'It tastes like pins, muvver.'

The nun, who overheard this criticism, put down her book and said, with a pleasant smile, that she had a flask of milk which would be much better for a little girl than lemonade. She had, too, a small collapsible tumbler, from which it would be easier to drink than from a bottle.

'Is that a glass, muvver?' Letizia exclaimed. 'I was finking it was a neckalace.'

'Thank Sister very nicely.'

'Is that a sister?' Letizia asked incredulously.

The various relationships to which she had been introduced this day were too much for Letizia, and this new one seemed to her even more extraordinary than the collapsible metal tumbler. Nancy explained to the nun that they had been making a family visit to hitherto unknown relations in Brigham, to which the nun responded by saying that she too had been making a kind of family visit, inasmuch as she had been staying in Lancashire at the mother house of the Sisters of the Holy Infancy.

'Right out on the moors. Such a lovely position, though, of course, it's just a little bleak at this time of year.'

She had laid aside her pious book and was evidently glad to talk for a while to combat the depression that nocturnal journeys inevitably cast upon travellers in those days before corridors were at all usual in trains. In those days a railway compartment seemed such an inadequate shelter from the night that roared past in torrents of darkness on either side of it. In those days the footwarmers, glad though one was of them, only made the chilly frowst that suffused the upper portion of the carriage more blighting to the spirit. The dim, gas-lit stations through which the train passed, the clangour of the tunnels, the vertical handle of the door which at any moment, it seemed, might become horizontal and let it swing open for the night to rush through and sweep one away into the black annihilation from which the train was panting to escape, the saga of prohibitions inscribed above the windows and beneath the rack which gradually assumed a portentous and quasi-Mosaic significance – all these menacing ineluctable impressions were abolished by the introduction of the corridor with its assurance of life's continuity.

Nancy told the nun that she was a Catholic, and they talked for a time on conventional lines about the difficulty of keeping up with one's religious duties on tour.

'But I do hope that you will go on trying, my dear,' said the nun.

The young actress felt a little hypocritical in allowing her companion to presume that until this date she had never relinquished the struggle. Yet she was not anxious to extend the conversation into any intimacy of discussion, nor did she want the nun to feel bound by her profession to remonstrate with her for past neglect. So instead of saying anything either about the past or the future she smiled an assent.

'You mustn't let me be too inquisitive a travelling companion,' said the nun, 'but I notice that you're in deep mourning. Have you lost someone who was very dear to you?'

'My husband.'

The nun leaned over and laid with an exquisite tenderness her white and delicate hand on Nancy's knee.

'And you have only this little bright thing left?' she murmured.

Letizia had been regarding the nun's action with wide-eyed solemnity. Presently she stood up on the seat and putting her arms round her mother's neck whispered in her ear:

'I fink the lady tied up with a handkie is nice.'

'You have conquered Letizia's heart,' said Nancy, smiling through the tears in her eyes.

'I'm very proud to hear it. I should guess that she wasn't always an easy conquest.'

'Indeed, no!'

'Letizia?' the nun repeated. 'What a nice name to own! Gladness!'

'You know Italian? My husband's grandmother was Italian. I often wish that I could speak Italian and teach my small daughter.'

'What is Italian, muvver?' Letizia asked.

'Italian, Letizia,' said the nun, 'is the way all the people talk in the dearest and most beautiful country in the world. Such blue seas, my dear, such skies of velvet, such oranges and lemons growing on the trees, such flowers everywhere, such radiant dancing airs, such warmth and sweetness and light. I lived in Italy long ago when I was young.'

Nancy looked up in amazement as the nun stopped speaking, for her voice sounded fresh and crystalline as a girl's, her cheeks were flushed with youth, her eyes were deep and warm and lucent as if the Southern moon swam face to face with her in the cold March night roaring past the smoky windows on either side of the carriage. Yet when Nancy looked again she saw the fine lines in her porcelain-frail face, and the puckered eyelids, and middle-age in those grave blue eyes. In Italy, then, was written the history of her youth, and in Italy the history of her love, for only remembered love could thus have transformed her for a fleeting instant to what she once was. At that moment the train entered a tunnel and went clanging on through such a din of titanic anvils that it was impossible to talk, for which Nancy was grateful because she did not want Letizia to shatter the nun's rapture by asking questions that would show she had not understood a great deal more about Italy or Italian than before. Presently the noise of the anvils ceased, and the train began to slow down until at last it came to a stop in a profound silence which pulsed upon the inner ear as insistently as a second or two back had clanged those anvils. The talk of people in the next compartment began to trickle through the partition and one knew that such talk was trickling all the length of the train, and that, though one could not hear the words through all the length of the train, people were saying to one another that the signals must be against them. One felt too a genuine gratitude to those active and vigilant signals which were warning the train not to rush on through the din of anvils to its doom.

And then abruptly the lights went out in every single compartment. The blackness was absolute. People put up windows and looked out into the viewless tunnel until the vapours drove them back within. Now down the line were heard hoarse shouts and echoes, and the bobbing light of the guard's lamp illuminated the sweating roof of the tunnel as he passed along to interview the engine-driver. In a few minutes he came back, calling out, 'Don't be frightened, ladies and gentlemen, there's no danger.' Heads peered out once more into the mephitic blackness, and the word went along that there had been a breakdown on the line ahead and that their lighting had by an unfortunate coincidence broken down as well. Everybody hoped that the signals behind were as vigilant as those in front and that the red lamps were burning bright to show that there was danger on the line.

'I aspeck the poor train wanted a rest, muvver,' said Letizia. 'I aspeck it was sleepy because it was out so late.'

'I know somebody else who's sleepy.'

'P'raps a little bit,' Letizia admitted.

'Dear me, she *must* be tired,' her mother said across the darkness to the nun. 'Well, then, put your head on my lap, old lady, and go right off to sleep as soon as ever you can.'

For some time the two grown-ups in the compartment sat in silence while the little girl went to sleep. It was the nun who spoke first.

'I wonder whether it will disturb her if we talk quietly? But this utter blackness and silence is really rather dispiriting.'

'No, Sister, we shan't disturb her. She's sound asleep by now.'

'Does she always travel with you when you're on tour?' the nun asked.

'Until now she has. You see, my husband only died at Christmas, and we were always together with her. I am a little worried about the future, because I can't afford to travel a nurse, and landladies vary, and of course she has to be left in charge of somebody.'

'Yes, I can understand that it must be a great anxiety to you.'

Nancy thought how beautiful the nun's voice sounded in this darkness. When the train was moving she had not realised its quality; but in the stillness now it stole upon her ears as magically as running water or as wind in pine-tree tops or as any tranquil and pervasive sound of nature. In her mind's eye she was picturing the nun's face as it had appeared when she was speaking of Italy, and she was filled with desire to confide in her.

'That is really the reason I've been to Brigham,' Nancy said. 'I thought that I ought to give my husband's relations the opportunity of looking after Letizia. Not because I want to shirk the responsibility,' she added quickly. 'Indeed, I would hate to lose her, but I did feel that she ought to have the chance of being brought up quietly. My own mother died when I was very young, and my father, who is on the stage, allowed me to act a great deal as a child, so that really I didn't go to school till I was over twelve, and it wasn't a very good school, because I was living with an aunt in Dublin who hadn't much money. Indeed, I never really learnt anything, and when I was sixteen I went back to the stage for good. I'm only twenty-four now. I look much older, I think.'

'I shouldn't have said that you were more than that,' the nun replied. 'But how terribly sad for you, my dear, to have lost your husband so young. Many years ago, before I became a nun I was engaged to be married to a young Italian, and he died. That was in Italy, and that is why I still always think of Italy as the loveliest country and of Italian as most beautiful language. But you were telling me about your relations in Brigham.'

Nancy gave an account of her visit, and particularly of the interview with Letizia's great-grandmother.

'I think the old lady was quite right. I cannot imagine that bright little sleeping creature was intended to be brought up in such surroundings. Besides, I don't think it is right to expose a Catholic child to Protestant influences. Far better that you should keep her with you.'

'Yes, but suppose I cannot get an engagement? As a matter of fact, I have only a pound or two left, and the prospects is terrifying me. I feel that I ought to have gone on acting at Greenwich. But to act on the very stage on which my husband had died in my arms! I couldn't. I simply couldn't have done it.'

'My dear, nobody would ever dream of thinking that you could. It's cruel enough that you should have to act on any stage at such a time. However, I feel sure that you will soon get an engagement. Almightly God tries us in so many ways – ways that we often cannot understand, so that sometimes we are tempted to question His love. Be sure that He has some mysterious purpose in thus trying you even more hardly. Nobody is worth anything who cannot rise above suffering to greatness of heart and mind and soul. Do not think to yourself that a foolish old nun is just trying to soothe you with the commonplace of religious consolation. To be sure, they are commonplaces that she is uttering, but subtleties avail nothing until the truth of the great commonplaces have been revealed to the human soul. Our holy religion is built up on the great commonplaces. That is why it is so infinitely superior to the subtleties of proud and eccentric individuals that are encouraged by Protestantism. What a long time we are waiting in this darkness! Yet we know that however long we have to wait we shall sometime or other get out of this tunnel.'

'Yes, but if we wait much longer,' said Nancy, 'I will have another problem to face when we get to London, for I will never dare arrive back at my present landlady's too late.'

'I can solve that problem for you at any rate,' said the nun. 'I shall be met at Euston by a vehicle, and I know that our guest-room is free tonight. So don't let your night's lodgings worry you.'

After this they sat silent in the darkness for a long time. The presence of the nun in this darkness filled Nancy with a warm security and peace of mind. Gradually it began to seem to her that this wait in the tunnel was a perfect expression of the dark pause in her life, which beginning with the death of Bram had ended in her visit to Brigham. A conviction was born in her brain, a conviction which with every minute of this immersion in absolute blackness became stronger, that somehow the presence of the nun was a comforting fact, the importance of which was not to be measured by her importance within the little space of the railway-carriage, but that the existence of this nun was going to influence the whole of her life, which would begin again as soon as the train emerged from the tunnel. The curtain would rise once more upon the pantomime, and, whatever the vicissitudes that she as the heroine of it might have to endure, there would aways be a Fairy Queen waiting in the wings to enter and shake her silver wand against the powers of Evil. It was very childish and sentimental to be sitting here in the dark dreaming like this, Nancy kept telling herself; but then once more the mystery of the tunnel would enfold her as one is enfolded by those strange half-sleepy clarities of the imagination that flash through the midway of the night when one lies in bed and hopes that the sense of illumination that is granted between a sleep and a sleep will return with daylight to illuminate the active life of the morning. Her thoughts about the nun reassumed their first portentousness; the comparison of her own life to a pantomime appeared once more with the superlative reality of a symbo· that might enshrine the whole meaning of life. Then suddenly the lights went up, and after a few more minutes the train was travelling on its way again.

Nancy was glad indeed on arriving at Euston toward two o'clock of a frore and foggy night to drive away with Sister Catherine in the queer conventual vehicle like a covered-in wagonette with four small grilled windows. To have argued with Miss Fewkes about her right to enter the tall, thin house in Blackboy Passage at whatever hour she chose, would have been the climax to the Brigham experience.

The Sisters of the Holy Infancy were a small community which was founded by one of several co-heiresses to a thirteenth-century barony by writ, dormant for many centuries. Instead of spending her money on establishing her right to an ancient title, Miss Tiphaine de Cauntelo Edwardson preferred to endow this small community and be known as Mother Mary Etheldreda. The headquarters of the community were at Beaumanoir, where Sister Catherine, who was the right-hand of the now aged foundress, had been visiting her. This was a Lancashire property which had formerly been held by Miss Edwardson's ancestors and re-purchased by her when she decided to enter the religious life. In London the house of the community was situated in St John's Wood, where the sisters were occupied in the management of an extremely good school. There was a third house in Eastbourne which was used chiefly as a home for impoverished maiden ladies.

Sister Catherine was head mistress of St Joseph's School, and it was there that she took Nancy and Letizia from Euston. The porteress was overjoyed to see her, having been working herself up for the last two hours into a panic over the thought of a railway accident. The white guest-room was very welcome to Nancy after the fatigue of this long day, so long a day that she could not believe that it had only been fifteen hours ago when she set out from Euston to Brigham. She seemed to have lived many lives in the course of it – Bram's life as a boy with his brother, old Mrs Fuller's eighty years of existence, Sister Catherine's bright youth in Italy, and, most wearingly of all, Letizia's future even to ultimate old age and death. And when she did fall asleep she was travelling, travelling all the time through endless unremembered dreams.

In the morning Letizia greatly diverted some of the nuns by her observations on the image of the Holy Child over the altar, which was a copy of the famous image of Prague.

'Muvver, who is that little black boy with a crown on His head?'

'That is the baby Jesus, darling.'

'Why is He dressed like that? Is He going out to have tea with one of His little friends?'

Nancy really did not know how to explain why He was dressed like that, but hazarded that it was because He was the King of Heaven.

'What has He got in His hand, muvver? What toy has He got?'

'That's a sceptre, and a thing that kings hold in their hands.'

'Are you quite sure that He is the baby Jesus, muvver?' Letizia pressed.

'Quite sure, darling.'

'Well, I don't fink He is. I fink He's just a little friend of the baby Jesus, who He likes very much and lets Him come into His house and plays with His toys, but I don't fink that little black boy is the baby Jesus. No, no, no, no, no!' she decided, with vigorous and repeated shakes of the head.

Nancy was sorry when they had to leave St Joseph's School and return to Blackboys Passage.

'I fink here's where the little friend lives,' Letizia announced.

'Oh, darling, you really mustn't be so terribly ingenious. You quite frighten me. And what am I going to do about you next week when the dear Kinos will be gone?'

Chapter 16

BLACKBOY PASSAGE

As Nancy had anticipated, Miss Fewkes was more than doubtful about her ability to keep an eye on Letizia while her mother was haunting the offices of theatrical agents.

'I'm not really at all used to children,' she sniffed angrily. 'Supposing if she was to take it into her silly little head to go and jump out of the window? There's no knowing what some children won't do next. Then of course you'd blame *me*. I've always been very nervous of children. I could have been married half a dozen times if I hadn't have dreaded the idea of having children of my own, knowing how nervous they'd be sure to make me.'

'I wondered if perhaps Louisa might be glad to keep an eye on her – that is, of course, if you'd let me give her a little present. It probably won't be for more than a week.' It certainly wouldn't, Nancy thought, at the rate her money was going, for she could not imagine herself owing a halfpenny to Miss Fewkes. And even that little present to Louisa, the maid-of-all-work, would necessitate a first visit to the nearest pawnbroker.

'Louisa has quite enough to do to keep her busy without looking after the children of my lodgers,' the landlady snapped.

Poor Louisa certainly had, Nancy admitted to herself guiltily as the vision of the overworked maid toiling up and downstairs all day at Miss Fewkes's behest came into her mind.

'I don't see why you don't take her out with you,' said the landlady acidly.

'Oh, Miss Fewkes, surely you know something of theatrical agents!' Nancy exclaimed. 'How could I possibly drag Letizia round with me? No, I'll just leave her in my room. She'll be perdectly good, I'm sure. And while we are on the subject of rooms, Miss Fewkes, will you let me know how much you will charge me for the bedroom only, as I shan't be wanting the sitting-room after this week.'

'Oh, but I don't particularly care to let the bedroom by itself,' Miss Fewkes objected. 'I haven't another bedroom vacant, and what use would the sitting-room be to anybody by itself? Perhaps you'd prefer to give up both rooms?'

Nancy hesitated. Then she plunged.

'Certainly, Miss Fewkes. I really wanted to give them up some time ago. They're very expensive and very uncomfortable, and not over clean.'

'Well, I shan't argue about it, Miss O'Finn,' said Miss Fewkes haughtily. 'Because I wouldn't soil my lips by saying what I think of a person who behaves like you do. But I do know a little about the prerfession, having been in it myself, and if you *are* what you pretend to be, which I don't think, all I can say is the prerfession has changed for the worse since my day.'

With this she snapped out of the room as a little wooden cuckoo snaps back into his clock.

Nancy sat down and wrote to Mrs Pottage.

5 Blackboy Passage, Soho,
Friday.

Dear Mrs Pottage,

I'm rather worried what to do with Letizia while I am looking for work. I wonder if you'd look after her for a week or two? I have a very unpleasant landlady here who hates children and so I must get a new room until I find an engagement. Don't ask me to come to Greenwich too, because dearest Mrs Pottage I simply couldn't. But Letizia's different and if you wouldn't mind having her with you for a little while it would be such a weight off my mind. You must please charge me whatever you think is fair. I haven't the least idea, so I must leave that to you. I leave here on Monday, and if you will let me know by then what time will suit you I will bring Letizia to Greenwich Station, if you'd be kind enough to meet us. I haven't told Letizia herself that she may be going to stay with you, because I don't want to disappoint her if you can't manage it, and of course I will perfectly understand if you can't.

Yours affectionately,
Nancy O'Finn.

Nancy felt more cheerful when she had posted this letter.

Early on Sunday morning the Kinos left Blackboy Passage.

'You won't change your mind at the last minute and let us take the kid?' Mr Kino asked.

Nancy shook her head.

'It would be a weight off your shoulders, wouldn't it?' he pleaded.

'Yes, but it would be a terrible weight on my mind,' said Nancy. 'Dear Mr Kino, I couldn't let her be adopted – I couldn't really.'

Yet when the Kinos had gone, and Nancy was sitting by the window, listening to the church bells and to the occasional footsteps of people clinking along the frozen Sabbath streets and to the emptiness of Soho without the distant roar of traffic, she began to wonder if she ought not to have accepted the Kinos' offer. She tried to make up her mind to put on her things and take Letizia to the late Mass in the Soho Square church; but the dejection reacted on her energy, and she felt incapable of getting up from her seat, of doing anything indeed except stare out of the window at the grey March sky or look with a listless resentment at Miss Fewkes's pictures of girls in sun-bonnets cuddling donkeys over gates or of girls in furs feeding robins in the snow. She even lacked the energy, when the morning had passed and it was nearly two o'clock, to ring and ask when Miss Fewkes proposed to serve dinner. And when dinner did arrive, with everything cooked so badly as to make it nearly inedible, she did not feel that she could be bothered to protest.

'Muvver,' said Letizia, 'why has my gravy got spots of soap in it?'

'Because it's getting cold, my dear. So eat it up quickly before it gets any colder.'

'But, muvver, when I put it into my mouf, it all sticks to the top of it and won't come off.'

'Don't go on grumbling, there's a good little girl. If you don't like it, don't eat it.'

'Well, I won't,' said Letizia decidedly.

A rice-pudding, which tasted like a dry sponge wrapped up in old leaves, caused Letizia many sighs before she could swallow even a mouthful, and some bananas, which looked as if the greengrocer had tried to reshape them after they had been driven over by the traffic of Covent Garden all day, did nothing to help matters. As for the coffee, it might have been smeared on a boy's fingers to stop him from biting his nails, but it was never meant to be drunk.

One of the reasons for Miss Fewkes's perpetual bad temper was an inclination on the part of visitors to the lower basement of the house to ring Miss Fewkes's bell and so fetch her downstairs unnecessarily to open the front door. This being the second Sunday of the month, Louisa had been allowed to go out, and Miss Fewkes was in her tiny little bedroom in the roof of the house when her bell rang twice. The idea of going all the way downstairs and finding at the end of it that a visitor had arrived for the people in the basement did not appeal to the little woman. So she opened the bedroom window and, peering out over the sill, perceived upon the steps below an exceedingly bright cerise bonnet belonging to what was apparently a respectable middle-aged woman.

'Who are you ringing for?' Miss Fewkes called down in her rasping voice.

The cerise bonnet bobbed about for a while until at last it discovered from what window it was being addressed, when it looked up and shouted back:

'What's it got to do with you who I'm ringing for? If you're the servant here, just you come down and open the door same as what I would if anybody rung my front-bell.'

'Do you want Mr and Mrs Blanchit?' Miss Fewkes called down. 'Because if you do, it's the broken bell by the area gate and kindly ring that.'

'Do I want who?' the cerise bonnet shouted back.

'Mr and Mrs Blanchit!'

'No, I don't, you saucy old outandabout! What next are you going to ask? You just come down and open the door the same as I should myself.'

Miss Fewkes slammed her window down and left the cerise bonnet on the steps. After ringing about a dozen times, it went down the steps again and standing in the middle of the pavement shouted 'Hi!' several times in rapid succession. A small boy blowing a mouth-organ stared at the cerise bonnet for a moment, stopped his tune, and asked it if it had lost anything.

'What 'ud I be staring up at the top storey of a house for, you saucy little image, if I'd have lost anything – unless I'd dropped my umbrella out of a balloon, and which I haven't? Hi!'

On hearing the cerise bonnet begin to shout again, the small boy put the mouth-organ in his pocket and looking up in the air, shouted 'Hi!' too. Two little girls dragging behind them a child of doubtful sex smeared with barley sugar stopped to gaze, and then three more small boys arrived on the scene and proceeded to augment the duet of 'Hi!'

A policeman, who had been lured from Greek Street into Blackboy Passage by the noise, inquired of the cerise bonnet what its need was.

'Can't you get into your house, mum?'

'No, I can't. I want to visit a lady friend of mine who lives at Five Blackboy Passage, and when I rung the bell a female like a potted shrimp poked her head out of a top-floor window and asked me if I wanted Mr and Mrs Blanchit.'

'Mr Blanchit lives at Number Five,' one of the small boys volunteered. 'Down in the basement, he lives.'

'Well, what's that got to do with you, you pushing little eel? I don't want the man. I want to see my lady friend.'

'Perhaps you've got the wrong number,' the policeman suggested.

'Wrong number be . . . well, I won't say what I was thinking, because it doesn't always do.'

It was at this moment that Letizia, who had been trying vainly for an hour after dinner to make her mother play with the gilded antelopes, decided to look out of the window.

'Muvver! Muvver!' she shouted, clapping her joyful hands. 'I can see Mrs Porrige in the street, and she's talking to a policeman.'

Nancy jumped up, and ran to the window.

'Why, so it is! Dear, dear Mrs Pottage! I'll go down and open the door.'

'There you are!' Mrs Pottage exclaimed triumphantly to the policeman after she had embraced Nancy. Didn't I tell you my lady friend lived here?'

The policeman strode off with a good-natured smile; the small boy took the mouth-organ out of his pocket and after watching the policeman safely through the archway of the Tavern resumed his interrupted tune. The two little girls, without looking to see if the barley-sugar-smeared neutral was ready to be dragged on again, moved forward on their way. The three other small boys discovered a new method of wearing out boots and set off to practise it. Mrs Pottage and Nancy retired into Number Five. Blackboy Passage was once more abandoned to the Sabbath emptiness and silence.

'Well, you do live in a Punch and Judy show and no mistake,' Mrs Pottage declared, as she followed Nancy up the stairs, the jet bugles of her best bonnet tinkling and lisping as she moved.

'My landlady doesn't like being called down to open the door, and the girl's out,' Nancy explained.

'Landlady you call her? Skylady I should call her. That is, if I called her a lady at all, and which I most certainly never shouldn't, not if I lived to be as old as Methusalem.'

Letizia was waiting at the head of the stairs to welcome Mrs

Pottage, into whose outspread arms she flung herself in a rapture of welcome.

'Mrs Porridge! Mrs Porridge!'

'My heart's jool!'

'Oh, Mrs Porridge, where have you been? I didn't know where you could be, and I went to a circus and touched an ephelant on his trunk and it was all hot and I saw a little friend who the baby Jesus liked and I saw my big grannie and the wolf didn't eat her at all and I saw two aunts and they smelt all funny like the inside of a dirty cloves-basket and we had rice-pudding for dinner and it sticked my teef togevver and I've got two golden auntylopes and they eat apples made of soap.'

'My good gracious, if you haven't been going it,' Mrs Pottage declared, with a critical glance round the sitting-room of the lodgings. 'Poky! Very poky! And not at all clean. Why, that grate don't look as if it had been swept since the Fire of London, and, oh dear, oh dear, just look at the dust on those pictures! If a water-pipe burst in this house you'd have weeds growing on the frames. Well, I suppose I haven't got to tell you who I've come to fetch?'

Nancy smiled.

'I knew you wouldn't fail me.'

'Yes, but wait a minute. I didn't at all like the tone of that letter you wrote me.'

Nancy looked worried.

'Not at all I didn't like it. Yes, I see myself sending in a bill for that blessed infant's keep. Why, you might as well ask me to charge you for the sun shining in at your windows.'

Nancy saw that she had genuinely hurt the good soul by mentioning money in connection with Letizia's visit.

'Dear Mrs Pottage, you could hardly expect me to plant her down on you without at least offering to pay, but I won't offend you by arguing any more. You know exactly how I feel about your kindness, my dear soul.'

'Kindness be . . . oh dear, now that's twice in the last half hour I've nearly said that word. It comes of keeping company with Mr Currie. Let me see, you won't have heard of him, because he's only been courting me since I gave the go-by to Watcher and Hopkins. He's a very hasty-tempered man, and his language *is* a bit of a coloured supplement. Mrs Bugbird passed the remark to me I'd really have to mind my p's and q's; and I said it wasn't my p's and q's I had to look out for, it was my b's and d's. Of course, Mrs Bugbird herself didn't mind. Oh, no, she's a very broad-minded woman. In fact, her father, so she's often told me, used to preach regularly at street corners against any kind of religion at all. But I shan't keep this Currie hanging around much longer. No, he gets me into bad habits, and the next time he proposes marriage will be the last. Besides, even if I liked *him*, I don't like his business, which is fried fish. Fancy me in a fried fish shop for the rest of my life! Why, I'd sooner marry an engine-driver and live in a railway-station. Well, an engine-driver did propose to me once. But I saw he had the habit of driving too much, and that would never have suited me. Why, even of a Sunday afternoon he wasn't happy if he couldn't walk me round Greenwich Park at sixty miles an hour. I remember once just for a joke I started whistling the same as an engine might, and everybody stopped and begun staring, and which made him a bit annoyed. In fact, he thought I was touched in my head, and that Sunday was his last. Well, he's the only one of all my many who didn't wait for me to say "no" definite, but went and hooked it himself. And going back to the subject of my language this last month, it wouldn't do at all if Letichia's coming home with me, so I think I'll drop him a p.c. and not wait for the third time of asking.'

'Am I coming home with you, Mrs Porridge?' Letizia asked, clapping her hands.

'You're coming home with me this blessed afternoon just as soon as your dear ma's packed up your tiddlies. Your friend Mrs Bugbird will be popping in, and we'll have a sprat tea together. And dear Aggie Wilkinson's dancing about on her pore crutches, because you're coming home to your Mrs Porridge.' She took Nancy aside, and continued in a lower voice: 'I read between the lines of your letter, dearie, and I knew you didn't want to come near Greenwich. So I just skipped into my Sunday best and come along to fetch her. She can stay as long as you like. I'd say she could stay for ever. Only she wants a better bringing up than what a woman like me could give her.'

'Oh, but I'm sure to get an engagement very soon, Mrs Pottage, and then of course she'll go on tour again with me. I wouldn't have bothered you now, if I hadn't thought you'd be glad to have her for a while, and if I hadn't wanted to leave these rooms as soon as possible.'

'And I don't blame you. I'd sooner live in a dustbin. But where are you going when you leave here?'

'Oh, I shall find somewhere tomorrow. I'm so glad you did come today for Letizia. It will make it ever so much easier for me. The only thing I'm worrying about is the luggage.'

'Well, why don't you let me take what luggage you don't want down to Greenwich, and then when I bring you Letichia I can bring you your luggage at the same time. There's no sense in travelling a lot of luggage round with you like a peacock's tail. We can just pop what you don't want into a four-wheeler and take it to London Bridge.'

Nancy hesitated. She was wondering if she had enough money left to pay the cab now, and Miss Fewkes's bill tomorrow morning. However, if she hadn't, she could visit the pawnbroker early and pledge some odds and ends, and she decided to accept Mrs Pottage's offer.

'Now who's going to fetch the four-wheeler?' Mrs Pottage wanted to know when the packing was finished. 'Shall I give a holler to Her Landlayship upstairs?'

'Ask Miss Fewkes to fetch a cab?' Nancy exclaimed. 'Why, she'd . . . ' words failed her to express what Miss Fewkes would do.

'But what *is* this Miss Fewkes?' demanded Mrs Pottage indignantly. 'Three ha'porth of nothing, from what I could make out of her. Still, rather than create a row on a Sunday afternoon I'll go and fetch the four-wheeler myself. I'll stand in Shaftesbury Avenue till one comes along. There's one thing, the police won't be so likely to take me for a kerbstone fairy as what they would Lady Fewkes. Oh dear, oh dear! Well, I'm bothered if some people nowadays don't give theirselves as much airs as if they were Margate, Ramsgate, and Brighton all rolled into one.'

In about ten minutes Mrs Pottage returned followed by a burly old cab-driver in a dark blue beaver coat with treble capes and a shiny bowler hat.

'I've brought a most obliging driver along with me,' she proclaimed. 'The first cab I got, the fellow wouldn't leave his horse at the corner to come and help down with the luggage. Afraid of his horse, he said. "I suppose you're afraid it'll fall down and never stand up again if you left go of the reins?" I said. "Never heard of a horse running away, I suppose?" he answers back very sarcastic. "What?" said I. "That pore skelington run away? Why, it couldn't walk away. It might fade away, yes. And if it didn't run away of itself, I'm sure nobody wouldn't ever run away *with* it. Not even a cat's-meat man, and they'll run away with anything as looks a little bit like flesh and blood. But that horse of yours don't. That horse of yours looks more like a clothes-horse than a real animal. Only I'd be very afraid to hang a towel on its back for fear it might break in half under the weight." And with that I walked on and found this driver, who's been most obliging, I'm sure.'

The cabman touched his hat in acknowledgement of the flattery, and asked which piece they wanted down first.

But now a greater obstacle to the departure of the luggage than an unwilling cab-driver presented itself, for Miss Fewkes appeared, her tow-coloured hair elaborately done, as it always was on a Sunday afternoon, to resemble a brand-new yacht's fender, from which state it gradually wore away during the stress of the week.

'And what is the meaning of this?' she demanded, folding her arms.

Nancy explained why her luggage was going away this afternoon.

'Then perhaps you'll pay my weekly bill, Miss O'Finn, before you remove your boxes?' said Miss Fewkes.

'My bill will be paid tomorrow morning before I leave.'

'Yes, but I'm not in the habit of permitting my lodgers to remove their luggage until their bills are paid,' Miss Fewkes insisted.

Mrs Pottage gasped.

'Well, of all the impudence I ever did hear! Well, I passed the remark to the policeman that you looked like a potted shrimp, but shrimp sauce is more what you ought to be called.'

'It's easy to see what *you* are,' Miss Fewkes let out venomously. 'The sort of woman *you* are is plain to anyone who's sharp and has eyes.'

At this point, the burly cab-driver, evidently afraid of being involved in this feminine dispute, retired downstairs until the matter was settled.

'It is easy to see what I am,' Mrs Pottage agreed. 'Because I'm a decent made woman. But it's far from easy to see what you are, let me tell you – very far from easy – because you aren't as big as a second helping of underdone mutton at an eating-house. You *may* have eyes. So's a needle. You *may* be sharp. So's a needle. And I wouldn't care to look for you in a haystack anymore than what I would a needle, and that's the solid truth I'm telling you. You asked for it, ma'am, and now you've had it, and if you'll kindly stand on one side you won't get carried out with the luggage like a speck of dust off of your own dusty banisters.'

'This luggage don't leave my house before my account's been settled,' Miss Fewkes shrilled. 'Not if I have to fetch in a policeman to you.'

'Fetch a policeman?' Mrs Pottage jeered. 'Well, for a woman who looks like last night's buttonhole or a sucked sweet as a kid's spat out on the pavement, you've got a tidy nerve.'

Nancy thought that it was time to interfere, because she did not want Letizia to be frightened by the quarrel.

'I'm quite willing to pay your bill, Miss Fewkes, if you suspect that I'm trying to give you the slip,' she said.

'Not at all,' Mrs Pottage interposed. 'It's beyond reason giving in to such as she. Let her call this policeman we've heard so much about, and it's my opinion he'll laugh in her face, that is, if he could tell it *was* her face, which I don't think.'

'You vulgar impertinent woman,' Miss Fewkes ejaculated.

'Yes, thank goodness, I *am* a woman,' Mrs Pottage retorted. 'And thank goodness you can reckonise me as such, which is more than what I could reckonise you, not if I was looking at you with two telescopes at once. Why, if I was you I'd be afraid to go out alone in case I got took by a showman for a performing flea. It's a nine days' wonder you never got pecked up by a sparrow; but there, I suppose even a sparrow knows that isn't good for him.'

To what heights of invective Mrs Pottage might have risen was never to be known, because Nancy insisted on paying Miss Fewkes her bill, which enabled her to retreat to her own room and cease to oppose the departure of the luggage.

'But there, perhaps it's as well,' said Mrs Pottage. 'Or I *might* have been tempted to say something a bit rude.'

With the aid of the good-natured cabman the luggage was put on the four-wheeler; and an hour later Nancy waved farewell to Letizia and her hostess at London Bridge Station.

Chapter 17

THE TWO ROADS

On Monday morning with a lighter heart than she had known for many weeks Nancy left Miss Fewkes. She had ten shillings and a few odd coppers when she stepped out of the tall, thin house in Blackboy Passage, carrying her dressing-case in her hand; but she had not to worry about Letizia at present, and the removal of this anxiety had revived her confidence in being soon able to get a 'shop.' Meanwhile, she had to find a cheap room somewhere. This proved to be much less easy than she had expected. At first all the owners of the houses announcing apartments seemed to regard her with equal suspicion.

'I don't keep the kind of room you want,' said one.

'I wouldn't mind taking you in myself,' said another. 'But my husband don't like having women in the house.'

'If you're looking for gay rooms,' said a third with brutal directness, 'you'd better try the other side of Oxford Street. You won't find anything to suit you round here. We have to be too careful of the police.'

When at last Nancy did reach a quarter where landladies appeared less dismayed by the prospect of letting to a single woman, she found that the most exorbitant prices were asked in every house.

'Two pounds a week for a bedroom only,' said one. 'Or if you have a latchkey, three pounds.'

'But why should I pay a pound a week for a latchkey?' Nancy asked in astonishment.

'Well, if you have your own latchkey, I shouldn't make any extra charge for the gentlemen you brought home. Otherwise I'd have to charge you five shillings a head.'

Nancy laughed.

'But I don't want to bring gentlemen home with me. I'm on the stage,' she explained.

The stolid countenance of the woman with him she was negotiating did not change its expression.

'If you don't want to bring men back, you don't want a room in my house.'

With this she slammed the door in Nancy's face, obviously annoyed at the waste of her time.

Another landlady was quite distressed by the suggestion that Nancy should have a bedroom for ten shillings a week.

'A nice-looking girl like you doesn't want to come down to that,' she exclaimed. 'You trust your luck a bit, my dear. Why don't you take my two nice rooms on the ground floor and cheer up? They've always been lucky rooms to girls like you. The last one who had them got off with a wine-merchant somewhere up North, and he's fitted her out with a lovely little flat of her own. He only comes up to London for a day or two every month, so she has a nice easy time of it. I'm sure I don't know whether it's me or my rooms, but certainly I've seen a lot of luck come the way of girls like you.'

At last, after a peregrination of various apparently economical quarters, Nancy found a tiny garret at the top of a tumbledown house in Unicorn Street, which joined Red Lion Square to Theobald's Road. This was the third time in succession that she had taken lodgings in a thoroughfare for foot passengers only, and superstition began to suggest a hidden significance in this collocation. The third time? It might be from here that she would discover the main thoroughfare of her future life.

Unicorn Street was dark and narrow, and the upper portions of several of the houses overhung the pavement so far as almost to meet. These relics of London before the Great Fire had by this date already been condemned, although they were not actually pulled down for another ten years. The majority of the shops belonged to second-hand-book sellers, whose wares seemed as tattered and decrepit as the mouldering old houses above. Their trade was mostly done from shelves outside the shops containing books labelled at various prices from one penny to a shilling. There were, of course, other books inside, but these were usually stacked anyhow in tottering heaps and simply served to replenish the shelves and boxes on the contents of which, when the weather allowed it, seedy men of various ages browsed slowly, humping their backs from time to time like caterpillars when they thought they had caught sight of a rarity. Mr Askin, the owner of the shop high above which Nancy found her cheap room, resembled the English idea of an elderly German professor before the war destroyed that pleasantly sentimental conception. His lanky white hair hung over his collar like greasy icicles; he wore blue glasses, carpet slippers, and a frock coat; he even smoked a long china pipe. The prospect of seeing his shop pulled down to make way for blocks of eligible offices did not disturb him, because he had made up his mind that within two years he was going to be drowned. As he apparently never moved a yard away from his shop, Nancy was puzzled by this confident belief, and ventured to ask him on what it was based.

'Have you studied the effects of the moon?' he inquired, contemptuously.

Nancy admitted that she never had.

Whereupon he put his forefinger against his nose and said very solemnly:

'Then don't meddle in what you don't understand. If I say I'm going to be drowned before two years are out, then it means I've studied the question and come to my own conclusions and resigned myself to what must be. And that's that, isn't it? So try and not talk so silly, young lady.'

Mr Askin had bought enough books according to his calculations to outlast him and leave a trifle over for his widow. These had at one time filled every room in the house; but as soon as they were sold the empty rooms were furnished with a few odds and ends and let. The top stories were now completely void of books, which was how Nancy managed to rent one of the garrets in the roof for the sum of seven shillings a week. The other garret was inhabited by Maudie Pridgeon, the Askins' maid-of-all-work, who as soon as she heard that Nancy was a real actress could not do enough for her.

'Oh, Miss O'Finn,' she begged, 'I wonder if you'd be kind enough to hear me recite *The Lighthouse Keeper's Daughter* some afternoon, and tell me if I've got a chance to get on the stage myself. It's the dream of my life. I may not be a Sarah Burnhard or an Elling Terry, but it's in me, Miss O'Finn. I feel shore it's in me. Sometimes I feel I could burst with what's in me. I was afraid it might be wind for a time after I'd been reading about some medicine or other. But it ain't, Miss O'Finn, it's acting. It is reelly. So some time, when we have a moment to ourselves, I do wish you'd hear me recite and give me a bit of good advice. And of course I can rely on you not to say a word to Mrs Askin about my ambishing or she might pass some nasty remark about it. She never moves out of the back-room behind the shop herself, and she'd never believe as I might be a star hiding my light under a bushel.'

The reason why Mrs Askin never moved out of that back-room was her profound conviction that all men were thieves, and collectors of old books the greatest. So, day in, day out, she sat in a flocculent arm-chair which at night was turned into her bedstead, watching with a suspicious eye the behaviour of prospective customers. She was a dark, unwieldy woman with a hairy chin, a profusion of tufted moles, and what was almost a heavy moustache. It was agreed when Nancy took the garret that she was not to expect any cooking to be done for her; and when she saw the Askins' meals being prepared in that back-room and Mr and Mrs Askin and Maudie each eating a disgusting plateful balanced on different heaps of incredibly dusty books, she did not regret the arrangement. She managed to make her own garret fairly clean; and though it was perishingly cold up there under the ancient roof, though the bed was hard and the rats scampered round inside the rawboned plaster walls, she had the satisfaction of feeling perfectly sure that nowhere in London could she be lodged more cheaply. The solitude of the long, long evenings when she used to go to bed at eight o'clock in order to keep warm was immense; and yet she liked it, for she seemed, high up in this garret, to be as near to Bram as she could reach on earth. There was no blind to the decayed window of the dormer and, blowing out her candle, Nancy used to lie for hours staring out at the tawny London sky, while beneath her pillow his watch was always ticking, his watch that she had never allowed to run down. And once in sleep he held her in his arms, and once she woke with his kisses warm upon her lips; but mostly when she dreamed of that beloved lost one it was of running with him along endless platforms to catch fantastic and unattainable trains, and of acting with him in nightmare plays without having studied the part in which she was being suddenly called upon to appear. Meanwhile, it seemed that the tangible and visible world was fast dissolving into an unstable dream when Nancy, after three weeks of pawnshops and agents' offices and of apparently being as far away as ever from an engagement, was persuaded by Maudie to hear her recite *The Lighthouse Keeper's Daughter* and was asked at the end of it to advise her about a dramatic future.

'I think you said it very well, Maudie,' Nancy assured the little maid, whose cheeks were flushed and whose eyes were flashing with excitement. 'But I must really advise you to give up all idea of the stage as a profession. Look at me. I am an experienced actress and yet I can't get an engagement. I've been trying ever since January, and now it's nearly April. All the managers say I'm too tall; and you know, Maudie, dear, you're just as much the other way, aren't you? You and I want special parts written for us, that's the trouble.'

The little maid's eyes filled with tears.

'Oh, Miss O'Finn,' she sobbed, 'you've been and gone and shattered my life's ambishings with them words. You see, when I'm reciting I feel as if my head was going through the ceiling, but of course what you feels and what you is ain't the same, is they? Still, it's always the darkest hour before the dawn, they say, and I've still got my young man. When I see him on Sunday night I'll tell him as I've given up my life's ambishings, and he can start saving up for merridge as soon as he likes. It's broke *my* heart, but he'll be happy. He was always afraid he'd lose me, Miss O'Finn. He never could believe I'd remain a simple milkman's wife when I become famous, and only last week he let a lovely double-bed go by because he didn't want to have it on his hands and me out of his reach"

A few days after Nancy had destroyed Maudie's dramatic ambitions she received a letter from Mrs Pottage.

3 Starboard Alley,
Greenwich,
April 1st.

My dear Mrs Fuller,

It's a nice day to choose to write a letter to anyone, but there you won't get it till April 2nd so you won't think anyone's sending you a live mouse or any silly joke like that. Well here we are as well as we can be thank God – Letitsha is in the pink there's no doubt about it and so am I but this is not what I am writing about. Last week we had the Lights of Home company at the Royal and Mr Plimmer who was acting in it was lodging with me and this week they finished and he's staying on with me because he says he's never been so comfortable in his life but he's took a great fancy to Letitchia and that's a fact – He raves about her and I won't say I'm surprised because she's been on the Top of her Form and making us all laugh fit to Bust. Mrs B says she's laughed a lot in her life and which is a fact but she don't think she ever laughed so much as what she has this week. She split her stays one afternoon – They went off like a Cannon – Talk about a royal Salute – And Mr Plimmer says she's a born actress and ought to be on the Boards without delay – well he's taking out a company himself in a drama he's written something after the stile of East Lynne well about the same as far as I can see only a bit more East in it from what I can make out and he wants Letissia for the child and you for the Mother. He'll write plenty of stuff for her because he says She'll Knock Them. Well I'm bound to say I think she will and Mrs B's convinsed of it: So I gave him your address and he's going to pop up to London tomorrow if you'll make arrangements to be in I've given him your address. What a voice that Kid has he said to me Mrs Pottage. Good God it would reach to the back row of the gallery in any theatre. Well I hope this'll be the end of all your troubles and which I think it will dearie –

Letitsia sends her love and so do I and hope this is an end of all your worries even if it is April Fools Day. Mrs B sends all the best and so do I,

Your loving old
Johanna Pottage.

Here was a most unmistakable turning out of this long lane, Nancy thought; a turning at so sharp an angle that the prospect of taking it alarmed her imagination, so far did it seem likely to lead

Letizia and herself away from the direction in which Bram and she had been travelling together. Nancy's mind went back to her own appearance at the age of six in *Green Bushes*. Her mother was no longer alive to witness that first performance of a squeaky-voiced little boy in the old-fashioned melodrama, of which she could remember nothing except the hazy picture of the heroine dressed in a Fenimore Cooper get-up as she came running down the bank, gun in hand. Her father had made arrangements for her to live with the baggage-man and his wife during that tour. She had liked Mr Ballard, a big, fat man with a very much waxed moustache; but little Mrs Ballard, with her cold hooked nose, pink and half-transparent at the tip, had been antipathetic. She could see her now sighing and sewing all day. If Letizia did go on the stage as a child, she should not act away from her mother at any rate. It would always have to be a joint engagement.

Maudie interrupted Nancy's pictures of the past by coming up to say that a gentleman was down in the shop and wanted to see her.

'I didn't know if you'd have liked me to have brought him up here, Miss O'Finn? I hope I done right in asking him to wait a minute in the shop?'

'Good gracious, yes, Maudie! He couldn't come up here. I'll be down very soon.'

Nancy looked at the card: *Rodney Plimmer 'Custody of the Child' Company*. Evidently that was the play he was presently going to take out on tour. Nancy put on her hat and coat, for if she was going to talk business with Mr Plimmer they would certainly have to talk elsewhere than in Unicorn Street.

The actor was turning over the pages of one of Mrs Askin's tattered folios when she came down into the shop.

'Now don't tell me you've got another appointment, Miss O'Finn,' he said. 'I've been hoping you would come out to lunch with me.'

'Oh, no, I haven't any appointment, and I'll be delighted to lunch with you.'

'Capital! Then, if you're ready, shall we wend our way toward some little place where we can talk far from the madding crowd?'

There was nothing remarkable about Mr Plimmer's appearance. The clean-shaven face, the full, mobile lips, the tendency toward sleekness, the suggestion that his clothes were being worn with a little too much of an air, the moist impressionable eyes – all these traits were sufficiently familiar to Nancy among the men of her profession.

'Now, have you any prejudices on the subject of restaurants?' Mr Plimmer inquired with rich voice and elaborate manner.

'None whatever.'

'You don't pine for music and suchlike gaieties?'

She shook her head.

'Then let me see.' He paused with such dramatic abruptness in the middle of the pavement that an errand-boy who was just behind bumped into his broad back. 'Why don't you look where you're going, my lad?' he asked with exaggerated dignity.

'Why don't you look where you're stopping?' the errand-boy retorted and hurried on, whistling indignantly.

'Self-possession is nine points of the law,' said Mr Plimmer. 'By the way, that's not bad, eh, Miss O'Finn? I think I'll note that down as rather a good line.' He took out a small pocket-book, and entered the remark. 'A word in the hand is worth two in the head,' he observed with a smile; and as he did not bother to enter this line under the other Nancy supposed that he used it frequently.

'Then let me see,' said Mr Plimmer, returning to the original attitude which had provoked this diversion. 'I have it! Kettner's. You've no prejudice against Kettner's?'

'None whatever. I've never been there,' Nancy replied.

'Never been to Kettner's? Oh, then, of course we must go to Kettner's. No music at Kettner's. And if there's one thing I hate it's chops and sonata sauce.'

Mr Plimmer blinked his moist eyes as if he were dazzled by the brilliancy of his own wit.

'And now what about a hansom?'

The drive from the corner of Theobald's Road to Kettner's was a strain on Nancy, because Mr Plimmer was evidently extremely nervous in hansoms and talked all the time of the narrow shaves he had had when driving in them. If ever their driver showed the least audacity in passing another vehicle, Mr Plimmer would draw in his breath with a hiss, or put his hand over the apron as if he would seize the too urgent horse by the tail and stop his going too fast. However, Kettner's was reached in safety, and Mr Plimmer was no sooner on the pavement than he recovered all his suave composure, so that he entered the restaurant with the air of knowing exactly where to go and what to order wherever he should choose to eat in London.

'They know me here,' he whispered to Nancy. 'Ah, good morning, Gaston.'

The waiter who had just placed the menu before him looked

slightly astonished at being thus addressed; but he was too urbane to put his client out of countenance by pointing out, as Nancy felt sure he could have pointed out, that his name was not Gaston.

'Now, let me see, what is it I always have here?' said Mr Plimmer.

'Will you take ze table d'hôte lunch, sare?' the waiter suggested.

'Oh, you recommend that, do you? Let me see . . . '

The waiter began to translate rapidly the meaning of the various items, so rapidly that Mr Plimmer did not even have time to say 'cheese' instead of 'fromage.'

'Gaston always makes himself responsible for my lunch here,' he explained to his guest. 'He knows my tastes, and you can be sure he's going to give us something special.'

The waiter, having taken the order for the table d'hôte, returned with the wine list.

'Ah-ha, now this will take a bit of thought,' said Mr Plimmer. 'Let me see now. Let – me – see. White or red wine, Miss O'Finn?'

Nancy chose white.

'What woman ever chose red?' he laughed romantically. 'Now let – me – see. What's the number of that Chambertin I usually have here, Gaston?'

'Number 34 is a very nice wine, sare.'

'That's it! That's it! A bottle of 34. Extraordinary, isn't it, the way these fellows remember every customer's likes and dislikes?' he observed to Nancy when the waiter had retired to fetch the wine. 'It must be quite a year since I was in Kettner's, and yet he remembered which was my particular tipple. But of course I always tip him well. Oh yes, old Gaston has good reason to remember my tipple.'

Mr Plimmer winked solemnly to indicate that the pun was intentional.

After a little more talk about the advantages of establishing a personal relationship with waiters if you wished to fare well at restaurants, Mr Plimmer came to business.

'I think our excellent old landlady Mrs Pottage has already written to you something of what I wanted to talk about. The fact is, Miss O'Finn, I have been completely subjugated by your little girl. And what an actress! I don't know if you've met Mrs Pottage's friend with the queer name?'

'Mrs Bugbird?'

'Just so. Well, your daughter's imitation of Mrs Bugbird is simply marvellous. She has genius, that child. And genius is not a word that one uses lightly in our profession. No, Miss O'Finn, it is a word that one uses with caution, with extreme caution. But I don't mind telling you that during the last week I have been staggered by her possibilities.'

'I'm afraid she comes of precocious parents,' said Nancy. 'My husband went on the stage when he was only sixteen, and I made my first appearance ten years earlier. In my case, I'm afraid that such early promise was fatal.'

'I'm sure you do yourself an injustice,' said Mr Plimmer. 'You are feeling discouraged at the moment. It is not to be wondered at. But I venture to think that the proposal I am going to make to you will open a brighter vista. How do you find the wine?'

'Delicious,' said Nancy, who might as well have been drinking water, so little was she aware of her glass.

'It is good, isn't it? I'm bound to say Gaston never lets me down. I don't know if Mrs Pottage told you that the occasion of my finding myself under her hospitable roof was my engagement with the *Lights of Home* Company. A queer, old-fashioned melodrama, one at which we are tempted to laugh nowadays. But I accepted the engagement with a purpose. One is never too old to learn in our profession. I wanted to get the feeling of the audience for melodrama. Of course, in my early days I played a good deal in melodrama, but during the last ten years I have been mostly on tour with London successes. Last year I had an idea for an original play, and while I was resting I embodied my wandering fancies in tangible shape. I have written, Miss O'Finn, what I do not hesitate to call the finest domestic drama of our time: *The Custody of the Child*. A striking title, eh? The subject is, as you may guess, divorce, but treated, I need hardly say, in a thoroughly pleasant manner. I abominate these modern plays. Ibsen and all that kind of thing. Thank goodness, the great majority of our countrymen are with me there. We don't want that kind of raking in muck-heaps. No, the moment that the British drama forgets that it is founded upon British family life, the British drama is dead. I hope you agree with me?'

Nancy supposed that he was more likely to stop talking if she agreed with him than if she argued with him. So she nodded her head in emphatic approval.

'I knew the mother of that child must be an intelligent woman.'

'Surely you haven't been discussing the present state of the drama with Letizia?' said Nancy.

Mr Plimmer laughed solemnly.

'Not exactly. But, by Jove, that child would be quite capable of discussing it. She'd talk a great deal more sense about it than most of these confounded dramatic critics. Don't speak to me about dramatic critics, Miss O'Finn. They disgust me. I can't bring myself to speak about them. I regard dramatic critics and wife-beaters as the most contemptible being on earth. By what right does a man who knows no more about acting than a graven image set himself up to criticise people who do? There he sits in the front row of the stalls with last night's shirt and a perpetual sneer – but don't ask me to go on talking about such rascals. My gorge rises against them. I despise them. I regard them with contempt and aversion. I wish you hadn't brought up this topic, Miss O'Finn. I can't even enjoy Gaston's excellent lunch when I think about dramatic critics. It's their ignorance that is so appalling – their ignorance, their lack of taste, their dishonesty, their . . . but no, I cannot speak about them! Do let me pour you out another glass of wine.'

'You were telling me about your play, Mr Plimmer.'

The actor-author mopped his brow, and after reviving himself with a few mouthfuls of food was able to continue.

'This play of mine, Miss O'Finn, might seem to bear a superficial resemblance in the main theme to *East Lynne*. But it is only very superficial. Until the excellent Mrs Pottage, to whom I read it, said that the great scene in the third act reminded her of a similar scene in the dear old-fashioned drama at which we have all wept in our day, I confess that even this superficial likeness had not struck me. However, Mrs Pottage was right. There undoubtedly is a faint resemblance. But what of that? Did not somebody or other, some great writer whose name escapes me for the moment, say that there were only six original plots in the world? After all, it's the treatment that counts. But let us be practical. I did not invite you out to lunch to hear me discuss abstract theories of art. At the end of this month *The Custody of the Child* will be presented for the first time on any stage at the Prince of Wales' Theatre, Leeds. Will you and your daughter accept what I am tempted to call the two leading parts? I have engaged an excellent young actor for the husband, Clarence Bullingdon. Do you know him? No? He's very sound. My own part is a comparatively small one. Well, I didn't want to give the critics a chance of saying that I had written a play to show off my own acting.'

'But would I suit the part?' Nancy asked.

'Exactly what I require. You might have served as the model for my inspiration.'

Nancy wavered. The last thing she had intended was to allow

Letizia to act. Yet would it hurt her so much to be acting with her mother?

'What salary are you suggesting, Mr Plimmer?'

'I had allotted five pounds a week to your part, Miss O'Finn; but if your little girl will appear with you I am prepared to double that.'

Ten pounds a week! It was as much as she and Bram had ever earned together, and a good deal more than they had earned sometimes. It would be madness to refuse. Besides, work was necessary if she was not to break down under this anxiety. Yet it was very young for Letizia to be acting.

'What time would my little girl be finished?' she asked.

'Ah, you're thinking of her bedtime. Well, of course, she would be late. In fact, her scene in the last act is the crux of the whole play. But surely she could lie down every afternoon? We shall only have one *matinée* in the week.'

'You are tempting me, Mr Plimmer. And yet I don't really think I ought to let my little girl act. Couldn't you engage me at five pounds a week without Letizia?'

The actor shook his head.

'Candidly, that would be a bit awkward, Miss O'Finn. The fact is that I have already half promised your part elsewhere, and if it were not for your little girl I should not care to break my word.'

'But I wouldn't like to keep another girl out of the part,' said Nancy quickly.

'That is being quixotic – unnecessarily quixotic; and quixotic dear lady, rhymes with idiotic. No, the other lady would perfectly understand my point of view in doing anything within reason to obtain the services of a good child actress in a play where so much – everything, in fact – depends on that child actress. I understand from Mrs Pottage that you have been out of an engagement for some time, Miss O'Finn, and you will pardon me if I say that I judged from your lodgings that you were perhaps not in too healthy a financial condition. I am willing if you accept the engagement for your daughter and yourself to pay you half-salary until we open at Leeds. Come, I think I have shown how really anxious I am to have your little daughter.'

'I'll let you know tonight,' Nancy began.

'No, no, don't wait till tonight. Say "yes" now. Come, give me your purse and I'll put your first week's salary inside and post you the contract tonight.'

There was sixpence-halfpenny in that purse; and tomorrow,

Nancy thought, her last brooch would have to go to the pawnshop. After that there would only be a few dresses, and then Bram's watch must go, and perhaps even her wedding-ring. It would be madness to refuse. She pushed her purse toward Mr Plimmer.

'All right. Consider us engaged,' she sighed.

The actor was frankly delighted. He ordered a fresh bottle of Chambertin and talked for another half-hour enthusiastically about his play and the success that Letizia was going to make. But Nancy could not be merry. She was wondering what Bram would have said about Letizia's acting. The people in the restaurant faded out of sight; the noise of knives and forks died away; the conversation sank to less than a whisper, to less than the lisp of wind in grass. There stood Bram in the entrance, his eyebrows arched in a question, his eyes half laughing, half critical, his lips pursed. It seemed to Nancy that she rose from her seat and cried out to him; but in that instant the people in the restaurant reappeared and the noise of talk and plates was louder than ever. There was no Bram in the entrance of the restaurant, no Bram anywhere in the world.

Mr Plimmer offered to drive Nancy to Unicorn Street; but she refused and bade him good-bye outside Kettner's. She wanted to be alone, and finding herself in Soho she thought that she would look in at her late lodgings and inquire if there were any unforwarded letters waiting for her, not that she expected any, but it might be that somebody had written to her at that address. It would be cheerful to find a letter from the Kinos. The Kinos? Ah, but it was not the same thing. It was quite another matter for Letizia to act in the same play as her mother.

Miss Fewkes was ungracious when she opened the door to her late lodger. She had not let any of her rooms since the Kinos and Nancy went away.

'There was a letter and a parcel came for you some days ago, but I don't know if I can find them. If you'd have left your address I could have forwarded it on. But I'm too busy to keep an eye on stray letters kicking about and getting in the way when I'm dusting.'

However, in the end she found what turned out to be a postcard from Mrs Kino sending messages from herself and her husband. The parcel was a set of Japanese boxes, one inside the other down to the last one which was hardly bigger than a pin's head. These were for Letizia to play with.

There was nothing about Miss Fewkes that invited one to stay and gossip with her. So Nancy went away with her post, and as she did not want again to visit Blackboy Passage she left her address behind her in case any more letters did happen to come.

That night Nancy lay awake for a long time, puzzling over the wisdom and morality of the step she had taken. Was it due to selfishness? Was it due to her own desire to be at work again? At work! At work again! No longer to lie here night after night, staring out of the curtainless window at the tawny London sky, her heart sick for his arms about her. The evenings might not be so long when she was working again. There would be, indeed, the poignancy of once more treading boards that he and she had trod together; there would be the agony of seeing again the familiar platforms along which he had run with cups of tea for her; there would be continuous reminders of what she had lost. Reminders? What reminders were needed to make more empty this empty world? At work again! At work! Every week a new town. Always something to distract her from this eternal ache, some poor little futile change, but still change – change and work. Was it very selfish of her to sacrifice Letizia to her own need? Very wrong and very selfish? Yet even from a practical point of view surely it was right to take this money when she had the chance? She could not leave Letizia with Mrs Pottage indefinitely. To refuse an offer like this while she accepted the old landlady's charity would put her in such a humiliating position. Bram surely would not blame her. He would remember what had happened when she went to his brother, and he would know that she had tried to put her own feelings on one side. It made such a difference to open her purse and hear the crackle of that five-pound-note when she put in her hand to find a penny for the bus-conductor. It was as comforting and warm as the crackling of a fire in winter-time.

'Oh, my darling,' she cried toward the stars that were visible again at last after that unending black frost, 'my precious one, I don't think I have any more courage left. I can't live alone any longer and wonder what I shall have to pawn of ours next.'

In the morning, Maudie came in with two letters. The first envelope she opened held the contract from Mr Rodney Plimmer, with a note asking her to sign it and return to him at Greenwich. The handwriting on the outside of the second, which had been forwarded from Blackboy Passage, was unfamiliar, and the postmark showed that it was a week old. Miss Fewkes must have thought yesterday that she had lost it, and therefore had said nothing about it. It was lucky that she had called at her old lodgings. Or was it so lucky? The unfamiliar writing filled Nancy with foreboding, and her heart beat very fast as she tore open the envelope.

St Joseph's School,
Sisters of the Holy Infancy,
5 Arden Grove, N.W.
Annunciation B.V.M.

Dear Mrs Fuller,

After our talk in the train two weeks ago I wrote to the Reverend Mother about you and your little girl. Unfortunately she has been laid up with a bad chill, so that only today I have had her answer. She gladly authorises me to offer you the protection of the Holy Child for little Letizia. This would mean that the Community will be entirely responsible for her education until she reaches the age of eighteen. I do not know, of course, if you will be willing to let her come to us so young. I did not speak to you on the subject, because I did not want to make any kind of half-promise without the authority of the Reverend Mother. We should perfectly understand your not wanting to lose her yet a while, and we shall be willing to accept the care of her at any time during the next three years. But if I may advise you, I think you would do right to send her to us now. You will not consider me too narrow-minded if I say that life on tour with all sorts of changing influences, some good and some perhaps bad, is not the best early influence for a little girl, especially an intelligent and forward little girl like yours. However, this you must decide for yourself. Of course she will have a very good education; and by being relieved of all financial responsibility you will be able to save money for her when she leaves us.

Will you let me know what you decide? We are ready to take her immediately. I have thought a great deal about you this fortnight, dear child, and I humbly pray to Almighty God that He will give you His grace to choose what is best for yourself and for your little girl.

Yours affectionately in J.C.
Sister Catherine.

Here was another wide turning out of that long lane every bit as wide and important as the first, but leading in exactly the opposite direction.

Nancy looked at the contract from Mr Plimmer and at the letter from Sister Catherine. Why was she hesitating which road to take? Was it the dread of parting with Letizia? A little. Was it the thought of Mr Plimmer's disappointment, who with all his absurdity had appreciated Letizia and thus endeared himself to her mother? A little. Was it the fancy that Mrs Pottage might be hurt by the rejection of an offer that she would have supposed so welcome? A little. Or was it cowardice about her own immediate future? That most of all. It was the dread of tempting fortune by a refusal of this engagement. It was the dread of sending back that comfortably crackling five-pound-note and having to pawn her last brooch before she could even pay for the registered letter in which it ought to be. It was dread of the tawny London sky louring at her through that curtainless window, of tumbledown wooden stairs in Maiden Lane and weary stone steps in Garrick Street, of seeing her wedding-ring appraised by a pawnbroker's thick and grimy fingers, of loneliness, eternal aching loneliness. There recurred the picture of that old lady framed by vermilion cushions, and the sound of her high, thin voice repeating, 'Educate your child. Educate her.' There came back the old lady's confident interpretation of her grandson's unuttered wish. Whatever the cost, Bram would surely choose the convent. Nancy was once more in that silent tunnel, listening to Sister Catherine's voice plangent with the echoes of her passionate fled youth. She remembered how deeply fraught with significance that conversation had seemed. And the impulse that had drawn her footsteps to Blackboy Passage to inquire for letters she did not expect? Who should dare to say it was not Bram himself who had guided her thither? So that between Letizia and the future she was being offered stood nothing except her mother's cowardice.

Nancy took her brooch to the pawnbroker's and raised upon it the sum of fifteen shillings and sixpence. Of this she spent a shilling in sending this telegram:

Sister Catherine,

5 Arden Grove, N.W.

Your letter just received gratefully accept your kind offer will call and see you this afternoon

Nancy Fuller.

Then she bought a registered envelope and slipped the five-pound-note inside it with a letter of apology to Mr Plimmer.

Fourteen shillings and three pence in the world; but Letizia was safe. She found a Catholic church and spent the odd coppers lighting three penny candles to Our Lady of Victories.

Chapter 18

TRIENNIAL

As if fortune had had no other object in view but the trial of Nancy's character by adversity, she had no sooner handed over Letizia to the care of the Sisters than she secured an engagement with a bloodthirsty melodrama called *The Lights of Paris*, in which she toured what were called the 'number two' towns for many many weeks. Her part was very different from the one Mr Plimmer had offered her. Instead of the unhappy young mother reconciled in the last act to a forgiving husband she was to be a dark-eyed adventuress, all ostrich plumes and swishing silk petticoats, whose diabolical support of the villain earned groans and hisses from every audience and whose death at last in the very sewer where she had plotted to drown the heroine was greeted with acclamation. However, what did the part matter? She was earning four pounds a week, out of which she was managing to save half. And what did these dreary manufacturing towns matter? There was less temptation to spend money in them. Or the dull company of second-rate actors and actresses? There was small encouragement to waste her money in buying clothes to impress them. Blackburn, Bury, Bolton, St Helen's, Oldham, Rochdale, Preston, Wigan, Warrington, Widnes, Halifax, Huddersfield, Hartlepool, Gateshead, Sunderland, South Shields. Rain and smoke and blight and the stench of chemicals. The clatter of clogs every morning and every afternoon when the women were going to and from their work in the factories. Soot and puddles. Murky canals slimed always with a foul iridescence. Sodden shawls and wet slates. Infinite ugliness, dawns and days and dusks cinereous, eternal infestivity and ceaseless monotone. No vivid colour anywhere except occasionally in the gutters a piece of orange-peel and on the sweating walls the posters of the tawdry melodrama in which she was playing. It was good to think of Letizia far from these drizzling and fumid airs.

In November the *Lights of Paris* Company visited Brigham, where for several years now a theatre had stood actually on the site of the original tabernacle of the Peculiar Children of God. On making inquiries about the present state of Lebanon House, Nancy heard that old Mrs Fuller had died about five months earlier. When Letizia went to school at the convent, Nancy had written and told the old lady; but she had never received an answer to her letter. She did not feel at all inclined to visit Caleb or the aunts, and although she found out where Emily Young was living she did not succeed in meeting her, because she was away that week. Nancy was wondering if her news about Letizia had pleased the old lady, when the following week at Birkenhead she had a letter from Miss Young.

22 Rosebank Terrace,
Brigham,
November 20, '95.

Dear Mrs Fuller,

I was so disappointed to miss you during your stay in this dreary place, but I was away on a visit to some cousins in Macclesfield. I wrote to you when Mrs Fuller died, but I was afraid, as I never heard from you, that the letter failed to reach you. I sent it to the address from which you wrote last April about your little girl. Mrs Fuller had just had a second stroke, and I'm not sure that she understood what I was reading to her. Still, I fancied that I noticed an expression in her eyes that looked as if she had understood and was glad. She was really unconscious though until she died in May just before Mr Caleb Fuller was married. I miss her dreadfully, and Brigham seems duller every day. You are lucky to be on the stage and able to travel about from one place to another. Life here is simply beastly. I'm trying to get a place as secretary to somebody and have been working hard at typewriting and shorthand. I hope I shall succeed. I hate Brigham more every moment of the day. I do hope that we shall meet somewhere again. Wishing you all good luck.

With kind regards,
I am,
Yours sincerely,
Emily Young.

Nancy smiled when she read of the envy her career inspired, smiled when she thought of Blackburn, Bury, Bolton, St Helen's, Oldham, Rochdale, Preston, Wigan, Warrington, Widnes, Halifax, Huddersfield, Hartlepool, Gateshead, Sunderland, and South Shields.

The following Sunday the *Lights of Paris* Company found themselves in Warrington, and after Benediction at a little tin mission-church Nancy saw the priest and arranged for Masses to be said for Letizia's great-grandmother. It was not so much the spiritual satisfaction she derived from the fulfilment of this pious duty as the feeling that somehow or other Masses said in this tin church for the repose of that strange old woman's soul would express her personality in the immense void of eternity as effectively as on earth she had expressed herself with those vermilion cushions and Venetian mirrors. She had defied in her own creative world the overwhelming nonentity of Lebanon House, just as on the walls of her room Giorgione's Pastorale had defied the meanness of contemporary existence, prevailing with colour against time itself. Now let beauty and compassion rise from the smoke of Warrington to sustain her soul.

There was no opportunity that December to go south and spend Christmas with Letizia; but Nancy was gratefully surprised by an invitation from Mother Mary Ethelreda to visit the convent at Beaumanoir on the moors of northern Lancashire, whence she could easily return in time for the *matinée* at Burnley on Boxing Day. The drive through the cold upland air, the quiet and seemliness of the conventional life, the dignity of the aged Mother Superior, the whiteness and candlelight within, the snow and starshine without, all these united to compose Nancy's mind, so that when she returned to the theatre she moved in a dream, like one who has voyaged from afar and whose body has arrived while the spirit still lingers on the way. Looking out of her window that night, she fancied that the stars high above the smoke of Burnley were jingling like silver bells, so much nearer seemed they since her visit to the Convent of the Holy Infancy at Beaumanoir on the wintry moors. And she knelt down to thank Almighty God that Letizia's youth was clear and bright, remote and crystalline as one of those stars ringing down notes of harmonious light upon the discordant gloom in which her mother wandered.

It was June before Nancy saw Letizia. They spent a month together in the cottage where she was born among the Kentish cherry orchards. The pinks smelt just as sweet along the garden paths as then. There were not fewer roses nor less honeysuckle in the high hedges of the lanes. The haycocks threw shadows quite as far across the shaven leas, across the green-glowing, gold-bloomed leas. And when Letizia was tucked away in her old cot and Nancy sat by the lattice, poring upon the perfumes of the evening, there were just as many ghost-moths dancing upon the dusky air of the garden, fluttering with the old phantasmal passion above the spiced and sombrous flowers. But in no lane and in no lea, behind no hedge, across no brook, at the end of no garden path was Bram, who in this same month six years ago was everywhere. Yet, in spite of the poignancy of remembered joys that she could never know again, Nancy was very happy during her holiday. Letizia was as diverting as ever, with her long tales of school, as definite in her likes and dislikes and as quick to express them.

At the end of the month the long-promised stay with Mrs Pottage at Margate was accomplished, and Nancy noted with a little pang the way Letizia was getting older, that she no longer called her old friend 'Mrs Porridge' just as now she always said 'mother' instead of 'muvver.'

'Well, they haven't starved her at this convent,' the old landlady declared after she had embraced Letizia and presented her cousin, Mrs Williams, the pleasant and hospitable woman in whose house they were to stay. 'I was very doubtful about the idea when you settled to put her in this convent, because I've always had a horror of nuns, and which is why I've never been to see her. I know I read a story once about a pore girl they bricked up, and it gave me the horrors to that extent it was weeks before I could go down into the cellar and fetch up a scuttle of coal. But the child's looking a regular nosegay. What do they give you to eat, duckie?'

'Oh, we have breakfast and dinner and tea and supper, and a glass of milk at eleven,' Letizia said.

'You do?' Mrs Pottage exclaimed. 'Oh dear, oh dear, they regular gormingdise you! I've got it all wrong about nuns. I suppose it's the name that sounds so empty. But certainly I fancied if you had two slices of dry bread and a glass of water you thought you'd done well for one day.'

'Mrs Pottage, when shall we go paddling?' Letizia asked persuasively.

'Paddling?' Mrs Pottage protested. 'You surely don't expect me to go paddling?'

'Well, of course you must paddle,' Letizia exclaimed. 'Don't you know we're at the seaside?'

'But if I take off my shoes and stockings and pull up my skirts they'll think the British Museum's broken loose,' said Mrs Pottage. 'You haven't seen my legs, duckie. Talk about marble columes. Well, my legs would make a marble colume look like a knitting-needle. Besides, supposing I got my toe bit off by a kipper?'

The next morning, armed with several baskets of strawberries, and a large green-lined gingham umbrella, Mrs Pottage set out with Nancy and Letizia to savour the delights of Margate beach.

'Fine weather for a sail, mum,' said one of the longshoremen.

'Yes, but you'd be the one that was sold,' Mrs Pottage retorted.

'Nice day for a row, mum,' suggested another longshoreman. 'A shilling the first hour, and sixpence every hour afterwards.'

'Who do you think I am?' Mrs Pottage demanded. 'Grace Darling? No, thanks, young man. I'd sooner spend the money on winkles.'

It was such a jolly week at Margate. Although Mrs Pottage was never lured into a boat, she was persuaded by Letizia into paddling; and when she found herself with the water round her knees she was so amused by the thought of the ridiculous sight she must be making of herself that she became as helpless with laughter as her friend Mrs Bugbird did and sat down with such a tremendous splash that every child on the beach came running in her direction at the rumour that an elderly woman had been seized by a ferocious shark. Letizia was so much amused by the spectacle of Mrs Pottage sitting down in the sea and remaining there helpless with laughter that she sat down herself, whereupon several other little girls and boys followed her example, to the consternation of their nurses, who had to fling down their novelettes and hurry to the rescue. Yes, it was a jolly week at Margate – a week of sitting on the sun-baked sands and eating strawberries, of paddling and visiting the camera obscura, of listening to niggers and pierrots, of digging castles and buying shrimps for tea, of exploring the mysterious marine underworld of the pier, of wild rides on donkeys and sedate drives in goat-carriages, of sweets and paper-bags and asphalt promenades. But it came to an end very quickly. Mrs Pottage went back to Greenwich. Letizia went back to the convent. Nancy went on tour again to play the adventuress in another melodrama.

And for another two years she played adventuresses, rustling her silk petticoats, hissing defiance through her clenched teeth, and smoking with amazing effrontery the cigarettes that in those days indicated on the stage a woman dead to shame. Nor did she catch more than an occasional glance of Letizia during that time, because she managed to fill up both the summers of 1897 and 1898 by acting in stock seasons at northern theatres, where for one week during the illness of the leading lady she had an opportunity of showing what she could do with parts like Rosalind, Viola, and Lady Teazle. But the next week she was playing the colourless Celia, the tiresome Olivia, and the prototype of the modern adventuress Lady Sneerwell. Yet even these parts only lasted for the two reputed fine months of the year. By the middle of July she was once more immersed in monotonous villainy, measuring her success not by the applause but by the groans and hisses of the unsophisticated audiences for whose entertainment she kept the hero and heroine apart until the very end of the fifth act. Her salary was still four pounds a week; but every week she was still able to save half. There was over two hundred pounds for Letizia in the bank when in the autumn of 1898 Nancy secured an engagement in the provincial tour of a popular musical comedy to sing a contralto part with a good song in each of the two acts, and, what interested her much more, a salary of five pounds a week. It was while she was with this company that she met John Kenrick.

Chapter 19

NANCY'S CONTRALTO

THE acquaintance began in Bristol by Nancy's finding a letter waiting for her at the stage door on the second evening.

Royal Severn Hotel,
Bristol.
Oct. 11 Tuesday aft.

Dear Miss O'Finn,

Business having brought me to Bristol, I found myself at the Princess's Theatre last night, and I want to tell you how very much I enjoyed your performance of the Baroness – a difficult and ungrateful part in an absurd production. But apart from your acting I was tremendously struck by your voice. If it were well trained, I don't hesitate to say that you might go very far indeed in grand opera. Good contraltos are so rare, and good contraltos who can act are simply not to be found except in the unusual atmospheric conditions set up by a blue moon. To show my genuine enthusiasm, although my business in Bristol is at an end, I am staying on another night in order to give myself the pleasure of hearing you sing a second time. And will you set the seal upon the pleasure by joining me at supper in my hotel after the performance? I will call for your answer before going in front. Don't concern yourself about 'clothes.' Such a supper as I can offer you will not be worthy of a grand toilette.

Yours very truly,
John Kenrick.

Nancy was not used to getting letters of appreciation from the front of the house. Adventuresses of the type that she had been playing did not attract the susceptible pen. She really hardly knew how to reply. At the same time it was pleasant to be told nice things about one's voice and one's acting. She re-read the letter. Rather an affected way of writing, she decided, when she came to the remark about blue moon. Still, the affectation of the host was not sufficient reason to decline supper with him. Grand opera? The man was mad. Grand opera? Did he know anything about grand opera? It might be interesting to go out to supper. After all, if he turned out to be an idle bore she was not bound to see any more of him. Business might detain him in Bristol; but she never would, if he were tiresome. Nancy borrowed a piece of notepaper from the stage-door-keeper and wrote a brief acceptance of the stranger's invitation.

'I've got off with an impresario,' she told the lady who shared her dressing-room.

'With a what, dear?'

'Or a Lothario. I'm not quite sure yet.' Nancy laughed.

'Have I put too much black on my left eyelid?' the other asked intensely. 'It looks a bit smudgy, doesn't it?'

'You're not much interested in my young man,' said Nancy in mock reproach.

'I'm sorry, dear. I was so dam fussed by this gard-awful liquid-black I bought last week at Cardiff.'

'Perhaps it was coal?' Nancy suggested.

'Oh, you don't think it is really!' exclaimed her companion. 'Oh, whatever shall I do? My God, if I wasn't a perfect lady I could say something.' Whereupon Miss Pamela Fitzroy proceeded to express her opinion of Cardiff chemists and of the liquid-black they supplied to poor actresses in very strong language indeed. 'What were you saying, dear?' she stopped suddenly to ask Nancy. 'Weren't you saying something about getting off with a foreigner? You watch him, that's my advice. I had a Spanish boy following me round last tour when I was with the *Fun of the Fair* crowd, and what I went through, my dear! He'd only got to look at me, and I'd feel like ringing the nearest fire-alarm. And then he got jealous and took to walking up and down outside the stage door and glaring at all the men of the company. Of course, it used to amuse them, and they'd whistle "Toreador" or whatever the song is. In the end, however, he ran out of money and got pinched for passing a dud cheque at Bradford.'

'But my young man isn't a foreigner,' said Nancy.

'Damn and blast this liquid-black!' swore Miss Pamela Fitzroy.

With the consciousness that somebody in front was interested in her Nancy sang her two songs better that night than she had ever sung them. She was feeling so much excited over the prospect of going out to supper while she was dressing after the performance that, though she knew she was being ridiculous, she simply could not resist saying to Miss Fitzroy:

'I felt in voice tonight. I really enjoyed singing.'

'That's right,' her companion replied indifferently. 'A short life and a merry one. Do you know, dear, I think I've put on weight. My corsets! I believe I'll have to give up drinking Guinness. They say it's fattening. What a shame! Still, I don't want to get too fat. Men don't really like massive women nowadays. I wonder why. My dear old mother says they got had so often when women used to wear crinolines that they took to thin women in self-defence. You ought to meet my dear old mother. She's such a naughty old thing. You know, a real good sport. Weren't you saying you were going out to supper with a fellow in front, dear? Have a good time, and say "Champagne" in a firm voice. Don't let him think he can get away with Sauterne, or you'll find yourself going home on the last tram instead of a cab. You want to watch these fellows in the provinces. They think an actress will give them a season ticket for paradise on a bottle of lemonade and two ham sandwiches.'

Nancy's admirer was waiting for her outside the stage-door. He was a tall, dark, clean-shaven man with a heavy chin and large, deep-set eyes. The impression of his size was accentuated by the long, double-breasted overcoat he was wearing. His voice was deep and sympathetic in spite of his rather sombre appearance.

'So kind of you to accept my casual invitation,' he murmured. 'Come long, I've a decrepit vehicle waiting for us outside the front of the theatre.'

The dining-room of the Royal Severn Hotel did not succeed any better than most provincial hotels in suggesting an atmosphere of noctural gaiety. The two waiters looked as if they had been dragged out of bed by the hair of their heads in order to attend to the wants of the unreasonable beings who required to be fed at this unnatural hour. Most of the tables suggested that they would welcome more cheerfully the eggs and bacon of the morning breakfast than the lobster mayonnaise of supper. The very flowers in attendance appeared heavy with sleep and resentful at not being allowed a night's repose with the other table decorations that were piled upon one of the sideboards like wreaths upon a coffin. Half the room was in twilight, so that the portion of it that was lighted was so uncomfortably bright as to seem garish. At one end two members of the chorus were trying to make a pair of youthful hosts feel at their ease by laughter that sounded as thin as broken glass.

'I'm sorry to inflict this atmosphere of gloom upon you,' said Mr Kenrick. 'Let's try to dissipate it in a bottle of champagne. I did my best to order a special supper, but my efforts were regarded with suspicion by the management. Your fellow-performers over there seem to be enjoying themselves. Touring with them must be rather like travelling with an aviary of large and noisy birds.'

'Oh, but they're such dears,' Nancy exclaimed, in arms against any criticism of her fellow-players.

Mr Kenrick put up a monocle and looked across at the group for a moment. Then he let it fall without comment.

'You sang better than ever tonight,' he said gravely.

Nancy felt that she simpered.

'I'm in earnest, you know. What are you going to do about it?'

'My voice?'

He nodded.

'What can I do?'

'You could have it trained.'

'But, my dear man, do you realise that I'm twenty-eight? Rather late in the day to be cultivating operatic ambitions.'

'Not at all when the voice is as good as yours, and if you go to the right man.'

'And where is he to be found?'

'Naples.'

Nancy laughed.

'It's like a fairy story where the poor heroine is set an impossible task by the wicked stepmother. How do you think I could afford to go to Naples?'

'That's just what I wanted to discuss with you,' said Kenrick.

'But wait a moment,' Nancy interrupted. 'I have a little girl.'

'What has that got to do with training your voice?'

'Why, this. Every penny that I can save I am saving for her. She is in a convent now, and when she leaves school in another twelve years I want her to have a voice and be able to afford to pay for its training. I want her to have everything that I lacked. I would be wrong to spend the money I have saved in building castles in Spain for myself.'

'But, my dear woman, if in another twelve years you are an

operatic star of some magnitude you'll be able to do much more for your daughter than you could with what you'll save as a provincial actress between now and then. But forgive me; you speak of a little girl. You have a husband then?'

'My husband is dead. He died nearly four years ago.'

Kenrick nodded his head slowly.

'And – forgive my bluntness – you have no other entanglements?'

She flushed.

'My marriage was never an entanglement . . . and if you mean "am I in love with anybody now?" why, no, I could never love anybody again.'

'That's a sad remark for twenty-eight. A woman's *grande passion* usually happens when she is thirty-three.'

'Mine won't,' said Nancy obstinately.

'I shouldn't dare the God of Love,' Kenrick warned her. 'Remember he's a mischievous boy and nothing gives him greater delight than to behave as such. Never dare a boy to climb an apple-tree or Cupid to shoot his arrows in vain. You offered him a fine target by that remark of yours. But don't let's begin an argument about love. It's your voice I want to talk about. Surely you must realise that you possess a contralto of the finest quality?'

'I thought it was a fairly good natural voice,' Nancy admitted. 'But I certainly never supposed it was of the finest quality.'

'Not only have you a marvellous voice, but you can act. Very few contraltos can act. On the operatic stage they usually sound like governesses who have drunk a little too much at a fancy-dress ball.'

'Rather voluptuous governesses usually,' Nancy laughed.

'Yes, but with the healthy voluptuousness of women who have been eating plenty of the best butter and drinking quarts of the richest cream. You would be different.'

'I hate to be rude,' Nancy said. 'But, do you know, it always seems to me such a waste of time to talk about impossibilities. Perhaps I've no imagination. I'll talk as long and as earnestly as you like about the best way of travelling from one town to another, or of any of life's small problems, but to discuss which seaside resort in the moon would be the jolliest place to spend one's holidays surely isn't worth while.'

'But why is your appearance in opera so remote from any prospect of being realised?'

'I've told you, my dear man,' said Nancy impatiently. 'I have planned my life so that my small daughter may have what I could not have. To indulge my own ambitions at her expense would be wrong. I can't pretend that I'm denying myself much, because, to be honest, until I had your letter I had never contemplated myself as an operatic star. I knew I had an unusually good contralto voice. I knew that I could act as well as most women and a good deal better than some. Your letter was a pleasure, because it is always a pleasure to feel that one has interested somebody. I am grateful to you for inviting me out to supper and saying nice things about my possibilities. But now let's talk of something else, for you'll never infect me with any ambitions to do anything that could risk my ability to do what I can for my daughter, just by acting quietly in the provinces as I am acting at present.'

'Listen to me, Miss O'Finn,' said Kenrick earnestly. 'I am a business man. That is my inheritance from a hardworking father. But I have one passion, and that is not business. My passion is the opera. My dream is to make enough money to be able to help the opera in England. But I am rich enough to do something for the individual artist, and I beg you to let me help you. Let me guarantee you what you would usually earn on the provincial stage. Let me pay for your lessons. The *maestro* I want to teach you is an old friend of mine. If at the end of six months he tells me that you are not the finest contralto of the time, why, then you can go back to your life on tour. At the worst you will have spent six months in Italy to gratify the whim of an eccentric business man whose dreams are all of art. At the best you will be able to do what you like for your daughter in another ten years, and long, long before that. We'll not talk about it any more tonight. Go home and sleep over my proposal. Think over it for a week. I must be back in town tomorrow. It at the end of a week you feel that you can risk six months in Italy to have the world at your feet, send me a line, and I will pay into your account the necessary funds. You can leave this absurd company when you like.'

'Och, I would have to give a fortnight's notice,' said Nancy quickly.

Kenrick smiled.

'Very well, give your fortnight's notice. Today is the eleventh. If you settle by next Saturday that will be the fifteenth. On the first of November you can quit the fogs and be on your way to Naples. It will probably be fine weather. It usually is about then in the south of Italy.'

'You seem to have made up your mind that I'm going to accept your generosity,' Nancy said.

'There is no generosity in gratifying one's own desires,' Kenrick observed. 'But if you have any feelings of pride on the subject, why, you can pay me back when your position is secure.'

'But why really are you doing this?' Nancy asked, looking deep into the eyes of her host.

'Really and truly because I believe you have a great voice and may become a great singer, and because if you did I should get as much satisfaction from your success as if I had a voice and were a great singer myself,' he replied.

The thin laughter of the chorus girls at the other end of the room commented upon this grave assertion. The waiter put up a grubby hand to hide a yawn.

When Nancy woke next morning she felt like the heroine of an Arabian night who has been carried half across Asia by a friendly djinn. But when she called at the theatre for her letters, the following note was a proof that she had not been dreaming:

Royal Severn Hotel,
Bristol.
October 12.

Dear Miss O'Finn,

Do think very hard over our talk last night. You can't lose anything by my offer; you may gain a very great deal. In fact, I am positive that you will. Let me know your decision at my London address, 42 Adelphi Terrace, and I will get into communication with Maestro Gambone and fix up your lessons. I suggest you live at an Italian pensione in Naples. The more Italian you can learn to speak the better you will sing it. I'll find out a good place.

Good luck to you.

Yours sincerely,
John Kenrick.

It was a fine October day of rich white clouds and rain-washed blue deeps between. A faint haze bronzed the lower air and lent the roofs and chimneys of the city a mirrored peace, a mirrored loveliness. Nancy wandered down by the docks and in contemplation of the glinting masts tried to find an answer to the riddle of her future. Suppose her voice turned out to be less good than he had supposed? Well, that would be his bad judgement. But had she the right to accept money from a stranger in the event of failure? It would be his own fault if she proved a failure. It was a serious matter to leave a company in which she had expected to be playing until next summer. What would Sister Catherine say? Nancy remembered what Sister Catherine had said about Italy that night they met in the train. Sister Catherine would never be the one to blame her. She took Letizia's letter out of her bag and read it through again.

St Joseph's School,
5 Arden Grove, N.W.,
Sunday.

My dear Mother,

I hope you are very well. I am learning Italian with Sister Catherine. It is very nice. I know twenty-two words now and the present indictive of 'I am.' I like it very much. We have a new girl called Dorothy Andrews. She is very nice. She is eight and a half years old, but she is not so big as me. I must stop now because the bell is ringing for Vespurs and Benedicsion.

Your loving
Letizia.

She was safe for so many years, Nancy thought. Would it be so very wrong to embark upon this adventure?

That night, when she was singing the first of her two songs, she tried to imagine that the piece was *Aïda* and that she was Amneris.

'If I get a genuine encore,' she promised herself, 'I'll write to him and accept.'

And she did get a most unmistakable encore.

'Your songs went very well tonight, dear,' said Miss Fitzroy grudgingly. 'Had you got any friends in front?'

The next day Nancy wrote to John Kenrick and told him that she was going to accept his kind offer, and that on Sunday, October 23rd, she would be in London.

He telegraphed back: *Bravo will meet train if you let me know time.*

But she did not let him know the time of her arrival at Paddington, for she thought that there was really no reason why he should want to meet her train. Somehow it made his interest in her seem too personal, and Nancy was determined that the whole affair should be carried through on the lines of the strictest business. Besides, she would be staying at the convent, and it would be so exciting to learn her first words of Italian from Letizia.

Chapter 20

SOUTHWARD

St Joseph's School was a quiet, pleasant Early Victorian house with white jalousies encircled by a deep veranda of florid iron-work. The garden, even for the spacious north-west of London was exceptionally large, and like all London gardens seemed larger than it really was, by the contrast between its arbours and the houses that entirely surrounded them. There was a mystery about its seclusion that no country garden can possess, and one could imagine no fitter tenants of its leafy recesses than these placid nuns and the young girls entrusted to their tutelage. It seemed that in all those fortunate windows of the houses which overlooked, through the branches of the great lime-trees, this serene enclosure there must be sitting poets in contemplation of the pastoral of youth that was being played below. The flash of a white dress, the echo of a laugh, the flight of a tennis-ball, the glint of tumbling curls, all these must have held the onlookers entranced as by the murmur and motion and form and iridescence of a fountain; and this happy valley among the arid cliffs of London bricks must have appeared to them less credible than the green mirages in desert lands that tease the dusty eyelids of travellers.

'I'm glad you have a friend of your own age,' Nancy said to Letizia, when the morning after her arrival they were walking together along the convent avenue strewn with October's fallen leaves.

'Well, she's not a very great friend,' Letizia demurred.

'But I thought you wrote and told me that she was so very nice?'

'Well, she is very nice. Only I don't like her very much.'

'But if she's so very nice, why don't you like her?'

'Well, I don't like her, because she *is* so nice. Whenever I say, "Let's do something," she says, "Oh yes, do let's," and then I don't want to do it so much.'

'Darling, isn't that being rather perverse?'

'What's "perverse," mother? Do tell me, because I'm collecting difficult words. I've got thirty-eight words now, and when I've got fifty I'm going to ask Hilda Moore what they all mean, and she's twelve, and it'll be a disgusting humiliation for her when she doesn't know. And that'll be simply glorious, because she thinks she's going to be a yellow ribbon presently.'

'But don't you want to be a yellow ribbon?'

'Oh, I don't think it's really worth while. Evelyn Joy, who's much the nicest girl in the school, has never been a ribbon. She said she couldn't be bothered. She's frightfully nice, and I love her one of the best six people in the world. She can't be bothered about anything, and most of the girls are always in a fuss about something. Dorothy Andrews only wants to do what I want, because she thinks she ought to. Fancy, she told me she simply longed to be a saint. And she said if she died young she'd pray for me more than anybody, and I said, "Pooh, St Maurice is *always* praying for me, and he wears armour and is very good-looking, so there's no need for you to die young." And then she cried and said, when she was dead, I'd be sorry I'd been so cruel.'

Nancy thought that Letizia was not less inclined to be precocious than she had always been, and she wondered if she ought to say anything to Sister Catherine about it. She decided that Sister Catherine was probably well aware of it and, not being anxious to give her the idea that she was criticising the wonderful education that the nuns were giving her little daughter, she resolved to say nothing.

She did, however, discuss with Sister Catherine her own project to go to Italy and have her voice trained; and she was much relieved when it was approved.

'It would be wrong not to avail yourself of such an opportunity,' the nun exclaimed. 'Even if it involved breaking into your own savings, I should still urge you to go; but there seems no likelihood of that, and there is no reason why you shouldn't accept this Mr Kenrick's offer. I'd no idea that you had a wonderful voice, and how delightful to be going to Italy! Do sing for us one evening at Vespers before you go. Sister Monica would be so pleased, and we shall all enjoy it so much. We shall feel so grand.'

'But I'm just as much astonished to hear that I've got this wonderful voice as you are,' Nancy said. 'Nobody ever told me I had, until this fairy prince arrived in Bristol.'

'Ah, but I think people are always so afraid to think anybody has a good voice until somebody else has established the fact for them,' Sister Catherine laughed. 'It was just a piece of good luck that you should be heard by somebody who understood what good singing is. I'm glad you think dear little Letizia is looking so well. She is a great treasure and we are all very proud of her. She has so much personality, and I'm doing my best to let her keep it without spoiling her.'

'I'm sure you are,' Nancy said. 'And, och, I wish I could ever tell you how grateful I am to you.'

'There is no need of words, dear child,' said the nun, smiling. 'You prove it to us all the time. I heard from the Reverend Mother yesterday, and she inquired most affectionately after you.'

That afternoon Nancy went to Mr Kenrick's flat in Adelphi Terrace. He was so kind that she reproached herself for having refused so brusquely to let him meet her at Paddington.

'Well, it's all arranged with Maestro Gambone. He's the kindest old man in reality, though he may seem a little fierce before you know him. Should he, on hearing your voice, decide it's not worth training, you'll have to forgive me for rousing your ambitions and let me see you through any difficulties you may have about getting another engagement in England. I have taken a room for you with some people called Arcucci who have a *pensione* in the Via Virgilio which is close to Santa Lucia. Arcucci himself was a singer, but he lost his voice through illness, poor chap. He never earned more than a local reputation at the San Carlo Opera House; but he is full of stories about famous singers, and you'll get the right atmosphere from him. His wife is a capable and homely woman who will make you as comfortable as Neapolitans know how, which, to tell the truth, is not saying much.'

While her patron was speaking, Nancy was gazing out of his study window at the Thames and letting her imagination drift down on the fast-flowing ebb with the barges that all seemed, like herself, bound for some adventure far from this great city of London. Away on the horizon beyond Lambeth the domes of the Crystal Palace sparkled in the clearer sunshine. Even so, on an horizon much farther south than Sydenham flashed the elusive diamonds of success and fame.

'Tuesday is no day to set out on a journey,' said Kenrick, 'so I've taken your ticket for Wednesday. You'll leave Paris that night from the Gare de Lyon in the Rome express, and you'll be at Naples on Friday afternoon.'

He went to a drawer in his desk and took out the tickets.

'Good luck,' he said, holding Nancy's hand.

She was again the prey of an embarrassment against which she tried hard to struggle, because it seemed to smirch the spirit in which she wanted to set out. This constraint prevented her from thanking him except in clumsy, conventional phrases.

'Now, will you dine with me tonight?'

She wanted to refuse even this, but she lacked the courage; and in the end she passed a pleasant enough evening, listening to her host expatiate upon the career for which he assured her again and again she was certainly destined. He wanted her to lunch and dine with him on the next day too; but she pleaded the urgency of shopping and packing and her desire to see something of her daughter.

'Very well then,' he said, as he put her into a hansom outside Verrey's, where they had dined. 'I'll be at Victoria on Wednesday morning.'

Nancy was glad to be jingling back to St Joseph's, alone with her dreams in the sharp, apple-sweet air of the October night.

The next day Mrs Pottage arrived to say good-bye and help Nancy with her shopping. By now she had long been an institution at St Joseph's, where her conversation afforded the most intense delight to the nuns.

'Well, when you wrote you was off to Italy I was in two minds if I wouldn't suggest coming with you. I don't know what it is, whether I'm getting old or ugly or both, but I've not had a single proposal for eighteen months. I suppose it means I've got to be thinking of settling down and giving some of the younger ones a chance. Well, take care of yourself in Italy, and don't eat too much ice-cream. Funny thing I-talians should eat so much ice-cream and yet be so hot. There was an opera company came to Greenwich once, and the tenor, who was an I-talian, stayed with me. "Well," I said to myself, "what he'll want is plenty of macaroni and ice-cream." He looked a bit surprised, I'm bound to say, when I give it him for breakfast on the Sunday morning, but I thought he was only surprised at anyone knowing his tastes so well. But, will you believe me, when I give it him for dinner again, he used language that was far from I-talian – very far. In fact, I never heard anyone swear so fluent in English before or since. It quite dazed me for the moment. But we got on all right as soon as I found he liked good old roast beef. He gave me two passes for the Friday night, and Mrs Bugbird and me thoroughly enjoyed ourselves. The opera was called *Carmen*, and Mrs B thought it was going to be all about them, and when she found it was actually the name of a woman she laughed herself silly. Every time this Carmen came on, she'd whisper to me, "A good pull up," and then she'd start off shaking like a jelly. But there, she's very quick to see the radicalous side of anything, Mrs Bugbird. Well, good-bye, dear, and take good care of yourself. You know your old Mrs Pottage wishes you all the best you can wish for yourself.'

Sister Catherine had repeated her request that Nancy should sing to them, especially as it was the Feast of All Saints. So after practising with Sister Monica, who had charge of the music, she sang Mozart's motet *Ave Verum Corpus* at Benediction amid the glowing candles and white chrysanthemums of the little chapel.

'Mother, you don't often sing in church, do you?' Letizia asked.

'Didn't I sing well?' said her mother with a smile.

'Yes, I expect you sang very well, but I thought it was a little loud, didn't you? Sometimes it sounded like a man singing. I think you ought to be careful and not sing so loud, mother.'

Luckily the nuns themselves enjoyed Nancy's rich contralto a great deal more than their pupils. The warmth of that femininity spoke to their hearts of something that they had lost, or rather of something that most of them had never won. It was easy to understand and sympathise with the readiness of the nuns to turn away for a few minutes from the austere ecstasies of Gothic art to worship some dolorous Mother of Guido Reni. A flush had tinged their cheeks so virginally translucent, as if a goblet of water had been faintly suffused by a few drops of red wine.

Kenrick was at Victoria to see Nancy off next morning. Just as the train started, she leaned out of the window of her compartment and exclaimed breathlessly:

'Please don't think me ungrateful. I do appreciate tremendously what you are doing for me. Really, I do.'

His long, sombre face lit up with a smile, and he waved his hand as Nancy withdrew from London into the train again.

France dreamed in a serenity of ethereal blue. In the little wedding-cake cemeteries black figures were laying wreaths of immortelles upon the grave. Nancy remembered with a pang that it was All Souls' Day and reproached her cowardice for not having laid flowers on Bram's grave at Greenwich before she left England. The bunch of carnations with which Kenrick had presented her became hateful to hold, and she longed to throw them out of the window. She would have done so if two English old maids had not been regarding her curiously from the other side of the compartment, the one above her Baedeker, the other above the *Church Times*. Why should elderly English women travelling abroad look like butterfly-collectors?

'*Parlez vous francais?*' said one of them to the ticket-collector, nodding her head and beaming as if she were trying to propitiate an orang-utan.

'Yes, I spik English, madame,' he said coldly after punching the tickets.

The other elderly lady congratulated her companion upon the triumphant conversation.

'He undoubtedly understood perfectly what you were saying, Ethel.'

'Oh, yes, I think we shall get along capitally after a time. I was always considered very good at French in my schooldays, and it's just beginning to come back to me.'

Her ambition had been kindled by her success with the first ticket-inspector. With the next one who invaded the compartment she took a line of bold and direct inquiry.

'*Paris quand?*'

The inspector stared back, indignation displayed upon his countenance.

'*Comment?*'

'*Non quand*' said the elderly lady.

The inspector shrugged his shoulders and slammed the carriage-door as he retired.

'That man seemed rather stupid, I thought, Ethel.'

'Most stupid,' the ambitious Ethel emphatically agreed.

Nancy felt thankful that Letizia would be taught French properly. Sister Catherine had already suggested to her that when she was twelve she should be sent for three years to a convent in Belgium with which the Sisters of the Holy Infancy had an arrangement of exchanging pupils. Nancy had been a little alarmed at first by the prospect of sending Letizia abroad all that time; but after these two absurd Englishwomen she felt no trouble was too great and no place too far and no separation too long that would insure Letizia against talking French like them in public.

But presently Nancy was too much occupied with the problems of transferring herself and her luggage from one station in Paris to another, and finding out how the *wagon-lit* toilet arrangements worked, and how to reply to the Italian examination of baggage in the Mt Cenis tunnel, and how to achieve the change at Rome into the Naples train, either to criticise anybody else or even to dream and speculate about her own operatic future.

Then Vesuvius loomed above the russet orchards and dishevelled vines on the left of the railway. Nancy suddenly remembered that when she and Bram were first married he had one day said how much he should like to visit Naples with her. He had told her that he had seen a picture of it when he was a boy, and of what a thrill it had given him. Now here it actually was, and he was not by her side to behold it. Here Naples had been all these years, and he had never seen it.

Time may heal many wounds; but in some he makes a deeper gash every year with his inexorable scythe.

Chapter 21

CLASSIC GRIEF

NANCY was lost at first in the *pensione* to which Kenrick had entrusted her. The bareness of it seemed to reflect the bareness of her own mind amid the unmeaning sounds of a strange tongue. For the first week she felt that she should never, stayed she in Naples for years, acquire a single word of Italian, and for the week after she was convinced that she should never be able to say anything more than the Italian for 'yes,' 'no,' 'please,' 'thanks,' 'good night,' 'good morning,' and 'bread.' She was for a fortnight so completely stunned by the swarming, rackety city that she spent all her spare time in the aquarium, contemplating the sea-anemones. The stories of great singers with which Signor Arcucci was to have entertained her leisure seemed indefinitely postponed at her present rate of progress with Italian. She should have to become proficient indeed to follow the rapid hoarseness of that faded voice. Meanwhile, she must wrestle with an unreasonable upside-down language in which *acqua calda* meant hot water and not as one might suppose cold. Nancy cursed her lack of education a hundred times a day, and a hundred times a day she thanked Heaven that Letizia already knew twenty-two Italian words and could say the present indicative of the verb 'to be'. Signora Arcucci was a plump, waxen-faced Neapolitan housewife who followed the English tradition of supposing that a foreigner would understand her more easily if she shouted everything she had to say about four times as loud as she spoke ordinarily. She used to heap up Nancy's plate with spaghetti; and, as Nancy could not politely excuse herself from eating any more, she simply had to work her way through the slithery pyramid until she felt as if she must burst.

Nor did Maestro Gambone do anything to make up for the state of discouragement into which her unfamiliar surroundings and her inability to talk had plunged her. Nancy found his little apartment at the top of a tall, tumbledown, yellow house that was clinging to the side of the almost sheer Vomero. He was a tiny man with snow-white hair and imperial and jet-black eyebrows and moustache. With his glittering eyes he reminded her of a much-polished five of dominoes and when he wanted anything in a hurry (and he always did want things in a hurry) he seemed to slide about the room with the rattle of a shuffled domino. Although his apartment stood so high, it was in a perpetual green twilight on account of the creepers growing in rusty petrol tins that covered all the windows.

'You speaka *italiano*, madama?' he asked abruptly when Nancy presented herself.

'No, I'm afraid I don't.'

'*Allora, come canta?* How you singa, madama?'

'I only sing in English at present.'

'What *musica* you havva?'

Nancy produced the stock-in-trade of ballads, which the *maestro* fingered like noxious reptiles.

'*E questo? Anna Lowrie o qualche nome indiavolato. Probiamolo. Avanti!*'

The little man sat down at the piano and was off with the accompaniment on an instrument of the most outrageously tinny timbre before Nancy had finished deciding that he was not so much like a domino as a five-finger exercise.

'*Eh avanti!*' he turned round and shouted angrily. 'What for you waita, madama? *Di nuovo!*'

In the green twilight of this little room hanging over the precipitous cliff above the distant jangling of Naples, Nancy could not feel that Maxwellton Braes had ever existed. She made a desperate effort to achieve an effect with the last lines:

> '*And for bonnie Annie Laurie*
> *I would lay me doon and dee.*'

There was a silence.

Then the *maestro* grunted, twirled his moustache, rose from the piano, and sat down at his desk.

'Here I writa when you come,' he said. '*A rivederla e buon giorno!*'

He thrust the paper into Nancy's hand and with the same gesture almost pushed her out of the apartment. The next thing of which she was conscious was walking slowly down the Vomero in the honey-coloured November sunshine and staring at the hours and days written down upon the half-sheet of notepaper she held in her hand.

So the lessons began, and for a month she wondered why she or anybody else should ever have suffered from a momentary delusion that she could sing. She knew enough Italian by that time to understand well enough that Maestro Gambone had nothing but faults to find with her voice.

'Have I made any progress?' she found the courage to stammer out one morning.

'*Progresso? Ma che progresso? Non sà ancora camminare.*'

Certainly if she did not yet know how to walk she could not progress. But when should she know how to walk? In her halting Italian Nancy tried to extract from the *maestro* an answer to this.

'*Quando camminerà? Chi sà? Forse domani, forse giovedi, ma forse mai.*'

Perhaps tomorrow, perhaps on Thursday, but perhaps never.

Nancy sighed.

When she got back to the *pensione* she sat down and wrote to her patron.

Pensione Arcucci
Via Virgilio 19,
Napoli,
Dec. 8.

Dear Mr Kenrick,

I really don't think it's worth your while to go on paying for these singing lessons. Maestro Gambone told me today that I might never know how to sing. I'm sure he's disgusted at my slowness. I've been having lessons for a month now, and he has had ample time to judge whether I'm worth his trouble. He evidently thinks I'm not. It's a great disappointment, and I feel a terrible fraud. But I'm not going to reproach myself too bitterly, because, after all, I would never have thought of becoming a singer if you hadn't put it into my head. So, next week I shall return to England. I'm afraid your kindness has been . . .

Nancy put down her pen. Her struggles with Italian seemed to have deprived her of the use of her own tongue. She could not express her appreciation of what he had done for her except in a bread-and-butter way that would be worse than writing nothing. For all the sunlight flickering on the pink and yellow houses opposite she felt overwhelmed by a wintry loneliness and frost. And then she heard coming up from the street below the sound of bagpipes. She went to the window and looked out. Two men in heavy blue cloaks and steeple-crowned felt hats, two shaggy men cross-gartered, were playing before the little shrine of the Blessed Virgin at the corner of Via Virgilio an ancient tune, a tune as ancient as the hills whence every year they came down for the feast of the Immaculate Conception to play their seasonable carols and grave melodies until Christmastide. Nancy had been told about them, and here they were, these – she could not remember their name, but it began with 'z' – these *zamp* something or other. And while she stood listening by the window she heard far and wide the pipes of other pious mountaineers piping their holy ancient tunes. Their bourdon sounded above the noise of the traffic, above the harsh cries of the street-vendors, above the chattering of people and the clattering of carts and the cracking of whips, above the tinkling of mandolins in the barber-shops – sounded remote and near and far and wide as the bourdon of bees in summer.

The playing of these pipers calmed the fever of Nancy's dissatisfaction and seemed to give her an assurance that her failure was not yet the sad fact she was imagining. She decided to postpone for a little while her ultimatum to Kenrick, and tearing up the unfinished letter she threw the pieces on the open brazier, over which for so many hours of the wintry days Signor Arcucci used to huddle, slowly stirring the charcoal embers with an iron fork and musing upon the days when he sang this or that famous part. He was out of the room for a moment, but presently he and his Signora, as he called her, came in much excited to say that the *zampognieri* were going to play for them. The pipers in the gimcrack room looked like two great boulders from their own mountains, and the droning throbbed almost unbearably in the constricted space. When everybody in turn had given them a lira or two, they acknowledged the offerings by presenting Nancy as the guest and stranger with a large wooden spoon. She was taken aback for the moment by what would have been in England the implication of such a gift. Even when she had realised that it was intended as a compliment the omen remained. She could not help wondering if this wooden spoon might not prove to be the only gift she should ever take home from Italy. Nevertheless, the *zampognieri* with their grave carols healed her fear of discouragement, and during the next fortnight Maestro Gambone on more than one occasion actually praised her singing and found that at last she was beginning to place her voice somewhat more approximately where it ought to be placed. It was as if the fierce little black-and-white man had been softened by the spirit of Christmas, of which those blue-cloaked pipers were at once the heralds and the ambassadors with their bourdon rising and falling upon the mandarin-scented air. Absence from home at this season did not fill Nancy with sentimental regrets. Since Bram died Christmas had not been a happy time for her, so intimately was its festivity associated with that dreadful night at Greenwich four years ago. She welcomed and enjoyed the different atmosphere of *Natale*, and after so many grimy northern winters these days of turquoise, these dusks of pearl and rose, these swift and scintillating nights.

On the anniversary of Bram's death she drove out to Posillipo and sat on a rock by the edge of the water, gazing out across the milky cerulean waters of the bay. For all the beauty of this classic view she was only aware of it as one is aware of a landscape by Poussin or Claude, about whose vales and groves and gleaming temples no living creature will ever wander. The dove-coloured water that lapped the rock on which she sat, the colonnade of dark domed pines along the brow of the cliff, Ischia and Capri like distant castles of chalcedony, Vesuvius in a swoon of limpid golden air – all without him was but a vanity of form and colour. The thought of how easily he might have been preserved from death afflicted her with a madness of rage. Indifference to the beauty of her surroundings was succeeded by a wild hatred of that beauty so well composed, so clear, so bland and so serene. But for the folly of one incompetent and unimaginative fellow-man he might have been sitting beside her on this rock, sitting here in this murmurous placidity of earth and sea and sky, gazing out across this crystalline expanse, his hand in hers, their hearts beating together, where now only his watch ticked dryly. Nancy longed to weep; but she could not weep in this brightness. Yet she must either weep or fling herself from this rock and sink down into the water at her feet, into that tender water with the hue and the voice and the softness of a dove. She let a loose stone drop from her hand and watched it sink to the enamelled floor of the bay. How shallow it was! She should never drown here. She must seek another rock round which the water swirled deep and indigo-dark, water in which a stone would flicker for a few moments in pale blue fire and be lost to sight long before it reached the bottom. Nancy left the rock where she had been sitting and tried to climb upward along the cliff's edge in search of deep water at its base. And while she climbed her clothes became scented by the thickets of rosemary. There appeared to her distraught mind the image of Bram as Laertes and of the actress who had played Ophelia saying to him, '*There's rosemary, that's for remembrance.*' She herself had been understudying the Queen and had been standing in the wings to watch how the mad-scene was taken. She could see the expression of mingled horror and pity on Bram's face, as he took the sprig of rosemary from his sister's hand. *Pray, love, remember.*

'Bram,' she cried aloud in an agony of repentance, 'I didn't mean it. I'm not really mad. I won't drown myself – I won't, really.'

Then she flung herself face downward among the bushes of rosemary and wept. For an hour she lay hidden from the sun in that bitter-sweet, grey-green gloom of the cliff's undergrowth until at last her tears ceased to flow and she could stand up bravely to face again the future. More lovely now was the long sweep of the Parthenopean shore, more lucid the wash of golden air, richer and more profound the warm wintry Southern peace; and she standing there among the rosemary was transmuted by the timelessness of her grief into a timeless figure that might haunt for ever that calm and classic scene.

The last sunset stain had faded from the cloudy cap of Vesuvius and the street lamps were already twinkling when Nancy got back to Naples. She went into a church, and there in a dark corner prayed to be forgiven for that brief madness when she had wished to take her life. There she sat for a long while, thinking of happy times with Bram, soothed by the continuous coming and going of poor people to visit the Crib all lit up at the other end of the church. She knelt once more to beg that all that was lost of Bram's life might be found again in his daughter's; and her ultimate prayer was as always for strength to devote herself entirely to Letizia's happiness.

Thus passed the fourth anniversary of the Clown's death.

Chapter 22

SORRENTO

Two days after her visit to Posillipo, Nancy came back from her singing-lesson to discover John Kenrick at the *pensione*.

'I found that I could get away from England for a few days,' he announced, 'and I thought I'd come and ascertain for myself how you really were getting on.'

'Very badly,' Nancy said.

'So your last letter implied. But Gambone always errs on the side of discouragement. I'm going to have a chat with him on the way back to Bertolini's. Will you dine with me there tonight? Or, no, wait a minute. I'll come down and fetch you, and we'll eat at a more native restaurant and go to the opera, or are you tired of the opera?'

Nancy had to confess that she had not yet been to San Carlo.

Kenrick was astonished.

'I couldn't very well go alone, and I haven't had anybody I could ask to go with me,' she explained.

'You've been feeling lonely,' he said quickly. 'And you're looking a bit overstrained. Has Gambone been working you too hard?'

'I doubt if he thinks I'm worth working very hard,' said Nancy.

'Nonsense! I'm going to find out exactly what he does think about your voice and your prospects. I wager you'll be pleasantly surprised to hear what a great opinion he has of you.'

Kenrick left her soon after this and Nancy realised after he was gone how terribly lonely she had been ever since she came to Naples. A few weeks ago she would have been vexed by the arrival of her patron. It would have embarrassed her. It might even have made her suspect him of ulterior motives. But his arrival now was a genuine pleasure, and if only he came away from Maestro Gambone with good news of her progress she should be happier than she had been for months. Even if the report was unfavourable it would be something definite and in that case she could return to England immediately. Loneliness in beautiful surroundings was much harder to bear than fellowship in ugliness. To go back to playing adventuresses in the black country would have its compensations.

When Kenrick returned to take her out to dinner, there was a smile on his sombre face. He put up his monocle and looked at Nancy quizzically.

'You're a nice one!'

'What's the matter? What have I done?'

'I thought you told me you weren't getting on?'

'I didn't think I was.'

'Well, Gambone says you're a splendid pupil, that you work very hard, that you have a glorious natural voice, and that if he can keep you another six months he'll guarantee you an engagement at San Carlo next autumn. What more do you want?'

Nancy caught her breath.

'You're joking!'

'I'm not indeed. I was never more serious.'

'But why didn't he say something to me?'

'Gambone is a Neapolitan. Gambone is a realist. About women he has no illusions. He thinks that the more he beats them the better they'll be. He only told me this after exacting a promise not to repeat it to you in case you should be spoilt and give up working as well as you're working at present. I reproached him with not having looked after you socially, and he nearly jumped through the ceiling of his apartment.

' "She is here to work," he shouted. "She is not here to amuse herself." "But you might at least have managed to find her an escort for the opera." And I told him that you had not yet visited San Carlo. "*Meno male!*" he squealed. I presume your Italian has at least got as far as knowing that *meno male* means the less harm done. "*Meno male* that she has not filled her head with other people's singing. She has enough to do with her practising, enough to do to learn how to speak and pronounce the only civilised tongue that exists for a singer." I told him that you had been lonely, and what do you think he replied? "If she's lonely, let her cultivate carnations. *Garofani!*' he yelled at the top of his voice. "Believe me, my good sir, carnations are a thousand times more worth while than men and ten thousands times more worth while than women." "Even good contraltos?" I laughed. "*Sicuro!* Or sopranos either," the old villain chuckled.'

'Well, in some moods I would agree with him,' Nancy said.

'Anyway, whatever the old cynic may say, he has a profound belief in your future. When he was ushering me out of his apartment . . . '

'Oh, he ushered you out?' Nancy laughed. 'He always pushes me out.'

'He would! But listen, he took my arm and said, with a twinkle in his bright black eyes, "So you heard her sing and knew she had a voice?" I bowed, "*Siete un conoscente caro. Felicitazioni.*" '

The opera played at San Carlo that night was *La Traviata*. Nancy, not oppressed by the sound and sight of a contralto singing and acting far better than she could ever hope to sing and act, thoroughly enjoyed it. The Violetta was a delicate and lovely creature, so that, even if her *coloratura* did lack something of the finest quality and ease, her death was almost intolerably moving. Alfredo was played by an elderly tenor into whose voice the *vibrato* of age had already insinuated itself. He was, however, such a master of all the graces that neither his appearance nor the fading of his voice seemed to matter a great deal. In compensation for an elderly tenor, the heavy father was played by a very young baritone with a voice of glorious roundness and sonority. Kenrick was much excited by this performance and prophesied for this new singer a success all over Europe as round and sonorous as his voice. He declared that he had never heard Germont's great aria *Di Provenza* given so well.

After the performance they went to supper at one of the popular restaurants near the opera house, where Kenrick discoursed upon the aesthetic value of *La Traviata*.

'It's the fashion to decry it as a piece of tawdry and melodramatic sensationalism, but to my mind its fulfils perfectly Aristotle's catharsis.'

'That sounds reassuring,' Nancy laughed. 'But I'm afraid I don't in the least understand what it means.'

'Aristotle found an aesthetic value in the purging of the emotion. Well, at the end of *Traviata* we are left with the feeling that music could not express more completely the particular set of emotions that are stirred by the story of Alfredo, Violetta, and Germont. No critic has ever done justice to the younger Dumas's *La Dame aux Camélias* either as a novel or as a play. Yet both they and the opera founded upon them have a perennial vitality so marked as almost to tempt me to claim for them an eternal vitality. The actuality of *Traviata* is so tremendous that on the first night of its production in Venice it was a failure because the soprano playing Violetta was so fat as to revolt the audience's sense of fact. This seems to me highly significant. You cannot imagine an operatic version of, let us say, *Wuthering Heights* being hissed off the stage because the Heathcliff revolted any audience's sense of fact. Now *Wuthering Heights* much more nearly approximates to melodrama than *La Dame aux Camélias*. The pretentious spiritualism with which a sordid tale of cruelty, revenge, and lust is decked out cannot hide from the sane observer the foolish parody of human nature presented therein. It has been acclaimed as a work of tragic grandeur and sublime imagination, as if, forsooth, grandeur of imagination were to be measured by the remoteness of protagonists or plot from recognisable life. Let us grant that *Traviata* exhibits a low form of life – '

'Or a form of low life,' Nancy interposed.

'No, no, don't make a joke of it! I feel seriously and strongly on this subject,' Kenrick averred. 'But a live jelly-fish is a great deal more marvellous and much more beautiful than a stuffed lion. Nothing really matters in a work of art if it lacks vitality. I would not say that *Wuthering Heights* lacked all vitality, but its vitality is slight, indeed it's almost imperceptible except to the precious and microscopic taste of the literary connoisseur. The vitality of *La Dame aux Camélias* is startling, so startling indeed as to repel the fastidious and academic mind just as a don would be embarrassed were his attentions solicited by a gay lady outside the St James's Restaurant. The trouble is that the standards of criticism are nearly always set up by the middle-aged. *La Dame aux Camélias* is a book for youth. We have most of us lived not wisely and not well in our youth, and middle-age is not the time to judge that early behaviour. Let it be remembered that the follies of our youth are usually repeated when we are old – not always actually, but certainly in imagination. An old man should be the best judge of *La Dame aux Camélias*. Well, if that is a vital book, and just because of its amazing vitality a great book, *Traviata* is a great opera, because, unlike that much inferior opera *Aïda*, it is impossible to imagine any other music for it. All that could be expressed by that foolish dead love, all the sentimental dreams of it, all the cruelty of it and the sweetness and the remorse, all is there. We may tire of its barrel-organ tunes, but we tire in middle age of all youth's facile emotions. We can scarcely imagine ourselves, let us say, waiting two hours in the rain for any woman. We should be bored by having to find the chocolates that Cleopatra preferred, and we would not escort even Helen of Troy to the nearest railway-station. But fatigue is not necessarily wisdom, and so much that we reject in middle age is due to loss of resiliency. We cannot react as we once could to the demands of the obvious excitement. We are, in a word, blasé.'

Nancy felt that she was rushing in like a fool, but she could not sit here and watch Kenrick blow away all argument in the wreaths of his cigarette smoke. She had to point out one flaw in his remarks.

'But when I said that I would never love again and implied that I knew what I was talking about, because I was twenty-eight, you warned me that a woman's most susceptible age was thirty-three.'

'Thirty-three is hardly middle age,' said Kenrick. 'I was thinking of the chilly forties. Besides, you can't compare women with men in this matter. The old saw about a woman being as old as she looks and a man as old as he feels is always used by women as an illustration of the advantage of being a man. As a matter of fact, the advantage lies all the other way. It is so much easier to look young than to feel young. A woman is never too old to be loved. You can hardly maintain that a man is never too old to love. I doubt if a man over thirty ever knows what love means.'

'Och, I never heard such a preposterous statement,' Nancy declared. 'Why, think of the men who cherish hopeless passions all their lives.'

'For my part I can never understand a man's cherishing a hopeless passion,' he declared. 'I should feel so utterly humiliated by a woman's refusal of her love that my own passion would be killed by it instantly. And the humiliation would be deepened by my knowledge of women's facility for falling in love, which is, of course, much greater than a man's, as much greater as her fastidiousness and sensitiveness are less. To be refused by a woman, when one sees on what monstrous objects she is prepared to lavish her affection, seems to me terrible. Equally I do not understand why a woman, who after her childhood so rarely cherishes a hopeless passion that will never be returned, is always prepared to cherish the much more hopeless passion of continuing to love a man after he has ceased to love her. I suppose it's because women are such sensualists. They always regard love as a gratification of self too long postponed, and they continue to want it as children want broken toys and men fail to give up smoking. The famous women who have held men have held them by their infinite variety. Yet the one quality in a lover that a woman finds it hardest to forgive is his variety.'

'Och, I don't agree at all,' Nancy declared breathlessly. 'In fact, I don't agree with anything you've said about love or men or women. I think it's a great pity that you have let yourself grow middle-aged. You wouldn't be able to have all these ideas if you were still capable of feeling genuine emotion. I'm not clever enough to argue with you properly. No woman ever can argue, because either she feels so strongly about a subject that all her reasons fly to the wind or, if she doesn't feel strongly, she doesn't think it worth while to argue and in fact finds it a boring waste of time. But I feel that you are utterly wrong. I know you are. You're just wrong. And that's all there is to be said. My husband had more variety than any man I ever knew, and I loved his variety as much as I loved every other single one of his qualities.'

There were tears in her big, deep-blue eyes, the tears that always came to them when she spoke of Bram, and flashing tears of exasperation as well, at being unable to defeat her companion's cynicism, for all his observations seemed to her to be the fruit of a detestable and worldly-wise cynicism, the observations of a man who has never known what it was to suffer or to lose anything in the battle of life.

'Forgive me if I spoke thoughtlessly,' said Kenrick. 'I get carried away by my tongue whenever I go to an opera. Operas stimulate me. They are the *reductio ad absurdum* of art. I seem always to get down to the bedrock of the aesthetic impulse at the opera. We are deluded by a tragedy of Æschylus into supposing that art is something greater than it is, something more than a sublimation of childhood's games, something comparable in its importance to science. In opera we see what a joke art is. We know that in the scroll of eternity the bottle-washer of a great chemist is a more conspicuous minuscule than the greatest artist who ever shall be.'

'I think I'm too tired to listen to you any longer,' Nancy said. 'I really don't understand anything you're talking about now, and if I did, I feel sure I wouldn't agree with you.'

Kenrick laughed.

'I plead guilty to being a chatterbox tonight. But it was partly your fault. You shouldn't have sat there looking as if you were listening with such intelligence. But let's leave generalisations and come to particulars. Gambone says a little holiday will do you good.'

'I don't believe you,' Nancy laughed. 'Maestro Gambone never indulged in theories about his pupils' well-being. I simply don't believe you.'

'Yes, really he did. I asked him if he did not think that you would be all the better for a short rest, and he's agreed with me. Now, why don't you come to Sorrento with me and see this New Year that is going to be your *annus mirabilis?*'

Nancy looked at him quickly.

'You're thinking of the proprieties? There are no proprieties at Sorrento. You want a change of air. I promise not to talk about art. We'll just take some good walks. Now don't be missish. Treat me as a friend.'

Yet Nancy still hesitated to accept this invitation. She had no reason that she could express to herself, still less put into words. It was merely an irrational presentiment that she should regret going to Sorrento.

'Why don't you answer?' he pressed.

'I was only wondering if it was wise to interrupt my lessons,' she told him lamely.

'But you wouldn't lose more than a couple. We shan't be away more than five days. I've got to be back in London by the fifth of January.'

'All right. I'd really love to come if Gambone won't think I'm being lazy.'

Kenrick drove her back to the Via Virgilio, and next morning they took the boat for Sorrento.

They stayed in an old, sun-crumbled *albergo* built on one of the promontories, the sheer cliff of which had been reinforced by immense brick arches raised one above another against its face, so that the soft tufaceous rock, which rather resembled rotten cheese, should not collapse and plunge *albergo* and tangled garden and pine-dark promontory into the inky blue water two hundred feet below. Sorrento looks north, and the proprietor of the *albergo*, a toad-faced little man with sandy hair and a food-stained frock-coat much too large for him, suggested that his new guests would be more comfortable at this season in rooms with an outlook away from the sea. The south aspect of the *albergo* formed three sides of an oblong, and the doors of all the rooms opened on a balcony paved with blue and green porcelain tiles and covered with the naked grey stems of wistaria, the convolutions of which resembled the throes of huge pythons. The view looked away over orange groves to the Sorrentine hills, and particularly to one conical bosky peak on which the wooden cross of a Camaldolese congregation was silhouetted against the sky. In the garden below the balcony tazetta narcissus and China roses were in bloom. There were not many other guests in the *albergo*, and these mostly consisted of elderly English and American women, who all suffered from a delusion that Italy was the cheapest country on earth, and from a delusion of the natives that all English and Americans were extremely wealthy.

Kenrick apologised for bringing Nancy to the *Albergo del Sole* rather than taking her to one of the two fashionable hotels.

'But we can always go and feed at the *Tramontano* or the *Victoria*,' he pointed out. 'And there's a charm about this tumble-down old place. I was here once ten years ago and always promised myself a return visit. Of course, winter is not the time to be in Sorrento. It's not till the oranges come into their glory about Easter that one understands the raptures of the great men who have visited this place. The fascination of Sorrento is a stock subject with all the letter-writers of our century.'

'Och, but I would much rather be staying here,' Nancy assured him. 'I think this place is so attractive.'

'It would be more attractive in spring when the creamy Banksia roses are in blossom and hung with necklaces of wistaria. It is a little melancholy now. Yet the sun strikes warm at midday. I've told them to make up a roaring fire of chestnut logs in your room.'

'They've certainly done so, and it's as cosy as it can be.'

'I only hope the weather stays fine for our holiday,' said Kenrick, putting up his monocle and staring an appeal to the tender azure of the December sky.

And the weather did stay fine, so that they were able to drive or walk all day and escape from the narrow-walled alleys of Sorrento, alleys designed for summer heats, and when their ferns and mosses would refresh the sun-tired eye, but in winter damp and depressing, soggy with dead leaves.

On the last day of the old year they climbed up through the olives until they reached an open grassy space starred thick with the tigered mauve blooms of a myriad crocuses, the saffron stamens of which burned like little tongues of fire in the sunlight.

'Forgive the melancholy platitude,' said Kenrick, 'but I am oppressed by the thought of our transience here, and not only our transience, but the transience of all the tourists who sojourn for a while on this magic coast. The song of a poet here is already less than the warble of a passing bird; the moonlight is more powerful than all the vows of all who have ever loved in Sorrento; no music can endure beside the murmur of the Tyrrhenian. "Here could I live," one protests, and in a day or two the railway-guide is pulled out, and one is discussing with the hotel porter how to fit in Pompeii on the way back to Naples. Ugh! What is it that forbids man to be happy?'

'Well, obviously most of the people who visit Sorrento couldn't afford to stay here indefinitely,' said Nancy who always felt extremely matter-of-fact when her companion began to talk in this strain.

'Yes, but there must be many people like myself who could.'

'Some do.'

'Ah, but not in the right way. They dig out a house-agent and inspect eligible villas and behave exactly as if they were moving from Bayswater to Hampstead, which, in fact, they are. I don't want to adjust these surroundings to myself. I want to become an integral part of them. I should like to stay on in the *Albergo del Sole* without writing letters or getting letters. I should like to be sitting here when these crocuses have faded, and the grass is wine-stained by anemones or silvery with asphodels. I should like to watch the cistus petals fluttering to the hot earth, and to lie for hours listening to the *cicali*, lie and dream all through the summer as still and hot as a terra-cotta shard, lie and dream until the black *scirocco* whips the orchards and spits into my face the first drops of Autumn rain. But if I had to make arrangements for my business and explain that my nerves required a long rest, all the savour would be taken out of my whim. Oh, *dio* I am as full today of yearnings for the *au de là* as a French symbolist or a callow German who sees the end of his *Wanderjahre* looming.'

All the way back to the town Kenrick walked along beside Nancy in a moody silence. She felt that perhaps she had been too discouraging, and just before they emerged from the last of the olives she put a hand on his arm and said:

'Will it do anything to console you if I tell you how perfectly I have enjoyed these days here? I'm not an eloquent person, Mr Kenrick.'

'Oh, for heaven's sake call me "John." Haven't you noticed I've been calling you "Nancy" all this time?'

'I'll try to call you "John", ' she promised. 'But it's terribly hard for me to call people by their Christian names. I'm not an eloquent person . . . John. In fact, I'm sort of tongue-tied. But surely you must realise what you've done for me.'

He stopped abruptly and looked into her eyes.

'Have I really done much?'

'Why you know you have. You know you have. I was a touring actress without an idea of ever being anything else, and you've given me the chance to be something much more than that?'

'That's all I've managed to do?' Kenrick asked.

'Isn't it enough?'

He seemed to be striving either to say something or not to say something. Nancy did not know which. Then he shivered.

'Come along, it's beginning to turn chilly as the sun gets behind the hills. Let's go and have a fashionable tea at the *Victoria*, and book a table for tonight.'

After dinner they sat in the lounge and watched the sophisticated *tarantella* that was splashed on the tourists three times a week as from a paint-pot of gaudy local colour. Followed luscious songs and mandolinades, and shortly before midnight the *capo d' anno* procession arrived to sing the song of the New Year. It was accompanied by a band of queer primitive instruments; but the most important feature of the celebration was a bay-tree, which was banged on the floor to mark the time of the rhythmical refrain throughout the song's many verses. Everybody drank everybody else's health; the elderly English and American women twinkled at the inspiration of an extra glass of vermouth; all was music and jollity.

The moonlight was dazzling when Kenrick and Nancy left the hotel, the air coldly spiced with the scent of mandarins. He proposed a walk to shake off the fumes; and, though she was feeling sleepy after a long day in the open air followed by the long evening's merry-making, Nancy had not the heart to say that she would rather go home to bed. They wandered through the alleys now in darkness, now in a vaporous sheen of grey light, now full in the sharp and glittering eye of the moon. The naked arms of the walnut-trees and figs shimmered ashen-pale. Here and there a gust of perfume from the orange-groves waylaid them to hang upon its sweetness like greedy moths. After twenty minutes of meandering through these austere blazonries of argent and sable they turned back toward the *albergo* and followed their shadows away from the soaring moon, their little shadows that hung round their feet like black velvet, so rich seemed they and so substantial upon the dusty silver of the path.

All was still when they reached the *albergo*, and the porcelain tiles of the balcony were sparkling in the moonshine like aquamarines.

'Good night,' said Nancy, pausing in the doorway of her room. 'And once more a happy New Year!'

Kenrick stood motionless for an instant. Then he stepped forward quickly into the doorway and caught Nancy to him.

'You can't say good night like this,' he gasped.

She struggled to free herself from the kiss he had forced upon her. In her physical revolt against him the lips pressed to hers felt like the dry, hot hide of some animal.

'Let me go! Let me go!' she choked. 'Och, why are you doing this and spoiling everything?'

In escaping from his arms Nancy had gone right into her room. Kenrick followed her in and shutting the door behind him, began to plead with her.

'Let me come and sit in here for a while. I won't try to kiss you again. Let's pull up a couple of chairs to the fire and talk.'

'Och, do go away,' Nancy begged. 'There's nothing to talk

about now, and it's late, and I feel so unhappy about this.'

All the time she was talking she was searching everywhere for the matches to light the lamp and illuminate with its common sense this mad situation created by moonshine and shadows and flickering logs.

'You've surely realised that I've been madly in love with you ever since I saw you at Bristol?' he demanded.

Nancy found the matches and lit the lamp. Then she turned to face Kenrick.

'Of course I didn't realise it. Do you suppose I would have let you pay for my singing-lessons and all this if I'd thought you were in love with me? I see it now, and I could kill myself for being so dense. And me supposing it was all on account of my fine voice! Och, it's too humiliating. Just an arrangement between you and Gambone, and me to be so mad as to believe in you.'

'Now don't be too unjust, Nancy,' he said. 'You have a fine voice, and even if you turn me down as a lover I'm still willing to see you through with your training.'

'I thought you knew so much about women,' she stabbed. 'You don't really suppose that I'd accept another penny from you now?'

'Why not?'

'Why not? Well, I won't ever be your mistress, and since it was the hope of getting me for your mistress that made you send me out here – you can't deny that, now can you? – well, since it was that and I can't oblige, you don't suppose I'll accept your charity?'

'But I tell you I do think you have a fine voice, and so does Gambone. I swear to you he does. This hasn't been a trick to get you out to Italy, and nothing else; though it would be absurd to pretend that I'd have done what I did for you for any woman with a fine voice.'

'Why couldn't you have told me there was a price attached? It wasn't fair of you to let me come out here without knowing that.'

Nancy was on the verge of breaking down; but she realised that if she cried Kenrick would take the opportunity of such weakness to attempt a reconciliation, and she was determined to finish with him for ever tonight.

'I suppose it wasn't,' he admitted. 'But you must remember that I didn't know you then as I know you now, and perhaps I assumed that you were like most women, for I swear most women would have realised that I was in love.'

'But it's such a damnable way of being in love!' Nancy exclaimed. 'If you loved me, how could you think that I'd pretend such innocence? To make myself more interesting? Well, I suppose if you go through life judging women by your own ideas about them, you *would* have discovered by now that all of them were frauds.'

'Listen, Nancy,' Kenrick said. 'Is it because you don't love me that you refuse me as a lover? Or is it because of the conventions? Would you marry me, if I could marry you?'

'Do you mean if I weren't an actress?' she said, blazing.

'No, no,' he replied impatiently. 'For God's sake don't talk like that. What on earth difference could that conceivably make? I can't marry you, because I'm married already, and because my wife would die rather than divorce me. But would you marry me?'

'No, never in this world! I won't be your mistress, because I don't love you; and even if I did love you a little, I wouldn't be your mistress, because I could never love you as much as I loved my husband, and I wouldn't do anything to hurt his child and mine.'

'Are you sure you don't love me? Are you sure the second and more sentimental reason isn't the true one?'

'I'm so far from loving you,' she declared, 'that I couldn't even hate you. Now perhaps you'll go away and leave me alone? Remember what you said the other night in Naples about cherishing hopeless passions. Or was that just all nothing but beautiful talk?'

'Why don't you love me?' he asked.

'I told you once that I could never love anybody again. You had a theory about that, I remember. Now do go away and leave me alone.'

'Forgive me, Nancy.'

'I'll forgive you if you let me know to a farthing what you've paid for me from the moment I left London.'

'That's not forgiveness,' he said. 'You needn't be cruel. After all, it's not unforgivable to love a woman. I loved you from the beginning. I haven't just taken advantage of moonlight to indulge myself. At least, let me continue paying for your lessons. I'm going back to England at once; I'll promise not to worry you any more. Do, Nancy, please do let me see you through!'

She shook her head.

'I couldn't.'

'You're sacrificing yourself for pride.'

'It's not entirely pride,' she said. 'There's pride in it, but it's – Oh, I can't explain things as you can. Please tell me what I've cost you. I have enough, I think, to pay you back.'

'I won't accept it,' he declared. 'And for no reason whatever can you prove to me that I ought to accept repayment. I persuaded you to leave your engagement. You believed in my sincerity. And I was sincere. I think it's wrong of you to give up your singing. But I know it's useless to argue about that with you. What I have paid is quite another matter, and I simply refuse to accept repayment. If you can't even succeed in hating me, you've no right to ask me to do something for which I must hate myself.'

'Yes, but you only used my voice as an excuse for the rest,' Nancy argued. 'Your main thought in getting me out to Italy was to make me your mistress. Apparently I must have given you the impression that your trouble was worth while. Yet when you invited me to come with you to Sorrento on this holiday, why did you ask me to treat you as a friend? As a matter of fact, the idea that you wanted to make love to me did pass through my mind, and you drove away the fancy by the way you spoke as if you knew that I suspected your reasons and wanted to reproach me for my nasty mind. Did you or did you not expect that I would give myself to you here?'

'It was here that I first thought that you were growing fond of me,' Kenrick said evasively. 'I can tell you the exact moment. It was yesterday afternoon when you put your hand on my arm.'

'I *was* growing fond of you. But not in that kind of way,' she said. 'Naturally I was growing fond of you. You had, as I thought, done a great deal for me. I was grateful; and when you seemed depressed I wanted to comfort you.'

'Nancy, let's cut out tonight and blame the moon.'

She shook her head.

'I can't. I know myself too well. Just to give you pleasure because I owe you a great deal, I would like beyond anything to cut out tonight and go on with my singing. But the moment I was alone I'd begin to fret. I haven't enough confidence in my success as a singer. For one thing, now that you've told me that you were attracted to me personally at Bristol I feel that you've thought my voice better than it is. Suppose at the end of another five or six months Gambone shouldn't consider me worthy of being pushed along? I'd have nothing to fall back upon. I'd have failed myself and my daughter and you artistically, and I'd have failed you in the only way that might compensate you for that failure.'

'But if the risk is mine and I'm willing to accept it, why must you worry?'

'It's no good. I know myself. I know that I couldn't endure taking your money under those conditions.'

'But you aren't seriously proposing to give up your lessons and leave Naples simply because I've told you that I'm in love with you?'

'Yes, yes, I am. I'm going back tomorrow.'

'But how will you explain your sudden return to your friends?'

'I haven't so very many friends to bother about. But I shall tell those I have that my voice wasn't good enough to make it worth while going on.'

Kenrick flung himself into a chair and poked the logs savagely.

'You make me feel such a clumsy brute,' he groaned. 'Can't I find any argument that will make you change your mind?'

'None.'

'But at any rate you aren't serious about paying me back the trifling sum I've spent on you?'

'I am indeed.'

'Nancy, I've taken my disappointment fairly well; you can't deny that. I beg you to be kind and not insist on this repayment. I promise not to inflict myself or my hopes upon you. I'll do anything you tell me, if only you'll be generous over this. Your only motive for repaying me can be pride. Use your imagination and try to realise what it will mean for me if you insist. I do love you. I might have pretended that the magic of this night had turned my senses for a moment. But by being sincere I've ruined any hope I had for the future. My dream is shattered. Be generous.'

He looked so miserable, hunched up over the fire, that Nancy fought down her pride and agreed to accept as a present what he had already done. She was inclined to regret her weakness a moment later, when she saw that her surrender went far to restore Kenrick's optimism about their future relations. He began to talk about the beauty of Italy in the spring, of the peach blossom in March and the orange-groves in April. The mistake was in having sent her out in winter. In spring she must think over everything and come out again. And so on, and so on until Nancy could have screamed with exasperation at his inability to comprehend the finality of her decision.

It was nearly two o'clock before Kenrick left Nancy's room. The stress of argument had chased away her fatigue; but in Kenrick's new mood she did not dare stand on the balcony and pore upon the hills of Sorrento floating like islands in that sea of moonshine. He was capable of supposing that she had changed her mind and of expecting the fulfilment of his passion. The fire had died down to a heap of glowing ashes. The room was heavy with the smoke of Kenrick's incessant Macedonian cigarettes. So this was the end of Italy. Yet she did not feel more than a twinge or two of sentimental regret for the loveliness of earth and sea and sky that she was deliberately abandoning. She had the happiness of knowing that she had been true to herself. A dull, a bourgeois virtue perhaps for a rogue and a vagabond; but Nancy, knowing all that she now wanted from life, did not feel sorry for that self to which she had been true.

Three days later Italy seemed as far away as paradise, when the cliffs of England loomed through a driving mist of dirty southerly weather.

Chapter 23

CŒUR DE LION

It seemed as if fortune was anxious to compensate Nancy for the sudden shattering of her operatic dreams. The very first agent to whom she went on her return to London greeted her with something like acclamation.

'Why, Miss O'Finn, I am glad you've looked in this morning. Mr Percy Mortimer' – the agent's harsh voice sank to a reverential murmur – 'Mr Percy Mortimer has had some difficulty with the lady he engaged to play rather an important part in his new play at the Athenæum, and his secretary wrote to me to ask if I would send some ladies to inverview him with a view to his engaging one of them. He requires a tall, dark lady of some presence, and of course with the necessary experience. This would be a splendid opportunity for you, Miss O'Finn, if you happened to please Mr Mortimer.'

'Naturally, I should like nothing better than to be at the Athenæum,' said Nancy in a voice that was nearly as full of awe as the agent's.

'It isn't so much the salary,' he pointed out. 'In fact, Mr Mortimer does not believe in paying very large salaries to the actors and actresses who are supporting him. He thinks – and he is undoubtedly right – that to have one's name on the programmes of the Athenæum is the equivalent of several pounds at most of the other London theatres.'

'Now, don't talk too much about it before Mr Mortimer has even seen me!' Nancy begged.

'He'll be at the Athenæum this afternoon at half-past three. I'm only sending along two other ladies. And I think you're just what he wants.'

Mr Percy Mortimer was something more than a great figure of the London stage; he was an institution, in fact. Everybody agreed that should Her Majesty decide to create another theatrical knight Percy Mortimer was undoubtedly the one she would select for the accolade. The prime cause of his renown in England was that if there was ever any question of choice between being an actor or a gentleman he would always put good breeding before art. This was held to be elevating the drama. If by chance the public disapproved of any play he produced, Percy Mortimer always apologised before the curtain on the first night and laid the blame on the author. Two or three years before this date he was acting in a play by a famous dramatist who became involved in a sensational and scandalous lawsuit. Percy Mortimer did not take off the play. He owed something to art. But he paid his debt to good breeding by expunging the author's name from the playbills and the programmes.

Nancy had to pass the vigilance of various chamberlains, constables, and seneschals before she reached the Presence, a handsome man with a face as large and smooth as a perfectly cured ham.

'Miss O'Finn?' he inquired graciously, with a glance at her card. 'Of Irish extraction, perhaps?'

She nodded.

'A part is vacant in my new play,' he announced. 'The public is anxious to see me in historical drama, and I have decided to produce Mr Philip Stevens's *Cœur de Lion*. The vacant part is that of a Saracen woman who has escaped from the harem of Saladin. It is not a long part, but it is an extremely important part, because the only scene in which this character appears is played as a duologue with myself.'

Mr Mortimer paused to give Nancy time to appreciate what this meant.

'Here is the script,' he said. 'Perhaps you will read me your lines?'

Nancy took a deep breath and dived.

'Thank you, Miss O'Finn,' said Mr Mortimer. 'One of my

secretaries will communicate my decision to your agent in the course of the next twenty-four hours.'

He pressed a bell, which was immediately answered by a chamberlain, to whom was entrusted the task of escorting Nancy back into the commonplace of existence.

And the very next day when Nancy, who was staying at St Joseph's, went to her agent, she was offered the part at a salary of five pounds a week.

Not only was *Cœur de Lion* a success with the critics, who hailed Mr Philip Stevens as the morning star of a new and glorious day for England's poetic drama, but it was a success with the public. This, of course, made the critics revise their opinion and decide that what they had mistaken for a morning star was only a fire-balloon; but the damage was done, and English criticism suffered the humiliation of having praised as a great play what dared to turn out a popular success. One or two papers actually singled out Nancy's performance for special commendation, which, considering that the part did not look difficult and that she played it easily and naturally, betraying astonishing perspicacity for a dramatic critic. She found pleasant rooms in St John's Wood, quite close to the convent. Kenrick made several attempts to see her, and on one occasion waited for her outside the stage door. She begged him not to do this again as it might involve her dismissal from the Athenæum, because one of Mr Mortimer's ways of elevating the English drama was to make it an offence for any of the ladies of his company to be waited for outside the stage door.

For three months everything went well for Nancy except that the expense of London life was a constant worry for her, although she tried to console herself with the thought that she had already saved a certain amount of money, and that after her success in *Cœur de Lion* she might expect to get a larger salary in her next London engagement. Otherwise she was happy.

Then one night early in April she was informed by the stage-door-keeper that a gentleman who would not leave his name had been inquiring for her private address. Nancy supposed that it was Kenrick again; but the stage-door-keeper remembered him well. This was a much older gentleman with curly white hair who was quite definitely a member of the profession.

'Of course, I didn't give him your address, miss. But if he calls again, what shall I say?'

It was her father. What should she say? Nancy's conscience had touched her from time to time for the way she had let her father drop out of her life ever since that day he had failed her so badly. She did not know if he were acting in London or the provinces, or if he were not acting anywhere. His name had never been mentioned all these months of touring. On no railway-platform had she caught a glimpse of him as two 'crowds' passed each other during long Sabbath journeys. He might have been dead. And now here he was in her path. What should she say?

'Ask him to leave his address, will you? And say that I will write to him.'

If her father dreaded another such disastrous visit as the one she paid him four years ago, he need not leave his address. If, however, he did leave it, she would have time to ponder what response to make.

Michael O'Finn did not call again at the stage door of the Athenæum, but two or three days after this his daughter received a letter from him at the theatre.

544 Camberwell Road S.E.

2.30 p.m. Sunday, April 17, 1899.

My beloved daughter

How many times since we last met have I picked up my pen, how many times have I laid it down again with a groan of paternal despair! That you had reason to complain of me I will not deny. My head is bowed before your just and natural ire. But the sight of your name – your dear, dear name – although you share the second portion of it with that least worthy of God's creatures, your wretched father – the sight of your name, I repeat, in the cast of 'Cœur de Lion' watered with the hope withered plant that in happier days and in the glory of his blossoming prime gave that tender shoot to the world, which is your sweet self.

I will not attempt to condone my fault. I will not attempt it, I say. At the moment when I should have been standing upon the doorstep of that humble habitation in which I sojourned for a space to welcome you with open arms and tears of joy, I was, owing to a combination of unfortunate circumstances, prone upon my bed in the first floor front.

I have not to warn you, my child, against the evils of drink because in you glows the pure and temperate soul of your beloved mother. At the same time I should lack all the noble instincts of paternity if I did not remind you that 'Virtue cannot so inoculate our old stock but we shall relish of it.' That being so, do not allow yourself to be tempted by even a solitary glass of champagne. Water, pure, wholesome, pellucid water is the natural element of a being like yourself.

But to come to the point of this letter.

Two years ago, weary of being 'a walking shadow, a poor player that struts and frets his hour upon the stage,' I longed to be 'heard no more.' I was at that time lodging in the house from which I write this despairing epistle. In a moment of folly I proposed to link myself in matrimony with my landlady's daughter. The wretched woman accepted my hand.

The Tragic Muse would be rendered dumb by the task of painting my misery ever since that inauspicious day. Aye, even Melpomene herself would stammer. One word, one word alone can indicate a dim and shadowy outline of my existence, and that one word is Hell.

You will observe that I have resumed after a blank. That blank I wish to draw over my life for the last two years. But I have now reached a lower depth, a gloomier abyss, where in addition to all my other ills the spectre of famine looms above me. The wolf is scratching at the door. In a word, unless somehow or other I can raise the sum – a bagatelle for a Crœsus or a Rothschild, for me a burden heavier than Atlas bore – the sum of £158 14s. 3½d. within the next week, I and my wife and my mother-in-law will be in the street. I do not for an instant imagine that you yourself have such a sum handy. You are, like your father, only a poor stroller. But it has occurred to me that you might be acquainted with some fortunate individual who could advance you this amount to save your father from destitution in company with the two least attractive companions that can be imagined for such an existence.

I beg that you will not attempt to visit me. Since I gave up brandy, this house appears to me as what it undoubtedly is – a mercenary hovel. Yet I am 'fain to hovel me with swine and rogues forlorn in short and musty straw.' In a word I am better off in 544 Camberwell Road than 'to be exposed against the warring winds, to stand against the deep dread-bolted thunder.'

My beloved Nancy, do your best for me. Overlook my failings and come to my aid.

'Dear daughter, I confess that I am old;
Age is unnecessary; on my knees I beg
That you'll vouchsafe me rainment, bed, and food.'

These words addressed by the hapless Lear to his unnatural daughter Regan I take from their context and utter to one who has ever been a Cordelia.

To that most wretched of earth's creatures

Her
Father.

Nancy was not deluded by the laboured rhetoric of this letter. She understood that her father's need was serious. She had the money that would relieve him. She must send it immediately. To be sure, he had failed her four years ago, but had she not allowed her bitterness to make her unnatural? Was she not to blame a little for this disastrous later phase of his career? Oh, yes, more than a little. Moreover, that money in the bank, since her break with Kenrick, had never lain there comfortably. It had never seemed to belong to her as genuinely as once it did. The sum her father required so gravely was more than Kenrick could have spent on that Italian adventure of hers. She took out her cheque-book and sat down at the table. Or should she go and see him in Camberwell? She read her father's letter again. No, it was clear he did not want her to be a spectator of his wretchedness. But at least she could invite him to her rooms – yet could she? That would mean talking about Letizia, and perhaps he would want to see her. Was it very heartless of her not to want him to see Letizia? After all, he had not suggested visiting her. She would send him this money and she could decide later what she should do.

Nancy received a long and emotional letter of thanks, in which her father said that he was feeling very low, but that without doubt her rescue of him from the desperate position in which he had been plunged would rapidly restore him to health. Meanwhile, he begged her again not to dream of visiting him in Camberwell. When the warm weather began in May he would come and see his beloved daughter.

But when the warm weather came in May, Nancy read an obituary in *The Era* of that ripe old actor, Michael O'Finn, a fine comedian and a tragic actor of no mean ability.

Chapter 24

DECENNIAL

Cœur de Lion suffered from cardiac depression in the heat of July and ceased to beat half-way through the month. Although Mr Percy Mortimer offered Nancy a part in his autumn production, he did not offer her a higher salary. Not only had she been unable to save a penny in London; but she had had to draw heavily on what remained of her savings when she had paid her father's debts. No doubt if she stayed on at the Athenæum she should gradually establish herself as a London actress, but should she ever save any money? She felt that she lacked the temperament to become a star. Even if she had had the consuming white-hot ambition she did not possess the necessary personality. For one thing she was too useful an actress. She would always be given parts that were difficult to fill obviously. She would never establish herself as the one actress who could play one particular kind of part. Nevertheless to refuse a good part in the forthcoming production at the Athenæum was not an easy thing to do. Another conspicuous success would mean a rise of salary for the next production and, were there nothing for her at the Athenæum, she might surely count on a good engagement at another theatre. Then there was Letizia in London, and it *was* so jolly to be able to see her almost every day. She seemed to grow more amusing and interesting and adorable all the time. There were many years yet before she should be wanting that money to launch her on whatever career she chose. Would she choose the stage? Probably. Plenty of personality there. With the natural sense of the theatre she must inherit from both sides she would stand a splendid chance of becoming a really renowned actress. But what a much greater chance she would stand if she were not hampered by the urgent need of a livelihood. Not that Nancy intended her daughter to be aware of her amateur status. If she chose to be an actress, she should begin under the impression that there was not a farthing between herself and starvation in the event of failure. But once she secured a London engagement, why, then the money to dress herself, the money to be able to turn up her nose at a small salary, the money to flick her fingers in the face of any manager. But Letizia's début was a long way off yet. She might not choose the stage; and was it risking so much for her mother to stay on and enjoy the amenity of acting in London?

Nancy was on the point of settling for the autumn with Mr Mortimer when an actor with whom she had played in two provincial companies before the death of Bram offered her seven pounds a week to go out on tour with him in a repertory of Robertson's plays. Seven pounds a week in the country was the equivalent of ten pounds a week in town. Nancy flung away any hope of fame, flung away the amenity of the London stage, flung away the pleasure of seeing Letizia every day, and became once more a strolling player, wandering for the next ten years up and down the length of England, in and out of Wales, over to Ireland, and across the border into Scotland. She never sang any more except at festive gatherings to celebrate some Bohemian occasion; but if she sang no more on the stage, neither did she play another adventuress. Her engagements were nearly always with number one companies for number one towns. Having once achieved seven pounds a week, she never acted again for less, and without stinting herself too much or denying herself a month's rest she managed to put by a hundred pounds every year.

Until Letizia was twelve she was allowed to spend the summer holidays with her mother, who was, of course, always on tour in August, so that Letizia had plenty of experience of theatrical life in her impressionable childhood. At the age of eleven she fell very much in love with a good-looking actor of forty-five, a member of the company with which her mother was touring. At first Nancy was amused by this precocious passion and had many jokes about it with Mr Bernard Drake, the object of Letizia's adoration. But when, notwithstanding the bracing air of Blackpool, Letizia began to grow thin and pale and hollow-eyed and altogether thoroughly lovesick, Nancy became anxious about her health and begged Drake not to encourage her little daughter by any kind of 'let's pretend'. The next week the company was playing at Douglas, and Letizia was no better in spite of all sorts of amusements and thrills that included a personal introduction by Mr Drake to several freaks then being shown at one of the halls by the sea for which Douglas was famous in those days.

'What *is* the matter, Letizia? Aren't you enjoying your time with me?'

They were sitting among the heather beyond the town looking at the calm sea and the curve of the long marina.

'Oh, yes, I'm enjoying myself terribly,' replied Letizia in woebegone accents. 'Only, in another month I shall have to go back to school.'

'But the holidays aren't half over yet,' her mother pointed out.

'No, not yet,' Letizia sighed. 'But they *will* be over.'

'Would you like to invite Mrs Pottage to come and stay with us next week, no – next week is Llandudno and Rhyl – the week after at Hastings?'

'No, thank you, mother. She'll only laugh all the time at everything.'

'Letizia, do not be so ridiculous. It's only during the last fortnight that you've not been laughing at everything all the time yourself.'

'I don't think I shall ever laugh again,' Letizia groaned.

'Why on earth not?'

'Because I want so dreadfully to be grown up.'

'Well, you can't go on moping for the next seven years, my dear.'

'Will I be grown up in seven years?' Letizia asked, brightening. 'That isn't so very long, is it? I'm more than half-way already.' She mused for a moment, then, 'Mother?'

'Well, what now?'

'When does a bearded lady begin to grow a beard? I couldn't suddenly become a bearded lady, could I, when I was grown up?'

'Of course not, you noodle.'

'You're quite sure?' Letizia pressed.

'Positive.'

'The bearded lady was very nice when I shook hands with her,' said Letizia pensively. 'But I wouldn't much like to kiss her if I was a man, would you?'

'Not at all,' Nancy declared with a grimace.

'Mother?'

'What now?'

'Do you think she'd mind if I asked her if she had any bits of beard when she was eleven?'

'No, darling. I don't want you to meet those freaks again. I can't think why Mr Drake ever introduced you to them. It was very naughty of him.'

Letizia turned a pale and reproachful face to her mother.

'I think Mr Drake is the nicest man who ever lived,' she proclaimed solemnly. Then in a voice that strove to be nonchalant, she asked how old he was.

'About forty-five.'

'Mother?'

'Still another puzzle for poor me?'

'Is fifty-two frightfully old for a man to be?'

'Very old, indeed.'

'Too old to marry?'

'Much too old,' said Nancy decidedly.

Letizia uttered a sigh of unutterable despair, and in spite of everything that her mother could do, in spite of a boisterous visit from Mrs Pottage to Hastings, she remained in a state of gloom all through the summer holidays. Moreover, Sister Catherine wrote to Nancy half-way through the next term that she was so worried about Letizia's health that she thought it would be wise if she went to Belgium early in the New Year, as London did not seem to be suiting her. Nancy wondered if she should say anything about her unfortunate passion for a middle-aged actor, but decided that it might give a wrong impression to the nuns and kept silence. She was glad she had, when soon after Letizia's arrival in Belgium she received a letter from her full of excitement and good spirits. The sickness of love was evidently cured. But that it could endure so long at the age of eleven made Nancy a little anxious about her daughter's emotional future.

Four years passed while Letizia was at school in Belgium. There were changes among the Sisters of the Holy Infancy. Mother Mary Ethelreda died and was laid to rest in the soil which her ancestors had held long ago by the sword. Sister Catherine was elected mother-superior. Sister Rose became head mistress of St Joseph's. There were no changes in Nancy's existence apart from the change every week from one town to another. She never heard of Kenrick nowadays. He had passed out of her life as if he had never been. Mrs Pottage was growing old, and for the first time since Bram's death Nancy visited Starboard Alley to celebrate the old lady's seventieth birthday.

Aggie Wilkinson was there looking now almost as old as Mrs Pottage and in some respects a good deal older, though she was still alluded to by her mistress as if she were in short skirts.

'Pore little thing, it does her good to get about a bit on those crutches of hers. She likes a jollification as much as I do myself. She's been helping me with the birthday cake and which I don't mind telling you is a proper mammoth and no mistake. It 'ud make Mong Blong look like a fourpenny lemon-ice.'

Mrs Bugbird was there, and Nancy thought that she too looked a proper mammoth, so much fatter had she grown with the years.

'It's to be a nice, cosy little party,' Mrs Pottage announced. 'In fact we're all here now except one.'

With this she winked at Mrs Bugbird, who shook with her accustomed laughter, though she was now so immense that she could scarcely fall off any chair, and not very easily off a sofa.

Nancy gratified her hostess by displaying a great deal of curiosity about the missing guest.

'He's my one and only left,' Mrs Pottage said. 'No, I'm joking. He isn't what you'd call a suitor at all. In fact, he wouldn't suit anybody. He's just a nice, quiet old fellow called Hayhoe who likes to pop in of a evening and smoke his pipe in my kitchen. He's been in Australia all his life, and when he comes home again he found all his friends and relations was dead and buried. So the pore old boy's a bit lonely, and he enjoys himself telling the tale to me about Australia, and which seems to me from what I can make out of it, a much larger place than what you'd think. And on Sunday to pass the time he blows the organ. He says that's the only way he can go to church without missing his pipe, though whether because the organ has pipes and to spare or because he's for ever puffing at the bellows I could never rightly make out. He's entertained Mrs B and I a lot this last winter, and he's very handy with a hammer and nails. In fact, we call him the jumping kangaroo among ourselves. Hush, here he comes.'

Perhaps Mr Hayhoe was abashed by the presence of a stranger, for he certainly did not jump about at all that afternoon, but sat small and silent in a corner of Mrs Pottage's room until he was called upon to help cut the cake, which he did with the air of performing a surgical operation.

'Well, I shall certainly do my best to live a bit longer,' Mrs Pottage declared when she was responding to the good wishes of her guests, 'for the longer I live, the more I enjoy myself. Oh dear, I do wish I'd have been a month or two younger though, and then Letitshia could have been with us this afternoon. She *has* been away a time. Talk about Brussels sprouts, she *will* be a Brussels sprout by now, and no mistake. You mark my words, Mrs Bugbird, that child'll come home a walking maypole.'

And certainly Letizia did seem the most enormous creature to her mother, when they met again, with her skirts half-way between her knees and her ankles and her dark-brown wavy hair in a tight pigtail.

'Fancy having a flapper for a daughter,' Nancy exclaimed.

'I know, isn't it too perfectly beastly, mother? I hope Sister Rose will let me fluff my hair out again. After all, I'm only just fifteen, and I don't want to be grown up before I need be. But I don't expect she will. She was always the strictest of the lot. I can't *think* why they made her head mistress of St Joseph's.'

Sister Rose felt that it was her duty to try and quell some of Letizia's exuberance, and throughout the next year Nancy was getting letters from her daughter about 'rows'. With all her strictness Sister Rose seemed much less capable than Sister Catherine of keeping her pupils in order; or perhaps it was that Letizia was now one of the big girls and consequently involved in much more serious escapades than those of the juniors. Then came the most tremendous row the school had ever known according to Letizia.

St Joseph's School,
Sisters of the Holy Infancy,
5 Arden Grove, N.W.
May 15, 1906.

Darling Mother,

There's been the most frightful row, and it looks as if one or two of us will get the boot. I don't think I shall, because I'm not in up to the hilt. But it's all very thunderous, and Reverend Mother has been sent for to deal with matters. What happened was this. You know the backs of the houses in Stanwick Terrace look down into our garden? Well, one of the girls – I'll mention no names because a deadly system of espionage has been instituted – we'll call her Cora which sounds an evil and profligate name. Cora met a youth, well, as a matter of fact he's not such a youth, because he's left Cambridge. So he must be about 22. Cora met him during the Easter Hols, and was most fearfully smitten. So they arranged to correspond. In fact she considers herself engaged to him. Which of course is piffle because she's only sixteen. She asked me to be one of her confidantes now, and later on a bridesmaid, and get hold of her notes. Oh, I forgot to say that this youth lives in Stanwick Terrace. So, he used to put them under a flower-pot on the garden wall. But the silly idiots weren't content with notes. They found that they could easily signal to one another from their rooms, and they arranged a code. Two candles in the window meant 'My darling, I love you madly,' and all that sort of piffle. Cora used to work her messages with the blind, and I and Joan Hutchinson, the other girl who shares a room with her, got rather fed up with her pulling the blind up and down in a passionate ecstasy. So I said, 'Why don't you go out and talk to him over the garden wall? We'll let you down with a sheet, which will be rather a rag.' As a matter of fact that's just what it was; because the beastly sheet busted, and there was poor Cora dancing about by the light of the moon in a nightgown and a mackintosh. Sister Margaret who has apocalyptic visions every night thought Cora – oh, I'm sick of calling her by a false name, and anyway if some stuffy old nun does open this and read it, well, I hope she'll enjoy it. I do hate espionage. Don't you? We've only had it here since Sister Rose succeeded to the throne. Well, Sister Margaret was looking out of her window just as the sheet busted and dropped Enid Wilson – that's the girl – down into the garden. She at once thought it was a miracle, and rushed to

Sister Monica who sleeps in the next room and banged on her door and said, 'Oh, sister! Our Lady has just descended into the garden.' Tableau vivant! There's a picture for you! Of course Joan and I were simply in fits. Anyway there's the most terrific row on that the school has ever had. Enid is convinced that she's going to be expelled. Investigations by the authorities have discovered all about her darling Gerald. Apparently one of the gardeners found a note and gave it to Sister Rose. Joan Hutchinson and I are in pretty well to the hilt for letting Enid out of the window, and so at any moment you may receive a curt note from the Reverend Mother to say that I am incorrigible and please accept delivery.

Heaps of love,

Your sinister child,

Letizia.

That's what Sister Rose thinks I am. She said to me, 'I cannot help thinking, Letizia, that you have played a very sinister part in this sorry affair.'

Nancy immediately wrote a stern letter to Letizia reproaching her for not appreciating what the nuns had done for her; and by the same post she wrote to Mother Catherine, pleading for a lenient view of what she assured her was really more a thoughtless prank than a serious and premeditated piece of naughtiness.

Perhaps Mother Catherine decided that Sister Rose's methods tended to make her pupils rebel against them by outrageous behaviour. At any rate, Sister Rose went to take charge of the house at Eastbourne and rule the indigent maiden ladies provided for therein. Sister Perpetua came down from Beaumanoir to be head mistress; and there were no more letters from Letizia about rows, for Sister Perpetua, like Mother Catherine, was never strict for the sake of strictness, and was wise and holy and human.

That year Nancy, who was acting in the North, spent Christmas at Beaumanoir with Mother Catherine. Snow was lying thick on the moors when she arrived. It reminded her of that Christmas eleven years ago when Mother Mary Ethelreda was still alive.

Mother Catherine had changed very little with passing time. Her tranquil, azure eyes had lost none of their fiery compassion, none of their grave and sweet comprehension. By half-past three when Nancy arrived at the convent, a dusk heavy with unladen snow was creeping over the moor, and the candles were already lighted in the Reverend Mother's parlour.

'I have been so distressed over Letizia's behaviour,' said Nancy.

'I cannot think what happened to her last spring.'

'Don't upset yourself about her, my dear child,' Mother Catherine replied, patting Nancy's hand. 'She is quite herself again now, and in any case it was really nothing more than the normal exuberance of youth. Frankly, I am pleased to find her relatively much younger now than she was before she went to Belgium.'

'But I was so shocked at her apparent ingratitude,' Nancy sighed.

Mother Catherine shook her head.

'She is not ungrateful. You must remember that she has been at school many, many years now. I can easily understand that St Joseph's must be seeming irksome, and that is one of the reasons why I am glad to have this chance of talking over with you a plan that is in my mind. I must tell you that dear Mother Mary Ethelreda left the Community very well endowed, and there is a fund set apart for the benefit of any girls who show any kind of artistic promise. They are to be helped to achieve their ambition, no matter what it may be. As you know, Letizia has definitely made up her mind to go on the stage . . . '

'She has not said so to me,' Nancy interrupted.

'Well, that, of course, is just what you would expect. Parents and teachers must always expect to be suddenly confronted with the inexplicable reserve of the young. Just as she wrote you a full account of that foolish business with Enid Wilson and Joan Hutchinson, so she has given me her confidence about her career. I fancy that the instinct to entrust a secret to an outsider is a normal one. You would be expected to regard her theatrical hopes with a professional eye, just as I should be expected to regard her escapades with a professional eye.'

Nancy nodded her agreement with this.

'Very well,' Mother Catherine went on. 'If Letizia is going on the stage it is important that she should now concentrate on deportment, elocution, dancing, singing, and all the graces that will adorn her vocation. Another of our pupils longs to paint, and another who shows signs of having a really lovely voice wishes to become a singer. I propose to send these three young cousins of the Muses for a couple of years to Italy with a *dame de compagnie*. Thus each one will be able to study what will most help her afterwards.'

'To Italy!' Nancy exclaimed.

'I don't think Letizia will ever have a voice as good as her mother's,' the nun said with a smile. 'And that reminds me, will you sing *Adeste Fideles* for us at the midnight Mass?'

'Oh, I never sing nowadays,' Nancy replied, the tears standing bright in her eyes at the thought of the delight that was in store for that little daughter – a walking maypole now perhaps, but still so much her little daughter.

'But you must sing for us,' Mother Catherine insisted. 'We want to hear your voice roll out above our thin notes. It is so dreadful this news that the French Government has forbidden midnight Mass in any of the French cathedrals or churches this year. What woes that wretched country is calling down upon itself! It will hearten us to hear your voice singing that wonderful old hymn.'

Nancy felt that it would sound like affectation to refuse after this, and into her voice at midnight she put all the triumph, all the gladness, all the gratitude in her mother's heart.

So, for the next two years Letizia was writing home to England the most absorbing accounts of Rome, where she and her companions spent most of their time, though on different occasions they visited all the famous cities of Italy, while up and down the length of England, in and out of Wales, over to Ireland, and across the border into Scotland wandered her mother.

Chapter 25

THE COMMON CHORD

NANCY was considerably startled when Letizia at the age of nineteen entered the chorus of the Vanity Theatre. She had old-fashioned ideas about the dignity of her profession, and the chorus of the Vanity did not appeal to her as a worthy or suitable medium for the début of an actress who wanted to take her career seriously.

'Oh, but it's so reassuring, mother,' Letizia exclaimed. 'Can't you understand how reassuring it is not to be chosen for your talents, but simply, solely, and entirely for your looks?'

'Yes, but the girls on the Vanity chorus are such a mixed lot. And I don't like their outlook on life. It's nearly always hard, mercenary, and, well, to speak quite frankly, my dear child, immoral.'

'I'll be the shining exception,' Letizia vowed.

'Ah, yes, it's all very well to say that. But you'll soon be liable to take your tone from your surroundings and become like the rest of them. Dear, it's no use for me to pretend that your engagement at the Vanity is anything but a dreadful disappointment to me after your education, because it is – a dreadful disappointment.'

'Mother, try to believe I know what I'm doing. I'm not proposing to remain a Vanity girl' But the Vanity chorus is just what I require after such a careful bringing up. It will cure all the prunes and prisms of convent life; it will give me poise; and it will teach me the way of the world, of which at present I'm really hopelessly ignorant. I'm only just nineteen, and I must look fairly nice already or Mr Richards would never have engaged me.'

Nancy contemplated her daughter. She had not turned out so tall as she gave promise of being when she came back from Belgium. She was a full inch and a half shorter than her mother, and much, much slimmer. She had the fine Oriano profile with her mother's vivid complexion and rich blue eyes ringed with a darker sapphire, and her mother's deep-brown, wavy hair. Yes, she certainly did look 'fairly nice'. But still, the Vanity chorus – it was a disappointment. Nancy had made up her mind that Letizia should begin her stage experience by going out on tour with some sound Shakespearean or Old Comedy company. She would not earn much in the way of salary, but that would teach her how to be careful with money. And then after a couple of years of knocking about the provinces and playing all sorts of parts she could concentrate upon getting a London engagement and setting out to be famous. Now without taking anybody's advice Letizia had gone off and interviewed John Richards and been engaged by him for the Vanity chorus. It was obvious that she could not live on her salary in such surroundings, which meant that her mother must give her an allowance if she was to be protected against the difficulty of trying to live up to a standard beyond her means without being exposed to temptation. And Nancy did grudge her savings being drawn upon to maintain a position in the Vanity chorus. However, the harm was done, and she was too wise to offer any more opposition for fear of making Letizia decide out of contrariness that the Vanity chorus was the end of an actress's ambition. So, she offered her an allowance of twenty pounds a month, and put off on tour with a determination to save an extra pound a week from her own salary of seven pounds. Of course, she never told Letizia that her allowance was being drawn out of her mother's savings, but let her understand that it had been left for that purpose by her father.

The memory of Lettie Fuller and her short, swift career upon the Vanity stage, bright and light as the dance of a butterfly through the hours of a summer morning, should still be so fresh in the minds of playgoers that there is a kind of embarrassment in writing about it. Anyway, Lettie Fuller was our Letizia, and in the years 1910 and 1911 she was the spirit of youth and London as no doubt today that elusive and lovable spirit is incarnate in some other young woman. Peace and beauty and fortune attend her and all those who do adore her!

Letizia had not been six months in the chorus before she attracted the attention of John Richards by some imitations she gave at a supper-party at which, most unusually for him, he was present. If John Richards's eyes seemed exclusively occupied with the personal appearance of the young women who adorned his theatre, they were not on that account blind to talent. He asked who the good-looking girl was, remembered now that he had engaged her himself, was informed that she came of theatrical stock, and made a note on his cuff that she was to be given an important understudy. Letizia's luck held. The lady who played the part she was understudying was taken ill at Brighton one Saturday afternoon; and that very night John Richards, who happened to pay one of his periodical visits to the back of a box in order to be sure that his company was not letting the show down by slackness, witnessed Letizia's performance. He turned to his companion, and asked what he thought of her.

'I think she's a marvel.'

'So do I,' said John Richards.

Yet he did not mention a word to Letizia about having seen her. In fact, neither she nor any of the company knew that the Guv'nor was in front, for these visits to his theatre were always paid in the strictest secrecy. However, when in July the musical comedy for the autumn production was ready for rehearsal, John Richards offered Letizia a part with three songs that were likely to take London by storm if the actress knew how to sing them.

Nancy was acting in Leicester the week that Latizia's telegram arrived with its radiant news of the luck her birthday had brought. She went into the church where twenty-one years ago she and Bram were married, and there she lighted every candle she could find to Our Lady of Victories. The pricket blazed with such a prodigality of golden flames in the jewelled sunlight that the old woman who was cleaning out the pews came up to find out if this extravagant stranger was a genuine devotee.

'It's all right,' Nancy told her. 'I was married in this church twenty-one years ago, and I am thanking Heaven for happiness after much sorrow.'

The old cleaner smiled so benignly that Nancy gave her half a crown and begged for her prayers. Then she sought out the priest, and asked him to say Masses for the soul of Letizia's great-grandmother and for herself, a Mass of thanksgiving, and still another Mass for the intention of the Sisters of the Holy Infancy. She gave him, too, alms for the poor of the parish, and then going home to her lodgings she knelt beside her bed and wept the tears of unutterable thankfulness, those warm tears that flow like outpoured wine, so rich are they with the sunshine of the glad heart.

Letizia's first night was on the ninth of September. Her mother decided to give up her autumn engagement, and trust to finding something later on when the supremely important date was past. She did not want to worry Letizia during rehearsals; but her experience might be of service, and she ought to be near at hand. Nancy stayed at her old rooms in St John's Wood, which she had chosen originally to be near Letizia at school in the days when she herself was a London actress. Perhaps if she could have mustered up as much excitement about her own first night in London she might have been famous now herself instead of merely being favourably known to a number of provincial audiences. Yet how much more wonderful to be the mother of a famous daughter in whose success she could be completely absorbed without feeling the least guilt of egotism.

The piece that autumn at the Vanity was only one of a long line of musical comedies between which it would be idle to attempt to distinguish; the part that Letizia played was only one of many similar parts, and the songs she sang had been written over and over again every year for many years; but Lettie Fuller herself was different. She was incarnate London, and this was strange, because she had neither a Cockney accent nor, what was indeed unexpected on the musical comedy stage, a mincing suburban accent. She did not open big, innocent eyes at the stalls and let her underclothes wink for her. She neither pursed her lips nor simpered, nor waggled her head. But she was beautiful with a shining naturalness and an infectious vitality; and, as Mrs Pottage told her mother, she was as fresh as a lilac in spring.

The old lady – the very old lady, for she was now seventy-five – was sitting with Nancy in the middle of the stalls. Nancy thought that she would be less nervous there than in a box, and it would be easier for Letizia not to be too much aware of her mother's anguished gaze.

'Well, I'm sorry she's gone and had herself printed Lettie Fuller,' said Mrs Pottage. 'Because I'd made up my mind that before I died I *would* learn how to spell Letitshia, and I brought my best glasses on purpose so as I could see the name printed as it should be. And then she goes and calls herself Lettie, which a baby-in-arms could spell. And Mrs Bugbird and pore Aggie Wilkinson was both very anxious to know just how it was spelt, so they'll be disappointed. I only hope Mrs B will reckonise her when she comes on, because she won't know who she is from Adam and Eve in the programme.'

'Is dear old Mrs Bugbird here?' Nancy exclaimed.

'Of course she's here – *and* pore Aggie Wilkinson, of course. Why, they wouldn't have missed it for nothing. It's only to be hoped that Mrs B don't fall over in the excitement. She's in the front row of the upper circle, and if she did come down she'd about wipe out the front six rows of the pit. Still, I dare say Aggie will hook one of her pore crutches in the back of Mrs B's bodice, which is bound to burst open in the first five minutes. The last time she and me went to the theatre she looked more like a tug-of-war than a respectable woman before the piece was over.'

'The overture's beginning,' Nancy whispered, for people were beginning to turn round and stare at the apple-cheeked old lady who was talking so volubly in the middle of the stalls.

'So anyone can see by the airs that conductor fellow's giving himself. Why band-conductors should be so cocky I never *could* fathom. It isn't as if they did anything except wave that blessed bit of wood like a kid with a hoop-stock. It's the same with bus-conductors. They give theirselves as many airs as if they was driving the blessed bus itself. That's it, now start tapping,' she went on in a tone of profound contempt. 'Yes, if he dropped that silly bit of wood and got down off that high chair and did an honest night's work banging the drum, perhaps he *might* give himself a few airs. Ah, now they're off, and depend upon it that conductor fellow thinks, if he stopped waving, the band would stop playing, and which of course is radicalous.'

The overture finished. The first bars of the opening chorus were being played. The curtain rose.

'There she is! There she is!' Mrs Pottage gasped when from the crowded stage she disentangled Letizia's debonair self. 'And don't she look a picture, the pretty jool!'

When the moment came for Letizia to sing her first song, her mother shut her eyes against the theatre that was spinning before them like a gigantic humming-top. It seemed an hour before she heard Letizia's voice ringing out clear and sweet and cool across the footlights. She saw her win the hearts of the audience until they were all turned into one great heart beating for her. She heard the surge of her first encore, and then she might have fainted if Mrs Pottage had not dug her sharply in the ribs at that moment.

'Did you hear what that old buffer in front of us said?' Mrs Pottage whispered hoarsely.

'Something nice about Letizia?' she whispered back.

'He said he was damned if she wasn't the best girl John Richards had found for years. And how I didn't get up and kiss the blessed top of his bald head I'm bothered if I know.'

The curtain fell on the first act, and the loudest applause was always for Letizia.

'Oh, she's knocked 'em,' Mrs Pottage declared. 'She's absolutely knocked 'em. But she's lovely! And, oh dear, God bless us both, but how she did remind me of her pore father once or twice!'

The old lady fumbled for Nancy's hand and squeezed it hard.

'Well, I don't mind saying she's made me feel like a girl again,' Mrs Pottage went on after a moment or two of silence. 'Every sweetheart I ever had come into my mind while she was singing that song. You know; it was like riding on the top of a bus in fine weather when they've just watered the streets and the may's out in flower and you say to yourself there's no place like dear old London after all and begin to nod and dream as you go jogging along, thinking of old faces and old fancies and the fun you've had years ago.'

The curtain rose on the second act, and with every line she said and with every note she sang Lettie Fuller became nearer and dearer to her audience that night.

Once, after a sally had been taken up by the house in roars of laughter, Mrs Pottage exclaimed to Nancy:

'Hark! Did you hear that? That was Mrs Bugbird's laugh above the lot. Oh, I'd recognise that laugh if I was in my coffin. You mark my words, she'll be whooping in a moment. That's always the way it gets her. But pore Aggie'll pat her back if she whoops *too* hard.'

In spite of the encores – and Letizia always won by far the loudest and most persistent of them – the curtain fell at last on another thundering Vanity success.

'Brave, bravo, my beauty!' Mrs Pottage stood up to shout when Letizia took her call. Lots of other people were standing up and shouting, so her enthusiasm was not so very conspicuous. Nancy felt too weak with emotion to stand up herself, and sank back in a pale trance of joyful relief.

'There's Mrs B!' Mrs Pottage suddenly exclaimed.'And if she claps much louder, she'll clap herself out of that new dress of hers for good and all. And when she gets out in the Strand she'll be run in to Bow Street if she isn't careful. She's the most excitable woman I ever did know.'

At last the audience consented to let the performers retire, and a few minutes later Nancy held Letizia in her arms.

'Darling mother, was I good?'

'Darling child, you were perfect.'

'And where's Mrs Pottage?' Letizia asked 'Did she think I was good?'

'The dear old soul's waiting to be invited into your dressing-room.'

'Mrs Pottage! Mrs Pottage!' Letizia cried, hugging the old lady, 'you're coming back to supper with me, aren't you?'

'Oh, no, duckie. I've got Mrs Bugbird and pore Aggie Wilkinson waiting to go back to Greenwich. We're all going to take a cab to London Bridge.'

'Oh, but they must both come to supper too. They must really. I'll get a car to drive you home. You *must* all come. I won't be long dressing.'

And if it was possible for Nancy to feel any happier that night it was when her little daughter showed that success had not made her needless of old simple friends.

The very next day Nancy went round to see her agent.

'You don't mean to tell me you want to get another engagement at once, Miss O'Finn? Why, I should have thought you would have wanted to stay and enjoy your daughter's success. It was wonderful. What notices, eh! By Jove, it's refreshing nowadays to hear of anybody clicking like that.'

'Oh, no, I've rested quite long enough,' Nancy said. 'I want to be off on tour again as soon as possible.'

The agent looked at his book.

'Well, I'm awfully sorry, Miss O'Finn, but I don't believe there's anything just at the moment that would suit you.' He paused. 'Unless – but no, of course, you don't want to play that line of parts yet.'

'What line?'

'Why, Charles Hamilton is losing Miss Wolsey who has been playing Mrs Malaprop, Mrs Hardcastle, etc., with him for the last fifteen years.'

'You mean the old women?' Nancy asked.

'Quite – er – quite.'

'I would like to be with Charles Hamilton,' she said pensively. 'And at forty it's time to strike out in a new line of parts.'

'Well, he's playing at Croydon this week. If you would consider these parts, why don't you go and see him? It's a pleasant company to be in. Forty-two weeks, year in year out, and of course he occasionally has a season in London. Nothing but Shakespeare and Old Comedy.'

Nancy did not hesitate. Now that her daughter was safely launched it was time for her to be settling down. She went back to her rooms and wrote a long letter to Mother Catherine about Letizia's triumph. Then she wrote to Charles Hamilton for an interview. She went to Croydon, interviewed him, and a fortnight later she was playing with him at Sheffield – Mrs Candour in *The School for Scandal* on Monday, the Nurse in *Romeo and Juliet* on Tuesday, Mrs Malaprop in *The Rivals* on Wednesday, Mistress Quickly in *The Merry Wives* on Thursday, nothing on Friday when *Twelfth Night* was performed, but on Saturday Mrs Hardcastle in *She Stoops to Conquer* at the *matinée* and at night once more the Nurse in *Romeo and Juliet*.

Nancy no longer worried over her increasing tendency to increasing portliness; and she never regretted joining Charles Hamilton's Company, which now that Mrs Hunter-Hart had retired represented the last stronghold of the legitimate drama in Great Britain. So long as Charles Hamilton went on tour she was determined to tour with him. The habit of saving so much out of her salary every week was not given up because Letizia was secure; indeed, she saved more each week, because now that she had taken to dowagers she could afford to ignore the changes of fashion which had made dressing a problem so long as she was competing for parts with younger women.

And then Letizia Fuller after enchanting London for a year abandoned the stage for ever in order to marry the young Earl of Darlington.

The following letter to her mother explained her reasons:

125 Gordon Mansions,
Gordon Square, W.C.
Sept. 15.

My darling darling Mother,

In a few days you will read in the papers that I am engaged to be married to Lord Darlington. I haven't said anything to you about this before, because I wanted to make up my own mind entirely for myself. He proposed to me first about two months ago, and though I loved him I wondered if I loved him enough to give up the stage. You don't know how much I was enjoying being loved by the public. That's what I wondered if I could give up, not the ambition to become a great actress. But I've come to the definite conclusion that I'm not really so very ambitious at all. I think that simple happiness is the best, and my success at the Vanity was really a simple happiness. It was the being surrounded by hundreds of jolly people, every one of whom I liked and who liked me. But I don't think I should ever want to be a wonderful Lady Macbeth, and thrill people by the actress part of me. I'm not really acting at the Vanity. I'm just being myself and enjoying it.

Of course, people might say that if marriage with an earl is simple happiness, then simple happiness is merely social ambition. But I assure you that unless I loved Darlington I would not dream of marrying him. He's not very rich, and apart from the pleasure of being a countess it's no more than marrying any good-looking, simple, country squire. The only problems for me were first to find out if I loved him as much as I loved the public and being loved by them, and secondly to know if he would agree that all the children should be Catholic. Well, I do know that I love him more than I love the public, and I do know that I want his love more than I want the love of the public. And he agreed at once about the children.

Thanks to you, darling, I'm not likely to seem particularly out of place in my new part. Perhaps it's only now that I realise what you've done for me all these years. You shall always be proud of me. I do realise too what dear Mother Catherine and the nuns have done for me. I'm writing to her by this post to try to express a little of my gratitude.

Darling mother, I'm so happy and I love you so dearly.

Your own

Letizia.

Three days later, the engagement of the beloved Lettie Fuller gave the Press one of those romantic stories so dear and so rightly dear to it. Two days after the announcement Nancy received from Caleb Fuller a letter addressed to her, care of Miss Lettie Fuller, at the Vanity Theatre:

The Towers,
Lower Bilkton,
Cheshire.
Sept. 18, 1911.

My dear Nancy,

I've been intending to write to you for a long time now to invite you and Lettie to come and stay with us. But this new house which I have just built has taken longer to get ready than I expected. It's situated in very pretty country about fifteen miles from Brigham, and my architect has made a really beautiful miniature castle which everybody admires. I presented dear old Lebanon House to the Borough of Brigham to be used as an up-to-date lunatic asylum, which was badly required in the district.

Trixie and I do so very much hope that you and Lettie will come and stay with us and spend a quiet time before the wedding takes place, of which, by the way, we have read. You haven't met Trixie yet, and it's always such a disappointment to her. But I'm sure you'll understand what a mess we've been in with building. I want you to meet Norman too. Do you know, he's fifteen. Doesn't time fly? He's at Rossall, and I've made up my mind to give him the chance his father never had and let him go to the University.

Are you interested in gardening? Trixie is a great gardener and spends all her time with her roses. Now, I think I've given you mots of the news, and we are anxiously waiting to hear you are going to give us the pleasure of your visit. Poor Aunt Achsah and Aunt Thyrza are both dead. I would have sent you a notice of the funerals if I had known your address.

With every good wish for your happiness and for the happiness of dear little Lettie.

Your affectionate brother-in-law,
Caleb Fuller.

To this Nancy sent back a post card:

Hell is paved with good intentions, Caleb!

It is tempting to prolong this with an account of Letizia's wedding, and to relate what Mrs Pottage wore at it and what she said when Lord Darlington kissed her good-bye before he and Letizia set out on their honeymoon. It is tempting to dwell on the wit and the beauty of Letizia Darlington, and still more tempting to enlarge upon her happiness. But she and her husband belong too much to the present to be written about, and this tale of over eighty years is already too long. Yet, one more letter must be printed.

C/o Charles Hamilton's
Shakespeare-Sheridan Company,
Princess's Theatre,
Bristol.

Dec. 3, 1913.

Darling Letizia,

I'm so overjoyed you're glad to have a second little boy, though I hope you'll have a little girl soon. You are a dear child to want me to give up acting and settle down with you at Vipont for the rest of my life. But you know, I am still comparatively young, only 44, and from every point of view I think it is better that I should go on acting. I am very happy with Mr Hamilton, and the life on tour suits me. Moreover, it amuses me to feel that one day I may have quite a nice litte nest egg for this new little boy, who will be a younger son, and I know that Vipont requires all the money you've got to keep it up properly. God bless you, my darling, and let me go on acting quietly in this very pleasant, old-fashioned company which is more like a family party than anything else.

My dear love to all of you.

Your loving
Mother.

And up and down the length of England, in and out of Wales, over to Ireland, and across the border into Scotland Nancy O'Finn still wandered.